社会变迁与百年转折丛书

欧阳跃峰 著

1860年 巨痛与自强

中国出版集团
東方出版中心

总序

窒迫下的近代化

杨国强

历史给我们以知识和事实，也给我们以智慧和意义。与前一面相应的，是对于历史的考辨与叙述，与后一面相应的，是对于历史的理解和诠释，叙述与诠释都是后人反观前代的省视和认知，而正是借助于这种省视和认知，已经过去的人物、史事和过程能够成为时事和时务的一种反照，使后起者在过去与现在的联系之中，从而在过去对现在的衬映之中看得远一点和想得深一点。章太炎在民国初年曾牵引学理以论世相，说是“今人之病根，即在不读史”。就彼时风云际会之中的各色人等一时群起，但大半既不能远，又不能深而言，他的话虽以是写照为评论，而由此划分出来的具有历史认知和没有历史认知之间的全不相同，则显然出自学人的深思。

自“《诗》亡然后《春秋》作”以来，中国文化中始终内含着一种绵延不绝而且磅礴厚积的历史意识，与之相对称的，便是两千年里中国人的自觉于历史认知和执着于历史认知。然而历史的认知又是一种变化的认知，身在兴亡盛衰之间，便是身在时移势迁之中，而后是一代人与另一代人遭逢的世情不同，蒿目的忧患不同，心中的关切不同，面对的缓急之所在不同，有此百端交舛与百端交汇，最终形成的便不能不是思想视野的不同。而引之以入古今之间和由此以识古今之变，则思想视野的不同又常常会化为历史视野的不同，化为一代人与另一代人读史和论史之际的眼界不同，感悟不同，重心不同，取向不同，因此，后一代人常常会在同一段历史里看出前一代人没有看到的联结、因果和意义。而这种历史认知的今时不同往昔，又以其真实的存在和长久的存在，说明了历史需要一遍一遍地写和历史可能一遍一遍地写。若以此观照 19 世纪中叶以来的一百数十年与周秦以来的二千多年，则一百数十年里的节节丕变所带来的深度搅动，以及在深度搅动里实现的新陈代谢，显然远远过于之前的二千多年，陈寅恪曾概而论之，称为“人世之剧变至异”。比之古代历史，近代历史之“至异”，说的正是近代历史中内含着更多的交错牵结，不可用常度相衡量。与之相因果，这种“至异”同时又决定了对于中国近代历史的认知，不能不是一个穿行于交错牵结和矛盾复杂之中的过程，从而不能不是一个歧异互见而多端纷呈，并且以一种构想校正另一种构想和一种阐说立异于另一种阐说为常态的过程。歧异、多端、校正、立异都各有理据，并因之而各有理路，由此汇积的著述，以可观的数量和种类为规模，显示了数十年之间认知近代历史的功夫和程度。然而歧异、多端、校正、立异之始终存在和相互比照、彼此格义，又说明了数十年之间认知近代历史的多窒与多变。积功夫为程度，以及因多窒而多变，都显示了视野在移动中的延展和识力在论争中的深化。作为这个过程的产物而继起于这个过程之中，以“社会变迁与百年转折”立名的这套丛书注目于19世纪中叶和20世纪中叶的百年之间，在前贤的论说和时贤的论说之后努力再作回声鼓荡，以表达自己对这一段中国历史的学而知之和困而知之。其中既有读史对于个人的成全和造就，也有个人对于历史的理解和体验。

这套丛书择定七个年份作书名，以此划分100年历史过程中的不同阶段，也以此演示阶段与阶段之间的前后蝉蜕和阶段之间的相互贯连。合蝉蜕与贯连为一体，于是而有“转折”之义。在这些曾经为历史各开一派局面的年份里，1840年因中英鸦片战争而起，1860年因英法联军之役而起，1895年因中日甲午战争而起，1901年因八国联军之合刃构兵而起，1937年因抗日战争而起。就丛书之总体规模作比较，显然是其中的多数与民族战争相为因果，并都因民族战争而各成一局。然则以始末而论，近代中国的历史起点发端于民族战争；以变迁而论，近代中国的新旧嬗递沤浪相逐，而其间一个阶段越过另一个阶段的后来居上，大半也发端于民族战争。民族战争流血流泪，因此百年之间的世路演化和今昔代谢便常常与创巨痛深连在一起。19世纪50年代与60年代之交的英法联军之役致皇帝出逃、京城陷落、圆明园在烟焰涨天里化为一地断砖碎瓦。而后是士大夫“相顾愕眙”，在创痛里直面“二十年之间中国再败于泰西”的事实，由血脉偾张而扼腕沉思。比之40年代人数不多的先觉者因中英鸦片战争而开眼看世界，则此日与扼腕沉思相对映的，已是“当和议之成，无人不为自强之言”。而在历经“夷情叵测，反复靡常，利器精兵，百倍中国”的困厄之后审量彼己，最能歆动中国人和牵动中国人的，是西方人“所以逞其贪纵者，不过恃有长技耳。长技为何？一在战舰之精也，一则机器之利也。然彼有其战具，我非不可以购求；彼有其机巧，我非不可以学习”。时人立此为说以诠释“自强”，则自强之初旨，本在于中国人的办法对付不了西方人之后，转而用西方人的办法来对付西方人。“购求”和“学习”，说的都是这个意思，因此自强从一开始便与“借法”连在一起。而“购求”和“学习”之倾心倾力于“战具”，以及与“战具”相表里的“机巧”，并由此演为一代士大夫共有的自觉，又说明西方人虽然运来了诸般器物，中国人最先接受和最肯接受的，却只能是重创和打败了自己的船和炮。之后，由船炮催生的借法自强促成了30年以洋务为中心的历史过程。然而因自强而借法，则自强在由此入彼和自浅入深之中，借法也在由此入彼和自浅入深之中。两者都出自于古无征，两者都归于了无止境，最终是两者都在改变中国。所以，就其时代内容而言，由船炮催发的借法自强犹如移花接木，同时又因其移花接木而在比较完整的意义上开启了中国社会近代化的历史过程。而1860年对百年中国新陈代谢的深度影响，从而1860年在百年中国新陈代谢中的意义所在，便同这种民族战争逼扼下的历史因果曲折重重地连成了一体。与1860年相比，1895年内含着更剧烈的创巨痛深。但李鸿章和伊藤博文会议《马关条约》之日，于备受困苦磨难的同时又曾非常明白地预言：

> 此次交战获得两个良好结果，这就是：第一，欧洲陆海军之战术方法，并非应有白人所独有，黄人亦能用之，并证明可以收到实效；第二，日本非常之进步足以使我觉醒。我国长夜之梦，将因贵国的打击而破灭，由此大步进入醒悟之阶段。

作为先入洋务的人物，他亲身经历过英法联军的冲击逼出来的借法自强。因此他相信民族战争能够改变中国人的精神世界，于是而有割地赔款之际用“我国长夜之梦，将因贵国的打击而破灭，由此大步进入醒悟之阶段”以说来日的推想。他推想更剧烈的创巨痛深一定会逼出更剧烈的社会变迁。而与之相印证的，则是由借法自强，一变而为1895年催生的变法自强。从借法自强到变法自强，是移新入旧急迫地转为除旧布新。而后除旧布新越过移新入旧一路翻腾一路播撒，并在戊戌年间演变为与血色相对映的政潮起伏。比之此前30年以洋务为中心的历史过程，则这一段新旧交争以思想激变造成社会震荡，其撼动天下的程度无疑要猛烈得多和深刻得多。之后因庚子之变而有1901年，在由此开端的一段历史里，一面是曾经扑杀了变法的朝廷转过身来施新政以行变法，就其下诏筹备立宪而言，实际上已经比戊戌年间的除旧布新走得更远；一面是变法还没有走到尽头，革命已经挟风雨雷电而起，以文字和炸弹岌岌乎召唤共和。随后是朝廷与民间相角牴，立宪与革命相角牴。这个过程既造成了深度的历史变迁，也造成了深度的社会纹裂，两者的彼此牵结和交互振动最终促成了这一段历史在土崩瓦解中走到止境，而两者的余波滔滔则又都灌入了下一段历史之中。若以19世纪中叶至20世纪前期的这些年份为比照，则1937年之所以显目，端在于以这一年为起点的历史过程是一场贯连始终而没有间歇的漫长民族战争。1840年、1860年、1895年、1901年都与民族战争相对应，但其间的每一场战争又都在时间上无过两年，在空间上止于局部。因此，作为一场血染山河的全面战争和支撑了八年的长期战争，这段历史正以前所未有的战争苦难反衬中国人前所未有的全民抗战，醒目地显示了20世纪中国与19世纪中国的不同。在这种前后不同的内里和深处，是19世纪的世路变迁开始和发生于沿海；搅动和影响于知识人；关注之所在和重心之所在常集于社会上层。而以全民抗战成就八年抗战，则艰难地托起了这个过程和一路维持了这个过程的，不能不是持久的社会动员与社会组织，而持久的社会动员和社会组织，一定又会是深度的社会动员和社会组织。由此牵连拽动而且与之互为因果，开始于19世纪的历史变迁遂得以为这种动员和组织所导引，自沿海进入内地；从知识层走向民众；并一步一步移其中心于社会下层。以历史内容而论，显然是动员、组织、牵连拽动以及其间的互为因果，都在使这种支撑民族战争的过程同时又成了大幅度改变中国社会的过程。而当其已经发生，则已经发生的事实便是既定的事实，对于后来的历史，它们既构成起点，也构成前提，而后是起点和前提都不会不影响后来的历史走向。

从19世纪中叶到20世纪中叶，中国人久苦外力的逼拶，并因之一次一次地遭逢民族战争，而百年之间中国社会的近代化，以及这种近代化常常与脱跳相伴随的深入，又是在中国人对外力的咄咄逼拶作节节回应里实现的。两者之间的矛盾和依存深相虬结，说明了与欧西近代化之自然地产出于欧西的历史相比，则中国的近代化既是逼出来的，又是移进来的，对于中国本来的历史而言，逼出来和移进来当然都是异常的，从而都是不自然的。而以自然对照不自然，显见得中国人脚下的路会更多盘陀和更加扞格。由于是逼出来的，因此中国的近代化从一开始便是不自愿的；由于是移进来的，因此中国的近代化从一开始便是夹生的。这种内在于同一个过程之中的悖异，曾使逼出来的近代化和移进来的近代化窒碍重重，并因之而常为“古圣先贤所谓用夏变夷者”对于“用夷变夏”的疑虑和排拒所苦。而后是逼出来的东西与移进来的东西由外入内，便不能不在另一种社会环境里移步走样，与其欧西的原型相比，由此造就的常常是变形和异态。在百年变迁之间，这种变形和异态曾是中国近代化过程里的一个特点。然而中国社会的近代化产生于中国人对西方冲击的回应之中，因此，迫来的民族战争前后相接，在逼出了中国社会的近代化之后，又会以其继起的冲击和不断的冲击逼出中国人在这个过程中的因惶遽而急迫。惶遽化为急迫，于是而有“俄北瞰，英西睒，法南瞵，日东眈”之下“能变则全，不变则亡，全变则强，小变仍亡”的亟切和“泰西变法三百年而强，日本变法三十年而强，我中国之地大民众，若能变法，三年而立”的企想。在这种由亟切衍生的企想里，富强是主旨所在和重心所在，所以因羡慕富强而羡慕欧西便成为一种捷急的推演。捷急的推演化解了许多移来的夹生和逼迫下的不自愿，然而中国与欧西之间的各自历史文化，以及因各自历史文化而累积以成的异质和异样，则经此统括，也在这种捷急的推演里同时被轻忽地过滤掉了。因此，以泰西“三百年”，日本“三十年”，中国“三年”为类比而作论断，显见得中国之可以与泰西、日本作量比，全在于这一类论断已经设定中国社会与泰西和日本的同质。而沿此一路远走，惶遽急迫与羡慕向往交相感应，都会促成思维在径情直遂中走向简略和简约。当时人喜欢说“思想者事实之母也”，而作为事实与思想对应的，则是从 19 世纪末期开始而弥漫于 20 世纪前期的“悚夫欧美革新之隆”，而亟亟乎“规摹仿效”。以为“彼一法一制一俗一惯一条一文，若移而植之我，将旦暮可以强吾国。及为之而不效，则流血拼命以蕲之，革无效再革之，再革无效更革之”。其中刻画的“一法一制一俗一惯一条一文”正写照了“规摹仿效”的用心之诚而施力之广。但随后的“为之而不效”以及“无效再革之”和“无效更革之”，又非常对称地写照了这种“规摹仿效”以“移而植之我”的事常常落空和大半落空。“移而植之我”的事常常落空和大半落空，然而“移而植之我”的过程同时是旧物为新物让路的过程，发生于其间的“举一事革一弊，至于风俗习惯之各不相侔者，靡不惟东西之学说是依”，说明外来的东西一路进入中国，在其所到的地方会不断地遇到中国社会里本有的东西与之“各不相侔”，并且因其所到而在一路不停地掀翻这种内生于中国社会的“各不相侔”。而后，一面是中国人依存于历史文化的精神秩序和社会秩序在“东西之学说”的搅动下不得不走向碎裂；一面是“移而植之我”的“东西之学说”以及与随之俱来的种种法、制、俗、惯、条、文在中国老是“为之而不效”。对于中国人来说，身在两面之间，便是身在两头不到岸之中。因此，时至民国前期，梁启超总括前后而概论之曰：“自二十年来，所谓新学新政者，流行入中国，然而他人所资为兴国之具，在我受之，几无一不为亡国之媒。”20多年来，他曾是为“新学新政者，流行入中国”倾力造因果的人物之一，所以此日言为心声而感慨系之的一派沉痛里，应当不会没有反省和反思。而举“新学新政”为彼时中国人心中的普世之共相，以对比这种普世之共相带给“他人”与“在我”迥然不同的结果，则对比所彰显的，正是中国和欧西、日本之间的殊相。“二十年来”的“规摹仿效”以“靡不惟东西学说是依”为路数，本质上是在营造一个没有殊相的中国。然而沿用这种路数“移而植之我”的“新学新政”，又一次一次地以其“革无效再革之”和“再革无效更革之”，说明了一个没有殊相的地方，共相是既不能进入，也不能安顿的。这种矛盾所反照的困境在于：中国人因惶遽急迫而求富强，因惶遽急迫，既在把欧西变成一种抽象的东西，也在把中国变成一种抽象的东西。之后，“旦暮可以强吾国”犹远不可见，而中国人“积年所希望所梦想”已经一挫再挫“一空无复余”：

> 惩守旧而谈变法也，而变法之效则既若彼；惩专制而倡立宪也，而立宪之效之既若彼；曰君主为之毒也，君主革矣，而其效不过若彼；曰乱党为之梗矣，乱党平矣，而其效不过若彼。二十年来朝野上下所昌言之新学新政，其结果乃至为全社会所厌倦所疾恶。言练兵耶，而盗贼日益滋，秩序日益扰；言理财耶，而帑藏日益空，破产日益迫；言教育耶，而驯至全国人不复识字；言实业耶，而驯至全国人不复得食。其他百端，则皆若是。

以“变”、“倡”、“革”的凌厉无前与“日益滋”、“日益空”、“日益迫”、“日益迫”的一路直落相对举，两者之间的不能匹配和不能对称是显然可见的。深而探之，则不能匹配和不能对称正显示了前一面的抽象性不敌后一面的具体性；而作为一个历史过程，后一面与前一面的相互映照，又醒目地说明了窒迫下的近代化是很容易演化为扭曲的近代化和畸形的近代化的。这种扭曲和畸形，曾是中国近代化过程中的另一个特点。在数十年世变里，世变所内含的历史变迁由民族战争催生，并且在民族战争的逼扼下节节脱跳地深入和“悚夫欧美革新之隆”地深入，脱跳和“悚夫”都与盲目相伴，因此扭曲的近代化和畸形的近代化便成了数十年之间中国人的一种历史命运。然而扭曲和畸形引发“厌倦”和“疾恶”之日，同时是反思促成认知之日。因此“厌倦”和“疾恶”之后，中国人已越来越多地回头反顾，群集于辨识和论争中国的古代历史，中国的社会性质，中国的社会问题，中国的经济，中国的农村，以及中西文化的异同，等等。从“悚夫殴美革新之隆”到重新阅读和探究中国人的社会、历史、文化，是从抽象回归具体，从而是引共相融入殊相，而后近代化变迁的过程会少一点节节脱跳。中国近代化的盘陀与扞格在此，中国近代历史的路向与路径也在此。

今日学界盛倡新材料、新观点、新题目，而共属“社会变迁与百年转折”的这七本书选择的则都是老题目。就我读史30多年的有限阅历而言，新材料、新观点、新题目常能纷纷然各出心裁以动人眼目，然而其中真能耐磨耐久而留得下来的东西其实并不算多。相比而言，老题目则大半是无法绕越的题目，并因之而是不能忘怀的题目。事后论史，19世纪40年代以来的170余年之间，一脉传承贯穿前后地把历史连为整体的，始终是中国社会曲折多难的现代化转型。这个过程已经延续了170余年，然而这个过程至今仍未了结，因此170多年里出现过的困窘、挫折、疑问、争论，都不会是已经远去的东西。后人犹在这个过程之中，是以后人常常要在追溯和回望中求得因果与理解。老题目之无法绕越和无法忘怀，以及老题目之仍须深耕和仍须翻耕，其原因和理由恐怕都在这里。

目 录

一

被封杀的修约活动

道光皇帝画像

英、法、美三国不满足于通过鸦片战争取得的在华权益，为了解决中外交涉中遗留的问题，单方面地依据有关条约中 12 年修约的规定，向清政府提出了修改条约的要求。清朝统治阶级以鸦片战争后签订的“万年和约”不能更改为由，拒绝进行实质性的谈判，终于以拖延、搪塞等方式“封杀”了西方国家的修约活动。

未惊醒的“天朝迷梦”

中华民族具有悠久的历史，中原地区的汉民族在文化上长期领先于周边的少数民族，汉族统治阶级逐步形成了一种民族优越感，认为周边地区的少数民族都是低等民族，于是有“东夷、西戎、南蛮、北狄”之称。这种观念推而广之，中原地区的王朝凭借着强盛的国力，迫使周边的国家臣服、朝贡，逐步形成了一种“宗藩体制”。清王朝建立后，仍与周边的朝鲜、琉球、越南、缅甸、南掌（今老挝）、暹罗（今泰国）、苏禄（今菲律宾）等国家保持着“宗藩关系”。在这种传统的“宗藩关系”下，藩国尊清王朝为“天朝上国”，自居于从属地位，奉天朝正朔（即使用天朝皇帝年号纪年），国王须经天朝册封（实际上仅仅是对既成事实的认可），并定期或不定期地派遣使节来华朝贡；而清王朝对藩国则负有保护的责任，无论是藩国发生内乱还是面临外患，清政权都要应邀派兵援助。不过，这种古代东方的“宗藩关系”与近代西方殖民主义体系中的宗主国与殖民地的关系有着本质的区别。清王朝不干涉藩国的内政，不吞并藩国的领土，不谋求藩国的经济利益。藩国派遣使节来华朝贡时，当然会带来价值不菲的贡品，但清王朝为体现大国风范，回赠礼品的价值往往要大于进贡的物品。“君子喻以义，小人喻以利”，清朝统治者追求的是一种政治效应。我们不妨试想一下，当大清皇帝从御座上俯视着在丹墀之下行三跪九叩之礼的藩国使节时，心里会是何等的快慰！

在这种虚荣之下，不论是否确实存在着“宗藩关系”，凡有外国人来华都

道光皇帝画像

被说成是“朝贡”，于是便有了“万国来朝”的说法。沉浸在这种幻境中的天朝君臣们哪里知道，随着蒸汽机的发明与普遍使用，近代世界格局发生了根本性的改变，英、法、美等国后来居上，大清王朝已失去了往日的辉煌。更加不幸的是，在恪守着“商居四民之末”观念的清朝君臣眼里，来华贸易的英、法、美等国商人，以逐利为生，较东方的“夷、戎、蛮、狄”尤等而下之，甚至连“朝贡”的机会也不屑给予他们。

1840年英国以中国禁烟为借口发动侵华的鸦片战争，道光皇帝调兵遣将，前线将领屡告败绩，只好转而谋求妥协，一再要求负责议和的钦差大臣耆英等人“必须通盘筹算，永绝祸根”；“必当切实议定，永杜兵萌”。当接到耆英等有关议和的奏报时，道光再次表示：“徒增忿恨，念生民之涂炭，抑遏勉从。”内心的愤懑与无奈已跃然于纸面。《南京条约》议定后，仍谆谆嘱令耆英等“向该夷反复开导，不厌详细，应添注约内者，必须明白简当，力杜后患，万不可将就目前，草率了事”①。

道光皇帝希望一劳永逸地解决中英之间的纠纷，耆英等对此心领神会，1842年8月29日“诸大臣与英公使会晤，酌定条款，大约不出前三大端(指赔款、开埠、议订税则)，谓之万年和约”，并“具疏上闻，得旨允其所请”②。《南京条约》一开头即申明这是中英两国为“息止肇衅”而议定的“永久和约”，随后签订的《虎门条约》也在开头回顾了“议结两国万年和约”的过程，条约中又两处提及“万年和约内言明”③，这些都表明清政府希望英国方面也能明白并承认条约的永久性。大清王朝的君臣们未免太自以为是了，他们在战败之余想签订一个永远不变的条约，并想把自己的这一意图强加给英国人，实在是太不切实际了。英国谈判代表根本不可能对“万年”提出质

① 中国近代史资料丛刊：《鸦片战争》(四)，上海人民出版社1957年版，第149、150、156页。

② 同上书(五)，第418页。

③ 梁为楫、郑则民主编：《中国近代不平等条约选编与介绍》，中国广播电视出版社1993年版，第18、23、24、25页。

疑或歧义，因为在他们心目中，“万年和约”的说法就如同中国皇帝称“万岁”一样，并不具有确定性。中国历朝历代的每一个皇帝没有不称“万岁”的，事实上却没有一个能活到百岁。“万年和约”的说法并不具有任何法定的效力，中国人爱这么说，他们是不会介意的。

但是，大清王朝的君臣们却是当真的。“和议之后，都门仍复恬嬉，大有雨过忘雷之意。海疆之事，转喉触讳，绝口不提，即茶房酒肆之中，亦大书‘免谈时事’四字，俨有诗书偶语之禁。”①在昧于世界大势的清朝统治阶级看来，烧了的鸦片赔了，公行制度废除了，东南五口开放了，海关税则修订并公布了，连英国人索要的香港也给了，那些以贸易为生的夷人们应该满意了，他们还能提出什么要求？既然“万年和约”已经把英国搞定了，天下从此应该复归于太平，还有什么需要担心的？于是，诗书棋画，弦歌乐舞，礼乐升平，文恬武嬉，又是一派太平盛世景象。士大夫们一面摇头晃脑地诵读四书五经，揣摩八股制义；一面漫不经心地空谈性理道义，重弹“用夏变夷”的老调。对于大多数普通的中国人来说，他们当时或许只是感到奇怪：英国人平日以食肉为主，不从中国进口茶叶和大黄就会腹胀而死，为什么还敢于称兵犯顺？膝盖不能弯曲、跌倒了就爬不起来的英国人怎么还能攻占中国的城池？

然而，堂堂大清王朝在鸦片战争中居然一败再败，最终还被迫签订了丧权辱国的条约，这一严酷的事实也确实震撼了少数中国有识之士的心灵，他们开始思考其中的道理，寻求“制夷”之策。在这方面表现最突出的应该要数魏源。鸦片战争期间，他曾加入两江总督裕谦幕府，亲临战争前线。后见朝廷战和不定，清军屡屡战败，愤而辞归，专心著述。

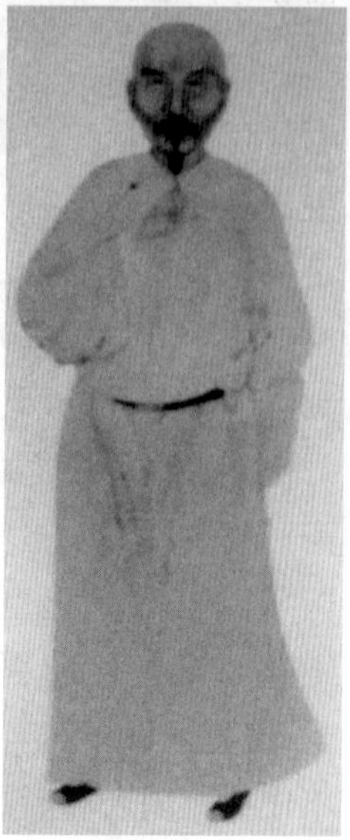
魏源画像

魏源先于1842年8月写成了一本《圣武记》，倡言：“官无不材，则国桢富；境无废令，则国柄强。桢富柄强，则以之诘奸，奸不处；以之治财，财不蠹；以之蒐器，器不窳；以之练士，士无虚伍。如是，何患于四夷？何忧于御侮？斯之谓折冲于尊俎。”“人材进则军政修，人心肃则国威遒。一喜四海春，一怒

① 中国近代史资料丛刊：《鸦片战争》(五)，上海人民出版社1957年版，第529页。

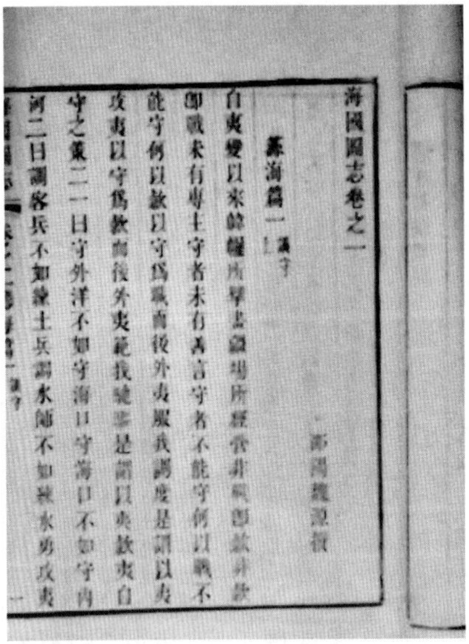
海國圖志卷之一
籌海篇一 議守上
邵陽魏源撰
自夷變以來帷幄所擘畫疆埸所經營非戰即款非款
即戰未有專主守者未有專言守者不能守何以戰不
能守何以款以守爲戰而後外夷服我調度是謂以夷
攻夷以守爲款而後外夷範我馳驅是謂以夷款夷自
守之策二一曰守外洋不如守海口守海口不如守內
河二曰調客兵不如練土兵調水師不如練水勇攻夷

《海国图志》书影

四海秋。五官强，五兵昌，禁止令行，四夷来王，是之谓战胜于庙堂。”书中列举了道光以前历代帝王的盛世武功，希望道光帝与他的臣子们能够“后圣师前圣，后王师前王”①，励精图治，振刷纲纪，战胜英夷。

当年，魏源又写成《海国图志》50卷，此后十年经两次增补至100卷。该书第一次系统地向中国人展示了世界五大洲数十个国家的历史地理概貌，介绍了西方的政情民俗、坚船利炮及其他科学技术，一时成为人们了解西方的权威著作。其中的《筹海篇》在总结鸦片战争经验教训的基础上，专门论述了加强海防、抵御外侮的战略战术问题。魏源还在序言中提出了“师夷长技以制夷”的著名口号，成为近代中国首次明确倡导学习西方，并把学习西方与抵抗侵略辩证地统一起来的先进思想家。

《海国图志》为中国人打开了一扇认识世界的窗口，在中国近代思想史上具有不可低估的意义。不过，当时愿意透过这扇窗口去了解世界的只是少数对中外变局有所认识的中国人，至于魏源“师夷长技”主张付诸实践，已是第二次鸦片战争之后的事了。

1850年2月25日(农历正月十四日)，道光皇帝含恨而亡，其四子爱新觉罗·奕詝继位，翌年改元咸丰。咸丰皇帝生于1831年7月17日(农历六月初九)，鸦片战争爆发时虚龄才10岁，尚不具备参议军政事务的能力，无需对战败签约承担什么责任。咸丰登基之初，血气方刚，对于堂堂“天朝上国”居然败于英夷也百思不得其解，在感情上更难以接受。为了显示自己将不辱上天之使命，更好地维护祖宗基业，他觉得对此事应该有所表示。但是，道光皇帝纵然有什么过失，却不能由他口中说出，这样有失孝道；当然也不便找英国人算后账，既然“万年和约”已经由先皇批准施行，他作为“天朝上国”之君若在夷人面前出尔反尔，又将颜面何存？于是，他把这笔账统统

① 魏源：《圣武记·叙》，中华书局1984年版，第1、2页。

算在了那一班误国的庸臣身上。

于是，穆彰阿和耆英便倒了霉。

穆彰阿画像

穆彰阿（1782—1856），字子朴，号鹤舫，满洲镶蓝旗人，姓郭佳氏，1805年（嘉庆十年）考中进士，入选翰林，曾充上书房总师傅，鸦片战争前即已官至文华殿大学士、首席军机大臣，为道光皇帝之首辅，真正是“一人之下，万人之上”，且“终道光朝，恩眷不衰”，对朝廷的决策负有直接责任。

耆英（1790—1858），字介春，宗室，满洲正蓝旗人，父禄康嘉庆年间官至东阁大学士，耆英早年以荫生授宗人府主事，历迁至工部、户部尚书。鸦片战争时任盛京将军，驻守满洲的龙兴之地。后被任命为钦差大臣，负责与英方和谈，中国近代史上第一批不平等条约都是由他主持签订的，咸丰皇帝即位时已官至文渊阁大学士。

耆英油画像

1850年5月13日（道光三十年四月初二），咸丰皇帝以耆英应诏陈言“于君子小人之辨，持论过伦，反谓小人且当保全，君子亦恐误事，显违古训，流弊曷可胜言”，予以“传旨申饬”[①]。当年12月1日（十月二十八日），又颁下亲笔朱谕曰：

任贤去邪，诚人君之首务也。去邪不断，则任贤不专。方今天下因循废堕可谓极矣！吏治日坏，人心日浇，是朕之过；然献替可否，匡朕不逮，则二三大臣之职也。穆彰阿身任大学士，受累朝知遇之恩，不思其难其慎，同德同心，乃保位贪荣，妨贤病国，小忠小信，阴柔以售其奸；伪学伪才，揣摩以逢主意。从前夷务之兴，穆彰阿倾排异己，深堪痛恨。

① 《清实录》咸丰朝卷二十。

如达洪阿、姚莹之尽忠尽力，有碍于己，必欲陷之。耆英之无耻丧良，同恶相济，尽力全之。似此之固宠窃权者，不可枚举。我皇考大公至正，惟知以诚心待人，穆彰阿得以肆行无忌。若使圣明早烛其奸，则必立置重典，断不姑容。穆彰阿恃恩益纵，始终不悛。自本年正月朕亲政之初，遇事模棱，缄口不言。迨数月后，则渐施其伎俩。如英夷船至天津，伊犹欲引耆英为腹心，以遂其谋，欲使天下群黎复遭荼毒。其心阴险，实不可问。潘世恩等保林则徐，则伊屡言林则徐柔弱病躯，不堪录用。及朕派林则徐驰往粤西剿办土匪，穆彰阿又屡言林则徐未知能去否。伪言荧惑，使朕不知外事，其罪实在于此。至若耆英之自外生成，畏葸无能，殊堪诧异。伊前在广东时，惟抑民以奉夷，罔顾国家。如进城之说，非明验乎？上乖天道，下逆人情，几至变生不测。赖我皇考炯悉其伪，速令来京，然不即予罢斥，亦必有待也。今年耆英于召对时，数言及英夷如何可畏，如何必应事周旋，欺朕不知其奸，欲常保禄位。是其丧尽天良，愈辩愈彰，直同狂吠，尤不足惜。穆彰阿暗而难知，耆英显而易著，然贻害国家，厥罪维均。若不立申国法，何以肃纲纪而正人心？又何以使朕不负皇考付托之重欤！第念穆彰阿系三朝旧臣，若一旦置之重法，朕心实有不忍，著从宽革职永不叙用。耆英虽无耻已极，然究属迫于时势，亦著从宽降为五品顶带、以六部员外郎候补。至伊二人行私罔上，乃天下所共见者。朕不为已甚，姑不深问。办理此事，朕熟思审处，计之久矣，实有不得已之苦衷，尔诸臣其共谅之。嗣后京外大小文武各官务当激发天良，公忠体国，俾平素因循取巧之积习，一旦悚然改悔，毋畏难，毋苟安，凡有益于国计民生诸大端者，直陈勿隐，毋得仍顾师生之谊，援引之恩。守正不阿，靖共尔位，朕实有厚望焉。布告中外，咸使知朕意。①

这道长达800余字的煌煌上谕，所列举的穆彰阿之罪只是“从前夷务之兴”，“倾排异己”，陷达洪阿、姚莹于囹圄，阻林则徐之复出；所列举的耆英之罪也只是“前在广东时，惟抑民以奉夷，罔顾国家”；其余所谓“小忠小信，阴柔以售其奸；伪学伪才，揣摩以逢主意”，“自外生成，畏葸无能”，“上乖天道，下逆人情”，多为诛心之论，并不足以成为处罚大臣的凭据。显

① 《清实录》咸丰朝卷二十。

然，咸丰皇帝这是在秋后算账，追究的是他们在鸦片战争时期主张对英妥协之罪。穆彰阿因主张妥协而极力打击、排挤抵抗派，耆英不但主张妥协而且签订了一系列不平等条约，咸丰视之为“贻害国家”的罪魁祸首，所以才处罚他们。然而，咸丰也觉得这么做不太符合常理，因而他特别强调：“办理此事，朕熟思审处，计之久矣，实有不得已之苦衷，尔诸臣其共谅之。”需要经过长时间深思熟虑之后才作出这样的决定，一是表明他对此事的重视程度，二是暗示这是不容改变的。借陈年旧事以处罚先朝重臣，可能会带来一些负面的影响，但为了“严夷夏之防”，必须借处置穆彰阿、耆英以告诫群臣：畏夷之风不可渐，妥协之见不可存！这就是咸丰皇帝的“不得已之苦衷”。

咸丰皇帝这么做主要是为了表明一种姿态，他当时根本没有去思考所谓的“万年和约”对西方国家究竟有多大的约束力；没有打算要提高军队素质、加强国防力量，以抵抗列强再次发动的侵华战争；也没有表示要励精图治、富国强兵，以彻底改变大清王朝积弱不振的面貌。他首先要对付的是“造反”的百姓。咸丰继位后不久，就爆发了声势浩大的太平天国起义。太平军由广西、经广东、入湖南，于 1853 年 1 月 12 日（咸丰二年十二月初四）攻占有“九省通衢”之称的湖北省会武昌，3 月 19 日（咸丰三年二月初十）攻占有“六朝古都”之称的两江总督驻地南京，遂定为都城，形成了与清王朝南北对峙的局面。在太平天国起义的影响下，南方两广地区不断爆发天地会起义；东南沿海福建、上海爆发小刀会起义；东部省份皖北爆发捻军起义，山东爆发幅军、黑旗军、长枪会起义；西南地区有贵州苗民、号军、斋教军起义，云南彝民、回民起义；西北地区爆发陕甘回民起义。大清王朝处于风雨飘摇之中，岌岌可危；咸丰皇帝日夜筹谋调兵遣将，寝食难安。镇压各地各族民众反抗成为当务之急。

惩处穆彰阿、耆英一事表明：咸丰皇帝明显地意识到鸦片战争是大清王朝的耻辱，但他不是希望通过发愤图强来洗刷这一耻辱，而是企图端着“天朝上国”的架子来淡化这一耻辱。回顾历史，我们首先当然要谴责列强侵略中国的罪恶行径，同时也应该看到，依然沉浸在“天朝迷梦”中的清朝群臣在处理敌强我弱现实下的中外关系时，非但不能有效地遏制列强的侵略意图、委婉地拒绝列强的无理需索，反而给列强留下了制造事端的把柄，提供了扩大事态的借口，对民族灾难的加深同样负有不可推卸的责任。他们的失误令人扼腕痛惜，他们留下的教训是极其惨痛的。

列强的觊觎与期盼

还在清朝君臣对“万年和约”的有效性深信不疑之时，西方列强却早已开始考虑怎样进一步扩大其在华权益了。

鸦片战争后不久，英、法、美等国即已对中国与西方国家之间的关系感到不满。这种不满主要体现在两个方面：一是西方商品的输华量并没有像预期的那样急剧扩大，二是西方各国与中国打交道仍然存在着严重的障碍。

让我们先来看看西方国家与中国在贸易方面的矛盾。

工业革命开始后，西方主要资本主义国家生产力大幅度提高，工业产品迅速增加，资本家的钱袋很快鼓了起来。但是，生产的社会性与生产资料的私人占有性这一资本主义的基本矛盾，决定了这一过程伴随着工人阶级的极度贫困化，社会购买力严重不足，很快导致了周期性的生产相对过剩的资本主义经济危机，一方面资本家将积压的产品成批销毁；另一方面是大量工人失业，挨饿。于是开发世界市场成为资本的使命，西方资产阶级迫切希望他们的政府推行海外扩张政策，把落后的国家和地区变成他们的殖民地或半殖民地，以便于向这些地方推销“过剩”产品，最大限度地减轻经济危机带来的损失。中国地域辽阔，人口众多，是西方资产阶级最理想的世界市场。西方殖民主义者向中国贩卖鸦片、英国发动鸦片战争的主要目的都是为了打开中国这个广阔的市场。

首任港督璞鼎查

英国侵略者用重炮轰开中国的大门之后，西方资产阶级一片欢腾。据香港《中国邮报》报道：“江宁条约后，人们纷纷谈论我们这次可是一举而要为全世界三分之一人口的需要效劳了，这个消费我们货物的新市场的美景被人们在公共集会上和新闻报道上，广泛而动听地宣传开来——人们告诉公众说，只消中国人每人每年需用一顶棉织睡帽，不必更多，那英格兰现有的工厂就已经供给不上了。”代表英国签订《南京条约》的璞鼎查更是向资本家们吹嘘说，他“已为他们的生意打开了一个新的世界，这个世界是这样的广阔，‘倾兰开夏全部工厂的出产也不够供给她一省的衣料的’”。英国资产阶级“一想到和 3 亿或 4 亿人开放贸易，大家好像全都发了疯似的。他们勇往直前地开始和想象中的‘全人类三分之一的人口’做起生意来”①。

于是，西方的商品潮水般地涌向中国。仅英国输华商品（不包括鸦片）总值，很快即由 1837 年的 90 余万英镑上升到 1843 年的 145 余万英镑，1845 年再飙升至 239 余万英镑。但是，一方面，英国商品输华带有极大的盲目性，一些商人甚至运来了吃西餐用的刀叉和钢琴，这些东西当时在中国根本卖不出去；另一方面，中国传统的“男耕女织”的小农经济以及中国人由此长期形成的俭朴习俗也顽强地抵抗着外来的商品。英国输华商品很快出现了严重的滞销现象，为了尽可能地减少损失，许多商品被迫降价出售。1847 年，英国下院《小组委员会报告书》指出：“1845 年至 1846 年英商对华贸易，大多数都受亏损，英国制造品输华约亏损 35%至 40%。”英国驻上海领事阿礼国（R. Alcock）给香港总督的报告书也说：“过去三年的对华贸易是亏本的，有许多情形简直是破产性的买卖。”② 英国输华商品总值随之急剧下降，1846 年即减少为 179 余万英镑，1847 年再减为 150 余万英镑，虽然 1851 至 1852 年稍微有所回升，1853 年又开始下跌，1854 年减至 100 万英镑，已接近鸦片战争前的水平。

当时，英国平均每年的工业总产值约为 7 000 万英镑，英国工业产品在印度的销售额每年达八九百万英镑，而且还在不断地增加。一开始，英国资产阶级满怀信心地认为：既然“中国的人口抵得上印度的三倍”，那么英国工业产品在华的销售额每年应该达到 2 000 万英镑以上，大致相当于全欧洲的英国产品销量。事实却大大出乎他们的意料，这不能不让一些人感到困惑：“经过和这么一个大国家开放贸易 10 年之久，并且双方都已废除了一切独占制度，而拥有如此庞大人口的中国，其消费我们的制造品竟不及荷兰的一半，也不及我们那人口稀少的北美或澳大利亚殖民地的一半，赶不上法国或巴西，赶不上我们自己，不在西印度之上，只比欧洲大陆上某些小王国如比利时、葡萄牙或那不勒斯稍微多一点点，这好像是一个奇怪的结局。”③

面对这种情况，英国资产阶级当然心有不甘，他们也绝不会轻易放弃对

①②③ 严中平：《英国资产阶级纺织利益集团与两次鸦片战争的史料》，见经君健编：《严中平文集》，中国社会科学出版社 1996 年版，第 182—189 页。

华倾销商品、掠夺中国人民的初衷。他们感到英国政府通过鸦片战争为他们攫取的侵略权益太少了，《南京条约》所规定的开放中国东南沿海广州、福州、厦门、宁波、上海五个通商口岸是远远不够的，尤其是已经签订的条约并没有为西方商品运入中国内地提供方便，致使“我们的货物在内地被沉重的通过税挡住了去路”①。1848 年 12 月，英国外交大臣巴麦尊与新任驻广州领事包令“花了很长时间讨论了(中国)内地税问题”，巴麦尊明确地告诉包令：“我们的主要目标之一应该是取消这类税收，至少要达到条约以前的情况。”②

除了改进输华商品质量、调整输华商品种类之外，英国资产阶级还希望政府能够与中国签订新的条约，为他们的对华贸易扫清障碍，以确保西方的工业产品能够真正占领中国市场。为此，他们急切觊觎的侵华权益一是迫使清政府开放更多的通商口岸，二是取消或最大限度地降低中国的内地税收。英国国会议员、伦敦东印度和中国协会主席格雷格森上书英国外交大臣克拉兰敦，呼吁：“现在需要一个新的条约！”并具体建议：“任何新条约的商定，必须为估定税款重新修改按价征收的税率，并期望获得在五口之外其他口岸贸易的许可，让中国各口岸船只同香港进行贸易，来作为英国臣民进入内地的交换……中国人以及其他各国商人全都能在几条大江河里自由航行，将是一个很大的方便。”③

当时，西方国家与中国之间除了正当的商品贸易之外，还有一个鸦片贸易问题。

西方资产阶级为了谋取重利并摧毁中国的自然经济，不惜向中国大量贩卖鸦片这种毒品。道光皇帝曾派钦差大臣林则徐赴广东查禁鸦片，于 1839 年 6 月在虎门海滩一举销毁了 2 万余箱④，英国遂以英商利益受到损害为借口于 1840 年 6 月发动了侵华战争。由于这次战争是因英国维护鸦片贸易而爆发的，所以历史上称之为鸦片战争。战争结束时签订的《南京条约》明确规定“以洋银六百万元偿补原价”⑤，但是，《南京条约》及其附约却并未就鸦片贸易问题作出进一步的规定。表面上看起来似乎让人难以理

① 严中平：《英国资产阶级纺织利益集团与两次鸦片战争的史料》，见经君健编：《严中平文集》，中国社会科学出版社 1996 年版，第 192 页。

②③ 齐思和等编：《第二次鸦片战争》(六)，上海人民出版社 1979 年版，第 24、19 页。

④ 确切数字是：林则徐共收缴鸦片 19 187 箱、2 119 麻袋，除将 8 箱作为样品呈送朝廷外，其余全部销毁，经逐箱逐袋过秤，共计净重 2 376 254 斤(16 两 1 斤的老秤)。

⑤ 梁为楫、郑则民主编：《中国近代不平等条约选编与介绍》，中国广播电视出版社 1993 年版，第 19 页。

解，其实，英国方面曾极力谋求鸦片贸易合法化，只是未能达到目的而已。

1841年2月26日，英国外交大臣巴麦尊即曾指示率领英国“东方远征军”侵华的全权大臣乔治·懿律、英国驻华商务监督兼副全权大臣查理·义律，“应努力同中国政府做出某种安排，以便允许将鸦片作为一项合法贸易的商品输入中国”。他还告诫他们“在把这个问题提交中国全权大臣的时候，你们应说明，允许将鸦片作为一项合法贸易的商品输入中国，不是你们奉命向中国政府提出的一项要求；而且你们讨论这个问题的方式不要促使中国全权大臣认为，女王陛下政府关于这个问题打算使用任何强制手段”；同时又要他们向中方代表讲清楚，“中国法律目前的状态是使该贸易不合法，而不合法的贸易总是伴随着暴力行为，那些被用来阻止该贸易的人们方面和那些从事经营该贸易的人们方面都采取这种行为。可是，中国兵船和英国走私者之间的斗争具有一个必然的趋势，那就是在英中两国政府间引起一些不友好的和令人为难的辩论；或不管怎样，在英中两国人民间造成和保持敌对情绪。因此，如果中国政府决定使鸦片在交纳十分公道的税课后输入合法化，以便使走私者失去力图不纳税而输入该商品的诱惑，那末，对两国之间的友好关系似乎可另增加很大的稳定性。而且，通过这个办法，中国政府所得的岁入显然可以大为增加，因为现在作为给海关官员的贿金而支付的款项将以税收的形式流入国库”①。

仔细揣摩巴麦尊的这项指令，我们大致可以得到如下信息：首先，由于鸦片毕竟是一种毒品，一直受到各方面（包括英国人士）的严厉谴责，但英国政府不打算放弃从鸦片贸易中获得的好处，却又不愿意公开承担支持商人向中国贩卖鸦片的责任，所以态度比较暧昧；其次，英国政府将一如既往地维护鸦片商人的利益，若清政府坚持禁烟政策，两国之间的矛盾冲突势所难免；再次，虽然中英双方将因鸦片走私而导致矛盾冲突的说法含有一定的威胁意味，但英方将主要以诱骗的方式达到鸦片贸易合法化的目的，并不准备为此而采用任何强制手段；复次，英方代表在谈判中以个人身份提出鸦片贸易合法化的建议，若为中方代表所接受，也不一定要正式写进中英即将签订的条约之中；最后，对于英方代表的个人建议，中方完全有可能加以拒绝，该项指令并未为此而规定英方将采取何项后续措施。

而在清政府方面，道光皇帝尽管在战与和的决策上时常拿不定主意，但

① 胡滨译：《英国档案有关鸦片战争资料选译》下册，中华书局1993年版，第720—721页。

对于禁止鸦片的态度却一直是比较坚定的。“1841 年 7 月 7 日和 1842 年 10 月 7 日，道光皇帝还命令向他报送烟犯的详细名单，严加惩处。”①

英国方面要求鸦片贸易合法化，清朝皇帝却坚持禁烟政策，双方立场的截然对立，大大增加了两国代表谈判的难度。对于英方代表来说，巴麦尊令其以个人身份提出鸦片贸易合法化的要求，且未说明遭到拒绝后怎么办，即便达不到目的，尚不至于要承担什么责任。而对于中方代表来说，不但要有理、有节地拒绝英方的要求，而且要就禁止鸦片问题与对方达成某种程度的默契，实在是太难了。下面我们将看到，中方谈判代表耆英在这个问题上表现出一种异乎寻常的特殊才能，着实令人叹为观止。

接任英国全权大臣的璞鼎查在签订《南京条约》的前三天（1842 年 8 月 26 日）试探性地提出了鸦片贸易问题，中方代表起先一致表示不愿讨论。璞鼎查声称“这只是当作私人谈话的题目，这便引起了他们的兴趣，他们急切地询问英国方面因何不禁止在英国属地内种植鸦片？因何不严加禁止这害人的贸易？因何对中国如此不公道？”于是，璞鼎查一面辩称禁止种植、贩运鸦片“不合乎英国宪法”，因而“是做不到的”；一面强词夺理地说：“鸦片问题应由你们自己负责，假使你们的人民是具有道德品质的，他们绝不会染此恶习；假如你们的官吏是廉洁守法的，鸦片便不会到你们国中来。所以在我们的领土以内，鸦片种植的前途，主要的责任是在中国，因为几乎印度所产的鸦片全销于中国。”居然要身受鸦片毒害的中国人为印度种植鸦片、英商贩卖鸦片承担责任，这是不折不扣的强盗逻辑，而在场的“中国代表们都承认这种说法颇能言之有理”②。由于中方代表无意识地将话题导向了鸦片贸易的责任方面，致使璞鼎查未能当场明确提出鸦片贸易合法化的建议。

次日，璞鼎查向中方代表耆英等正式提交了“关于鸦片问题的备忘录”，首先声明“欲英国政府在英领印度禁止鸦片种植是绝对不可能的”；继而断言“长期的经验证明中国政府并没有力量禁止购买鸦片，同样也无力阻止鸦片走私运入中国”；最后提出“解决这个困难问题只有一个方法，那就是由皇帝陛下降旨准许以物物交换方式销售鸦片，使之合法化，并且规定鸦片的关税，这种关税应该比任何其他商品的关税高得多”。耆英等了解了英方的意

① 严中平主编：《中国近代经济史 1840—1894》上册，人民出版社 1989 年版，第 101—102 页。

② 利洛：《缔约日记》，见中国近代史资料丛刊：《鸦片战争》（五），上海人民出版社 1957 年版，第 514、515 页。

图后复照称:“关于撤销鸦片禁令,此时不宜急于向朝廷禀奏。但是,中国官吏对于禁止鸦片的权力,当然只以不准中国军民吸食为限,至于各国商船是否载运鸦片,中国无须过问,也无须在这方面采取任何措施。”①

怎样理解耆英等这份照会的含义呢?事实上,“在南京谈判中,璞鼎查也向耆英作出过保证,说是他将向英商发布公告,凡英商前往非条约口岸去进行贸易者,都是非法行为,得由中国当局加以缉捕和没收。他还将派遣英国官船(炮舰)前去禁止此等非法行为”;“1843 年 1 月 16 日,璞鼎查信守他对耆英的诺言,也为了保全英国政府的面子,从香港发出一份禁止英商到非条约口岸进行走私的公告”②。耆英等照会的意思是,中国方面将把实施禁烟政策局限在“不准中国军民吸食”的范围内;至于各国商船载运鸦片,显然属于非法行为,应派英国官船加以禁止。按照这一思路,耆英后来曾照会璞鼎查称:“中国禁鸦片各条例,未尝禁及外国,亦犹贵公使之能禁英商,而不能兼禁各国也。……嗣后英国商人夹带鸦片者,应由贵使禁止进口;中国商民贩卖及吸食者,应由本大臣等转饬各该管官严行查拿,有犯必惩。其各国商人,应俟该国领事官到日,再由各海关照会,自为查禁,不准贩烟进口。”③

吸食鸦片

① 姚贤镐编:《中国近代对外贸易史资料 1840—1895》第一册,中华书局 1962 年版,第 415—416 页。
② 严中平主编:《中国近代经济史 1840—1894》上册,人民出版社 1989 年版,第 103—104 页。
③ 佐佐木正哉:《鸦片战争后の中英抗争》(资料篇稿),东京近代中国研究会 1964 年版,第 253—254 页。

吸食鸦片

耆英这种想法的来源可以追溯到鸦片战争前清朝统治阶级内部关于禁烟问题的讨论。当时，大多数人只是考虑怎样才能真正禁止西方殖民主义者向中国贩运鸦片，以“清源”的方式消除这种毒品的危害。而鸿胪寺卿黄爵滋却提出了“重治吸食”的办法，以“断流”的方式抵制鸦片的输入。他建议将吸食鸦片成瘾且于一年内不能戒除者处以死刑，怕死者都戒烟了，不畏死者被处死了，还有谁会购买鸦片？“贩烟之盛，由于食烟之众。无吸食自无兴贩，则外夷之烟自不来矣。”①耆英等希望由英国方面承担查禁贩运鸦片的职责当然是不现实的，但他们从鸦片屡禁不止的事实中也不难看出，若想由中国政府实现查禁贩运鸦片的目的同样是不现实的。而将禁烟限定于不准吸食的范围内，英国方面没有理由加以反对，双方较容易达成协议；按照这种说法，清政府仍没有放弃禁烟政策，对道光皇帝也有了交待。至于能不能真正禁止鸦片，其责任则不应由他们谈判代表来承担。

1843年6月，璞鼎查又向耆英提出，要他指定一两个口岸停泊鸦片船，以便于对鸦片贸易有所控制。他打算首先让中国当局非正式地把南澳或泉州辟为鸦片分销中心，然后在中英之间达成协议，英方负责让所有的鸦片船

① 黄爵滋：《黄少司寇奏疏》，见中国近代史资料丛刊：《鸦片战争》(一)，上海人民出版社1957年版，第487页。

都到这个中心去贸易，禁止它们前往其他任何非条约口岸去；中国当局也允许中国商人到这个中心去贩运鸦片。这是璞鼎查在无法实现鸦片贸易合法化的前提下，玩弄的一个骗局，其真实意图是：表面上这么做是为了把鸦片走私与合法贸易截然分开，实质上是为了造成中国政府批准鸦片贸易的事实，鸦片贸易一旦得到中国官方的允许，尽管无合法化之名，却有了合法化之实。

对于璞鼎查的这一要求，耆英居然未加拒绝，只是提出了一些限制条件，"要求英方保证每年只运进鸦片 3 万箱左右，限期 10 年，并预付鸦片税 300 万元"[①]。这么做的主要目的，是为了便于向朝廷奏报，一旦道光皇帝怪罪下来，他也可以用争得的条件减轻自己的罪责。但是，这些条件事实上却使英国政府成为向中国贩卖鸦片的第一责任者，而这一点恰恰是英国政府最忌讳的，璞鼎查当然不能答应。今天看来，耆英未必能洞悉璞鼎查的阴险用心，也不一定了解英国政府不愿公开出面支持鸦片贸易的政策，却误打误撞地击中了对方的要害，稀里糊涂地挫败了璞鼎查的阴谋。

稍后在中英商订《海关税则》期间，璞鼎查又令中文秘书兼翻译马礼逊(John Robert Morrison, 1814—1843；为区别于其父传教士马礼逊 Robert Morrison, 1782—1834，常称之为小马礼逊或马儒翰)对中方代表说：清政府对鸦片"禁之不为不严，而吸食如故，贩运如故"，"名为禁烟，实则免税。彼获厚利而不纳税，无怪乎愈禁而愈不止也。为今之计，与其禁之，不如税之。耆大臣若以此意入告，增税必多"。耆英有了上一次经验，自然不难应付了。他让参议税则的广东按察使黄恩彤答复马礼逊："奸民与奸商走私渔利由来已久，一旦弛禁，能必其进口报关，遵例纳税乎？诚恐徒有弛禁之名，仍无纳税之实，谁任其咎？公使(指璞鼎查)如必欲耆公奏请，莫若先纳税银五百万两作为一年定额，即由公使汇交"，"以后按年照额完纳，统归公使保交，或邀恩允准，亦未可知"。[②]由英国公使代交或担保鸦片税，事实上等于让英国政府承担贩卖鸦片的责任，璞鼎查不能接受中方的条件，英国在第二次鸦片战争前终未能实现鸦片贸易合法化的目的。

清政府坚持禁烟政策，耆英当然不可能将鸦片列入《海关税则》，向中国

① 严中平主编：《中国近代经济史 1840—1894》上册，人民出版社 1989 年版，第 105 页。

② 黄恩彤：《抚远纪略》，见中国近代史资料丛刊：《鸦片战争》(五)，上海人民出版社 1957 年版，第 422—423 页。

贩卖鸦片仍然只能以走私的方式进行。

璞鼎查未能使鸦片贸易合法化，不得不于1843年8月1日向英商发出公告，宣布："鸦片贸易违反中国法律，不在海关税则征税5%的未列名商品之内，谁向'条约口岸'运进鸦片，就得自担风险，得不到英国领事的保护。"①

英国政府还是要维护鸦片商人利益的。首先，璞鼎查的告示只是说不保护向"条约口岸"走私鸦片的行为，却没有说要查禁这种行为；尤其是告示并未涉及向非条约口岸走私鸦片问题，这很容易让鸦片商人感到向非条约口岸走私鸦片是允许的。其次，《南京条约》的附约《五口通商章程》规定，英商来华贸易实行领事报关制度，"英国商船一经到口停泊，其船主限一日之内，赴英国管事官（即领事）署中，将船牌、舱口单、报单各件交与管事官查阅收贮"；然后由领事"行文通知该口海关，将该船大小、可载若干吨、运来系何宗货物逐一声明，以凭抽验明确，准予开舱卸货，按例纳税"②。在此制度下，英商运来鸦片，若领事报关时加以隐瞒，则海关很难知道；即使中国官方得到消息欲加以查禁，也拿不出确切的合法证据，再加上中国官府的腐败，军队的懈怠，鸦片贩子大肆贿赂、武装走私，鸦片实际上已成为一种公开的、畅行无阻的走私物品，输华数量急剧增加。

但是，偶然也有例外。1844年1月，三艘英国商船"阿梅里亚"号、"迈茵盖"号、"威廉第四"号同时到达上海。"阿梅里亚"号向该国驻上海领事巴富尔申报进口一箱鸦片，巴富尔命令船主把鸦片抛入黄浦江。"迈茵盖"号向领事提供的报单未列入鸦片，真相暴露后，很快把鸦片转移到"威廉第四"号上。巴富尔不追究其走私鸦片的责任，仅以合法商品不按程序报关处理，对假造报单罚款1 700元，对私自开舱过载货物罚款1 500元。璞鼎查知道后，认为假造报单违反了条约规定，应该由领事处以罚款；而私自开舱过载鸦片，条约并无明文禁止，应由中国当局查禁，令巴富尔退还该项罚款，通知海关官员，禁止三船在上海贸易，令其出港。同年3月，英国商船"卡泰新尼安"号运载鸦片至广州贩卖。且不说鸦片是违犯中国禁令的毒品，即使按普通货物"偷漏走私"处理，《虎门条约》便已规定："倘访闻有偷漏走私之案，该

① 严中平主编：《中国近代经济史1840—1894》上册，人民出版社1989年版，第106页。

② 梁为楫、郑则民主编：《中国近代不平等条约选编与介绍》，中国广播电视出版社1993年版，第28页。

管事官即时通报中华地方官，以便本地方官捉拿，其偷漏之货，无论价值、品类全数查抄入官，并将偷漏之商船，或不许贸易，或俟其账目清后即严行驱出，均不稍为袒护。”①但英国驻广州领事李太郭有意包庇英商，并不通报中国当局，仅以该船未经领事同意私自卸载货物属违法行为，处以罚款500元。②

上述鸦片走私案件均以英国公使、领事处以少量罚款而简单了结，但事实表明：尽管英国公使、领事意存袒护，仍因英国商船装运鸦片而有所顾忌；一旦事情败露，为了避重就轻，不致让英商遭受更大损失，领事官不得不自行予以处罚。

1849年1月，继任英国驻上海领事阿礼国在“有关我们当前局势和我们与中国关系的意见书”中指出：中国人对于鸦片走私与鸦片贩子不法行为已经形成了普遍仇视心理，并认为英国政府随时可能为维护鸦片贸易而再次发动战争，这种看法成为英国外交官员与清朝统治者、中国人民建立良好关系的主要障碍。但是，“由于鸦片贩运事业已成为一种在中国投资的手段，所以庞大的资本，巨额的收入，以及与之密切联系的合法贸易都被卷入进去，这就排斥了任何歇业或是撤退的想法”。因此英国政府认为，解除鸦片贸易障碍的补救方法“看来除去公开合法化之外，另外没有什么可供两国政府加以取舍的。公开合法化将会解除它违禁品走私的性质，并可以为皇帝清洗对他的政权可能的公开谴责，同时还可以由此为他的国库提供一大笔财政收入”③。事实上，英国政府一直没有放弃促成鸦片贸易合法化的企图，从事对华贸易的英国资产阶级更是翘首等待着英国政府为他们取得“合法”经营鸦片贸易的权益。

让我们再来谈谈西方国家与中国的外交问题。

鸦片战争结束后，对于英、法、美等国来说，如何贯彻不平等条约中的具体条款、落实条约规定的侵华权益成为面临的首要问题。中国人民对侵略者的仇恨心理，清朝统治阶级对夷人的抵触情绪，都使贪得无厌的西方殖民主义者感到非常不满。中国与西方国家之间的外交关系也确实存在着一些需要调整的地方。

---

① 梁为楫、郑则民主编：《中国近代不平等条约选编与介绍》，中国广播电视出版社1993年版，第25页。

② 参见严中平主编：《中国近代经济史1840—1894》上册，人民出版社1989年版，第110—111页。

③ 齐思和等编：《第二次鸦片战争》(六)，上海人民出版社1979年版，第9、11页。

首先是外国人进入广州城的问题。

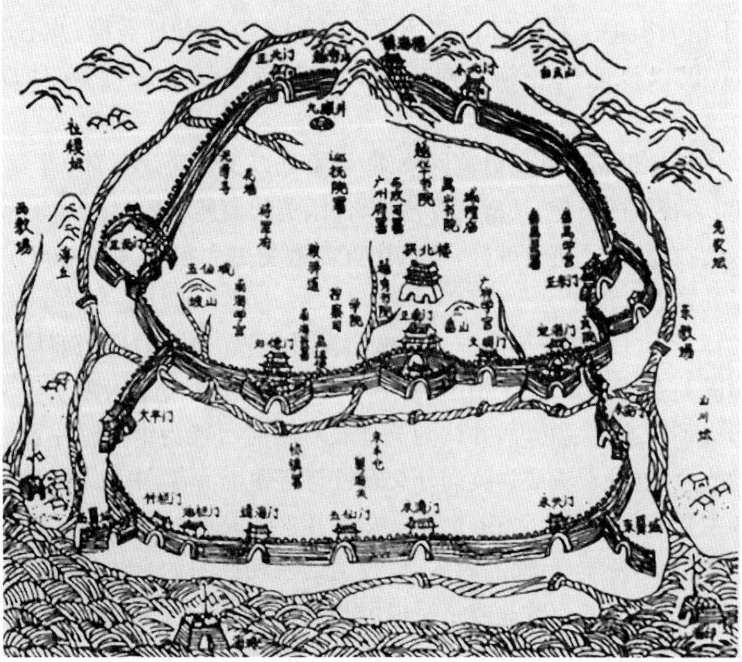

清代广州城示意图

在已经开放的口岸城市，允许外国人到城内观光、居住、建立商贸机构、从事商业活动，都是情理之中的事情。中英《南京条约》规定："自今以后，大皇帝恩准英国人民带同所属家眷，寄居大清沿海之广州、福州、厦门、宁波、上海等五处港口，贸易通商无碍；且大英国君主派设领事、管事等官住该五处城邑，管理商贾事宜，与各地方官公文往来。"《虎门条约》规定："广州等五港口英商或常川居住，或不时来往，均不可妄到乡间任意游行，更不可远入内地贸易，中华地方官应与英国管事官各就地方民情地势，议定界址，不许逾越，以期彼此永久相安。"①这一规定既可以满足英商在通商口岸贸易的基本需要，又对英人至口岸城市以外活动、"远入内地贸易"作了明确的限制，就当时情形而言，也是合乎情理的。在几乎没有旅游业可言、没有宾馆与饭店为外国人提供食宿之需的晚清时代，来华的外国人提出在口岸城市

① 梁为楫、郑则民主编：《中国近代不平等条约选编与介绍》，中国广播电视出版社1993年版，第19、24页。

“租地建房”的要求,也不算太过分。问题在于中国官方如何行使自己的主权,以什么方式出租土地,怎样有效地管理这些房产。至于各国在上海等口岸城市划分享有治外法权的“国中之国”租界,且一再拓展其占地面积,显然是扩大了条约规定的相关权益。这种情况的出现,一方面固然是由于西方殖民主义者的无理索求,另一方面也体现了清朝地方官员的愚昧无知、缺乏主权意识。

广州的情形恰恰与上海相反。1843 年,璞鼎查在与耆英商订《虎门条约》的过程中,一再提出要到广州城内会见清朝官员。耆英推却不过,准备以宴请的形式让璞鼎查进入广州城内。当地士民闻讯哗然,一时群情激愤,在籍内阁中书何有书等 80 余人联名上书反对。耆英见众怒难犯,乃照会璞鼎查说:“现在两国和好,毫无芥蒂,岂有城内城外之分?况江宁、福州、上海等处既可进城,何独广州不可?无如广东民风非江浙可比,自遭兵火之后,惊魂未定,易启猜嫌。……现在本大臣会同督抚转饬地方官设法开导,容俟开关贸易后,彼此相安,如有应行入城相商之件,自应会商。此中如有一语相欺,上帝鉴之。”①璞鼎查只得把进城问题搁置在一边。

继任英国驻华公使德庇时于 1845 年 3 月重提进入广州城的要求,且无论耆英如何解释,德庇时始终不肯罢休。鸦片战争后英军仍占领着舟山,《南京条约》规定:待清政府于 1845 年底交清赔款后,英军即由舟山退出。德庇时向英国外交部提出建议,即使清政府按时交清了赔款,英军仍占领舟山,直至广州入城问题解决为止。耆英感到了问题的严重性,一面奏请朝廷批准英人的入城之请,一面继续与英方交涉。他在私函中向德庇时诉说,若舟山不能按时归还,“我即无以自安其位”;而在正式照会中却声明:“英民入城一节,实未列入条约。查江南和约第二款载明,领事、管事等官住该五处城邑,专理商贾事宜,英人则带同家眷寄居五处港口,贸易通商,并未言及进城之事。即善后事宜内,亦未开载。请贵公使查阅自明。”②

耆英起先没有将入城当作什么了不起的大事,他本人既无意于阻拦,也不相信中国方面能够阻止得了,所以在照会璞鼎查时并未查阅条约,只是根据其他城市之先例,视入城为当然,不过是时间早晚不同而已。待见广东民众坚决不肯让步,德庇时甚至以英军继续占领舟山相要挟时,他在进退两难

①② 佐佐木正哉:《鸦片战争后の中英抗争》(资料篇稿),东京近代中国研究会 1964 年版,第 245、20 页。

之中才搬用了条约原文。

由于条约中文本使用了“港口”、“城邑”等不同字眼，当时的清朝官员、后来的一些学者曾反复论辩英国人是否享有“入城权”的问题。其实，中国当时无人精通英文，《南京条约》中文本是由马礼逊根据英文本翻译的，而英国起草的条约英文本是不可能让英国商人和领事住在城外的。有意思的是，参与缔约谈判的英国海军舰长利洛曾以嘲笑的口吻说：“在欧洲，外交家们极为重视的条约中的字句与语法，中国的代表们并不细加审查，一览即了。很容易看出来他们所焦虑的只是一个问题，就是我们赶紧离开。”①正是这些“并不细加审查”条约内容的中国谈判代表，抓住了极为重视条约“字句与语法”的欧洲外交家在条约措辞上的疏漏，让他们一度在法理上处于被动地位。

但德庇时避而不谈条约措辞问题，只是援引其他口岸的先例与耆英给璞鼎查的照会，坚决不肯退让。1846 年 1 月 13 日，耆英与广东巡抚黄恩彤联衔发布准许英人入城的告示。民众立即撕毁告示，“于城厢内外遍张揭帖，约以夷人入城之日，闭城起事”；听说广州知府刘浔赴英船密订进城日期，又“啸聚数千人”，闯入知府衙门，“搜其朝珠公服而焚之”②。德庇时感到广东当局确实难以保证英人入城后的安全，表示可以在清朝皇帝同意英人拥有进入广州城权利的前提下，推迟进城的时间。4 月，耆英与德庇时就英军退出舟山签订条约时，在条约中首先声明：“进粤城之议，中国大宪奉大皇帝谕旨，可以经久相安，方为妥协等因。此次地方官难管束粤省士民，故议定，一俟时形愈臻妥协，再准英人入城；然此一款虽暂迟延，断不可废止矣。”③一年后，德庇时以英国人在广东屡遭袭击为借口，调集英军于 36 小时内“攻克了和占领了虎门所有的主要炮台，并且在珠江上破坏了它的门户和炸毁了它的火药库之后，钉住了八百二十七门大炮的炮眼”。耆英被迫于 1847 年 4 月 6 日同意“自今日起两年后英国官员和人民可以自由进城”④。此后 10 个月不到，耆英即被内召进京，从此离开了广州。

---

① 利洛：《缔约日记》，见中国近代史资料丛刊：《鸦片战争》(五)，上海人民出版社 1957 年版，第 514 页。

② 夏燮：《中西纪事》，岳麓书社 1988 年版，第 166 页。

③ 王铁崖：《中外旧约章汇编》，生活·读书·新知三联书店 1957 年版，第 70 页。

④ 马士：《中华帝国对外关系史》第一卷，张汇文等译，生活·读书·新知三联书店 1957 年版，第 437—438 页。

1848年6月，新任英国驻华公使文翰两次照会继任两广总督徐广缙，要他预先安排好英人进城事宜。翌年2月，文翰两次会见徐广缙，坚持要按期履行进城之约，并要徐在请示朝廷后于4月1日前给予最后答复。接到徐广缙的奏报后，道光皇帝也觉得既有上海等城之先例，又有耆英两年前之成约，英人进入广州城之事已不可逆转，遂谕令徐广缙"酌量日期，暂令入城瞻仰"；不过要求"当坚明约束，经此次入城一游之后，不得习以为常，任意出入"。这段时间广州城郊民众团练至10余万人，日夜操练，誓不允英人入城。徐广缙与广东巡抚叶名琛等决定借用民众力量以阻止英人，并于3月27日奏报朝廷时解释道：阻止英国人进城，对方未必动用武力，即使动武也有民众的力量可资借用；允许英国人进城，民众一定要闹事，英国人亦将因受到伤害而索赔，必然会导致内外交讧之局面。道光皇帝只得表示"操纵之法，朕绝不为遥制"①。

转眼间4月1日已到，按约定徐广缙应该用朝廷的意见答复文翰，道光允许英人"入城一游"的上谕已不适用，"不为遥制"尚未到达，即使到了也不能据以拒绝英人的入城要求。于是，徐广缙决定假造"圣意"。他于是日照会文翰称：

> 本月初八日(3月31日)十二点钟恭奉大皇帝谕旨，以本大臣由驿驰奏贵国现议进城一节，谕以："设城所以卫民，卫民方能保国，民心之所向，即天命之所归。今广东百姓既心齐志定，不愿外国人进城，岂能遍贴誊黄，勉强晓谕？中国不能拂百姓以顺远人，外国亦应察民情而纾商力，更须严禁土匪，勿令乘机滋事，扰我居民。外国商人远涉重洋，总为安居乐业，亦当一体保护，庶几永敦和好，共享太平。钦此。"可见本大臣前与贵公使面议之言，非固执己见，即远奉谕旨，亦不出此公论也。为此照会②

文翰信以为真，同时也觉得粤民众怒难犯，随于4月2日发出通告："中国政府已拒绝履行女王陛下的前任全权大使与前任钦差大臣耆英所缔结的

① 《筹办夷务始末》道光朝卷七十九，续修四库全书本，第39、40、48页。

② 佐佐木正哉：《鸦片战争后の中英抗争》(资料篇稿)，东京近代中国研究会1964年版，第140页。

准许英国臣民于本月六日进入广州城内的条款。为此，女王陛下的全权大使等命令每个英国臣民不得在目前企图进入广州城内。"①但仍要求与英国驻广州领事包令一同至总督衙门会见广东督抚，徐广缙只同意在广州城外伍家仁信栈相见。文翰自觉没趣，于 4 月 9 日照会徐广缙："虽前任大臣耆结此约，又贵国皇帝已准为议，尚未成就也。所议之款，今如前未定，必须存候也。现时本大臣与贵大臣更不得辩论此事矣。"②

道光皇帝接到徐广缙的一系列奏报后，喜出望外，亲笔批示道："所办可嘉之至，朕心甚慰。如此棘手之事，卿不动声色，使彼自屈，较之军功，尤堪嘉尚"；"远胜十万之师，皆卿胸中之锦绣、干国之良谋，嘉悦之怀，笔难尽述也"。随即谕令："徐广缙著加恩赏给子爵，准其世袭，并赏戴双眼花翎；叶名琛著加恩赏给男爵，准其世袭，并赏戴花翎。"其他有功人员赏赐有差。皇上还表示要奖励广东民众，要徐、叶公开宣布谕旨，"俾家喻户晓，益励急公向上之心，共享乐业安居之福"③。

文翰 4 月 9 日照会中文本翻译得虽然不是很好，但基本意思还是相当清楚的，所谓进城之约"未定"、"存候"，"不得辩论"也明确限定为"现时"，都绝无永远放弃此项要求的含义。经常与英方照会往来的徐广缙不会看不懂的，但他却要借此大做文章。徐接到这份照会之初，因尚未形成定局，还不敢把话说过头了，4 月 13 日的奏折只是说："本月十五日(4 月 7 日)接据文酋照复，已属无可置辩，不得已，复以来署拜谒为词。"待大局已定后，他再于 18 日奏称，"二十二日(4 月 14 日)接据文酋照复：'现经议定，以后再不辩论进城之事'"④。蓄意推迟英方照会的日期，显然是为了瞒天过海，夸大自己的功劳。在徐广缙的蒙骗下，道光皇帝真的以为英国人已经彻底放弃了进城的要求。

进入广州城对于英国人来说并没有多少实际的好处，但是，不进入广州城却有可能给英国人带来不可估量的坏处。诚如英国驻上海领事阿礼国所言，"进城问题显然是一个原则性的问题，在商业的意义上并没有任何的实际利益"⑤。既然带有原则性，就不仅仅是"事关面子"的问题了。这一原则

---

① 广东省文史研究馆：《鸦片战争史料选译》，中华书局 1983 年版，第 486 页。
② 佐佐木正哉：《鸦片战争后の中英抗争》(资料篇稿)，东京近代中国研究会 1964 年版，第 144 页。
③ 《筹办夷务始末》道光朝卷八十，续修四库全书本，第 5、8、15、16 页。
④ 同上书，第 3、10 页。
⑤ 齐思和等编：《第二次鸦片战争》(六)，上海人民出版社 1979 年版，第 11 页。

性就是他们能不能完全落实不平等条约所规定的权益。在英国人看来，进城虽然是小事一桩，却能体现出中国方面有没有“信守条约”的诚意。如果中国人在这种小事情上都不愿让步，又怎么能保证他们会心甘情愿地把更重要的权益交给外国人？更让英国人担心的是：中国方面阻止外国人进入广州城也不是为了维护什么具体的利益，而只是出于对“夷人”的一种蔑视，仅仅是为了“严夷夏之防”，一旦成功，势必要助长普遍的排外情绪。假如轻易地放弃了进城的权利，就等于开了一个危险的先例。

广东民众对于“夷人”入城的危害并无确切的认识，多半出于不愿与“夷人”为伍的心理，特别是三元里抗英的经验让他们感到：哪怕是“夷人”，同样也“法”不责众。既然官府软弱无能，何不由他们来为战败求和出一口恶气！清朝统治阶级，甚至包括在谈判中曲意讨好外国人的耆英，虽然不得不屈服于英国人的坚船利炮，却难以化解根深蒂固的“天朝”情结，面对气焰嚣张的外国人，内心深处总是有一种难以言表的压抑感。由老百姓出面对抗英国人，对他们来说也是一种最好的选择，侥幸成功了，他们可以贪天功为己有；即使失败了，他们也可以借残杀“闹事”者以平息外国人的不满，把自己的责任推得一干二净。长年生活在皇宫高墙内的道光皇帝虽然间接地与“夷人”打了多年交道，其实并不了解“夷情”。多年来，几乎每一次关于“夷人”的奏报都是让他感到懊丧的，作为大清王朝的最高统治者，他心中的郁闷是不言而喻的。惟独这一次，居然不劳一兵、不费一饷，就成功地阻止了英人进入广州城的企图，惆怅的情怀不禁为之一舒。我们从他的批示中看到的是满怀喜悦之情，他本人也毫不掩饰地对军机大臣说：“卿等读朕硃批之语，具见朕忻慰之忱。”[①]若不是身为九五之尊，若非其已年近七旬，大概早已雀跃了！

但是，道光皇帝似乎没有想到，他对徐广缙等人的大肆褒奖，在英国人看来却充满了挑衅性。巴麦尊对于这一次英国人又未能进入广州城已经感到非常气恼，得知徐、叶被封爵后，认为清政府“似乎正在鼓励和激发广州人民对英国臣民的仇恨情绪”，不禁火冒三丈，立即照会表示抗议，声称：“如果情势需要，英国军队可以把整个广州城毁得片瓦不留，使该城人民受到最大的惩罚。”[②]同时致函清朝军机大臣穆彰阿等，说徐广缙“有贻危两国和好之

① 《筹办夷务始末》道光朝卷八十，续修四库全书本，第 8 页。

② 马士：《中华帝国对外关系史》第一卷，张汇文等译，生活·读书·新知三联书店 1957 年版，第 448 页。

处”，表示要“简派大员驰赴京都面议，商订其事”①。但英国人费尽九牛二虎之力、几经周折、历时约一年才将这文件送到大清朝廷时，道光皇帝早已带着几分满足感溘然长逝了。新登上皇帝宝座的咸丰态度更为强硬，不久，英国人刚刚在上海租界创办的英文报刊《北华捷报》（*North-China Herald*）刊登了一份上谕：

> 迩者夷人在天津之行径，实属桀骜侮慢已极，乃竟恬不知耻，径自投函枢臣。爰经叠降谕旨，饬勿庸予以复文，全然等闲视之。况礼有常规，凡国家官吏，均不得交通夷人，着该军机大臣等即勿予以置复，以免轻启该夷僭越无礼之渐。粤督徐广缙向来办事可靠，亦洞悉夷人之鬼蜮伎俩，且粤省为夷人首到之地，故今后凡此类事件，一体交由徐广缙查办。

这么一来，进入广州城问题成为横亘在中英关系间的一个最大的障碍。1850年，巴夏礼曾亲至英国外交部向巴麦尊当面汇报中国问题，明确地指出“广州进城权是整个困难的关键之所在”。谈话结束后，巴麦尊“用显然赞许的口气一再重复这句话”②。直到1855年7月，英国驻华公使包令仍然向外交大臣克拉兰敦报告说：“在广州入城问题解决之前，我们之间的关系能放在一种满意的基础上的希望是不大的。”③

其次是中外政府间的沟通问题。

中英《南京条约》规定：“嗣后大清大皇帝、大英国君主永存平和，所属华英人民彼此友睦，各住他国者必受该国保佑身家全安。”“英国住中国之总管大员，与大清大臣无论京内、京外者，有文书往来，用‘照会’字样；英国属员，用‘申陈’字样；大臣批复，用‘札行’字样；两国属员往来，必当平行照会。若两国商贾上达官宪，不在议内，仍用‘禀明’字样。”④英国方面认为，他们不但以战争的方式迫使清朝皇帝承认了英国君主与其平等的地位，而且以条

---

① 《筹办夷务始末》咸丰朝卷一，续修四库全书本，第12、13页。

② 马士：《中华帝国对外关系史》第一卷，张汇文等译，生活·读书·新知三联书店1957年版，第449、425页。

③ 齐思和等编：《第二次鸦片战争》(六)，上海人民出版社1979年版，第33页。

④ 梁为楫、郑则民主编：《中国近代不平等条约选编与介绍》，中国广播电视出版社1993年版，第20页。

约的方式规定了两国官员之间对应的平等关系，此后，英国驻华使、领人员就可以与中国官府正常地打交道了。

但是，清政府于五口相继开放之后，下令以两广总督兼任专管五口通商事宜的钦差大臣。福州、厦门、宁波、上海四口虽不在广东境内，其涉外事宜也由兼任通商大臣的两广总督统一管理、专门负责。道光皇帝的目的很明确，就是想把中外交涉限制于广州一地，以防止西方外交官员在中国到处招惹是非，更不想让他们随意进京骚扰朝廷。

第一个以两广总督兼任钦差大臣管理五口通商事务的是耆英。此前他曾于1843年6月乘英国炮艇前往香港访问，在香港见到璞鼎查时，"以一个老朋友的热情和真诚拥抱璞鼎查，来显示自己感染到璞鼎查款待的情谊"①。耆英此行不但参观了英国舰队司令的旗舰，出席了各种宴会，与英国人喝酒猜拳，而且送给璞鼎查一只金手镯，并接受了对方回赠的一柄英国宝剑和一条腰带，甚至与璞鼎查互相交换了各自夫人的画像，将璞鼎查的儿子收为义子，璞的儿子因此而更名为"弗雷德里克·耆英·璞鼎查"(Frederick Keying Pottinger)。尽管继任英国驻华公使德庇时对耆英的献媚不甚理睬，但仍承认"凡是欧洲国家派驻中国的代表接触过的人物中，耆英不但是品级最高，为人也是最值得尊敬的"②。1847年英国下院《小组委员会报告书》也称赞"耆英是一位杰出的政治家，在一切情况下，他都表现出他是一位和平交往的朋友"③。英国外交大臣阿伯丁甚至"训令德庇时：关于开放广州城的问题，无论做什么可能损害到耆英地位的事，都应该仔细考虑，因为广东人对于所有的外国人仇深似海，倘若耆英被迫去强制他们采取顺从的态度，他的处境将是十分困难的"④。

继任两广总督兼钦差大臣徐广缙对外国人的态度就比较傲慢了，英国驻华公使文翰于1848年4月与其会晤后，尽管对会见的礼仪感到满意，却感到他"寡言少语"。美国驻华公使戴维斯就没有那么幸运了，他于这一年

---

① 徐中约：《中国近代史——1600—2000，中国的奋斗》，世界图书出版公司北京公司2008年版，第193—194页。

② 马士：《中华帝国对外关系史》第一卷，张汇文等译，生活·读书·新知三联书店1957年版，第378页。

③ 严中平：《英国资产阶级纺织利益集团与两次鸦片战争的史料》，见经君健编：《严中平文集》，中国社会科学出版社1996年版，第182页。

④ 马士：《中华帝国对外关系史》第一卷，张汇文等译，生活·读书·新知三联书店1957年版，第427—428页。

来华履任，要求会见徐广缙呈递国书，徐答应于9月21日接见，美使乘船中途被大风所阻，第二天才赶到广州，徐故意加以责难，以挫其“骄纵之气”，并以公务繁忙为借口辞而不见。经再三交涉，直至戴维斯备文道歉后，徐广缙才与广东巡抚叶名琛一同接见了他。“这次会见于十月六日在外国商馆附近的一个仓库中举行”，徐广缙在会谈中与叶名琛“不断地自相交谈”，并“流露了不耐烦的神情”，“这两位高级官员的傲慢与轻视与他们前任耆英和黄恩彤的那种好问和温柔的态度是一个极鲜明的对照”。待叶名琛1852年接任两广总督兼钦差大臣后，对于外国公使的会见要求总是百般推托，法国公使“为了亲自会见在澳门等候了十五个月”；美国代办伯驾及其以后的两任公使马沙利、麦莲都曾一再提出会见要求，叶名琛不说不见，却总是以“一俟稍有暇晷，当即选定吉日”之类的托辞加以搪塞。马沙尔和麦莲先后前往南京“请求驻该地的总督将他的国书送呈北京”，两江总督也总是“把这事情推回给叶钦差，因为他是唯一奉圣旨办理夷务的官员”①。1854年5月，叶名琛同意“在城外广州河边浩官的仓库”接见英国公使包令，却因包令坚持要一道解决进入广州城问题，复照表示“除开在城内总督官衙的正式会见外，谢绝任何其他的会见”而未能兑现。②叶名琛的这种态度，使“他在西方的记述中成了一个表示死不交涉的代用词”③。

叶名琛对外国公使的这种“敬鬼神而远之”的态度，事实上隔断了中外之间的交往，包括西方国家与清政府之间的正常沟通，从表面上看，虽然可以暂时阻止列强提出无理要求，似乎可以避免一些不必要的麻烦，而实质上却使一些能够协调的中外矛盾也失去了化解的机会。随着中外矛盾的积压，特别是各国公使因无法履行自己的职责而郁积的愤怒情绪的不断增长，势必会促使列强对华采取战争政策。1848年12月，巴麦尊在与包令谈话时指出：“坚持与官方的接近确是应该加以提出的，要坚持到实现为止，即使运用威胁和武装部队也是在所不惜的。”1854年2月，克拉兰敦要求包令最好能争取到“与中国官方无限制的来往和自由进入一些中国城市特别是广州”的权利，认为“它们甚而是我们根据条约本应享有的”。当年4月，包令照会叶名琛提出：“为了履行条约中各条款的规定，两方政府间官吏的个人

---

① 马士：《中华帝国对外关系史》第一卷，张汇文等译，生活·读书·新知三联书店1957年版，第463—464页。

② 参见齐思和等编：《第二次鸦片战争》(六)，上海人民出版社1979年版，第29页。

③ 费正清等编：《剑桥中国晚清史》上卷，中国社会科学出版社1985年版，第265—266页。

和不受限制的来往是不可少的，且不说为了重要事务的处理，如果不需要的话，即使为了礼貌上的来往也是应该这样的。在那些这种惯例幸运地存在的口岸，它不是心甘情愿地给与而是常常强逼而来的。在福州和广州，要不是犯派遣低级官吏会见领事的错误，那便是完全拒绝会见，特别是以广州的情况来说，直到此刻，与高级官吏之间还是没有个人的来往。"①

再次是外国公使驻京问题。

古代中国一直没有将向邻国派遣常驻使节确定为一种制度。春秋战国时期诸侯国之间互派的驻使多带有人质性质，秦始皇就是其父异人（即秦庄襄王）在赵国做人质时生下的。西汉时期派遣苏武以中郎将持节出使匈奴，被扣留了19年后方获释回汉。17世纪后半期，西方国家基本确立了互派常驻使节的外交制度。但在中国，直到鸦片战争后的许多年间，对驻外使节所保持的还只是苏武牧羊之类的惨淡记忆。

苏武牧羊

苏武（前140—前60），字子卿，汉族，杜陵（今陕西西安东南）人。早年因其父苏建任代郡太守而荫封为郎（侍从皇帝的官），累迁至中郎将（统领皇家卫队的武官，品秩为"比二千石"）。当时汉朝与匈奴的关系时好时坏，匈奴先后扣留了10余批汉朝使节，汉朝也扣留有匈奴的使节。汉武帝天汉元年（前100年），匈奴刚刚即位的且鞮侯单于担心汉朝会兴师问罪，再次派使者前来求和，并将先前扣押的汉朝使臣全部送还。于是汉武帝也派苏武以中郎将身份率领100多名随员出使匈奴，送还被扣留的匈奴使臣，同时还带来了丰厚的礼物。正当苏武一行完成使命准备启程返回时，因受匈奴内乱牵连而被扣留。单于欲让苏武叛汉降归匈奴，派员向其游说，诱以高官厚禄，苏武严词拒绝，甚至不惜自杀以殉汉朝。单于下令将苏武关在一个大地窖里，并不准为他提供食品和饮水。时值严冬，一连几天下着鹅毛大雪，苏武渴了就吃一把雪，饿了就嚼皮袄上的羊皮，居然得以数日不死。单于惊以为神，不敢杀害苏武，于是决定把他流放到北海（今西伯利亚的贝加尔湖一带）去牧羊。行前，单于恶狠狠地对他说："等

① 齐思和等编：《第二次鸦片战争》（六），上海人民出版社1979年版，第24、25、26—27页。

到什么时候公羊产奶了(事实上是不可能的),才把你放回中原去。"并将苏武带来的随员全部与他隔离开来。

贝加尔湖地区的冬季每年长达5个月时间,平均气温低至零下38℃,到处都是冰雪连天,湖面冰层厚达60厘米,当地一片荒芜,人迹罕至。苏武孤身一人被流放到这里,陪伴他的只有匈奴交给他放牧的一小群公羊。但他仍然不忘记自己汉朝使节的身份,每天拿着那根作为汉朝使节凭信的节杖去放羊,连睡觉时都不丢下,久而久之,用以装饰节杖的牦牛尾巴上的毛全部都掉光了。为了有朝一日能够回到汉朝,苏武顽强地与恶劣的自然条件抗争,历尽了千辛万苦,冬季没有粮食吃,他甚至只能掘开野鼠的洞穴,寻找野鼠储存的野草籽来充饥。

汉昭帝继位后不久,与匈奴的新单于实行和好政策,并派员出使匈奴,顺便将苏武等人接回来,匈奴撒谎说苏武已死。后来苏武的随员常惠说动看守他的人一起夜见汉使,诉说了苏武坚贞不屈、忍辱在北海牧羊的情况,并教汉使怎样才便于讨回苏武。于是汉使会见单于时,按照常惠教他的办法对单于说:"汉朝天子在上林苑中射猎,射得一只大雁,脚上系着帛书,上面写着苏武在北海。"单于感到十分惊异,以为这是天意,只得向汉使道歉,并承认苏武确实还活着。随后释放了苏武与同样因不愿投降而被羁押的常惠等9人。

汉昭帝始元六年(前81)春,苏武一行回到了长安。苏武奉命出使匈奴时正当壮年,被匈奴扣留了19年之后胡须、头发全都白了,迎接他的人们望着这位须发苍苍、手持只剩下光杆子节杖的使者,无不为他的崇高气节而肃然起敬。为了表彰苏武的忠贞不贰,汉昭帝任命他为典属国,秩中二千石;赐钱二百万,官田二顷,住宅一座。随他一同回来的常惠等人也各有赏赐。

鸦片战争后期率领英国援军来华的璞鼎查,签订《南京条约》时在中文本中所列的头衔首先是"特派全权公使大臣",但他却并没有在中英条约中写明英国派遣来华的公使应该驻扎在什么地方。稍后,他以英国第一任香港总督兼首任驻华公使,便住在香港了。

代表美国来华的顾盛一开始是准备进京直接与大清朝廷谈判签约并呈递国书的。当时以广东巡抚护理两广总督的程矞采将这一消息奏报朝廷

香港区域图

后，引起了一片恐慌。因为在东方传统的“宗藩体制”下，所有的藩国使臣来华朝见中国皇帝，照例都得行三跪九叩的大礼；而鸦片战争前英国先后派遣来华的马戛尔尼、阿美士德却都坚决不肯行跪拜之礼，经过反复的讨价还价，前者以半跪之礼觐见了乾隆皇帝，后者则连嘉庆皇帝的面也没有见着。这一次，美国乘英国打败中国之机遣使前来议约，当然也不会愿意给中国的皇帝磕头。道光皇帝若予以迁就，势必会冲击传统的“宗藩体制”，动摇皇上在中国人心目中的至高无上的地位。清廷多方设法拦阻，并令两江总督耆英改任两广总督兼钦差大臣负责与美方议约，三个多月后，顾盛才照会耆英宣称：“复将此事再三思绎，方敢允肯停止北上，并藉此以显出本国欲立实和好之确据。然他日西洋别国倘有使臣进过京后，则凡所有本国使臣之到中国者，均应以格外恩礼款接北上。”①在随后签订的中美《望厦条约》中文本中，顾盛的头衔是“特派钦差全权大臣驻中华”，明显地属于常驻使节，但同样没有在条约中规定驻地，后来只能常驻于澳门。

法国使臣拉萼尼来华伊始即当面向耆英谈起：“西洋诸国若遇两相结好，必须各派使臣来往聘问，倘中国亦可仿办，伊国当遣使进京朝见，即留住

① 朱士嘉：《十九世纪美国侵华档案史料选辑》上册，中华书局 1959 年版，第 26—27 页。

京城，中国亦遣使至伊国都城驻扎，庶两国消息常通，方可互相帮助。”明确提出了公使常驻京城的要求。在耆英看来，朝廷连“进京”都不会同意，更不用说“驻京”了，“夷人”简直太不知天高地厚了！遂“因其越分妄求，当即折以定制，正言复绝”。因有美国要求进京被拒绝的先例，拉萼尼很快表示“如不能行，伊亦不复固请”。[①]于是，尽管他在中法《黄埔条约》中文本中所用的头衔是“钦差全权大臣超委公使”，也只能像美国公使一样驻在澳门了。

1845 年 12 月底，美国海军少将詹姆士·皮德尔与耆英交换了《望厦条约》批准书后，双方在谈论中英关系时，皮德尔“乘机向耆英指出：只要中国准许各国公使驻扎北京，它的处境就会好得多”。耆英对这一建议当然不可能予以正面的回答。随着英国人要求进入广州城的企图一次次落空，西方国家与中国的外交往来也受到了严重的影响，各国驻华使节都感到有与清朝中央政府直接打交道的必要性，纷纷向本国政府提出了公使驻京的建议。1847 年 9 月，英国人进入广州城的要求再次受挫之后，美国临时代办伯驾在写给总统布卡南的密函中预测：“在未来的十二个月或十五个月之内，英国会派一位公使驻扎北京，要求赔偿许许多多的损害”，并“力陈美国政府在‘帝国开始瓦解之前’，有立即采取行动，在北京派驻一位美国公使的必要”[②]。1849 年 4 月，法国公使陆英也向外交部报告说：英国方面认为“不到外国人能留驻中国首都，中国是不会真正对外国人开放的”，所以“英国人要在北京驻有代表，这是他们所有要求的目标”。次年 4 月，英国公使文翰正式向巴麦尊提出：应该争取公使驻京，“如果英国政府不能去北京，在南京或镇江建立使馆就可以不必在广州依赖变幻莫测的钦差大臣了”。[③]经驻华使节再三吁请，各国政府也逐步了解到了公使驻京的重要意义。英国国会议员、伦敦东印度和中国协会主席格雷格森曾在其给英国外交大臣克拉兰敦的上书中提出：“要是女王陛下能派遣一个一流的代表和全权使节去谈判一个新的条约，而且被认可永久地驻节在北京朝廷，那些作为周期性发生的可悲的地方性冲突，很可能今后会得以避免。”[④]

总之，鸦片战争后没多久，西方殖民主义者就开始觊觎新的对华通商权益了；同时，他们也期盼着能够通过公使驻京、中外政府官员之间的自由交

① 齐思和等编：《第二次鸦片战争》(一)，上海人民出版社 1979 年版，第 72、74 页。

② 丹涅特：《美国人在东亚》，商务印书馆 1959 年版，第 254—255 页。

③ W. C. Costin: *Great Britain and China (1833—1860)*, p. 140、p. 149.

④ 齐思和等编：《第二次鸦片战争》(六)，上海人民出版社 1979 年版，第 19 页。

往，与中国建立正常的外交关系，以确保不平等条约的内容能够全面落实，进而使他们的对华经济掠夺活动能得到保障。

1854年的交涉

英、法、美等国感到鸦片战争结束时签订的第一批条约取得的权益远远满足不了他们的现实需要。英国驻上海领事阿礼国认为："南京条约确定的狭窄的范围和很有限让步的原则，实际上是承认了过去的传统，它是无法改变那种仅是口头声明平等而事实上背道而驰的情况的。废除这种原则并重建一个不同的基础，看来是为我们政治上的平等所必需的，它将为一个有所改善的社会和商业的形势奠定良好的基础。"巴麦尊甚至明确指出："亨利·璞鼎查爵士犯了两个重大的错误：第一，是没有坚持要是条约发生任何疑义时，作为权威根据的应该是英文本而不是中文本；第二，是他没有要求被允许同香港进行贸易，应该包括所有口岸的船只，而不仅限于五个口岸。"[①]璞鼎查这个曾经风光一时的英国资产阶级心目中的"英雄"，居然变成了英国殖民史上的"罪人"。

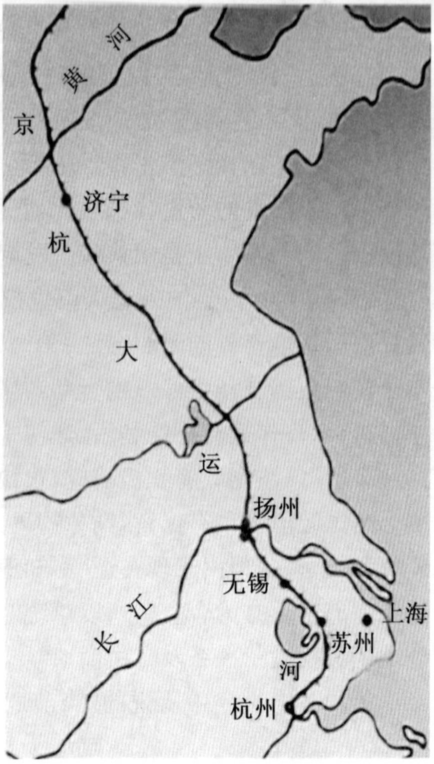

京杭大运河南段示意图

怎样才能改变这种状况呢？英国的《晨报》上刊登的一篇文章宣称："不能再相信和中国所签订的条约，显而易见的是，只有动用武器，只有通过大量牺牲鲜血和消耗金钱的代价才能够在那里发展贸易。"这种赤裸裸的战争叫嚣充满了凶残性和血腥味。阿礼国则主张："在中国这样一个幅员广大、

① 齐思和等编：《第二次鸦片战争》(六)，上海人民出版社1979年版，第7、24页。

人口众多的帝国中，不经一战而能够包围和有力地封锁其首都，好处是很大的。只要在早春时候，当北京正依靠漕船的到达来储备一年供应的时刻，派遣一个小型舰队到大运河口，便能够发生效力。这是较之摧毁中国内地或沿口岸的二十个城市更为有效的一种威胁办法。要是他身旁朝官和百姓是挨饿的，皇帝所能作出的选择只有逃跑或是让步。”这当然也是一种武力讹诈。1850 年 9 月，英国人进入广州城的企图屡屡受挫之后，巴麦尊在其亲笔起草的一份文书中毫不掩饰地扬言，要将“大棒”确实地打在中国人的背上。①随后要其属下具体弄清楚，在哪一个季节实行封锁可以最有效地截断运河航道，阻止南方各省将粮食运往天津和北京。其再次发动侵华战争的意图已经相当明显。

次年巴麦尊去职后，英国政府的对华态度有所变化。继任外交大臣格兰威尔训令代理英国驻华公使包令“要谨慎从事，避免与中国当局作一切有刺激性的讨论，并且，除非情形紧急，在没有事前向国内请示之前，不得采用武力办法”。1852 年 7 月，英国政府更加具体地要求包令“不得提出任何像准许英国臣民进入广州城那样的问题，就是你本人也不必企图进入该城”②。当然，英国政府决不会放弃侵略中国的政策，只是由于英、法与俄国争夺巴尔干半岛的矛盾日趋激化而无力东顾，更多地倾向于采用外交手段解决中国的问题。于是很快带头发起了与清政府之间的修约交涉。

1853 年 5 月，英国外交大臣克拉兰敦函令驻华公使文翰为下一年的修约提前做好准备。同时照会法、美两国政府，希望他们通力合作，训令其驻华公使与英国驻华公使一致行动，“采取适当方针，以期对于当前危机所给予的机会，得作最充分的利用，俾使中华帝国普遍开放给世界各文明国家的商业企业”。法国政府积极响应，很快要求其驻华公使在外交上必须效法英国。美国政府则稍有保留，国务卿玛西通知驻华公使马沙利：总统对英国的建议深表赞许，但由于现在还“不知道英国当局究竟认为采取什么方法来促进所抱的宗旨方为合宜”，所以总统“没有命令你和他们合作，而只是命令你和他们保持诚挚关系及自由商谈”③。

英国政府训令中所说的“当前危机”，指的是太平天国起义。1853 年 3

---

① 参见齐思和等编：《第二次鸦片战争》(六)，上海人民出版社 1979 年版，第 21、8、18 页。

② 马士：《中华帝国对外关系史》第一卷，张汇文等译，生活·读书·新知三联书店 1957 年版，第 453、454 页。

③ 丹涅特：《美国人在东亚》，商务印书馆 1959 年版，第 187 页。

月19日太平军攻占南京，并将南京改称天京，定为都城，形成了与大清王朝遥相对峙的局面。这当然会成为影响到西方各国对华政策的重要因素。

当太平军由武昌东下时，英国驻上海领事阿礼国认为“除非有外力援助”，否则，“这个皇朝必然覆灭”。他迫不及待地建议英国公使文翰促使英国政府“以无限制进出最僻远的禁区为条件，把皇帝从迫在眉睫的瓦解情势中援救出来，从而大大地扩张自己的活动领域”。他断言：“凭三四只轮船与兵舰，英国只要小有作为，便会产生决定性作用。”随即，江苏巡抚杨文定令苏松太道吴健彰照会阿礼国，请求他派遣英国兵船“百合花”号驶入长江，拦截太平军。阿礼国感到，清朝官方的求援，使英国的干涉行动具备了合法性，这不啻是天赐良机。他立即密报文翰：“我相信，时机已到，谁也说不定这个时机将怎样转瞬即逝。毁灭性的战争正在迅速地摧毁一个稳固政府的一切基础，也正在破坏商务的一切命脉。大不列颠一国，或是在中国海滩有舰队的三个外强联合起来，去制止这个毁灭性的战争，趁（中国）皇帝还据有能够缔结条约的地位时，向他取得这种干涉的报酬。过去经验可以说明，为了通商利益，为了永久维持友好关系，究竟我们需要取得何种利益，我坚决相信无限制进入内地和沿海一切口岸，在北京建立直接外交关系，以及鸦片的合法化，都是当前可以获得的权益，并且，满可以在今后两个月以内，用正式条约获致之。”①对于西方国家而言，抓住这稍纵即逝的时机，实行一种积极的干涉政策，通过镇压太平天国、挽救大清王朝的危亡，来换取他们梦寐以求的侵略权益，前景确实是很诱人的。文翰一面请示本国政府，如果清政府方面由耆英、琦善之类的高级官员出面，请求英国帮助其平定叛乱，他有权给予何种程度的援助；一面赶赴上海，以便于及时掌握第一手情况，亲临现场指挥。

3月21日，文翰到达上海，太平军已在两天前占领了南京。3月25日，翻译官麦迪乐向阿礼国汇报了有关前线战事的情报，并根据情报得出自己的判断说：“以事实而论，清帝在中国南半部之权力现已完全丧失，无可恢复矣。外国人如左袒满人而加以干涉，仅足以延长战争，益增扰乱以至无限期而已。反之，如能听其自然，不加干涉，则扬子江流域及南方各省，大约快归于一个完全中国人的政府所统治，成为一个内部强盛的国家，而依据旧有的

① 严中平：《太平天国初期英国的侵华政策》，见经君健编：《严中平文集》，中国社会科学出版社1996年版，第391—392、394页。

民族政策以施行治道焉。”战场形势的急转直下，使文翰等感到西方国家有了不止一种选择的可能。那么，按照阿礼国原先的策划，立即帮助清政府镇压太平天国是否为明智之举？如果像麦迪乐所说的，太平天国很快将建立一个拥有扬子江流域与南方各省的强盛政权，以外国现有的在华军事力量是否足以抗拒？太平天国政权对西方国家是何态度，能否从他们手中取得更多的侵略权益？鉴于当时的形势尚不够明朗，文翰也感到：与其冒着失败的风险帮助清政府镇压太平天国，倒不如先静观事态的发展，待探明太平天国方面的虚实再作决定。于是，他决定暂时在清政府与太平天国之间采取“中立”政策，一方面拒绝了清朝官员予以援助的多次请求，另一方面向英国政府报告说，“吾已决定：在任何形式下，绝不左袒中国政府而加以干涉。因为吾信吾之干涉，虽或在最初时似可得完全不同之结果，但适足以延长其战争而已”①。

文翰并未消极等待局势的发展。他于4月22日亲赴太平天国都城天京（即南京），经过10多天的实地考察，感到太平军具有较强的战斗力，“显得是一个比一向所想象的还要可怕的团体”；太平天国与清王朝之间的战争谁胜谁负一时还很难断定，“从任何观点看，中立乃最为切要的办法”。接到克拉兰敦有关“修约”的指示后，文翰于8月上旬复函提出了异议：“再没有比当前危机中商订新约更为不合时宜了”，原因是太平天国与清王朝之间胜负未分，一时无法确定谈判、签约的对象。按照英国政府所下达的“修约”指令，谈判的对象应该是清政府。如果与清朝皇帝签约，一则，“订这个条约的头一个条件就是给他援助以压服叛党”，从当时情形看，英国所给予的“必须是很大规模的援助。而如果叛党的势力广泛而辽远地扩张起来，人民大众又普遍地愿意拥戴他们为统治者，这种大规模的援助也是没有效果的。花了大量金钱，毫无目标，只不过面对叛党，把我们自己送上一个非常尴尬的地位而已”，就是说，尽管有英国的援助，清政府也未必能战胜太平天国；二则，“如果我们援助现在的政府，而最后却是叛党成功了，那我们在中国的地位就极其狼狈了”；三则，清朝皇帝的对外态度根本没有改变，“和皇帝打交道，我们会发现他和从前一样傲慢自大”，以他为谈判对手未必能如愿以偿；四则，清朝官员“请求援助，从来没有以适当的方式、适当的精神提出过，就连他们也一定会知道那样经手人物和提出方法不是我们所乐意的”，以军事

① 王重民等编：《太平天国》（六），神州国光社1952年版，第885、882页。

援助换取侵略权益并无切实的保障。文翰接着说:“我承认我看不出当前斗争有迅速结束之望,如果叛军占领北京,则将有多年的不利于我们商务的战争。但纵使如此,我也认为遇有适当的机会和叛党协商时,我们从叛党手里所可获得的政治与商务利益,也大可超过皇党(指清朝统治阶级)。”总之,“我认为现在根本不必去谈和帝国政府缔结新约的事情”。由于“我们对于叛军的将来动向与北方的局势并无积极的认识,因而我们所可作为者,也只限于注意局势的发展。多等一些时候,如果不是惟一的政策,也是最聪敏的政策”。①英国政府完全同意文翰的看法,希望他在太平天国与清政府之间保持严格的中立,并说这是当时环境下的最确当和最谨慎的方针。基本上放弃了阿礼国原先提出的以镇压太平天国从清政府方面换取侵略权益的干涉政策。

法国驻华公使布尔布隆一开始也认为太平天国起义为西方国家干涉中国内政提供了极好的时机,建议本国政府派兵来华,以武力支持向清政府换取最大的侵华权益。但法国政府正在全力应付西方的局势,积极准备与英国一起为争夺巴尔干半岛而对俄一战,因而指示布尔布隆在华采取“中立”政策,但希望他能够弄清楚,应该怎样具体把握对华政策的尺度对法国最有利。为此,布尔布隆亦于 11 月 30 日前往天京,经过两个星期的考察,感到太平军纪律严明,天京城内秩序井然,太平天国统治区域内的天主教徒也没有受到无端的骚扰,完全赞同法国政府所采取的“中立”政策。

美国新任驻华公使马沙利于 1853 年 1 月底到达广州,要求会见叶名琛呈递国书未达目的,很快于 3 月 27 日赶到上海,4 月 2 日抢先前往天京,因乘坐的轮船中途触礁搁浅而未果。他综合各方面的情报,认为太平天国即使成功也不一定会带来什么有益的变化,尽管清朝君臣无能、无知而又自负,但美国政府仍然应该通过维护清王朝的统治,来向其索取高价的报酬。于是,他一面建议美国政府倡导国际干涉以结束中国内部的战争,一面直接向两江总督怡良提出了“修约”要求。而美国政府却决定在华实行“中立”政策,并以马沙利的态度违背了这一政策而于 10 月间任命麦莲接替了驻华公使职务。美国国务卿玛西训令麦莲:必须将扩大在华商业特权作为首要任务,至于在政治上,则完全可以采取比较现实的态度,“中国正在进行的革命

① 严中平:《太平天国初期英国的侵华政策》,见经君健编:《严中平文集》,中国社会科学出版社 1996 年版,第 405、411—412 页。

运动如果成功，国家政权转入其他人的手中的话，在你自由处理权的范围以内，你要承认实际上的政府，并以这个国家现有政府的地位对待它。如果这个幅员广大、人口众多的帝国出现分裂，组成几个政府，而在它们控制的地区以内，形势稳定，那么，对每一个政府，你要以美国外交代表的身份出现，并和它们分别地谈判这些条约"①。

1854年2月13日，克拉兰敦再次向新任驻华公使兼香港总督包令发出了"修约"的指令，并具体地开出了英国政府的条件：

1. 争取广泛地进入中华帝国的整个内地，以及沿海各城。

如这一点做不到，则：争取扬子江的自由航行，并进入沿江两岸直到南京为止（包括南京在内）的各城以及浙江省沿海人烟稠密的各大城。

2. 实行鸦片贸易的合法化。

3. 规定不得在外国进口的货物上，和为向外国出口而购买的货物上，课征内地税或子口税。

4. 规定对中国沿海海盗行为的有效取缔。

5. 如果可能，制定中国劳工向外移民的办法。

6. 争取英国国主得有一位代表长久而光明正大地驻节在北京朝廷。

如果这一点争取不到，则：规定女王陛下的代表和中国政府枢要间的习常公文往来，并充分保证公文的传递不受地方官宪的阻截。

7. 规定在女王陛下的代表与该代表临时驻在省份的巡抚之间，得应任何一方面的请求而随时会晤。

8. 规定在行将缔结的条约的措辞中，一切疑点都应参照英文本解决，并且仅以英文本为准。②

同时还授权包令可以自行增加一些条款，"你对于中国事务的长期经验会使你想到其他宜予规定的各点，关于这些点，你可以自行斟酌"。当然，克拉兰敦也考虑到，中国当局可能会以太平天国起义方兴未艾、大清王朝正处

① 茅家琦：《太平天国对外关系史》，人民出版社1984年版，第73—74页。

② 马士：《中华帝国对外关系史》第一卷，张汇文等译，生活·读书·新知三联书店1957年版，第767—768页。

于风雨飘摇之中为借口而拒绝修约。针对这一点，他指示包令："你应该最能辨别这种借口的正确性，但是你应该在无论何种情况之下，都争取到对我们在未来的八月二十九日要求修约权利的一种承认"，"即纵然我们因考虑到帝国政府的窘迫，愿意不立即坚决要求我们的权利，可是我们并不因为我们的宽容而被剥夺了日后坚持这种要求的机会"。就是说，即使这一次因为太平天国起义的原因未能达到修约的目的，至少也要争取到定期修约的权利。他解释说，"把修约延迟相当的期间，确乎是会有一些好处的：第一，我们将会有更好的方法来推断变乱的可能结果，并能据以策划我们的谈判"；第二，清朝官员"为求各外国对帝国的同情而在上海所表现的焦急情形，已证明了他们的妄自尊大实际上已不复存在"，即太平天国起义有利于打破"以往妨阻扩大对外交往的那些藩篱"；第三，如果英国的"这一行动在时间上与中法和中美条约的修订更接近一些"，"我们可以希望英、法、美交涉人员的通力合作，将会比这三国中的任何一国单独去做，都更能影响中国政府去励行对目前情事的改进"。并提醒他仍要注意"在敌对双方之间遵守严格的中立"[①]。同时，克拉兰敦要求英国驻法、美两国公使将上述指令的基本精神分别转告各自的驻在国政府，希望他们予以配合。

英国驻华公使包令

4月13日，包令至香港履总督任，当即备文通知了两广总督兼钦差大臣叶名琛。当月25日，在未接到对方答复的情况下，包令再次照会叶名琛，首先提出：是年"闰七月初六日为万年和约议定扣计十二年期满，按照善后条约第八条所载，凡有新施予及各国者，英人亦一体同邀之词，自可援佛兰西、亚美利加二国条款，向贵国确要，以前所定和约，重行订酌会议也"[②]；接着罗列了进入广州城、茶叶免抽厘金、广州城

① 马士：《中华帝国对外关系史》第一卷，张汇文等译，生活·读书·新知三联书店1957年11月版，第765、766页。

② 佐佐木正哉：《鸦片战争后の中英抗争》（资料篇稿），东京近代中国研究会1964年版，第184页。

郊租地、两国官员正常往来、清理华人拖欠英商款项、处理英人被击被盗事件等六个方面的交涉内容，最后宣称："我不得不向阁下要求一次尽早的会见，以便我们可以考虑一下如何才能够最好地来巩固我们和我们政府、国家间的很好感情。只能有一种方式的接待，即在广州城内和在你的官邸内。我知道这件事曾经是一个长期和使人恼火的讨论题目，也许它会由于你同意接待我而告终结。"①

照会中的"万年和约"指《南京条约》，签订于1842年8月29日；"闰七月初六日"说的是农历，1854年的这一天公历为8月29日，即《南京条约》签订12年期满之日；"善后条约"即《虎门条约》，其中的第八条是有关片面最惠国待遇的规定；"佛兰西"即法国，"亚美利加"即美国，"援佛兰西、亚美利加二国条款"意思是，修约的权利援引自《黄埔条约》、《望厦条约》相关条款的规定。

尽管这段话中文翻译得不太好，其中要求修约的主要意思还是相当明确的，叶名琛不应该看不懂。但他在5月7日回复的照会中，避而不谈修约问题，只是逐条驳斥了包令列举的六大遗案，表示同意于5月22日"在广州城外河边浩官(原'十三行'之一怡和行的行主伍崇曜)的仓库"即仁信栈房会见包令。5月11日，包令又一次照会叶名琛，除进一步陈述要求清政府解决上述六个方面问题的理由外，还特别提醒叶名琛：修约问题是很重要的，如果你不作答复，我将视为默许，并以此报告本国政府；同时申明，双方的正式会见只能在广州城内的总督衙门进行，其他地点、其他方式的会见都将遭到拒绝。包令还要前往广州送照会的麦华陀在与接待他的清朝官员的交谈中，寻找适当的机会谈谈太平天国起义造成的混乱状况，以及上海、厦门的清朝地方官都曾向驻扎当地的英国领事提出过援助的要求，即暗示清政府可以考虑以修约换取西方国家对于镇压太平天国的军事支持。

包令的这份照会使叶名琛无法再回避"修约"问题了。不过，他自以为很聪明地让麦华陀在谈话中以协同镇压太平天国为诱饵骗取清方对修约的认同，却恰恰是弄巧成拙。因为叶名琛早在一年多以前获悉西方国家将提出修约要求时，即已认定他们的意图是乘太平天国起义之机趁火打劫，麦华陀的谈话正好验证了他的这种想法。叶名琛的内心深处不免要为自己的先见之明而感到得意，既然"夷人"的图谋早已在吾意料之中，我倒要看看他们

① 齐思和等编：《第二次鸦片战争》(六)，上海人民出版社1979年版，第27页。

到底能玩出什么新花样。该“夷”使俩不过如此，早已洞悉先机的堂堂“天朝”钦差大臣难道还有什么应付不了的？所以他在回复英方时只是轻描淡写地说：到时候再说吧。

包令对于叶名琛不会干脆答应修约要求还是有一定思想准备的，他决定北上，先到上海看看是否有什么机会，顺便再了解一下太平天国方面的情况。

在上海最先向当地官员提出修约要求的是美国驻华公使。美国公使麦莲先于包令在是年3月抵达广州，也未能见到叶名琛，随于4月下旬赶到上海，5月初会见了江苏布政使吉尔杭阿、苏松太道吴健彰，提出要会见两江总督怡良，面商修约事宜，若见不到怡良，就只好派人至天津交涉；同时通报清方：他将去太平天国占领区考察。5月21日，麦莲前往天京，半个月后回到上海，得到的主要印象是：太平天国可能取得胜利，但太平天国的胜利决非列强之福音。在此认识基础之上，麦莲除继续奉行“中立”政策外，并基本确定必须以清政府为修约的谈判对手。他很快约请苏松太道吴健彰至美国领事馆见面，说明自己要求会见怡良的主要意图：由于受太平天国起义影响，美国输华商品大量积压，商人亏赔不堪，希望清政府能够开放长江流域，让美国商人进入内地贸易；美国方面可以协同清政府镇压太平军，打通贸易渠道。他进而解释说：这么做固然是为了挽回美国在华商务，同时也是为了改进两国关系，并无其他用意。清朝官员用不着怀疑我，因为：一则，若不是实心帮助清政府，我根本不需要去见怡良，完全可以独断独行，径自让美商进入长江流域与太平天国贸易；二则，我若心怀叵测，打算与太平天国合作，则上次前往太平天国占领区域考察，就不会事先通知你们了；三则，南京、镇江的太平军都愿意与本国贸易，我如果答应，太平天国会给予我们超出五口通商以外的权益。他最后以威胁的口吻说：假如清政府不同意上述要求，美国总统不可能坐视不问的，一定会自行设法保全美国在华商务的。

吴健彰认为麦莲说得很有几分道理。他禀报怡良说：仔细推敲麦莲说的话，好像是真的，麦莲去南京之前曾向我们打了招呼，从南京回来后又要求与总督会谈，应该不至于心怀叵测；所说美国总统自行设法保全美国在华商务，也不能不防，以免遗患于将来。他希望怡良仿照古人“用外夷以除内患”。当时在吉尔杭阿军营①办理文案的吴煦看法与吴健彰相同，他在写给

① 1853年9月刘丽川领导小刀会起义占领了上海县城，当时江苏布政使吉尔杭阿正在督师围攻上海。

松江府海防同知蓝蔚雯的私信中更加明确地说："英以犯顺而得五口，米(美)以效顺而通江路，于理并不相悖。将计就计，设法笼络，未始非抚夷之一法也"；如果不从其请，说不定美国人真的会自行进入长江流域；接下来将会有两种可能：一是"驱逐丑类，自立码头，不复能承中国之命"，即虽然可以赶走太平军，但是美国人用武力夺取的通商口岸，就不会听命于大清王朝了。二是"或竟与粤逆勾结，裂土分据"，即支持太平天国割据南方，形成与清王朝长期对峙的局面，其后果尤"不堪设想"。他认为当时清王朝面临的形势已十分危殆，"譬之人患剧症，已入膏肓，非芒硝、大黄不治，不得不用也，病后或生癖疥，无损于人也。今之米酋，芒硝、大黄是也；长江通商，癖疥是也；药虽峻烈，可冀立起沉疴。若恐病后癖疥，不敢投此峻剂，直是坐视不救矣"。[①]当然，这只是他们自己的私人看法，既不可能改变清政府的决策，也不可能左右当地督抚的言行。

经怡良同意，吴健彰、蓝蔚雯陪同麦莲前往江苏昆山，于6月21日会见了怡良。会谈中，麦莲首先提出要求怡良代为奏请清廷允准美国商人进入长江流域贸易，"所有入江货物"美方"自能保护"；倘不为代奏，"只得径赴天津"。怡良回答说：进入长江内地贸易超出了中美《望厦条约》的规定，不能代奏；因太平天国北伐军打到了直隶(今河北)边界，当地民众为抵御太平军而举办的团练不下10余万人，若麦莲等贸然北上，被其误伤，清政府不负责任；"直隶总督无管理夷务之责"，未必会同意与其相见，麦莲即使到了天津也是徒劳无益；只要清政府镇压了太平天国，肃清了长江江面，商务自然会有起色，美方无需提出什么新要求。麦莲又提出，《望厦条约》有"十二年后准予酌量变通"的规定，现已为期不远，若两江总督没有修约的权力，"即请奏明钦派重权大臣前来"，以便"酌商定议"。怡良驳斥道：条约规定的是"所有贸易及海面各款恐不无稍有变通，应俟十二年后公平酌办"[②]；"既云'海面各款'，则江河陆路断不在内"；"既云'稍有变通'，则不过就五口之中，因时制宜，略为斟酌，必非大有更改"；"天朝制度，君尊臣卑，从无全权臣子，广东钦差大臣管理各国事务，即属钦派大臣，未便另行渎请"。次日，麦莲向怡良递交了一份照会，重申了前一天的谈话内容，声称若清政府准许外国商人

① 太平天国历史博物馆编：《吴煦档案选编》(四)，江苏人民出版社1983年版，第375、376—377页。

② 条约原文为"所有贸易及海面各款恐不无稍有变通之处，应俟十二年后，两国派员公平酌办"。

进入内地贸易，仅上海一个港口每年即可增加500余万税收，并承诺“如蒙奏准，自当襄助中华削平反侧”，“否则奏明本国，自行设法办理”，美商将进入内地不加区别地与所有的中国进行贸易，即与太平天国贸易，若有不合清方意愿之处，“咎在华官”。怡良奏报朝廷说：美国人“平日尚称恭顺，此次乘间要求，虽有助顺之语，断难凭信”；内地通商要求，美国“倡议于前”，英、法等国“恐将效尤于后”，长江本为天堑之险，若让外国人任意出入，“必致贻患将来”，肯定不能答应。但“该酋所请，既不允为转奏，若并不许为转咨，未免操之过急，倘或径赴长江，转觉抚驭为难”。当时各地督抚办理外交事宜不敢不及时将有关情况奏报皇上，也不敢不经请示皇上即擅自作出决定。但咸丰皇帝觉得，由他亲自过问“夷务”有失身份，也不能让外国公使动不动就向他提出要求，所以命令各地督抚以“夷人”要求过于无礼为借口，说自己不敢上奏。怡良的意思是说，他拒绝了麦莲代为转奏皇上的请求，却已答应可以咨告中央政府部门的官员。同时，“饬令回粤，听候叶名琛查办”①。

让麦莲回广东，在怡良说来，似乎是顺理成章的；而对于麦莲来说，却是难于接受的。麦莲回上海后，曾当面对吉尔杭阿说：“前在广东求见总督，总未见面，是广东断无可商，决计不复再往”。他进一步表示，若清政府同意开放长江流域，“伊国情愿随同官兵从上海起一路剿办逆匪，开通长江”；现因怡良不为代奏，“伊国不能自误买卖，惟有自入长江”；又说他将与包令“各驾本国兵船同赴天津，将一切事宜上告朝廷”②，随后将后一层意思照会通知了怡良。

包令于6月9日到达上海，很快于15日派他的儿子卢因·包令与麦华陀一同前往天京，20多天后才返回上海。他们认为：太平天国领导人并不具备开放意识，也无意于发展商业，而且是极端排外的，他们对待外国人的傲慢无礼甚至超过了清政府中的满族官员。包令向克拉兰敦汇报说：太平天国起义对于长江流域的开放是不利的，英国政府只有与清朝官员交涉，才能取得这一区域的商业市场。英国驻上海领事阿礼国照会吴健彰，要求会见两江总督。怡良以其接见麦莲、马沙利是因为他们“均以面递国书为词”；包令未说携有国书，遂加以拒绝。7月3日，包令会见了江苏巡抚许乃钊③

① 《筹办夷务始末》咸丰朝卷八，续修四库全书本，第19—21页。

② 同上书，第33—34页。

③ 许乃钊于7月7日（六月十三日）被革职，由吉尔杭阿继任江苏巡抚。

与吉尔杭阿，提出英国“货物滞销，欲至苏州贸易”。许乃钊答以“此非条约所有，不独江苏督抚不能代奏，即两广钦差大臣亦断不能做主”。旋因双方发生争执，不欢而散。包令又递送节略，说《南京条约》将届12年期满，要求许乃钊等“奏请钦派便宜行事之重权大臣前来上海会议，准其于五口之外任往他处贸易”，“否则该酋即亲自赴京”。许乃钊等答称：“该国原定条约内并无十二年后变通章程之文”，并让其回粤“听候两广叶制台查办”。7月15日，包令照会怡良说“本国给有敕书，若蒙钦差大臣面商要务，方可互观”。怡良复照称“中华与外国现无可商之事”①。

麦莲本来是坚决不愿回广东与叶名琛交涉的，经吉尔杭阿等反复劝说，直至“保证叶钦差已接奉上谕，饬令承办外国公使们的建议”②，特别是包令也因要赶回香港处理紧急公务，不能与他一同北上，才勉强同意南下，并声明：“如至广东叶制台仍不见面，必当仍来上海，再赴天津，约计闰七月二十三日(9月15日)可以到此。”③

包令和麦莲回到广州时，法、美两国政府要其驻华公使协同英国公使实现修约目标的指令已经到达。8月下旬，英、美、法三国公使相继照会叶名琛，要求与他在广州城内或香港会谈修约事宜。叶名琛给英、美公使的回复虽然表示可以在海珠炮台或停泊于广州城外的英国军舰上与他们见面，却又说“天朝臣下无权，但知谨守成约，其重大事件，必须奏明请旨”。法国公使布尔布隆甚至没有接到叶的复文。叶名琛委派知州张崇恪、知县陈宜之先与英、美领事会见，以便于对他与公使的会谈做好具体安排。张崇恪、陈宜之“面见翻译人，口称叶总督并未奉有谕旨办理变通事宜”④。麦莲等原在上海见吉尔杭阿信誓旦旦地作了保证，以为叶名琛真的接到了新的旨意；现在见叶名琛的态度一如既往，且从侧面了解到皇上并未向他下达修约的指令，于是决定还是北上，直接与北京政府交涉。

9月下旬，英、美、法三国公使联樯抵达上海。9月30日，江苏巡抚吉尔杭阿等至英国驻上海领事馆会见三国公使。麦莲首先介绍了广州交涉的情况，说叶名琛既未奉到修约的谕令，“同一位无权处理这件事情的人

---

① 《筹办夷务始末》咸丰朝卷八，续修四库全书本，第23、30、31、26页。

② 马士：《中华帝国对外关系史》第一卷，张汇文等译，生活·读书·新知三联书店1957年版，第774页。

③ 《筹办夷务始末》咸丰朝卷八，续修四库全书本，第34页。

④ 《筹办夷务始末》咸丰朝卷九，续修四库全书本，第2页。

进行商谈，无异浪费时间”。接着，布尔布隆说到“他在离开澳门之前，曾对中国钦差的不礼貌提出正式抗议”，这种不礼貌行为“已经使他惊愕不置”，并对“天主教徒在内地所受的虐待”等问题表示不满。包令在谈话中明确地告诉吉尔杭阿，“他们希求这次会晤的唯一目的，就是告诉巡抚，他们已决定同往白河，并力求获得通过朝廷大员向皇帝本人表达意见的机会”。吉尔杭阿解释说，“他绝不敢擅称皇上已颁有这样的上谕”，假传圣旨是要被处以死刑的；可能是叶名琛委派的人“应负传言错误之责”，[1]希望公使们暂时不要北上，他可以把他们的要求奏明皇上。公使们表示会郑重考虑他的意见。10月3日，三国公使至新闸清军大营回拜吉尔杭阿时正式通知他：他们已决定北上。吉尔杭阿于再三劝阻无效后，所能做的也只有尽快奏报皇上了。

由于“法国海军司令（因巡洋舰‘贞德’号受伤的结果，已没有其他可以悬挂司令旗的兵船）已拒绝把‘柯拜尔’号轮船交由布尔布隆先生调度”[2]，法国公使仅派翻译哥士耆随同英、美公使北上。10月15日，包令、麦莲一行到达大沽口外。当时，直隶总督驻扎保定，清政府在天津设置的级别最高的文官是长芦盐政文谦，武官是天津镇总兵双锐。接到大沽协副将洪志高的禀报后，他们立即一面奏报朝廷，一面偕同署理天津道钱炘和星夜赶往大沽口。他们议定：先由双锐与钱炘和会见“夷人”，“俟续有约见时”，文谦再出面，“既与体制稍示区别，遇有拒绝之处，亦可指称辗转”。17日，麦华陀、伯驾等按约定来到大沽炮台前，双锐与钱炘和问明来意后说：“直隶总督向不管理夷务，尔等既有申诉实情，天津现有钦派巡防大臣（指文谦），或可代恳酌商。”次日，文谦至炮台前与“夷人”相见，麦华陀要求代为奏请皇上，准许英、美公使“到京见天朝大臣，申诉一切，变通条约，实于中外大有益处。倘不允为代奏”，“其前立万年条约竟成废纸矣”。文谦回答道：“既系万年和约，自宜永远奉行，何得复请变通？”至于公使“欲至京申诉一节，不惟无此办法，本巡防亦未便代奏”。21日，双方再次会见。文谦按照咸丰皇帝的旨意询问对方有何具体要求，麦华陀、伯驾拿出开列有公使驻京等条款的节略，文谦逐条驳斥。麦华陀等说明他们并不

① 马士：《中华帝国对外关系史》第一卷，张汇文等译，生活·读书·新知三联书店1957年版，第771、772、774页。

② 同上书，第769—770页。

是谈判代表，节略中的内容须与公使商办。文谦要见公使，麦华陀等说"非钦派大臣，难以相见"。[①]25日，麦华陀、伯驾照会催促文谦等尽快将奏报皇上的结果通知他们，倘不准进京，他们将于两天后南下。

10月31日，咸丰皇帝所派前任长芦盐政崇纶到达大沽口。本来，咸丰皇帝将崇纶交直隶总督桂良"差委"，要桂良在面授机宜后，"即可饬令该员会同文谦等妥速筹办"；崇纶也自称"系总督差委之员"。[②]麦华陀等所说英、美公使要见的"钦派大臣"，原指咸丰皇帝为修约一事而特派的全权代表。崇纶虽然是皇帝"钦派"的，实际上却是以直隶总督属员的身份来大沽协助文谦等人的，既无"钦差大臣"头衔，又不具备全权资格。双锐、钱炘和等有意以其冒充"钦差大臣"，糊弄外国人，事先即放出口风说朝廷将派"大员不日来津查询"，并郑重地告诉麦华陀等："必须公使包令、麦莲始能与之相见。"[③]崇纶自然也乐得体验一下"钦差大臣"的角色，自以为这是勇于为君父分忧，并没有觉得有什么不妥。

11月3日，崇纶等在大沽炮台前临时搭建的蓝布帐篷中接见了英、美公使及其随员。包令递交了所开节略，胪列修约要求18条：

> 一、英国钦派大臣驻扎京师。
>
> 二、准英人随意往内地各处并海滨各城邑。
>
> 三、以天津为贸易通商港口，派领事官驻扎。
>
> 四、英国钦奉全权公使大臣欲与海疆各省总宪相晤会，自应于署内照平仪接见；其管事、领事等官遇有必须进见者，亦应于署内照接晤；粤东省垣亦在此条内。
>
> 五、两国派委员将通商税则会同辑修变通；又将鸦片土一项，准其一律进口，报税公允。
>
> 六、凡于贸易诸港口之间，准英船装运货物往来无碍。
>
> 七、凡有进口货运至内地，并出口货运至海滨，除五港照税则纳税外，俱不得在内地关津重行征税，总宜流通，无有阻滞。
>
> 八、定明各式洋钱价值，无论何项大小式洋银、洋元俱准按照分两

① 《筹办夷务始末》咸丰朝卷九，续修四库全书本，第11、15—16、27页。

② 齐思和等编：《第二次鸦片战争》(三)，上海人民出版社1979年版，第32、41页。

③ 《筹办夷务始末》咸丰朝卷九，续修四库全书本，第34页。

成色轻重行用。

九、彼此会同设法肃清海滨盗匪。

十、中土人涉海迁居他国者，彼此会同设法建立章程，以资控御周详，稽查严密。

十一、应请专行诏谕各省大吏，凡有英人购买地段，总应勤助交易成全，写立地契存案为据。

十二、应请专行诏谕各省大吏，将英人身体性命财产妥为保护。

十三、应请专行诏谕各省大吏，凡有英人被中土人诓骗财物或别受屈枉者，速即立为查追伸理。

十四、所有近年粤省加抽茶用每担二钱之款，应即停止；其在前已交之项俱应照数付还英国，即在上海未纳税项内扣抵。

十五、道光二十七年二月间，前大臣耆英立约定期准英人进入粤东省垣，应请大皇帝特颁诏旨，著为如约办理。

十六、兹立新条之后，倘有切要之故，亟需变通者，自将新条重新酌改，总以十二年为期，复为重酌订。

十七、在各贸易港口处所设法建立官栈，暂存候销货物，以使不合销售者仍行出口，终能合售，亦按则纳税。

十八、立兹条约，当以英字为确据；或彼此将汉文、英文各卷均立花押，以杜舛谬。

麦莲所递节略，提出修约要求 11 条，主要内容为：

1. 合众国钦差大臣凡到五港之一，必须与该省督抚交往文移，遇有会晤，必须在该次所会之中国或合众官宪衙署相会。

2. 任从合众国人租赁住房及办事处所或租地自行建造，如中土本国之人一般。

3. 遇有中国与合众国民人相争，由两国官员会同审讯，两造各归所属之国官宪判断究办。

4. 合众国民人货物在五港口内已经纳清税饷者，准其运往五港口内之别港售卖，免其重征，遇有特设运货船只曾经请领牌照者，即准其任意往来。

5. 无论何国银两，均应按照成色轻重交收；即合众国之金钱，亦应按成色行用。金银互易，当以十五换为率(即 15∶1)。

6. 征收出口货物税，不得逾货价加一，入口货税，不得过五分。

7. 凡经合众国大伯理玺天德达知大皇帝，若皆彼此以为合理，即应将条约随时重行酌议。

8. 合众国商民凡载货至通商五港者，准其暂行存屯官栈，由该商与中国税关看守，即不用上税，但寄囤不得逾三年之期。

9. 豁免合众国商民 1853 年 9 月 7 日至 1854 年 7 月 12 日应在上海海关交纳的欠税，作为广东滥抽茶税的抵偿。

10. 合众商人既将货物载至上海完纳税饷后，准其或用木船，或雇中国船只，运入扬子江一带，不得限制阻挠；合众民人任意往来、住居中国内地各处，并准其租屋及建造住房，设立医馆、礼拜堂及殡葬之所；合众国钦派便宜行事大臣或别样有权办事之员驻扎中国京都，可与首相学士或朝廷往来。

11. 中国与合众民人自行携带之两国土产及制造之物应准免税入口；中国沿海捕鱼、采矿等业，亦准合众民人一体均沾其利。①

随同英、美公使北上的法国翻译哥士耆没有提交节略，仅在口头上支持英国的修约要求，并对中国官员的拖延作风与缺乏礼貌表示不满。随后又备文要求释放在陕西盩厔(今周至)被当地官府捉拿、关押的法国传教士方神父。

崇纶先已声明：如果英、法所提要求确实对双方都有益，才能“奏明办理”；“如与中国事多窒碍，本大臣若率行人代奏，我皇上必治以冒渎之罪”。待英、法公使拿出所拟节略后，又声称要带回去仔细研究后，再予以书面答复。事实上，他当即奏报了皇上，认为：英、美“所求变通条约各节，固多荒谬，若竟一一无所遂，必致羞忿而返，虽不敢遽肆鸱张，惟南氛未靖，倘再暗生诡谲，办理更为棘手”。他建议“将该夷呈出清折内，察有情理可原者，择出数条，交办理夷务督抚大臣查照原立条约，悉心酌核，妥为查办，以示怀柔之意”。②

咸丰皇帝览奏后，很快颁下上谕说：“该夷呈出变通清折所开各条均属荒谬已极，必须逐层指驳，以杜其无厌之求。”仅表示：“民夷相争，原有成约

① 《筹办夷务始末》咸丰朝卷九，续修四库全书本，第 41—47 页。

② 同上书，第 37—38、39 页。

可稽，近来地方官有无审断不公，准其行查该督抚秉公办理；上海匪徒滋事，贸易维艰，如果夷商因此赔累，欲免欠税，朕抚驭中外，柔远为怀，原不准稍从减免，但应如何核减之处，亦须由该省督抚查明酌办；至广东茶税，据称滥抽每担二钱，天津亦无成案可考，必须由两广总督办理。以上三款尚可允其查办。"要"崇纶等即作为己意，据理晓谕"后，"一面允其代奏，一面饬令回粤"①。

崇纶于11月8日照会英、美公使时，连咸丰允许"查办"的三款，也只是说"尚近情理，或有可商"。包令、麦莲复照表示"殊滋痛惜"②，将请示本国政府下一步该怎么办，遂于三天后颓然南下。

这一次英、美公使北上修约活动就这么无功而返了。

1856年的交涉

1854年11月中旬包令、麦莲等由大沽南下经过上海时，曾当面告诉江苏巡抚吉尔杭阿说：崇纶对他们的要求"止准三款，皆不关紧要，其重大事件仍未代奏"。他们对这些枝节问题兴趣不大，"亦无可再议"③，只有等待本国政府的指示了，并"有且至六年(咸丰六年，即1856年)再来定议之说"④。

未几，麦莲辞职，美国政府于1855年9月命伯驾接任驻华公使。伯驾早年攻读神学和医学，1831年毕业于耶鲁大学，3年后以医务传教士的身份来华，曾于广州开办广济眼科医院，鸦片战争后以翻译身份参与了签订中美《望厦条约》的谈判，翌年起一直担任美国驻华使馆中文秘书兼翻译，曾多次充任美国驻华代办，可以说是一个"中国通"。美国政府要求他于《望厦条约》签订12年期满之际与清政府谈判修约，"训令他设法争取下述三点让步：(一)准许外交官员驻扎北京；(二)无限制扩大贸易的范围；(三)取消一切对人身自由的限制"⑤。为慎重起见，美国政府为他准备了一份全权证书和一份美国总统皮尔斯致清朝皇帝的国书，并授权在他赴任途中绕道伦敦

① 《筹办夷务始末》咸丰朝卷九，续修四库全书本，第40—41页。
② 齐思和等编：《第二次鸦片战争》(三)，上海人民出版社1979年版，第58页。
③ 《筹办夷务始末》咸丰朝卷十，续修四库全书本，第1页。
④ 《筹办夷务始末》咸丰朝卷十二，续修四库全书本，第29页。
⑤ 丹涅特：《美国人在东亚》，商务印书馆1959年版，第242页。

和巴黎，争取英、法两国对华采取共同的政策。

1855年10月26日，伯驾在伦敦拜访了英国外交大臣克拉兰敦，申明：美国政府希望英、法、美三国能够继续采取一致的对华政策和行动；建议英国舰队开进渤海湾，作为三国公使修约谈判的武力声援。克拉兰敦表示愿意向国会提出三国在华同盟问题，答应克里米亚战争结束后可以让英国驻华舰队开赴直隶沿海停泊两个星期。11月，伯驾又至巴黎会晤法国外长瓦尔斯基，陈述了同样的意见和要求。瓦尔斯基也表示无保留地赞成法国海军进驻渤海湾的建议，并很快致函驻英法国大使佩西尼，指出伯驾向他转达的美国政府的建议是符合英、法、美三国在华利益的，与英、法两国政府1854年给驻华公使的指令精神也是基本一致的，要佩西尼先与克拉兰敦就三国代表所提要求的形式和范围进行磋商，并达成一致意见，然后他再向驻华公使发出指示，“并授以必要的权力”①。

克里米亚战争

克里米亚战争(Crimean War)，又称克里木战争，是英、法、俄等国为争夺巴尔干半岛控制权而在欧洲爆发的一场战争。

19世纪中期，奥斯曼土耳其帝国在巴尔干半岛的统治已经摇摇欲坠，欧洲列强纷纷觊觎这一地区。俄国向奥斯曼帝国提出要在宗教“圣地”建立俄国的保护地，以便于保护奥斯曼帝国境内的东正教徒，土耳其苏丹拒绝了俄国的无理要求，英、法也反对俄国向巴尔干半岛扩张。俄国以此为借口，与奥斯曼帝国断交，并采取军事行动，于1853年7月出兵占领多瑙河流域的土耳其附属国。当年10月，奥斯曼土耳其帝国向俄罗斯宣战。在巴尔干，土耳其军队凭借优势兵力击败入侵的俄军，迫使俄军于1854年6月撤出所侵占的摩尔多瓦、瓦拉几亚两公国；但是在高加索，向圣尼古拉发起进攻的土耳其军队于1853年11月受挫，12月被俄军击败，第二年7月俄军击溃在高加索的土耳其军主力；在黑海，俄国的黑海舰队于1853年11月在锡诺普海战中全歼土耳其分舰队，一举掌握黑海制海权。

① 齐思和等编：《第二次鸦片战争》(六)，上海人民出版社1979年版，第46页。

为了遏制俄国向巴尔干半岛扩张的势头，英、法于1854年1月将舰队开进黑海，并分别于3月27日、28日向俄国宣战。6月，英法联军在克里米亚半岛的瓦尔纳登陆，海军将俄国舰队封锁在塞瓦斯托波尔。9月，英、法与土耳其组织联军向侵占克里米亚半岛的俄军发起大举进攻，联军很快突破俄军的防线，逼近塞瓦斯托波尔。自1854年10月至1855年9月，英、法、土联军与俄军在塞瓦斯托波尔展开了为期近11个月的激战，双方的损失都相当惨重。联军先后于1854年11月、1855年8月再次击退俄军的大规模反攻，俄军亦曾于1855年6月挫败联军对塞瓦斯托波尔的强攻，此战最终以英、法、土联军于1855年9月8日攻占塞瓦斯托波尔而告结束，英、法与土耳其取得了战役的胜利。1855年双方还在高加索的卡斯进行了激战，6月俄军包围了卡斯城，尽管于9月发起的攻城之战受挫，俄军仍坚持围困该城，直至11月土军投降。

1856年3月30日：奥斯曼土耳其帝国、英国、法国、萨丁尼亚王国、奥地利、普鲁士与俄罗斯签署《巴黎条约》，正式结束了克里米亚战争。俄国被迫放弃此前占领的所有地区，奥斯曼土耳其帝国的领域暂时得到了保证，并宣布黑海中立化，各国均不得在黑海内驻军。俄国向黑海地区扩张的长期努力前功尽弃。

英、法两国的支持，让伯驾感到信心倍增。他于当年12月底抵达香港后，立即向英国驻华公使包令和法国驻华临时代办顾思通报了他与克拉兰敦、瓦尔斯基会谈的情况，希望他们能配合美国的修约活动。

1856年1月，伯驾一面照会叶名琛，提出要与他在广州城内的总督衙门相见，呈递国书；一面照会江苏巡抚吉尔杭阿，说自己已经“接办该国公使事务，现已到粤，待该国火轮兵船到来，即赴上海将条约重行酌议”。叶名琛拖了10多天后，才复照说他本人“刻无暇晷”，抽不出时间与其相见。吉尔杭阿也复照称：“五口通商事宜均应归钦差大臣两广总督查办，江苏省不能搀越”，条约若有应议之处，应“就近呈请两广总督查办，不必徒劳往返”①；况且，本人现正在镇江督师剿办太平军，伯驾即使来到上海，他也不能返沪与其会谈。

① 《筹办夷务始末》咸丰朝卷十二，续修四库全书本，第29页。

曾任驻华公使的美国传教士伯驾医生

伯驾早已预料到叶名琛不会与他相见，于是把谈判的希望寄托在上海方面，未曾想到吉尔杭阿也对他加以拒绝，并要他“呈请”叶名琛“查办”。他当然知道：叶名琛自接任两广总督兼钦差大臣以来，尚不曾会见过任何一位外国公使，就像一座泰山“石敢当”一样横亘在西方国家和大清王朝之间。既然未能轻易绕开，他只好尝试一下，看能否从正面跨越这道障碍。3 月 8 日，伯驾再次照会叶名琛，在历数其前任马沙利、麦莲求见被拒的遭遇后，指日发誓：“可以断定，不再忍受这种对待的日子就要到来！”表示一定要与叶名琛在两广总督衙门或停泊在黄埔的法国兵船“范得利”号上会晤，以递交国书并商谈有关修约事宜，倘仍不遂所请，“诚恐难免不幸之端”①。但叶名琛仍然丝毫不为所动。既然在广州和上海都没有谈判的可能，伯驾感到只有北上京城才能解决问题。

5 月 2 日，伯驾又一次照会叶名琛，不再提会见之事，只是通知叶：今年 7 月 3 日(六月初二日)中美《望厦条约》签订已满 12 年，他将于 7 月初起程进京谈判修订条约，希望叶尽快代为奏请朝廷，早日选派具有便宜行事之权的谈判代表，做好修约准备。稍后，包令接到英国政府的训令，要他“和法、美两国委员一致行动，以便促致中国政府以令人满意的方法履行它对于如期修订它和三国条约约定的义务，同意缔约国在北京设置外交使节，并给外国商业开放中国的一切口岸”，便于 5 月中旬照会叶名琛，表示支持美国的修约行动，英国将根据最惠国条款而“一体均沾”美国新得到的权益，要求叶“早日具情入奏”。顾思虽然尚未收到法国政府的明确训令，但为与英、美两

① 朱士嘉：《十九世纪美国侵华档案史料选辑》上册，中华书局 1959 年版，第 64 页。

国公使保持一致，也于6月上旬照会叶名琛，声明“法国政府完全支持其他两国政府对于伸雪冤抑的要求，而三国之间又存在有极其亲密的关系”，根据条约法国亦应享有最惠国待遇。叶名琛一直拖到6月30日才复照伯驾表示可以代奏，劝他不必北上。同时答复顾思，“现有的条约条文并没有任何修改的理由”，如果圣上“赐以特权，豁免或恩惠加于一国”，法国自然可以共享这些恩赐。①

伯驾在广州开办的博济医院

法国外长瓦尔斯基给顾思的训令是：必须把公使驻京列为修约谈判的首要条件，“只要外交使团一旦获得长期驻节北京的权利，那末最困难的事情也就算办到了”，“只要争得这一让步，他们也就能够等待时机，提出别的要求。所以您应该竭尽全力以争得这第一点要求，只有在达到此目的后，您才能提出其他要求。在其他要求中，您应该立即去争取的是在三国政府所在地建立中国使团，而该三国政府派遣代表长期驻节北京的权利也将得到承认”②。美国方面也将修约要求具体调整为：

> 第一，常驻公使于北京。
> 第二，中国公使常驻于巴黎、伦敦和华盛顿。
> 第三，商业关系的推广。
> 第四，普遍的舆论自由。
> 第五，一切法庭的改良。

包令评价说：本人对于第二项要求虽然“并不反对”，但“也不认为这会

① 参见马士：《中华帝国对外关系史》第一卷，张汇文等译，生活·读书·新知三联书店1957年版，第782、470页。

② 齐思和等编：《第二次鸦片战争》(六)，上海人民出版社1979年版，第47页。

是中国方面所希求的”；而最后两项却是出自伯驾“最仁慈的建议”，短期内很难实现，如中国的“法庭已形成一种制度，而它的坚韧性已经是经历一百多代滋长出来的”，要改变它“远非我的才智所能及”。他认为“我们应该满足于一种比较实际和不抱奢望的谈判”①。

7月1日，伯驾乘坐“利凡特”号前往上海，打算沿途访问厦门、福州、宁波后，在上海等待美国海军准将阿姆斯壮率蒸汽巡洋舰“圣·贾辛托”号抵达后，再一同北上。行前，他备文向包令通报了自己的计划，说是“要在八月二十日到九月一日之间率同那时可供利用的这一支美国海军力量前往北直隶湾，目的是要打开修订《望厦条约》的谈判”，表示期待“殷切盼望的西方三大国方面的共同一致行动可得实现”②。途经福州时，伯驾约见了闽浙总督王懿德，要求将其所携有关修约的国书代为转呈朝廷。咸丰皇帝接到王懿德代呈国书的奏折后，大为不满，训斥王懿德：“该夷狡诈成性，遇事生风，固不可过于峻拒，激成事端；亦岂可一味通融，授之以柄？”他仿照前年对怡良、崇纶等人的做法，一面“正言拒绝，告以一切夷务皆广东办理，他省不能入奏，令其将原件赍回广东；一面照抄密奏，不使知悉，方为得体”，“所有代递夷书各件，著原匣发还，嗣后不得再为呈进”。他要王懿德对伯驾说：所请“因非闽浙总督应行管理之事，不能据所奏查办，已将原件发还，若再为陈奏，必致上干重谴”③。

伯驾到达上海后，接连收到叶名琛6月30日的照会和包令的回信，前者固然让他愤懑不已，后者亦未给他带来佳音。

包令自1854年北上修约受挫后已认定，“如果要郑重其事地努力于扩大和改进我们同中国的关系，兵船是绝对必要的”；而“一种软弱无力的示威行动，却会加剧清廷和清朝官员们的顽固”。当时，英、法、美三国并没有为其驻华公使配备足够的军事力量，“美国方面仅出两艘战舰是一个极不足用的数额”，法国代办手边连一只可供指挥的船都没有，英国驻华海军司令西马縻各厘也说他尚未接到将海军舰队交公使指挥的命令，所以，他无意于与伯驾一同北上。包令在回信中告诫伯驾：修约“是一个极端困难的问题，只有借相当海军军力的炫耀为外交当局的后盾，才能作有效的开展”；只带少

①② 马士：《中华帝国对外关系史》第一卷，张汇文等译，生活·读书·新知三联书店1957年版，第788、786页。

③ 《筹办夷务始末》咸丰朝卷十三，续修四库全书本，第17—18页。

数兵船北上“将会梗阻而不是促进我们所力图达成的目标；在天津的另一次失败，会大大增加我们未来的困难”。他表示，假如我下次所接到的本国政府的训令“能使我同英国海军司令对女王陛下驻中国船舰的调度作圆满的安排”①，我才会去上海与你讨论我们共同关注的问题。值此关键时刻，伯驾所依恃的“圣·贾辛托”号巡洋舰又因发生意外而暂时丧失了战斗力，这使他一时感到“狼狈万状”。

但伯驾并未放弃北上的意图。他再次致函包令，谈了两点理由：其一，“南方的钦差大臣已得知美国政府力图在本年之内修订现行条约的宗旨，美国总统寄致中国皇帝的同样宗旨的照会也已经由闽浙总督阁下转陈，或许在这以前就已到达目的地，现在如没有充分的理由而不依照通知前往，势必贬损我国政府在中国政府方面所估计的地位”；其二，“大清统治者们现正感到国内动荡已把他们陷于空前的窘境，这是毫无疑问的。我有确凿的证据证明，他们正在考虑着借外援以抗拒他们国内敌人的权宜之计，但却是要用一种独特的中国式方法。如果英、法、美三国公使现在准备亲临北京，我相信最重要的结果会随之而生。一旦领悟了他们是以执政皇朝的真诚朋友的身份出现，皇帝和内阁会欣然直接而公开地接受现在所暗中追求的事物”②。

第一点理由很容易理解，既然美国政府已训令驻华公使与清政府修约，伯驾也已经照会通知了叶名琛，并将美国总统的信交王懿德转呈咸丰皇帝，如果他放弃了直隶之行，会让人感到美国言而无信，这将有损于美国政府在清朝君臣心目中的形象。第二点理由稍微复杂一些，这主要与太平天国起义形势有关。伯驾到达上海时，太平天国北伐虽告失败，但西征却取得了全面的胜利，太平军控制了南京上游的安庆、九江、武昌三大军事重镇，在南京下游地区，太平军于 1856 年 4 月 3 日攻破清军江北大营，6 月 1 日于镇江大败清军，江苏巡抚吉尔杭阿兵败自杀，6 月 20 日击溃清军江南大营，督办江南军务的钦差大臣向荣逃至丹阳自缢而亡，太平天国在军事上达到了鼎盛时期。清朝统治阶级一片惊慌，一些地方官员暗中策划借用外国人的力量来对抗太平军。伯驾认为，在这种关键时刻，只要西方国家的使者向清朝

① 马士：《中华帝国对外关系史》第一卷，张汇文等译，生活·读书·新知三联书店 1957 年版，第 784—787 页。

② 同上书，第 790—791 页。

统治者表明了代为剿平内乱的诚意，他们就会欣然公开以修约来换取外国的武力援助。

而包令的看法却与伯驾不同。他向克拉兰敦汇报说：伯驾所说的“独特的中国式方法”是指当时某些清朝地方官员以私下贿赂的方式收买外国人帮助他们抵抗太平军，但此类行为有两个基本前提：一是“不致有碍于皇帝的尊严”，二是不让清朝臣民感到欠了外国人的情。言外之意是，在这种前提下，清政府是不会公开接受西方国家援助的。而对于西方国家来说，公开帮助清政府镇压太平天国也违背了他们一贯标榜的“中立”政策。所以，包令坚持认为：“没有一支堂皇的兵力助其声威，欲求从中国人方面取得任何重要让步，是毫无希望的。”他与法国代办顾思的一致意见是：“一支代表三个缔约国各自国家的威武舰队，应于明年五六月间会合于北直隶湾，并伴同一些小汽艇，以便使三位公使能溯天津河直上，进抵与该河同名的那个城邑”，或“径往京城，并在那里呈递国书”。基于这种认识，他复函伯驾表示：如果清政府“把英国方面左袒它的武装干涉作为政治和商业让与的条件”，“我无权承诺这样的干涉”，因为我所收到的“一切的训令所责成我的，是必须对中国间的政治纷争保持绝对中立”；若伯驾放弃北上之行，我们可以讨论一下怎样分别向本国政府提出建议，“希望能为明年度决定一下真诚合作和有效行动”，以期真正能够“改善我们和中国的关系”。①

伯驾于8月1日到达上海，18日会见护理苏松太道蓝蔚雯，“并未提及请改定章及欲赴天津之事”。他不想与上海的官员作无谓的纠缠，打算等海军准将阿姆斯壮率舰一到，立即动身北上。蓝蔚雯从侧面得到这一信息后，于9月23日与吴健彰一同前往劝阻，说“天津并非通商口岸”，前年英、法公使“冒昧前往”，皇上“因尔等跋涉远行”，派员接见“系属曲示怀柔”，当时曾明确告诉你们，“若再至天津，断不能再邀钦派大臣与尔等会晤”，是以“不必徒劳往返”，还是应该回广东与叶名琛交涉。伯驾答称：“若令仍赴广东与叶大人会议，则头可断而不能前去”；北上若不能面见皇上也只好回来，“设逆匪向我说，他已有了八省地方，要与我们议立和约，教我何辞以对”？他还提出：“如不教我们上天津，只求两江督抚代为奏请钦差至江浙地方会议，我即

① 马士：《中华帝国对外关系史》第一卷，张汇文等译，生活·读书·新知三联书店1957年版，第787—792页。

在此等候亦可。”蓝蔚雯等只好据实呈报两江总督怡良、署理江苏巡抚赵德辙。怡良在批示中提出了一条新的理由：中外通商事宜向来都是由英、法、美三国公使“会同商办”的，现在只有美国公使一个人要北上，假如英、法公使“在粤别有成议，则事出两歧，殊多不便”，是以“未敢代为具奏”，要蓝蔚雯据以再为劝阻。

几经交涉，已届冬令，伯驾在接到王懿德退还的已经拆了封的国书后，感到北上也不可能达到修约的目的，同时考虑到白河即将封冻，特别是英国已在广东拉开了第二次鸦片战争的帷幕，遂放弃了原订的计划。

各国使节态度的差异

1854 年 2 月 13 日，英国外交大臣克拉兰敦给驻华公使包令的指令称：

本年八月二十九日即将到期，届时我们当有权要求中英条约的修订，这是根据中法、中美条约中所载有的规定，而这种规定，业经耆英承认(见于一八四五年一月十三日他的照会，照会是附于同年一月七日约翰·德庇时爵士第五号公函中)，根据“中英五口通商善后条约”第八款，是应该适用于我们的。因此，你应该在正式执行职务之后，就尽早通知中国当局，你已奉命要在指定的时期要求这样的一种条约。可是我必须指出，关于这个问题，中法和中美条约规定之间却有一点不同，其十二年的期限，根据前者是从交换批准书之日起算，而根据后者则是从签约之日起算。①

就是说，英国在当年提出修约要求的“依据”有三条：

其一是中法《黄埔条约》第 35 款规定：

日后大佛兰西皇上若有应行更易章程条款之处，当就互换章程年月核计满十二年之数，方可与中国再行筹议。

① 马士：《中华帝国对外关系史》第一卷，张汇文等译，生活·读书·新知三联书店 1957 年版，第 767 页。

其二是中美《望厦条约》第 34 款规定：

和约一经议定，两国各宜遵守，不得轻有更改；至各口情形不一，所有贸易章程及海面各款恐不无稍有变通之处，应俟十二年后两国派员公平酌办。

其三是中英《虎门条约》第 8 款规定：

设将来大皇帝有新恩施及各国，亦应准英人一体均沾，用示平允；但英人及各国均不得藉有此条任意妄有请求，以昭信守。①

即使根据这些不平等条约中的条款，英国要求修约的理由也是十分牵强的。首先，《虎门条约》和《黄埔条约》中文本原件的标题都是“五口通商章程”，其中有关条款的确切含义应该是，中外在五口地区通商的具体规定 12 年后可以修订。也就是说，修订的范围不应该包括将中外贸易扩大到五口之外，更不能扩大到与中外贸易无关的内容。可惜，鸦片战争后负责与西方国家谈判签约的中方代表耆英等人缺乏近代外交常识，未能从文字上加以更明确的限定，以致于给西方国家留下了曲解条约原文、任意扩大修约范围的余地。其次，所谓清朝皇帝“施及各国”的“新恩”，是指外国人新获得的在华权益，照理不应该包括修约的权利。具体地说，就是美国和法国通过修约新获取的各项权益英国都可以“一体均沾”，而英国却没有强迫清政府与其修约的权利。克拉兰敦连美国修约的 12 年期限自签约时算起、法国自换约时算起这种细微的区别都注意到了，当然不会不明白上述道理。后来，他曾在秘密训令中告知英国专使额尔金：根据英国法律官员的解释，西方人在华享有的“优惠和特权，是指关于外国个别人民的人身权利和享受的事情，并不包括政府之间涉及修改条约的规定，因此，无论是在美、法两国没有要求修约的时候，或与它们修约的同时，女王陛下的政府都没有权利要求修改英国条约”②。

① 王铁崖：《中外旧约章汇编》，生活·读书·新知三联书店 1957 年版，第 64、56、36 页。

② 《克拉兰敦给额尔金的秘密训令》，转引自蒋孟引：《第二次鸦片战争》，生活·读书·新知三联书店 2009 年版，第 6 页。

遗憾的是，清朝统治阶级在鸦片战争后的十余年间没有一点长进，对于近代外交惯例、国际公法等依然一无所知，就是有理由也说不出来，甚至根本没有弄清英、法、美等国的真实意图。虽然一再强行拒绝了修约的要求，而对于日益迫近的战争威胁却丝毫没有察觉。

英、法、美三国政府在要求与清政府修约以攫取新的在华权益这点上是基本相同的，并多次训令他们的驻华使节互相配合，采取一致的行动。只是在修约的积极性方面各国前后有些不一样，即1854年的修约是由英国率先发起的，法国政府积极响应，美国政府开始有所保留；1856年的修约则是由美国带头倡导的，英、法两国都表示愿意合作。英国政府最初的动议，打算对太平天国起义给清朝统治所造成的危机加以“最充分的利用”，但很快即接受其驻华公使的建议，宣布在清政权与太平天国之间保持“中立”，法、美两国也相继宣布实行“中立”政策。

而三国驻华使节对于修约的态度就很不一致了，特别是在如何达到修约目的方面差异更加明显。

英国驻上海领事阿礼国最先积极主张援助清政府镇压太平天国以换取更多的在华权益，当时的英国公使文翰在其鼓动下一度怦然心动，曾请示本国政府应如何把握这种“援助”的度，但他很快受翻译麦迪乐的影响而改变了看法，决定在华奉行“中立”政策，甚至没有向清朝官员提出修约问题。

最先明确提出修约要求的英国公使包令起先在恪守“中立”政策的同时，也曾企图利用太平天国起义来促成修约。在广州，他曾让麦华陀借送照会之机向清方暗示，修约可以换取西方国家的军事支持；在上海，他又向江苏巡抚吉尔杭阿表示，美国“求请助剿，进长江贸易”，“伊等亦愿随同办理”①，当然都没有任何明显的效果。待其北上修约被拒绝后，包令已确信，没有足够的武力威胁，决不可能达到修约的目的，并在汇报这次交涉情况时，表示希望英国政府授予他此项权力。

待其回到香港时，广东的形势已发生了重要的变化。

1854年6月，广东爆发了声势浩大的洪兵大起义，先后占领佛山、东莞、花县(今花都市)、增城、从化等地。7月中旬，数万起义军分三路围攻广州城。危急之中，广州的绅商写信请求包令率舰援助。包令表示，若叶名琛亲自写信求援，他会认真考虑的。经肇罗道沈棣辉力劝，叶名琛于12月7

① 《筹办夷务始末》咸丰朝卷八，续修四库全书本，第31页。

日照会包令："如今省河上贼势猖獗，扰及外国人住处，虽则本大臣已派官兵练勇前往堵截剿杀，惟得悉贵国兵舰此刻亦泊省河护卫，为此照会贵公使，通力剿匪。"[①]包令见叶名琛果真按照他的设想发出了这样的照会，其第一感觉就是：广东地方当局面临的"惊恐必然是巨大的，窘困危险的境地必然是严厉的，它以致才使得这个骄傲的大人来恳求外国的帮助"，当然不应错过这千载难逢的绝好时机。他一面向英国外交大臣克拉兰敦作了汇报；一面召集英国海军舰队司令和美国代办讨论并决定"外国商行遭受不测时所应采取的步骤"[②]。12月14日，包令率军舰到达广州，立即备文通知了叶名琛，同时声明，按照惯例英方应该对广东的战事"袖手旁观"（即在广东地方当局与起义军之间保持"中立"），英国军舰主要是来保护英国商人的。随后，英国翻译官麦华陀在与叶名琛派来的官员会晤时提出，包令希望能够与叶约期相见，且会见务须在两广总督衙门"方合体制"。在包令看来，叶名琛为了扭转广州的危险局势既然已经放下了架子向他求援，理应也会同意让他进城会晤。这样，不但中英之间这一积压多年的问题迎刃而解，甚而可望为修约谈判重新打开一线生机。未曾想叶名琛的答复却是"正欲相见，无论何处皆可允行，惟署在城内，断难应允"[③]。数日后，包令又将英、美驻华舰队司令共同草拟的两国海军保护在华侨民的具体办法分别递交叶名琛和起义军首领。该文件将位于广州城郊的外国侨民居留地划为非战斗区，规定：驱逐该区域内原有的中国居民，所有的中国人均不准携带军械进入非战斗区，否则即由英、美海军以武力对付；为防卫该区域的需要，英、美海军可以协助清朝地方官恢复社会秩序。[④]这等于明确告诉叶名琛，先前所作的保持"中立"的声明不过是官样文章，英国海军完全可以用保护英商需要为借口帮助清方镇压起义军。但叶名琛宁肯不要英方的援助，也坚决不让英国人进入广州城。包令等两次以口头方式、一次以正式照会的书面形式提出进城与叶名琛会晤的要求，均未能如愿。他非常失望地函告克拉兰敦："我希望中国当局的极端困境，周围地区的混乱和大火，城区终日为叛军所威胁，会诱使他们同意我进行一次正式和友好的会见，以便讨论和他们密切关心

① 黄宇和：《两广总督叶名琛》，上海书店出版社2004年版，第103页。
② 齐思和等编：《第二次鸦片战争》（六），上海人民出版社1979年版，第30页。
③ 《筹办夷务始末》咸丰朝卷十一，续修四库全书本，第15页。
④ 参见佐佐木正哉：《鸦片战争后の中英抗争》（资料篇稿），东京近代中国研究会1964年版，第197—199页。

的事项；但是我觉得遗憾的是，即使他们已陷入窘境，危机四伏，仍很少改变他们固执的骄傲和无可教诲的愚昧无知，他们对我的善意的建议仍充耳不闻。”①经过几天毫无希望的观望之后，他只好灰溜溜地回香港去了。

当时，英国将大量的海陆军部队投入了克里米亚战争，已抽调不出足够的兵力来华实施武力威胁政策。因此，克拉兰敦训令包令：对华军事威胁行动“在公理上是值得怀疑的，而作为政策则是很有问题的”；告诫他：对于中国所发生的事件只需要“作为一个冷静观察者”就够了，“要做到远离参与这个国家任何内部纠纷的境地”②。此后，包令在对华关系问题上转而采取消极态度，1856 年，他起先明确表示不愿意伙同美国公使伯驾北上修约，继而委婉地拒绝了伯驾提出的赴上海商讨修约问题的建议，甚至直截了当地声明不赞同伯驾以武力援助来换取修约权利的主张。

法国一则由于对华贸易额远远少于英、美两国，二则由于修约期限在 1857 年，所以在修约要求中都居于配合的地位，其驻华使节的态度当然远不如英、美使节积极。布尔布隆起先也曾建议本国政府派兵帮助清政府镇压太平天国，以达到修约的目的，但法国政府同样因为投入克里米亚战争而要其在华采取“中立”政策。布尔布隆虽曾偕同英、美使节前往上海交涉，后来却借口法国巡洋舰“贞德”号需要修理，自己无船可乘，而堂堂法国公使若搭乘英、美军舰则有失法国体面，拒绝与英、美使节一同北上。有人曾明确指出：“布尔布隆对在上海的情况的感受，以及他和伊担、辣厄尔、传教士们还有和驻上海的中国总督的谈话，使得这个公使取消了他随同英美使团到白河口的一切预定的计划。他采取这个决定的真正理由，是他自信此行是不会有什么好处，以及他特别反对将法国和包令的激烈的反北京情绪混在一起。”③当然，他所奉行的也不是绝对的“中立”政策。当时，由于清朝官员一再拒绝修约，英、美两国在沪人员对于配合当地官员镇压小刀会起义多有抵触情绪，而法国人的表现却让清朝官员感到相当满意。清军攻占上海县城后，江苏巡抚吉尔杭阿因“佛兰西提督辣厄尔首先助顺”、法国“领事伊担往来奔走，亦有微劳足录”，各“赏绸四卷”，“并赏给该国出力官兵银一万两，奏蒙准允”。他还向朝廷奏明“辣厄尔之首先助顺，实由该国公使布尔布隆在沪时创成此议”④。

①②③ 齐思和等编：《第二次鸦片战争》(六)，上海人民出版社 1979 年版，第 31、36、43 页。

④ 《筹办夷务始末》咸丰朝卷十，续修四库全书本，第 33、34 页。

继任法国公使顾思曾接到法国政府授予主动修约权力以及谈判中应首先争取哪些条款的训令，但他仅于6月上旬配合英、美两国公使向叶名琛发了一份照会，此后即以没有军舰可供调用而未采取任何行动。

美国政府对华采取了现实主义的态度，不管当时中国出现几个政权，都可以承认，授权其驻华公使与每一个相对稳定的政权谈判签约，捞取侵华权益。马沙利因倡导干涉政策而被免除驻华公使职务。继任驻华公使麦莲最先向上海的官员提出了修约要求，而且在会谈中一直用太平天国作为筹码来要挟清政府：一方面表示，只要清政府同意修约，开放长江流域，美国即可以协助清政府镇压太平军；另一方面声称，若清政府拒绝修约，将让美商自行进入太平天国占领区域贸易。尽管在当时的背景下，美国不可能单独取得修约的成功，而事实却足以表明，麦莲是英、法、美三国使节中最善于与清朝官员打交道的一位。他首先说服了苏松太道吴健彰等中级官员，通过他们去影响总督和巡抚。后来，江苏巡抚吉尔杭阿公然奏称，"米(美)夷以效顺求通江路，与英夷之犯顺而得五口，情节似有不同"，建议朝廷"暂可借米(美)以敌英"①。事实上，麦莲没有也不可能要求美国政府增派军队来华，但从当时的情况看，他所说的帮助清政府镇压太平军也并不完全是欺骗。因为他的许诺主要是围绕着打通商路、保护贸易而作的，就是说，他可以使用美国当时在华的有限兵力，以保护美籍商人为借口，参与镇压太平军的战斗。这样，仍不妨碍他继续打着"中立"的旗号，对美国政府也可以交代得过去。不过，他所作的种种努力，仍不足以改变清政府的对外态度。

伯驾接任驻华公使伊始，就接到了修约的训令。美国政府的重视和英、法两国政府的支持，使他对修约一开始充满了信心。到上海后，因"圣·贾辛托"号巡洋舰丧失战斗力和英、法使节不愿随同其一起行动而一度颇感狼狈，但他仍打算不通知上海的地方官员即径直北上，甚至仍然对以武力援助换取新的侵略权益充满了希望。后来因护理苏松太道蓝蔚雯与吴健彰等一再劝阻，才提出要两江督抚代为奏请清廷派员至江浙会谈。因清方坚持不愿让步，伯驾的这一要求也未达到。但他却利用在沪的这段时间，促使两江总督怡良、江苏巡抚赵德辙于1856年10月奏准，将咸丰三年八月初五日(1853年9月7日)至咸丰四年六月十八日(1854年7月12日)在沪贸易的美商应交税银35.414 9万两减免了三分之二。扣除

---

① 《筹办夷务始末》咸丰朝卷八，续修四库全书本，第35页。

小刀会起事前已交税银未发税单 2.767 3 万两、无从追讨的漏税 8 000 余两，实际只交了 8.159 2 万两。[1]这是 1854 年英、美两国使节在大沽口提出修约要求后，咸丰皇帝表示可以考虑的三款之一，只有美国公使利用适当的时机使之得到了落实。这一点更能够体现美国对华的现实主义态度。

清朝君臣的不同反应

清朝统治阶级方面，与修约谈判关系最密切的应数咸丰皇帝和广东、上海、天津的地方官。下面分别看看他们对修约的态度及其办理外交的原则和方式。

广东的涉外事务是由叶名琛一手包办的，其他的高级官员无从过问，中下级官员只能秉承叶的意旨办事。

西方资本主义国家侵略中国，强行与清政府发生了近代外交关系，传统宗藩体制下管理涉外事务的礼部、理藩院等国家机构，已不能适应近代外交的需要。叶名琛以两广总督兼任总管五口通商事务的钦差大臣，实际上成为整个清政权中惟一的一位与近代外交有关的专职官员。由于叶名琛打交道的对象是各国驻华公使，咸丰皇帝也极力限定所有的外国公使只能与叶交涉，从而使这位钦差大臣的职责事实上相当于清政府的“外务总长”。然而，清朝统治阶级的所有成员，包括叶名琛自己，对这一点却没有清醒的认识，更不具备相应的外交常识。具有“外务总长”身份的叶名琛并不清楚清政府与哪些国家分别于何时签订了哪些条约，这些条约的哪些条款分别让外国人获得了哪些权益，他本人所应该负责处理哪些涉外事务，以及应该依据什么原则来处理这些事务。这么一来，就使这一时期的中国外交呈现出许多让人汗颜、令人痛

钦差大臣叶名琛

① 参见《筹办夷务始末》咸丰朝卷十三，续修四库全书本，第 26—27 页。

恨的荒唐现象。

叶名琛办理外务的基本原则是：

第一，尽量拖延答复外国使节的时间。晚清官场办事拖拉是较为普遍的现象，而叶名琛却把拖延作为一种策略使用，目的是稍挫外国使节的“桀骜之气”。各国驻华使节作为一个国家的代表，一是外交官的职业本能，二是出于“维护国家尊严”的考虑，三是出于一种民族优越感，在与清朝官员会谈时往往语气咄咄逼人，给人一种盛气凌人的感觉。这让叶名琛感到很不习惯，却一时很难想到合适的语言来折服他们，只好遇事先拖上一段时间，让他们在等待中消耗一部分锐气。美国公使伯驾 1856 年 1 月的照会，叶名琛拖了 12 天才予以回复；5 月 2 日的照会，直到 6 月 30 日才接到复照。法国公使布尔布隆 1854 年 8 月发出照会后，“钦差却对于该照会保持沉默”（即未予回复），致使布尔布隆在恼怒之下“曾对中国钦差的不礼貌提出正式抗议”①。

第二，尽可能地避免与外国使节见面。叶名琛任广东巡抚期间，倒是陪同当时的两广总督兼钦差大臣徐广缙接见过外国公使，但他自 1852 年 9 月署理两广总督兼钦差大臣后，即再也没有与外国使节见过面。每当接到外国使节要求会晤的照会时，他并不直接加以拒绝，却总是回答说：我现在很忙，待稍有闲暇，再选个好日子见面吧。外国使节再次提出要求，他还是同样回答。这样，不管外国使节情愿不情愿，都只得等下去，直到其原先所期望的会见在等待中化成了泡影，还没有搞明白到底是叶大人忙得抽不出见面的时间，还是“好日子”太难找。待他们悟出了其中的奥妙，就难免会感到气愤了。

第三，不答应外国使节提出的任何要求。叶名琛认定外国人的所有要求都是贪得无厌的非分之想，一概拒之于千里之外。对于外国使节提出的大部分要求，叶名琛都会回答说，因其与“天朝体制”不合，碍难允准。外国使节再作要求，他又会说“天朝”的官员手中并无实权，我所能做的只是“谨守成约”，重要的事件必须奏请皇上定夺。如此几番往复，外国人的要求也就不了了之了。叶名琛拒绝外国使节的要求并不需要充足的理由，只要他自己认为是能说得出口的借口就可以了，而且同样的借口可以用不同的语

① 马士：《中华帝国对外关系史》第一卷，张汇文等译，生活·读书·新知三联书店 1957 年版，第 772 页。

言一再重复，在此方面表现出了不厌其烦的柔韧性和毫不妥协的坚定性。十三行垄断对外贸易时期，出口的茶叶都要抽取一定的“行用”（即经营茶叶贸易的公用经费），鸦片战争后取消了公行制度，上述“行用”即不再抽取，但经营茶叶贸易所需的公用经费仍由原先的行商负担，他们当然是不情愿的。1849 年行商禀请督抚批准，每担出口茶叶抽银二钱作为公费，这当然要影响到茶叶的出口价格。英国商人要求他们的公使出面交涉，据叶名琛奏称，“文翰照会十一次前来，欲令罢议，俱经照复逐层驳斥”，理由是“抽分（指抽取的公费）出于内地之茶商，税饷（指海关税）出于外国之夷商，彼此毫不相涉”①。外国公使来华工作莅任，因不能进京，通常要照会约见叶名琛，请叶代递国书，但在几经推托之后，他们失去了等待的耐心，也只好听之任之了，直至他们离任时，又把国书带回了国内。

第四，宁死也不让外国使节进入广州城。叶名琛在处理传统的地方政务方面还是很有些办法的，但一生并无什么重大的建树。而在外务方面，他最后给人的印象是一个既无知又无能的误国庸臣，却在反对外国人进城事件中意外地获得了一生中的最大荣耀。当时道光皇帝的喜悦心情、广东人民的欢腾景象，都给他留下了终生难忘的记忆。尽管清方负责主持此事的是徐广缙，叶只是一个协助者，但徐广缙很快因督师镇压太平军不力，于1853 年初被“革职拿问”，叶名琛遂成为此项“荣誉”的标志性人物。试想，如果叶名琛答应让外国人进入广州城，他与徐广缙以前为了拒绝英国人进城而动用的种种心机、广东绅民所激发的义愤岂不全都白费了？他所得到的奖赏与“荣誉”、道光皇帝的满怀喜悦与对他的嘉许，岂不都因失去依据而成为笑柄了？叶名琛简直将不让外国人进城视为自己的安身立命之本，1854 年 12 月中旬，包令因接到叶名琛要求“通力剿匪”的照会而提出欲在两广总督衙门与其会晤，却遭到叶的拒绝，叶表示无论在其他任何地方相见都可以，惟独在城内的两广总督衙门相见“断难应允”。也正因为如此，叶名琛当时是咸丰皇帝乃至整个清朝统治阶级心目中最合适的两广总督兼钦差大臣人选；叶名琛本人凭借着反进城的“经验”，也颇有几分主办外交舍我其谁的感觉。可惜，这一切都是基于对西方世界的无知、近代外交知识的贫乏而作出的判断，历史已经无情地证明其是何等的荒谬。

叶名琛兼任钦差大臣期间，始终未曾与外国使节见面，他所主办的外交

① 《筹办夷务始末》咸丰朝卷十一，续修四库全书本，第 18—19 页。

仅限于照会往来。由于他从未答应过外国使节的任何要求，实际上等于什么也没做。至于修约，英、法、美三国使节在广州所能做的，仅限于把修约的要求与他们何时动身北上照会通知叶名琛，双方没有进行过任何形式的谈判。

叶名琛早在1853年春即已得到了英国将提出修约要求的消息，他当时曾奏报朝廷："英夷兵头文翰上年夏间业已回国，本年正月复由该国驶回香港，昨接照会，并未明言何故。但据密探禀称：该国王因道光二十一年间定条约时，曾许给有十二年后再行更易之议，本年正计届期，亦难保其不乘此内地匪扰兵纷之际，从旁窥伺，别有要求。"①但叶名琛并没有真正了解修约一事的重要性，以为这只是西方国家乘太平天国起义之机要挟中国的一个借口。次年4月包令的照会虽然明确提出了修约的要求，却未开列所要修订的具体条款，接着便罗列了中英之间悬而未决的交涉事项，叶名琛误以为这些就是英国修约所要解决的问题，所以在复照中抛开修约问题，直接就中英间的遗案对其加以驳斥。他以为自己既已洞察了英方的真实意图，就不必再绕弯子了，这么做是单刀直入、直奔主题。5月包令再次照会提出修约要求，但叶名琛按照自己的思路则认为这只不过是其为了解决上述遗案而故弄玄虚。特别是麦华陀送照会时谈到了镇压太平天国问题，叶名琛认为这正好验证了自己的先见之明。在叶名琛看来，当时太平天国起义并没有对其在广东的统治构成威胁，当然用不着有什么顾忌；他完全可以沿用当年拒绝英国人进入广州城的办法，先拖上几年时间，等到清政府镇压了太平天国，自然也就断绝了外国人乘机要挟的念头，甚至先不必惊动皇上。

基于这样的考虑，在接连收到包令两份要求修约的照会之后，以附片的形式向朝廷报告说：英、美两国新任公使于4月中旬先后来粤，"该两国公使同时更易，其中必各有因，初来颇觉秘密，迨至再四查询，始知皆由于道光二十二年前在江南定约时，有十二年后再行重订等语。本年闰七月初六日既已届期，该国王等分遣各酋来粤，即专注意于此。伏查当年江南既定约以后，何又复以十二年为期？明系预留地步，使之得以饶舌。臣惟有相机开导，设法羁縻"②。这一次虽仍不知中英条约中并无12年修约的条款，总算说对了签约的年份，除埋怨当年签约不该留下这么个把柄外，并没有什么实

① 《筹办夷务始末》咸丰朝卷六，续修四库全书本，第8页。

② 《筹办夷务始末》咸丰朝卷八，续修四库全书本，第4页。

质性的内容，就是说，他擅自隐瞒了英国公使两次照会的重要情节。而同时在正折中却大谈英、俄两国“本属世仇”，现因土耳其而“构衅称兵”，英、法两国已“为俄罗斯所败”；近日“传闻俄兵将欲来至香港，与英夷再决胜负，现在英夷惊惧非常，加意警备”；并说俄船“屡至上海，一至广东，皆以通商为词”，其实是为了“察英夷之虚实，以便设谋定计”①。擅自隐瞒中外交涉的重要情节，可以说是犯了欺君之罪。而就当时的情形看，叶名琛认为自己绝对有把握消患于无形，完全没有必要让皇上为此而操心。

是年8月，由沪回粤的包令、麦莲与法国公使先后照会要求与叶名琛会谈修约事宜，叶名琛当时并未奏报朝廷。直至11月中旬，叶听说包令等已北上天津，才在奏折中顺便提及此事。在这份奏折中，他要求皇上：“该夷酋等如果径抵天津，无论所要求者何事，应请敕下直隶总督仍令该酋等速行回粤，臣自当相机开导，设法羁縻，以期仰慰圣廑。”②要公使们回广东，表面上是勇于替君父分忧，实际上也希望由他一人包揽中外交涉事宜，以免泄露实情，招致朝廷追究其欺君之罪。

接到咸丰皇帝准予查办民夷相争、减免欠税、茶叶“抽分”三事的上谕后，叶名琛原以为外国人会感恩戴德的，至于公使们一直没有来找他，是怕他难讲话。他于12月上旬照会要求包令“通力剿匪”，原准备以查办三事作交换的，不料包令却要求进城与他相见，双方的合作遂告流产。包令明明是应叶名琛“通力剿匪”的要求而抵广州的，而叶于1855年8月向朝廷奏报此事时，不但隐瞒了自己曾发照会的事实，反而说包令因洪兵起义“颇生窥伺之心，每次接仗，必亲往察看官兵胜负如何，并使各夷兵扬言，中国大宪如请助剿，不难立即除灭，其实各夷暗中接济逆匪大炮火药，并代销赃物，均有确据”。他还列举种种理由对查办三事逐一加以驳斥，同时还说，包令等始终未曾向他提及至天津“欲求何事”，他雇用密探“许以重赏”，要求其“务将该酋等前在天津所求各事，逐一确切查明禀复”，直“至本年四月，展转购觅，始在该夷楼内写字人处代为抄出各条”。这是叶名琛第一次看到英、美两国修约的具体要求，所列条款之多，实出乎其意料之外。照理说他应该清醒地领悟到自己原先对修约的认识是错误的了，可他竟然还是为自己找到了辩解的理由：英美公使开列各款，“除民夷相争并复欲进城及茶栈抽分三条（其实

① 《筹办夷务始末》咸丰朝卷八，续修四库全书本，第3页。

② 《筹办夷务始末》咸丰朝卷十，续修四库全书本，第14—15页。

英方在粤提出的也不止这三条），曾在粤时屡次反复辩论，均经逐层驳斥，以后亦尚帖然，其余各条何以在粤并默无一言？似非尽出该酋之手，恐在上海时，另有内地奸民为之代谋，亦未可定”①。事实上是各国公使鉴于其拒人于千里之外的态度，不屑于向他提出具体条款，他居然能作出这样的解释，也真是太有想象力了。

1856年1月19日、3月8日，美国公使伯驾两次照会要求与叶名琛相见，皆未达目的，遂于5月2日照会通知叶，将于7月初起程进京。叶名琛前两次接到照会都没有奏报朝廷，直到伯驾动身之前，才于6月23日上了一份奏折，说伯驾本系美国医士，“前在粤已有二十年，素称狡黠。咸丰四年粤匪倡乱时，该酋与各匪首密相往来，并于各夷商扬言粤匪必能成事，官兵断不能抵敌。迨至官兵将各匪一律荡平，该酋颇觉无颜相对，由是各夷商亦为之不齿，甚觉在粤难以居住，即于上年夏间自行回国。讵意麦莲因病回国后，一时无人更换，该国王因彼在粤年久，复遣其来粤接办公使事务。伯酋终心怀忿忿，必欲别出己见，掩人耻笑”，于是照会提出修约要求，英、法公使也递交了同样的照会。上次修约“皆英酋包令为之唆使，此次复生异议，似又米酋伯驾遇事生风。现在伯驾既有前赴天津之意，现已力为阻止”，英、法公使未说要赴天津，“惟伯驾性多诡诈，诚恐复又煽惑包令、顾思复同北上”。他还抱怨当年美、法两国订条约“已在英夷大定之后，何以并不画一办理，转在该两国条约内故留此不了之局，使各国后来得以藉口”？最后仍要求“嗣后该夷酋无论行抵何省，如有呈恳求代为陈奏之件，总令其回粤听候查办。臣自当恪遵叠次训示，坚持定约，俾得随时驾驭，设法钳制，庶可消患于未萌也”②。他知道自己无法阻止各国公使北上，但认定：只要朝廷不另派员与他们进行实质性的谈判，待公使们回到广东，他依然可以一手包揽外交事务，依然可以上下其手，瞒天过海。至于各国公使为什么一次次提出修约要求，修约不成将会导致什么样的严重后果，则似乎从未想到，即使想到了也不可能搞明白。

上海方面参与修约交涉的官员较多，与叶名琛明显不同，一是只要外国使节提出要求，他们一般都会予以接见（除两江总督怡良曾拒绝会见包令外），有时甚至主动去见外国使节，以便了解情况或劝说他们；二是一般交涉

① 《筹办夷务始末》咸丰朝卷十一，续修四库全书本，第15—19页。
② 齐思和等编：《第二次鸦片战争》（三），上海人民出版社1979年版，第76—77页。

情况都会及时地、无所保留地奏报皇上。当时，外国使节为修约而由广东到上海，都是为了进一步北上天津的，当地清朝官员的主要任务就是阻止其北上，劝说其返回广东。对于修约，他们都表示自己没有这项权力，且不敢奏请皇上派员前来商谈。其实他们对修约的态度是不一致的。

两江总督怡良曾接见美国驻华公使马沙利和麦莲，为他们代递了国书。但严词拒绝了麦莲提出的修约要求，同时表示不便奏请朝廷派员前来修约，仅答应将其要求“转咨”中央政府部门，让他仍回广东与叶名琛商谈，并认为麦莲说要北上修约不过是“虚词探试”。咸丰皇帝接到奏报后，认为“怡良在昆山拒绝米酋之语甚为得体”，曾要求在大沽口与英、美公使交涉的文谦等“即可仿其大意，斟酌措词”①。此后，怡良即未再与外国使节会见，1856年9月曾再次拒绝伯驾“代为奏请钦差至江浙地方会议”的请求。由于两江总督与江苏巡抚不在一地，②不便于随时商讨，平时怡良对于修约交涉甚少参与意见，只是时常与江苏巡抚会衔上奏。

江苏巡抚许乃钊1854年正在督围攻占据上海的小刀会，包令求见适值其“感受风寒”，遂由江苏布政使吉尔杭阿出面接见。包令以上海战事导致英国输华货物滞销，提出要驱逐小刀会，将上海县城交还清政府。清方表示一定要交出“戕官之潘小镜子、谢安邦二犯”，并说明将小刀会驱至何处。双方未能达成协议。7月3日，许乃钊与吉尔杭阿前往商馆会见包令时，拒绝了代为奏请准许英商至苏州贸易的要求。随后又复照拒绝了代为奏请派员赴沪修约的要求。咸丰皇帝接到前一封奏报后，即于7月7日明降谕旨，将许乃钊革职，令吉尔杭阿接任江苏巡抚。且余怒未消，专门下了一道上谕宣

许乃钊所题匾额

① 《筹办夷务始末》咸丰朝卷九，续修四库全书本，第12页。

② 两江总督原驻南京，太平军占领南京后，移驻扬州、常州等地；江苏巡抚驻苏州。

示其罪状，愤懑不已地说："许乃钊督师上海，日久无功，处处为英夷所挟制。此次率与照会，不啻授人以柄，尤属不知大体，殊堪痛恨。"①

不料，吉尔杭阿就任后不久即奏称：麦莲"固执十二年变通之约，欲由长江直至汉口，设立码头，势将无从阻止。莫若将机就计，钦派资深望重之大臣前来议定妥协章程，允其所请"。他列举了两条理由：一是英、美两国"外和内忌"，暂可借美以敌英；二是若不允其请，"一朝决裂，乘金陵未复之时闯入长江，诸事不复受商，动辄为所挟制，一误再误，长江中又添一巨患矣"②。

1854年9月，英、美、法三国公使由广东再至上海，吉尔杭阿与他们两次相见。公使们声称他们已决定前往白河，吉尔杭阿极力劝阻，表示可以将他们的要求代为转达京城。公使们谢绝后，他甚至开出空头支票："毫无疑问，皇上会派一个人到这里或到广州不定期和你们会商。"又说：如果他的奏请得不到批准，公使们还可以再北上。麦莲陈述了必须立即动身的两点理由：第一，"冬季将到"，即白河一旦封冻，他们就去不成了；第二，吉尔杭阿的奏请得不到批准，他们将处于两难的境地，去则明显违背了中国皇帝的意旨，不去则将受到本国政府的指责。吉尔杭阿在情急之下，只得说出了实情："你们如果去的话，我将会受累、受责"；并承诺："如果你们可以等，我愿设法在二十八天内使你们得到皇上的答复。"但公使们的回答是："我们对你极其同情，但是我们有对我们本国政府的责任，就像你对于你的政府一样。如果我们要受到拒绝，那我们也不能同意在白河以外的任何其他地方受到拒绝。"③

10月4日和9日，吉尔杭阿连续上了两份奏折，除汇报交涉情况、告知公使们已北上外，还要求皇上"可否钦派重臣会同两广督臣妥为查办。所求如果允准，不妨曲示包荒，许其所请；倘大为悖谬，亦不妨直言杜绝，免其觊觎"。进而指出其利有二，即"该酋前次呈递节略时曾经口称：倘蒙恩派钦差大臣指给地方贸易，其地如有贼匪，必当随同驱除净尽；并饬商补交旧税，以备军饷"。关于前者，他虽不敢确定，但认为从其表现看，亦并非没有可能，"若云助逆犯顺，则长江现为贼踞，何妨藉此横行，而乃赴粤、赴沪、并赴天津，必待请命而行？似又并非恶意"；关于后者，他以为实为大利所在，"约计

①② 《筹办夷务始末》咸丰朝卷八，续修四库全书本，第12、35页。

③ 马士：《中华帝国对外关系史》第一卷，张汇文等译，生活·读书·新知三联书店1957年版，第779、782页。

旧欠商税多则百万，少亦有七八十万，国家少此巨款，即多掣肘，而该夷转得藉此以行其诡计，更虑衅端叠起，新税亦费周章”。若不允其请，危害可能是相当严重的，“若不稍副所望，恐将来我中原多故，以旧欠商税为经费，合各夷之力，独树一帜，不受羁縻，不完关税，伺衅而动，以图一逞，实为肘腋之患”。他分析说：会谈中公使们曾表示，此次北上“倘仍照旧饬回广东，伊等实属无颜，亦不敢即生异议，惟有将伊等无可如何情形奏知该国王，待命而行，以后之事，即难预定”。外国公使的话中其实暗藏杀机，“该夷酋凡有所为，一切经费皆取之于商，而该夷商若不奉该国王之命，不遵措办，该国王尚知息事恤商，惟所设公使、提督等酋一味遇事生风，因之为利，然不禀命国王，亦不敢妄有所为，故必借端肇衅，激怒国王，方能惟其所欲”，他们所说要奏知国王，“显欲播弄是非，于中取利”。同时还在奏折中告知皇上，“其称奏明该国王待命而行者，约计半年可以集事也”①。

看到奏折后，咸丰皇帝龙颜大怒，严厉斥责：“该抚身任封圻，安内攘外，责无旁贷，独不可折之以理，而必待钦派重臣，朕又安用汝等督抚为耶！该抚复称令其仍回广东，久无成议，该夷心未惬服，终恐滋事。是直要朕以必得允其所请而后可。是何言语，该抚竟出诸口？览奏曷胜痛恨！”只差没有将其革职了。吓得吉尔杭阿赶紧专门上折多方加以辩解，咸丰还是不依不饶地说：“所奏原为保全税务起见，然一味迁就，即受其挟制之方。”②

1856 年 6 月，吉尔杭阿于江苏丹徒(今镇江市丹徒区)的高资镇被太平军包围，兵败自杀，遗缺由江苏布政使赵德辙署理。

第二次修约，在上海接见美国公使伯驾的主要是护理苏松太道蓝蔚雯和前任苏松太道吴健彰。两年前，吴健彰受前任美国公使麦莲影响，曾建议两江总督怡良“用外夷以除内患”，并陪同麦莲前往昆山去见怡良。咸丰皇帝在斥责许乃钊的上谕中提道：“以前上海夷务皆吴健彰经理，此时该员复以偕米国麦酋赴昆山谒见督臣置身事外，难保非该员预知夷情，有心趋避，即难保非吴健彰之不善驾驭，以受制于该夷者，即以之恐吓许乃钊。”随即有光禄寺少卿程恭寿弹劾吴健彰“通夷养贼”，咸丰即令将其“革职拿问，交怡良、吉尔杭阿按照折内所参情节逐一严审，定拟罪名具奏”。他令浙江巡抚

① 《筹办夷务始末》咸丰朝卷九，续修四库全书本，第 3—4、17—19 页。

② 同上书，第 5、49 页。

黄宗汉“迅派明干大员藉别项公事驰赴上海，不动声色，按照折内所参各情节逐一访查明确，据实由驿驰奏”①。但因其与外国人比较熟悉，江苏大吏有时仍让他参与涉外事务。经吴健彰与蓝蔚雯再三劝阻，特别是因第二次鸦片战争已经爆发，伯驾才未北上。

在大沽口与英、美公使交涉的天津地方官长芦盐政文谦、天津镇总兵双锐、署理天津道钱炘和等，都是直接秉承咸丰皇帝的指令办事的。他们对修约一事并无自己的主见，皇上要他们怎么办，他们就怎么办，只是表现得更加愚昧，打了好几次交道，还不知道对手是什么人，直到咸丰在上谕中指出“据奏英、米(美)二夷姓名，按吉尔杭阿原奏，尚非该二国总酋，其为先遣通事人等前来探试，窥我虚实，再行续有要求，已无疑义”②，他们才知道与其交涉的麦华陀、伯驾不是公使。

咸丰钦派的前任长芦盐政崇纶接见英、法公使时，首先声明：“我国凡为臣下者不敢专擅，均候君命而行，从无重权名目”；你们所提要求若于中外双方彼此有益，或于虽仅对外国有益而对中国无害，均可奏明办理；“如与中国事多窒碍，本大臣若率行代奏，我皇上必治以冒渎之罪”。待见到包令和麦莲开列的修约条款后，亦认为其“大属荒谬”，但担心“若竟一无所遂，必致羞忿而返，虽不致遽肆鸱张，惟南纷未靖，倘再暗生诡谲，办理更为棘手”，因而奏请皇上“可否将该夷呈出清折内察有情理可原者择出数条，交办理夷务督抚大臣查照原立条约，悉心酌核，妥为查办，以示怀柔之意”③。咸丰原亦有此意，于是便颁布了允许查办三事的上谕。

直隶总督桂良并未参与修约谈判，接到皇上要他筹议此事的谕令后，他先是提出疑问：“殊不知前立和约既称万年，何得妄议更张？”同时提醒咸丰皇帝：减免欠税一事，“应由两广总督体察情形酌量奏请减免，亦不可遽为轻许，恐致另生觊觎”。他建议：“如该夷等仍藉口叶名琛不与面见为词，拟由文谦先为咨会粤省”，再告知外国公使“现有天津官长先为咨明，必为筹商查办”，就不用另派大员了。咸丰倒是很满意，说他提出的办法“用意措词，俱极周匝”④。

咸丰皇帝尽管很早就接到了有关修约的奏报，但叶名琛故意轻描淡写

① 《筹办夷务始末》咸丰朝卷八，续修四库全书本，第13、16—18页。

② 《筹办夷务始末》咸丰朝卷九，续修四库全书本，第11—12页。

③ 同上书，第37—39页。

④ 同上书，第23—24页。

的语气、一切尽在掌握之中的假相，使他未予以足够的重视；叶名琛对英俄关系的绘声绘色的描述，对英、法在克里米亚战争中败于俄国的错误报道，进一步麻痹了咸丰皇帝。直到1854年8月8日接到两江总督怡良有关英、美公使欲赴天津修约的奏报，才第一次引起了咸丰的重视，他当即告诫叶名琛："该督办理此事，尤应格外慎重，万不可以俄夷方与该夷等构衅，一切稍存大意。"①

咸丰皇帝处理外交事务的原则是：第一，尽可能地把外交事务限定于广州一地，不能让外国使节到处乱跑，尤其是不能让他们北上直接向朝廷提出要求；第二，除叶名琛之外，其他任何人最好都不要与外国使节打交道，如果被迫与其相见，既不能答应其任何要求，也不能答应将他们的要求转奏皇上；第三，有关交涉情况须及时奏报，并按照他的旨意回复外国使节，但只能当作自己的意见说出来，不能让外国人知道已经请示皇上。这一切主要是为了维护"天朝体制"，维护"天朝"君臣的"尊严"，在思想认识上依然根源于传统的"夷夏之辨"。在这样的外交原则下，清朝看不清修约的实质所在，抓不住对外交涉的关键问题，不恰当地夸大了某些枝节问题，有些行为举止简直令人啼笑皆非。

接到各国要求修约的奏报之初，咸丰只是要叶名琛"随机应变，以绝其诡诈之谋"，并未考虑外国人要修约的目的何在、有可能提出哪些具体条款，对外国人是否可以让步、这种让步的底限在哪里等重要问题。囿于"夷夏之辨"而蔑视"夷人"、不屑于了解"夷情"，使咸丰对西方世界愚昧无知，得知包令等率兵船到达上海并提出要代为驱逐小刀会时，他居然令叶名琛"妥谕香港夷酋，晓以利害，令将包令等速为弹压"，根本不知道当时英国以香港总督兼任驻华公使，在香港既没有比包令官大的"夷酋"，当然也就没有人可以"弹压"包令了；更不了解近代外交中"全权公使"的含义及其权力范围。怡良上奏说包令因叶名琛"酬以无礼"而北上修约，咸丰并未因此而对叶名琛有所指责，反而要求他"接见夷酋等仪文，仍当恪守旧章，无得以该夷等有相待稍优之请，少涉迁就，以致弛其畏惮之心"②。就是说，他也主张对外国使节越严厉越好，不能稍微假以辞色，让他们蹬鼻子上脸，根本不具备与外国平等交往的观念。

① 《筹办夷务始末》咸丰朝卷八，续修四库全书本，第28页。
② 同上书，第4、13、28页。

当然，咸丰皇帝也并非弱智。他一开始就对叶名琛关于英、法败于俄国的奏报表示怀疑，并提醒其注意："包令甫于三月十六日来粤，即于五月二十六日带兵船至上海，又别遣夷酋麦华陀于五月二十三日带火轮船赴镇江，如果实与俄罗斯构难，何能从容往来内地?"接到叶名琛有关俄国已与英国"订期交战"，英国来华货船在香港附近洋面"被俄国先后夺去二只，每只计值约在二三十万两"等奏报后，再次提出疑问：英国人既然要与俄国打仗，"何以转与中国为难？传闻之词，或多不实"。但禁不住叶名琛不厌其烦地对两国冲突加以细致入微的描述，再加上许乃钊也在奏折中提及包令等"声称将赴日本、暹罗（今泰国）驱逐俄夷"；包令要求代为驱逐小刀会是因为"该国现与俄夷搆难，此间商力不能接济兵费，是以急欲驱逐逆党，为该国商贾流通起见"；"该酋因闻俄兵即欲往攻香港，该处英兵仅有千人，加以该提督所带兵船五只，尚不足御贼兵，欲以沪匪为之充兵数而壮军威"①，咸丰皇帝最后也就不能不相信了。

叶名琛隐瞒了中外交涉的一些重要情节，专拣皇上愿意听的话讲，对咸丰起了严重的误导作用。吉尔杭阿在奏报交涉情况时，虽然也作了一些修饰，倒是基本反映了真实情况。但咸丰对其代为要求派员修约已大为不满，从其语气中感到他对外国人居然"信之已深"便十分恼火了，特别是看到随折附呈的外国照会"极称上海官员款待之优"②心里更有一种说不出的滋味，其结果是说了真话的吉尔杭阿讨了一顿臭骂。

客观地说，对于英、美公使的北上，咸丰皇帝是十分重视的，只可惜他重视的不在点子上。当时咸丰最关心的不是外国人将提出哪些要求、为什么会提出这些要求，而是担心其"鬼蜮伎俩，声东击西"，与太平天国联为一气，或骚扰沿海地区，甚至"即于他处逗留不去，藉端要挟"。所以他一面令正在围攻南京的清军江北大营统帅托明阿、江南大营统帅向荣与怡良"严饬沿江带兵各员，密为防范，于江路下游圌山关一带扼守海口，毋令夷船阑入，致与贼匪勾结，倘或窥伺江口，固不可轻与接仗，亦必当设法拦截，勿令肆行往来，仍蹈前辙"；一面通知天津地方官员"于陆路地方及海口炮台一体严密防备"。至于怎样办理交涉，只是对天津的官员说："该夷来时，或应与之接见，总宜不亢不卑，正言开导，杜其觊觎之心。"③待得知外国人已经到达大沽口

① 《筹办夷务始末》咸丰朝卷八，续修四库全书本，第14、24、28、9、11、21页。

② 《筹办夷务始末》咸丰朝卷九，续修四库全书本，第5页。

③ 同上书，第5、15、6—7页。

后，他立即谕令文谦等："与之接见，务须折其虚骄之气，杜其诡辩之端，万不可轻有允许。所称欲赴通州，明系虚词恐吓，断不准为其所挟，如吉尔杭阿之恳请俯允。即暂事羁縻，以代奏请旨等词搪塞，亦不准出之于口。"他指出："若专令驶回广东，仍不能抉破隐微，使之嗒焉若失，则该夷虽去，终非了局"，要求文谦等"先将该夷实在来意询出"，再"随机折服"，并要"文谦迅将此情密函寄与僧格林沁知之"。蒙古科尔沁郡王僧格林沁时以御前大臣督办京师巡防事宜，统帅重兵围攻太平天国北伐军，通知他的目的当然是为了让他兼顾京津一带的安全。咸丰同时谕令盛京将军英隆等"所有盛京、金州及山海关各口要隘均应先事预防，以期有备"；谕令山东巡抚崇恩"迅即严饬登州海口文武员弁督率兵勇预为防备，务须节节拦截，毋令乘间驶进"；后又要求他们"严饬地方文武员弁，一面妥为防范，一面密查沿海奸民，毋令接济该夷米粮食物，并禁止购买洋货、销售烟土等事，庶可绝其觊觎，俾令遄返"。其结果只能是虚惊一场，并无预料中的事情发生。咸丰没有认识到外国使节作为国家的代表不可能干一些杀人越货的强盗勾当，也不了解包令等此次北上亦未作武力要挟的打算，而是认为"该酋等并无伎俩，不过藉端要求，虚词恫喝"[①]。

最为可笑的是，咸丰皇帝起先要驻扎保定的直隶总督桂良自己根据具体情况决定是否需要赴天津，同时提出两点要求：一是"即或亲往天津，亦断勿轻与该夷接见"；二是"断不准先存畏葸，如吉尔杭阿之代为要求也"。但咸丰对文谦等办理情形很不满意，说他们尚未"将所商何事一一询明，辄请钦派大员前往"，仅接见外国翻译人员即已"词穷气馁，任其恫喝"；又建议"令江省督抚查办，未免意存推诿，希图迁就了事。恇怯无能，于此可见"。他担心若桂良也敷衍搪塞，将成不了之局，又告诫桂良："此次夷人返棹后，若因别事再来，亦非汝之所能逆料。若仍因此次直省大吏付之不管而来，置辩不休，朕必治汝之罪。"吓得桂良赶紧表示一旦需要，立即赶赴天津。咸丰马上又宽慰他，"不必如此慌张"，是否赴天津仍需根据实际情况决定，再次强调："即使出省（指离开省城保定），亦不便与夷首相见，并不可俾该夷知汝抵津方好。"并一再叮嘱文谦等"毋令该夷知桂良前赴天津，更生要求之心为要"；交涉中的所有应答，"一切皆作出自己意，不必谓总督已有所闻，是为要著，可杜以后无厌之请"[②]。在其影响下，崇纶在拿到英、美公使开列修约具

① 《筹办夷务始末》咸丰朝卷九，续修四库全书本，第12、9、14、15、25、35页。
② 同上书，第19、20、24、28—29、21、25页。

体条款的节略时，说要带回去仔细研究，5天后交还。回去后立即偷偷抄录了一份奏报咸丰，而对外国人却说，因其要求过于荒谬，不敢奏报皇上。这种掩耳盗铃的把戏，咸丰君臣自以为玩弄得很高明，其实根本没有任何必要。分析外国使节开列的条款，可以大致掌握西方国家的侵华意图；在谈判过程中，也可以设法了解各国的对华政策；咸丰君臣识不及此，只是把主要精力放在一些自欺欺人的细枝末节上，无论他们怎样自鸣得意，事实上恰恰暴露了他们对于近代外交的无知。读史至此，怎能不令人掩卷叹息！

对于英、美的修约要求，直至10月20日接到吉尔杭阿关于英国包令原已答应让英商补交欠税、现又声称需经本国政府批准方能办理、担心他“庇商抗税”等奏报后，咸丰皇帝才一面批评吉尔杭阿“意在迁就了事，冀可征收商税，所见甚小”；一面表示：“如果因上海不靖，该夷等商税致有赔累，原不妨令怡良等查明核减，以示怀柔。惟必待包令等出之于口，然后可明白晓谕，令该酋等驶回上海，听候怡良查办。”并告知文谦等：外国人的要求“倘有可商，亦不妨据实陈明，候旨酌办”①。待崇纶将包令、麦莲开列的节略上呈御览后，才进而表示准予查办民夷相争、减免欠税、茶叶“抽分”三事。

当包令一行颓然南返后，咸丰皇帝未免有几分得意：由他亲授机宜，崇纶等仅凭三寸不烂之舌就挫败了英、美的修约企图，足以为各地督抚树立一个成功的典范了。稍后，他在吉尔杭阿的奏折上批示道：与外国人交涉，“总宜事事镇定，勿任其要求，尤在驭之以严，拒之以礼，彼夷人伎俩安所施耶”？②弦外之音是，我一过问，“夷人”就放弃了修约要求，你先前也太沉不住气了，若按你的建议派员修约，岂不是吃亏了，皇上到底还是要比你英明。

尽管咸丰皇帝对叶名琛未加一语指责，但作为专管涉外事务的钦差大臣，居然让“夷人”闯到大沽口，让皇上费心劳神，显然未能尽到替君父分忧之责，叶名琛自觉脸上无光。为维护自己在皇帝心目中的形象，他于1855年8月25日上了一道洋洋4 000余字的奏折，其中关键的内容是说，英美公使开列的条款中，除民夷相争、欲进广州城、茶栈抽分三条曾向他多次提出、均经其驳回外，其余各条都可能出于“内地奸民”的唆使③。这部分内容至少能起到三个方面的作用：其一，讨好咸丰皇帝。英国公使在广东提出的

① 《筹办夷务始末》咸丰朝卷九，续修四库全书本，第20页。
② 《筹办夷务始末》咸丰朝卷十，续修四库全书本，第3页。
③ 《筹办夷务始末》咸丰朝卷十一，续修四库全书本，第15—19页。

要求远不止上述三条，叶名琛之所以要说这三条，因为除进入广州城外其余的两条都是咸丰允许查办的，实际上等于在说皇上实在是太英明了，一眼即能洞穿“夷人”的真实目的；由于其他条款皆非出自“夷人”的本意，所以当咸丰答应查办这三条后，他们就乖乖地南下了。试想皇帝位居九五之尊，什么样的马屁未被拍过，什么样的颂扬未曾听过，而叶名琛不用一个谀词，却挠到咸丰的痒处。本来就有几分得意的咸丰，由叶名琛证实了自己的“英明”，心里当然会感到无比的受用。其二，推卸未能阻止公使北上的责任。包令等人的要求早已被叶名琛驳斥，但“夷人”贪得无厌，心有不甘，总希望能有侥幸的机会。他们明知道在广州交涉绝不可能达到目的，仍企图通过蒙混不了解外情的上海、天津等地官员，以谋取利益。所以，“夷人”北上，非但不能表明叶名琛无能；相反，倒恰恰是因为叶在抵制“夷人”的无端要挟方面太有能力了。其三，交待了公使们未就咸丰允许查办的三条找他交涉的原因。尽管“夷人”可以蒙骗上海、天津的官员，甚至蒙骗皇上，但绝对蒙骗不了叶名琛，咸丰允许查办的三条中既然有两条早经驳回，他们当然知道再找叶交涉也没有用，索性也就不来了。

咸丰皇帝允查三条原来就不是心甘情愿的，他曾在颁给吉尔杭阿的上谕中说：“所指三款，并非即行允准，亦仍令回广东、上海听候查办。”[①]言外之意是，我作为皇上对外国人当然要表现得宽宏大量一些，如果你们有本事，这三件事还是可以挽回的。现在他看到叶名琛不用开口说一句话，“夷人”就乖乖地自动放弃了已经到手的三项权利，未免会从内心里感到，叶名琛不愧是久任粤疆的柱石之臣，对付“夷人”太有办法了，难怪他总是一副胸有成竹的样子，说不定咸丰还会为自己未经征求叶的意见就贸然允查三事而感到自责。咸丰不由得由衷地对叶名琛大加赞扬：“览卿所奏各夷情状，实属明晰，亦能善体朕意，示以镇静。不但杜其无厌之求，并免另生不测，以致扰乱大局。”但作为皇上，也不能让大臣们看轻了，所以又来了一段豪言壮语：“卿其永励斯志，忍待军务悉平，彼时饷裕气复，朕断不任其狡狯尝试，时存窥测。”[②]所谓“军务”，当然是指镇压各地起义的军事活动。不知道咸丰当时是否想到了那些可以让“夷人”不敢轻于“尝试”、断绝“窥测”之念的有效办法，由于他未能活到“军务悉平”之时，我们也无从揣测他将怎样施展自

---

① 《筹办夷务始末》咸丰朝卷九，续修四库全书本，第 50 页。
② 《筹办夷务始末》咸丰朝卷十一，续修四库全书本，第 20 页。

己的这一番抱负了。就当时的情形而言，一个明显的事实是：他并没有受到“夷人”的蒙骗，反倒扎扎实实地被叶名琛蒙骗了。

1856年春，在伯驾照会通知吉尔杭阿将赴上海修约的同时，上海海关英籍税务司李泰国也当面对护理苏松太道蓝蔚雯说：“各国条约章程必求更改，否则恐致生事，广东叶总督绝之已甚，各国公使万不肯再向关说。”经两江总督怡良、江苏巡抚吉尔杭阿会衔奏报，咸丰皇帝谕令：“从前五口通商条约虽有十二年再行更定之议，不过恐日久弊生，或窒碍之处，不妨小有变通，其大段章程，原未能更改。该夷前年在上海、天津要求各事，均属万不能行，经崇纶等面加驳斥，该夷酋亦自知理屈，不复争论。今云广东绝之已甚，故赴上海，苏省督抚本非总办夷务，自不能允其所求，必至上赴天津，更属不成事体。著叶名琛体察情形，妥为驾驭。如该夷所欲更改之事实止细故，不妨酌量奏闻，稍事通变；如仍似前年之妄事要求，即行正言拒绝。务宜恩威并用，绝其北驶之念。勿峻拒不见，转致该夷有所藉口。”他还要怡良等“饬令蓝蔚雯转谕各该夷领事，告以五口通商事宜悉归广东查办，他省均不得越俎，该夷若不肯向广东关说，别省无可代为商办。此次照会各情业已入奏，亦止能请交广东钦差大臣查办。至于更议之处，该督抚不能与闻”①。就是说，咸丰仍坚持要把外交事务限定于广州一地，由叶名琛一人经办。与前不同之处，一是表示条约虽然不能修改，细节问题可以商量；二是要求叶名琛不要拒绝与外国使节见面，以免他们藉口生事。明确告诉外国人上海的地方官“不能与闻”修约之事，意在提醒他们：你们再到任何地方都没有用了，还是老老实实地与叶名琛交涉吧。

7月下旬，接到叶名琛关于伯驾声称将于7月初动身进京的奏报后，咸丰再次申明：“各夷议定条约虽有十二年后公平酌办之说，原恐日久情形不一，不过稍有变通，其大段断无更改，故有万年和约之称”；“如其坚执十二年查办之语，该督等亦只可择其事近情理、无伤大体者，允其变通一二条，奏明候旨，以示羁縻”②。即大体上仿照上次修约办理。但对于伯驾又要北上，咸丰却感到不可思议。上次英、美公使北上，他要求各地重点防范他们与太平天国串通、骚扰沿海地区、于他处逗留不去等事都未发生；吉尔杭阿说他们报告本国政府、采取军事行动约需要半年时间，现在都快两年了，也未见

① 《筹办夷务始末》咸丰朝卷十二，续修四库全书本，第29、30页。

② 《筹办夷务始末》咸丰朝卷十三，续修四库全书本，第14页。

任何动静;除美国公使要求减免了部分欠税外,连允查三事都放弃了,他们明明没有得到什么好处,为什么还要徒劳往返呢?咸丰绞尽了脑汁,一时也想不出个所以然来。

直到10月11日接到怡良与赵德辙正在劝阻伯驾由沪北上的奏报时,咸丰皇帝才忽然想到:"夷人"明着没有得到什么好处,那肯定是暗中得到了好处;他们肯定是夹带了大量私货,背着我们卖给了老百姓,赚了不少钱。想到此,咸丰马上感到心中有底了。他要怡良等"但当告以通商事宜非广东不能奏办,别省不敢上闻,如其仍前狡执,必欲驶至天津,亦不必过于阻止,恐该酋疑我畏其北来,益复藉词挟制"。他提醒怡良等,"通商以英夷为首",美、法"皆后来推及",不应该由美国公使"先出讲话","如再哓哓,只可置之不理"。还并郑重叮嘱他们,"此次入奏之事及将来续有奏报,均不得使该夷闻知。一切劝谕之词,皆作为该督等自出己意,是为至要"。他还在当天颁布的另一道上谕中告诉他们,"该夷欲赴天津,藉口要求,实为私销违禁货物起见",要怡良"饬令地方文武严密防范,毋令沿海居民及商、渔船等与该夷交接私销货物,其有奸民接济食物者,一并禁止"。同时谕令直隶总督桂良,"如果该夷酋抵天津,不必派大员与之接见,但严禁沿海奸民与之私相贸易";谕令山东巡抚崇恩等"于山东海口一体查禁,使其无利可图,以杜其北来之念"①。当然,这一次咸丰又白费了一番心机。

综观两次修约交涉,英、法、美政府及其驻华使节相互配合,都作出了不同程度的努力,结果不但未能达到目的,甚至没有让清朝统治者弄明白他们的命意所在。之所以会造成这种结果,也与西方国家和它们的外交使节对中国的政治文化太不了解、对中国的主权太不尊重有密切关系。

第一,西方国家以为他们凭借着不久前英国战胜的余威,已经取得凌驾于清王朝之上的话语权,这一次不一定要动用武力,对西方船坚炮利心有余悸的清朝统治阶级就会乖乖地坐在谈判桌前接受他们提出的条款。殊不知西方的武力不但征服不了中国人民,甚至连"夷夏之辨"这一传统观念也未能改变。查阅清政府有关修约的档案文件,很容易看出,其中使用率最高的是"夷酋"、"犬羊性成"之类的词句,这意味着当时清朝统治者非但不承认西方国家的代表有与他们平等对话的权利,甚而连起码的尊重都没有。抱着恃强凌弱心态来华的各国使节在大多数场合面对的却是视同"犬羊"的待

① 《筹办夷务始末》咸丰朝卷十三,续修四库全书本,第30、31页。

遇，这种巨大的落差使之难以适应，他们无法校正自己的实际位置，也找不到与清朝统治者沟通的正常渠道与合适方式。交涉修约期间，双方虽然多次接触，但由于双方使用不同的话语系统，影响了互相交流的效果，在许多场合，外国使节们只是一厢情愿地自说自话。

第二，至于通过修约所要达到的目的，英、美两国政府都把公使驻京一事列在首要位置，其次是开放中国内地通商。但第一次提出修约，包令开列了 18 条要求，麦莲开列了 11 条要求，希望一揽子解决中外之间的所有问题，这样就产生了两个问题：其一是淡化了修约的主题，包令的节略虽将公使驻京列为第一条，却将内地免税贸易列为第七条；麦莲的节略仅将长江流域通商、准许美国往来居住中国内地和公使驻京并列为第十条，清朝君臣根本搞不清楚他们的主要目的何在。崇纶等在谈判之后得出的结论是："揣厥来意，重在上海欠税、粤东滥抽茶税并扬子江一带通商之事，其余各款不过虚词声张。"咸丰皇帝也认为："该夷惟利是图，来往奔驰，其志不过在贸易、税务之事。以此稍应所请，当必帖然无说。"[①]其二是把修改条约与遵守条约两者搅在了一起，包令和麦莲将原有条约中未得到落实或贯彻不到位的条款也列入了修约要求，从而使"修约"的含义变得含混不清了。所以咸丰皇帝一方面坚定地表示：英美公使的"来意无非欲改变通商成约，此事断不能行"[②]；另一方面，却选择了不牵涉改动条约内容的三件事准予查办。

第三，英、美公使在提出修约要求时，都借用太平天国起义向清政府施加压力，其效果却恰恰适得其反。他们原以为清朝统治阶级会企盼西方的武力援助，而事实上只有上海的部分地方官员对此感兴趣，咸丰皇帝早已认定："各夷立约通商，本有一定处所，地方公事尚且不准干预，况用兵剿贼，岂得令其与闻？"[③]至于他们说要进入太平天国区域贸易或与太平天国签约，就更加强化了清朝君臣对他们的防备心理和厌恶情绪，从而增加了双方沟通的难度。再则，如果法、美两国按照条约规定的期限提出修约要求，本来倒是有一定的法理依据，一旦与太平天国起义牵扯在一起，就使之带有了讹诈性质，这也是导致清朝君臣不能平等对待他们的一个重要原因。

两次拒绝修约，清朝统治阶级虽然维护了自己的权益，但也产生了负

① 《筹办夷务始末》咸丰朝卷十，续修四库全书本，第 51、52 页。
② 《筹办夷务始末》咸丰朝卷九，续修四库全书本，第 14 页。
③ 《筹办夷务始末》咸丰朝卷八，续修四库全书本，第 12 页。

面影响。

首先，咸丰皇帝极力要把外交事务限定于广州一地，由叶名琛一人经办，而叶名琛既不愿意与外国使节见面，也不答应外国使节的任何要求，实际上在叶名琛兼任钦差大臣期间，清朝的外交已基本陷于停顿状态，外国使节一事无成，连国书都无法递交，内心的不满可想而知。中外关系中存在的问题越积越多，长期得不到解决，中外矛盾亦随之而日趋尖锐。外国使节平时连叶名琛的面都见不到，好不容易等到了修约的时机，当然希望乘机把所有的问题都解决掉，结果皇上仍要他们回广东交涉。清政府当时的外交体制和主办外交的官员显然不能适应当时国际形势的需要。

其次，咸丰皇帝要求各地官员奏报外交事务时要瞒着外国人，与外国人辩论时即使引用了皇上的话，也要作为自己的意见来说，目的是让他们知道“非分之求不能轻易上达”①，甚至连直隶总督桂良也不能与外国人见面，实际上都是为了抬高自己的身份，维护“天朝上国”的形象，却根本没有想到那些并不熟悉“天朝”体制的外国使节对此会产生怎样的看法。饱受近代外交理念熏陶的外国使节难免会想：清朝皇帝连修订条约这样的大事都不过问，他整天在干什么？是不是过于荒淫无道、终日沉湎于酒色之中了？带着这样的疑问，他们只会更加轻视清朝统治者。

再次，西方国家来华修约固然是为了攫取侵略权益，但采取的是和平方式，清政府还可以讨价还价，较之于血腥的战争掠夺和继之而签订毫无协商余地的条约，对中华民族的危害程度还是有很大差别的。清朝统治阶级不具备近代外交的基本常识，不了解国际形势和西方主要国家的对华政策，因而失去了一次两害相权取其轻的选择机会。作为殖民侵略者，英、法等西方列强修约失败，将促使他们决心对华采取武力政策。而清朝统治者却以为成功地挫败了西方国家的修约要求之后，就万事大吉了，对于日益迫近的战争危险竟然丝毫没有察觉，这不能不是一件令人十分痛心的事。

① 《筹办夷务始末》咸丰朝卷十，续修四库全书本，第 50 页。

二

叶名琛的刚愎与乖谬

表现叶名琛被俘时情景的图画

英国驻华外交官员以亚罗号事件为借口，挑起了攻打广州的局部战争，并促使英、法政府扩大了战争规模。清方主持涉外事务的钦差大臣叶名琛昧于世界大势，根本不了解敌情，却刚愎自用，欺瞒朝廷，既未通过外交途径阻止战争的扩大，也不做任何战守准备，致使广州城很快陷落，他本人也被掳至加尔各答囚禁至死。

亚罗号事件

西方国家对华外交屡屡受挫，决定了他们对中国要尽早诉诸武力。克里米亚战争结束后，英、法很快将侵略的矛头转向东方。1856 年 7 月底，英国外交大臣克拉兰敦通知包令：他将要求英国海军部增派舰队来华，以达到以武力迫使清政府就范的目的。

但在英国政府正式作出战争的决策并大规模派遣侵略军来华之前，包令与英国驻广州领事巴夏礼即已挑起了战端。他们发动战争的借口是亚罗号事件。

1856 年 9 月 6 日，获有五品顶戴的粤绅黄联开经营的两条货船，装载洋靛、八角、牛皮、砂纸、稻谷等货物行至广东新宁县三角塘洋面遭遇海盗，货物被抢劫一空，并被打死了 4 名船员，黄联开本人被迫跳水逃走。10 月 8 日，来到广州的黄联开发现“亚罗”号划艇上居然有抢劫其货船的海盗，当即向广东水师报信。水师千总梁国定奉派率弁兵 60 余人乘巡船至停泊于省河海珠炮台附近的“亚罗”号上搜捕海盗。“亚罗”号船长爱尔兰人托马斯·肯尼迪当时正在停泊在 50 码外的“标枪”号上与几位朋友共进早餐，见状立即赶回来进行阻拦。梁国定同意留下两名水手看守该船，将其余 12 人押上水师巡船带走。接到肯尼迪报告的巴夏礼很快赶到停泊于永靖门外的巡船上，声称“亚罗”号曾在香港登记注册，受英国保护，清朝水师弁兵不通过英方即擅自上船捕人，还扯下了船上的英国旗帜，侵犯了英国的权利，损害了英国的尊严，要求带走所有被捕人员，并表示若其中真的有海盗，待其审讯确实后，再引渡给清朝地方当局。清朝弁兵拒绝了巴夏礼的要求。据说双方争执之际，有人乘乱捣了巴夏礼一拳。

巴夏礼气急败坏地回到领事馆，立即起草了三份公文，并于当晚发出。第一份公文是发给包令的，首先按照他所了解的情况报告了亚罗号事件的经过，说据清方官员称，广东水师“行动的理由”是“亚罗”号上的“一个水手是著名海盗郭亮的父亲”，其他 11 个人都是作为证人而被羁押的，强调广东水师在执行任务时扯下了船上悬挂的英国国旗，并拒绝了他提出的由领事馆拘留、审查犯罪嫌疑人的要求，甚至用武力恐吓他，“严重侮辱和侵害了(英国)国家权利，并因此要承当重要的责任”[①]。第二份公文是发给驻扎省河的英国军舰“西比利”号指挥官埃利奥特海军准将的，希望他在必要时率舰前来黄埔予以武力支持。第三份公文是发给叶名琛的，他以十分愤激的口吻宣称，亚罗号事件公开侮辱了英国，性质十分严重，“这种公开的侮辱一定要得到同样公开的洗雪方能罢休”，要求由梁国定将全部被捕人员当着他的面送回“亚罗”号，并赔偿因这一事件耽搁行程而使该船遭受的经济损失。

巴夏礼(Parkes, Harry Smith 1828—1885)1828 年出生于英格兰斯塔福德郡，13 岁来华，先在澳门学习汉语，第一次鸦片战争时期曾参加攻占镇江的战役，后以英国全权代表璞鼎查随员的身份参与了《南京条约》签字仪式，此后一直留在中国，初为第一任港督兼驻华公使璞鼎查的翻译，参与了这一时期中英之间的大部分交涉，甚至有记载说他曾被清朝钦差大臣耆英认作干儿子[②]；1844 年 6 月被任命为英国驻厦门领事馆翻译，后辗转于各领事馆担任不同职务，表现相当出色，遂升任英国驻厦门、广州领事，可以说是一个名副其实的“中国通”。巴夏礼对清朝官方的对外态度强烈不满，在对华交涉中历来态度蛮横，以办事“果决”、行动迅速著称。此前，他曾返回英国，多次受到巴麦尊首相的召见。巴麦尊明确告诉他“必须对清政府提高

① 齐思和等编：《第二次鸦片战争》(六)，上海人民出版社 1979 年版，第 48—49 页。

② 华廷杰《触藩始末》称：巴夏礼“自幼居内地，能汉语，通汉文。道光二十三年总督耆英在粤时”，巴夏礼“才十余龄，拜耆相为义父。久益熟内地情形，性机警勤密，有口辩，诸酋中最称桀黠，此次祸端多其主持”(齐思和等编：《第二次鸦片战争》[一]，上海人民出版社 1979 年版，第 170 页)；七弦河上钓叟《英吉利广东入城始末》载：巴夏礼“幼入中土，通汉文，能华言。总督耆英定和约时，年甫十余岁，耆英甚爱之，录为义子，乃夷酋之最桀黠者”(齐思和等编：《第二次鸦片战争》[一]，上海人民出版社 1979 年版，第 214 页)。考虑到耆英曾将璞鼎查的儿子收为义子，那么他也完全有可能再将巴夏礼收为义子。

嗓门，并且要求中国即使是最小的侮辱也要立即赔礼道歉"①，使他在对华交涉中更加肆无忌惮。亚罗号事件发生后，他蓄意扩大事态，以此为借口挑起了第二次鸦片战争。

巴夏礼

包令于 10 月 10 日复函告诉巴夏礼：已将亚罗号事件通报了英国驻华海军司令官西马縻各厘，西马縻各厘指示埃利奥特与巴夏礼商量"对这种侵犯权利取得补偿的最合适的办法"，如果叶名琛不能爽快地答应巴夏礼的要求，在未得到包令的指示之前，暂不要采取"任何公开的暴力行为"；但保证："在维护女王政府臣民的权利和英国国旗理应在中国人方面获得合法的保护方面"，一定会予以支持②。当天，巴夏礼还接到了叶名琛的答复。由于类似的中外冲突事件当时并不鲜见，叶名琛根本不可能想到英方会以此作为发动战争的借口，所以一开始并未予以足够的重视。他只是心平气和地说明：广东水师的搜捕行动是应黄联开的控告而采取的；经审讯，已初步证明"亚罗"号水手李明太（又名梁明太）、梁建富二人确实是海盗；除该二犯与证人吴亚认外，其余九人由南海县丞许文深押送"亚罗"号交给巴夏礼。同时指出：经查明，"亚罗"号是中国人苏亚成出资制造的，曾雇用外国人亚罗看守该船，后花了 1 000 银元由波碌洋行出面在香港领得牌照，实际上并不是英国船，所以巴夏礼提出的赔偿其经济损失的要求不能答应。但巴夏礼以被捕人犯没有全部送回，且未由梁国定亲自押送而拒绝接收。

翌日，巴夏礼致函包令建议对停泊于省河的清朝水师巡船采取报复行动。就在这一天，包令在未收到巴夏礼的信之前，即下达了在必要时"占据并扣押一只（清朝）皇家的帆船"的指令。他们二人不但都主张对华采取强硬措施，而且连具体行动的目标都是完全一致的，可见他们配合得是何等默契！在这份文件中，包令一方面告诉巴夏礼"经过调查，看来'亚罗'号是无

① 费正清等编：《剑桥中国晚清史》上卷，中国社会科学出版社 1985 年版，第 267 页。
② 参见齐思和等编：《第二次鸦片战争》（六），上海人民出版社 1979 年版，第 50 页。

权悬挂英国国旗的，允许它这样做的执照于九月二十七日满期，此后它就无权接受保护，你应该把执照退还给殖民部”；另一方面又说“不过中国人是不知道执照过期的，除去船主不是英国臣民的推断外，他们也没有宣称他们有任何其他进行干预的根据”，既然英属香港殖民政府已给该船颁发了执照，“中国当局违反了补充条约的第九条是明显的”，因而“对已发生的事情我要求道歉，并要求保证将来英国国旗将受到尊重”。他进而指示巴夏礼以最后通牒的形式限令叶名琛于48小时内作出答复，“一旦超过时间，你便授命随即要求海军当局协助你强迫要求赔偿”。显然他是要利用清朝官员不了解具体情况这一有利条件，借机进行讹诈，这反映出包令对华态度的不诚实，暴露了以文明民族自居的西方殖民主义者的虚伪性。包令本人亦于12日向叶名琛发出了同样内容的照会，次日他进一步指示巴夏礼“钦差大臣的道歉必须要书面的”①。

包令所说的“补充条约”即《虎门条约》，其中的第九款规定：

> 倘有不法华民因犯法逃在香港或潜住英国官船、货船避匿者，一经英官查出，即应交与华官按法处治；倘华官或探闻在先，或查出形迹可疑，而英官尚未查出，则华官当为照会英官，以便访查严拿；若已经罪人供认，或查有证据知其人实系犯罪逃匿者，英官必即交出，断无异言。其英国水手、兵丁或别项英人，不论本国、属国、黑白之类，无论何故，倘有逃至中国地方藏匿者，华官亦必严行捉拿监禁，交给近地英官收办，均不可庇护隐匿，有乖和好。②

按此规定，当时中国罪犯逃至香港或英国船上后，清朝官方均不能直接拘捕，须照会通知英国领事拘捕后引渡给清朝官府；而英人在华有不法行为者，只要被清朝官府拿获，都会尽快引渡给英国领事按照英国法律审讯、处置。叶名琛于10月10日答复巴夏礼时指出“亚罗”号不是英国船，意即清方并未违反此条规定。显然，叶名琛处理此事的办法是自相矛盾的。若“亚罗”号是英国船，则不但应将被捕水手交出，还应适当表示歉意、赔偿该船损

① 齐思和等编：《第二次鸦片战争》(六)，上海人民出版社1979年版，第51、52页。

② 梁为楫、郑则民主编：《中国近代不平等条约选编与介绍》，中国广播电视出版社1993年版，第25页。

失；若“亚罗”号不是英国船，则既无需道歉、赔偿，也不应交出被捕人员。叶名琛拒绝道歉、赔偿，显然已认定“亚罗”号不是英国船，但他还是同意将不涉及犯罪事实的部分水手交给巴夏礼，显然是抱着一种息事宁人的态度。但办理外交不同于调解民事纠纷，无原则的息事宁人有时反而会增加一些意想不到的麻烦。当然，从包令和巴夏礼的角度来说，亚罗号事件只不过是他们挑起事端的借口，他们要发泄的是长期郁积的对叶名琛的强烈不满，企图借此机会改变中英关系的现状。

10月14日上午，在最后通牒规定的时间之内，叶名琛再次回复巴夏礼，进一步解释说：广东水师至“亚罗”号拿人时，并未见到船上悬挂有英国国旗，此后绝对不会发生“无故向外国划艇缉拿之事”。他同时提出：“中国人自造船只，外国人幸勿卖给牌照，以致互相混淆，难于辨别。”[①]言外之意是港英当局不应该拿牌照卖钱，以至于给双方造成了不必要的麻烦。其更深一层的含意是：花钱买的牌照当然不具备法律效力，广东水师到“亚罗”号抓人并没有什么错误可言，他本人自然也就无“错”可认，用不着向英方道歉。英方见叶名琛仍坚持原先的立场，便由西马縻各厘向埃利奥特下达了扣押一只清朝水师巡船的命令，并派蒸汽炮舰“梭子鱼”号和“科罗曼德尔”号由香港前往广州协同执行此项任务。当天下午，埃利奥特在海珠炮台附近劫持了一只清方船只，拖到黄埔，由“西比利”号加以监控。

“梭子鱼”号和“科罗曼德尔”号的到来，加强了广州城外英军的实力。巴夏礼于15日警告叶名琛，英国海军部队现已开到各炮台和广州周围，欲以劫持沙船、兵临城下迫使其作出让步。次日，包令也再次照会威胁叶名琛，若仍不愿履行条约规定的义务，将可能导致更加严重的后果。为了进一步增加威慑力，西马縻各厘又令护卫舰“遭遇”号和“桑普森”号开进省河。

包令要英国海军扣押清朝水师巡船的目的是向叶名琛施加压力。按照包令的逻辑：既然是广东水师到“亚罗”号上抓的人，英方就以劫持水师巡船作为对应的报复手段，同时借以警告叶名琛英方将不惜诉诸武力。但叶名琛仍不为所动，丝毫没有妥协的迹象。

巴夏礼于20日赶到香港，当面向包令和西马縻各厘汇报，认为叶名琛对英方的多次照会一再加以敷衍搪塞，甚至漠视扣押船只事件，这种傲慢的态度严重地损害了英国的威信，绝对不能容忍；既然包令已经决定采取武力

① 佐佐木正哉：《鸦片战争后の中英抗争》(资料篇稿)，东京近代中国研究会1964年版，第232页。

报复的方针，就应该想尽一切办法将这一方针贯彻到底；建议再次向叶发出最后通牒，限令其于24小时内接受英方的全部要求，倘叶仍不就范，即应实施逐步升级的军事行动，第一步先攻占并摧毁猎德等四座炮台，第二步再攻占并摧毁广州城郊的炮台，第三步干脆炮击总督衙门。包令和西马縻各厘都表示赞同。西马縻各厘随即命令英国海军旗舰“加尔各答”号由虎门沿广东省河上行，在该舰吃水深度所允许的范围内尽可能地靠近广州城。

次日巴夏礼回广州后，于当晚6时发出了最后通牒。事实上，叶名琛在处理中外关系的态度和方法上无论怎样不合时宜，但由于咸丰皇帝在上谕中一再强调，当清王朝面临各地民众起义的严重威胁之际，应尽量避免与西方国家发生战争，叶名琛一直是以此作为处理亚罗号事件的基本原则的。此前，他在认定“亚罗”号是中国船的前提下仍同意交出部分被捕水手，就是从这一原则出发的。同时，与英方一再发出最后通牒、口气咄咄逼人形成鲜明对比的是，叶的每一次照会语气都是比较温和的。21日，在巴夏礼发出最后通牒之前，叶名琛已照会包令，一则仍坚称“亚罗”号是中国船，广东水师前往拿人时，“艇上并未见旗号，从何扯落”？二则指责英方无故扣押中国商船，“令其无辜受累，岂条约内载有此办法乎”？三则表示“亚罗”号被捕水手“梁亚保等十二名，如巴领事官即肯领回，本大臣当即发交”，如不愿领回，“本大臣亦可自行释放”。稍后，又札复巴夏礼，一面声明广东水师“在中国自置之艇拿中国之人，与外国原无干涉”；一面承诺“嗣后如有匪徒藏在外国艇内，自应札知该领事官一同办理”；同时表示10名无罪的“亚罗”号水手“早已讯明，如该领事官情愿领回，即行发交前来”[①]；关于英方扣押船只之事，只是轻描淡写地说，那不是清朝官府的船，而是一只私人的商船。第二天，他又按照给包令照会中的说法，令人将被捕的12人全部送交巴夏礼。可见，叶名琛的态度较前并无明显变化，即仍坚持认为中方无错，拒不道歉；只是在被捕水手的处理方面愿意再作一点让步，同意连两名海盗、一名证人一起释放。显然，直到此时叶名琛仍未准确领会英方的意图。抛开包令、巴夏礼等蓄意借此挑起战端的险恶用心不谈，英方照会一再说明，“亚罗”号被捕水手移交英方后，若其中确有海盗，经英领事审讯确定，仍可引渡给广东地方官府。就是说，英方关注的不是“亚罗”号水手中有没有海盗、当不当抓

① 佐佐木正哉：《鸦片战争后の中英抗争》（资料篇稿），东京近代中国研究会1964年版，第204、234页。

捕的问题,而是应该由谁来行使此项权力的问题。叶名琛一再在释放被捕水手方面作出让步,不但英国人丝毫不感兴趣,而且连海盗都可以释放,岂不是将法律视作儿戏了?既然可以释放,那广东水师岂不是抓错了?

包令要英国海军扣押清朝水师巡船的目的是向叶名琛施加压力。按照包令的逻辑:既然是广东水师到“亚罗”号上抓的人,英方就以劫持水师巡船作为对应的报复手段,同时借以警告叶名琛英方将不惜诉诸武力。不料执行此项命令的英国海军竟然搞错了行动目标,扣押了一只私人的商船。英方当然知道,没有任何理由让沙船业主来为广东水师的行为承担后果,即使按照包令的逻辑,也无法对扣押私人商船的行动作出“合理”的解释。英国海军的这一错失,凸显了英方军事行动的残暴性,大大地丢了英国人的面子。

巴夏礼以清方既没有采用他所要求的公开方式送回“亚罗”号被捕水手,也没有按包令的要求作出书面的道歉,对叶名琛派员送回的被捕水手拒绝接收。于是,按照包令、巴夏礼等人事先策划好的方案,英国海军于最后通牒期满之后发起了进攻。亚罗号事件就这样成为第二次鸦片战争的导火线。

我们再回过头来看看有关的事实真相与双方交涉的法理依据。

“亚罗”号是中国人苏亚成于1854年在中国内地制造的。该船载重127吨,采用中西合璧的形式,船身为欧式,帆樯等装备为中式,当时中国人通常把这种船叫作“划艇”,外国人则称之为“绿壳”(lorcha),也有叫“夹板”船的。苏亚成经营该船未久,即被海盗抢去,后又被广东乡勇缴获,辗转卖给了香港伯德洋行(Messrs John Bard & Co.;因丹麦驻香港领事弗雷德里

晚清时期仿造的欧式夹板船

克·波碌为该洋行最大股东，故亦称波碌洋行）买办方亚明。方亚明雇用英国人托马斯·肯尼迪（Thomas Kennedy）为船长，并于1855年9月27日将该船在香港殖民地政府登记注册，领取了执照，这就是该船悬挂英国旗、巴夏礼等认定其为英国船的根据。

但恰恰是这一根据存在着严重问题。

首先，“亚罗”号在香港登记注册依据的是港英当局1855年第四号法令，其中的第六条规定：香港的中国居民，只要是该殖民地皇家土地的注册租户、在当地的财产价值2 000银元，并有两个具有同样财产条件的租户作为保人，即可合法地申请并取得殖民地船只执照。①但是，按照英国当时的一般法律规定，必须完全属“英国人民”所有的船才可以称为英国船。这里所说的“英国人民”指在英国自然出生的人，或已经取得英国国籍并宣誓效忠的人。上述法令显然是违背一般法律规定的，港英当局制定该法令的依据是英国《商船运输法案》，这一法案允许英国殖民地的立法机构自行制定适用于该殖民地的船只登记办法，但须经国王批准且连同批准书一起公布方才有效。而香港1855年第四号法令却仅由一位大臣擅自认可，港英当局直至1856年2月才接到该大臣的“批准”通知，如果在香港公布也只能在此之后。方亚明虽然是中国人，却已在香港生活了10年，当然可以按照该项法令将“亚罗”号登记注册，他所领取的航行执照上即写明该船业主为“香港维多利亚路中国商人方亚明”。但是，一方面，香港1855年第四号法令未经国王批准，本来不具备法律效力；另一方面，即使该法令以大臣批准为有效，“亚罗”号的登记在批准书公布之前亦属无效。因此，英国前首相德比（Edward Stanley Derby）在国会辩论中说“它是未经授权的废纸，充满了缺漏，没有任何权力和作用，1856年2月才到达香港，却是据说于1855年9月就按其规定而办理的一项登记的全部而惟一的法律”②。可惜当时清政府方面无人能知道这些具体的细节，当然也就不可能据以与英方交涉。

其次，港英当局1855年9月27日颁发给“亚罗”号的航行执照有效期为一年，1856年10月8日广东水师上船捕人时，已经过期11天，包令背着清朝官府曾多次提到“亚罗”号因执照过期而无权悬挂英国国旗、不再受英

① 参见《英国议会文书》，1857年第12卷，2166号，第3页。

② 汉沙德：《议会辩论录》，转引自蒋孟引：《第二次鸦片战争》，生活·读书·新知三联书店2009年版，第35页。

方保护。既然如此，清朝官弁完全有权不通过英国领事即直接上船捕人，即便在搜捕时确曾扯下英国国旗，也是针对该船非法悬挂旗帜行为的，其主要责任应由“亚罗”号承担，清朝官方只需要为当时中国人缺乏尊重国旗意识而举止较为鲁莽表示歉意就可以了。叶名琛如果通过外交方式了解“亚罗”号执照过期的事实，并能抓住这一点与英方交涉，就可以占据主动了。然而叶名琛等对此同样一无所知，他认定“亚罗”号是中国船的主要依据是该船是由苏亚成建造的、船主及其雇用的水手都是中国人，甚至连该船已几经易手、现船主为伯德洋行买办方亚明都未必搞得清楚。他认为该船不应悬挂英国国旗的理由是旗帜是通过洋行花钱买来的，根本不懂得该船注册登记时花不花钱、花多少钱并非问题的关键所在。在这两个问题上尽管叶名琛的看法是对的，可由于他说不出充足的理由，英方只要拿出香港 1855 年第四号法令就足以压倒他了。于是，双方争执的焦点转到了“亚罗”号当时是否悬挂英国国旗的问题上，而这个问题却因很容易作伪而根本无法说清楚。

双方当事人对此各执一词。叶名琛根据前往“亚罗”号捕人的广东水师千总梁国定等人的证词说当时船并未悬挂英国国旗，所谓扯下国旗、侮辱英国之说纯属子虚乌有；英方则让与“亚罗”号船长肯尼迪共进早餐者、梁国定留下看守船只的两名水手等都提供了证词。水手金亚成（音译）说广东水师把英国国旗连同绳子一起扔在甲板上，梁亚用（音译）说他当时和金亚成正在一条舢板上忙着为“亚罗”号起锚，清楚地看到国旗被中国水师扯了下来；肯尼迪及与其共进早餐的“标枪”号船长约翰·李树（John Leach）、“舟山”号船长查理·欧尔（Charles Earl）也作了类似的证明。为了加强这些证词的可信性，巴夏礼曾把肯尼迪形容为一位“船长群中很受尊敬的一位人物”，说“亚罗”号是在香港、澳门和广州之间运载谷米的正当商船。但是，鉴于包令在“亚罗”号执照过期问题上的不诚实表现，我们完全有理由怀疑两名水手是受巴夏礼或肯尼迪胁迫而作伪证的，李树和欧尔是碍于肯尼迪的朋友情面而作伪证的。

众所周知，船舶在港口停泊期间一般是不挂国旗的。“亚罗”号此次于 10 月 3 日到达广州，照例应该降下国旗，待启航时再升起，所以水手梁亚用的证词说广东水师上船捕人时他和金亚成正在起锚，就是为了给人造成“亚罗”号已升旗待航的感觉。对此，英国皇家学院院士、澳大利亚社会科学院院士黄宇和先生分析道：“根据英国船例，当一只英国船进入海港时，船长要把该船执照送到领事馆存案，该船在启航前，船长也一定要再到领事馆一转，办理离港手续。等领事在执照上盖章后，船长领回执照，船只方能启航。这一规定，主要是让领事控制出入口船只及防止作弊。”“亚罗事件发生的时间是在清晨8点至8点半之间。领事馆的办公时间，是从早上10点开始，尽管肯尼迪准备在该日10点钟准时抵达领事馆办手续和领回执照，估计他在早上10点30分以前是没有可能再登上‘亚罗’号的。由是观之，肯尼迪不可能在早晨8点钟以前就命令水手起锚，然后他离船去跟朋友们一起吃早餐。反过来说，如果肯尼迪真是这样做了的话，到了10点30分，‘亚罗’号已漂浮了两个半小时；当时是退潮时间，‘亚罗’号肯定已随潮漂出广州水域，相信最笨的船长也不会下这样一道命令。”就是说，梁亚用证词中“正在起锚”的说法肯定是经肯尼迪授意而作的伪证。黄宇和先生还指出，李树是“在听过肯尼迪的证词向我宣读过后”才作证的，他作证的目的“完全是为了印证肯尼迪的证词”；包令以“亚罗事件发生后，诸事繁忙”以致于忘记了为借口，拖了七个月才把欧尔的证词送交英国外交部，这都大大增加了作伪的可能性。曾被海盗劫持的葡萄牙第27号划艇水手劳沙里沃（Iozedo Rozario）于1856年11月16日出具证词说，他被海盗拘禁期间多次看到“亚罗”号为海盗接赃，还听到“亚罗”号之水手与海盗谈及该船将驶往澳门；他逃回澳门后，于1856年9月30日晚上10点钟发现“亚罗”号停泊在澳门水域，翌日清晨报告澳门当局，当澳门兵舰前往搜查时，发觉“亚罗”号已经连夜开走了。黄宇和先生据以推断，“扯旗”事件完全有可能是肯尼迪虚构的，希望借此促使巴夏礼立即采取行动，“通过外交途径尽快把水手抢回来”，以免被捕水手在受清朝官员审查时败露了该船与海盗的关系。①

另外，《中国友人》报1856年11月13日刊文指出：葡萄牙第83号划艇的船长也是亚罗事件的目击者之一，事后他曾发表谈话证明，“亚罗”号“被捕获前已有六天没有挂英国国旗”了。作为第三者，他的证词应该是比较客观的。1857年7月格拉斯登（Gladstone）得到确切的情报后，曾在下议院当众宣称：“从纯粹英国高级官员来的消息，当亚罗事件发生时，船上并未悬挂英国旗；同时附有一项明白的声明说，所有在广州和香港的英国人，都完全知道事实确是如此。”②由于无法确定“亚罗”号当时悬有国旗，英国外交部

① 参见黄宇和：《亚罗事件》，《中山大学学报》1980年第3期。

② 汉沙德：《议会辩论录》，转引自蒋孟引：《第二次鸦片战争》，生活·读书·新知三联书店2009年版，第53—54页。

长克拉兰敦在谈到英国发动第二次鸦片战争的理由时强词声明:“尽管事发时英国国旗并没有在桅杆上飘扬,中国当局没有可能不知道‘亚罗’号是受到英国保护的。”而率领侵略军来华的英国全权代表额尔金在 1857 年 12 月 9 日写给他的妻子的信中说:“在我的最后通牒中我根本没有提到那令人厌恶的亚罗事件。对我们来说,亚罗事件是一件丑闻,除了几名个人曾受损害的人物以外,我有理由相信所有的人都同意我这种看法。”香港英文报纸《每日新闻》的相关报道也宣称:“值得庆幸的是,额尔金所采取的每项措施,都清楚表明与亚罗事件无关。”“亚罗事件已再没有辩论的余地了——为他辩护的人早已在这场舌战中退了下来,逃得无影无踪了。”①

然而,许多人不愿提起的是,中国方面的有些记载反倒说“亚罗”号当时是悬挂着旗帜的。如:华廷杰《触藩始末》载,咸丰六年九月,“水师营千总梁国定在划艇上获逃匪十三名并船上旗帜”;七弦河上钓叟《英吉利广东入城始末》亦曰,“(咸丰六年)九月,有水师千总梁国定者,因搜划艇鸦片烟土,获逸匪十三人,并拔船上旗帜,以获匪报”;篠园《粤客谈咸丰七年国耻》也说,“于(咸丰六年)九月中旬,有划艇名‘阿罗’者,悬英国旗私运烟土驶入省河,巡河千总梁国定入艇搜之,验其篙师、榜人皆逸匪也,絷十三人以归,并以其船所悬之英旗为假冒,拔而弃之”②。另,清同治十年(1871 年)刊本《广州府志》则曰:“千总梁国定侦知英吉利划艇有内地水手十二人,常在洋面行劫,伺其艇进港,径往执之,解赴谳局。艇主萧成亦内地人,折落艇上夷旗,激怒英酋,怂恿其索回逸犯。”同年刊刻的《番禺县志》与宣统二年(1910 年)刊本《南海县志》记载与此完全相同。③《广州府志》与《番禺县志》都是由史澄编纂的,出自同一个人之手的记载当然不会有太大的差别;《南海县志》的相关记载则一字不易地抄自《番禺县志》。

这些记载在“亚罗”号挂有旗帜问题上是基本一致的,前三种史料说旗帜是广东水师取下的,后三种史料说旗帜是船主萧成取下的。④导致这种不同的主要原因是,前两种史料属私人笔记性质,作者记述此事时用不着有什么顾忌;第三种史料发表于 1937 年上海的《国闻周报》,因与该历史事件具

① 转引自黄宇和:《亚罗事件》,《中山大学学报》1980 年第 3 期。

② 齐思和等编:《第二次鸦片战争》(一),上海人民出版社 1979 年版,第 164—165、213、244 页。

③ 参见同上书,第 290、293、296 页。

④ “亚罗”号执照上写明船主为方亚明,这里所说的萧成究竟是方的原名或另有隐情,现有资料无法证实。应该承认方志的编纂者在弄清这一问题方面,比今天的学者具有更多的便利条件。

有一定的时空距离也无需有忌讳；而地方志编成后一般都是要刻印的，类似于现今的公开出版物，《广州府志》与《番禺县志》的刊刻距事发后仅 15 年，编纂者当然要顾及地方官府的面子。

上述记载或出自当时当地人之手，或源于当时当地人的叙述，不应该是毫无根据的。特别是华廷杰，时任广东南海县（原广州旧城西半部）知县，是广东省的两位首县之一（另一位是番禺县知县李星衢），几乎每天都要在叶名琛周围周旋。叶名琛下令送回被捕水手时，则是让华廷杰的下属南海县丞许文深负责押送的。华廷杰很有可能参与了被捕水手的审讯，他的记载应该具有更高的可信度。或许有这种可能，即"亚罗"号船长明知该船登记已经过期，但为了托庇于英国的保护，以免其勾结海盗的行径败露，故意在停泊期间依然悬挂着英国国旗；而梁国定等认定其为中国船，所以在登船搜捕时顺手将旗帜扯了下来。由于中国当时还没有国旗，广东水师弁兵不可能具备尊重国旗的意识，他们扯下旗帜并没有侮辱英国的意向，所针对的只是该船悬挂英国国旗的非法行为。若非巴夏礼等蓄意扩大事态，只需要解释清楚就应该能够取得谅解了。

退一万步说，扯下英国国旗无论如何也不足以成为发动战争的原因。亚罗号事件之所以会成为第二次鸦片战争的导火线，从英国驻华公使、领事的角度来说，在很大程度上是他们长期郁积的不满情绪的一种发泄；从英国政府的角度而言，是在修约未达目的之后贯彻其以武力扩大侵华权益既定政策的具体体现。

在这一阶段的交涉中，叶名琛坚持认为"亚罗"号不应受到英方保护、清朝官府有权登船捕人而拒绝道歉，立场完全是正确的。而在此前提下，为了避免激化中英矛盾，仍愿意交还被捕水手，态度是软弱的。有限的退让当然不可能化解中英矛盾。叶名琛不具备应有的国际知识，对英方相关政策缺乏最基本的了解，在交涉中抓不住问题的关键，击不中英方的要害，因而不可能折冲于樽俎之上；不了解英方的真实意图，看不出英方有乘机挑起战争的可能，不愿意切实做好战守准备，因而也不能御侮于疆场之中，充分显示了其愚昧可悲的一面。

不过，我们还应该看到：即使叶名琛向英方赔礼道歉了，只要清政府不愿意修约，英国仍然会以其他借口发动侵华战争。绝没有理由要叶名琛为英国政府承担发动战争的责任。

没有效果的武力胁迫

1856年10月23日,英国挑起侵略中国的第二次鸦片战争,战争延续了4年之久。

这次战争一开始是由英国驻华公使和领事未经政府批准而擅自挑起的,在英国政府大规模派遣侵略军来华之前,由英国驻华海军司令西马縻各厘指挥现有的在华舰队进攻广州,以胁迫叶名琛就范,战争仅维持了约3个月。这场短暂的局部战争,西方学者通常称之为"亚罗战争"。

23日清晨,西马縻各厘率领"科罗曼德尔"号、"梭子鱼"号和"桑普森"号等舰艇穿过虎门,分头攻占大黄滘炮台和猎德至中流砥柱四座炮台,将炮台上所有的150门大炮全部钉塞了炮眼,于下午2时抵达广州城外的十三行。两小时后,巴夏礼备文通知叶名琛:西马縻各厘已指挥英军攻克上述炮台,若不立即答应英方的所有要求,英军将继续摧毁广州所有的防御工事、公共设施,消灭停泊在省河里的清朝水师;在此过程中所造成的英国人的所有损失,将由清政府予以赔偿。

其时正值武科举的乡试之期,因广东巡抚柏贵奉命晋京,遂由叶名琛担任主考。是日,他正在校场主持骑马射箭科目的考试,忽然听到东面有炮声,一个时辰后,有兵丁来报:英船驶入省河,将猎德、中流砥柱等炮台守军驱散,打死二人;守台清军因未奉抵抗之令,不敢开炮还击,只好四散逃避,炮也被毁了。叶名琛居然笑着说:"必无事,日暮自走耳。但省河所有之红单船及巡船,可传谕收旗帜,敌船入内,不可放炮还击。"[①]说完,仍继续看武童射箭,直到傍晚当天的考试结束才回总督衙门。

次日,西马縻各厘未见叶名琛回复,便下令炮击凤凰岗、沙面与商馆附近等处炮台,守军遵命退避,炮台上的设施全部被毁。叶名琛仍一早就到校场看射箭,午刻听到炮声大震,继而有人禀报凤凰岗等炮台被毁,依然不动声色,继续主持考试。属下各官见他故作镇静,都不敢以英军进攻而劝其停止武试。情急之中,有人借口风太大,不便骑射,要求早点收场。叶名琛才就坡下驴,下令停止考试,并要各官到他的衙门里商议对策。经南海县知县华廷杰等力争,才答应于当天夜里增派1 500名弁兵守卫四方炮台。随后

① 齐思和等编:《第二次鸦片战争》(一),上海人民出版社1979年版,第165页。

两广总督衙门

复函巴夏礼，再次声明亚罗号事件清方无错可认，指责英国人平日常以讲礼义相标榜，这一次攻毁炮台绝非素讲礼义者所当为，本大臣为了维护中英和好关系，已下令不准清军还手，如果英方仍任意妄为，激怒了广东全省百姓，倘有意外事端发生，本大臣也难以站在你们的立场上压服民众。这种态度当然不能让英方满意，巴夏礼轻蔑地指责叶的答复完全不合时宜，英方的军事行动将继续。25日，叶名琛以“拜发长至贺表”为由停止武举考试。华廷杰等建议“调南海大沥九十六乡壮勇三千名驻城西一带，调番禺石牌、塘厦壮勇二千名驻城东一带，既壮声威，兼防内匪”。叶名琛认为可行，“谕令整齐团练二万余人，以壮声势”。华廷杰等“又谓海珠炮台难守，请将炮数十口移下备他用，免被毁坏”。叶名琛“即命中军传令移炮，中军将往，已报敌兵踞海珠炮台，炮已毁”①。至此，省河沿岸的防御设施已全被英军占据或摧毁，广州城完全暴露在英舰的火力之下。尤其是临近城垣的海珠炮台，建于广州外城的总督衙门正好在其有效射程之内，英军以140名官兵驻守，作为炮击总督府的主要阵地。

两广总督衙门内院

① 齐思和等编：《第二次鸦片战争》(一)，上海人民出版社1979年版，第166页。

西马縻各厘认为，在解除了广州城的武装之后，叶名琛应该屈服了。他让巴夏礼致函叶名琛，除要求满足其原先提出的各项条件外，并进而胁迫叶允许英方官员进城与其会晤。进入广州城这个敏感问题再度成为双方争执的焦点。

亚罗号事件发生不久，包令就产生了乘机顺便解决进城问题的想法。他于10月16日写给巴夏礼的信中说：亚罗号事件为我们提供了一个台阶，只要好好利用，就可以获得重要的结果。他要巴夏礼告诉叶名琛：包令认为事态非常严重，可能愿意到城里的钦差大臣衙门与叶会见，或者在香港接见叶。一旦叶同意其进城会面，他就要带着整个舰队来广州了。当天包令在给他儿子埃德加·包令(Edgar-Bowring)的信中毫不掩饰地说："我希望能在混水中摸到一些鱼。"[①]英军发动进攻前夕，包令一再提醒巴夏礼不要忘了乘机解决进城问题，并强调：应该把它看成头等大事，而不是什么地方性的事情。英方开始军事行动后，他又迫不及待地要求西马縻各厘和巴夏礼把握有利时机，顺便解决进城这个棘手问题，声称：如果我们在广州城里受到官方的接见，这将是女王陛下海军舰队作战胜利的最大战果。他期待着在与钦差大臣的这种会谈中，可以达成许多地方性的协议。在包令看来，是否允许外国人进入广州城已经成为广东地方当局乃至整个大清王朝对外态度有无转变的具体标志。广州进城问题不解决，由叶名琛主办中外事务的局面不打破，西方国家不发动大规模的侵华战争，要想在北京或其他地方通过谈判达到成功修约目的的希望是渺茫的；即使修约成功，西方国家攫取的侵华权益在广州也无法得到落实。所以，他把进城问题作为改变中外关系的关键环节，企图借此次军事行动之机予以突破。西马縻各厘和巴夏礼的看法与包令基本一致，于是便在摧毁广州城外防御设施的有利时机再次正式提出进城的要求。

出乎他们意料的是，重提进城要求却再次对叶名琛起了误导作用。亚罗号事件不过是当时中英冲突中的一个极普通的案例，叶名琛根本想不到它会成为第二次鸦片战争的导火线。巴夏礼在交涉中咄咄逼人的语气，包令下令扣押清方船只，西马縻各厘指挥英军发起进攻，英方的行动步步升级，叶名琛始终认为他们不过是借此要挟，另有目的所在。在此之前，英方提出的主要是释放被捕水手、道歉、赔偿英人可能的损失等要求，叶名琛尚不敢确定其真实意图。待到巴夏礼于10月25日再次提出进城要求后，叶

---

① 转引自黄宇和：《两广总督叶名琛》，上海书店出版社2004年版，第172页。

名琛这才恍然大悟：原来英国人的目的还是要进城。然而，包令等只是把进城作为解决中英关系问题的突破口，他们的真正目的是要全面扩大对华侵略。就是说，即使叶名琛允许英国人进城了，英国若不能通过谈判达到修约的目的，最终还是要诉诸战争的。但叶名琛却把进城当成了英方的唯一目的，并不了解英国全面扩大侵华权益的真实意图。在他看来，进城问题关系他一生的荣辱，当然不能轻易让步；英国人提出进城要求已有十余年之久，其间虽曾多次进行武力恐吓，最终却都不了了之；这一次，应该仍然是故伎重演，英国政府似乎不会为此区区小事而发动大规模侵华战争的。囿于这种思维定势，他在战争爆发后对局势的严重性依然估计不足，更看不出战争有从局部上升至全局的趋势。仍然幻想像以前那样以不变应万变，等着英国人因顾忌广东民众的力量而自行退却。次日，他复函巴夏礼称："本大臣亦深知该领事官之意，无非欲效道光二十七年春间德公使（指德庇时）之所为。殊不知中国民为邦本，广东百姓尤为不同。今来件谓并不分毫扰累百姓，二十五(23)、二十六(24)等日所毁炮台，皆当日百姓绅士捐资所修建，以防盗贼之用。该领事官扰累百姓至于此，百姓所以纷纷不服，必至酿出事端。至于该领事官或信或不信，只在自行裁酌也。"①同时关闭了粤海关，停止中外贸易。

10月26日是礼拜日，英军停止攻击一天。第二天下午1时起，英军开始炮击总督衙门，"叶相危坐二堂上，绝无惧色"。南海县知县华廷杰前往请示一件事，"入督署，则材官、门役逃匿一空，仅一文巡捕引入，谒于二堂东偏厅事，炮屡及席前，夷然不动"。当时，其父叶志诜亦居于署中，"有劝以迁入内城者，不听"。这一天，叶名琛采取了两项举措，其一是通告其他各国领事：英军"遽尔开炮轰击省城，现在城厢内外百姓纷纷大为不服，必致两相对仗，势不两立。正在用兵之际，恐无暇保护贵国民人之处，特预告知，倘有疏失，惟向英国巴领事官是问，勒令伊赔偿也"。其二是贴出悬赏剿杀"英匪"告示："英夷攻扰省城，伤害兵民，实为罪大恶极，合行晓谕，公同剿捕。为此示仰阖省军民铺户人等知悉：尔等务即戮力同心，帮同兵勇，但见上岸与在船滋事英匪，痛加剿捕，准其格杀勿论，仍准按名赏银三十大元，解首级赴本署呈验给领，断不食言。各宜凛遵，毋稍观望！"②前一项举措旨在告知各国

① 佐佐木正哉：《鸦片战争后の中英抗争》（资料篇稿），东京近代中国研究会1964年版，第237页。

② 齐思和等编：《第二次鸦片战争》（一），上海人民出版社1979年版，第166、171、197页。

领事:这次战争完全是由英国单方面挑起的,正因为如此,各国商民所受损失才应由英国负责赔偿。后一项举措意在激励广东民众自发投入抗英斗争,欲借民众的力量威慑敌人,乃是鸦片战争后广东地方当局一再沿用的办法。当英方尚未决定要发动战争而仅仅采取武力恫吓手段的时候,广大民众的普遍反对会让其感到有所顾忌;现在英方已经挑起战争,单靠民众"公同剿捕"岂能守得住广州城?可惜叶名琛并没有就其所掌握的军事力量制订切实可行的防守方案。

英国侵略军炮击广州城

28日晨,广东布政使江国霖、粮道张百揆谒见叶名琛,以广东巡抚柏贵奉命进京觐见,叶当时以两广总督署理广东巡抚,劝其迁入内城巡抚衙门。叶回答说:"昨侍家君寝,家君无迁意。"即前一天晚上侍奉老父睡觉时谈及此事,其父不愿搬迁。江国霖不便再说,只好听之。午后,英军复开始炮击,仍以总督衙门为主要目标,"击总督署西偏厅事及月台,屋圮石裂"①。随后又"放火焚靖海门外,延近城楼,火气逼人,猝不能救,遂及督署前城外一带民房,油阑门亦被毁,傍晚乃止。火光烛天,朗如白昼,督署仅隔一垣,叶相始有迁意",于夜深人定后,让其父、女儿等随同搬运行李的夫役先行迁入内城。而叶名琛自己还要强作镇定,当晚仍宿于外城的督署,第二天早晨借进内城文庙行香为由,乘机迁入内城巡抚衙门。

在对总督衙门施以近乎毁灭性的打击之后,英方以为这下叶名琛总该

① 齐思和等编:《第二次鸦片战争》(一),上海人民出版社1979年版,第214页。

屈服了吧。鉴于此前双方主要是函札往来，巴夏礼担心有些意思未能表达清楚，这一次，他让行商伍崇曜传话给叶名琛，要叶派官员与其相见，以便当面施加压力。叶名琛派雷州府知府蒋立昂与伍崇曜一同去见巴夏礼。蒋立昂询问巴夏礼：英军连日炮击，到底意欲何为？巴夏礼答以欲进城与清朝官员会晤，并表白："乱党党羽"提出要与英军联合攻城，已由西马縻各厘加以拒绝。蒋不敢擅自作出任何允诺，巴夏礼气得大叫："总督不许我入城，不与我相见，我定破此城！"29日午时，英军展开了猛烈的炮击，炮弹"较前二日多且密，专向督署前城根攻击。城内兵伏于两边街巷，不能当城而立"。不多久，即将外城轰开了一道两丈多宽的大缺口。英方由埃利奥特准将率队登陆攻城，清方抚标中军参将凌芳督部抵抗，英勇牺牲，驻扎东城万寿宫的大埔乡勇赶来救援，亦因武器优劣悬殊太大而很快败退。叶名琛闻报英军已攻入外城，"即传令：杀敌一名赏百金"①，却已不能收亡羊补牢之效了。西马縻各厘、埃利奥特、巴夏礼率领一支海军陆战队进入总督衙门兜了一圈——当然伴随着抢劫和破坏。英国人终于凭借着武力强行进入了广州城，只不过是在主人被赶跑以后。巴夏礼之流或许会为没有受到广东当局的欢迎接待而感到遗憾，但中国人更多地感觉到的却是耻辱与侵略者的凶蛮。

当时英国在华兵力有限，远不足以长期占踞广州，巴夏礼等实现了进城愿望之后很快便退了出去。行前，他们用火药焚毁了一德社铺户，并摧毁了靖海门和五仙门。

30日，西马縻各厘照会叶名琛称：英军逐步升级的军事攻击主要是为了逼迫叶答允英人进城，请贵大臣认真思考，现在广州省城所有产业、生命皆悬于我掌中，假如不得已英方行动继续升级，顷刻间即可将广州城化为灰烬，这岂不是太令人惘惜了？挽救之策，尽在贵大臣一手掌握之中。允许英人进城之请，事本不大，其理甚公，只因贵大臣牢固偏执，一再失礼，屡次推托，以致迁延至今，才导致了今天这种局面。以目下而论，广州的形势已经十分严重了，若不早为救处，难免要滋生无穷之大害，"贵大臣惟有不日与本军门面议熟商，可解今日之难，而杜异日之灾也"。但叶名琛仍未为外城失守、总督衙门被毁而屈服。他首先针对巴夏礼所谓"乱党党羽"欲与英军联合攻城之说，颁布了悬赏捉拿"洪匪"的告示："洪匪近日勾串英船，攻犯省

---

① 齐思和等编：《第二次鸦片战争》(一)，上海人民出版社1979年版，第167页。

城，无非冀图抢掠，扰害地方。本爵阁部堂现已四路调集各路兵勇，密为布置，务在剿尽群丑，以纾众忿。尔军民铺户人等但宜安心守业，各为逐街按铺搜拿奸细，不必惊骇迁移，自必谊切同仇，果能捕获洪匪，确有实据者，无论生擒杀获，每名赏给花红三十大元，赴本署给领。合行晓谕，为此示仰阖省军民铺户一体遵照。"次日，又复照西马糜各厘，首先声明："亚罗"号"本系中国人苏亚成之船。即如贵国划艇湾泊下碇，向将旗号收下，俟开行时再行扯上，此贵国一定之章程也。到艇拿人之际，其无旗号，已属明证，从何扯落？巴领事官屡次来申，总以扯旗欲雪此辱为名，其实并无有违和约之处，且两国和好多年，何以无故动兵，殊不可解"；其次重申："进城一节"，道光二十九年前任英国公使文翰已出示不准英人入城，"载在新闻纸，谅贵提督早已知悉"；"况不能进城，出自广东百姓，众口一词。此番攻破炮台，焚毁民房，其心不甘，已可概见，本大臣有恐贵国官民因此受害"①，不如放弃此项要求为好。

西马糜各厘等以为，尽管在华英军实力不足以据广州城，但是他们已经用大炮狠狠地教训了叶名琛，为了防止事态的进一步发展，叶名琛也应该妥协了。所以他们一面令英军继续炮击，一面再次发出表示愿意和谈的照会，希望叶名琛能及时改变态度，使中英关系出现转机。而叶名琛的看法却恰恰与他们相反。在叶名琛的心目中，英国人惯于虚声恫吓，这一次虽然因愤恨至极而轰破了广州城，却终究没有实力加以占领，其攻入城内依然弃之不守即证实了这一点；英人伎俩不过如此，只要敢于与之对抗，最后仍不过是不了了之，因而采取了顽抗到底的态度。可悲的是，叶名琛对事态发展的这种看法，不是建立在对中外形势清醒认识基础之上的，而仅仅是根据以往的经验判断英国不可能发动大规模侵略战争。孰料，时过境迁这一判断恰恰是错误的。

叶名琛毫不退让，英方一时难以收场，不得不硬着头皮沿着战争的道路走下去。此后一段时间，英军仍不断炮击广州城。当时，广州外城被英军轰开的缺口由南海县知县华廷杰和番禺县知县李星衢负责堵塞，靖海门和五仙门由广东盈库大使俞思益领银 200 两承修，堵修工作只能待英军停止炮击后在夜间进行，翌日英军只要发现缺口被堵上了，马上再将其轰开，以始终保持广州外城门户洞开。

① 齐思和等编：《第二次鸦片战争》(一)，上海人民出版社 1979 年版，第 201、197—198、172 页。

与此同时，英方一直在多方寻求实行外交讹诈的途径。一方面，借助不断升级的战争淫威，由西马縻各厘一再逼迫叶名琛就范。11月1日，西马縻各厘第二次照会叶名琛，指责其未按巴夏礼要求当众送回“亚罗”号被捕水手并认错道歉，同时说明“此次所索与先年各议丝毫不涉，且自不过以外国官员必准进城而已”，表示“贵大臣若不亟明依前议，则本军门即日再为动兵”，声称：“迄今所行，无不逐步而进，显示不肯以粤官之错而重累粤庶之意，贵大臣何未深达之乎？自今而后，祸得加增，其害无不在贵大臣一身，仍执旧见，则本军门只得由一道而行，使贵大臣晓然本国凡所兴举，决是力所能为，知之惜不早也。”把发动战争的责任全部推到叶名琛身上，这完全是侵略者的强盗逻辑。3日叶名琛复照拒绝后，西马縻各厘第三次照会重申其侵略要求。5日叶名琛再次拒绝后，西马縻各厘于6日第四次照会，声称英方该说的理由他都说过了，双方公文往来延缓时日却难望达成协议，他除了对此表示“深惜”之外已无话可说了。7日，叶名琛在复照中则告诫他：“两国办事须凭天理以顺人心，原非可以任意强致。”9日，西马縻各厘第五次照会，指责叶名琛“出示悬赏所有英人，不分兵民人等，混行格杀，殊非王化者之所为”；以前所提各项要求，“若贵大臣仍不遵允，再过一日，再当督兵前攻耳”①。三日后，叶名琛的回复仍是毫不妥协。

另一方面，鉴于直接与叶名琛交涉丝毫不见效果，英方又企图通过广东绅商向叶施加压力。11月1日，巴夏礼告示广东绅商，首先声称：香港为英国属土，“无论何处船只到港，该船资主预先邀集殷妥保家，方准由该管官禀请我督宪给以牌照，俾竖英国旗号；自其领牌照之后，即视之为英国船无异，辖其人众，护其灾危”；“亚罗”号既已在香港领有牌照，清朝地方官弁不通过英国领事即擅行登船扯旗捕人，侵犯了英国的权利，事后又一再拒绝认错道歉，从而导致了战争的逐步升级，英方“如此措办，实非本意所乐为，惟因叶制军固执偏见，大有失当之所致”；其次说明：“数年前粤东大宪常以外民进城为百姓不服，以此词为铜墙铁壁，牢不可破，不与我国官员会晤，以至数有事端可以一时会晤而完结者，及至往复公文或延数月，虽至数月而仍不能妥结者”，此次英国官员要求进城与叶名琛会晤，完全是为了改变这种局面；再次表示：“此案起衅，总无与于百姓，而此一举实非由百姓而起，实因大宪偏见失礼之极使然；城厢居民或被灾害，皆由于大宪之一身；现欲求拯免灾害，

① 齐思和等编：《第二次鸦片战争》（一），上海人民出版社1979年版，第174、204—205页。

惟有一法，在于大宪掌中，亟与我国大员会晤商办妥协，可以消目今之危而免后日复生之祸。”他威胁道：“试思省垣一座生命产业实悬于掌中，顷刻毁灭是亦何难，岂不惨乎？所言皆非为夸大之词，本国之威力平素自在，固无用其矜张逞耀也；只因此之用兵伤于民心，碍于民利，甚不愿其日延而不息耳。”①

11月5日，一份以“广东阖省人”名义发出的公函对巴夏礼的告示予以回复，首先斥责英人“近因划艇小事，非有刻骨深仇，有过不去之事。数日来忽动干戈，连放飞炮，遂致民间房宇焚烧与被伤毙亡者，不可胜计，其老幼妇女辛苦逃避者，又不可以数计，贵国人或未之见，独未之闻乎？粤人何辜，遭此惨劫”？继而重申：“贵国坚以入城会晤为言，原欲两相和好。不料贵国专用炮火害及生民，即使得准入城，而此城中被烧被害之百姓，其子弟亲族，愤不顾身，与贵国人拼命报仇，彼时官不能禁。盖官能准入城，而不能保贵国人入城之必安然无事，贵国人入城者，其能常驻大兵于此，以保本国人入城乎？留兵保护事不能久，则入城必有杀伤之害，虽入城又何益乎？”接着又说：“贵国连日飞炮攻城，焚烧杀伤，官兵并不还炮，实是敦和讲让，贵国得此，亦已足矣。今既已因小事而动兵，即可因惜民命而罢兵，揆时度势，斯可已矣。何必更以一端难事，以致乖和背好乎？”最后劝告英人：“威不可尽逞，仇亦不宜深结，贵国独不思官府有升迁调转，离去粤东，转瞬间局面已更，而土著商民则千百年生长此地，父子孙曾，绳绳相继，无已时也，无断绝也。贵国不思远虑，残害粤民，是直与十万百万之人为仇敌。仇愈结则愈深，敌愈多则愈奋，贵国能尽害之乎？若曰必尽害之。是欲毒却粤省生灵也，是欲弃却粤省贸易也，贵国又何益乎？即贵国必欲为此，又将何以处佛兰西、米利坚及各外国乎？”②希望英方放弃进城要求，及早结束战争，恢复中英和好关系。

第二天，西马縻各厘回答广东民众说：“粤城内外，并无我炮不得到之处”，若万不得已，焚毁整个广州城“转瞬间亦可立办”，但英方为了尽量减少普通民众的损失，军事行动还是留有余地的，这是因为“此次不和非由百姓行为而起，止缘钦差大臣叶坚执失当而生”；阖城士庶不妨仔细想想，“岂迄今所击仅为公署廨宇乎”？希望他们“早赴大臣叶辕门禀请相让，以解现今

① 齐思和等编：《第二次鸦片战争》(一)，上海人民出版社1979年版，第202、198—200页。
② 同上书，第173页。

之害，而杜日后和好再有乖违之虑也"。稍后，包令也对广东民众作了答复。他首先承认，英军逐步升级的军事行动"虽欲时加悯恤黎庶产业身家，万分顾恤，而受其大害者恐不乏人"；这一切都是由叶名琛不愿认错道歉引起的，"其咎皆惟叶制军一身是问可耳"；以前英人要求进入广州城是条约规定的权利，与国家体制相关，"惟英民以国制为重，英国公使自不能以利为先而以国制为次也"，进城英人亦"必能自为保护"；此次英方要求的只是外国官宪进城与清朝官员会晤，叶名琛将其与前者混为一谈了；劝告"该士商等亟宜赴叶制军辕，请其改图易道，否则不独制军坚执贻害，其殃将及尔身，且其不早为吁请，拯害之重责亦尔士商是任矣"；最后威胁道：英军还有"可速可惨之法尚未施也，该士商宜详思之，切求大宪毋延时日，早为允让可也"[①]。

与此同时，巴夏礼连续约请广东绅商前往英国领事馆会谈，除旧行商伍崇曜、梁纶枢、易景兰、潘世荣外，应邀出席的还有前署理浙江布政使黄乐之、前署理四川按察使俞文诏、曾署理江西南康府[②]知府的著名诗人张维屏等。巴夏礼多方为英方的侵略行径辩护，把所有的责任都推到叶名琛身上，再三动员他们按照英方的意图以不同的方式向叶名琛施加压力。到会的绅商在发言中虽然也曾指责英方的行为过于粗暴，给广大民众带来了极大的痛苦，但还是有人表示英方有理由就"亚罗"号事件向叶名琛提出抗议，要求进城会见也是完全正当和合理的，并声明不赞成叶出示悬赏剿灭英人的做法，说叶借口民众反对而不准英人进城是企图把他所应该承担的责任推卸到人民身上；同时希望英方尽快停止军事行动，不要因为叶名琛一个人的过失而伤害全城居民。大家都承认，鉴于叶名琛的固执，他们是无法向其施加影响的。巴夏礼不得已退而求其次，"一日，巴酋与各绅往复辩论，不提入城一节，专言相见之事。问如何见法？则云总督见伊公使，地方官见伊领事，以官职大小循次相见。复议既不入城，见于何地？可酌于城外设一公所，为彼此会议之地，仿京师四夷馆之例"。绅商回来后立即向广东布政使江国霖作了汇报，"国霖喜，以为此事可行，遂述之总督，仍拒勿纳。国霖谓夷酋但期相见，则无害于政体。名琛言：'夷情诡谲，至今日尚何可言？若许以相见，及相见而骤遭耻辱，后事益不可为矣。'国霖默然。此议不行，于是有五路炮击之举"[③]。

① 齐思和等编：《第二次鸦片战争》(一)，上海人民出版社1979年版，第203—204页。
② 南康府，辖星子、都昌、建昌(今江西永修县)、安义4县，治所在今江西省星子县城，1913年废。
③ 齐思和等编：《第二次鸦片战争》(一)，上海人民出版社1979年版，第170、214—215页。

当时，广东官绅自江国霖以下都认为可与英人在城外相见，却仍遭叶名琛拒绝，华廷杰事后分析道："众以为得此已足，不为已甚。而叶相以此辈由渐而入，有何底止？万一相见而受其欺侮，或且蹈不测，可奈何？徒自取辱且示弱，令其窥我虚实，可奈何？此叶相之所以坚执不移，而众人之所以至今追悔者也，亦各有是非矣。"[①]即大家都觉得能让英人同意在城外相见已经很不容易了，似不应绝之太甚。而叶名琛拒绝的理由，一是担心英方得寸进尺，见面后提出进一步要求；二是怕见面时英人当面对其加以侮辱，甚至危及其人身安全；三是认为同意见面是一种示弱的表现，会让英人察觉我方武备空虚。后来大家都为不准许与英人在城外相见致使广州城被攻占而追悔不已。其实，叶名琛的第二条理由完全是缺乏近代外交常识的表现，对外交代表当面进行人身羞辱之事，中国古籍中虽不乏记载，近代外交中却罕有发生；其第一、三条理由表面上似有道理，但不与英人相见既不能遏制英方的侵略要求，也不能掩盖清方武备空虚的事实。其实，广东官绅为之而追悔也属多余，因为即使叶名琛同意与英人在城内相见，也难以制止即将爆发的英国侵华战争，也不能确保英军不攻占广州城。

所谓"五路炮击"就是英军同时发炮轰击五个重要地方，把炮击的目标由广州外城延展到了内城。这一方面是因叶名琛连城外相见亦加拒绝而使英方恼羞成怒，另一方面也是为了证实西马糜各厘所说"粤城内外，并无我炮不得到之处"，为的是胁迫广东绅商劝说叶名琛妥协。

11 月 12 日，根据包令的建议，西马糜各厘调集 6 艘战舰、千余名官兵向虎门发起进攻。当天占领横档炮台，次日攻陷亚娘鞋岛威远、镇远、靖远三座炮台。15 日，西马糜各厘第六次照会叶名琛，以摧毁虎门各炮台、续取其他炮台相威胁。16 日，叶复照指责英军暴行为不敬天神之所为。当天，英军又摧毁了大角炮台。随后，各炮台配备的大炮、掩体等设施全部被拆毁。

包令原以为广东地方当局既然没有足够的实力抵御英军的进攻，叶名琛很快就会屈服，便于英军开始炮击广州城的第二天即 10 月 24 日，函请西马糜各厘选择适当的时机安排他与叶名琛在两广总督衙门会晤。但包令打错了算盘，叶名琛并未让他如愿以遂。11 月 10 日，他又亲自照会叶名琛，首先声明英国一直没有放弃进入广州城的权利，前任英使文翰曾对徐广缙

① 齐思和等编：《第二次鸦片战争》(一)，上海人民出版社 1979 年版，第 171 页。

以为英方永远放弃此项要求的误解"具文指驳"，他本人履任以来也曾先后四次重申进城要求；而此次西马縻各厘仅提出双方官员在城内会见，"自非前次所议"，为解决中英双方的争端，"所议极为切要而合于至理，本公使意与相同"。隔日，叶名琛复照拒绝。14日，英军攻占虎门后，包令再次照会叶名琛，说明"亚罗"号"前向本院辕前禀领本港牌照，即升竖英旗，亦属例所准为，并非私借国旗之弊"；宣称"进城是条约准为之事，且进城亦为免衅固好之要"；指责叶不应以"粤省绅士不愿，百姓强悍不服"而置两国签订的条约于不顾；希望叶"愿依我水师军门所议，俾得贵大臣与本公使为大国君上代权行事之大员，依照彼此礼仪面晤会商，幸或设法拯救今日而防其复然"。17日，叶名琛复照对包令的照会一一加以驳斥，一则曰："凡本国旗号向不轻借与他国，岂有外国旗号反卖于中国者乎？贵公使以为例所准为，本大臣竟不知外国复有此例矣"，"亚罗"号所悬"系中国人假借之旗号，巴领事官何必代为出头理论？不过欲借端生事耳"；二则重申文翰出示禁止英人入城即为罢议之据，既已经徐广缙奏准皇上，"仰见大皇帝亦深察广东民情之不愿，因此不准"；三则倡言："国以民为本，君之爱民庶望民之奉君"，"如果不顺人情，即是有违天理，中国向来无此办法，想贵国亦应以合天理、顺人情为主"；四则声称："来文所称彼此礼仪面晤一层，此事在前原属可行"，"现因西提督来省遽毁炮台，烧毁民房无数，伤亡百姓甚多，现在被难之民纷纷来辕呈诉苦情，求伸冤恨，此时绅士不愿，百姓强悍不服，不独贵公使难以进城，即本大臣竟一时亦难于出城矣"①，彻底拒绝了包令会面的要求。这一天，包令在未接到叶复照之前，即已由香港乘坐军舰赶到了广州，准备叶名琛一旦妥协，即进城与其会晤。西马縻各厘也积极予以配合，于当天发布告示，声明：此次英军进攻，绝非因进城之议而起，"本军门职分止在察事则致力，事毕则设防，而英民诸色人等可否进城一节，此为两国和好条约所关，或欲复议，应候我两国钦差大员商定"；此次"因叶制军弁兵玷辱本国旗号，并将我国应保应治之人擅自拘拿"，且"迄今竟无一语自知错误"而动兵，为防止以后再有同类现象发生，定要"外国官员得入城与中国官会晤"，"其余英民诸色人等仍可限制"；"设若自此晓谕之后，所设仍不能得，万不获已，本军门提兵至此，断无中止之理，指日威焰所及，玉石俱焚，而进城之举亦终不能阻，岂非因叶制军私见隐衷、巧卸责，贻祸于尔众民，直陷百万生灵于死

① 齐思和等编：《第二次鸦片战争》(一)，上海人民出版社1979年版，第206—207、174—175页。

地而不顾也”；“用是剀切开导，尤愿尔众民具禀叶制军辕门陈诉，转祸为福，旦夕可卜耳”①。

接到叶名琛的复照之后，包令于18日发出第三份照会，表示“仍愿到贵署面晤”，商谈“究用何法方得救今日之害而防即临之重祸”；“本公使充当使臣进城见贵大臣面晤之际，自有自为保护之能”；“贵大臣允许如议面晤，本公使即请水师军门西息兵可也”。次日，叶名琛复照称：前任英使文翰出示不准英人进城才是“保护之道”，希望他按文翰的方法办理。20日，包令第四次照会叶名琛，说自己所陈乃“和睦之言”，而叶却“违之不纳”，对此表示“大为失望，惋惜之极”；强调“违负条约之弊，坚执偏见，直致民庶遭害之责，咸归贵大臣一身任之”。他还声称要将叶拒绝和谈造成进一步损失的“始末情节，定为转陈进报京师矣”。第二天，叶名琛回复道：文翰罢议进城“即是和睦之言”，“今贵公使亦违之不纳，非本大臣之坚执偏见也”；进城之请此后屡“奉大皇帝谕旨不准”，“可见此事更非本大臣一人违之不纳也”；“来文所称‘民庶遭害’，此皆由于西提督任性激成以致，与本大臣无干，何能归本大臣一身任之”？质问包令：“贵公使既奉贵国之命来粤总理贸易事宜，权由贵公使操之，何致任西提督无故动兵，以至于此也？”最后声明“本大臣早已将前后及现在情形转报京师矣”②。

包令原以为在英军不断升级的军事打击下，叶名琛会尽早妥协的，只要叶名琛同意他进入广州城在两广总督衙门会晤，即可逐步恢复正常的中英外交关系，他不但可以通过谈判逼迫叶对“亚罗”号事件认错道歉，甚而可望为中英修约打开通途。不料，叶名琛却一味强硬到底，始终拒绝与其相见，使他的如意算盘落了空，不得不于11月22日黯然返回香港。他在写给儿子的信中十分无奈地说：“虽然我们不断地向广州的这位总督大人施加压力，但到目前为止，他仍不为所动。对待这样不可雕琢的愚顽之辈，可真没有办法。”失望之余，他不无愤懑地哀叹：“真不知要用多大的力量才能压倒这位钦差大臣，也许就是把广州城摧毁了也不行，因为他似乎决心不作一点让步，而我们则无法强迫他同我们接触。”③

叶名琛并不了解英方的真实意图，但他直观地感觉到英军进攻的目的

① 齐思和等编：《第二次鸦片战争》(一)，上海人民出版社1979年版，第208页。

② 同上书，第209、176、210、176页。

③ 转引自黄宇和：《两广总督叶名琛》，上海书店出版社2004年版，第172—173页。

绝非仅仅是为了实现两国官员在两广总督衙门会晤，一旦与他们会见，包令、巴夏礼等一定会提出进一步的要求。客观地说，这种感觉是基本正确的。为免让英方指责其失礼，这段时间里，只要接到对方的照会，他都会尽快予以答复。叶名琛在复照中指责英方擅开战端损害了广东人的利益、伤害了中国人的感情，立场是严正的，不过其照会中的有些内容却不免令人汗颜。例如：他不厌其烦地一再声称文翰出示不准英人进城即为英方放弃进城要求的明证，显然不符合事实，且不论英方怎么解释，他都执此反驳，这就未免有自欺欺人之嫌了；包令说该船在港登记后悬挂英旗“亦属例所准为”，叶名琛根本不了解港英当局1855年第四号法令的颁行内幕与相关内容，也不知道“亚罗”号航行执照已经过期，居然宣称“本大臣竟不知外国复有此例矣”，非但不能击中对方的要害，反而暴露了自己的无知。至于包令将自己的和谈建议称为“和睦之言”，叶名琛却说文翰罢议进城才是“和睦之言”；包令指责叶对其和谈建议“违之不纳”，叶名琛却指责包令对放弃进城要求的做法“违之不纳”，并以皇上谕旨也不准英人进城来证明“更非本大臣一人违之不纳”，显然都是混淆概念、答非所问了。这样的答复虽然无助于解决问题，却让对方感到“有理”说不清，从而使双方文字上的论辩难以进一步深入地继续下去。伴随着英军逐步升级的军事进攻，巴夏礼、西马縻各厘、包令轮番出面，双方函札、照会往复数十道，终未能迫使叶名琛作出丝毫退让，英方精心策划的武力胁迫方案以彻底失败而告终。自11月22日包令由广州返回香港后，英方完全中止了与叶名琛的交涉，包令等决定等待英国政府增派援军来华，进一步扩大战争规模，以武力解决问题。

广东军民的抗英斗争

英军发动军事进攻之初，“官军民勇愤欲迎战”，而叶名琛却下令不准还击，驻守各炮台的清军在英军猛烈的炮火攻击下只好四散逃避。“至事急，广州知府吴昌寿入署请发兵，至再三，不许，昌寿奔取架上令箭，走呼矫令发兵，名琛疾追及踊道，夺令箭以归，由是大众解体”，清军的士气为之而大沮。但很快叶名琛的态度就有了变化，10月24日夜接受属下建议抽调1 500名弁兵增援四方炮台，次日又令调集团练两万人协助清军守城。“是时，城厢内外各榜长红，约剿杀外人，同仇敌忾。”10月25日中午，“西关团勇数千扬旗列队过十三行洋楼下，彼自楼上施放洋枪，击毙练勇一人、百姓二人，各勇欲鼓噪，街坊恐事决裂，力阻止。于是敌人胆益壮，练勇气益馁，而所谓团练遂成虚名矣”①。27 日，叶名琛贴出悬赏告示，号召军民对英人“格杀勿论”，广东军民开始以可能的方式展开反侵略斗争。29 日英军攻入广州外城时，清军与大埔乡勇进行了抵抗，抚标中军参将凌芳英勇战死。

此后英军以炮击为主，清军的土炮无法与之抗衡，多半处于被动挨打的境地。以叶名琛为首的广东地方当局对攻防战事一直没有进行统筹考虑，也未进行统一的布置和指挥，广东军民的抗英斗争基本处于自发的状态，规模较大的战斗屈指可数，而零星的分散的小股骚扰则连绵不断、层出不穷。概括而言，自此以后的一段时间内，广东军民的抗英斗争大致可以分为四类。

第一类是防守炮台和城垣的战斗。

当时广州东路空虚，英船可以随意出入，武弁梁定海、谭蛟等建议：猎德炮台 23 日被英军攻占时炮眼虽被钉塞，但只要起出堵塞之物、稍加修整，仍可使用，既可阻敌船往来，亦可防艇匪窥伺。于是经连夜修整后，即令梁定海、谭蛟率兵千人守之，炮台后方也驻有练勇以防敌军绕越。布置就绪后，敌船于 29 日经过，守台清军开炮击退之。11 月 6 日，英舰“梭子鱼”号、“科罗曼德尔”号进攻东定炮台，广东水师集合了 23 艘沙船，以炮台为依托迎击英军，双方炮战了半个多小时，广东水师船只遭受重创，炮台失守。10 日晨，敌舰四五艘进攻猎德炮台，双方展开激烈炮战，英军凭借优势炮火打得炮台上木石横飞，守台清军受伤甚众。英军随即登陆，绕过炮台攻入炮台后面的村庄，由后路包抄。“时二弁方在村内为樗蒲戏，闻报仓皇乘肩舆遁。台兵见敌从后至，前后受攻，一哄而散，炮台遂全毁”。已被革职的广西按察使张敬修又提出，东定炮台临近城垣，不可不守，“伊有健勇五百名，可以包守，并先立包守状”，得到叶名琛的允许。12 月 2 日，“敌船来攻东炮台，时台外河面有红单船二十余艘，彼此开炮，我军败绩，船毁，台亦碎，壮勇全逃，敌人登台，顷刻亦退”。第二天，英军在炮击广州城的同时，又从军舰上派兵数百名“由鸡翼城河干上岸，意欲扑城闯入。千总邓安邦带东莞勇极力堵御，鏖战二时之久，伤毙敌兵数十名，乃遁回船。是役也，壮勇先伏于两旁空屋内，战时自窗户放枪，彼乃不支”。数日后，英军“又上西炮台登岸窥伺，经西关千总黄贤彪与大沥乡勇击退”②。

① 齐思和等编：《第二次鸦片战争》(一)，上海人民出版社 1979 年版，第 213、166 页。
② 同上书，第 168—169 页。

第二类是对英军驻地和军舰的攻击和骚扰。

英方以武力胁迫叶名琛就范的方案失败后，西马縻各厘驻扎于城外的商馆中，指挥英军继续炮击广州城。起先，英军开炮多在白天，黄昏后即停止炮击，11月下旬起夜间也发炮轰击，为防止引起火灾，广东官府先令居民“将一切篷厂凡可引火之物概行拆去”，随后又“令每家备水缸、水桶，或置门外，或置檐上，以备随时救火”，于事不无小补。时海珠炮台仍为英军所踞，“兵勇胆壮者每于深夜驾小艇扑近，欲夺而登之，彼防备甚密，难以得志”①。11月3日夜，一只装有火药的“火船”在商馆英军营房附近爆炸，烧伤了一名哨兵。此后，连续数次有人将点着火的木筏顺着潮水漂向英舰。稍后，广东军民还组织船队伺机向停泊各处的英舰发起了几次攻击。12月14日夜，十三行附近房屋起火，很快延及美、法商馆，次日午后烧到英国商馆，英方虽全力扑救，因风大火烈，“除英国行中的一幢房屋而外，商馆里的全部建筑物都在十五日午后五时左右变成了一堆灰烬”②。此后，大部分英军只能住在船上。1857年1月4日午后，清朝水师同时在三个战场发起进攻，其一是出动百余只战船围攻英军占据的大黄滘炮台，其二是用200余只战船攻击英舰“科马斯”号和“大黄蜂”号，其三是以20余只沙船与英舰“尼日尔”号和“遭遇”号交火，尽管未能予敌以沉重打击，但因进攻时间安排在退潮以

广州的商馆

① 齐思和等编：《第二次鸦片战争》(一)，上海人民出版社1979年版，第169、170页。

② 马士：《中华帝国对外关系史》第一卷，张汇文等译，生活·读书·新知三联书店1957年版，第488页。

后，英舰因吃水较深而不便追击，清朝战船很容易地撤出了战斗。另据华廷杰《触藩始末》记载：“一日，密用小艇数十猝然围攻（英舰），各抛数十火药罐，俱打中船上，远望烟焰冲起，以为得手矣”，因英船配置有水泵救火，“乃顷刻尽熄”；“又有水雷法”，“张敬修及革弁王者华等皆密密制造，费尽心力，乘黑夜偷入敌船底，及药线发，声闻十里，不知者疑为霹雳截然怒号，乃敌船仅略一摇动，纵横不过数丈，无损毫末，连放三次均无益”①。

第三类是为请赏而截获英船、擒斩英人。

自叶名琛于战争爆发的第五天以30银元悬赏一颗英人首级后，未几又以广州“公局”的名义贴出“生擒英匪一名奖银一百两”的告示，同时还悬有焚、夺英船的赏格。这当然具有很大的诱惑力。在战场上获取英国军人的头颅绝非易事，为了能够领取赏金，一些人开始把视线转向了战场和军人之外。1856年12月5日，两名采购蔬菜的英兵遭村民袭击，一人被杀，一人落水淹死，次日英军纵火将村庄焚为废墟。20日晚，在一艘停泊于黄埔的英国船上，船长考珀（William Cowper）正在散步，一只乡间小船划过来，船上的人说是要递送一封信，然后乘考珀俯身接信之机，将其拉上小船，疾驶而去。英方四处追寻，终无下落。20日晚，清方于由广州至香港水路必经之途二道滩一带设伏，11时许，英国邮船“提斯特尔”（Thistle）号路过该地，立即遭到两支船队的围攻，水手死伤5人，不得不丢下所牵引的载有价值近两万美元货物的三桅帆船仓皇逃走。约半小时后，英国汽轮“皇后”（Queen）号亦于该地受到截击，只好掉头驶回广州。29日，“提斯特尔”号由广州运送旅客和货物前往香港，17名乡勇在二道滩混上了船，杀死船长、两名机械师、一名英国士兵、四名马尼拉船员和西班牙驻澳门副领事、两名欧洲乘客，一名英国尉官跳水而亡，最后该船被烧得只剩下了铁壳。当时即有人对这类事件提出了自己的看法：“是时悬赏格，斩英人头一颗及生擒一名俱赏银一百两。陆续有呈送首级请赏者，不过数级而已。另有诱擒敌人先后共六名，后续报生擒五名，则令不必解省，直取首级呈验。惟不分何国之人，大半皆贸易商人，偶上岸游玩即被擒，其中不但无洋酋，并无洋兵，徒费赏金，无益也。又悬赏夺获火轮船一艘赏万金，焚一艘者赏万元。轮船水手舵工多中国人，于是先后共焚轮船二艘，夺获一艘，皆诱通水手舵工，又诈为赴香港搭船之客，至僻处，从船内拔刀杀去洋人数名，推置水中，既以领赏，

① 齐思和等编：《第二次鸦片战争》（一），上海人民出版社1979年版，第169页。

并分船上货物，若辈大获厚利。实则此等船不过送文书、载货物，并非战船。战船兵多炮多，断难设计破获。所焚毁数船，于彼无损，于我无益，嗣后彼亦加意防范矣。”①

第四类是对香港的封锁和干扰。

包令、巴夏礼等挑起第二次鸦片战争后，广东民众异常愤恨，以东莞士绅名义发出的檄文提出：英人“所聚以为窟者，香港耳；所持以肆毒者，船炮耳。我欲制之，不必为迎头之击，而当为探穴之谋；不必希一战告成之功，而当掺历久与持之计。诚能联众心、合众力，停止贸易，绝不与交，然后集其港口近处团练，分番环攻，务倾其巢、覆其卵，当无不可得志矣”。檄文还表示“一日杀英夷不绝，期以一年；二年、三年不绝，期以五年或十年、二十年；务使根株悉拔而后已”②。1856年12月19日，香港对岸新安县（今广东省深圳市宝安区）绅士在明伦堂开会，决定对香港实行禁运，并撤回在港谋生者。会议通过的《新安阖邑公启》规定：自当天起至翌年1月5日，“各港向有开设香港裙带路渡船者”，“一切货物只准装运入口，不准装载出口”；1857年1月6日后“各渡船均不准开行。如敢故违，不论何人，准其擒捉，货物一半归与捉手，一半归局充公，并将接济之人解官严办”。“至于长洲、大澳、平洲、九龙等处，附近香港，渡船出入，不无影射，嗣后亦只准载货入口，不准装运出口”。“我邑各人向在香港裙带路开店贸易者”，自本日起“限以一月，各皆罢市回家，以免株累。倘逾限不回，各该乡绅耆将其姓名报局，作为汉奸通缉”③。当时香港及其附近地区“到处有人在组织杀夷活动，甚至还有人扬言要在水中放毒，不时发生的零星火警说明人心异常浮动”④。在港英人这段时间人人自危，时时提心吊胆。包令向克拉兰敦诉苦道：“我们不得不时刻提防绑架、暗杀和纵火。”⑤1857年1月15日发生了著名的毒面包案，有人在裕盛面包店制作的面包里放了砒霜，数百人吃了有毒的面包，只因所投毒量太大，食用者很快呕吐，才没有人被毒死。1月19日，以陈桂籍为首的新安县绅士组织了一支突击队，乔装潜入香港，袭击英军巡逻队，斩下了一颗首级。陈桂籍的弟弟陈芝廷是位举人，具体负责在通往香港的要道上设卡拦截运往香港的货物。2月4日夜半，他带领10名乡勇巡逻时，在九龙

① 齐思和等编：《第二次鸦片战争》(一)，上海人民出版社1979年版，第169页。
②⑤ 转引自黄宇和：《两广总督叶名琛》，上海书店出版社2004年版，第195、194页。
③ 佐佐木正哉：《鸦片战争后の中英抗争》(资料篇稿)，东京近代中国研究会1964年版，第339页。
④ 齐思和等编：《第二次鸦片战争》(六)，上海人民出版社1979年版，第56页。

的一个隘口发现一批装运蔬菜的小船正驶往香港，当场抓获两人，余者跳水而逃。乡勇还曾截获一只英国船，拘捕了船上的两名水手。

由于指挥不力和武器装备落后，广东军民的抗英斗争虽未取得令人满意的战绩，却让英军防不胜防，不但在军事上具有一定的牵制作用，而且在心理上发挥了较大的威慑功能。西马縻各厘因“饱受数以百计的中国舢板的袭扰”和“火船以及其他设计巧妙而又凶险的兵器的攻击”①而感到非常烦恼。本来，英军在炮击广州城的同时占据着几座主要的炮台，打算借以保持省河的畅通，等待增援部队到来后，便可轻而易举地攻占广州城。1857 年 1 月 10 日包令分别给克拉兰敦、印度总督、海峡殖民地总督写信，要求印度总督坎宁立即派遣一支配备有炮兵的 5 000 人的军队来华，希望海峡殖民地总督不拘人数多少尽可能地派遣军队，吁请克拉兰敦在印度不能及时派兵的情况下促使英国政府派遣不少于 5 000 人的援军。西马縻各厘也曾函请印度总督派兵，并要求英国海军大臣多派吃水浅的轻型汽船来华。援军来华需要一段时间，广州城外的英军已经感到难以支持了，开始做撤退的准备。1 月 12 日，英军在广州西南郊放火，“先焚所赁居之洋行，渐延渐广，自西濠至西炮台，一昼夜毁数千家，惨哉！”1 月 20 日，部分英舰退守大黄滘炮台，英军主力撤至虎门。“省河乃渐安，官民咸称庆，获安枕矣”②。英军的撤退，是为接下来的更大规模的军事进攻做准备，是进一步军事行动的序幕，可惜叶名琛与广东官绅都未能看到这一点。

自鸦片战争结束以后，中英之间屡有冲突，这一次不过事态更为严重。但英军一度攻破广州外城而不守，在猛烈的攻势持续近三个月后仍不得不撤退，似乎证实了叶名琛英夷伎俩不过如此的判断，因而进一步提高了叶在广东官绅心目中的威信，也进而助长了叶的刚愎自用，其危害当然是不言而喻的。

亚罗号事件发生乃至英方挑起第二次鸦片战争后，叶名琛并没有及时奏报朝廷，直到包令于 1856 年 11 月 20 日的照会中威胁他说要将广东的情形转告清政府，他才感到事态的严重，如果真的让英人捷足先登，即使朝廷不追究其隐瞒重大事件不报的欺君之罪，英国人对事态的真实描述也会大

① 转引自黄宇和：《两广总督叶名琛》，上海书店出版社 2004 年版，第 192 页。

② 齐思和等编：《第二次鸦片战争》(一)，上海人民出版社 1979 年版，第 170 页。

大贬损他在清朝君臣心目中的形象，甚至会因此而失去咸丰皇帝的宠信。于是，他一面在次日的复照中谎称已将广东的情形奏报京师了，一面连忙于24日拜发了有关第二次鸦片战争的第一份奏折，大略谓："九月中因水师兵勇在划艇内拿获盗匪李明太等，英夷领事官巴夏礼藉端起衅，辄敢驶入省河，将猎德炮台肆扰，又在大黄滘炮台开放空炮。自九月二十九日至十月初一日攻击城垣，纵火将靖海门、五仙门附近民房尽行焚烧。初一日，又纠约二三百人扒城。经参将凌芳与绅士欧阳泉等迎击跌毙。初九日，该夷由十三行河面驶至，直扑东定台，经兵勇轰坏兵船，并毙其水师大兵头西马縻各厘，夷匪伤亡四百余名。现在该督等已守旧城，调集水陆兵勇二万余名，足敷堵剿。绅民等同矢义愤，即米、佛两夷及西洋诸国俱知该夷无理，未必相助，其势力尚孤。"①

人们或许会感到惊讶：这分明是一道报捷的奏章呀！假如事实真相被揭穿，朝廷不是真的要追究其欺君之罪吗？其实，叶名琛这么做是经过认真思考的：如果说真话，面对英军的进攻，他竟然无所作为，同样会影响他的形象、降低他的威信。而讳败为胜，只要他属下的官员不说，朝廷是不可能了解真相的。因为即使英国人说了，皇上也会认为敌人是在使用反间计，欲借清廷之力除掉叶名琛，自以为很聪明的咸丰皇帝当然不愿意上当。而对于属下的官员，叶名琛凭借其多年来驭下以严而形成的威信，料定他们在当时局面尚不明朗的情况下是不敢乱说的，而两个月后英军主动撤退，叶名琛已被他们视若神明，佩服还来不及呢，就更不可能有任何异辞了。当然，叶名琛选择的两个典型战例也是经过深思熟虑的，10月29日（十月初一日）英军破城而不守、11月6日（十月初九日）英军摧毁东定炮台而退，都使其讳败为胜有了几分依据。因为中国的传统军事观念重在城池的得失，而不是有生力量的损耗。只要广州城和炮台不在英国人手里，他都可以说是打了胜仗。至于英军不是被打退的，而是自行主动撤离的，若非身历其境者是很难想象得到的。另外，英军到底伤亡多少人当时更是清方无法核实的，只要大致掌握在华英军的所占比例，叶名琛怎么说都不会有问题。尽管在东定炮台之战的当天和三天后西马縻各厘都曾照会叶名琛，也不妨碍他在奏折中说西马縻各厘在东定炮台之战中被击毙。叶之所以敢于睁着眼睛说瞎话，也是因为远在京城的清朝君臣原先就根本不知道有这么个人，即使事后

① 《筹办夷务始末》咸丰朝卷十四，续修四库全书本，第14—15页。

查明西马縻各厘未在东定炮台之战中战死，叶也可以诿之于战时情报错误。所谓兵勇"足敷堵剿"、西洋诸国未必助英等，显然都是报喜不报忧，专门拣皇上喜欢听的说，主要为的是保全自己的权力和地位。他相信英军的进攻不可能持续太久，只要有足够的时间忍耐下去，局面终究会好转的。而局面一旦好转，他的地位就不可动摇了。

咸丰皇帝在叶名琛的一再误导下，认定英国人主要是因为未能进入广州城而逞一时之愤，"夷酋怀恨，藉口从前不使入城，而上年英夷在上海，又称广东总督拒绝不见，口出怨言，处处要挟，思欲逞其谋利之图，逆心叵测"。他对广州战事的看法是："不胜固属可忧，亦伤国体；胜则该夷必来报复，或先驶往各口诉冤，皆系逆夷惯技。"尽管他在叶名琛蒙蔽下远远认识不到事态的严重性，却清楚地感觉到事情并没有完结，英方一定会采取进一步行动。"当此中原未靖，岂可沿海再起风波？宽猛两难之间，叶名琛久任海疆，谅能操纵得宜，稍释朕之愤懑。"当大清王朝的统治遭到太平天国等农民起义的打击而摇摇欲坠之际，他当然十分担心中英之间的战事会继续扩大，只能寄希望于叶名琛正确地处理好中英关系。他具体地指示叶："倘该酋因连败之后，自知悔祸，来求息事，该督自可设法驾驭，以泯争端。如其仍肆鸱张，亦不可迁就议和，致起要求之患。"[①]要叶名琛等着英国人"悔祸来求"简直是痴人说梦，但这一指令完全是建立在轻信叶捷报的基础上的，是叶自己把自己逼上了悬崖的顶端，只不过叶当时对此并无清醒的认识，他压根儿就没有想过要向英国人妥协。

咸丰同时还颁发了另一道上谕，说英军进攻广州，清军"两获胜仗"，"夷胆已寒"，"谅不敢再肆披猖"，要两江总督怡良、江苏巡抚赵德辙、闽浙总督王懿德、浙江巡抚何桂清"密饬所属地方官吏，如遇夷船驶至，不动声色，妥为防范。或来诉粤东构衅情事，亦著据理折服，俾知无隙可乘，废然思返。仍不可稍涉张皇，对致民心惶惑"[②]。这是他针对英人可能"驶往各口诉冤"而作的未雨绸缪。

咸丰发下这两道上谕的次日，京畿道监察御史韩锦云也根据"广东省城及香港来信"奏报了广州战事的一些情况，其中英人"要制军见面分辨是非，制军置之不理，亦未先为防备"，英军已"将猎德、怒江、及凤凰冈、东安、西固海珠等处炮台尽行占踞"，并"攻破外城，将制军衙门烧毁"[③]等内容明显地

①②③ 《筹办夷务始末》咸丰朝卷十四，续修四库全书本，第15—17页。

与叶名琛所奏不同，咸丰皇帝不会看不出，却未予以足够的重视。[①]

10天后咸丰又接到怡良、赵德辙奏报：英国领事罗伯逊照会护理苏松太道蓝蔚雯称，“钦差大臣叶名琛办理不善，若不去位，恐百姓尚多困苦”；并提及，根据探报广州战事中英、美“均有占据炮台之事”，基本戳穿了叶名琛关于美、法等国“俱知该夷无理，未必相助”的谎言。咸丰皇帝为了防止中英冲突的范围进一步扩大，明确指示怡良等：“该夷与上海并无嫌怨，仍宜安静通商，方为正理。”并自以为是地认为“英夷领事赴松太道投递照会，仍系从前故智”，要怡良等“既不可示以怯弱，长其骄志；亦不可绝之已甚，致激事端”，只需答复英国人说：“从前万年和约原为永息争端，今忽以细故称兵，一经入奏，必致查办。无论曲在何人，所有通商各口不得不暂停贸易，恐于尔等未便，是以未敢入奏。”即要他们隐瞒已将此事奏报朝廷的真相。对于“探报内有英、米(美)二夷均踞炮台之语”，则推测“恐即英夷造言耸听，冀饰其独启衅端之罪”，告诫怡良等“勿为所惑”[②]。可见咸丰对叶名琛信任之深，甚至到了曲意袒护的地步。

稍后，包令也照会怡良、赵德辙说：亚罗号事件“背违条约之处，叶制军坚不肯赔偿”，英军“已将虎门至省城沿河炮台各处攻取毁拆”；要求他们“将始末各节具奏京师”，让咸丰皇帝明白，是叶名琛顽固不化“甚致民人遭祸已多，即临之灾危尤重”。怡良等一面上奏，一面按照咸丰的指令答以“一经入奏，转失贵公使立愿和好之本心”，表示已咨请叶名琛“迅速妥为办理，以期仍归和好”[③]，颇有点自欺欺人的味道。

英军从广州城郊撤走后，叶名琛认为自己的“无为”策略取得了成功，胆

---

① 次年2月15日，咸丰接到广东乡试正考官王发桂、副考官张兴仁的奏折称：“(乡试)揭晓后正在束装，突闻英夷滋事，夺占炮台。臣等以衅起仓猝，殊堪骇异，当向督臣叶名琛面询情由，始知营员向夷艇查拿匪徒，该夷以未经先期知照，借端寻衅，屡有照会前来，希冀入城，以为挟制之计。督臣坚持定见，将照会层层驳斥。该夷计无所出，旋于九月二十九、三十等日用炮攻击新城。督臣衙署被毁，并施放火箭沿烧民房铺户多处。夷匪乘势扑城，兵勇上城击退，参将中枪阵亡，夷匪亦伤毙数十人，当即解散。时督臣叶名琛兼署巡抚，因移至旧城内抚署办公。该夷于十月初六、七、八等日复用炮攻打城内，抚署亦被击破。臣等公寓皆有被毁之处，居民伤毙十余人，人心甚为惶惶。初九日早，该夷复欲攻夺东定炮台，经兵勇带领红单船亦用大炮回击，将该夷大船烟筒击破，夷匪闷毙百余人，并伤兵头二名。该夷始有怯志，民心亦渐次安定。臣等即于十二日起程回京。”(《筹办夷务始末》咸丰朝卷十五，续修四库全书本，第4—5页)大致可以看出该折基本是按照叶名琛的口径写的。

② 《筹办夷务始末》咸丰朝卷十四，续修四库全书本，第20—21页。

③ 齐思和等编：《第二次鸦片战争》(三)，上海人民出版社1979年版，第98—99页。

子当然也就更大了。他于1857年1月23日再次上奏,一则曰"该夷放火,欲烧西关民房,转风自烧夷楼,巢穴一空";二则曰"我兵屡次击毁该夷轮船,又将勾串股匪击败";三则曰"该国有孟加剌(拉)等国与之构衅,不能添兵来援",总之"该夷屡经挫衄,各国俱知其计穷,又因延烧货物,欲令赔偿,不肯助逆,其势似亦穷蹙"。受其愚弄,咸丰真的以为英国人已经焦头烂额了,担心叶恃强而骄,对英态度过于强硬,反而告诫他:"从前林则徐误听人言,谓英吉利无能为役,不妨慑以兵威,致开衅端,迨定海失后,即束手无策。前车之鉴,不可不知。"在此基础上,进一步指示他:"如果该夷自知理曲,悔罪求和,并罢议进城,只可俯如所请,以息兵端。但不可意存迁就,致该夷故智复萌,肆行要挟。"最后表示了对他的信任:"该督久任粤疆,熟悉夷情,必能设法驾驭,操纵得宜,勿误后患,朕亦不为遥制。"①叶名琛的瞒天过海之术一时取得了成效。

4月1日,叶名琛在奏折中首先继续报捷:"英夷船只自退出省河后,复经官兵连旬击剿,叠次焚船毙匪,堵御尚为严密。"并将英军未从大黄滘、虎门撤退解释为"英夷不肯遽回香港,因恐各夷商索赔之故"。其次,又报告说:英国政府"以包令、巴夏礼不应与中国启衅,另派夷酋来粤定议"。对于战事,咸丰皇帝已经感到比较放心了,甚至明确要求叶名琛"暂缓攻击",只是"水陆布置仍不得稍形松劲,致懈士心";对于英国"另派夷酋",则要求叶"以礼相接,勿使再有藉口,俾得自为转圜";同时要叶先与美、法两国驻华官员沟通,使之"不致为巴夏礼等捏词淆惑"。他还谆谆叮嘱道:"当此中原多故,饷糈艰难,叶名琛总宜计深虑远,弭此衅端,既不可意存迁就,止顾目前;又不可一发难收,复开边患。"②这句话看起来似乎是要叶对英不软不硬,其实我们从他提及"中原多故,饷糈艰难",即可知他主要担心的是叶不给英人"转圜"的机会。

叶名琛揣摩到皇上的旨意后,曾派员探询包令是否愿与其和谈,需要什么样的条件,但英方根本未予理睬。此时,包令已决意不再与叶交涉,4月1日他亲赴澳门,于次日向布尔布隆、伯驾提出一项建议:"三个条约国家的全权公使约定相互给予实际的支持和帮助,以期实现各自向中国当局提出的要求","为了达到这些目的,条约国家的海军必须实行合作以

① 《筹办夷务始末》咸丰朝卷十五,续修四库全书本,第6页。
② 同上书,第10—11页。

征服广州”。因伯驾表示“在接到他的政府的指示以前，他不能擅自采取镇压的行动”①而未能付诸实施。随后，包令又向克拉兰敦报告说，他与西马縻各厘一致认为：“在广州问题未解决以前，北上的行动必将以挫败和失望而告终。”希望英国政府在未来的侵华战争中能首先考虑攻占广州问题。

叶名琛知道单凭自己很难打开与英方沟通的渠道，也明白英国“另派夷酋”决不会仅仅是为了议和，却不能按照咸丰的要求事先想好应对之策。值此前途未卜之际，他清楚地意识到：自己唯一能做也必须做到的就是首先稳住咸丰皇帝，只要皇上多一份对他的信任，他就多了一分侥幸的机会。于是，他于5月26日又上了一份“该夷乘机起衅，天褫其魄”的奏折，咸丰一面告诫他“惟犬羊之性，诡谲百端，仍当密为防范，勿存轻视之心”，一面要求他“俟新酋到后，设法妥办，总宜息兵为要也”②。

英军退守大黄滘炮台和虎门后，战斗即不像以前那样频繁了。1857年2月10日，双方在�溪展开了一次水战，清方调集战船百余艘、兵勇8 000人，与英舰炮战了一个多小时，旋撤至浅水区域。就在叶名琛一再以虚假的捷报蒙骗皇上期间，得到部分浅水汽艇增援的英军决定予清方水师以沉重打击。5月22日，“宋浩湘与林福盛等带巡船二十余号在新塘河面与敌船三只遇”，“战败而逃”。25日，埃利奥特海军准将率英舰于�溪河口击败清水师千总苏海率领的巡船队，又以浅水汽艇跟踪追击，沿途掳获巡船10只、击毁17只。27日，英军追至东莞，清军被迫弃船登岸，借助岸边的房屋狙击英军，但又有13只巡船被击毁。是时，“琼州镇总兵黄开广募到红单船六十余号，合各巡船共百余号，驻平洲三山河面，拟与血战一次，驱令出境”。6月1日，英方集结了17艘军舰、2 600名官兵，在西马縻各厘的亲自指挥下两路出击，分别由海军准将亨利·凯佩尔（Henley Kappel）和埃利奥特率领。尽管清军进行了英勇的抵抗，终因不敌优势装备的英军而败退，英军直追至佛山，清方损失了七八十只战船，“所逃出之小巡船概赴西江防堵（农民起义军），此后遂绝意水战矣”③。

经过这几次水战，广东水师主力丧失殆尽，水路的防守便成了大问题。有建议“宜择海口要隘填石塞断者”，广东布政使江国霖立即下令购办了数

① 转引自蒋孟引：《第二次鸦片战争》，生活·读书·新知三联书店2009年9月版，第69页。

② 《筹办夷务始末》咸丰朝卷十五，续修四库全书本，第24—25页。

③ 齐思和等编：《第二次鸦片战争》(一)，上海人民出版社1979年版，第178、177页。

清代广东水师船

千只竹篓，准备以之装满沙石填塞海口。随即“探知潮汐无常，实无狭隘之处可以下石，且守险全恃人力，若闻炮先逃，虽铁锁横江，亦无足恃，事乃中止”。知府沈保颐再献“用小艇聚焚之策”，于是马上派人从乡间购买了500只小艇、稻草数万担，惜“均不能用，空费帑项矣”①。实际上这以后广州的门户基本是洞开的。

但这并不妨碍叶名琛继续向朝廷报捷，他在6月27日的奏折中硬是把水师的惨败说成了“三次接仗获胜”。广东的其他官员也帮着圆谎，半个多月后广州将军穆克德讷上奏说，广州“现在水陆地方分布舟师，层层堵剿，城上城下以及北门外各处炮台，分布旗营官兵防守，亦甚周密”②；8月22日广东巡抚柏贵也奏称：此次英军进攻广州，“实为坚欲进城，蓄谋已久，其所谓水师拿获划艇匪犯一节，不过藉端启衅”；“督臣叶名琛早已知其诡计，复叠次钦奉训谕，俞见坚定不摇，并屡饬兵勇轰坏夷船多只，伤毙夷匪一千余名”；“察访近日英夷情形，穷蹙已极，谅不日即可就范”③。

事实上，此时英、法两国都已经正式作出了战争的决策，只是叶名琛等尚不知情，咸丰皇帝更是被蒙在了鼓里，这就决定了清政权在未来的战争里只能处于被动挨打的地位。

英、法决定联合侵华

英国想通过修约进一步攫取侵华权益的意图落空后，已决定在适当的

① 齐思和等编：《第二次鸦片战争》(一)，上海人民出版社1979年版，第178页。

② 《筹办夷务始末》咸丰朝卷十五，续修四库全书本，第37—38页。

③ 《筹办夷务始末》咸丰朝卷十七，续修四库全书本，第9页。

时间发动侵华战争。争夺巴尔干半岛的事务基本完结后，英国外交大臣克拉兰敦于1856年9月24日令驻法大使考莱(Cowley)就对华政策征求法国政府的意见。4天后，考莱报告说：法国外长“瓦尔斯基在昨天会谈过程中，曾提起一个法国在华传教士的凶杀事件”，法国“已下定决心要从这次残忍的凶杀事件中得到充分补偿。如果法国代办谈判失败，而且他手头没有足够的兵力的话，就打算从本土派一支远征军去”。瓦尔斯基希望“倘一旦必须采用压迫的手段时，英、美两国政府是会和他们联合一致，为遭受惨杀的无辜基督教徒复仇的”①。

瓦尔斯基所说的“凶杀事件”就是“马神甫事件”，也称“西林教案”。马神甫即法籍传教士马赖(Auguste Chapdelaine)，也译作马奥斯定或马奥斯多。他于1853年来到澳门，旋被派往广西传教，途中会合贵州籍教徒白小满、曹贵②，一同来到广西西林县境内传教。未几，有人指控其收罗匪徒马子农、林八、邓亚修等入教，犯有奸淫妇女、抢劫村寨等罪行。1855年夏，西林县知县黄德明劝令离境，马赖至贵州境内躲避了一段时间后，于当年冬天又回到西林县境内继续从事传教活动。1856年2月24日，继任西林县知县张鸣凤下令逮捕了马赖与25名中国籍教徒，经审讯于29日将马赖与白小满、曹贵处死(马子农也另案处死)。

法国传教士马赖

法国驻华代办顾思得到马赖被处死的报告后，于7月25日照会叶名琛要求予以有分量的赔偿，并提出要与叶会晤。次日，又照会叶为被处死和遭迫害的中国籍教徒申诉冤屈，要求释放在押的9名教徒，将被勒索的财物归还教徒。30日，顾思将有关情况报告了法国外交部，声称自己对叶名琛并没有抱有多大幻想，准备向叶提出将西林县知县革职充军等项要求，并请示是否可以提出更强硬的要求，以马赖之死换取基督教在中国的畅行无阻。

① 转引自丁名楠等：《帝国主义侵华史》第一卷，人民出版社1961年版，第125页。

② 白小满与曹贵的名字各种史料记载颇不一致，法国代办顾思致叶名琛的照会中分别称为乐朗白蒙、阿涅，叶名琛致布尔布隆的照会中分别称为白闻、依溺思。

8月20日,叶名琛复照指责不少教徒忘记了宗教教义而参加叛乱,答应对马赖被杀案进行调查,推诿说自己军务缠身,实在没有时间会见顾思。5天后顾思正式向叶提出将张鸣凤革职充军等要求;9月9日,叶以西林县距广州路途遥远,调查也需要一段时间,要顾耐心等待;20日,顾思照会警告叶:拒绝法方要求可能会招致严重的后果。但这种警告对于叶名琛丝毫也不会起作用,该案的处理便拖延了下来。

西林教案遗址

就在法国政府准备为"马神甫事件"而诉诸武力的时候,英国表达了与其联合侵华的意愿。法国当然愿意借助于英国的实力以收到事半功倍的效果,同时还可借共同行动之便遏制其独霸远东的野心。于是,法国在进一步的磋商中向英方提出:"法国对马赖之死所要求的赔偿应在白河谈判中占优先地位";英、法、美三国公使共同向清政府提出修约要求,占领舟山群岛作为要挟清政府支付赔偿的保证。英方对法方要求的前者表示赞同,对后者则建议改为封锁扬子江入口处。最后法国接受了英方的意见,双方于12月初基本达成协议。[①]

① 参见齐思和等编:《第二次鸦片战争》(六),上海人民出版社1979年版,第68页。

随后，法国海军大臣阿姆兰（Hamelin）通知在远东的盖兰（Guérin）海军少将：法国政府决定增派海军来华，要他与英、美海军一起确保各国全权代表前往白河谈判期间的安全，同时切断由长江进入运河的运输线。瓦尔斯基也训令即将返任的布尔布隆：英、法、美三国"决定在中国海面聚集必要数量的战舰"以加强外交谈判的"威势"，三国代表应尽可能地接近北京，直接与清朝中央政府谈判，以攫取公使驻京、开放中国内地等权利。①

接到亚罗号事件的报告后，克拉兰敦于12月10日函告包令："亚罗"号是否应该在香港登记、执照是否过期都是英国的事；即使该船当时未悬挂英国旗，广东当局也不能上船捕人；巴夏礼的要求并不过分，并表示同意劫持清朝水师船只的计划。一个月后，当克拉兰敦得知包令、巴夏礼等已经挑起侵华战争，便再次函告包令：英国政府完全同意他们所采取的做法。内阁首相巴麦尊亲自上书维多利亚女王说："广州战事的爆发是陛下政府在当地官员决策的结果，而不是由于国内指示的缘故，所以，首要的责任应该由当地的人员来担负。但巴麦尊子爵相信，政府应认为具有合法的权利来恭请陛下对发生的事项加以认可，并指示采取措施从中国那儿获得让步。"②1857年1月24日，英国外交部函告海军部，女王陛下政府认为：除了已被英军占领或摧毁的据点外，还必须摧毁广州下游的所有炮台，下一步应该派遣一支部队截断由扬子江通往运河的入口，并照会清廷声明英国全权大使已准备立即与清政府谈判。31日，英内阁令印度总督坎宁调派一个团的兵力支援香港。2月9日，克拉兰敦训令包令：当海军大臣已授权西马縻各厘"切断扬子江与北京间的水上交通作为对抗中国政府的强制性措施"并行文告知法国政府之际，他应与法、美使节共同与清廷进行修约谈判，新条约的"首要事项是外国使节驻扎在最高政府所在地的问题"，其次是"不仅扩张我们的商业往来到沿海口岸，而且要深入到中国内地去"，"女王陛下政府坚持要允许英国臣民自由上溯中国各大江河到位于它们两岸的各大商业城市去，在这些地方进行贸易和居住，而且为了承认英国政府的权利，假如认为合适的话，就在那里建立英国领事机构"③。

事实上，包令、巴夏礼等深知：在扩大侵华问题上，法、美两国的利益始

① 参见齐思和等编：《第二次鸦片战争》（六），上海人民出版社1979年版，第73—74页。

② 同上书，第75—77页。

③ 同上书，第399页。

终与英国是基本一致的。他们在挑起侵华战争前后曾多次与法、美两国沟通，希望法、美两国与其采取同样的立场乃至共同的行动。

英方采取军事行动之前，曾由包令、巴夏礼分别通知法国代办顾思和法、美领事，以取得他们的谅解。英军炮击开始后，叶名琛也曾质问法、美领事"何以对此种侵犯行为保持缄默"？要求他们"前往晓谕英国领事"。法国驻广州副领事鲍威特明确表示英方所提侵略要求是正当的。顾思先照会叶名琛声明他对战争起因的看法与叶不同，随即对叶悬赏"剿灭英匪"提出抗议，后又致函包令称：在未接到法国政府的进一步指示之前他虽然不得不维持中立，却对英方的军事行动表示"道义"上的支持，并极力怂恿英方为实现修约的共同目标而努力。美国驻广州领事佩利也承认英方发动战争是有正当理由的，并对叶名琛的悬赏告示表示不满。佩利和美国驻香港领事吉南曾随同攻破广州外城的英军进入总督衙门，吉南让随行的美军在衙门内搜查，并将美国国旗插在城墙缺口上，他本人在出城时还向中国人开过枪；佩利承认自己经西马縻各厘允许拿走一些东西作为"纪念品"。美国公使伯驾到上海要求修约不成回到澳门后，也明确表示支持英国，后来又两次照会叶名琛对其奏折中美、法等国均知英国无理"未肯相助"等语提出抗议，公开宣称要与英国合作，威逼清方迟早妥协。

1856 年 11 月 15 日，美国海军中校富特由黄埔乘兵船前往广州，路过猎德炮台时，遭到守台清军炮击。次日，美国海军准将阿姆斯壮令炮舰"朴次茅斯"号、"利凡特"号进攻猎德炮台，17 日伯驾让阿姆斯壮向叶名琛发出限令 24 小时内同意予以赔偿的最后通牒，20 日清晨阿姆斯壮于通牒时限未到之前再次下令炮击修复炮台的清军，22 日美军占领或摧毁了猎德等四座炮台。接着，阿姆斯壮连续照会叶名琛，要其保证"以后本国旗帜再不受辱，本国商民亦不见难"，并威胁说：若"不允照行，将来祸生不测，必归贵部堂自任"。直到叶名琛 12 月 5 日复照表示"中国与贵国本无起衅之事，嗣后如有贵国船只，必须分明何样旗号，一面先行知会本大臣，庶仍符两国和好之谊也"①，美军才由猎德等炮台撤走。此后，伯驾多次请求美国政府派军队来华，参与武装侵略中国的行动。美国政府于 1857 年 2 月 2 日告诫伯驾"本国政府的行政部门并无宣战之权"②，并于 4 月 22 日任命列卫廉继任驻

① 朱士嘉：《十九世纪美国侵华档案史料选辑》上册，中华书局 1959 年版，第 111、115、116 页。
② 丹涅特：《美国人在东亚》，商务印书馆 1959 年版，第 250 页。

华公使。伯驾只好于8月卸任回国。

上述事实表明：法、美两国驻华官员在未接到本国政府的训令之前，虽不便公然加入英方的军事行动，却以不同的方式表达了对英方的支持。

但是，包令、巴夏礼等借亚罗号事件挑起侵华战争的行径，在英国政坛上引起了轩然大波。1857年2月24至26日，上院举行会议讨论侵华战争案，反对派议员德比伯爵发言指出："亚罗"号是中国人的船，香港第四号法令因未经授权而不具备合法性，包令无权批准"亚罗"号悬挂英国旗；谴责英军进攻广州是"可耻的军事行动"，是"卑鄙的行径"；斥责包令在进城问题上得了偏执狂，以至于认为"同这件事所得到巨大利益相比，任何牺牲都不为大，任何通商中断都不足惜，任何流血都不足悔"①。最后德比提出一项动议案：

> 本院深为遗憾地获悉，在广州的女王陛下的臣民同中国当局的友好关系破裂了，其起因是女王陛下的首席商务监督采取步骤，据说是为了违反《虎门条约》而索取赔偿。
>
> 本院认为，关于这个问题的争论的出现，使目前特别不适宜于向中国当局强行要求准许英国臣民进入广州（此案自1849年以来已被搁置）以及用武力支持这一要求。
>
> 本院认为，没有预先得到女王陛下政府的明确指示，就不应采取敌对行动；而上述问题对于这种行动也没有提供足够的理由。②

马尔墨斯白雷伯爵吁请大家"把这个问题作为纯粹正义和人道的问题来对待，要诉之于良心"，表示"我为我的国家感到羞耻"③。经克拉兰敦、大法官克兰华茨等执政官员的再三狡辩，最后上院以110票赞成、146票反对否决了"德比提案"。巴麦尊政府以多数票获胜。

1857年2月26日至3月4日，下院接着讨论侵华战争案，反对派议员对包令和内阁发起了更猛烈的攻击。包令的老朋友科布顿置多年的私人感情于不顾，直言抨击道："我们实际上不能举出任何一个事实来捍卫我们的行动。你的案子是这样恶劣的、这样可鄙的、这样肮脏的亚罗事件，谁还会

① 马克思：《议会关于对华军事行动的辩论》，《马恩全集》第12卷，第151页。

② 转引自蒋孟引：《第二次鸦片战争》，生活·读书·新知三联书店2009年版，第71—72页。

③ 转引自同上书，第73页。

参加你这一边？那有可能吗？”并率先提出议案：

本院关切地获悉中国当局和英国人在珠江的冲突；中国因未完全履行1842年条约而向我国提供了多少该两难的理由暂可不论；本院认为，目前摆在案头的文件，对于因最近亚罗事件而在广州采取的暴烈措施，不能构成令人满意的根据。

布尔威·李顿爵士指责包令等挑起了一场危及中英贸易的残忍战争：

真的，你们可能踏过广州的废墟和你们的顾客的尸体，为你们的商人打开一条通到广州市场的道路；你们可能在刺刀尖端进行贸易，并用武装的卫兵和怒吼的大炮环绕你们的商馆。但我警告你们，你们的买卖会从那地方不翼而飞，因为贸易总是因不必要的流血而萎缩的。

当时，除了议会里的激烈辩论外，执政党和反对派还多次在国会以外召集大会以争取同情票。赖雅德在3月16日的群众大会上疾呼：

由于约翰·包令爵士的非法措施……他们已毁了一座大城市，停止了一宗大买卖，杀了成千上万的无辜人民，并且把新增的捐税负担不仅加在我国人民头上，也加在受难的印度人民头上，而从后者榨取税款，实际是使用酷刑的。他和他的朋友们，作为下院独立的议员，能同意这样一场战争吗？（群众高呼：“不！”）①

无论巴麦尊等怎样曲意辩解，“科布顿提案”于3月4日凌晨的表决中还是以263票赞成对247票反对得以通过。面对这种局势，巴麦尊内阁却拒不辞职，并强行解散了议会。在随后进行的议员改选中，巴麦尊派多方竞选，终于获得下院多数席位，并以85票的多数通过了扩大侵华战争案。3月13日，巴麦尊任命额尔金(James Bruce, 8th earl of Elgin, 12th earl of Kincardine, 1811—1863)为全权专使，率领特别使团来华执行扩大侵华的任

① 转引自蒋孟引：《第二次鸦片战争》，生活·读书·新知三联书店2009年版，第74、75、77—78页。

英国全权专使额尔金

务。他的弟弟普鲁斯(Frederick William Adolphus Bruce，1814—1867)被任命为使团公务秘书，并被赋予必要时代替额尔金领导使团的权力。同时还派遣了5 000名官兵，陆续开往中国。

布尔布隆回到澳门后，继续就马神甫事件与叶名琛交涉。他在3月4日的照会中声明：法国政府完全赞同顾思此前提出的各项要求，询问叶是否已奏请朝廷批准，声称法国政府将根据清朝政府的态度决定下一步行动计划。15日，叶答复道：由于叛乱造成了交通的阻塞，两广之间的公文往来已不正常，他尚未接到广西方面的有关案情的文报；如果调查证明法方所说案情属实，广西巡抚会奏请将西林县知县革职的。4月4日，布尔布隆再次照会指责叶敷衍搪塞，要求他尽快上奏，并将奏折抄送法方，最后限令叶于15日内作出满意的答复，否则法方即按清政府不允赔偿办理。叶名琛无论如何也想不到，布尔布隆所说的“按清政府不允赔偿办理”指的是法国与英国联合出兵侵略中国，仍将其当作一般的威胁之辞，在无可作答之际，即长时间地置之不理。①

于是，法国便按照早先与英国达成的协议，任命葛罗(Jean Baptiste Louis Gros，1793—1870)为特命全权专员，率使团与侵略军来华，协同英国扩大对中国的侵略。

英国外交大臣克拉兰敦于4月20日训令额尔金：英国政府已授予他决定对华战争与和谈的全权，要求他与清方的谈判至少应达到以下目的：

一、为英国臣民所受的损害取得赔偿，若是法国官员要同你合作，

① 叶名琛一直拖到当年12月12日才复照称：广西按察使根据西林县知县张鸣凤的禀报来文说，该地并未发生捕杀马神父之案，仅曾处决“妖言惑众”的广东籍匪徒马子农，二人“名既不同，籍亦不合”，“想是贵公使误听人言，此事应试亦毋庸议矣”。

也要为法国臣民取得赔偿。

二、为了在广州以及其他口岸完全履行几个条约的条款。

三、赔偿英国臣民和有权享受英国保护者由于最近骚动所蒙受的损失。

四、中国政府同意,女王向中国皇帝委派的公使,可以按照英国政府的意愿驻扎在北京,或是不时地进行访问;承认英国全权大使以及商务监督有权和在中国首都的高级官吏直接通讯,和挑选使者递送自己的信件:诸如此类的安排为保证完全履行现行条约提供了最好的方式,并避免未来的种种误解。

五、与中国对各种条约的一次修订,目的在于获得商业上的更加方便,诸如能进入各大江河沿岸城市以及芝罘(今烟台)和其他沿海口岸,同样也允许中国船只从中华帝国各个口岸不分畛域前往香港进行贸易。

如果谈判未能解决问题,"强制性的措施成为必需的话",则应当采取以下措施:

一、封锁白河。

二、占领扬子江上大运河的入口处。

三、占领舟山群岛。

四、封锁芝罘和其他中国口岸。

五、切断大运河通过黄河的出入口。

六、在广州上游登陆,占领城垣上方的高地,并切断其供应。

七、在广州城的上方安置一支部队。①

法国外交部也于5月9日向葛罗下达了主要内容基本一致的训令,并

① 齐思和等编:《第二次鸦片战争》(六),上海人民出版社1979年版,第83—84页。对于后两条训令,克拉兰敦后来于7月8日的训令中提出:"女王陛下政府既已探悉广州防御的准备看来仅在于这些高地上,因而通知了西马縻各厘爵士,要是与阁下和阿希伯纳姆中将联系之后,照他的意见,觉得从广州河正面采取行动较之从其他任何方面更加有利的话,那末他便不应该使自己为海军部在执行四月二十日文件而给予的指示所约束,可以在任何地点和以任何方式来指挥战斗,只要觉得很可能会获得成功的话。"

特别要求他与“负有类似使命的额尔金勋爵协商一致，共同解决迄今悬而未决的问题，把我们和天朝帝国的关系建立在一个更令人满意的基础上”①。

本来，英国还极力动员美国参与对华军事行动，而美国出于自身的利益，拒绝直接出兵参战，却接受了英方的下列建议：(一)声明赞同英、法两国的目的；(二)派遣全权专使乘兵船来华，参加英、法两国公使的行动；(三)增强美国驻中国海分遣舰队的实力。于是，美国政府改派列卫廉取代伯驾为新任驻华公使，并训令他“可以利用中立的地位，为交战双方从中传言，俾战争得以及早结束”②。

沙皇俄国虽然在克里米亚战争中败于英、法，却并不影响其在远东与英、法合谋扩大侵华权益。获悉英、法将联合出兵侵华的消息后，沙俄于1857年2月任命普提雅廷为使华全权代表，随后又训令他以和平的方式对英、法的侵华要求予以力所能及的协助。③普提雅廷至大沽口投递文书，提出商定中俄两国边界的要求，遭到清廷拒绝后，旋于11月驶往香港，决定利用英法武装侵华之机趁火打劫。

广州城的陷落

1857年7月2日晚七时，额尔金抵达香港，立即开始向英、法、美三国公使和海军指挥官了解情况，以便尽早遵照克拉兰敦的训令北上白河与清廷谈判。西马縻各厘首先提出应先攻占广州再北上白河，理由是“广州的纠葛问题应该在广州单独解决”，而且“只能用一个方法来解决”，即“攻陷广州城”；目前广州已成为清王朝“整个排外和傲慢对外制度的寄托所在”，置广州于不顾而先行北上，将“使得中国人更加相信广州地位的坚定不移”。包令希望额尔金先攻占香港的心情更为迫切，对西马縻各厘的意见表示“也有同感”，并说其“更为这个地区大多数英国居民所坚持”。怡和洋行董事长加律治还领着85名香港商人向额尔金递交了一份请求先攻广州的备忘录。额尔金询问攻占广州需要多少军队，西马縻各厘“认为有五千人和适当地由舰队加以支持，即可承担攻击广州城的战斗”；而与额尔金一同到达香港的

① 齐思和等编：《第二次鸦片战争》(六)，上海人民出版社1979年版，第86页。

② 丹涅特：《美国人在东亚》，商务印书馆1959年版，第264页。

③ 参见A.波波夫：《太平天国时期的沙俄外交》，《近代史资料》1978年第1期。

英国侵华军新任陆军司令阿希伯纳姆(Ashburnham)中将“认为有四千人可供掌握而且训练纯熟也许就够用了”①。而在额尔金来华途中,由于印度爆发民族起义,已应印度总督之请,将开赴中国的军队调往加尔各答,当时阿希伯纳姆属下的各兵种士兵总共仅有1 484人,其中还有244名病号。

鉴于兵力严重不足,立即进攻广州显然是不现实的,且调往印度的军队尚不知何时才能转赴中国,额尔金觉得,在此期间自己只能藏身在香港按兵不动或率领一小支军队远征白河两种可能之间作出抉择。考虑到“按兵不动会牵涉到丧失声誉和其他弊病的问题”,额尔金一度倾向于立即北上。可当他与法、美公使商讨此事时,伯驾表示虽然他本人愿意与英方合作完成修约任务,却因未接到本国政府的有关指示而不便擅自采取积极的行动;布尔布隆则以法国政府改派葛罗来华意味着对其全权公使权力的撤销,表示自己已无权作出决定。额尔金在会见法国新任驻印度支那舰队司令里戈·德热努依里(Rigault de Genouilly)少将时,请他劝说布尔布隆至少可以在向北京政府“提出首次抗议时”与英方联合行动,具体的修约谈判则等待葛罗来华后再进行。里戈·德热努依里仔细阅读了法国政府给他的指令后回答说:该项指令并未赋予他外交权力,且规定他只能根据葛罗的指示行动,并表示:额尔金“不等葛罗男爵的到来便开始外交活动是令人遗憾的”②。

这种局面使额尔金不得不更加谨慎,综合各方面的意见,他向克拉兰敦陈述了不能不暂时放弃北上白河计划的理由:一则,如果他“单独直上白河”,很容易给清朝君臣留下“法国和英国在中国事务上是不一致行动的”印象,从而会为叶名琛奏折中英国是孤立的、没有“外夷”相助的谎言提供证据;二则,叶名琛之所以多次重复这样的谎言,说明清廷对此是相当重视的,由此可以想象,英、法、美三国共同行动会给清政府以更大的压力,而英国单独行动遭到拒绝的可能也更大;三则,“置广州于不顾”而直接与清朝中央政府交涉,会“助长中国人的说法:广州是难以攻占的,而广州的乡勇是不能征服的”,从而使英方在交涉中处于明显不利的地位;四则,目前能带往白河的英军是极其有限的,而“没有一定的武力方面的示威来加以支持”,即“同(清朝)皇帝发生争吵,可能会使中国各口岸我们国人的生命陷于危险和贸易遭受毁灭”③。正

① 齐思和等编:《第二次鸦片战争》(六),上海人民出版社1979年版,第106、108、107页。
② 同上书,第107、95页。
③ 同上书,第97—99页。

当额尔金进退失据、彷徨无措之际，印度总督坎宁(Canning)来函请求他派遣"每一个"所能派遣的人去援助印度政府，额尔金遂于7月16日率领刚从英国开到香港的300名海军陆战队前往印度。

9月额尔金由印度回到香港之初，除西马縻各厘因获悉叶名琛准备恢复与其他国家的贸易、于8月3日下令对白河和广州实行军事封锁外，别的方面情况尚无明显变化。10月14日，额尔金接到了克拉兰敦8月26日发出的训令，同意他"可以在广州随意使用武力以使得当地政府就范"①。第二天，葛罗抵达澳门，随后也接到了法国政府授权他在广州采取军事行动的指示。因时届冬令，中国北部水域随时可能被冰雪封冻，远征白河的计划已无法执行，他们决定利用冬季攻打广州。葛罗在他们共同商讨的基础上为这一军事行动草拟了一份详细的备忘录，额尔金对之表示完全赞同。10月27日，阿希伯纳姆陆军中将被调往印度，英国来华地面部队改由斯特罗本泽陆军少将指挥。印度的局势基本得到控制以后，调往印度的英军源源不断地来到香港，至12月，西马縻各厘属下的英国海军共有战舰44艘、载炮463门、官兵5 700余人；斯特罗本泽(C. B. Van Straubenzee)少将属下的英国地面部队约有3 000至4 000人；由里戈·德热努依里少将指挥的法国海军有战舰10艘、载炮164门。进攻广州所需的兵力已绰绰有余。

12月11日，英国翻译官威妥玛(Thomas Francis Wade)派通事吴泉将包令、布尔布隆的照会送达叶名琛，告知英、法两国已分别派遣额尔金、葛罗来华接办外交事务，并让吴泉通知叶：英、法方面将于次日午后派汽艇悬挂白旗至白鹅潭鸡鸭滘递交文书，届时请派员接收。12日，叶名琛令南海县丞许文深前往，收下额尔金、葛罗发给叶的照会。额尔金在照会中指责"广东官宪屡将外国人欺侮，约内所开坚不肯尽行，叠招弃和之衅"，不愿就亚罗号事件认错道歉，以及"悬赏格致人暗纵焚毁或阴计刺杀"，并提出两项要求："一则凡有条约所载，内包英民任意进城，无不在粤省准行；二则近来起事之间所有英民及英属受其损累者，皆为照数赔补"，"限十日为期"，若能接受上述要求，则解除对广州的封锁，"中外通商照常"，但仍由英法联军占据"河南地方及沿河各炮台"，"候贵国皇上特派平仪大员会同本大臣商议定约"，并经两国君主批准互换后再撤退，否则将"令水陆军重为力攻省城"②。

① 齐思和等编：《第二次鸦片战争》(六)，上海人民出版社1979年版，第102页。
② 同上书(三)，第153—155页。

葛罗的照会除就马神甫事件提出赔偿要求外，主要内容与额尔金的照会基本相同。

同一天，额尔金、葛罗还发布告示，通知广东绅民若叶名琛不愿满足他们的要求，英法联军即将进攻广州。里戈·德热努依里也宣布，法国海军自本日起将协同英军实施对广州的封锁。

那么，在战争乌云笼罩下的广州，叶名琛是怎么想的？在战火即将燃起的关键时刻，叶名琛又有什么应对之策？

当1856年10月23日巴夏礼等以亚罗号事件为借口挑起第二次鸦片战争的战端之后，为了防堵英军，叶名琛调集至广州的兵勇一度多达3万余人。英军后撤至大黄滘炮台和虎门后，广州官府很快派人修理好了城墙缺口，“至是，非守要隘者咸陆续裁撤，稍节经费”①。自遯溪、三山之战清军水上防守力量被摧毁后，双方基本没有再发生战事。叶名琛起初对英国另派使节来华还不能不心存疑虑，及见额尔金来华数月居然毫无作为，遂以为英国人真的是没有什么“伎俩”了，心里的一块石头总算是落了地。

人们为了寻求心理上的安慰，往往会不自觉地朝有利的方面猜想。一段时间里，广州流传着各种说法，什么“英人穷极无聊，不但拖欠兵饷，日用亦颇贫窘，急盼通商”；“伊属国孟加拉作叛，彼军战败”；“彼军在孟加拉大败，中埋伏，覆其全军，亡一大帅，或谓亡一驸马，诸酋忧惶无措”等，“展转传言，众口一词”，总之是可以高枕无忧了。当然，毕竟还是会有一些头脑稍微清醒一点的人，他们抱着将信将疑的态度去问叶名琛，叶以不容置疑的口吻告诉他们：“各处探报相符。”② 这样，他们就是有什么想法也只能憋在肚里了。

额尔金由印度回到香港一个多月后，忽然“哗传敌船于某日定入省河滋事，已亲见下火食若干，必到无疑”。广东布政使江国霖于夜间接到伍崇曜的密报也是这么说，不觉大惊失色。两司与各道员带着满腹疑虑去禀报叶名琛，叶斩钉截铁地说：“决无是事，我日日皆有探报，毋信谣言。”到了那一天，果然没有发生任何事情，“于是咸服叶相之镇静，所用探报亦可信，稍恃以无恐”③。叶名琛一再以“探报”为言，说明他很重视情报工作，可能也确实收到了不少情报，只可惜至今尚无法确切地弄清楚其“探报”的基本来源、主要内容以及叶为什么会对之坚信不疑。就当时情形而言，叶名琛的话确

①②③ 齐思和等编：《第二次鸦片战争》(一)，上海人民出版社1979年版，第177—178页。

实起到了稳定众心的作用。可令人遗憾的是，他是以用错误情报麻痹大家、使人们放松警觉的方式来稳定众心的。

1857年11月5日，当美国新任驻华公使列卫廉抵达香港后，很快便按照美国政府的指示精神，积极地在清方与英、法之间充当“调集人”，以乘机渔利。16日，列卫廉照会叶名琛，要求代递国书，“共立新约”，希望能与其会晤。一个星期后叶名琛才收到这份照会，次日即复照称：前任钦差大臣徐广缙原先接见外国使节的“省城外西关之仁信栈房”已被英军“烧毁殆尽”，“现本大臣虽有相见之心，实无相见之地”，可将国书“用文封送本大臣，以便转奏”；“前所立和约悉臻妥善”，“无需再略有变通之处”。因迟迟未见回复，列卫廉于28日再次照会询问“为何前照会至今尚未有复”？指责叶“当此危急之际”，不应“犹伤本国历久和好之情，绝我音问”，以至于“本大臣虽能劝令罢兵修好，亦无从措手”。在列卫廉看来，值此英、法大兵压境、广州疏于防守之际，由他来充当调停双方战事的“和平使者”，应该是广东当局求之不得的事。尽管他在照会中只是“点到为止”，并未作出任何承诺，叶名琛得到这一信息后，应会迫不及待地来恳求他，孰知叶对于迫在眉睫的战争竟然毫无警觉，列卫廉煞费苦心的“点拨”在他眼中居然成了自作多情的“献媚”。他在10天后的复照中反而告诫列卫廉：美国“前公使伯驾在粤闻有不妥之处，业已撤回，谅贵公使明理晓事，必不肯效其所为也”。12月12日，就在英、法发出战争通牒的同一天，列卫廉第三次照会叶名琛，声明递交国书“事关重典”，不便“付托小吏”，提出“可在本国战舰恭迎贵爵”，并保证“断无逼勒，断无惊扰等弊”。叶于6天后复照，以自己所奉皇上谕旨“均由驿递而来”为由，仍要列卫廉将国书转递给他，甚至说什么“彼此相交果皆在心在意，见文即如见面一般；若徒然见面，皆不在心在意，虽如常见面，貌合神离，亦属无益，并非本大臣固执不肯会晤也”①。至此，列卫廉心里应该清楚，他与叶名琛之间实在是无话可说了。

接到额尔金、葛罗12月12日的照会后，连南海县令华廷杰都感到了形势的严峻，忧心忡忡地慨叹：上年英军炮击广州“本无法兰西在内，现亦厕入，知其连结矣”。而叶名琛仍然十分乐观地对大家说：“彼实穷急望通商，却不甘求我，仍作大言欺人，其中实已全馁，故肯插白旗进港。彼国凡弱而降服者，则竖白旗。”还援引鸦片战争期间的旧事加以证实道：“(道光)二十

---

① 齐思和等编：《第二次鸦片战争》(三)，上海人民出版社1979年版，第171—176页。

一年，粤省受敌三炮，即挂白布于靖海门以止炮①，此次彼亦插白旗，乃天道好还，可为前番吐气。”有人说叶“两日即复照会，将所求三事层层驳去，理直而词甚婉，后仍许通商以诱之”②。我们不妨来看看叶是怎么说的。

叶名琛将额尔金的照会简单归纳为进城、修约、赔偿、占据河南四项内容，对于前两项，基本是重复以前多次说过的“理由”，仅增加了一段据说是来源于1850年英国报纸的新闻报导：“君主有国书到香港交与前公使文翰”，称赞他未因进城问题与中国打仗，“理事妥好，断无出外理之忧，甚属可爱”，“赏加威厘巴号”，“并赐有贵重佩牌带于身上，甚为美耀，当时英官、英商凡在香港者皆穿礼服道贺”。对于赔偿前一阶段英方损失一项，则曰：“方起事之初，贵国及各国皆有明理之人力为劝阻，巴领事官不听，并言如有损累皆由我赔还。上年十二月初旬，巴领事官即赴香港，已与受累各商算明，是其自行认赔，早已定局，本与中国无干。无如中国商民受此伤害，较贵国之损累更重，事同一律。现在城厢内外绅民纷纷到辕递禀，恳求本大臣照会贵公使秉公查办，现尚未行文。倘不肯信，本大臣俟下次照复文内即将所收各禀抄给贵公使阅看，作何办理。”对于英军占据河南与炮台一项，答复道：“河南地方前次租造栈房尚且中止③，何能驻扎军士？其沿河各炮台均系绅民捐资起造，以防盗贼之用，贵国军士欲驻扎该处，恐致酿成事端，莫谓本大臣不及早言之，并非不力为保护也。”此外，仅“中外通商照常一语，如是方足以慰贵国上下推重之心，更可以遂各国商民仰望之愿”，是可以“彼此行文妥为商办”的。最后，还自以为很聪明地说：“以上来文所称各节，似出于旁人怂恿，并非贵公使之本心。久闻贵公使老成持重，国中无不推仰，今既来粤，贵国所倚重原为在此了事，断非到此生事。想贵公使有理皆明，无事不公，亦不待本大臣之期许也。”④首先，我们虽然无法弄清楚上述“新闻报道”是

---

① 1841年5月，清靖逆将军奕山贸然偷袭英军，惨败而归，英军占据泥城、四方等炮台炮击广州，奕山等竖白旗投降，并于27日签订《广州和约》，规定：清军退离广州60里，清方缴纳600万元“赎城费”，英军退至虎门。

② 华廷杰：《触藩始末》，见齐思和等编：《第二次鸦片战争》(一)，上海人民出版社1979年版，第178—179页。华廷杰将英法照会概括为：“内仍要求三事：一进城面见，一要河南地方，一索赔被焚洋楼货物银两。”

③ 1847年4月，英国公使德庇时率英军千余人闯入省河，泊十三行附近，向两广总督耆英提出多项要求，其中包括在河南租地，耆英被迫同意。后因当地民众坚决反对，德庇时暂时放弃租地要求。

④ 齐思和等编：《第二次鸦片战争》(三)，上海人民出版社1979年版，第156—158页。

完全出于编造，还是确曾刊载于英国报纸，它又是怎样辗转到达叶名琛手中的，但却可以基本肯定该“新闻报道”是不真实的，在正式的外交文件中引用这种虚假的“新闻报道”本身就已经十分荒谬了，还要将其作为说服对方的理由更是不可思议之事。其次，巴夏礼作为英国驻广州领事，只能在其本国政策允许的范围内根据驻华公使的指示行事，绝对不可能擅自承诺赔偿各商损失、与各商核算其所受损失（即使是为将来向清政府索赔做准备，也须经公使同意，假如果有其事，额尔金也不会不知道），叶名琛以此来驳斥英方的赔偿要求，显然是站不住脚的。再次，英军占据河南与炮台是作为要挟清政府修约的措施而径自付诸实施的，额尔金在照会中只是通知叶名琛英方将采取这一行动，并没有说要征求清方同意，叶名琛将其与进城、修约、赔偿一同列为英方的要求已属不妥，还要说自己对英方的这一军事行动“并非不力为保护”，未免让人感到滑稽可笑。复次，“中外通商照常”本来是额尔金对清方接受其要求后的承诺，叶名琛虽未将其列入四项内容之中，却仍当作了英方的要求，且仅同意与对方“行文妥为商办”，也明显地颠倒了主动方与被动方的地位。最后，额尔金作为全权专使，英国政府下达的训令早已规定了其来华的具体使命，怎么可能因受“旁人怂恿”而改变其初衷？英国政府派额尔金来华确实是为了“了事”的，但其所“了”之“事”是通过修约攫取更多的侵华权益，为了达到预定目的，英国政府已授权让他扩大侵华战争，用叶名琛的话来说就是，英国政府已决定让他先“生事”、再“了事”，叶名琛的这一段“外交辞令”用在这种外交场合不但不会产生丝毫作用，而且显得非常不合时宜。

叶名琛回复葛罗的照会除根据西林县知县张鸣凤的禀报否认曾发生马神甫事件、要法国人向英国索赔其损失外，其他内容与复英使照会大致相同，最后则叮嘱葛罗“毋听旁人怂恿之词，转失贵公使持正之本心”；“幸勿惑于浮言，转为代人受过”①。

英法联军却在该照会规定的10天期限内紧锣密鼓地在做战争准备工作。

12月12日，威妥玛乘投递照会之便，了解到省河与沿岸炮台未设任何防务的状况，并测量了河南一带的水深。15日，英法联军占领河南西北部，“建立武器贮藏地以及贮藏食物、弹药和医疗用品的仓库”②，作为进攻广州

① 齐思和等编：《第二次鸦片战争》（三），上海人民出版社1979年版，第126页。
② 同上书（六），第118页。

城的基地。16日，英法海陆军司令乘军舰沿省河开到黄埔，侦察广州城防情况。第二天，英法海军司令又绕过广州城，了解城北各炮台的防务。20日，额尔金在埃利奥特陪同下，亲自乘军舰驶抵猎德炮台一带巡视。在此期间，英法军舰陆续驶入省河，一时间“英法两国旗帜布满河面”，粤城内外“人情汹汹，近河一带居民尽徙，司道以下文武各官俱忧之。及谒叶相，仍声色不动，谓‘彼故作恐吓之势以逼和，我已悉其底蕴，决无事变’。又云‘凡敌人饮食动作，我皆有人探报，不遗细微’。各官请添兵勇，坚拒不许”①。

12月24日，额尔金、葛罗再次照会叶名琛，说在复照中“未见贵大臣毫有让许之意”，根据上次照会“倘贵大臣明言不允，或默无声说，或设词推卸”，即“重为力攻省垣”限定，已令两国海陆军司令“举兵攻击”。英国海军少将西马縻各厘、陆军少将斯特罗本泽、法国海军少将里戈·德热努依里共同向广州当局军政首脑两广总督叶名琛、广东巡抚柏贵、广州将军穆克德讷、广州满洲副都统双禧、广州汉军副都统双龄发出最后通牒，限令于48小时内交出广州城，兵勇撤出广州城30英里以外，否则即行攻城。同时告示广州绅民，英法联军即将占领广州城，他们将尊重民众生命财产安全，市民应各安生业，绅耆应协助维持治安。叶名琛接到照会和最后通牒后，为免人心惊惶，居然秘不示人，也不与各官商议，径自于次日复照辩称：“本大臣前次照复，业将前后各情逐一查案照复，并非默无声说也”；对进城一事多方作了解释，“并无设词推卸也”；广州绅民递禀要求英方赔偿损失，因未及交涉，“该绅民意欲仍往香港在贵公使处极口呼冤，本大臣多方劝谕，以为此事皆由于巴领事官一时无知，免致贵公使作难，此本大臣相让之好意也”；对“中外通商照常一语，本大臣极为允诺”，“即本大臣相许之明证也”；要求其再“详察细阅”②，以免误会。简直是将敌方咄咄逼人的武力要挟当作了文字游戏。时隔一百多年，当我们今天阅读这种外交文件时，也不免会为之而脸红。

12月26日，南海县令华廷杰、番禺县令李星衢感到事机危迫，建议按照上年英军攻城时的办法，“招募两县乡勇数千以备不虞”，叶名琛拒不采纳，反而要他们“致意司道诸君：此事我确有把握可保其无事，谁添兵谁给饷”。他还解释说：“如添兵勇，彼转有以借口，必示以不疑，大约过十五日便可了事。”③

①③ 齐思和等编：《第二次鸦片战争》(一)，上海人民出版社1979年版，第178、179页。
② 同上书(三)，第155、159页。

所谓“过十五日”说的是过了农历十一月十五日，阳历为12月30日，也就是4天以后。叶名琛这么说的根据是什么？他凭什么公然宣称自己“确有把握可保其无事”？据知情者透露，他根据的是神仙的指示。原来叶名琛一直将他的父亲叶志诜奉养在广州，叶志诜笃信道教，酷爱扶乩，叶名琛为表孝心，特地在广州城内修建了一座长春仙馆，馆内供奉着吕洞宾、李太白二仙，作为其父修道扶乩之所。每遇公务疑难之际，叶名琛有时也会以扶乩以定行止。这一次，英法大兵压境，广州危如累卵，他实在想不出退敌保城之策，只好通过扶乩来求助于冥冥中的神仙了。“过十五日便可了事”便是其扶乩所得到的乩语。作为主管外交事务的封疆大吏，不是根据自己对中外形势的判断作出决策，而是要去求神问卦，就已经够荒唐的了；更加令人愤懑的是，叶居然像是抓住了救命稻草一样，对乩语深信不疑，甚至据以否决了属下官员添兵增防的请求。

12月27日晨，华廷杰谒见叶名琛，叶仍执前说，并拿出其复英法公使的照会稿，深为其中“贵国商民皆以文公使为然，不以德公使为然也，即此次贵公使奉命以来，自当欲效文公使之所为，亦必不肯效德公使之所为也”等语而自鸣得意。为了证明自己的判断是有根据的，他接着说：“十年前一切新闻纸我全收起，现探得伊国王有旨，饬令兵头不可妄生事端，仍以生意为重。”布政使江国霖还是感到不太放心，询问叶名琛所接到的探报是不是都可信，叶马上很不高兴地说：“如不可信，亦不能支持至今。”为了让大家放心，他又对华廷杰、李星衢说：“从前林文忠公好用探报而反为探报所误，偏听故也。我则合数十处报单互证，然后得其端绪。即如彼中大汉奸张同云，前日尚有信来，不过不惜重资，彼故为我用。且各处神签亦无不吉。”看来除了扶乩以外，他还曾多处抽签。经叶名琛这么反复解说，在场的各位官员即使心存疑虑也不便开口了，但未能亲耳聆听叶上述高论者还是会提出不同意见。在粤绅伍崇曜等授意下，南海县丞许文深谒见叶，私下里建议：敌我双方“现在相持不下，可否由绅士往敌船一探，或可转圜。”叶名琛闻之大怒，很不客气地将他赶了出去，又让粮道王增谦传出话来：“如有官绅士庶敢赴洋船议事者，我即指名参奏。”这么一来，谁也不敢再当着他的面提出什么异议了。“是日，洋酋带兵一二百由东边上岸，一路巡游至校场等处”，邓安邦率东莞勇千名驻扎在这一带，叶下令“彼未动手，我亦不击”。英法联军又向西行，由“宜城上岸，至西村、瑶台等处”。华廷杰与李星衢觉得不能坐视不问，只好背着叶名琛，经请示布政使江国霖、按察使周起滨等后，分别招集乡勇进城守卫,“而孰知已无及矣”①。

张同云(即黄仲畬)

张同云,本名黄仲畬,字宗畬,号东耘,室名心字香馆,清广东新会人,化名张彤云,或作张同云、章桐云,据说“能通夷语兼谙夷文”。道光二十九年(1849年)前后,被英国驻华使馆(当时英国驻华公使一般由香港总督兼任,常驻香港)汉文副使威妥玛雇用为汉文教师并协办文案,居住于香港,经常出入英国使馆。第二次鸦片战争期间,被叶名琛重价雇作密探,多次向叶名琛提供情报,但他所提供的情报却并不一定真实。1857年12月英法联军攻占广州前夕,叶名琛误信张同云等人的情报,以为自己拒绝和谈已使英、法陷于进退两难境地,英法联军进抵广州城郊不过是虚声恫吓,因而不做战守准备,致使广州很快即告陷落,叶名琛本人也做了俘虏,被押送至印度加尔各答囚禁至死。

1858年夏,张同云随英法联军北上。英法联军于攻占大沽炮台后进抵天津时,长芦盐商张锦文在城内设立“支应局”,为英法联军筹办后勤物资。张同云奉命前往“支应局”让张锦文等代为采购纱袍褂,在与张锦文交谈中,说自己的真名叫黄仲畬,父亲曾任直隶县令,与前任天津县令为姻亲,此次随英法联军北上,实际上是受广东巡抚暗中派遣,让他在英国人有什么过分行为时“相机调处”的。张锦文信以为真,随即将他推荐给清方议和代表钦差大臣桂良和花沙纳。自此,张同云摇身一变而成的黄仲畬,遂得以逐日奔走于中、英之间,并作为清方的“内线”,不断向桂良等通报消息,为他们出谋划策。当时有人认为这次中英和议的达成,黄仲畬“从中调停甚力”,尝“厚馈银两”以酬之。《天津条约》签订后,清政府以黄仲畬已捐有府经历官职,又令“著以知县归部选用,并赏加同知衔”。

1858年10月,桂良、花沙纳至上海与各国公使举行修订海关税则的谈判,咸丰皇帝要求他们以全免进出口税作为交换条件来废除《天津条约》;若办不到,至少也必须消弭公使驻京、内河通商、内地游历、

① 齐思和等编:《第二次鸦片战争》(一),上海人民出版社1979年版,第179—180页。

赔缴兵费四项条款。当这方面的谈判难以取得进展时，咸丰问及“前在天津所觅内线”黄仲畬等奏报中为何未见提及，桂良等得知黄仲畬已回广东，立即“飞函促其来沪，以便探悉夷情”。1859年初黄仲畬来到上海参与了中英谈判。是年6月英、法公使不听桂良等劝阻，径自率军舰北上换约，清廷令江苏布政使薛焕带领黄仲畬赶往天津，听候清军统帅僧格林沁“相机调遣”。6月25日英军再次进攻大沽炮台被击退后，美国公使华若翰进京换约，清廷又令薛焕、黄仲畬“径赴京城，不必绕道天津”。

1860年7月，英法联军再度大举北上，已署理钦差大臣、两江总督的薛焕急忙派候选知府蓝蔚雯带同黄仲畬乘坐轮船由北塘进津，“听候直隶督臣（恒福，旋兼任钦差大臣）差遣”，参与了新一轮的天津谈判。9月谈判破裂，英法联军由天津向北京进犯，清廷改派怡亲王载垣、兵部尚书穆荫为钦差大臣，又令蓝蔚雯、黄仲畬“前赴载垣等行次，听候差委”。《北京条约》签订后，清廷再予奖赏，令黄仲畬“以直隶州知州分发直隶补用”。此后黄仲畬曾署理天津府同知，先后任庆云、天津等县知县。

在第二次鸦片战争期间，黄仲畬成了十分抢手的人物，哪里有中外交涉，就被派往哪里，可见清朝君臣对他是相当信任的。但是，英国公使普鲁斯也同样重视黄仲畬，他曾在给英国政府的报告中援引黄仲畬鼓动其对清政府动用武力的谈话，并对黄的意见“给予很高的评价”。本来具有双面间谍嫌疑的黄仲畬却一再受到清政府的重用，这也从一个侧面反映了当时中外交涉的状况。

就在12月27日这一天，叶名琛还上了一份内容十分荒诞的奏折。叶综合自己所得各种“探报”，根据乩语与神签的启示，并充分发挥了自己的想象力，编造了一大篇谎言用以蒙骗皇上。

在这份洋洋7 000余字的长篇奏折中，叶给咸丰皇帝讲了一连串的故事：额尔金前往印度镇压当地起义，“当七月内在孟加拉败仗之际，由陆路奔逃，已被孟夷各兵追至海边，适佛兰西有兵船数只往过，连开数炮，孟夷之兵始行退回，额酋乃得免于难”。额尔金十分感谢葛罗的“救命之恩，到粤后请酒致谢”，并顺便讨论对华应采取什么措施。葛罗说上年英军攻占炮台、烧毁民房，清方俱置之不理，直到“直扑城垣，中国兵勇方肯交战，无不得手”。看来中国兵力并不弱，而先“甘心隐忍”，乃“必有成算深谋，预占地步，使我辈到底无从指摘，反令外国人自居于无理之甚”。由此“可见此时粤省大宪胸有把握，早已识破我等外国各情形，故能如此坚定不移”。本人来华前“屡奉国王明示：英国与中国现有争战之事，派尔往广东只在守约通和，不准助势附敌，毋令中国视我佛国为寇仇小人一般，致与前议和约有乖”。英使来粤时，贵国王也一定会面授机宜的，应该遵照办理。“额酋闻之，亦颇以为然”，只是一时还拿不定主意。

叶接着又说：美国前任公使上年也曾派兵攻击东路各炮台，被清军“大挫其锋”，“迨该国闻知，皆谓外国与中国交锋，各国旧例不准干预，今伯驾插入扛帮，实为多事，是以将其撤回”，改派列卫廉来华。美国政府已“公同议定，照常通商，毋得另生枝节”。列卫廉“到粤后，英夷恐其照会先行上省，多方阻挠，列酋不听”，还是先行递送了照会。为了照顾美国人的面子，在复照中对“上年伯驾在此助虐犯顺各情，并未一语提及”，美国人对此“甚为欣感”，“以为中国真可谓大度包容，同声感戴”，随将复照刻印分送各国，到处宣传说，由此“可见我国与中国和好无嫌，粤省大宪如此相待，予以体面，较之从前接见者尤有光荣”。美国商民也“无不欢呼载道”。“英国各官闻之，大为神惊气沮”，英国商人则抱怨额尔金说：美国公使“到粤不及一月，得占先著，我国公使来粤前后两次，已越半载有余，竟无只字往通音问，究竟何时了局？”额尔金没有办法，只好再找葛罗商议。葛罗到粤本在列卫廉之前，因受英国人愚弄没有及时投递照会，听说列卫廉之事后，“遂觉恍然大悟”，乃与额尔金“相约同递照会”。额尔金此次照会所提各项要求“前已屡经驳斥，彼未尝不明知其势有难行”，之所以还要再次渎求，主要是由于以下三个方面的原因：“一则新到粤省，若将前各公使所求未允各条一概置若罔闻，恐彼国中必有群议其后者，莫若再行渎请，无论准驳，姑为尝试；二则上年该夷三次城厢内外放火，延烧房屋千家，中国商民受害较之该夷尤重，何曾不知，若皆反唇相讥，索令赔偿，彼更无可置辩；三则该国穷乏已极，现经孟加拉之变，饷项无出，倘即各款未能允行，或可比照前次许给银两，亦可稍济眉急。其鬼蜮伎俩，饕餮潜谋，谅亦不过如是。”至于葛罗既然先已力劝额尔金息事宁人，为什么又与其采取一致行动呢？叶名琛解释道：法国虽曾就马神甫事件进行交涉，经其“反复开导，皆已寝息”，此次葛罗“哓渎不已”都是由于包令“从旁怂恿，似尚非出自本心”。列卫廉闻知后，对葛罗“大为揶揄”，责备其“不应附和英夷同递照会，讥笑之词形诸笔墨，现已刻入新闻纸内，各国传观，葛酋亦颇自生惭恧”。就是说，虽然英、法照会看起来似乎气势汹汹的，其实他们早已外强中干，不过是虚张声势以掩饰其内心的虚懦，加之英、法、美三国之间已经矛盾重重，实在是已毫不足虑，皇上尽管放心好了。

叶在奏折中还说，他已经复照英、法使节，除允准“中外通商照常”一条外，其余所求各款均逐条加以驳回。“额酋、葛酋接阅后，大为惊愕，相顾失色，俱称我各国情形中国何以尽知底蕴，为从来十余年照会中所未见，即各国夷商闻知中国均已准其照常贸易，更无不心服首肯。”意思是要借以证明，我叶名琛的水平确实要比各国使节高出许多，完全可以操纵裕如。叶名琛进而分析道：英、法、美三国“本皆世仇，各不相下，然每遇中国交涉事件，彼此又复勾连一气，以为力合势众，皆可有挟而求”，是以“其要挟固结之心，几于牢不可破”。经他“设法反间，已令自相携贰，果使英国之势先孤，定知各国之心亦转”。前不久英国女王又指示额尔金说：“所陈中国事宜，务使好释嫌疑，以图永久相安，毋得任仗威力，恃强行事。即中国有未能相允之事，仍当和衷审度，据情奏报，听候国旨施行。断不准妄动干戈，复及沿海各省，有失国体。”这么一来，额尔金自然也就不便在华生事了。这种大好局面的出现当然归功于叶名琛的“反间”之计。

为了防止皇上会起疑心，叶在奏折中甚至没有忘记对其情报的来源也作了交待：“缘近日英国新闻纸愈加密秘，编列号数，封锁在箧，非当议事之期，各夷官皆不能取阅，外间更无从购觅。因密派向在夷楼交涉熟悉、相信不疑之人，能通夷语，兼谙夷文，每值议事时，作为无心相遇，左右其间，旁视侧听，始得备悉其详。”当时所谓的“新闻纸”就是普通的报纸，而不是政府的秘密文件，报纸刊登的新闻报道也不一定完全真实，形形色色的政论文章更不能代表政府的决策。额尔金等绝不可能将报纸锁起来不让人看，也不会禁止所有报纸的发行与销售。只可惜清朝君臣对此一无所知。

叶名琛的这份奏折，除了对英、法、美三国因侵华利益一致而“勾连一气”的认识基本正确外，其余的几乎全不可信。我们不排除其中有受错误“探报”误导的成分，但叶名琛当时所收到的“探报”多半不可能这样面面俱到、细致入微，奏折中的大部分内容都是出自叶的主观臆测，甚至是蓄意编造。即使叶收到额尔金、葛罗 12 月 12 日的照会时还不一定能看出问题的严重性，那么在他收到 12 月 24 日的照会与最后通牒后，秘不示人而径自回复，事后回答华廷杰等询问时比较准确地复述了通牒的内容，并解释说“此照会若给诸公一阅，则合城不知若何惊惶，故不露出”①，说明他当时已经完全了解了对方的意图。而在上述于三天后发出的奏折中居然对此只字不提，反而说“经臣于十月二十九日(12 月 14 日)将所求各款逐一剖析照复去后，至今尚无续有照会前来”②。叶名琛一再拒绝与英、法公使会面，在外交上采取逃避政策，态度强硬顽固，一时让对方无可奈何，此举甚合圣意，获得了皇上对他的赞赏。为了进一步向皇上表达自己的忠诚，博得皇上对他的欢心，竟然冒天下之大不韪，蓄意编造了这份 7 000 多字的奏折，撒下弥天大谎，蒙蔽皇帝。

21 天后，咸丰皇帝收到了叶名琛的这份奏折。这位从来没有与洋人接触过的当朝天子，一则比叶名琛更加昧于外情，二则没有更好的信息渠道，三则绝对想不到叶名琛竟敢如此胆大妄为地欺骗他，就这么完全被蒙在鼓里了。看到叶名琛说得那么有把握，他表面上不动声色，内心里还是感到相当舒服的，马上颁下一道既加以褒奖又寄予期望的上谕：

> 该夷酋自知理曲，犹肆要求，希图获利。该大臣据理辩驳，委婉详明，措词甚为得体，谅该酋当无从置喙。前此屡至各口，皆系英、米夷酋狼狈为奸，佛夷向未干预，此次随同要挟，显系受额酋怂恿。额酋虽为包酋牵制，幸该国王不许与中国滋事，不过稍迟时日，自有转机。叶名琛既窥破底蕴，该夷伎俩已穷，俟续有照会，大局即可粗定。务将进城、赔货及更换条约各节斩断葛藤，以为一劳永逸之举。如果该夷兵船全行退出，各国贸易开舱有期，即著迅速驰奏。此时各省军饷待用孔殷，该督定能兼权缓急，早裕利源也。③

此时的咸丰皇帝大概做梦也不会想到，在他看来是那么自信的叶名琛已经被羁押在英国轮船上十多天了。

12 月 27 日(叶名琛发出上述奏折的当天)晚上，英法联军派出工兵连

① 齐思和等编：《第二次鸦片战争》(一)，上海人民出版社 1979 年版，第 180 页。
② 同上书(三)，第 128 页。
③ 《筹办夷务始末》咸丰朝卷十七，续修四库全书本，第 37—38 页。

和爆破连在二沙尾附近登陆，连夜安排驳船、搭建浮桥，为大部队登陆做准备。广东当局"四更得密报：敌人布置炮位，有必开炮之势。司道急令人通知各营留心守城"。两广总督衙门里的"幕友、家丁于三日前均迁徙，独相国①全家夷然不动"②。

次日清晨，停泊在省河里的32艘英法军舰上配备的100多门大炮同时轰击广州，"连珠炮声如千万爆竹，接续不断"，两广总督衙门为其重点攻击目标之一。华廷杰急忙赶到总督衙门，"则辕门内不见一人"，辗转来到花厅，"见叶相袍衿上挽，独在此寻检紧要文件"，便劝其尽快转移。叶回答说："只有此一阵，过去则无事。"华廷杰又说：这个地方很快就要被大火吞没了，决不能久待。叶仍坚持道：先等等再说，你去料理守城的事吧。随后林福盛带勇百名"入内敦劝"，叶名琛才迁往内城粤华书院，"不逾刻而全署火发，尽化灰烬，行李重物无得出者"。

9至10时，英法联军5 000余人陆续登陆，随即向城东发起攻击，"千总邓安邦带东勇一千名开仗抵御，英、法兵冒死血战，我兵亦以一当十，鏖战大半日，互有胜负，无如我兵太少，已伤亡五六十名"。下午调抚标兵与林福盛部勇丁前往增援，也不能遏制敌军的攻势。傍晚，城东炮台失守。敌炮"先是自南击北"，占领城东炮台后"又自东击西"，"满城遂无清净寸土，百姓扶老携幼，街衢拥塞"③。

邓安邦画像

1857年12月29日晨，联军近2 000人向城北四方炮台发起猛攻，乍浦副都统来存"彻夜死守炮台，任飞炮迸裂，镇静不移"，一度将联军击退。不多久，大东门、大北门、小北门相继失守，联军还占领了全城的制高点观音山（即越秀山）。广东巡抚柏贵吓得"口噤手颤"，已无兵可调。华廷杰赶往粤华

① 叶名琛于咸丰五年十二月由协办大学士实授体仁阁大学士，故称相国。
② 齐思和等编：《第二次鸦片战争》(一)，上海人民出版社1979年版，第180页。
③ 同上书，第180—181页。

书院，只听见叶名琛正在向书院山长王映斗吹嘘：“彼用诡计，竟敢扒城，已被击退。”华廷杰告诉他联军确已进城，叶还说：“先一次已经打退，方来报。”①华廷杰请他悬赏白银万两急调新城潮勇，也未能夺回观音山。下午“两点钟交火已经停止，只有断断续续才听到几声枪响”②。广州这座华南名城在不到两天的时间内就这么轻易地被英法联军攻破了。

清代广州越秀山

英法联军不可能很快占领全城，广东文武官员大多仍留在城内。29日傍晚，柏贵令番禺县令李星衢“出西关，请绅士伍崇曜、梁纶枢与敌人议和”。次日“午刻，伍绅入城见叶相，叶相仍执不可许进城之说”。伍崇曜、梁纶枢、易景兰、俞文照四绅同上观音山，英军头目告诉他们，议和须至河边船上去找额尔金。12月31日伍崇曜赶到英国船上，只见到了巴夏礼、威妥玛等人。一连几天，议和之事没有着落，英方反倒提出了撤退城内兵勇的要求。“于是有撤兵之令，林勇则退扎石井，离城二十里，邓安邦东勇七百，适番禺、增城交界处有逃犯纠党滋事，即命移营往剿，而城内无一兵矣”③。彻底解除了武装的广州城完全成了英法联军战利品。

① 齐思和等编：《第二次鸦片战争》(一)，上海人民出版社1979年版，第182页。
② 同上书(六)，第128页。
③ 同上书(一)，第183—184页。

今越秀山上的五羊雕塑

“海上苏武”的悲哀

广州陷落后，“时官民皆怨叶相办理乖方，外人则大出告示，指陈叶相拗执”。12月30日，广东巡抚柏贵与广州将军穆克德讷即撇开叶名琛，联衔发布安民告示，“明言两国议和，不必惊慌，民心稍定”。因当时“道路讹言，有外人只仇叶相之说”，广东布政使江国霖于1858年1月2日夜命华廷杰、李星衢“往谒叶相，告以风声太恶”，劝请其由粤华书院转移至满洲副都统双禧署中。2日夜，华廷杰与李星衢去看望叶名琛，叶“犹言过二十五日便无事”，其根据依然是乩语。当谈及下一步该怎么办时，叶一则曰：“各绅讲和，他事都可许，或给以银钱都无不可，盖彼实穷窘异常，独进城一节断不可许”；二则曰：“有人劝我具疏请罪，不知今上圣情，只要尔办得下去，不在虚文请罪也”[1]。直到此时，叶名琛仍然不了解英法的侵华意图，仍然以为他们是用武力恫吓逼迫其让步，仍然幻想只要作出有限的退让英法联军即可撤走，仍然坚持不准外国人进入广州城，也确实可以称得上冥顽不灵了。叶

① 齐思和等编：《第二次鸦片战争》(一)，上海人民出版社1979年版，第183—184页。

甚至还在盘算着，英法联军一旦撤走，他依旧可以编造谎言，瞒天过海，而不用为广州失守承担任何责任。

事实很快粉碎了叶名琛的美梦。

1月5日，英法联军分路搜索了各衙门，将广州将军穆克德讷、广东巡抚柏贵押上观音山。巴夏礼领着一队英军到粤华书院没有找到叶名琛，随后由原南海县典史张树藩带至满洲副都统衙门，将双禧当作叶名琛押走。此时，“叶相家丁有劝令他避者，叶相坚不肯避，转瞬敌人复至，拥之而去”，先至观音山，傍晚“复乘肩舆走城墙出东门，送上火轮船”①。

1月7日，经额尔金等授意，广州将军穆克德讷、广东巡抚柏贵、满洲副都统双禧、汉军副都统双龄、粤海关监督恒祺、布政使江国霖、按察使周起滨7人②会衔参劾叶名琛拒绝与美国公使会晤，收到英法联军的最后通牒也不与他们会商，一再贻误大局；现“城内观音山、北门内外各炮台遽为该夷所踞”，叶名琛做了俘虏，穆克德讷与柏贵被“请至观音山”；请求皇上“迅赐简放钦差大臣来粤，以柔远人而定民心”③。

当咸丰皇帝20天后读到这份奏折时，其心情是可想而知的。在10天前收到的奏报中，叶名琛还信心十足地声称要将外国人“节次要求各款一律斩断葛藤”，他正在期待着对“各国贸易开舱有期”的佳音，想不到等来的却是广州沦陷的噩耗，在此之前他对叶名琛是何等的信赖，对于这种意外情况的出现实在是一点心理准备都没有，情急之中简直不知道该说什么是好了，只是在奏折上

表现叶名琛被俘时情景的图画

① 齐思和等编：《第二次鸦片战争》(一)，上海人民出版社1979年版，第184页。

② 后5人未在观音山参议其事，仅由柏贵等将衔名列入。

③ 齐思和等编：《第二次鸦片战争》(三)，上海人民出版社1979年版，第131页。

批下了“览奏实深诧异”一语。其实，咸丰此时所感到的岂止是诧异，痛恨、失望、追悔、自责，心中真像是打翻了五味瓶，说不出到底是什么滋味。

稍微冷静之后，咸丰皇帝一口气发下了三道上谕：

叶名琛以钦差大臣办理夷务，如果该夷非理妄求，不能允准，自当设法开导，一面会同将军、巡抚等妥筹抚驭之方。乃该夷两次投递将军督抚副都统等照会，该督并不会商办理，即照会中情节亦秘不宣示，迁延日久，以致夷人忿激，突入省城，实属刚愎自用，办理乖谬，大负委任。叶名琛著即革职。

黄宗汉著补授两广总督，即行驰驿前往，并著接授钦差大臣关防，办理夷务。黄宗汉未到任以前，所有钦差大臣、两广总督事务著柏贵署理，广东巡抚著江国霖署理。

叶名琛办理乖谬，罪无可辞，惟该夷拉赴夷船，意图挟制，必将肆其要求。该将军、署督等可声言叶名琛业经革职，无足轻重，使该夷无可要挟，自知留之无益。……惟该夷与穆克德讷、柏贵等尚无宿怨，此时柏贵署理总督，著即以情理开导，看其有无悔祸之心。如果该夷退出省城，仍乞通商，该将军、署督等即可相机筹办，以示羁縻。倘该夷以索赔烧毁货物为辞，即告以中国炮台及民间房屋被其攻毁者甚多，若论赔偿，其数尚不足相抵。且系该夷首先开炮，曲直是非，各国自有公论。若竟不肯退出省城，仍肆猖獗，亦惟有调集兵勇与之战斗，勿使久踞城中。况广东绅士咸知大义，其民亦勇敢可用。柏贵等当联络绅民，激其公忿，使之同仇敌忾，将该夷逐出内河，再与讲理。该将军、署督等办理此事，固不可失之太刚，如叶名琛激成事变；亦不可失之太柔，致生该夷轻视中国之心，是为至要。①

在这些上谕中，咸丰给叶名琛定的罪名“刚愎自用，办理乖谬，大负委任”倒是很合适的，将其革职处罚还算是轻的；要穆克德讷、柏贵等告诉外国人叶已“无足轻重”，颇有借洋人之刀杀了叶的意思，看似有些无情，但在极度痛恨之余这么做也无可指责。不过，他将广州的沦陷仅仅归结为叶名琛的个人原

① 《筹办夷务始末》咸丰朝卷十七，续修四库全书本，第40—42页。

因,认识上显然是有偏差的。他仍然幻想英法会因“悔祸”而主动退出广州城,甚至期望广东官绅能“将该夷逐出内河”,都未免过于不切实际了。这表明他在中外关系问题上还没有从被叶名琛所灌的迷魂汤中清醒过来,从而决定了清政府在此后一段时间内在这方面仍不可能采取正确的决策。

5天后,咸丰又颁下一道上谕:

此次夷情猖獗,原因叶名琛刚愎自用,办理乖谬,以致夷人激忿。但该夷自通商以后,十有余年,一旦违背和约,踞我城池,辱我大臣,情同叛逆,岂得谓之无罪?此时若绝其贸易,声罪致讨,实属名正言顺。惟念起衅虽自该夷,而我国大臣办理亦未尽善,是以暂缓用兵,先与讲理,并非畏其凶锋,甘心忍受也。广东民人及各国夷人应共喻朕大公无我之意。道光二十九年英夷不敢进城,实赖绅民之力。今叶名琛既不能驾驭夷人,复不能激励乡团,动其公忿,以致大伤国体,实堪痛恨。著柏贵与绅士罗惇衍等密传各乡团练,宣示朕意。如该夷悔祸,退出省城,尚可宽其既往,以示怀柔;若仍冥顽不服,久踞城垣,惟有调集各城兵勇,联为一气,将该夷驱逐出城,使不敢轻视中国,然后与之剖辩曲直,为后来相安地步,方足以尊国体而杜要求。①

尽管咸丰皇帝将英法联军攻占广州视为“情同叛逆”的罪行,但清政府的对外政策并未因此而有所改变。一方面,在国内人民起义的沉重打击下,清朝统治者力图以和平的方式化解中外矛盾、消弭中外冲突,只要英法联军撤出广州,即可“宽其既往”;另一方面,若英法联军不愿交还广州,则只有调集兵勇将其“驱逐出城”,然后再论是非曲直。从这道上谕中可以看出,咸丰直到此时尚不了解英、法已经确定对华的战争政策,已从其本土和殖民地增调军队来华;不知道穆克德讷与柏贵已落入英法联军的掌握之中,不可能与之进行对等的谈判;不明白攻占广州只是这场战争的序曲,英法联军的进攻矛头将指向天津、北京;也不懂得英、法发动战争是为了以武力胁迫清政府以条约的形式让予更多的权益,而将占领广州仅仅看作是英、法对叶名琛“办理亦未尽善”的报复之举,仍然认为通过“讲理”就可以让侵略者退出广州,仍然相信凭借广东乡勇的力量就能够打败英法联军。

① 《筹办夷务始末》咸丰朝卷十七,续修四库全书本,第44页。

这段时间在广州出现的情况远非咸丰皇帝所预料能及。

1月6日，广东司道等官集议后，让伍崇曜、梁纶枢、易景兰、俞文照四绅前往观音山，要求联军放柏贵回衙门，以便其行使职权，维持秩序。额尔金、葛罗等早已认识到，没有清朝官员的协助，单凭外国人是无法统治广州的。在此前一天，他们即已认定柏贵是充当这一傀儡的最好人选。是以对于伍崇曜等人的要求，他们当即原则上表示同意。随后，他们向柏贵提出了准许其复职的四项条件：

> 一、由联军任命一个委员会；该委员会驻留巡抚衙门，协助巡抚维持治安；为了达到这目的，他们得使用若干部队，在城内巡逻。
>
> 二、在联军占据地区以外发生的凡是关于中国人案件，得由中国官宪处理；但是涉及外国人的案件，却应由该委员会处理。联军占据地区内的一切犯罪行为，均按军法处置。
>
> 三、未经该委员会加盖印信，巡抚不得发布，或用他的名义发布布告。
>
> 四、交出一切武器和军械库。①

柏贵表示接受上述条件后，联军方面同意于8日中午让巡捕张钊到广东按察使衙门传话：柏贵将于明日由观音山回衙，“各官须蟒衣补服至署候伺”。当时，自布政使江国霖以下“各宪咸愤激，形诸辞色，即共议惟有出城别图良法”。第二天，联军押送柏贵回衙，“洋酋列全军炮械分队下山，数酋均鼓乐迎导而前，抚宪最后入署。时洋酋先降阶接入，让之上坐。彼盖自居主人，而以抚宪为客也”。在巡抚衙门，联军举行了简短的仪式，额尔金、葛罗先后致词，柏贵也按要求作了发言，近代中国第一个地方性的殖民地政权就这样宣告成立了。随即发下告示，宣布广州城仍由英法联军武力管制，行政事务交由柏贵负责。实际上由巴夏礼、英军上校哈罗威(Thomas Holloway)、法国海军大佐修莱(F. Martineau de Chenez)组成的三人委员会操控一切。“抚宪与家丁数人独住四堂门外，层层守以洋兵，盘诘甚严”，伍崇曜等“四绅欲进抚署询探一切，亦不能入而回”②。自此以后，柏贵表面上作为

① 马士：《中华帝国对外关系史》第一卷，张汇文等译，生活·读书·新知三联书店1957年版，第569页。

② 齐思和等编：《第二次鸦片战争》(一)，上海人民出版社1979年版，第186—187页。

咸丰皇帝任命的署理两广总督兼钦差大臣，上可以向清廷呈递奏折，下可以向民众发布告示，而实质上，他作为英法联军的俘虏，已经失去了人身自由，只能充当侵略者的傀儡，秉承侵略者的意旨行事，怎么还可能按照皇上的谕令联络乡勇、驱逐敌寇？

直至1861年10月下旬英法联军才结束对广州的殖民统治。

1858年1月5日，叶名琛被押上观音山、傍晚被押往停泊在白鹅潭的英舰“无畏”(Inflexible)号时，都是乘坐肩舆的，头上还戴着花翎、顶戴，始终端着两广总督钦差大臣的架子。对于这么高级别的俘虏，额尔金、葛罗等即使再痛恨，表面上也得待之以礼，这就使叶的架子能够一直端下去。次日，“无畏”号驶往虎门，“从者或以手指河，摄之以目，盖劝之赴水也，叶相瞠不悟”[①]。叶名琛不会看不懂其属下的用意是暗示他投水自尽，以完臣节，因为他不愿死，所以便装聋作哑。羁押在“无畏”号期间，叶言行举止依然不失清朝高级官员的风范，舰上的英国官兵表面上也都很尊重他，“偶然有人上舰，都向叶脱帽致意，他也欠身脱帽还礼”[②]。

在如何处理叶名琛的问题上，英法联军方面经过了认真的考虑。巴夏礼等首先向额尔金提出：“叶名琛留在广州会使人心不稳，给重新恢复秩序和信心带来困难。”[③]他们知道，尽管叶名琛在守卫广州方面显得十分无能并很容易地成了俘虏，却仍然不会轻易向他们妥协，更不可能像柏贵那样甘愿做他们的傀儡。因而他们担心，如果将叶继续留在广州，会在一定程度上鼓励当地民众的反侵略斗争，会让更多不愿丧失民族气节的官员投入反抗的行列，会使另外一些动摇不定者与侵略者保持一定的距离，甚至会对奴颜媚敌的柏贵之流产生无形的威慑作用。经额尔金与葛罗商量，并征求英法海军司令的意见后，最后决定将叶名琛送往加尔各答囚禁。

2月17日，叶名琛亲笔开列了所需物品，让一直随侍左右的武巡捕把总蓝瑸回广州备办，除衣服、日用品外，还有《吕祖经》一册，另购米20石，伍崇曜赠银千两，又带上家丁许庆、胡福二人，增募剃头匠刘四、厨役刘喜各一名。18日，“无畏”号载着叶名琛先至香港。两天后，蓝瑸等携带各物到香港与叶会合。居留香港的外籍人士平时很少与清朝官员打交道，像叶名琛

① 薛福成：《书汉阳叶相广州之变》，见齐思和等编：《第二次鸦片战争》(一)，上海人民出版社1979年版，第232页。

②③ 转引自黄宇和：《两广总督叶名琛》，上海书店出版社2004年版，第215、203页。

这样的大官更是连见都见不着，叶的到来给了他们一个增长"见识"的机会，于是来访者络绎不绝，且多不以一睹总督大人的"风采"为满足，还要借机对叶进行采访，或向他索取字画。叶名琛除拒绝了包令请其题字的要求外，对其他人大体上来者不拒，"每日亲作书画以应洋人之请，从者力劝不可题姓名，乃自书海上苏武"①。

22日叶名琛一行被送往印度，28日途经新加坡停留了3天，3月12日晚抵达加尔各答。3天后，英方安排叶名琛一行登岸，住进了靠近海边的威廉炮台。5月8日迁至市郊托里贡(Yolly Gunge)的一栋两层楼房里，叶住楼上，蓝瑸与家丁、厨役等住楼下，由4名士兵看守。英方指派赫尔博特中校具体负责与叶名琛有关的各项事务，要求他每天探望两次，每周提交一份书面报告。同时为叶配备了翻译，还专门租了辆马车供叶出门游玩使用。

叶名琛从未外出过，甚至很少下楼，惟以日诵《吕祖经》为功课，并经常让翻译阿查礼将当地报纸上的新闻译述给他听，"惟闻战则稍有喜色，闻和则太息耳"②。开头一段时间，叶名琛还会见了不少来访者，其中包括印度政府官员、军人、教授、传教士等等，随着时间的推移，人们渐渐对叶失去了兴趣，也就无人问津了。

叶名琛到印度之初，英方就让翻译问他每日开销需要多少，叶答以一切均由自备，拒绝由英方提供食物，主要食用由广州带去的大米，当地华侨金子达、刘裕寿经常代他们购买一些生活用品。叶"平素食量兼人，自至海外，每饭仅一碗，肌肤故锐减，想无生还意也"③。至1858年3月下旬，由国内带去的食物已经吃完，时蓝瑸已于一月前病殁，家丁许庆、胡福提出要在当地购买粮食，叶名琛不准，并语重心长地对他们说：

> 我之所以不死而来者，当时闻夷人欲送我到英国。闻其国王素称明理，意欲得见该国王当面理论，既经和好，何以无端起衅，究竟孰是孰非，以冀折服其心，而存国家体制。彼时此身已置诸度外，原期始终其事，不意日望一日，总不能到他国，淹留此处，要生何为？我所带粮食既完，何颜食外国之食物？④

---

① 薛福成：《书汉阳叶相广州之变》，见齐思和等编：《第二次鸦片战争》(一)，上海人民出版社1979年版，第232页。

②③ 齐思和等编：《第二次鸦片战争》(一)，上海人民出版社1979年版，第185页。

④ 同上书(四)，第68页。

英方让翻译送来食物,叶名琛也拒绝食用,家丁们再三劝说亦无效。此前叶即因心情郁闷而食量大减,日渐消瘦,这以后饮食就更不正常了,叶的身体状况也急剧下降。4月初,叶因身体虚弱已呈病态,英方请来医生为他治疗,也说不出病因。4月9日,叶名琛死于加尔各答囚禁之地。遗体用当地橄榄形的马口铁棺装殓,外面套以长方形木箱,由英船"十字火"(Fiery Cross)号于5月16日运抵广州城外的金花庙河边。华廷杰以叶"断无甘受敌人具殓之理"为由,力倡改殓之议,其实也是为了破除大家对叶名琛之死的疑惑。征得一部分人同意后,乃另备棺木,重制殓衣,于27日重新入殓,"而一切之疑议乃息"①。

叶名琛"遗诗"

叶名琛死后,广州流传出两首诗,一般认为是叶被囚禁印度期间所作,据薛福成《书汉阳叶相广州之变》所载:

其一曰:

镇海楼头月色寒,将星翻作客星单。
纵云一范军中有,怎奈诸君壁上看。
向戎何心求免死,苏卿无恙劝加餐。
任他日把丹青绘,恨态愁容下笔难。

其二曰:

零丁洋泊叹无家,雁札犹传节度衙。
海外难寻高士粟,斗边远泛使臣槎。
心惊跃虎笳声急,望断慈乌日影斜。
惟有春光依旧返,隔墙红遍木棉花。

第一首:"镇海楼头月色寒,将星翻作客星单",大致表明叶名琛是冬

① 齐思和等编:《第二次鸦片战争》(一),上海人民出版社1979年版,第185页。

季在广州被俘的。“纵云一范军中有”，有人认为是将叶名琛比作范仲淹，而“怎奈诸君壁上看”用的是项羽率楚兵在巨鹿大破秦军“诸将皆从壁上观”的典故，将前后联系起来看，笔者以为倒不如说是将叶比作范增，以鸿门宴之典暗喻叶坚不妥协而其他官员多不以为然。当然这里说的仅仅是对外态度，并不涉及广州失守的责任问题。“向戎何心求免死”是根据叶欲见英国女王“当面理论”、“以冀折服其心”的传说，将叶比作春秋时期发起弭兵会盟的宋国大夫向戌。但该传说出自随叶同往印度的家丁之口，当时外国来华使节尚不可能面见清朝皇帝，叶名琛作为一名俘虏怎么会想到要面见英王说理？不能不让人怀疑这是叶或其家丁为掩饰其未能跳海殉节而编造的借口。“苏卿无恙劝加餐”将叶比作出使匈奴被扣留、持节牧羊的西汉中郎将苏武，二人身份略同，气节则相差悬远。“任他日把丹青绘，恨态愁容下笔难”说的是叶被囚禁印度期间“洋官五日绘相一次，分报英国主及香港、上海洋官”之事，当然也是传说未必有事实根据。

第二首：“零丁洋泊叹无家，雁札犹传节度衔”说的是叶被囚于虎门英舰时，让蓝瑸拿着他亲笔开列的单子回广州备办衣物之事。“海外难寻高士粟，斗边远泛使臣槎”，因叶不愿让英人供给生活用品，自购大米随船带往印度，将其比作商朝末年耻食周粟而亡的伯夷、叔齐兄弟。“心惊跃虎笳声急，望断慈乌日影斜”说的是联军攻破广州时，叶志诜“仓皇出走”，下落不明，叶名琛被俘时尚“未得音闻”之事。“惟有春光依旧返，隔墙红遍木棉花”句也隐含着一个典故，即公元1259年南宋右丞相贾似道领兵救鄂州，以纳币乞和而退蒙古兵，却诈称大胜，得以专权多年，后在革职流放途中被监送人郑虎臣杀于福建漳州木棉庵。

总之，这两首诗虽然根据当时的传闻将叶与一些受人称许的历史人物作了不太恰当的类比，通篇并无赞美之辞，而“隔墙红遍木棉花”句将叶比作贾似道，讽刺意味已不言而喻，因而绝不可能出自叶名琛之手。孙桥《余墨偶谈》记载了两首广州镇海楼题壁诗，系籍隶广东番禺的翰林院编修许其光所作，与薛福成的记载字句略有不同。所谓叶名琛“遗诗”疑系时人由许其光题壁诗改篡而成。

另外，当时在广州一带还流传着几首讽刺叶名琛以扶乩来决定军政事务的乐府诗，可见时人对叶名琛评价之一斑。

一则曰：

叶中堂，告官吏，十五日，必无事。
十三夷炮打城惊，十四城破炮无声，十五无事灵不灵？
乩仙耶？占卦耶？签诗耶？择日耶？

再则曰：

洋炮打城破，中堂书院坐。
忽然双泪垂，广东人误我。
广东人误诚有之，中堂此语本无疑。
试问广东之人千百万，贻误中堂是阿谁？

叶名琛的人生结局是悲剧性的，造成这一悲剧的原因是多方面的，从其个人角度来看，以下弱点可以说是造成其人生悲剧的关键性因素。

广州越秀山上的镇海楼(俗称五层楼)

首先，对西方国家情况缺乏必要的了解。当时由海路来华并在广州与清政权发生外交关系的主要是英、法、美三个国家，作为清王朝唯一主管外交的封疆大吏，叶名琛应该想尽一切办法，通过各种渠道了解这些国家的基本情况，随时掌握其对华政策的动向，以便于采取相应的对策。而事实上叶对这些国家的经济状况、军事实力、政权体制和决策程序几乎一无所知；对于三国关系的有限了解也大多得自道听途说，多有讹误；对于各国对华政策的理解或源于错误情报的误导，或出自毫无根据的揣测。所以他始终没有弄清英、法、美三国要求修约的真实意图，根本不懂得无法以和平方式达到目的的侵略者迟早会诉诸武力，即便是在明知战争即将爆发之际，也不去权衡战与和的利弊，作出两害相权取其轻的抉择。

其次，不具备最起码的近代外交常识。欧洲国家早在15世纪即有常驻外交使节出现，至17世纪基本确立了国与国之间互派常驻使节的外交制度，逐步形成了得到普遍认同的国际法准则和近代外交规范。但清朝君臣直到第二次鸦片战争时期对此还一无所知，仍然坚守着传统的夷夏观念，不肯放下天朝上国的架子。叶名琛作为负责与外国打交道的钦差大臣本应顺时应变，而不该也固执这种观念，但他任职5年多时间却从未接见过外国使节。叶“既不屑讲交邻之道，与通商诸国联络；又未尝默审诸国情势之向背虚实强弱，而谋所以应之”①，甚至不了解外国公使的职权范围，竟然将他们代表本国政府提出的要求当成了个人行为而未予以足够的重视。当长期郁积的中外矛盾日趋尖锐而逐步升级为武力冲突时，他又一次次放弃了通过和谈化解战争危险的机会。

再次，欺上压下的专权作风。1849年反进城事件中，徐广缙以假造的圣旨蒙住了英国公使文翰，以曲解英方照会并推迟其日期来彰显自己的功劳，骗得了封爵之赏，叶名琛不但心领神会，而且越走越远。他知道，远在京城的咸丰皇帝很难了解到他在广州与外国人打交道的具体细节，只要最后的结局不是太坏，还能够向皇上交差，中间的过程他完全可以隐瞒不报或按照对自己有利的原则随意篡改。基于这种考虑，他一次次用虚假的情报甚至编造谎言蒙骗皇上。他还一再要求咸丰不让其他疆吏插手外交事务，以防露馅。至于广州的官员，由于叶“性木强，勤吏事，治两粤久，属吏惮其威

① 薛福成：《书汉阳叶相广州之变》，见齐思和等编：《第二次鸦片战争》(一)，上海人民出版社1979年版，第228页。

重，皆不敢违"①。殊不知这种上欺下压的手段，一方面使清廷因不了解真相而决无作出相应决策的可能，另一方面又使其属下官员敬而远之，不敢轻于建言，难收集思广益之效。

复次，近乎偏执的侥幸心理。叶名琛在反进城一事上附徐广缙骥尾，白捡了个便宜，"遂疑古今成功者，皆如是而已"，于是养成了一种虚骄心理，"初以拒洋人入城有贤声，因颇自负"，"狃前功，蓄矜气，好为大言以御众，渐忘其无所挟持"。待到中外冲突日渐加剧，"默念与洋人角力，必不敌，既恐挫衄以损威，或以首坏和局膺严谴，不如听彼所为，善藏吾短。又私揣洋人重通商，恋粤繁富，而未尝不惮粤民之悍，彼欲与粤民相安，或不敢纵其力之所至以自绝也，其始终意计殆如此"。就是说，叶深知清朝实力不如西方国家，打了败仗或首先坏了中外相安的局面都是要受到朝廷责罚的，不如听之任之，希望英国人因为害怕广东乡勇或不愿损害对华贸易而不会发动战争，这完全是一种侥幸心理。当然，从另一个角度说，叶名琛采取这种态度也是出于无奈。总结以前中外交往的经验，林则徐、裕谦等抵抗派或因禁烟而获重谴，或因战败而自杀；而琦善、耆英等主和派也因不容于清议而身败名裂，于是便想在"可否两难之中，别创一格"，借以保全自己。这就是"高谈尊攘，矫托镇静，自处于不刚不柔，不竞不绿之间"。没想到"乃举事一不当，卒至辱身以大辱国，而洋人燎原之势，遂不可复遏"②。不仅贻误了国家大事，而且自己的下场也更加悲惨。

像叶名琛这种官居一品而被瘐死海外者，在中国历史上是空前绝后的。这种人生结局，不仅仅是叶名琛个人的悲哀，从某种程度上说也是中华民族的悲哀。

① 薛福成：《书汉阳叶相广州之变》，见齐思和等编：《第二次鸦片战争》(一)，上海人民出版社1979年版，第228页。

② 同上书，第228、229—230、234页。

三

渤海湾的炮声

大沽炮台

英、法在外交谈判未达目的之后，攻占大沽炮台，逼迫清方代表签订了《天津条约》。咸丰皇帝欲在中外修订海关税则的谈判中挽回已经丧失的权益，也未能实现。英、法公使武装北上，欲强行通过大沽进京换约，被清军击退，导致战争进一步扩大。

武力挟制下的谈判

英法联军占领广州后，额尔金与葛罗很快就下一步行动达成了一致意见。1858 年 2 月 4 日，他们分别写信邀约美国公使列卫廉、俄国公使普提雅廷一起采取行动，共同照会清政府，要求选派便宜行事全权大臣于 3 月底前到上海与他们举行会谈。为了统一口径，四国使节还相互换阅了照会的底稿或副本。英、法分别派使团秘书俄理范(Laurence Oliphant)、宫达德(M. de Contades)作为专门递送照会的信使。俄范理、宫达德二人到上海后，在英、法、美驻沪领事和江海关税务司李泰国陪同下，于 2 月 26 日抵达苏州，将四国使节照会面交江苏巡抚赵德辙转送清廷。①

此外，英、法使节还照会清朝大学士裕诚，提出了赔偿军费和广东英法侨民损失、公使驻京、增开通商口岸、允许外国人自由进入内地、保护教民、减免内地税等要求；指定要清廷派钦差大臣于3 月 31 日(农历二月十七日)前赶到上海与他们谈判，并声称“倘限满无钦差大臣前来，或虽有派到，而权任不足，抑且重权足任，而不肯依理和议”，则将“乖和举兵”，即发动更大规模的侵略战争。美国公使也照会“大清内阁列位大学士”，除申明与英、法要求基本相同外，还表示要将美国使节和侨民所受不公正待遇“追究明白”。俄国使臣则“咨行大清国军机处”，仅将公使驻京一条改为“遇有要事，各国派出可靠之人，直赴京师商议，不可阻止”，又瞒着英、法、美三国使节，暗中夹带了另一份秘密咨文，提出中俄东部边境应以黑龙江、乌苏里江为界以及

① 当时俄国尚未在上海设领事，俄使照会附于美使照会封套中，由美领事代递。

“在伊犁地方分明界址”等要求。①

早在2月15日，清廷已接到广州将军穆克德讷、广东巡抚柏贵有关英、法“欲赴天津，求大皇帝特派公正大臣筹议一切，以为万年和好之计”的奏报。②而咸丰皇帝却在这一天任命在籍广东绅士原户部侍郎罗惇衍、原太常寺卿龙元僖、原工科给事中苏廷魁为团练大臣，要他们“激励乡团，以助兵威，将该夷退出省河，然后与之讲理”③。3月3日，两江总督何桂清、江苏巡抚赵德辙再次奏报：英、法驻沪领事曾当面告诉苏松太道薛焕，“本年春融，各该国公使欲由上海而至天津，请大皇帝特派宰辅大臣另议通商和好事宜”。咸丰皇帝当天颁发给何桂清等的上谕却说：“英夷犯顺，阑入广东省城，本应令各海口绝其贸易。念此次起衅，系由叶名琛刚愎自用，驾驭失宜，以致该夷忿激滋事，是以暂缓用兵。叠次谕令柏贵等，如果该夷悔罪退出省城，尚可宽其既往；倘负固不悛，即调集兵勇，驱逐出城，再与讲理。”隔日，又谕令正由北京赶往广州的新任两广总督黄宗汉：“该督所过地方，如查有可带之兵，一面奏明，一面酌带，到粤后择地驻扎，遥作声援，切不可误信人言，轻入省城，致陷前车覆辙。安营后，即飞调水陆兵勇，召集各处团练，密筹攻剿，勿以柏贵等在城心存顾忌，总以维持大局为要。”还具体指示他：“香山、东莞、新安三属民气最强，若得一二贤吏暗为布置，许以重赏，令其密相纠约，乘夷兵赴省之时，捣其香港巢穴，则逆夷回顾不遑，自难久踞省城。”④

3月10日，咸丰皇帝接到何桂清、赵德辙转呈的四国使节的照会和咨文后，仍未予以足够的重视，还像以前一样认为：他们“来沪投递照会，并言欲赴天津，显系虚声恫喝，欲以肆其无厌之求”。当天，他谕令两江总督何桂清与赵德辙对外国人“逐层详加开导”，重申“上海本非筹办夷务之地，中国自有专办夷务之人”，要他们回广东听候黄宗汉“秉公查办”。同时，让裕诚声明须“恪守人臣无外交之义”，所以不便直接回复各国使节，仅咨复何桂清等转告他们：英、法“此次拘我大臣，踞我省城，违约背理，皆非从前可比，即蒙皇上宽仁，恐广东绅民必动公愤，该国日后必致受亏”；中俄交涉“应仍由理藩院知照萨纳特衙门，以符旧制”⑤。21日谕令黄宗汉：若“绅民合力，该

① 参见《筹办夷务始末》咸丰朝卷十八，续修四库全书本，第19—22、29、30、33页。

② 参见同上书，第1页。

③ 齐思和等编：《第二次鸦片战争》(三)，上海人民出版社1979年版，第149页。

④ 《筹办夷务始末》咸丰朝卷十八，续修四库全书本，第9—10、16页。

⑤ 同上书，第18、34页。

夷稍知畏惧”，到粤后可以“外示兵威，内借民力，与之讲明利害”，并因势利导，设法不让美国与英、法朋比为奸。同时让理藩院行文要求俄国萨纳特衙门“转饬”普提雅廷，“不准在上海逗留，恐伤两国和好”①。

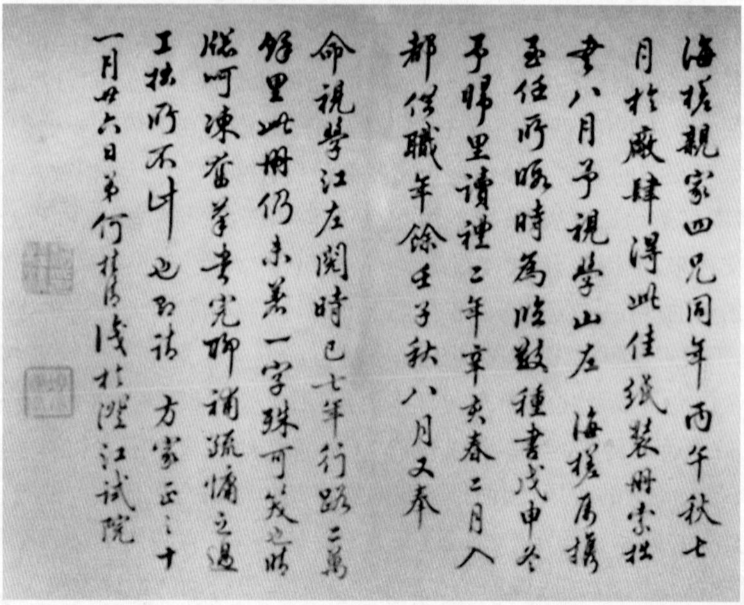

何桂清书法册页

3 月 14 日，黄宗汉由京赴粤路过常州，江苏地方官员很想让他留在上海或苏州，代充“便宜行事全权大臣”与四国使节谈判。而黄却以“未到粤省，一切情形不知，但据一面之词，何从筹议”为由，一口加以拒绝，径自于 18 日由苏州启程南下。咸丰还称赞黄宗汉“恐一经羁留，该夷得以要求挟制，转致苏省骚动，所见甚是”②。

一方面，此时的咸丰皇帝尚未从广州沦陷的震惊中缓解过来，正一心想着怎样收复广州城。由于他过高地估计了广东民众的实力，一直期望借助广东团练的力量将英法联军赶出广州城，至少让英、法在遭受重挫之后有所顾忌。在他看来，若英法联军在广东受挫，自然也就不会大规模北上了。另一方面，清朝地方官员在奏报中只是说各国使节将北上谈判，且语气比较和

① 《筹办夷务始末》咸丰朝卷十九，续修四库全书本，第 1、5 页。
② 齐思和等编：《第二次鸦片战争》(三)，上海人民出版社 1979 年版，第 190、212 页。

缓，咸丰皇帝竟然没有看出四国使节照会和咨文中暗藏的杀机，丝毫没有察觉到英、法有发动大规模侵华战争的可能。因而，他依然不愿放下“天朝上国”的架子，仍然想把中外争端局限于广东一地。

额尔金、葛罗等一开始对于在上海谈判就未抱有太大的期望，这只不过是他们采取进一步行动的一个铺垫。额尔金由香港前往上海之前，通知西马縻各厘尽快调集尽可能多的船舰特别是浅水炮艇开赴上海，以便随时北上白河。3月下旬，四国使节先后抵达上海，很快收到了清方要他们回广东与黄宗汉交涉的答复。额尔金与葛罗商量后，决定再次照会裕诚，一是声明中英《南京条约》、中法《黄埔条约》中都有该国官员“与中国无论京内京外大宪公文往来，俱用照会”之类的条款，裕诚借口“人臣无外交”而不予复照违背了条约的规定；二是表示“惟有自上北方，以便与京师大臣将各事务捷然妥办，不致迟延”①。额尔金还退还了清方的复文。适值普提雅廷接到“受衔为帝国专员以及驻中国海和日本海舰队的司令官”的新任命，遂于3月29日备函通知葛罗，声称：俄国政府“十分急切地希望中国之纠纷能有个不错的、令人满意的收场，因而指示我对所有其他强国全权代表向北京宫廷提出的具有共同利益的要求给以道义上的支持”②，极力唆使英法联军早日北上，并提醒他们，5月底以前是在渤海湾采取军事行动的最好季节。

何桂清、赵德辙先于3月29日向朝廷报告了已有外国兵船到沪的消息，隔日，又以“内寇未平，边患又兴，设该夷竟在天津及沿江沿海肆其狂悖，则更难措手”为由，建议皇上：待各国使节到津后，“钦派熟悉夷情之大臣与之就近议定大局，令其缴城息兵，再饬赴粤另议妥善条款，借以维持国体而弭衅端”③。4月8日，他们再上“统筹全局，粤事未便轻言用兵，可设法离间”一折，列举了国内反清起义方兴未艾、英法联军在广州防守已固、由江浙二省调兵得不偿失等理由，以证明黄宗汉路过苏、常时所言“先剿后抚”的办法是不可取的。他们认为：俄国原先是依附于英国的，“观俄夷前投军机处照会，系附入米(美)夷文内，而不附入英夷之文，是英、米之不相能，俄欲舍英而就米，已有明证。犬羊之性，反复靡常，似不难设法离间，以夷制夷，使之互相携贰，渐行削弱也”。他们进而提出：“各该夷所恃者船坚炮利，我之

① 齐思和等编：《第二次鸦片战争》(三)，上海人民出版社1979年版，第211—212页。

② 同上书(六)，第467页。

③ 同上书(三)，第203页。

师船断难与之争衡，惟有夺其所恃转为我用，方能制其死命。”咸丰对“设法离间”的建议非常感兴趣，在相关的文字旁密加朱点，称赞他们“所奏实为明晰”。当时上海“讹言四起”，为了防止英、法在上海挑衅，何桂清等让苏松太道薛焕、候补道吴健彰出面，一面传谕各国商人：若英、法在沪有所举动，“即禁止华商不准贩运货物前赴上海，亦不准贩运洋货前来内地”，贸易断绝后，“无业贫民佣趁无资”，拥资巨万的洋商“必遭抢掳”；一面向各国驻沪领事表示：以前各国公使来沪都会通知当地官员相见，此次不相往来，“似非和好之道”，希望通过相互拜访“以缓其势”①。因英方先退还了清方的复文，何桂清等将额尔金此次致裕诚的照会抄录奏报后，也退了回去。

4 月 10 日前后，四国使节相继离沪北上。

得知各国使节即将北上的消息后，咸丰于 4 月 8 日派仓场侍郎崇纶以“办理海运”为名前往天津，令署理直隶总督谭廷襄传谕布政使钱炘和赴津“会同崇纶预商一切”，并让崇纶与钱炘和先派员传话给各国使节，以“天津既非通商之地，又无专办夷务大员，到此无可商议”，要他们先回广东，“看其动静如何，再行奏明办理”。同时声明：“现在中原未靖，又行海运，一经骚动，诸多掣肘，不得不思柔远之方，为羁縻之计。”即一则为免于在太平天国方兴未艾之际内外受敌，二则为保证海运漕粮的安全起见，基本上确定了以和谈为主的对外方针。因而，又具体指示直隶提督张殿元、署理天津镇总兵达年等，“夷船到后，自宜多拨兵勇，张大声势，使该夷不敢轻视”②。

4 月 13 日，普提雅廷先到白河口外，当即投文要求当地官员至俄船相见，声称出于“善意”有“紧要话”转达清廷，随后向清方递交了致大学士裕诚要求进京谈判的咨文。咸丰皇帝闻报后，令谭廷襄移驻天津或附近地方，以便于与崇纶随时会商紧要事宜，“惟不必亲至海口，免致该夷要求请见”。随后数日俄船多次驶入拦江沙内，谭廷襄专折请示若俄船“恃强抢入内河，可否即行开炮攻击”？咸丰指示道：“该夷既有愿就羁縻之意，似未必遽启衅端，前日驰进拦江沙之火轮船，一经拦阻，旋即折回，嗣后仍当派员拦阻，彼若遽开枪炮，彼先无礼，然后可以回击；不可先行用武，使有所借口也。”③

4 月 14 日，额尔金率普鲁斯、威妥玛、李泰国等分乘四艘军舰驶抵白河

① 齐思和等编：《第二次鸦片战争》(三)，上海人民出版社 1979 年版，第 214—218 页。

② 同上书，第 220—221 页。

③ 同上书，第 225、236、237 页。

口外。额尔金原计划先让英法联军封锁白河口、截断漕运，再派出十余只浅水炮艇沿白河上溯天津，直接以武力胁迫清政府就范。但西马糜各厘等率联军主力尚在北上途中，直至葛罗于 4 月 20 日到达白河口外时，可用的浅水炮艇尚仅有两只。面对这种情况，葛罗建议先由各国使节照会清政府，要求派全权大臣至天津或在北京谈判，限于“六天内作答，这一期限一过，如答复未到或令人不能满意，则英、法全权代表就可自由行动”，并计划“夺取北直隶入（海）口处的炮台并在那里站稳脚跟”，切断运河航运，“在不冒大风险的情况下去攻打天津”①。根据这一建议精神，四国使节 24 日分别派员投递了致大学士裕诚的照会。俄、美两使还特地表示“皆欲从中调处和释”②。

在此之前，尽管津沽之间冠盖云集，清朝要员们却并未与各国使节见面，只是派沧州知州卞宝书、署理游击陈克明等与俄方往来。直到 4 月 23 日陈克明才告诉普提雅廷皇上已派“钦差大臣（指崇纶）出京查办”，“尚在天津途次”。次日，普提雅廷派翻译明常来见，崇纶暂不出面，由钱炘和与天津道英毓同往海口接见，并接收了四国使节的照会。尽管照会封套上“均书写直隶总督当堂开拆等字样”，谭廷襄还是将照会“原封咨送军机处恭呈御览”③。清朝君臣对于四国限期答复的照会还是比较重视的，但是对于英、法提出的志在必得的侵略要求以及为此而不惜兴兵北上的严峻局势却认识不足，因而他们关注的焦点不是中外谈判的内容，而是清方接见外国使节的步骤以及如何搪塞外国人、让他们回广东。26 日，咸丰令崇纶等转告各国使节：裕诚已将所递照会奏报皇上，“因谭廷襄在近处阅兵，添派来津，与崇纶等一同相见”；告诫谭廷襄等接见各国使节“须有先后次第”，应按亲疏关系先俄使，次美使，再法使，最后英使，态度也应有所区别，并让军机大臣“将思虑所及，酌拟各条，请朕阅定，发交该督等存之于必，以便相机应对”。军机大臣草拟的“答复各国条款”主要体现了区别对待的精神。对于俄使要申明“两国和好之意”，不妨透露对英、法的不同态度，即法国曾“于咸丰四年在上海助我剿匪出力，若能改悔，不复助恶，当念其从前恭顺，曲从宽恕”，英国为“首恶”，本来“断难宽容”，现因俄使“说合”，可以给点面子，但其要求“须中国可行之事，无伤体面，或与贵国有利益之处，方可入奏也”。对于美使则笼统地表示若英、法“倘知自悔，央贵国出来议和，但须事属可行，无伤体制，

① 齐思和等编：《第二次鸦片战争》（六），上海人民出版社 1979 年版，第 138 页。

②③ 同上书（三），第 246、242 页。

必可代奏，恳大皇帝施恩”。对于法使应责备其“不应帮同英国举兵构衅”；然后告以“若诚心悔过，以后不与英夷同志，必当代恳大皇帝照旧通商；广东之事，退出省城后，即不与计较”。对于英使不但要指责英军“在广东劫我大臣，占我城池”之罪行，而且要告知广东商民“齐心忿恨，誓欲报仇”，若不赔偿所烧民房，“将来必受广东百姓之亏”；若英使提出赔偿兵费要求，则答以“兴兵自尔，受累则彼此相同，我方要向尔索赔也”；至于其他要求，若在情理之中，且“尔国悔过，交还省城，黄总督必当秉公奏请”，并要求英方惩办在广东开市通商以后“放出狱囚，抢去库银”的巴夏礼。除俄方要求在五口通商，可答应在其原有三个通商口岸之外“再加二处”外，对于其他三国减免关税的要求，都答以“此地无从查悉”，应回广东与黄宗汉商谈。①

只隔了一天，咸丰皇帝又改变了主意，谕令：“其添派谭廷襄一节，如尚未向该夷说及，即著无庸宣露。倘崇纶等再与俄夷相见，该夷吐出实情，即可与之定议，毋庸谭廷襄相见，更为妥善。”但崇纶等在未接到这份上谕前已将添派谭廷襄之事告诉了俄方翻译明常，“并即照会各夷，拟令分日来见”，英、法、美三使却以清方照会文内没有写上他们的全衔，给退了回来。普提雅廷先于4月28日令明常投送咨文，向崇纶等提出划分东北边界②、依照英法美在华通商等要求，并以提供新式武器、帮助训练军队相诱惑。次日会见谭廷襄时，除重申咨文中的要求外，还“声称三国不得所求，必致生事”③，威胁谭廷襄等一定要与他们相见，才可相安。次日晚间，英使派人投文，约定于5月1日来见谭廷襄。至期，英使并未赴约，美使又派人送来文书称，四国使节已相约于5月3日来见。这一次，仅列

俄国专使普提雅廷

① 参见齐思和等编：《第二次鸦片战争》（三），上海人民出版社1979年版，第246—249页。
② 俄方“欲以黑龙江、乌苏里河、绥芬河为界”（齐思和等编《第二次鸦片战争》（三），上海人民出版社1979年版，第300页），即将黑龙江以北、乌苏里江以东的中国领土划归俄国。
③ 齐思和等编：《第二次鸦片战争》（三），上海人民出版社1979年版，第254、256、257页。

卫廉一人如约而至。

谭廷襄在与普提雅廷打交道的过程中，已经看出了几分端倪，曾奏称"察其情辞，实与英、佛(法)等夷联络为一，固结不解，所云愿为帮助说合，断不可靠"，希望朝廷早拿主见，尽快决定对英、法作出适当的让步；认为英方的主要目的是增辟通商口岸，"其所以尚可羁縻者亦即在此，若通商之事一定，余皆迎刃而解矣"。但是，咸丰皇帝却指示他："办理此事，恐非接见该夷一二次所能了结，必须平心静气与之理论。此时牢笼俄夷，使英、法不至决裂，俄夷因望通商，自当出力。将来归宿总在夷税上使之获利，不至虚望而归，此虽有损于我，然较之添设海口漫无限制，所谓两害相权则取其轻。"随后又说：普提雅廷"所言既不足恃"，若美使"尚近情理，即可略加奖励，使其从中说合"，要他告诉美使，"必得将广东之事速为了结"[①]，才能议及其他。谭廷襄照会要求俄、美两使对英、法攻占广州事"代为评理"，普提雅廷向卞宝书、陈克明吹嘘：连日与英、法使节相商，"大费唇舌"，现在法国之事"已有眉目"。为了博取清政府的好感，俄使还假装站在清方立场上代为出谋划策，说英、法、美三国内地通商、游历、降低税率等要求均"不便准行"，甚至说"英国在内地售卖烟土，并私买民人出口二事，应向理论"，"须令该国禁止"，并与之"明定条约"[②]。其实他根本没有使法方作出任何让步，对其所言法方将提出公使驻京、赔偿兵费等要求，卞宝书等明确表示清廷难以允准。

鉴于中外交涉一直未能取得任何进展，谭廷襄感到有必要采取措施促进一下了。于是，他向朝廷指出：俄、美两使"外托恭顺之名，内挟要求之术，待之宽则就英、佛(法)以图利，待之严则避英、佛(法)以远害"，他们"只欲因人成事，自图便宜，非真能抑其强而为我说合者"，所以不能对他们寄予太大的希望，而应该尽力掌握外交主动权，"制敌仍视乎我之运用，而非空言所能济事也"。他建议，"为今之计，似应虚张声势，传谕各该口岸夷商，因其背约北来，将于某月某日封货闭关，两相决绝，不与交易；一面责令两广总督速图克复省城，则各夷闻之有所顾惜震慑"，"或可渐就范围"。同时也考虑了退路，认为"驭夷之策必以通商作为归宿，第仅止增减税课未足餍其所求"，要求朝廷准许他"详加斟酌，某处断难允许，某处或有可商，未雨绸缪，随机应

① 齐思和等编：《第二次鸦片战争》(三)，上海人民出版社1979年版，第263、264、266—267、274、275页。

② 同上书，第272、273页。

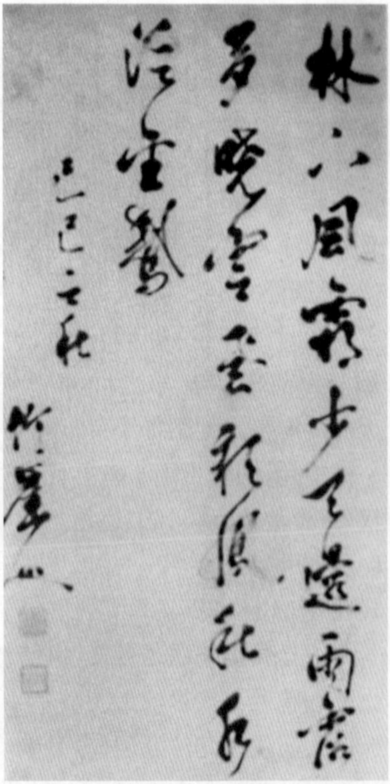

谭廷襄行书挂轴

变”。一则惟恐“海运在途，激之生变”，二则由于两广总督黄宗汉“尚未到粤”，咸丰皇帝担心“若虚张声势而不能见诸施行，转被该夷窥破，俞增桀骜”①，并未采纳他的建议，甚至仍坚持愿意减税而不愿增开口岸的意见。

5月6日，额尔金派李泰国、威妥玛来见谭廷襄，提出清方谈判代表必须有“便宜行事”权力，要求将“奉派来津谕旨给阅”。谭“答以天朝法制从无全权大臣，亦无便宜行事之条”②。当天，英、法两使照会谭廷襄，限于6天内奏请朝廷授予“便宜行事”权力，然后再进行会谈，否则即采取军事行动。随后，俄、美两使也派人送来了同样的照会(俄使限4日答复)。普提雅廷还致函葛罗，肯定英、法的这一要求是“完全合理的”，声称“在和中国人打交道的时候，没有坚定和威胁是不能取得满意的结果的”③。5月7日，俄国东正教会驻北京负责人巴拉第应召来见，带来了北京严重缺粮、咸丰皇帝打算逃跑与京津间清军布防情况等重要情报，普提雅廷立即让他去见西马縻各厘，当面向其提供了上述情报。

谭廷襄担心期限到时“系属强潮，难保不即闯入内河，遽致决裂”，再次恳请朝廷作出让步，增开口岸一条，“其与五口相近沿海场面，近来已有交易者，似应从权查明酌办”；赔偿外籍商民损失一条，“无故焚烧应行酌赔，构衅焚烧未便酌赔”，并答允调整税率、准许进入广州城、禁止残害传教士、重新查办马神甫案。④

清朝统治阶级对英、法的侵略意图本来就不甚明了，英、法使节为等待

① 齐思和等编：《第二次鸦片战争》(三)，上海人民出版社1979年版，第275—276、281页。
② 同上书，第277页。
③ 同上书(六)，第480页。
④ 参见同上书(三)，第278、291页。

联军北上而采取“先礼后兵”的交涉步骤，又对他们产生了误导作用，致使他们在错误判断敌情的前提下，应对乖方，纰缪百出。咸丰皇帝一直认为：英、法公使率舰抵达白河，也只不过是“虚声恫喝”，并不一定会挑起战端。他还错误地估计了敌我双方的实力，一厢情愿地认为清军不难克敌制胜，甚至嘱咐谭廷襄“切不可因兵勇足恃，先启兵端。天津固不难制胜，设其窜扰他处，恐非天津可比，该督等务当通筹全局，妥为操纵”。尽管谭廷襄一再提醒他俄、美调停并不可靠，英、法随时可能发起进攻，却一直未能引起他的警觉。直到此时，他仍要谭廷襄请俄、美二使“设法开解”，告知英、法“四月内（6月10日以前）完结广东之事，不得逾约”；对于各国要求，除允“于闽粤两省附近通商海口之地酌加小口[岸]各一处”、准许俄国在沿海通商外，其余各条一概不允，同时拒绝了俄方代筹兵械的许诺；不但不愿授予谭“便宜行事”之权，并要他指责英、法“违约兴兵，本属无理”，只因俄、美“代为说合，大皇帝度量如天，特命大臣一并接见，实属格外之恩。今尔等不知好意，辄敢心存轻视，本大臣即据实入奏，任尔仍往广东听候查办，毋贻后悔”①。

谭廷襄据以照复各使，申明清廷不允授予“便宜行事”全权。普提雅廷立即翻脸说：“代筹枪炮制敌系属为好，转不给脸，他国之事从此不能再管，即遣人前往黑龙江办理（分界事）”，并就公使进京之事“哓哓置辩”。谭廷襄认为：俄使“意不在进京，而在分界与通商两事”；分界“意在占我江左地面”，所言“行文伊国办理，难保非此处坚却，即在彼处滋扰，以图遂其所求”，奏请皇上“密饬黑龙江将军确查防备”；其借说合“挟制要求，反复无常，情殊可恶”，若仍与商谈，“愈长矜肆之心”，决定先冷他几天，让“较俄夷忠厚，言颇近理”的美使代为向英、法“转圜”。英、法接到复照后，决定中断与清方的交涉。谭廷襄虽然感到英、法“船数既多，炮械轻利”，“必将各船排列并进，恃强恐吓”，却又乐观地认为只要与美方的谈判取得了进展，英、法“亦必可商”。显然，他对各国限期答复照会的严重性也认识不足。咸丰皇帝肯定谭暂不理俄使的办法“所见甚是”，又提醒他“从前以礼貌相待，今若遽置之不理，恐其挑唆英、佛（法）、米（美）三酋不肯受我羁縻，亦不可不虑”，要他待“别有可乘之机，可告以大皇帝准令五口通商，恩意极优”②，期望以准许俄国与英、法、美同样在沿海通商，换取其继续在英、法之间“斡旋”。

① 齐思和等编：《第二次鸦片战争》（三），上海人民出版社1979年版，第283、294—298页。

② 同上书，第300—302、303页。

普提雅廷见清方“两日不与通信”，“即遣人来邀委员说话”，并对奉派前往的下宝书说：英、法“一二日内恐致有事”，若清廷答允“有要事或隔数年准其到京一次”，“伊即出头了结别事，否则不能开口”。谭廷襄当即于5月13日奏称：“伊等只请数年一次，或有要事方敢至京一次，如止随从数人，或约定行走陆路，不准取便天津海道，但能妥为驾驭，借弭边患，未始非抚夷之一策。”次日，负责在天津验收漕米的工部尚书文彩也奏称，“夷情狡诈，反复无常，四国夷酋其名似分，其实联为一气”，俄、美“假托恭顺，正所以为缓兵之计，一俟该夷船到齐，势将变态”；英、法“轮船一入拦江沙，即毫无阻滞”，“津郡内外仅存兵二百七十名，虽有铺勇、户勇数千，恐难应手，且练勇有人而无军器，亦难临敌。万一变生不测，势甚可虞”。但咸丰皇帝仍未意识到战争的危险，考虑到从前虽有外国人进京，“因学算法，操纵由我，无虑为患；今则来去自伊，贪得无厌，若只顾了局，终有隐忧”，还是明确宣布：“外国人进京，皆系朝贡陪臣，若通商各国原因获得起见，近年海口事宜均在广东定议”，“从无在京商办之例”；连俄使上年“请许来京，尚且因接待礼节向无章程令其停止”，英、法两国“称兵犯顺，尤非恭顺之国可比，此次准其接见大臣，已属格外，岂能再准进京”！甚而宽慰谭廷襄：英、法“船只虽多，天津地势民力皆有可恃，不必虑其恫喝”①。可见，他对当时中外关系大局的理解和把握出现了巨大的偏差，对英、法“先礼后兵”的意图毫无察觉，对谭廷襄等多次提及的战争危险根本不信，对中外实力的估计完全与事实相反，对中外交涉的关键环节及其所可能导致的严重后果认识不清，任凭事态急剧恶化而不知道及时地加以挽阻。

谭廷襄已经逐渐闻到了火药味，情急之下，不得不壮着胆子于16日“披沥直陈”：各使“现时桀骜情形，遽难就抚，若欲以近年办法敷衍了事，断无是理”，“若谓其必不敢犯炮台，臣等实无此把握”；“臣等统观事势，海疆夷患将起”，“计惟以兵力拒之”。又于次日“传令南北两岸各营兵勇普律出队，并饬后路健锐、火器等营一并出队直至炮台，旗帜器械鲜明整肃，臣等复至炮台亲自指挥，海岸十里左右星罗棋布，军容甚盛”，导演了一出“示以兵威，借图抚驭”的闹剧②，企图以此吓退英法联军。

可惜，咸丰依然执迷不悟，指责“谭廷襄等屡以允其进京为请，直似此事

① 齐思和等编：《第二次鸦片战争》(三)，上海人民出版社1979年版，第305—312页。

② 参见同上书，第313—314、316、317页。

一准，其余遂可不烦讲论”；自以为是地说“进京之请半由俄夷因不允所请”，借英、法之名以为要挟，“究之英、佛（法）所重者在利，未必全重此事”；告诫谭：“如果该夷先开枪炮，断无不行还击之理；若我先用武，则彼更有所借口，必至肆其鸱张，愈难了结。沿海各省何处非朕之疆宇，岂能不通筹全局？该督等慎勿轻听带兵将士之言，意在邀功而不思后患也。”①

5 月 17 日，谭廷襄派人正式通知普提雅廷，清廷已经拒绝了公使进京的要求，“该酋始而忿怒，继而叹惋”，假惺惺地表示“伊非不为出力，无奈英、佛（法）持之甚坚，今因此一端遽致决裂，未免可惜”②。随即将此消息转告额尔金和葛罗。普提雅廷深知战争已不可避免，他私下里对列卫廉说：清廷的这一态度让英、法可以“按他们认为恰当的（方式）去自由行动了”，并非常乐观地估计：“敌对行动用不到越过大沽，对北京朝廷或许就会产生有益的效果”③。

当咸丰依然沉浸在“天朝上国”的迷梦之中，仍旧幻想着以“天朝体制”把中外交涉限定于广州一地时，英、法使节已下定决心要用武力迫使清政府在京、津谈判签约了。

大沽炮台失守

接到英、法、俄、美四国使节要求清廷派员至上海谈判的照会和咨文时，咸丰皇帝虽不愿派员赴沪，还是采取了一些应对措施的。考虑到各国使节声称若无使臣至沪则要北上，“亦难保其必无是事”，便于 3 月 21 日谕令署理直隶总督谭廷襄传谕长芦盐政乌勒洪额“并督饬天津镇道等，于海口各要隘，不动声色，严密防范。如果夷船驶到，须先严禁沿海居民毋得接济食物，私通贸易，使其不能久留”④。谭廷襄立即令直隶提督张殿元“带印移驻天津”、署理天津镇总兵达年“专驻海口”，以加强大沽守卫；同时委派丁忧回籍的甘肃平庆泾道费荫章督办团练。⑤

1858 年 4 月 13 日，俄使到达白河口外后，咸丰马上抽调京兵 2 000 名

① 齐思和等编：《第二次鸦片战争》（三），上海人民出版社 1979 年版，第 314—315 页。
② 同上书，第 316 页。
③ 奎斯特德：《1857—1860 年俄国在远东的扩张》中译本，商务印书馆 1979 年版，第 128 页。
④ 《筹办夷务始末》咸丰朝卷十九，续修四库全书本，第 2、3 页。
⑤ 参见齐思和等编：《第二次鸦片战争》（三），上海人民出版社 1979 年版，第 189 页。

增援大沽,归谭廷襄调遣。谭廷襄等进一步加强了大沽的防守力量。达年先已在大沽南北岸炮台和海河一带布置了清军 3 200 名,张殿元又从静海抽调清军 400 名,从河间抽调清军 500 名,并请谭廷襄"于督标、提标各挑兵五百名以备应援"。因听说"该夷在粤不畏兵而畏民",谭廷襄还加派素得民心的定州知州王榕吉、署理交河县知县王兰广、唐县知县陈兆麟"会同绅商,分办海口郡城团练",奏称:"所有从前铺勇、户勇及海口之勇,但能驾驭得法,数千人不难呼吸而至。"①

截至 5 月中旬末,大沽海口一带共驻扎清军 8 000 人,仅大沽南北两岸炮台防守兵力即达 3 000 人。当时集结在白河口外的英法联军兵力共有英舰 15 艘,载炮 192 门,配备官兵 2 054 名;法舰 11 艘,载炮 164 门,配备官兵 600 名。就敌我双方军队人数而言,清军是英法联军的 3 倍以上,占有绝对的优势。就战场形势而言,大沽紧扼白河航道,南岸筑有炮台 3 座,北岸筑有炮台 1 座,对河面形成俯击之势,炮台前还有拦江沙与清军布置在海口的 50 只火船、火筏,可以阻拦英、法舰艇接近炮台,清军明显占有地利之便。就双方兵力部署而言,清方由游击沙春元率部驻守北岸炮台,直隶提督张殿元率炮营驻扎于北岸炮台附近,后路尚有副都统富勒敦泰率部驻扎于 6 里外的于家堡、护军统领珠勒亨率马队驻新河;署理天津镇总兵达年督同护理大沽协副将德魁率部驻守南岸第一座炮台,都司讷勒和等率部驻守南岸第二座炮台,都司陈毅等率部驻守南岸第三座炮台,后路亦有谭廷襄率督标各营驻扎于海神庙、刑部侍郎国瑞率马队驻扎于新城以南。②另以海船、盐船 40 余只在海神庙前搭起一座浮桥,以便于两岸驻军互相联络。驻守各炮台的清军可以从两面夹击河面上的英、法舰艇,驻守炮台后路的清军作为机动兵力,既可以随时增援任何一座炮台,又可以在必要时拦截从两岸登陆的敌军。而英法联军起先全部分布于各舰艇,只能沿着河道仰攻大沽炮台;若由两岸登陆迂回进攻炮台侧翼,则随时可能遭到后路清军的截击。双方的优劣之势不难判别。

但是,英法联军却拥有清军无法比拟的近代化的武器装备、军队素质和军事指挥才能。相对而言,清军不但装备落后、缺乏训练、不具备近代战争技能,而且指挥不力、人心不齐、不乏贪生怕死之辈;尤其是炮台不够坚固,

① 齐思和等编:《第二次鸦片战争》(三),上海人民出版社 1979 年版,第 223—225 页。
② 参见《筹办夷务始末》咸丰朝卷二十五,续修四库全书本,第 1 页;卷二十九,第 15 页。

英法联军炮轰大沽炮台

“战濠土堆，均已残破”，通往炮台的道路和环绕炮台的营濠土垒都是由天津大盐商张锦文4月间雇用盐场民夫在半个月之内仓卒修筑的。[①]双方的这些差异客观地反映了近代西方国家与传统中国之间的差距。在当时的背景下，这种差距几乎决定了战争的胜负。

英、法使节于5月10日得知清廷不肯授予谭廷襄“便宜行事”全权后，即已对于在大沽口外的谈判不再抱有任何希望，一方面，他们在等待后续部队，另一方面，已经汇聚于大沽口外的英法联军主力在积极进行着战前准备。据谭廷襄奏报：他们先是“或令小船赴炮台左右测探，或令小船至河口附近窥伺，忽来忽往，并于哨船经过开放空枪，又在水边立标打靶，不时挑衅”，随后又“时令小船测试河口浅深，或爬上桅杆用千里镜（即望远镜）窥探村内形势”。由于咸丰皇帝一再谕令前敌将士“不可先行用武”[②]，挑起战端，只有当英法联军发动进攻后，方可回击，面对联军肆无忌惮的军事准备活动，谭廷襄等一直“取镇静处之，若不闻见”[③]，既未让驻防的清军出面制止，也没有通过外交途径加以阻拦。

5月18日，北上的英法联军已齐集大沽口外，战前准备工作也基本完成了，英法联军首脑举行军事会议，决定于20日进攻大沽炮台，随即通知了俄、美两使。普提雅廷立即向额尔金和葛罗表示，俄方将予以积极配

① 参见齐思和等编：《第二次鸦片战争》(一)，上海人民出版社1979年版，第474、501页。
② 同上书(三)，第304—305、318、237页。
③ 同上书，第305页。

合与全力支持。列卫廉次日秘密通知正在岸上与直隶布政使钱炘和谈判的卫三畏："两个小时后炮台就要被占领"，要他立即"用最通情合理的办法中断一切谈话"，在"不让中国人知道联军的任何意图"的前提下撤回美国军舰。①

5 月 19 日傍晚，忽有英、法"火轮船八只驶入拦江沙内，与先已停泊之火轮船八只联络并泊，鸣鼓悬旗，又有舢板船约二十余只同至"。谭廷襄知道英法联军真的要动手了，立即向朝廷奏报："察其情形，似欲接仗。"②清廷尚未及作出反应，战争果真就爆发了。

5 月 20 日上午 8 时不到，额尔金、葛罗分别向谭廷襄发出最后通牒，英法联军指挥官西马糜各厘、里戈·德热努依里也联名发出了同样的通牒，限令清方于两个小时内将大沽炮台移交英法联军驻守，以确保英、法公使能够安全地前往北京"会同京师大臣办理两国事宜"③，否则即以武力攻取。10 时许，未接到谭廷襄的答复，英法联军按预定计划向大沽炮台发起了进攻。

英法联军首先拨开清军放置在海口用于阻拦英、法舰艇的 50 只火船、火筏，然后派出 6 艘炮艇，以每 3 艘构成一个编组，作为先头部队，分攻南北两岸的炮台，大队舰艇随后进发；同时派出两支陆战部队，一支由英、法官兵 457 人组成，从北岸登陆，另一支由英、法官兵 721 人组成，从南岸登陆，分攻南北炮台的侧翼。④

英法联军在大沽登陆

①④ 参见齐思和等编：《第二次鸦片战争》(六)，上海人民出版社 1979 年版，第 144、146 页。

②③ 同上书(三)，第 322、329 页。

驻守各炮台的清军奋勇迎击，开始时给英法联军造成了一定的伤亡，但很快即因炮火远不及联军猛烈而处于劣势。北岸炮台三合土顶盖被敌军炮火揭去，沙春元不幸中炮，"洞腹肠出，登时阵亡"；张殿元营盘土墙被敌炮轰塌，失去掩蔽的弁兵纷纷逃散。仅一个小时左右，北岸炮台即告陷落，占领该炮台的联军登陆部队马上由炮台上开炮轰击南岸炮台。驻守南岸各炮台的清军也进行了英勇的抵抗，"南炮台大石镶砌，塌卸小半，炮墙无不碎裂"，"都司陈毅、千总常荣魁、经制外委赵国璧、外委石振冈等亦登时阵亡。兵既不能立足，勇即相率退散"①，两个多小时后3座炮台相继失陷。谭廷襄饬令驻扎北炮台后路的"珠勒亨所带马队"上前援应，"珠勒亨带队而上，被夷炮击毙二人并伤马匹，即时退散，数日不知下落"②。其余后路各部清军既未能在关键时刻对各炮台进行有力的增援，也没有及时截击登陆的联军，反而一闻败讯即望风溃逃。谭廷襄、钱炘和等"均乘轿奔逃"③。联军舰艇得以顺利沿白河驶至于家堡、海神庙附近，烧毁浮桥，占领东沽、西沽两个村庄。

这一战英法联军被打死军官5人、士兵6人，其中英国军官1人、士兵4人，法国军官4人、士兵2人；负伤军官7人、士兵71人，其中英国军官2人、士兵15人，法国军官5人、士兵56人。而清方除大沽各炮台守军伤亡殆尽外，后路策应之师只有谭廷襄、国瑞各带500名全师而退，"余皆零落，并无锅帐，不能屯驻，且招集仅止二千余名"④。大沽炮台所有军火器械与富勒敦泰部所携"京营大炮及喷子炮十五位全行失陷"⑤。

英法联军占领下的大沽炮台

① 《筹办夷务始末》咸丰朝卷二十二，续修四库全书本，第28—29、31页。
②④ 《筹办夷务始末》咸丰朝卷二十三，续修四库全书本，第18、2页。
③ 齐思和等编：《第二次鸦片战争》(一)，上海人民出版社1979年版，第476页。
⑤ 《筹办夷务始末》咸丰朝卷二十九，续修四库全书本，第15页。

清方在大沽之战中战败的原因，除了客观上英法联军在军队素质、武器装备等方面具有决定性的优势外，从主观上讲清政府也负有不可推卸的责任。

首先，清朝统治者对于英法联军的近代素质和先进装备几乎一无所知，既不了解也不愿意承认清军实力远远落后于英法联军的无情事实，反而盲目地认为：清军已在津、沽一带设防，再加上“地势民力，皆有可恃”，所以一旦双方打起来，清方“不难制胜”①。清朝统治阶级大大低估了英法联军的实力，才会得出这种完全错误的判断。他们出于浸透于骨髓之中的“天朝上国”观念，在潜意识中对西方国家一直持蔑视态度，这种自觉或不自觉的轻敌意识，使清廷丧失了避免失败的最后一丝可能。

其次，清朝统治者丝毫没有认识到英、法挑起战端的必然性，直到大沽之战爆发的前一天，仍然一厢情愿地认为：英、法“兵船停泊，无非虚声恫喝之意”。咸丰皇帝为了避免西方侵略者与太平天国对清政府形成夹击之势，并保证海运漕粮的安全，早已明确指示：办理中外交涉应以和为主。他之所以要谭廷襄等“多拨兵勇，张大声势，使该夷不敢轻视”，后来甚至扬言要派兵夺取广州、断绝英法贸易，无非是为了“慑之以威”，幻想以虚张声势来吓退英法联军，或使英、法公使有所收敛，期望能在他允许的框架内达成和议，根本没有打算用武力来解决中外争端。令人可笑的是，咸丰当时担心的不是英法联军发起进攻，而是清军立功心切、主动出击，所以他一再要求谭廷襄转令各将领严格约束自己的部队，“务使衅端勿自我开”，反复告诫谭“慎勿轻听带兵将士之言，意在邀功而不思后患也”②。

再次，清朝统治者完全不了解西方国家的侵略意图，甚至彻底颠倒了与英、法等国在谈判中的主次地位。英、法公使刚刚抵达白河口之际，谭廷襄即曾奏称：“当此多事之秋，天津又居肘腋之地，言战言守，皆非所宜。”③既然战、守皆不宜，剩下的当然只有“和”之一途了。但是清朝君臣对于如何才能保证以和谈了局，胸中都没有数。他们也弄不清各国使节此行的命意所在，不知道在哪些方面作出让步才能让他们感到基本满意，才能以签订和约的形式消弭这场战争。咸丰皇帝起先对各国所提要求均视而不见，似乎没

① 齐思和等编：《第二次鸦片战争》(三)，上海人民出版社 1979 年版，第 308、283 页。

② 同上书，第 320、221、295、315 页。

③ 同上书，第 224 页。

有想过要对英、法作出退让。谭廷襄迫于外国使节的压力，曾多次吁请朝廷作出适当的让步，以便打开和谈的局面，咸丰最后仅同意在闽粤各增开一个小口岸、适当降低关税、准许俄国在沿海通商，对于各国最为关注的公使驻京一条，却以为英、法重在通商获利，"未必全重此事"，怀疑是俄使从中捣的鬼，甚至拒绝授予谭廷襄"便宜行事"之权，从而关闭了与英、法谈判之门。

最让人感到不可思议的是，英、法本来是挟战胜之威、以占领广州为抵押，来向清政府索取更多侵略权益的，可咸丰却一再令谭廷襄等通过俄、美两使转告他们："两国背约无礼，本不值与之相见"，是看在俄、美两国的面子上才同意接见他们的；"必须该两国将广东省城交还，真心悔过，方能逐款定议；大皇帝谕令限期于四月底缴还广东省城，如逾期不还，一交五月当即兴兵攻打省城，该两国在城夷兵必遭杀戮，毋贻后悔"。且调整税率等事"须由广东酌定"，待英、法交还广州后，还要俄、美两国"中间作保"，四国使节就可以"同往广东，与钦差黄总督议定章程"了①。在广州失守之后，咸丰还要继续端着"天朝上国"架子，自欺欺人地闭着眼睛说一些不着边际的大话，怎么可能与外国使节进行切合实际的对话？

天津城下之盟

大沽炮台失守后，崇纶与原在大沽一起协同交涉的内阁学士乌尔棍泰赶回天津筹划防务，谭廷襄与钱炘和退至新城一带"招集兵勇，计图沉舟以隔水路"；"并遣员往探俄、米(美)，暂作缓兵之计，据复仍愿出为说合"；同时一再奏称：天津"郡城鳞次栉比，关外尤为丛杂，一经烽火，断不可恃"，现在"即再行调兵运炮，已赶不及"。他向朝廷解释道：明知道"接仗失利之后仍复言抚，其难尤甚"，天津"郡城无险可守，种种难恃，生灵亿万，关系甚重，现在仍有俄、米(美)说合，虽必要求无厌，较之用兵，究有把握"；"臣非胆怯欲抚，只因明知不能战守而勉强为之，后患不堪设想"，这么做完全是为了"两害相权，则取其轻"②。

咸丰皇帝起先还要谭廷襄等于"炮台后路及天津前路水陆一带"，"节节严防"、"扼要堵御，一经得手，即设法攻夺炮台"，"务使(天津)郡城得保无

① 参见齐思和等编：《第二次鸦片战争》(三)，上海人民出版社1979年版，第281—282页。
② 同上书，第332、333、337页。

虞，方可徐图议抚”。英法联军先头部队很快捞出沉船，于5月26日抵达天津城郊，“在后之船，亦相联而进”①。一方面，由于到达天津的英法联军人数有限，若占领天津则需分兵防守，会增加联军的负担，制约其进一步的行动；另一方面，英、法方面也希望以不占领天津作为交换条件，换取清政府尽快作出较大的让步，早日达成和议，所以抵达天津的英法联军与外交官员都驻扎在天津城外的望海楼一带。

英法联军进犯天津

谭廷襄虽然信誓旦旦地向清政府表示：“与津存亡，自誓已久，非敢以言抚为退缩求生地步。”但实际上却认为“天津郡城残破，内无一日之水，又无隔宿之粮，城外廛肆毗连，河路错杂”，绝对不是可战之地，对守卫天津没有一点信心。只是让当地绅商组织“团练总局”、“商团铺民总局”以维持城内秩序。另由大盐商张锦文、附贡生辛荣等出面设立“支应局”和“支应分局”，负责为各国外交官员安排住处、供应各项生活用品，为英法联军筹措给养。还安排有“伙食船”，每天专门向英、法舰艇运送粮食、蔬菜、牛、羊、鸡、鸭等食物和其他生活用品，“百般趋承，皆随夷人所欲”。据记载，自英法联军到达天津至其撤离的50余天里，“支应局”总计用钱“十三万有奇”②。

① 齐思和等编：《第二次鸦片战争》(三)，上海人民出版社1979年版，第331、344、348页。
② 同上书(一)，第482、508、484页。

5月26日，英法联军先头部队抵达天津的当天，谭廷襄派天津府、县往见，李泰国即提出：须由谭廷襄等“奏请大皇帝另派头品可以主持之大臣两员迅速前来共议，先派之大臣可不再见，否则仍欲进京，并即攻击郡城。两日以内听候回信”①。同时派船探测天津以北的运河水道，做出准备进犯的姿态。据谭廷襄奏报：“英夷小轮船一只行至北河王家庄即被浅阻，知难北上，渐渐退回，进京之心当已少阻。”②

28日，清廷由内阁明发上谕：“著派大学士桂良、吏部尚书花沙纳驰驿前往天津海口查办事件。”咸丰皇帝还特意交待：“天津人烟辐辏，若令其在城内见面，恐居民惶惑；海口为逆夷占踞，桂良等亦未便前往，可于离城二三十里择地相见，须陈兵防卫，不可大意。”次日，英、法、俄、美四使备文提出：清方谈判代表一定要“有全权便宜从事衔名”，“方可会议，否则仍欲进京”，水路不通，就“由陆路行走，倘有人拦阻，即行抵御”。30日，咸丰再颁上谕，同意桂良等“除非体相干各款外，其有应行便宜行事之处，即著从权办理”③。经惠亲王绵愉、怡亲王载垣、郑亲王端华与军机大臣武英殿大学士彭蕴章、文渊阁大学士柏葰、吏部右侍郎穆荫、工部左侍郎杜翰等一同推荐，咸丰于6月2日起用早先因主持和议而受到其责罚的耆英，“赏给侍郎衔”赴天津“办理夷务”，并要他在会见英、法两使时“先责其在粤何故背约兴兵，及到天津既为说合而来，不当先行开炮、闯入内河。从前所定万年和约，不料今日至于如此。耆英即原办之人，自可与之正言讲理，折其骄慢之气，然后设法羁縻，庶可尊国体而戢戎心”④。

6月2日，桂良、花沙纳赶到天津，随即派下宝书与英方约定，两天后与英国公使见面。至期，额尔金率随从分乘12顶大轿，在鼓乐前导与200余名英军护卫下来到城南三里的海光寺与桂良等相见。验看了清廷准许桂良等“便宜行事”的上谕后，见没有相应的敕书或关防，额尔金“怒立中堂云：既无钦差关防，何以议事”？桂良等“告以钦差查办事件，并非实缺，向例不颁敕书关防”⑤，英方仍表示：若清方代表不能尽快拿到敕书或关防，是否开始谈判，尚需考虑。要清方代表等候照会答复，随即不顾而去。旋因外国使节

① 《筹办夷务始末》咸丰朝卷二十三，续修四库全书本，第6页。
② 齐思和等编：《第二次鸦片战争》(三)，上海人民出版社1979年版，第350页。
③ 同上书，第349、357、359、360页。
④ 《筹办夷务始末》咸丰朝卷二十四，续修四库全书本，第1、20页。
⑤ 《筹办夷务始末》咸丰朝卷二十五，续修四库全书本，第8页；卷二十四，第19页。

以照会的形式正式提出这一问题，桂良、花沙纳只好再次奏请皇上颁给钦差大臣关防。①

天津海光寺

耆英于6月8日抵津，旋即照会通知各国使节。隔日前往拜会，英、法使节拒绝与其相见。法使照会称，须奉有便宜行事全权，方可与其相见。当天，咸丰皇帝明确宣布："耆英系原定和约之人，与桂良、花沙纳同是钦差，即日颁给关防，一体钤用。"并具体指示："应如何从权办理之处，著耆英不必拘定与桂良等会商，即亲向该夷开导，于所请各条内酌量添允数条；将江路通商及游行内地两事设法杜绝，以免决裂。"②咸丰的本意是让桂良、花沙纳与耆英在谈判中分别扮演"红脸"和"白脸"，对于各国所提要求，"著桂良、花沙纳先行拒绝，于该夷所请各事概勿轻允，然后耆英出为转圜，则该夷自当深信耆英，不致推托"，以为这样比较容易与各国达成协议。但是，耆英任两广总督兼钦差大臣期间，向皇上奏报中外交涉事务多有不尽不实之词。英法联军攻占广州时，从两广总督衙门掳获的耆英当年的密折"语多贱薄夷人"，额尔金、葛罗一直引以为恨，对于清廷任用耆英为谈判代表当然十分不满，因而拒不相见。他们给清方的照会也只列桂良、花沙纳两人的衔名，根本不承认耆英谈判代表的身份。11日，李泰国、威妥玛来清方代表住处交涉，耆英与桂良、花沙纳"共同接见，正在辩驳条约间"，威妥玛突然拿出一份"当年耆英具奏驭夷情形密折"③，当场朗读并多方加以揶揄。遭此羞辱，耆英当

① 参见齐思和等编：《第二次鸦片战争》（三），上海人民出版社1979年版，第388页。

② 同上书，第400、396页。

③ 同上书，第404、397、403页。

时只恨没有地缝可钻，自然已不再适宜作为清方代表参与谈判事宜了。次日，他让桂良、花沙纳奏请皇上准许其回京，却未等示下，即擅自由天津起程，15日行抵通州，被驻扎该地督办防务的科尔沁亲王僧格林沁扣押。咸丰盛怒之下，令将其锁拿进京，严讯治罪。尽管耆英百般狡辩，声称有"关系国家安危大局"的机密事需尽快面陈皇上，咸丰为了振饬纲纪，还是让宗人府左宗正仁寿、左宗人绵勋与刑部尚书麟魁"传旨令伊自尽"①。

额尔金与桂良等见面后，即将谈判事务交由他的弟弟使团公务秘书普鲁斯(Frederick William Adolphus Bruce，1814—1867)负责，实际上基本由翻译威妥玛和李泰国出面交涉。此后，直至中英正式签约额尔金才再次出场。

威妥玛(Thomas Francis Wade，1818—1895)，早年就读于英国剑桥大学，1841年作为英军的一员随部来华参加了第一次鸦片战争，战后留华先后担任英国香港殖民当局翻译、驻华商务监督署汉文副使、驻上海副领事。1854年英、法、美三国控制上海海关后，被委任为首任英籍税务司，次年改任英国驻华使馆汉文正使。1858年被额尔金选为翻译，参与中英谈判签约活动。1861年任英国驻华使馆参赞，10年后升任驻华公使。在中国生活了40余年，并成为著名的汉学家。

威妥玛

李泰国(Horatia Nelson Lay，1833—1898)，英国人。其父为英驻广州第一任领事，10岁时将他带来中国，逐步把他培养成了名副其实的"中国通"。先后担任过英国驻广州、香港和上海等领事机构的翻译、秘书、代理副领事等职。1855年6月，年仅23岁的李泰国接替威妥玛担任江海关关税管理委员会的英方税务司后，利用职务之便广为联络江苏地方高级官员，在中外交涉中发挥了重要作用。第二次鸦片战争期间，额尔金率舰抵沪，很快发现了他的才干，十分欣赏，遂让

① 《筹办夷务始末》咸丰朝卷二十六，续修四库全书本，第3页；卷二十七，第30页。

他随英国使团一同北上，参与议和谈判。李泰国凭借其精通汉语、熟悉民情等优越条件，在谈判中极尽威逼之能事，发挥了其他人所不可比拟的重要作用。

交涉过程中，英方代表挟英法联军战胜之威，态度十分骄横，动不动就以中止谈判、任由英法联军北犯京城相恫吓。李泰国更是盛气凌人，“往来公所，咆哮要挟”①，简直“视宰相为儿戏”②。清方代表经常受其侮辱，桂良等多次在奏折中提到李泰国“语言狂悖，极为可恶”③。俄国人甚至具体描述道：清方代表每“当额尔金的代表走近时，就陷入一种极端委曲的状态中；桂良已经完全沮丧，而花沙纳显然从烈酒中寻找安慰”④。

桂良、花沙纳到天津时，英法联军已经“围逼城下南、北、东三面，枪炮迅利，兵勇莫当”，清方几乎没有什么防务可言，当时还有传言说英、法正在续调兵船北上，“揣度情形，实属万分危迫”；再加上天津“密迩京畿”，“土匪均思蠢动”⑤，一旦和谈破裂，英法联军随时可以占领天津，京师岌岌可危，天下为之震动，他们也必将因此而遭到重谴，轻则丢了乌纱帽，重则丢了脑袋。严酷的现实使他们在谈判中不敢有一点儿强硬的表示，只能在英国代表的威逼下苦苦支撑、步步退让。

6 月 6 日，中英正式谈判一开始，李泰国即强硬地表示：“必须允其进京驻扎，方能在津议事，否则仍直带兵入都。”虽经清方代表“开导再三”，仍“志在必行，万难转圜”。桂良等感到“允则变迟而患轻，不允则祸速而患重。只好于万不得已之中，思避重就轻之法”，让卞宝书向英方表示：可以考虑“俟议定之后，各舡起碇回国，再行进京，随带不准多人”。既然英方将公使驻京作为议和的先决条件，咸丰皇帝觉得也只能先虚意应承，要桂良等“告以速将各条定议妥协，并将兵船退至拦江沙外，然后再议进京之事”。但又提出“此次应行礼节亦须彼此商定，按照中国礼节”，即欲以行跪拜礼让外国使节知难而退；同时认为“进京之请皆俄夷从中播弄，英、佛(法)、米(美)皆重利，从前并无此说”，希望能借助于耆英“消弭进京之请，则更稳妥”⑥。

---

①③ 《筹办夷务始末》咸丰朝卷二十六，续修四库全书本，第 12 页。

② 苏州博物馆、江苏师院历史系、南京大学历史系编：《何桂清等书札》，江苏人民出版社 1981 年版，第 71 页。

④ 丁名楠等：《帝国主义侵华史》第一卷，人民出版社 1961 年版，第 143—144 页。

⑤ 齐思和等编：《第二次鸦片战争》(三)，上海人民出版社 1979 年版，第 369 页。

⑥ 同上书，第 369、375 页。

随后，英、法等国谈判代表陆续开出了全部条件。面对强横的各国代表，桂良、花沙纳一开始就意识到，战败之后的和谈，清方不作出较大的让步是很难达成协议的。为了尽量少承担一些责任，他们希望皇上也能有此认识，主动作出让步的表示。6月9日，桂良等奏称：英方所提长江通商、内地游历等条款"事关重大，万不以允行；即专准在镇江、汉口设立马头，亦甚有碍"，他们已"正言拒绝，据理驳斥"。但"体察该夷动静，似允此则尚能听命，不允即为所欲为，情极可恶"，请求皇上"密为指示，迅予定夺"。不料，咸丰的态度却并无根本的变化，依然不知深浅地表示："此事若经允许，遗害无穷，万无准理；即进京一节，亦总宜设法消弭。"桂良等只好于12日明白地告诉皇上：日前李泰国与威妥玛前来催取照会，扬言"如本日不给伊带回，即带兵直入京师"。鉴于"现在津郡兵民两不足恃"，且"京畿密迩，迥与他处不同"，"与其目前溃败不可收拾，不如姑为羁縻徐图补救"；他们已"将大概条款暂为允诺：所有内地通商、游历各省两节，允于军务完竣后酌办；兵费一节，推交广东办理；进京一节，约俟缓期再议；他如不禁传教、会缉海盗、酌改文书、商量税则，俱已允其大概"。并解释说：英法联军攻占广州后，"叶名琛所存夷务旧档皆为英夷搜去，向来办法彼尽窥破"①，他们实在拿不出什么好办法来应付外国人了。

英方的侵略要求不但严重危害到中国的经济利益，而且有损于清政权"天朝上国"的颜面，不利于清王朝的专制统治，咸丰作为一国君自然难以容忍。现在桂良等居然未经其同意就原则上表示全部接受了，他当然非常不高兴了，立即明确指示桂良等"惟当将添口、减税各条与之以利"，责问他们："若必事事皆准，何用大臣会议耶?"愤懑之情溢于言表。又以中俄已签订《瑷珲条约》，要他们借以促使俄使向英、法两使讲理，"杜其不情之请"，甚至要他们借俄使之口以清方可能会中止谈判威胁英、法。普提雅廷虽然嘴上说要知恩图报，并行文桂良等称"将进京、内江两事已代说明"，但"询之英夷，乃云并无其事"。再请其出面，则以英人"性情反复，言而无信，此后竟难为力"相推托②。

这道上谕让桂良等感到了很大的精神压力，随于16日解释道：他们"通筹全局，早夜斟酌，觉决裂之贻患至重，而姑允之为祸较轻，故至万不得已，

① 齐思和等编：《第二次鸦片战争》(三)，上海人民出版社1979年版，第389、396、402页。

② 参见同上书，第407—408、428页。

始将大概情形给与照会，令其不致决裂。盖必使该夷能听我反复辩论，然后得以尽言，非一允即不能稍为挽回者也”。意思是说，若不按英方要求给予照会，英方代表就不会给他们说话的机会。进而恳切地表示：“明知和局既成，将来必有从而议其后者，敢计及此而遂不顾大局耶？”自觉“负疚深重”，也只好待事后请皇上将我们“从重治罪”了。咸丰这才多少体会到了他们的处境之艰难，以比较和缓的口气说：通过这几天的交涉，“如有转机固好，倘必无挽回之术，亦只可就桂良等所议办理，不至目前决裂”①。

其实，英、法等国代表并没有给桂良等留下多少可以讨价还价的余地。他们于19日再次向朝廷汇报：“稍顺则堕其术中，过却又不能就范，驾驭之难，几已无术不施，惟择其患稍远者而姑允之，以为退兵之计”；因太平天国尚占据着长江中下游地区，内地通商、游历“至速亦在二三年后，欲为目前退兵起见；均属急不暇择”；惟英方又提出要进京回来后“始退兵船”，并“欲我准其长远驻京，有事乃可随请随奏”，几经交涉，现英方已同意“目前权且不往，先委数员看定寓所，中国代为租赁，俟彼此互换条约之后，始由该国简派钦差前来，约计总在一年以外，每来不过二三十人，一切费用均由该夷自备，全与中国无干”，但又要“于天津租赁房屋一所与官员、学生居住”。他们认为能够有这样的结果已经很不容易了，一则，“夷情反复无常，久则更恐别生枝节”；二则，“倘能善为羁縻，即有数十夷人在京，尚易防范”；三则，英方已答应“暂将兵船退却，使我稍舒一步，再图设法布置，亦尚有措手之时”②，希望皇上能够允准。

眼见得英人驻京已难阻止，昧于近代外交常识的咸丰皇帝居然提出：“若必欲驻京，则俄夷成例具在，但能派学生留驻，不能有钦差名目，须改中国衣冠，听中国约束，专令学习技艺，不得与闻公事”；同时强调：“天津海口断不可许其往来，将来定议进京，亦止能自上海起，由内地北来，由中国派官护送，一切供应俱由中国办理，不必令其自备资斧”。甚至对其他条款亦仍不死心，要桂良等向英方声明：镇江“连年皆遭战火”，不但货物难以销售，且易于引起口舌之争；“中国地广人多”，外国人至内地游历，“倘与民人口角斗殴或迷失伤亡”③，不能要清政府负责，希冀会有英方知难而退的奇迹出现。

① 齐思和等编：《第二次鸦片战争》(三)，上海人民出版社1979年版，第412、413、416页。

② 同上书，第416—417页。

③ 同上书，第420页。

清政府在战败之后被迫求和，却遭到了一部分官僚士大夫的强烈反对。6 月 10 日，御史尹耕云"率同官二十七人请战，与怡亲王力争于朝房"[①]。此后，一批官员连上封章，力主再战，反对议和。

大理寺少卿殷兆镛斥责主持朝政的"无识庸臣但求速和了事，国家苟安一日，彼即为一日之亲王、宰相，而社稷隐忧不遑复顾"；恳请皇上"博采谠论，力黜邪谋，早决大计，转危为安"。他进而指出："近日天津人民争斗之事，该夷亦避其锋。盐枭、海盗有欲焚抢夷船者，有跪求钦差、总督愿纠众打仗者，钦差、总督不许，故未敢擅动耳。"只要敢于利用民众的力量，以清军"扼之于前，各路乡勇蹑之于后"[②]，是完全有可能赢得这场反侵略战争的。宗人府府丞钱宝青建议立即罢斥桂良等，"不准再与夷人辩议，从前所给准行照会概置不论，天津及各属绅民杀夷夺船者，不复再为禁止，应剿应抚，悉归僧格林沁督办"[③]。工部尚书许乃普、翰林院侍讲学士潘祖荫等主张号召地方士绅广办团练，借以克敌制胜。兵部左侍郎王茂荫甚至说："战而胜固善，即战不胜，退之城外亦可以守。"[④]这些主战派的言论虽然慷慨激昂，却多流于空疏纡阔，并未提出战胜英法联军的切实办法。当时的清政府既不可能真正地相信民众、依靠民众来争取反侵略战争的胜利，也不可能在京城失守之后仍长期坚持抵抗侵略者。

英、法开列的议和条款传出后，很快在清朝统治阶级内部引起了一片反对的声浪。恭亲王奕䜣声称：内地通商将极大地危害清王朝的经济利益，一旦轻许，则将使"精华悉饱犬羊，噬脐之悔，其何及矣"[⑤]！对于公使驻京一条，反对者尤众。当时，京城"市井闲谈、士大夫清议，无不以夷人驻京为宗社安危所系"。翰林院编修许寿彭倡言："豢豺狼于卧榻，投骨鲠于咽喉，虽有智者，难善其后。"内阁侍读学士段晴川疾呼："辇毂重地，何容此附骨之疽?"吏部尚书周祖培等 24 人联名上奏，指出公使驻京有八害："凡有举动，纤悉必知"，其害一也；"宫禁重地"，"尽为俯瞰"，其害二也；"迁徙衙署，拆毁民居"，其害三也；皇帝临幸，亦难逃其耳目，其害四也；京师首善之区，若遭天主教蛊诱，"则衣冠礼乐之族夷于禽兽"，其害五也；奸猾之徒，"皆恃为逋

① 齐思和等编：《第二次鸦片战争》(二)，上海人民出版社 1979 年版，第 115 页。

② 夏燮：《中西纪事》卷二十二，(台北)文海出版社影印本，第 11、14 页。

③ 《筹办夷务始末》咸丰朝卷二十六，续修四库全书本，第 15、17 页。

④ 王茂荫：《王侍郎奏议》，黄山书社 1991 年版，第 148 页。

⑤ 《筹办夷务始末》咸丰朝卷二十六，续修四库全书本，第 11 页。

逃渊薮”，其害六也；“包揽商税”，“门禁尽废”，其害七也；朝鲜、琉球等属国“若见该夷之桀骜倨侮，必皆有轻视天朝之意”，其害八也。[①]这些言之凿凿的公使驻京之害，半出于主观臆测，半出于望风捕影，反映了这一时期清朝士大夫与西方世界的隔膜、对近代外交的无知，今天看来均属于无稽之谈，在当时却形成了一股强大的舆论压力，不断地影响着咸丰皇帝的态度。

英方谈判代表不断催促清方尽快定议，桂良等明知清廷意见与英方要求相差悬远，既不敢对英方要求表示拒绝，却又实在没有办法让英方稍有收敛，只好不断恳请朝廷作出退让。6 月 23 日，因“英夷昨来照会，谓我徒事迁延，若再无定，惟有带兵北窜”，桂良等深感“事机万分危迫”，万般无奈之下，只好摊出底牌，直接就战、和问题请示皇上：倘若英、法“必欲照伊定议”，到底是应该“姑为允准，以顾目前”，还是表示“不能议定，即行飞咨僧格林沁带兵前赴天津办理”，希望尽快予以明确指示。

咸丰明知一旦与英、法决裂，大局即不可收拾，但受主战派意见影响，态度还是有了较大的变化。他先针对英方“徒事迁延”的指责说：我不是已经答应英人不以钦差名目留驻京师了吗，“该夷得此体面，何至谓我徒事耽延”？接着谕令桂良等：“倘该夷定欲派钦差来京建楼久住，当告以此事断难允准，我等若擅自允许，大皇帝必将我等从重治罪，所许各条亦只好均归罢议”；并让他们通知俄、美“将内河船只及早退出，免致打仗时误受损伤”，借以制造声势。其主要目的，还是想以坚持公使驻京要求势必导致谈判决裂来吓唬使英、法，希望他们会因“顾惜桂良等所许利益已属不少”，转托俄、美出面说合，庶可挽回公使驻京一条；却又不能不强撑着面子，外强中干地表示：英、法“若竟用武，只可与之决战”。同时谕令僧格林沁“速即妥筹准备”；要谭廷襄“饬令带兵将弁严密布置天津迤北，毋令该夷窜逸”，“激励绅民急筹攻战之策”；稍后还提及“如其事机决裂，桂良等即当设法抽身，万不可轻蹈虎口，致伤国体”。但是，他又叮嘱谭廷襄“不可先行举动，当静以待之”[②]。就是说，只要英法联军不先动手，清军仍不能抢先发起进攻。

6 月 25 日，李泰国将英方草拟的条约稿本连同中文译稿一并送交清方代表，逼迫其全盘接受，“非特无可商量，即一字亦不令更易”[③]。桂良等派

① 参见《筹办夷务始末》咸丰朝卷二十六，续修四库全书本，第 17、20、18、13—14 页。
② 齐思和等编：《第二次鸦片战争》(三)，上海人民出版社 1979 年版，第 431、432、433、436 页。
③ 同上书，第 434—435 页。

人将普提雅廷和列卫廉请至清方代表下榻之处，当面告知：刚刚接到皇上谕旨，拒绝接受公使驻京、内江通商两款，若擅自在条约上签字，必将被处以死刑。乞求他们再为出面斡旋。

普提雅廷出于俄国的利益，非常担心“一旦清政府同意满足额尔金的苛求，中国就会像印度一样瓦解成一些小公国，落到英国的手里”①。他与列卫廉再三商量，觉得不便由他们直接出面，决定请葛罗去劝说额尔金。一方面，法国谈判代表此前已同意不再坚持公使驻京的要求；另一方面，葛罗也觉得英方索取太多，担心清廷“只有决心不履行已承担的义务时才会对这些要求让步”，于是便按照普提雅廷和列卫廉的意见，询问额尔金是否可以撤销公使驻京、内江通商两款，劝他“还是不要用过分的要求来损害自己不错的地位为好”②。

额尔金拒不采纳葛罗的意见，坚持不愿改变其对华强硬态度。26日上午，他一面备函通知西马縻各厘必要时给予武力支持，一面令普鲁斯随同李泰国一道去威胁清方代表。当天下午3点，普鲁斯、李泰国来到桂良等寓所，“告诉他们：他们想通过第三者来同我们打交道的企图，使得我愤怒到无法形容的地步。我准备立刻照条约原样不动签字，假若他们拖延或是食言，我将认为谈判至此终结，上北京去，并要求更多一些”③。桂良等实在顶不住如此巨大的压力，他们不敢想象如果任令英法联军占领天津、进犯北京将会出现什么样的后果，只得无可奈何地表示：“本约今日定议，并无不依”，并约定当晚6点钟在海光寺举行签约仪式。届时，额尔金“用轿三十乘，带兵五六百名，各持枪刀，铠甲一色，夷官亦数十人，鼓乐同来，竟将寺内占满”④，桂良、花沙纳与额尔金分别代表两国政府在中英《天津条约》上盖印画押。翌日，桂良、花沙纳与葛罗分别代表两国政府在中法《天津条约》上盖印画押。

桂良等心里十分清楚，咸丰皇帝对于他们所签订的条约一定会非常不满的，为了防止清廷单方面悔约，同时也是为了替自己辩护，在与英使签约的当天即奏称：“恐夷情一变，津郡立非我有，从此北窜，深为可虑”；他们之“所以情甘认罪，而忍为此者，非丧心昧良，实不得不尔也”。甚至异想天开地提出：“此时英、佛（法）两国和约，万不可作为真凭实据，不过假此数纸，暂

①② 齐思和等编：《第二次鸦片战争》（六），上海人民出版社1979年版，第491、168页。

③ 同上书，第169—170页。

④ 《筹办夷务始末》咸丰朝卷二十七，续修四库全书本，第4页。

签订《天津条约》

且退却海口兵船，将来倘欲背盟弃好，只须将奴才等治以办理不善之罪，即可作为废纸。”次日，再次上折驳斥主战派的意见，提出了五不可战：“该夷枪炮迅利，前见夷兵在津扒城，其疾如梭，若抵都门，祸恐难测，此战之不可者一也”；“天津民情汹汹”，“再有数日不和，必将内变”，周边府县土匪、盐枭“观衅而动”，都中“讹言四起”，“此战之不可者二也”；“直隶库款支绌”，兵勇见敌即溃，“火药有限，炮械无存”，天津以北“无险可扼，此战之不可者三也”；“国家内匪未净，外患再起，证调既难，军饷不易，此战之不可者四也”；和议达成即可开关收税，战必闭关停市，“南军待哺嗷嗷，无从筹画，此战之不可者五也”，所以“只得于两弊相形之中，聊为避重就轻之法”。接着就一些主要条款逐一解释其危害并不像想象的那么严重，比如：“夷人之欲驻京，一欲夸耀外国，一欲就近奏事，并非有深谋诡计于其间也。观其不敢加害叶名琛，知有畏忌天朝之意；观其仍肯交还广东，即时退出海口，知无占踞地方之心”；“且彼必欲挈眷，是仿古人为质者，防范倘严，拘束甚易”。甚至天真地以为“夷人最怕花钱，任其自备资斧，又畏风尘，驻之无益，必将自去”①。这些说辞无非是尽可能地宽慰皇上，让他不要过于担心。

一直痛惜丧失权利太多的咸丰皇帝仍不死心，又于6月28日提出了三条意见：一是像中美条约一样写明，英、法使节进京“每年不得逾一次，到京不得耽延，或由陆路，或由海路，不得驾驶兵船进天津海口，小事不得援引轻

---

① 齐思和等编：《第二次鸦片战争》(三)，上海人民出版社1979年版，第434、437—439页。

请，从人不得过二十名，上京时先行知照礼部，公馆自由中国预备"；二是镇江通商须"俟长江一律肃清，各路军务告竣，再行定议"；三是英方要求开放天津，已经桂良等商改为牛庄，希望能再改为登州，且"只准货船来往，不得于岸上建立夷楼，不得携带器械、驾坐兵船"。让桂良等再与相商，"该夷原约既不肯更改，即作为中国所添条款与之更约"。还说什么"彼所要请，我已准至数十条，我国所定不过三条，岂能拒绝"？隔日，桂良等奏称：英、法"条约已定，业经画押，盖用关防，若又向商量"，恐"该夷反复性成，必至另生枝节"①，是以没敢向他们提出来。咸丰也只好算了。

中英《天津条约》56款、附约1款，中法《天津条约》42款、附约6款，主要内容包括：

1. 准许外国公使在北京"或长行居住，或随时往来"，以平行礼仪与清政府外交往来。

2. 增开牛庄（后改营口）、登州（后改烟台）、台湾（后定于台南）、淡水、潮州（后改汕头）、琼州、汉口、九江、南京、镇江为通商口岸。

3. 允许外籍传教士进入内地自由传教。

4. 允许外国人前往内地游历、通商。

5. 外国兵船、商船可以自由驶入长江和各通商口岸。

6. 修改税则，减轻商船吨税。

7. 对英赔款400万两白银，其中军费200万两，商亏200万两；对法赔款200万两。赔款交清后，英、法归还广州。

8. 此后中英条约均以英文为准，中法条约均以法文为准。

9. 一年之内，在北京互换条约批准书。②

还在中英、中法签约之先，普提雅廷、列卫廉即以"调停"有功，诱迫桂良、花沙纳分别于6月13日和18日签订中俄、中美《天津条约》，除赔款之外，取得了与英、法同样的侵华特权。中俄条约另行放宽了对陆路各口贸易的限制，并规定："中国与俄国将从前未经定明边界，由两国派出信任大员秉公查勘，务将边界清理，补入此项和约之内"③，这就为此后俄国以"勘界"的

① 齐思和等编：《第二次鸦片战争》（三），上海人民出版社1979年版，第447、448、451页。
② 王铁崖：《中外旧约章汇编》第1册，生活·读书·新知三联书店1957年版，第96—112页。
③ 同上书，第87、88页。

方式强占我国大片领土埋下了伏笔。

普提雅廷为了扩大俄国对清政府的影响，让俄国在华取得超过英、法的地位，主动提出要予清政府以军事援助。他在天津谈判过程中，一面以调解中英、中法矛盾取悦于清政府，一面代表俄国政府表示愿意赠送清政府"火枪一万杆、各项炮位五十尊，送至大沽海口"，同时选"派修造炮台并教兵技艺及看视金银矿苗各官士员前来中国，代为制备一切"①。为此，俄国外交部专门拨出 50 万卢布作为特别款项，"用于装备中国军队"②。咸丰皇帝明知其没安什么好心，又想维护"天朝上国"的颜面，起初加以拒绝，后经普提雅廷再三请求，同时出于请他斡旋中英、中法谈判的需要，不便过于峻拒，只好让桂良等告诉他：俄国的武器"送来之时，必当收受，将来亦必以礼相酬"；至于"其欲令人来教导技艺、踩看矿苗，均著婉言回复，勿许为要"。但普提雅廷硬是要"为中华出力"，说是若担心俄人来华会别有所图，哪怕只派 5 个人来也行。咸丰终于不得不勉强同意"准其酌派数人前来教演枪炮，修筑炮台"③。

中英、中法《天津条约》签订后，英、法谈判代表又数次询问桂良等皇上是否已经批复，批语是什么。桂良等回答说咸丰已作了"览奏均悉"的朱批。额尔金、葛罗马上提出：皇上的此类朱批历来是"依议"或"均照所议办理"，此次为何不同？桂良等解释道："将来进京复命，呈进盖印画押正本条约，当系如此批法，俟奉到朱批后，再行备文由上海知照。"④额尔金蛮横地宣称："现今皇帝陛下应以自己的名义对所有的义务表示恪守，没有这样的保证，本人无法离开天津，而迟迟得不到保证又会使他除派大军前来天津外别无选择，这支大军已自香港到来，现正在北直隶湾"⑤。英、法公使随即以照会的形式正式提出了此项要求。咸丰只得于 7 月 3 日谕示桂良等："所有该大臣等前奏俄、米（美）两国条约，并本日所奏英、佛（法）两国条约，朕均批'依议'二字"，"著即将此旨宣示各国"⑥。看到这份上谕，额尔金、葛罗才心满意足地令英法联军陆续撤离天津。

---

①④⑥　齐思和等编：《第二次鸦片战争》（三），上海人民出版社 1979 年版，第 418、454、458 页。
②　《近代史资料》1978 年第 1 期，第 38 页。
③　齐思和等编：《第二次鸦片战争》（三），上海人民出版社 1979 年版，第 421、452 页。
⑤　同上书（六），第 171 页。

悔约企图不了了之

中英《天津条约》第二十六款规定：双方将紧接着在上海举行修订海关税则的谈判。根据片面最惠国待遇，法国也享有同样的权利。额尔金于7月1日派李泰国向清方提出：修订海关税则"可否即派前上海道现升任江苏按察使薛焕，或请钦派江苏巡抚赵德辙督同臬司查办"①。但别有用心的咸丰皇帝却于7月15日谕令桂良、花沙纳与户部左侍郎基溥、武备院卿明善"驰驿前往江苏，会同何桂清妥议通商税则事宜"，要何桂清"宣示该夷，俾静候钦差"，并郑重告诫他："此次商定税则系夷务一大转关，何桂清务须倍加慎密，不但严缉暗递消息之汉奸为要，即京员或有信函，尤不可稍为摇惑，议论多而实际少，惟静候内定办法，方能于大局有益也。"②后因基溥患病不能赴沪，清廷又于8月7日改派五品卿衔刑部员外郎段承实"前往上海，帮同桂良等查办税则事宜"③。

咸丰皇帝本来是不愿接受公使驻京等条款的，桂良等未经其批准即签订了《天津条约》后，他虽然被迫颁布了"依议"的上谕，却一直如鲠在喉，千方百计要推翻这一成议。他以为上海的修订税则谈判是一个极好的时机，企望通过外交途径达到悔约的目的，派桂良等赴沪就是因为《天津条约》是他们签订的，现在仍希望通过他们达到废弃这一条约的目的。咸丰事先想好了一个方策，于桂良等陛辞时面授机宜：要他们在谈判时首先宣布皇上已恩准各国来华贸易"全免税课"，然后提出以废除《天津条约》作为交换条件，"该夷获利无穷，无须再赴天津伸诉冤抑，所许各项自可全行罢议"，并将其视为解决中外矛盾的"一劳永逸之计"。而其中的重中之重则是取消公使驻京的条款，咸丰君臣均称之为"第一最要之事"。办理成功，中外关系即可以恢复到第二次鸦片战争前五口通商的老格局，是以咸丰才将此次修订海关税则谈判称为"夷务一大转关"。考虑到进出口货物全部免税后，镇压太平天国等起义的军费将更难筹措，何桂清等地方军政大员势必会竭力反对，所以他告诫何桂清勿为他人议论所"摇惑"，只需按照桂良等传达的"内定办法"办理。不了解内情的何桂清做梦也想不到咸丰居然要废弃刚刚签订的

①② 齐思和等编：《第二次鸦片战争》(三)，上海人民出版社1979年版，第465、469页。

③ 《筹办夷务始末》咸丰朝卷二十九，续修四库全书本，第29—30页。

《天津条约》，皇上的告诫弄得他一头雾水，虽与江苏巡抚赵德辙、江苏布政使王有龄再三会商，也弄不清皇上的命意所在，只是提出“止准将外夷货物贩至各口、各口货物贩至外夷，不准将内地货物即在内地各口往来运销，则小民衣食有资，大局尚可维持”①。这离咸丰的要求差得太远了。9 月 12 日，咸丰估计明善等已到江苏，应将他的意见转告了地方大吏，又谕令何桂清：“所有夷务，自应遵照内定办法，未可擅出已见。倘于地方有窒碍之处，不妨与桂良等悉必筹议，稍加变通，大致不可更改。不得以现议办法恐致军饷短绌为辞。”②

咸丰皇帝以“全免税课”来换取废除《天津条约》的打算是极其荒谬的。“全免税课”使西方国家在对华贸易中获取最大利润，将进一步刺激他们经济掠夺的欲望，必欲使中国完全沦为其商品倾销地而不止，中国将日益沉沦于民穷财尽之境地而无以自拔，其危害远甚于《天津条约》，诚如著名历史学家孟森所言：“若使当时桂良遵旨请求，进口货且不能收税，洋人重利，其于驻使一层必可暂缓，留作后图。而洋货之灌输，海关之不必设，中国又成何世界？此皆一回首而令人挢舌者。”③而西方国家的侵华权益都是通过武力和欺诈取得的，即使他们因“全免税课”而暂放弃了《天津条约》，只要清王朝的外交体制没有改变，他们很快就会以中外之间的任何纠纷为借口挑起战争，迫使清政府签订类似于《天津条约》的另一份条约，取得《天津条约》中的所有侵华权益。清朝统治阶级出于传统的对外观念，认为外国公使“监守”京师，不仅使清王朝威仪尽失，体制无存，而且辇毂之下“动受挟制”，“萧墙祸伏”，“更可寒心”，因而将取缔公使驻京条款视为“第一最要之事”，充分地反映了他们死抱住“天朝上国”体制不放的愚昧心态。殊不知咸丰如此盘算不但有害无益，而且是不可能实现的，只是给当时的中外关系增加了一些波折，使英、法两国加强了对清廷的敌视情绪和戒备心理。

额尔金、列卫廉、葛罗离开天津后，于 7 月 12 日、14 日、20 日先后直抵上海，准备会谈修订海关税则事宜。因迟迟不见清方有任何动静，额尔金通过薛焕递交致桂良等照会称：抵沪已 10 日，未闻赵德辙、薛焕“奉得应须之权”，认为清方在故意“耽延时日”，表示要“复行北上”。何桂清即照会英、

① 齐思和等编：《第二次鸦片战争》(三)，上海人民出版社 1979 年版，第 523、517、481 页。
② 《筹办夷务始末》咸丰朝卷三十，续修四库全书本，第 28 页。
③ 齐思和等编：《第二次鸦片战争》(二)，上海人民出版社 1979 年版，第 146 页。

法、美三使，说清廷已派桂良等前来修订海关税则，让他们在沪等候。额尔金以桂良等由陆路抵沪还需要一段时间，留下威妥玛在沪照应一切，自己"暂往日本"一行。何桂清遂让薛焕"督同委员，会同各夷领事，先将零星细款，分晰进口、出口，比较旧例，逐条查议，汇造草册"，以待桂良等抵沪后"综核大纲，与各夷会商定议"①。

尽管何桂清一再上奏催请，明善、段承实还是迟至 8 月 19 日才由京起程，桂良、花沙纳更是耽搁到 8 月 27 日才动身。法、美两使久候清方代表不至，"忽欲仍赴天津，忽欲暂行回国"。额尔金 9 月 2 日回到上海，与葛罗、列卫廉商量后，"即欲起碇回国，而不言其所以，亦无何时再来会议之语"。经薛焕苦苦挽留，额尔金勉强答应在沪等候，葛罗、列卫廉"均欲暂赴香港"，"应允八月内(农历八月三十日为公历 10 月 6 日)准回上海"。何桂清只得再次奏请皇上"敕下桂良等星夜兼程行走"。随后，额尔金一连向何桂清递交了两份照会，一份是表示若桂良等不能于八月底以前抵沪，他即"不难再上津河"②；另一份是因为清廷 7 月 24 日明发上谕中有"此次夷船闯入天津"一语③，仍称英、法两国为"夷"，违背了中英《天津条约》第五十一款"嗣后各式公文，无论京外，内叙大英国官民，自不得提书夷字"的规定④，表示抗议。

9 月 20 日，明善、段承实行抵常州。⑤何桂清接到他们带来的"朱封"谕旨，才总算知道了咸丰的"内定办法"，顿觉此事非同小可，立即对"全免税课"提出了异议。明善等感到他说得很有道理，于是在奏折中提及："其全免入口税课一节，亦不敢早为吐露，总看将来开导之后该夷光景若何，再为宣布皇仁，俾知感激。若仅能消弭一二要件，或可不须免税，岂不计出万全。设夷性犬羊，坚执不允，再从税务作为转圜，又多一层办法。"他称"不日桂良、花沙纳到后，谅必能同此识见也"。25 日桂良、花沙纳抵常州，果然也被何桂清说服，随与何桂清会衔奏称："设关抽税"的一个重要目的是"借以稽查"外国商人，若"全免税课"，必将"听其自便，则利柄尽属该夷，奸宄且有不可胜道者"，所以"拟请将加惠该夷之恩旨暂缓宣布"；"内江添设马(码)头，

---

① 齐思和等编：《第二次鸦片战争》(三)，上海人民出版社 1979 年版，第 472、480、483 页。

② 同上书，第 493、494、496 页。

③ 参见《筹办夷务始末》咸丰朝卷二十九，续修四库全书本，第 14 页。

④ 参见《筹办夷务始末》咸丰朝卷二十八，续修四库全书本，第 15 页。

⑤ 两江总督原驻扎南京，此时因南京被太平天国占为都城而改驻常州。

若与辩论，徒滋口舌，惟有不准其将内地货物即在内地贸迁，则无利可图，或者其念可以渐息”；赔款则是“以彼之税偿彼之费，于我似无大损”；仅“第一最要之事”应“秉承圣训”，“谨遵酌办”。何桂清又单上奏，一则曰：《天津条约》既已签订，“惟有就会议税则为补偏救弊之计，似未可顿改前约，以致借口失信，另起波澜”；二则曰：设关征税乃国家要政，事关中外贸易的全局，若全部免税，则“胥天下之利柄尽归于该夷，而我民穷财尽矣”；三则曰：“税出于商，与夷酋无涉，若免其出入口税课，夷商固属乐从，夷酋仍不知感也”；四则曰：清方若提出废弃条约，英、法“转以钦差大臣所定条约既不足凭，更坚其请觐之念，另起衅端，所关实非浅鲜”。总之，“全免税课”实不可行，他们只能“另筹转圜之法”，尽力挽回公使驻京的条款。①

何桂清等所陈述的不能“全免税课”的理由在当时已是很有见地的了，而他与桂良等将公使驻京列为最先挽回之事，固然是因为不敢拂逆皇上，同样也表现了对近代外交的无知；所谓以禁止外国人在内地贸迁货物来“渐息”其内江通商之念，也是根本不可能的，多少有一些糊弄、搪塞皇上的意味。

然而，咸丰皇帝并未接受他们的意见，仍坚持要他们以免税换取英、法答应废除《天津条约》。接到明善等奏折时，即批评他们“所拟办法即使该夷目前应允，日后必来饶舌，终无了局”。随即在桂良、花沙纳与何桂清会衔的奏折上批示道：“卿等陛辞时，朕谕卿等为一劳永逸之计”，就是要你们以“全免税课”来一揽子废除《天津条约》的；“若逐款与较”就给外国人以讨价还价的机会，他们当然会“哓渎不休”；“此时初入手即作此下策，徒令该夷气骄意得”，“何其见不能定，心总易摇”？你们的做法让我十分担心，“恐其一浪未息，一浪又兴，后此作何了局”？严厉告诫桂良等“断不可于初定办法之外另筹省事之法，破除情面，勿恤人言，方不致自干咎戾，无俾大局”。又指责何桂清“身任地方，为国家惜此帑金，是以不肯遽免夷税，然所筹究为目前起见，并非一劳永逸之计”；而按照他提出的办法，废除《天津条约》后“止能五口通商，一切干求悉归罢议，该夷又何能尽收利柄”？质问何桂清“若但挽回一二件，其余仍须另议税则，岂能保其事事允从耶”？甚至怀疑何桂清属下官员“虑及免税后无可沾润，因而设词淆惑，亦事所必有”，要他“力持定见，勿恤人言”。其后甚至说：“桂良等前在天津滥允该夷要求，至有今日补救之

① 参见齐思和等编：《第二次鸦片战争》（三），上海人民出版社 1979 年版，第 513—514、517—518、520—521、522 页。

王有龄画像

事，若再苟且了事，不为一劳永逸之计，日后夷患叠起，即将桂良等从重治罪，于国事何补？”①

桂良、花沙纳于9月28日至苏州，与在此等候的明善、段承实会齐，一同于10月4日抵达上海，何桂清与江苏布政使王有龄分别于5日、6日赶到。

一方面，清方谈判代表一再拖延、姗姗来迟，竟让各国使节等候了两个多月，额尔金等早已愤懑已极；另一方面，清政府派出这么高规格的谈判代表，也让他们顿生疑虑，深知事情决不仅止于修订海关税则那么简单。额尔金决定先挫挫清方代表的锐气，广东官绅的所作所为恰好为其提供了口实。

咸丰皇帝一直对借助广东团练的力量收复广州城抱有幻想。天津议和期间，他一再谕令两广总督黄宗汉“勿阻民团义愤，而官为转圜，使夷人畏民感官，方可措手”；条约签订后，仍要求他，“如团练力可制胜，万全无失，则听其进攻，不必阻遏”，“倘胜负尚未可知，则不可轻于一试，设有疏失，转令夷人窥破，从此用民剿夷之说亦不足慑伏夷人”。广东官绅明知欲自行收复广州实在是力有未逮，却不便向皇上揭破，只能袭击分散活动的英法士兵聊以塞责，是以当地中外纠纷不断。离开天津前，葛罗于7月6日照会桂良等，指责黄宗汉“在广东省垣内外出示凌辱驻扎省城英、法两国兵丁，所提之事全属谎语，所出之言深系凶横，又有邀省垣内外百姓‘执戈剿灭番兵’之语。告示张贴之后，该处民人一遇独行外国兵丁即时毙命，肆无忌惮，此等凶事于贵国实无体面”，要求设法予以制止，“自今以往，若复仍此故辙，惟在酿成事端之人自肩其咎”②。次日，额尔金约见清方代表，当面提出“广东之事”，桂良等“诿为不知”，额尔金强硬地要他们“回京时奏明大皇帝，如伊在粤吃亏，仍须带兵来津”③。桂良一行抵沪时，额尔金恰好得到了两广总督黄宗

① 齐思和等编：《第二次鸦片战争》(三)，上海人民出版社1979年版，第523、518、526、540页。
② 同上书，第459、460、461页。
③ 《筹办夷务始末》咸丰朝卷二十八，续修四库全书本，第43页。

汉与奉旨在籍办理团练的前户部侍郎罗惇衍、前太常寺卿龙元僖、前工科给事中苏廷魁在广东贴出告示，号召乡勇与英法对抗的情报。10月7日，桂良等照会通知额尔金派人会谈修订税则事宜，却收到了对方的抗议照会。

额尔金在照会中一则要求桂良等对清廷上谕中仍称外国人为“夷”给一个说法；二则指责黄宗汉“近仍悬格赏献外国人首”，有献巴夏礼首级“赏银三万两”之条；三则说英方“由香港派出小艇”，悬有“免战”旗号，仍遭乡勇炮击，乃调兵进攻新安县城作为报复；四则质问“黄总督奉命如何办理？及罗、龙、苏三大员前项行为是奉何权？是为何意”[①]？他蛮横地表示：若得不到满意的答复，就拒绝进行修改税则的谈判。

桂良等复照表示今后清政府的文件将按照条约规定不再称外国人为“夷”，并解释道：由于天津议和的结果尚未传达到广东，条约也没有正式公布，因此黄宗汉执行的仍然是战时的政策；罗、龙、苏三位以前虽曾任高级官员，但现已退职赋闲在籍，只不过是士绅，“奉皇帝的谕旨督办团练，各省都是这样，不仅广东而已。不论什么地方不平静，督办团练的士绅应首先获得通知”[②]。又按照英方的要求，“一面出示晓谕居民”，宣布已与英、法停战缔约、恢复和平了；“一面咨明两广督臣黄宗汉，毋再出示；嘱令绅士罗惇衍等，暂且停兵，听候申江消息”[③]。

但额尔金却进一步提出，除非让“总督黄离任，并将绅士特奉之权削去”，其他任何办法都不能接受[④]。同时，他还让李泰国以私人身份故意向桂良等透露：若广东问题不能很快得到满意的解决，额尔金完全有可能再度带兵北上，在天津或北京城内要求咸丰皇帝履行条约规定的义务。额尔金曾十分得意地写信告诉其妻子：“我通过一个秘密渠道（指李泰国）把暗示传递给他们（指桂良等），说他们如不能立即使我满意，我可能再去天津——这个行动无疑会使桂良和花沙纳掉脑袋。”

桂良等遭此威胁，惊慌万分，只得再次屈从侵略者的意旨，一面将额尔金的态度奏报皇上，嘴上说“若不允所请，不但他事不能商办，且恐立时决裂”，“若允其所请，又与国体攸关，亦不敢冒昧从事”，实际上很希望朝廷能够主动解除黄宗汉两广总督职务，撤销罗惇衍、龙元僖、苏廷魁三绅团练大臣的任命；一面照复额尔金说明：“本大臣自出京以来，沿途访闻，两广督部

①③④　齐思和等编：《第二次鸦片战争》（三），上海人民出版社1979年版，第529、534、536页。
②　同上书（六），第179页。

堂黄办理一切，未能妥善，业于途次具折参奏，不久即可奉到谕旨，离任当不远矣。”[①]额尔金这才感到基本满意，仍要求桂良等接到处理黄宗汉等的谕旨时，及时予以书面通知，同时表示可以进行修订税则的谈判了。

但是，咸丰皇帝不愿采纳桂良等人的意见，并要他们告诉额尔金：天津签约前，黄宗汉虽曾“出示防备”英法联军，广东团练也曾与下乡寻衅的英军“互相争斗”；议和后，黄宗汉“并无与各国为难之事”，广东团练“除留防土匪外，其余悉行裁减”，“亦不致再与该国为难”。至于黄宗汉应否革职，罗、龙、苏三绅是否撤任，“朕心自有权衡，不待桂良等参奏也”[②]。桂良等当然不敢将上述意见主动告诉英方代表。

10月12日，中英修订税则的谈判在上海城厢的也是园正式开始。清方出席谈判的代表为江苏布政使王有龄、按察使薛焕，英方出席者为俄范理、威妥玛，李泰国“帮同办理”，美国翻译卫三畏应额尔金之邀作为非正式代表参与了会谈的全过程。

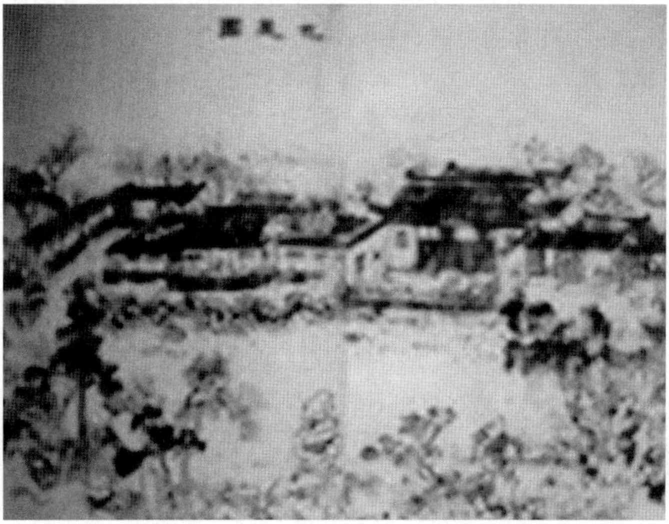

上海也是园

中英双方在修订海关税则方面虽然难免意见分歧，但都很快顺利解决，最让桂良等头疼的还是咸丰的“内定办法”。抵沪之初，桂良等再次奏称：据

① 齐思和等编：《第二次鸦片战争》(三)，上海人民出版社1979年版，第534—535、537页。
② 同上书，第546—547页。

先与各国领事一同清理海关进出口税额的薛焕禀报，“即将税课全免，不过夷商感恩，欲其罢充全约，势必不行”；若一开始就把免税的许诺“遽行宣露，恐该夷因贪利起见，佯为应允，并过一二年后，又执约中之事向我要求，何以应答”？清廷无力消弭外患，势必只能予取予求，以免税换回的权利不免又要丧失，“彼时再欲收回利权，更从何处措手？”何桂清也力言：“若全免其进出口货税，则利归于夷商，广东商亏银二百万两或可不偿，而与夷酋无涉，其兵费仍在也。一经宣布德意，窃虑更肆狡诈，以为此系大皇帝于天津条约之外特沛恩纶于夷商，而夷酋之所仰望者更奢，不独所许各项不能全行罢议，且将一二事而不能消弭，从此借口要求，转生枝节。”后因连续接到不准擅自更改“内定办法”的上谕，桂良、何桂清等又于 10 月 17 日全面提出了免税有十“可虑”之说①。

桂良、何桂清等不得已一再上奏分析免税之危害，反复强调交涉之困难，咸丰皇帝的态度终于有所松动了，不过仍谕令：“该夷条约以派员驻京、内江通商及内地游行、赔缴兵费始退还广东省城四项最为中国之害，桂良等能将此四项一概消弭，朕亦尚可曲从，若仅挽回一二件，其余不可行之事仍然贻患无穷，断难允准”；“如再不能悉心妥筹，将四项要件挽回”，“桂良等自问当得何罪”！他要桂良等“消弭”的“四项”，囊括了《天津条约》的主要内容，与废弃全约其实并无本质上的差别，这当然是不现实的，简直就像是痴人说梦。而咸丰却认为这是完全有可能实现的，“现议税则，该夷必有利益可沾，即可从此措手，不至即行决裂。四事若有转圜，其余即照天津及上海现定各款办理。该夷若诚心永远和好，则去此四件必能长保无事也”。这也是他派桂良等赴沪的主要目的，诚如其在不得已时吐露心迹所言：“朕派桂良等前往上海，又命何桂清会同商办，岂真专为税则计耶？”因而他三令五申，一再责令桂良等必须办到，否则，“不独无颜对朕，其何以对天下”？由于桂良等在复奏交涉情形时对四项内容都打了折扣，咸丰一度怀疑是何桂清、王有龄从中捣的鬼，公然斥责他们“此次办理夷务，独存成见，不准他人入手，殊属胆大。桂良等甘为其指使，更不可解”；又说王有龄“事事把持，总恐他人收效”；说何桂清“此次任意之所欲为，一发莫遏，是亦视朕旨如弁髦，罪有浮于耆英者”②。弄得他们不胜惶恐，急忙上折为自己辩解。

① 参见齐思和等编：《第二次鸦片战争》(三)，上海人民出版社 1979 年版，第 528、533、542—543 页。
② 同上书，第 544、546、563、562、557 页。

谈判开始之初，清方代表根本不敢涉及免税与废约等问题。咸丰要他们“消弭”四项内容的指令下达后，桂良等仍觉得不便贸然正面向英方代表提出，而是让王有龄、薛焕等在谈判过程中“用言语旁敲侧击，将(公使)驻京等事，隐约其词，仍向该夷商探”。不料，俄范理、威妥玛都以毋庸置疑的口吻宣称：“条约以外之事均可商量，条约既定之说万不能动”；“即使宽免税课，条约亦不能罢弃”，竟然毫无商量的余地。桂良等只好于10月22日照会额尔金，直接提出：“驻京一节，诸多未便，碍难照行。当时天津匆匆议定，不及细述颠末，此时商办税则，正好将此不便之处详细商量，以期永敦和好。将来各国事务改由上海商办”，“即明年互换条约，亦可无庸远涉”①。此时，清廷已决定将专门办理涉外事务的钦差大臣改由两江总督兼任，将接待外国使节、处理外交事务的地点由广州移至上海。桂良等不但希望英国放弃公使驻京的条款，甚至连来年互换条约批准书也在上海进行而不必进京了。

25日，额尔金复照一口拒绝：“天津所定条约各节，概为本大臣万不能更减”，此后的英国公使究竟是常驻京师还是驻扎京外可以随时进京，只能由英国君主决定，本大臣既“不能自允照行”，“亦难轻于奏请限除”②。但他随后即向桂良等提出，欲乘兵舰沿长江上溯至汉口，为下一步开放沿江口岸做些准备。桂良等决定以此来换取他在公使驻京问题上的松动态度，便一面欣然答允了他的要求，“并且还建议在旅行期间为他配备一名中国官员，以便向沿岸的帝国行政机构打招呼”③；一面于28日行文额尔金，再一次申述“外国钦差常行驻京一节，实于中国有损，种种情由，非言语所能尽”，“本国现当艰难多事之际，恐致百姓生心，因此一端，则罔知尊崇国体，为害实非浅鲜”，要他“代为奏恳贵国皇上，弗择其长行驻京”④。额尔金由于上溯汉口的要求获准，且额外地可以得到清朝官员的伴送，同时也觉得公使驻京对于英国人来说也确有“种种实际不便”⑤，随即于29日复照承诺将以如下个人意见报告本国政府：“如果在来年换约的时候，女王陛下的大使能在北京受适当的接待，并在所有其他的细节上，天津所议定的条约都能获得全部实施，那么就训令女王陛下的驻中国代表在北京以外的其他地方选择一驻扎

---

① 齐思和等编：《第二次鸦片战争》(三)，上海人民出版社1979年版，第547—548页。

② 同上书，第552页。

③ 同上书，第188页。

④ 《吴煦档案选编》(四)，第302页。

⑤ 蒋孟引：《第二次鸦片战争》，生活·读书·新知三联书店2009年9月版，第133页。

地点，或按期访问北京，或仅视公务上的需要随时前往，这确乎是允当的。”①葛罗评价额尔金的这一让步道：“这次是互换诺言，他建议本国政府确实在当前不再派外交官常驻北京，不过仍然保留了这方面的权利，以此换取的是有权溯扬子江而上。这真是一笔货真价实的买卖。不过钦差大臣都要求他在自己的答复中不要从文字上对此加以叙述，另外对他们之间的互惠互让也不要在条约中另加上一笔。”②后来英国政府果然“全部批准”了额尔金的建议，咸丰皇帝心目中的“第一最要之事”就这么不尽如人意地解决了。

在此过程中，修订海关税则的谈判也渐告就绪。清方代表意见被采纳的主要有三点：一是“将食盐归入违禁货物款内，不准（外商）往来装运”；二是“炮弹军火一概不准进口”；三是“豆石、豆饼在牛庄、登州两口者，英国商船不准装载出口”③。11月8日，桂良等与额尔金签订了中英《通商章程善后条约：海关税则》，“事实上，当时一般人都承认，税则和章程都是李泰国的作品”④。他不仅尽可能地吸纳了在华英国商人的意见，而且事先征求了法、美两国代表的看法，尽量照顾了法、美两国的利益。中法、中美《通商章程善后条约：海关税则》基本上都是依照中英之间的成议拟订的，中美条约由桂良等与列卫廉于当天签字，中法条约亦由桂良等与葛罗于24日签字。

中英、中法、中美《通商章程善后条约：海关税则》各10款，主要内容包括：

1. 鸦片贸易合法化，每百斤交纳30两白银进口税，外商只准在通商口岸销售，华商运销内地，如何征税听任中国办理。

2. 外国人运销洋货至内地，或由内地购运土货，一律仅按价征收2.5%的子口税。

3. 各通商口岸划一收税办法，由清政府邀请外国人帮办海关税务、稽查偷税漏税。⑤

11月8日，中英《通商章程善后条约：海关税则》签字的当天，额尔金率

---

①④ 马士：《中华帝国对外关系史》第一卷，张汇文等译，生活·读书·新知三联书店1957年版，第603、599页。

② 齐思和等编：《第二次鸦片战争》（六），上海人民出版社1979年版，第188—189页。

③ 同上书（三），第565页。

⑤ 王铁崖：《中外旧约章汇编》第1册，生活·读书·新知三联书店1957年版，第116—118、133—136、137—140页。

领事罗伯逊、翻译威妥玛和李泰国等分乘兵舰5艘由上海沿江而上，桂良等派县丞黄为燮陪伴引导、照料一切，何桂清于事先通知沿江各督抚、统兵将帅不得留难。英舰途经南京、安庆时，曾与太平军开炮互击，12月5日抵达汉口，10日额尔金等会见了湖广总督官文等地方官员。返程路过南京时，额尔金令威妥玛、李泰国、俄范理、弗烈亚力(Alerander Wylie)等登岸谒见太平天国益天福李春发，威胁说：今后英船往来太平天国若再加干涉，将遭英船"报复"。李春发承认此前炮击英舰是不对的，要求以后英船通过应先通知太平军，以免误会。1859年元旦，额尔金一行回到上海。

咸丰皇帝对于英方仅仅将公使驻京改为"随时进京"大为不满。他颇不以为然地谕示桂良等："前次寄谕准其将钦差移至上海，正可以此为词，罢其驻京之议。若仍准其随时往来，岂能日久相安？""游历内地，恃执照为稽查"，"系属最下之策"。他仍要求："驻京一节，万不能允；内江通商，必须消弭；其余两事，亦当设法妥办。"且因当时天津海口防务已得到加强，又令桂良等在交涉中采取强硬态度：待额尔金等由汉口返沪后，"与之言明，若至天津，我兵即先开炮"；"倘桂良等不便向该酋面说，可令委员等向夷官透露此意，告以天津已有准备，若再前往，必启兵端。彼时一经开仗，即上海等处必当断其通商，并可传播他国夷商，使之闻知"。咸丰警告他们："若不能阻止进京，以致夷船复至天津，则无论动兵与否，朕惟桂良等是问！"并对桂良等未能劝阻额尔金等沿江上溯大加责备："汝辈此行，不但不能消弭，反不如原约；直令夷轮船入江一行，设若不回，又何以处之？"①

面对皇上的责难，桂良等尽管深知绝对不可能达到咸丰的要求，仍打算以清廷将钦差大臣设于上海、乞求英使来年在上海换约，暂时阻止各国使节进京，同时妥善处理英法联军交还广州城之事，以便于向朝廷交差。额尔金由汉口返沪后，桂良等马上密令刚由香港来沪、仍在英国使团中帮忙的"内线"黄仲畲设法探询他的意向。黄仲畲，即张同云，原为叶名琛的"内线"。1858年随英法联军北上，经张锦文引荐，又成为桂良等的"内线"。后因桂良等保奏其对议和"有功"，奉旨"著以知县归部选用并赏加同知衔"。修订税则谈判期间，黄仲畲应桂良之召于1859年元旦由香港到达上海，仍在英国使团中任事并充当中英双方传递信息的媒介。

此前，驻守广州的英法联军截获了一道"圣旨"，其主要内容是谕令罗惇

① 齐思和等编：《第二次鸦片战争》(三)，上海人民出版社1979年版，第572、576、577、564页。

衍等“务宜仰体朕心，密为筹画，暗中统率各乡，在广为团练，联络激励，声气相通，以挫外夷之势，而振中国之威，不必官与为仇，止令民与为敌”。这时，广州的英、法首领派人将其送到了上海。额尔金觉得清廷在双方达成和议之后仍有此举，显然缺乏诚意，遂于 1 月 12 日照会桂良等，将这道圣旨全文抄附于后，声称：“今据南来信云，黄制军仍执管五口通商之关防，并有该总局三绅仍征收军需、招募壮勇之事”；质问桂良等上次奏参黄宗汉、请撤三绅任，朝廷是怎么答复的。次日，桂良等只得如实回答说：参劾黄宗汉、请撤三绅都没有得到朝廷准许，但声明：清廷绝不可能在达成和议之后出尔反尔，英方抄送的圣旨“必系假托无疑”。额尔金对清廷的态度非常不满，颇为愤恨地宣称：黄宗汉与三绅“既不能邀允撤去，伊即自赴广东向黄总督与三绅士为难，将省城官员逐出，伊即自收粤海关税，以充两国兵费”。桂良等感到了事态的严重性，连忙再次上折参劾黄宗汉等，随即通知额尔金：黄宗汉与三绅“离任、裁撤二事，必能如所议办理，望贵大臣切勿介怀”。接到奏报后，清政府一面令黄宗汉“严拿伪造(圣旨)之人，尽法惩办”；一面改授“何桂清为钦差大臣，办理各国事务，所有钦差大臣关防，著黄宗汉派员赍交何桂清祗领接办”①。

不料，驻粤英法联军又从广州城郊石井乡团练公所安良局中搜查到几份公文，其中有一份是黄宗汉所派赴沪探查夷务情况的委员俞增光的禀文，内中将桂良等“出京时原奉谕旨，拟将天津原议全行翻异”②以及到沪后所作所为，包括“所有应办四事如何设法之处，均载其中”。额尔金接报后怒不可遏，于 1 月中旬抄附禀文连续四次照会桂良等，决定亲赴广东“剿灭”团练，“事毕再订旋沪，与贵大臣等将所有尚应会议各件商定”，若桂良等不愿等候，径自回京，“则本大臣直上京都，以便办理”③。桂良等一再劝阻无效，只好暂去苏州等候。额尔金于 25 日动身赴粤，随于 2 月间“派夷兵一千前赴肇庆，一千前赴花县，借以示威寻衅”④，他本人也曾亲率军队前往石井、花县炫耀武力。

由于英国政府已派普鲁斯为新任驻华公使来华互换中英《天津条约》批

① 齐思和等编：《第二次鸦片战争》(三)，上海人民出版社 1979 年版，第 587、584、603 页；《吴煦档案选编》(四)，第 312—314、318—319 页。

② 《吴煦档案选编》(五)，第 4—5 页。

③ 齐思和等编：《第二次鸦片战争》(三)，上海人民出版社 1979 年版，第 597、598 页。

④ 《筹办夷务始末》咸丰朝卷三十四，续修四库全书本，第 28 页。

准书，额尔金决定不再回沪，直接由粤回国。他于3月3日照会通知桂良等，次日由香港起程，4月6日在锡兰（今斯里兰卡）西南海岸的加尔港与普鲁斯会面，5月19日回到伦敦。葛罗把使馆档案移交布尔布隆后，于4月8日由澳门回国。列卫廉则在将美商的赔偿数额确定为50万两，并取得双方同意后，已于1858年12月8日离沪回国，美国公使暂由卫三畏代理。

普鲁斯来华后，中英交涉转入以换约问题为主阶段，咸丰皇帝要求桂良等"消弭"四项条约内容的谈判也就不了了之了。

英、法武装换约受阻

1859年3月1日，英国外交大臣马斯伯雷训令普鲁斯：一、接替包令的驻华商务监督职务①，将该办事机构和英国驻华使馆暂设于上海，直至清廷同意在北京设立常驻使馆为止；二、对清廷可能阻挠英使去北京并在那里交换条约批准书的任何建议或借口，应坚决而婉转地加以拒绝，警告清政府这样做的惟一结果将会是英国政府要"坚持条约的严格实施和在北京常驻大使"；三、已命令指挥在华皇家海军的司令官配备足够的海军力量陪伴你去白河口，除非出现意外情况需要另作安排，你最好乘英国军舰前往天津。

额尔金回国前也为普鲁斯北上换约作了一些安排。3月2日，额尔金致函西马縻各厘提出："我相信当我国公使前往天津时，女王陛下政府将愿意他有强大的兵力护送。在这种情况下，谨请阁下考虑，既然普鲁斯先生抵华日期不会推迟太久，可否尽速在最短期间，将足够的炮舰集中在上海以作此用。"②

2月间，桂良等即已从李泰国等人口中得知：额尔金不一定会从广东回上海了，"其弟普鲁斯迟三四十日可到广东，拟至上海一转，即往天津，定欲进京互换和约，意见甚坚"。李泰国还提醒他们：进京换约一事"万难挽回，请钦差早为地步"③。咸丰皇帝以大沽重新布防已基本就绪，于3月1日强硬地表示"如该夷径行到津，当由僧格林沁等酌量办理"，但当其路过上海时"务须极力开导"，"总使该夷在沪换约，方为妥协"。他还具体指示桂良等，

① 包令当时仍为香港总督和司令官。

② 马克思：《新的对华战争》，《马克思恩格斯选集》第二卷，人民出版社1972年版，第54页。

③ 《筹办夷务始末》咸丰朝卷三十四，续修四库全书本，第29页。

一方面申明清廷的立场:“大皇帝派我等来此办理税则,并令广东将钦差大臣关防移交何桂清,所有和约并另立专条必须即在上海由我等一手办理,若到天津,该处并无经手之人,无从办理”;另一方面明确告诉他们:“自上年各国船只退出后,天津绅民业已团练整齐,不使轮船驶近拦江沙,倘到津船只或受损伤,我等不能任咎,又或复开兵衅,则上年条约必至全归罢议,于各国通商事宜大有妨碍”,其中的威胁意味十分明显。他进而提出:桂良等此前说过要另立专条以“消弭四事”的,应待专条议立之后,“所有条约总须与专条同换,不能但换上年条约也”。桂良等只好如实地告诉皇上,所谓另立专条、在沪换约都只是他们的设想,“尚未与该夷言明”,他们已照会“催令额酋迅回沪上”,等他来后再想办法,同时说明:由于俞增光的禀文泄露了内情,“倘明言四事,正中所忌,必须委宛如初,示以不疑,庶可商量”;额尔金的照会表明,同意放弃公使驻京要求是以进京换约受到优待为前提的,在沪换约也只能让其这一次不进京,今后他们必然还会“或照定次,或因要务随时进京”的。咸丰这才终于弄明白“消弭四事”已经不可能了,只得于 3 月 29 日十分不情愿地表示,如果实在阻挡不住,也只能同意外国使节进京换约了。但又提出了几点要求:1. 事先“议定由海口进京时所带人数不准过十名,不得携带军械”;2.“到京后,照外国进京之例,不得坐轿摆队”;3.“换约之后,即行回帆,不许在京久驻”;4. 约定日期,等桂良等到京后,外国船只“方可前赴天津,庶不致在海上久候”。另外三条“如不能全行挽回,亦当于三事中予以限制,以杜该夷无厌之求”①。

根据李泰国等人的态度判断,桂良等感到绝对没有与英方代表谈判在上海直接换约的可能,经反复筹划,终于又想出了一条计策,于 3 月底照会邀约美国代理公使卫三畏 6 月间“来至上海,以便彼此将条约当面互换”,并解释说:“天津民情浮动”,清政府已“特派众兵前往天津弹压”;英、法等国兵船若“复至天津,恐百姓惊慌,滋生事端,转致有碍”,还请他“转向英、法两国婉转言明”,按此“通融办理”②。按照桂良等人的设想,即使卫三畏不愿代为劝说英、法代表,只要美国公使在上海换了约,英、法公使就没有理由再坚持要进京了,这颇有点釜底抽薪的味道。可惜,卫三畏一直没有回复他们的上述照会。

① 齐思和等编:《第二次鸦片战争》(四),上海人民出版社 1979 年版,第 21、23、29、30、37、38 页。
② 《吴煦档案选编》(四),第 325—326 页。

4 月 26 日，普鲁斯到达香港。这时，他已逐步了解到：清廷曾“内定”要废弃《天津条约》；桂良等在沪谈判无不遵旨而行，实际上并无全权；清政府已经加强了天津海口的防务，目的是阻止英、法公使由此进京；桂良等已要求卫三畏在上海换约；李泰国曾敦促桂良等为英使进京换约早做准备，而桂良等仍留在苏州没有动身的迹象。面对这些情况，普鲁斯认定：只有率领一支舰队北上换约，才能展示其新任驻华公使的实力与威风，迫使清政府予以礼貌的接待。为此，他约请新任英国驻华舰队司令海军少将何伯(James Hope)和斯特罗本泽将军商量调集军队问题，得到了有力的支持。他同时要求法国公使采取一致的行动，并骄横地对布尔布隆说：“我本人的意见是：假如要有麻烦的话(我们应该对此有所准备)，那末不如就直截了当地去找上这些麻烦，甚至可以说最好事前就去挑起这些麻烦。”①由于法国远东舰队当时被调往侵略印度支那的战争，布尔布隆说只能抽调两艘法国兵舰北上，普鲁斯仍不愿改变自己的决策，反而认为这是他单独炫耀英国巨大实力的极好机会。

5 月 16 日、18 日，普鲁斯、布尔布隆分别照会通知桂良等：“本大臣现拟不日乘船径赴天津”，“希贵国先在天津城预备夫役、舟车，以便入都，并于京城内择出洁净宽广寓室一所”作为住处。6 月 2 日，英、法公使由香港北上，5 日英使抵上海吴淞，待法使到达后于 7 日“同至洋泾浜”②。美国新任驻华公使华若翰(John Elliott Ward)先于 5 月 29 日到达。桂良等早已于 5 月 7 日至上海等候他们。

英、法公使到沪之前，桂良等已分别向他们发出了好几份照会。5 月 20 日照会法使称：因等候额尔金返沪续商各事而未回京，拟与普鲁斯继续在沪会谈，请布尔布隆抵沪时订期商定赔款交付办法。5 月 27 日照会英使说明，因与额尔金约定在沪会商未了之事，等候至今；“贵大臣前来接办一切事宜”，“自应仍践前约，订期会晤”。次日致英使两份照会，一是提出外国人如何持照前往内地游历尚未议定、交还广州城之事一直没有商量过，请复照详细说明英方的看法；二是申称换约须由他们“一手经理，非他人所能代办”，考虑到他们由陆路回京需两个多月时间，所以要求普鲁斯“在沪稍缓行期”，先与他们会面。③6 月 7 日，得知普鲁斯抵沪后，桂良等再致照会“令其约期

① 齐思和等编：《第二次鸦片战争》(六)，上海人民出版社 1979 年版，第 191 页。
② 同上书(四)，第 66、71 页。
③ 《吴煦档案选编》(四)，第 334、335—336 页。

相见”，又请李泰国当面向普鲁斯转达他们的意见，并让华商说动英商呈递说帖，劝阻普鲁斯北上。

普鲁斯拒绝了清方代表的要求，甚至拒绝与桂良等见面，“即派委员前去，该酋亦拒而不见”。他于6月8日答复桂良等说：“本大臣立意毫不更改，仍拟不日进京交换和约，并将恭奉御笔国书亲呈贵国大皇帝展览后，迨察看条约各款果有诚意尽行，毫无缺简之形，始克出都；设令有涉怀疑之处，则本大臣非释疑之日，亦断刻不暂离。至来文请会商一事，本大臣原无失礼之见，惟审所由，此次在沪自不便会晤”；额尔金回国前夕曾照会通知清方代表，桂良等“彼时即应进京，不应在此久候”的，现“换约期近，如果有误，即指为中国背约之证”。后又照会说“现在上海河面实有火轮船数只，内有一二升竖贵国旗号者”，建议桂良等“乘驶此船前往，尚可期内先行赶至，诚属易事”。对于劝阻的英商，普鲁斯“初则不见”，继则粗暴地答以“换约与否，非尔等应管”，并向他们承诺：无论换没换约，7月1日“定可照新章开市”[①]。6月11日，何伯率舰队由上海驶往白河口。6月14日，普鲁斯报告英国政府：“我们不得不在天津给予中国政府另一次教训”，“一定要使清朝皇帝及其大臣相信：一旦我提出要求，就定要把它索取到手，如不顺从我的要求，我已准备凭借武力威胁来索取”[②]。布尔布隆与普鲁斯保持一致，也拒绝与桂良等相见。华若翰“本愿即在上海换约，惟因英、佛(法)两酋决意北行，彼亦必欲随同前往”[③]。

至此，桂良等深知想阻止各国使节北上已不可能，他们只好一面飞报朝廷，请派大员速往“相机行事，妥为经理”；一面照会要求英、法公使到达白河口后，务“将各兵船寄碇拦江沙外，轻骑简从，前赴都门”，清廷将“特简大员前赴天津，预备接待”，按时换约，“必能无误定期”[④]。6月13日，桂良带同薛焕和江苏补用知府李焕文匆忙赶回京城。15日，普鲁斯、布尔布隆启碇北上。翌日，华若翰随后出发。

尽管咸丰皇帝一再令桂良等设法让英、法公使同意在上海换约，但他也深知桂良等不太可能打消英、法公使北上的念头，早已做好了两手打算。除于1859年3月29日谕令桂良等：“进京换约如能尽力阻止，更属妥善；倘该

① 齐思和等编：《第二次鸦片战争》(四)，上海人民出版社1979年版，第71、75、81、79页。
② 丁名楠等：《帝国主义侵华史》第一卷，人民出版社1961年版，第148页。
③ 齐思和等编：《第二次鸦片战争》(四)，上海人民出版社1979年版，第72页。
④ 《吴煦档案选编》(四)，第340、342—344页。

夷坚执不肯，务须剀切言明”各种限制条件外[①]，随因僧格林沁与署理直隶总督文煜奏称，“大沽海口布置均已周密”，不但不便让进京换约的各国使节经过，“且不可令其窥伺”，又于4月14日作了进一步的安排，“如有旨准其进京换约，即令其在拦江沙外停泊，用内地船只渡进内河，由北塘登陆到津，仍由水路至通”[②]。在上海换约的希望破灭后，咸丰于6月7日谕令僧格林沁、直隶总督恒福，若英、法兵船到达，马上“派员晓谕，令其停泊拦江沙外”，等待桂良等来京，“并告以海口节节设防，切勿轻于驶入，致有损伤，以全和好”，同时令顺天府“于正阳门外东西一带查明有无空闲房屋三所”，每所“约须五六十间以上至七八十间者”，以备英、法、美三国使节进京后居住之用。6月17日，4艘英船驶抵大沽口外。次日，咸丰令僧格林沁、恒福告诉三国使节：“去岁天津所定和约均系桂良等一手经理，此处无人深悉底里”，必须待桂良等到京才能换约；“倘该酋不肯在拦江沙外静候，即用内地船只迎护，由北塘登陆至津，即著该酋在天津等候，一切预备馆驿，派人护送，自当以礼相待”。咸丰还告诫僧格林沁等：“倘该夷虚放枪炮，入口试探，(勿)使夷船受我误伤，勿令官兵轻举妄动。”随后又让他们通知各国船只“移泊北塘”。25日，又放宽了对各使所带随员人数的限制，“所有换约官员人等，至多不得过二十人之数”[③]。可见，咸丰皇帝在换约问题上到了最后一刻并不敢固执己见，还是作了极大让步的。

可普鲁斯不但要进京换约，而且决定要由大沽进京。6月17日，何伯到达白河口的当天，即两次派舰长康墨雷尔(Commerell)、翻译孟甘(Mongan)等分乘舢板二只送信上岸，要求清方于三天内“将海口安设木筏、铁戗等项均行撤去”[④]，让出河道，以便英、法炮艇上溯天津。经改装易服后自称为乡勇的清朝武弁答复英方信使说：当地没有清朝官员或权威人士，也没有军队，大沽口的工事是当地居民为防御叛乱者而自行修筑的，他们可以将信件代为转送地方当局。

同时，英军多方开始做战前准备。17日，英方先派“小舢板船二只，乘坐十余人，拢近西岸炮台”，中途由一只帆船的桅杆上取下一架铁戗“加以考查并绘制了略图”，随后又派小火轮船一只“驶入鸡心滩内，用千里镜在桅杆

①④　齐思和等编：《第二次鸦片战争》(四)，上海人民出版社1979年版，第37、80页。

②　《筹办夷务始末》咸丰朝卷三十六，续修四库全书本，第18—19页。

③　齐思和等编：《第二次鸦片战争》(四)，上海人民出版社1979年版，第69、70、85、88、100页。

大沽炮台

上打看”，过了一会儿，另派小船“乘潮绕越木筏，意图窥伺营垒后面，经哨船兵弁阻止”，被迫退回时，“悄将软木筏绳缆三根全行割断”。次日“未刻，风雨陡作，突有火轮船八只乘风潮之势直入内河，至鸡心滩，距安设铁戗之处不逾半里”，“是夕该夷乘风涛黑暗之中拽倒拦江铁戗四架”。20日中午，恒福派同知博多宏武、知县杜恩录“告以总督、藩司不日即至海口，令其暂候数日，会议一切”。英方蛮横地宣称：“本日即欲湾进内河，不能迟缓，拦河之铁戗、木筏若不撤去，即自行搬运，以便进船”。当天下午，何伯亲至海口察看，发现障碍物不但没有移开，反而将河道封闭得更严实了。时有“小舢板船二只驶近炮台河岸”，“该夷十余人手持械器坚欲登岸”，扮作乡勇的清军立即上前阻拦，已上岸的孟甘遭到一人持剑威胁，随即递交了一份何伯致天津兵备道的照会，要他通告当地民众，“如有船上官兵上岸买办新鲜菜蔬伙食等物以及游逛，勿许拦阻”。清廷明令：“其由北塘到津夷官之馆驿日用，自应官为给办”；大沽口外英军“应需菜蔬食物等件，亦当派员在彼一体酌给，免致上岸滋扰”，“迨由该道派员送给菜蔬食物，彼则一概不收”①。

6月20日，普鲁斯、布尔布隆抵达白河口外。次日，华若翰亦即赶到。当时白河口外共有英国舰艇20艘，载炮145门，配备官兵2 000余人；外加

① 齐思和等编：《第二次鸦片战争》(四)，上海人民出版社1979年版，第79、80、90、91、92、94—95、108页。

法舰2艘，美舰3艘。当普鲁斯尚举棋不定时，倒是布尔布隆先拿定了主意：只要何伯"认为我们将稳操胜券，那末我们就应该不惜用武力来打开白河的大门，并继续向京城挺进"。21日，受布尔布隆委派，法国使团第一秘书哥士耆(M. A. Kleczkowski)对普鲁斯说：法国公使准备将法舰和为数不多的登陆部队交由何伯指挥，尽管法使为其所带兵力极为有限而感到"非常遗憾"，但仍然决定"在任何情况下都和他站在一起，一旦冲突发生，我们的旗帜就应该和英国的旗帜在一起飘扬"①。受到鼓舞的普鲁斯于当天下午致函何伯，让他以武力清除河面上的障碍物、打开通往北京的河道。他们深知：当时大沽一带的防务是由僧格林沁主持的，清朝"主战派的希望都寄托在他身上，假如他在想把我们拒于河外的尝试中被击败的话，主和派的意见才可以抬头"②。

第二天，何伯照会通知天津兵备道：将令英军拔除阻塞河道的障碍物，即使清方不允许，也"断难罢手"，一切后果"惟拦挡之人任咎可也"。随后的几天里，英军"火轮船八九只在铁戗外游驶，意在乘间闯入，屡在船桅用千里镜打看"，"其小舢板船每到河边必询炮位多少，铁戗、铁链、木筏之外有无别项物件"，还不时地"在拦江沙外一带开放真炮"③；同时，英军又掳获了一批中国帆船，整齐地排列在拦江沙内炮台射程以外的地方，"标以有号码的旗帜以资识别"，用作兵营或仓库。④

本来，英军是计划于24日发起进攻的，但美国公使华若翰于这一天向普鲁斯和布尔布隆提出，由他出面与清方交涉开通河道事宜，建议将军事行动的时间推迟一天。华若翰与美国舰队司令达底拿(Josiah Dattnall)乘坐悬挂着美国国旗的租来的蒸汽船"托依旺"(Toeywan)号前往大沽炮台，打算向清方提出通过清军防线上驶天津的要求，不料却于半道搁浅了，只好让翻译卫三畏和丁韪良(William Alexander Parsons Martin)等换乘驳船登陆，与清方交涉，他们被告知："从白河上达天津的道路已被防阻"，"任何撤除河防的企图，就是一个信号，炮台马上开火"，"但直隶总督恒福正在距岸上十英里的北塘，在那里等候接见这位公使"⑤。当天夜里，英军"以小舢板

---

① 齐思和等编：《第二次鸦片战争》(六)，上海人民出版社1979年版，第191、192页。

②⑤ 马士：《中华帝国对外关系史》第一卷，张汇文等译，生活·读书·新知三联书店1957年版，第651、652页。

③ 齐思和等编：《第二次鸦片战争》(四)，上海人民出版社1979年版，第98、96页。

④ 参见同上书(六)，第195—196页。

船驶入铁戗内,用炸炮轰断拦河大铁链二根、大棕缆一根”。清军发觉后,并未开枪阻击,只是“仍将铁链接系稳固,照旧横拦河面”①。

25日晨,“该夷火轮船十余只排列铁戗口外,又傍南岸炮台下驶入火轮船三只,直逼铁戗旁,以数人凫水用丝绳系铁戗前柱,而引其端于该夷船尾,另以一船轮回曳之一二时之久,拉倒铁戗共十余架”,基本排除了清军设置于大沽炮台前的第一道障碍。在此期间,驻守各炮台的清军没有采取任何行动,“没有看到有什么动静,也很少看到有人还在活动,许多人于是都认为炮台已经撤离一空”。当天上午,恒福派易州知州李同文、北塘汛千总任连升给普鲁斯送来了一份照会,说已“奉旨准其由北塘赴京”,请稍等数日,待北塘的清军撤走后,他会前来迎接并派员护送其由陆路进京的。如果普鲁斯愿意接受清方的安排,完全来得及制止英军采取进一步的军事行动,但他却将由大沽经白河进京视为战胜者的权利,认为接受清方安排改走北塘不啻为一种耻辱,借口该照会未将“贵国钦使”的称谓“双抬书写”而拒绝接收,仅给来人以“威妥玛名片一纸,内有即入天津郡城之语”,并公然向李同文等宣称“定行接仗,不走北塘”②,听任英军向大沽炮台发起了进攻。

下午2时许,认为已胜券在握的何伯“满脸得意洋洋,神气非凡”地下达了进攻的命令,英、法“各船蜂拥直上,冲至第二座炮台,直撞铁链两次,皆被拦截,不能径越,该夷即开炮向我炮台轰击”③。顿时,原先遮掩炮口的草席全部卷起,各炮台一齐开炮还击。“中国炮手的炮打得既有技巧,且又非常准确”,集中于大沽炮台前的第一、二道障碍物之间狭窄水面上的敌舰艇很快遭到了毁灭性的打击。两个多小时后,直接从水面上发起的进攻即被彻底挫败,参战的12艘英、法舰艇大部分丧失了战斗力,其中有3艘被击沉或击毁,另有4艘搁了浅,何伯本人也被打伤。5时许,不甘心失败的何伯再次下达了作战的命令,千余名英、法官兵分乘帆船和舢板到达南岸炮台附近的登陆地点,“就在第一只船刚靠岸的时候,突然砰地一声,又有一炮从炮台上打来,顿时炮弹、霰弹、枪弹和火箭从南岸所有的炮台里打来,如雨而下,一下子就把我们刚登陆的人打倒了十几个”。时值退潮,河岸边露出了五六百码宽的浅滩,泥泞深及踝部,上面还布满了泥泞深及膝盖甚至腰部的坑,根本无法行走。清军事先在河滩至炮台之间挖掘了三道壕沟,还布置了一

①③ 齐思和等编:《第二次鸦片战争》(四),上海人民出版社1979年版,第101页。
② 同上书,第101、216、108页。

排排两三英尺高的铁戗或木桩。在泥泞中连滚带爬的敌登陆部队完全暴露在清军的炮火下，每前进一步都付出了惨重的代价，最后只有百余人到达第一道壕沟，50余人到达第三道壕沟，携带的梯子只剩下一个，其余的全被炮弹打坏或丢在了泥泞里，连枪筒里也灌满了泥浆不能使用，“结果还是有十个奋不顾身的人带着惟一的梯子冲向前去，其中三个人立即为子弹所击毙，五个人身负重伤”，这支部队只得蹉伏在壕沟里“等待着增援”①。天黑以后，敌登陆部队乘着涨潮开始撤退，因船不够用，清军的炮击没有停止，直到次日凌晨1时许才撤完。

英法联军进攻大沽图

这一战，清军阵亡36人，其中军官6人，士兵32人，直隶提督史荣椿、大沽协副将龙汝元英勇牺牲。打死英军89人，打伤345人；参战法军仅60人，也被打死4人，受伤10人。此外，还俘虏英兵2名，缴获洋枪41杆、洋炮12尊，其中“万斤以上炮四尊”。清军凭借优势的兵力配置、有利的地理条件和充分的事前准备，经过英勇奋战，赢得了大沽炮台守卫战的胜利，成功地挫败了英、法武装进京换约的企图。

即使按照侵略者的逻辑，英、法公使有权根据条约的规定进京换约，但他们拒绝接受清方的安排，硬是要强行通过清军的防线，甚至不惜以武力攻取大沽炮台，也是毫无道理的。诚如马克思所分析的那样：“中国当局反对的不是英国外交使节前往北京，而是英国军舰沿白河上驶”，“难道法国公使留住伦敦的权利就能赋予法国公使以率领法国远征队强行侵入泰晤士河的

① 齐思和等编：《第二次鸦片战争》(六)，上海人民出版社1979年版，第214、204—205页。

权利吗”？“既然天津条约中并无条文赋予英国人和法国人以派遣舰队驶入白河的权利，那末非常明显，破坏条约的不是中国人而是英国人，而且，英国人预先就决意要在规定的交换批准书日期以前向中国寻衅了”①。时任美国使团翻译的丁韪良事后回忆这一历史事件时曾评论道：“大家都责难中国人说是他们的背信弃义挑动了这场战争，然而他们又有什么过错呢？他们不过是阻拦了通往未被开放的城市的去路而已。难道联军公使又有权乘轮船前去天津吗？他们根本没有千方百计地想通过任何条款来获得这一权利，不仅因为他们打了第一枪，所以是侵略者，在整个事件中他们也都是错的。”②甚至连当时的英国财政大臣格拉斯顿也说：“在即使不是和平时期至少也相当于休战时期的情况下，一个国家的内河难道可以成为外国战舰的天然通道吗？如果我们把条约本身所没有包含的东西牵扯进去，或在执行条约时附加上去，我们是否要让中国人也照此行事？”

7月1日，何伯正式通知普鲁斯：“我所支配的力量，已证明是不足以消除阻止你进入白河口的那些障碍”，“任何进一步的军事行动都不能达到成功的结果”③。普鲁斯和布尔布隆于5日、6日灰溜溜地退往上海，至11日大沽口外的英、法军队全部撤离。

美国公使华若翰却没有走。尽管他在战斗最激烈的时候批准达底拿的请求予英军以多方援助，仍未妨碍他于战斗结束之后向直隶总督投送了一

僧格林沁博物馆

① 马克思：《新的对华战争》，《马克思恩格斯选集》第二卷，人民出版社1972年版，第43、46页。
② 齐思和等编：《第二次鸦片战争》(六)，上海人民出版社1979年版，第217页。
③ 马士：《中华帝国对外关系史》第一卷，张汇文等译，生活·读书·新知三联书店1957年版，第659页。

份"倒填二十四日期在接仗以前"①的照会，要求清方"备办沿途诸事，致本大臣得以与随带人员迅速就道，前往都城"换约②。他说自己曾于大沽开战前"力阻英、佛(法)两国免伤和好，而英、佛两国恃强悍，不听劝谕"③。经恒福同意，华若翰、达底拿等于7月8日前往北塘与其会晤，恒福派出"用丝绸花彩装饰起来"的帆船迎接。④华若翰等"自携绿呢轿一顶、蓝呢轿一顶，向千总任连升索要轿夫十六名，以备该国公使及提督(指舰队司令达底拿)乘坐"，清方告以"此间海口偏僻，并无轿夫，现自总督起文武各员均系乘马"，华若翰等只好"上岸乘车而来"。随后双方约定：华若翰可带随员20人、"书写汉字之人"10名，在清河道崇厚、宣化镇标中营游击张秉铎等护送下，于7月20日由北塘进京。清廷很快指定老君堂为美国使团住处，令顺天府"将房屋、器具一切供给妥为预备，以便应用"。顺天府由户部领银4 000两作为招待美国使团的费用。华若翰提出要坐轿进京，咸丰谕令："城内万难允其坐轿，惟由北塘登岸，陆路不妨许其坐轿，至绕过天津，即由水路行走，到通后，令其坐车或坐骡轿进京，毋得许其坐轿。"恒福让广平府同知博多宏武、候补知州曹大绶"告以各国到京向不乘轿"，华若翰说"各国均系属国，与该国情形稍异"，博多宏武驳之曰"现在俄罗斯在京皆系坐车，并不乘轿，该国与俄国事同一律，似未便两歧"⑤，华若翰只好放弃了坐轿的要求。至期，华若翰一行由北塘乘车经军粮城至北仓，换乘帆船由水路至通州，再乘车进入北京。

华若翰要求觐见咸丰皇帝，面递国书，双方在觐见礼节上发生了严重的意见分歧。清方为表示让步，只要求他一跪三叩首，华若翰只同意脱帽鞠躬，站立不坐，呈递国书后不说话，事毕倒退而出、不把屁股对着皇上。清方又要求他鞠躬时应弯腰到手指触地的程度，华若翰仍不同意，自然也就未能觐见皇上。咸丰龙心不悦，随即谕令："该国使臣赍来国书准其进呈，即派桂良等接收；至换约一节，本应圆石对上海互换，朕念其航海远来，特准将和约用宝，发交恒福，即在北塘海口与该国使臣互换。"⑥8月10日，华若翰向桂良等递交了国书。16日，回到北塘与恒福互换了中美《天津条约》批准书⑦。

①③⑥ 齐思和等编：《第二次鸦片战争》(四)，上海人民出版社1979年版，第130、145、210页。
② 参见《筹办夷务始末》咸丰朝卷三十九，续修四库全书本，第8页。
④ 参见齐思和等编：《第二次鸦片战争》(六)，上海人民出版社1979年版，第226页。
⑤ 同上书(四)，第124、171、157、166页。
⑦ 中俄《天津条约》批准书已于4月24日由俄国驻北京东正教会监护官丕业罗幅斯奇与户部尚书肃顺在北京互换。见丁名楠等：《帝国主义侵华史》第一卷，人民出版社1961年版，第150页。

四

咸丰出逃

被焚毁后的圆明园遗址

英、法再度调派军队大举侵华,清军节节败退。当英法联军逼近北京时,咸丰皇帝仓皇逃往热河。留京办理议和事务的恭亲王奕䜣想利用清军捕获的英、法谈判代表巴夏礼等牵制英法联军,没有任何效果,只好释放了巴夏礼等人,按照英、法等国要求签订了《北京条约》。英国全权专使额尔金以巴夏礼等受到了虐待,令英军放火焚毁了圆明园。

战端再启

清政府于天津签约后积极在大沽布防,只是为了阻止各国使节由此进京,根本没有想到要乘打败侵略者之机来调整自己的外交政策。咸丰皇帝在接到大沽战胜的捷报后,虽然心里十分高兴,却非常担心英方由上海、广州等地纠集兵力,前来报复,致使战争范围进一步扩大,战争期限无限延长。一方面,他于6月底让两江总督何桂清派员赴沪查探英方"有何动静",以便于"暗中防范";"倘该夷果有火轮船至上海,欲纠众北犯",可"嘱各商从中劝阻,或挽米(美)、佛(法)两夷之在沪者为之劝解";另一方面,于7月初向时已奉调四川总督的原两广总督黄宗汉、广东巡抚署理两广总督劳崇光通报了大沽战况,然后说:"所恐夷情难测,或调广东夷兵前来报复,或被创于津修怨于粤,均属不可不防",要他们"密加防范","即如罗惇衍等绅董中素符乡望者,亦应整顿乡团,以备不虞",而且"必宣露防御情形,使夷人知觉"。同时,他于6月27日要直隶总督恒福等"派委妥员或令天津道行文该夷,诘以既为换约而来,并已许其进京互换","何以反先行开炮,肆行骚扰"?"倘该夷自知理屈,得有转机,恒福等即可告以桂良等尚未到京,伊等或在拦江沙外停泊,或在天津等候,总须桂良等到京后方可互换和约"。他强调:"此事若有可乘之机,恒福等切不可失,是为至要!"29日谕令恒福等:"从来驾驭外夷,未有不归于议抚者,专意用兵,如何了局?"要他督同直隶布政使文煜"或派会晤,或行照会"通知法、美二使,照旧进京换约;若法、美"为英夷说和,即可因势利导,相机措词,暂为羁縻"。次日又令两江总督何桂清设法

“令英夷弭兵息事，仍在天津等桂良等办理”，“惟此意须出自商人，不可官为宣露，更不可因此事先给照会”。即不可因先求和而暴露内心的怯意，致启其轻视要挟之渐。7月1日又告诉黄宗汉、劳崇光：“驾驭外夷之道，断不能始终用武，倘该夷挫折之后果有悔心，或挽米(美)、佛(法)两夷出面说和，或待桂良等到日换约，尚可宥其狂悖，息事罢兵”，因而“倘该夷在粤照常无事，即不可先行挑衅”；要求他们与办理团练的绅董之间“只宜信函往来，断不准形诸公牍，尤不可假奉旨为由，致于抚局有碍”①。此时咸丰的意图显然只是想维持战前达成的和局。

获悉美国公使进京换约的消息后，咸丰觉得恢复和局已有端倪，随于7月6日指示恒福等：法军虽与英军一同进攻大沽，“亦只可佯为不知，使其先就我范围，则英酋势孤，当更易于办理”。翌日让恒福等照会询问法使：“是否与米(美)国同换和约，抑或俟英国事定后，与该国一同互换”。听说英、法公使已回上海，又于11日令何桂清照会法使，促其与美使一同换约；“其华、夷各商如能借资其力，从中开导，并著相机妥为办理”。同时以中美条约中“载有他国或有争端，该国应善为调处之语”，要恒福等请华若翰出面调处，“倘伊愿为该两国调处，即可乘机转圜”②。

7月15日，恒福等照会请华若翰转告英、法两使：“如自知理曲，情愿复寻旧好，进京换约，即可前赴北塘海口商议一切”。咸丰皇帝批评他们将英、法同等对待，“未免漫无区别”；“佛(法)夷助恶尚可佯为不知，英夷则首起兵端，若先行俯就，恐长其骄悍之气，更难办理”。随后又要何桂清派员向布尔布隆说明：此次大沽之战“系英夷先行开炮起衅，非我背约，佛(法)国既不助英，我中国自有区别，不欲为难”③，欲以此离间英、法两国关系。

7月18日，何桂清照会法使说：普鲁斯因不知道恒福“已在北塘守候而径入大沽，致生枝节，其实均无成见”；现美使已进京换约，“贵大臣似可速赴津门一同换约，免致后期”；至于英使，“应请由贵大臣委婉劝解，如能同时北上，尽释前疑”，桂良等“必能在北塘以礼相待，克践前约，从此永敦和好，中外同沾利益”。23日，布尔布隆复照称：他与普鲁斯已各自将大沽之事“备文奏闻本国大皇帝，现只可恭听谕旨，以便办理，惜未能独自作主”；并已将

① 齐思和等编：《第二次鸦片战争》(四)，上海人民出版社1979年版，第128、133—134、104、106、114、128页。

② 同上书，第148、150、152、151页。

③ 同上书，第165、170、180页。

"劝解"之言转达英使，普鲁斯与他本人"深知贵大臣常以和好美意为心，纤毫无疑"。何桂清经反复推敲，竟然从中看出布尔布隆"似欲臣亦给普鲁斯一文也"，并进而认为"布尔布隆既欲得臣照会普鲁斯之文为进言之具，则其力不能转圜，必借天朝威力以制之，已情见乎辞"。于是，他又于8月1日照会询问普鲁斯"是否定期会同法国布大臣北上"换约①。普鲁斯于9日复照称："查贵大臣官衔系任总理五口通商事务钦差大臣之职"，来文所询是否定期北上换约一层，"与通商毫无关涉"，"本大臣似未便与贵大臣移文相复也"②。直接拒绝与何桂清谈论换约问题。

何桂清先于7月24日奏报朝廷：已"令华商作为己意"转请英、法商人说服两国公使，"英酋虽称所言固属有理，而中国先行开炮，该夷官兵死作伤数百人，若不报复，恐为海上诸夷所笑，且渠不能自主，拟即请示国王再定；佛(法)酋则称伊国亦有伤亡，不能不照英酋办理"；"各夷互哄本属常情，而与中国交涉事件仍复交相袒护"，是以很难行使离间之计，并担心"今冬明春必有变局"；拟即照会法使，"诚恐置之不复，既阻转圜之机，又启狎玩之渐"。再于28日奏称：华商已按官方口径向外商传言，普鲁斯不与桂良等在沪见面，至白河口外又拒绝接收清方照会，"硬闯海口"，"僧格林沁未将其船只全行击毁，非不能也，悯其愚顽也"，"该夷商等咸以为然，议论纷纷"，普鲁斯等"均有所闻，始知众怒难犯，渐有悔心"，"其气已馁，亦可概见"；让人游说法使，"商情如此，国王闻之必将加罪"，对于普鲁斯来说"固属咎由自取，为布尔布隆计殊属不值，布尔布隆始尚游移，继亦恍然"，只是表示，普鲁斯"心存报复，伊不便独自作主，只好缓缓进言"；"就现在情形而论，米(美)夷既已进京换约，佛(法)夷又已疏通，则英夷之势已孤"；"而夷商人等各已写信回国"，普鲁斯"恃强妄为，该国王亦必当有所闻知"，不一定会赞同他的做法，"或可息事弭兵"，他已照会英使，待有回文，"再行相机办理"。复于8月15日上奏说：英使已复照拒绝与他谈换约之事，据英国驻上海领事密迪乐(Thomas Taylor Meadows，1815—1868)等所言，"此事该国王必以普鲁斯为办理不善，将其撤回，另换人来接办。该国官兵死伤不少，必议用兵。若得钦差大臣桂中堂(即桂良)给与普鲁斯照会，尚可和解"③。

---

① 参见齐思和等编：《第二次鸦片战争》(四)，上海人民出版社1979年版，第197、198、196、199页。

② 《筹办夷务始末》咸丰朝卷四十一，续修四库全书本，第48—49页。

③ 齐思和等编：《第二次鸦片战争》(四)，上海人民出版社1979年版，第191、192、196、197、214—215页。

在此期间，咸丰皇帝的态度发生了重大变化。

8月1日接到何桂清7月24日奏报时，鉴于英、法二使"愧忿难平"，不可能进京换约，似乎毫无转机。加之僧格林沁又曾奏称：英、法于"挫败后意图报复，势所必然。然越七万里滋扰中国，非处万全必不肯轻动，若再惩创一次，则其势亦不能复振"；且据说英国又派兵至印度"正在打仗，尚未罢兵，以大势揆之，亦无竭全力以赴中国之理。即使该夷舍命报复，现在营垒培厚加高，密布大炮，各营官兵无不奋勇，足资抵御"①。让咸丰也感到"天津已预备接仗，可无他虞"，于是一不做二不休，干脆又动起了废弃前约或消弭四事的念头。他当天即发出指示：法使"既与英夷为党，接何桂清照会后即使有悔悟之机，亦止能照米（美）夷和约内所载各口通商一律办理，所有上年在津条约作为罢论；至英夷两次到津俱先开炮，此次首先背约，情理难容，即伊自悔求和，当责以衅自彼开，中国将弁多有伤亡，所有兵费约需千余万，除将英、佛（法）两国前议之六百万抵去外，尚须索赔若干万"，如果嫌多，"彼时再由何桂清作为己意，代乞恩施，酌量减数"；"英夷将来亦只能照米（美）夷七口通商，由何桂清与该夷另立条约，与佛（法）夷亦另立条约，均即在上海互换，不复令该两国进京，亦不令桂良等再往上海矣"。咸丰清楚，由于这一决策关系重大，稍有不慎即有可能功亏一篑，所以要求何桂清"此事办法该督可存之于心，勿先宣露，到时酌办可也"②。

何桂清7月28日奏折中所谓普鲁斯"渐有悔心"、布尔布隆"继亦恍然"等说法，基本上是一厢情愿的揣测之辞，本希望以此坚定皇上让他们进京换约之信心的，不料却起到了完全相反的作用。态度已经改变的咸丰皇帝于8月5日读到这份奏折时，却得出了英、法二使已露怯意，清方如果强硬起来，即可乘机挽回"上年条约内万不可行之事"的印象，进而感到自己此前的决策真是太英明、太及时了。他首先要求何桂清立即改变对外国使节的态度，"经夷商开导，该酋等似有悔悟，且俟其自来转圜，再行斟酌办理，毋庸再向关说，转似中国求和"；其次重申四天前已谕令"该二国和约只能在上海互换，均照米（美）夷七口通商，并须索赔兵费等事，该督奉到后仍须照办"；再次考虑到"此时若不先露端倪，恐该酋以为仍照前议一无更改，将来闻我办

① 齐思和等编：《第二次鸦片战争》（四），上海人民出版社1979年版，第179页。
② 同上书，第203—204页。

法必致大失所望”，要何桂清“传谕华商，转达夷商”，将其决策“渐为宣露，使二酋有所闻知”①。

一连接到上述两份上谕后，何桂清对咸丰的想法简直有些匪夷所思，无论他如何设法，也不可能让英、法放弃已经到手的侵略权益，更不要说让他们向中国赔款了。既然皇上的要求与中外交涉的实际状况相差如此悬远，他就算是费尽心机也只能落得个出力不讨好，稍有不慎甚至会赔上身家性命。恰好普鲁斯说他无权过问换约之事，所以他于 8 月 15 日将普鲁斯的态度奏报皇上时，借英人之口，建议仍由桂良与英方交涉，以便于借机置身事外。但咸丰皇帝于 22 日颁下谕旨，以“桂良等回京，已缴钦差关防，无从与闻其事”为由，仍要求他：“如果该夷悔悟，自来说合，即须迎机善导，勿令坐失机宜，是为至要。”好在这道上谕又嘱咐他“当坚持定见，不可再向关说，以致迹涉求和”②，何桂清深知：只要自己按照上谕要求，不去做英、法公使的工作，他们都不会主动来找他谈换约问题的。有此上谕精神，即使今后英、法再度挑起战争，朝廷也不至于把未能挽救和局的责任强加到他的头上。

大沽败讯传到伦敦，立即引起了一片战争叫嚣。1859 年 9 月中下旬，英国内阁连续开会讨论对华政策，决定进一步扩大侵华行动。9 月 17 日，英国驻法大使考莱受命咨询法国政府“究竟打算采取什么适当的措施来对中国政府进行应有的正当惩罚”，法国外交大臣瓦尔斯基当即表示法国将与英国“一致行动”，对中国“实行应有的报复”③。经过一段时间的磋商，英、法两国就再次联合派兵侵华达成了基本一致的意见。英国出兵约 1.2 万人，任命陆军中将格兰特(James Hope Grant，1808—1875)为总司令；法国出兵约 7 000 人，任命陆军中将孟斗班(Charles Cousin Montauban，1796—1878)为总司令。两国再派额尔金、葛罗为负责与清方交涉的全权专使，英国外交大臣约翰·拉塞尔、法国新任外交大臣图弗纳尔(Thouvenel)分别在给他们的训令中提出了清政府必须满足的三点要求：

① 齐思和等编：《第二次鸦片战争》(四)，上海人民出版社 1979 年版，第 206 页。

② 《筹办夷务始末》咸丰朝卷四十一，续修四库全书本，第 48 页。

③ 齐思和等编：《第二次鸦片战争》(六)，上海人民出版社 1979 年版，第 235—236 页。

一、对联军旗帜在白河所进行的侮辱作正式赔礼道歉；

二、互换天津条约，并履行该条约；

三、对各该两国政府均支付六千万法郎（约合白银800万两）的赔偿。

同时指出："英、法大使应该进入北京，并在那里受到光荣接待，这将是必要的。是否继续驻节在京城就成为你们共同商议裁决的问题。"但又提醒他们：1."计划中的战争行动要尽可能地在扬子江以北地区进行"，"无论如何也不要疏忽在其他地区都和居民保持良好的关系"；2."我们的意图也绝不在于推翻当今中国之君主"，所以"应加倍小心来防止"清朝皇帝"放弃京城退居到帝国最边远的地区去"，并因而导致清政权垮台的危险。①

英军总司令格兰特

1860年春，英法联军络绎开赴中国。在此前后，上海风声鹤唳，有关英、法派兵来华的消息不胫而走，喧腾人口。何桂清早在1859年11月22日即根据传闻奏报英、法由印度调兵6 000名已到香港，12月11日又奏称有英国"三桅火轮兵船一只载兵六百余名"由日本至沪。②此后英、法兵船频繁进出上海港，何桂清等感到战争的危险日益迫近，又让"老成殷实与夷商素相契洽之华商徐昭珩、杨坊二人"鼓动英商设法调解中英关系。"嗣据夷商窥测普鲁斯之意"开列了8条要求：

一、天津原议五十六款，不能更改一字。

二、仍须带兵至大沽口外驻扎，事毕即返。

三、须带兵一二千至天津府城，候旨进京换约。

四、待中外商人将诸事议定后，请中国钦差给予一文，嘱其入京换约。

① 参见齐思和等编：《第二次鸦片战争》（六），上海人民出版社1979年版，第258、255、260页。

② 参见同上书（四），第263、274页。

五、约定何时赴津、何时进京，能得中国钦差或委大员同坐轮船赴津更好。

六、兵费两不赔偿。

七、须另贴银一百万布置一切，即为两不赔费及不致拦漕停税之信据。

八、既经议和，请撤大沽之防。

并建议："至在沪定议，须在二月以内，愈早愈妙。"何桂清等固然希望朝廷能够作出让步，以消弭这场战争，但又担心皇上看到这些条款时龙颜大怒，治以办理不善之罪，所以在1860年2月18日上奏时即说一、三、七、八条"万难准行"，其余四条"诸多窒碍，亦不能行"，已令华商"再行设法调处"。咸丰本来是要乘战胜之威，废除公使驻京等条款的，现在看到英商所拟八条不但没有挽回任何权利，反而要多付白银100万两，当然绝不可能答应，乃强硬地表示：英、法必须先在上海与何桂清议定一切（当然是按照他提出的条件），然后才能照美国之例进京换约，"既已议和，即不必携带兵船前来；若仍带兵船，则是有意寻衅，海口防兵定当照上年办理"①。

3月9日，普鲁斯和布尔布隆根据本国政府的训令，分别向何桂清递交了致以武英殿大学士彭蕴章为首的军机大臣的最后通牒，提出了四项要求：

一、指责清方没有正式通知其由北塘进京换约，大沽之役并非英、法肇衅，清方应照会认错，并归还缴获的船只武器；

二、准许两国公使由大沽进京换约并长驻京师；

三、《天津条约》"宜通行中国，众官民遵守勿违"；

四、赔偿两国军费，且"以所请各款照办之迟速定数目之多寡"。

限30日内予以满意的答复，否则即将诉诸武力。②

何桂清在上奏时特意提及："该夷商等佥称普鲁斯万分执拗，一闻劝其不可用兵之语，便称我行我法，不为尔等所愚，且甚怒天津诱其中计，我等虽愿意息事，一时难以劝令就范"；"揆普鲁斯私意，必欲战胜胁和，可以为所欲

① 齐思和等编：《第二次鸦片战争》（四），上海人民出版社1979年版，第298—301、305页。

② 参见同上书，第308—310、533页。

为；若能勉允我等所请八条，或者尚可转圜，迟亦恐来不及”①，希望借以引起皇上的警觉，促使其认清形势，及时改变对外态度，最好能就英商所拟八条作出让步，庶可望达成和议、避免战争。

咸丰皇帝并没有认识到形势的严峻性，丝毫不改变其初衷，一方面，让军机处以给何桂清咨文的形式逐条驳斥了英、法最后通牒所提各项要求，最后表示："凡和约内应行通融办理事宜"均在上海按照何桂清的意见修改定议后，"不带兵船，简从北来，于北塘地方守候换约"，清方才有可能按照美国的成例予以接待；"倘必欲多带兵船，仍从大沽行走，是并非真心换约，则应听海口办防之大臣据理酌办"。另一方面，又对何桂清说："该夷此次照会虽不露求和之意，已属外强中干，其情大可想见。"他将"和约内应行通融办理事宜"逐一作了具体规定：1. 公使驻京前已答应可以通融，"断不能再准，即择地居住之说亦不可行"；2. 赔英款 400 万两，"须将兵费二百万两抵偿（中国），其赔货之二百万，作为华商分年代赔"，赔法款 200 万两"亦准此办理"；3. 增开口岸"除长江内固不可行，此外英国所求牛庄、登州皆与天津逼近，亦难允准"，只可照美国增加潮州、台湾二口，"如必不得已，英国可再添其所请之琼州一处，佛（法）国可再添其所请之淡水一处"；4. "游历内地"之款也"务当竭力消弭"；向英、法严正声明：大沽防务"虽换约之后亦不能撤也"②。

4 月 14 日，何桂清再次奏称：普鲁斯收到其照会所附军机处咨文后，"大肆咆哮，内北塘换约一层尤为忿怒"，责备英商此前"总谓可以言和，兹复文如此，毫无愿和之意，可见尔等尽系谎言"，表示"惟有一意主战"；英商受华商之托"往询有无复军机处之文"，普鲁斯回答说："将来到京面言，此时无可再复。"英军总司令格兰特、法军总司令孟斗班俱已到达上海，据说普鲁斯意在待"兵船到齐，概赴天津，并有附近数处欲一齐侵犯"。但咸丰却沿着自己的思路，认为这是因为普鲁斯"见回文语气平和，故作此虚声恫喝之言，以冀尽如其愿，仍是该夷得步进步之惯技"，依然坚持原来的意见。他说英军于大沽受挫之后，仍准其"北来换约，我中国相待之恩可谓宽大"，而英使不识好歹，"仍以必不可行之事志在必行，在中国岂能俯首受其挟制？现在天津等处设防严密，如果该夷带兵前来，惟有与之决战"。5 月 8 日，何桂清又上奏说：普鲁斯欲派兵拦截漕粮、命商人停交关税，已被中外商人阻止，"而

① 齐思和等编：《第二次鸦片战争》（四），上海人民出版社 1979 年版，第 308 页。
② 同上书，第 321、319 页。

兵齐报复之说，屡经华商密嘱洋商多方化解，奈该酋桀骜太甚，断非口舌所能争”，听说英、法复派额尔金、葛罗来华，待他们到后“再定行止”①。

英、法决定大规模出兵侵华，就是企图通过战争以武力征服清朝统治阶级，不但要攫取更多的侵略权益，而且要确保这些权益都能落到实处。他们本来就没有打算通过和谈来解决问题，更不愿因和谈而妨碍其达到预定的目标，递送最后通牒不过是为了履行必要的外交程序，而不是表达和平的诚意。清政府拒绝了最后通牒中的要求后，他们就开始进行战争的部署了。4月13日，普鲁斯、布尔布隆分别照会何桂清对军机处未直接予以复照表示抗议，声明即将采取军事行动。3天后，他们即分别函请格兰特、孟斗班“通过武力来从北京内阁那里得到赔偿”。21日，英法兵船大小18只开到定海，“次日在城乡遍贴夷示，随即陆续进城，分住寺院”②。5月20日，英、法在香港举行军事会议，商定除两国共同占领舟山作为抵押品和兵站外，英军将进至大连湾、法军将占领烟台作为军事基地。27日英舰即开到了大连湾，6月8日法军也开进了烟台。

咸丰皇帝直到接到何桂清5月8日的奏折后，见侵略者动真格的了，态度才有所改变。他于当天颁发给何桂清的上谕中说：“天津原定条约内为害最甚者如：夷船入江，海运河运皆归其掌握，挟制无穷；夷人驻京，则中国为外夷所监守，自古无此体制，万不可行。其余各条如无大窒碍之事，即不妨略予通融。”但仍要他向额尔金指责普鲁斯背约，声明清廷已“格外宽恕”③，希望仍能够在上海换约。5天后，又要何桂清责令英法联军退出定海，阻止额尔金等北上，即在上海开议。

但此时太平军已第二次攻破清军江南大营，接着乘胜东进，连克丹阳、常州、无锡、江阴、苏州等城，兵锋直接上海，江南大营统帅和春上吊自杀，副统帅张国梁投水自尽。何桂清于6月6日逃至上海，随与巡抚衔江苏布政使薛焕、苏松太道吴煦去见普鲁斯，要求英军帮助镇压太平军，声称英国可以借以消除其在中国人心目中的不良印象，成为清朝的盟友，同时何桂清等“向皇帝代达英国的要求时，就更有力量了”。普鲁斯表示：“一旦友好的协定成立，英国人就会考虑他们是否能帮助这个国家恢复平静；但是，除非他

① 齐思和等编：《第二次鸦片战争》(四)，上海人民出版社1979年版，第328、330、333页。
② 同上书，第265、337页。
③ 同上书，第341、342页。

们的要求得到满足，他们不会触及地方性问题。”[1]何桂清等约见布尔布隆，对方只派秘书哥士耆前来应付，谈话口径与普鲁斯完全一致，坚称“中国将彼比于属国，不肯以平礼相待，所以该国王立意决战，无可商量”。何桂清只好硬着头皮奏称：太平军进攻苏州时，江苏巡抚徐有壬已让薛焕、吴煦等向英、法借兵救援，可惜没来得及；“近日苏州在沪贸易各商亦再四商恳该酋发兵，虽急于救苏，实可暗消北衅；该酋则谓极愿帮助，但伊国兴师动众专为雪耻而来，若先为我剿贼，何以转报国主”？“昨经英、佛（法）二酋派兵巡防，系为保护夷房起见，经吴煦设法羁縻，亦派营会堵”；上海之所以“不即变乱者，赖有‘速定和议，借兵助顺’一说耳，若并此不办，不待贼来立即瓦解，非为贼有即为夷踞”；“该夷现执上海无可商议之说，百折不回，并称和议事大，必先进京换约，从前天津原定五十六条及今春照会军机处所请四条，只须分别准驳二字，准则仍归和好，驳则立即开仗”，恳请朝廷“准将英、佛（法）两国原定天津条约及续请各四款俯予照办，庶期南北两衅可期立时消释”[2]。

咸丰6月26日闻奏后勃然大怒，他对何桂清不经同意就去见普鲁斯已十分恼火，在其奏折叙及此事处朱批道：“清朝臣子有如是者耶？虽将汝抵法，朕实觉赧颜，何以对天下臣民？”当天又另发上谕痛斥“何桂清前赴上海商办，纰缪已极”，“若借资夷力，使该夷轻视中国，后患何可胜言！所请安抚夷人、劝其助顺剿贼之处，应毋庸议”[3]。此前，清廷已于6月8日将何桂清革职，随即又下令将其“拿问”[4]。咸丰尽管恼火，但仍首鼠两端，转令刚刚升任江苏巡抚、署理两江总督与钦差大臣的薛焕对即将到来的额尔金等“剀切开导，冀有转机，固不可因苏、常失陷稍示以弱，亦不可激之北驶，致起兵端”[5]。

6月底，额尔金、葛罗连樯抵沪，“有即日北驶之说”，华商杨坊等劝其与薛焕见面，“该酋答以此来只知进京，无烦与外省官员相见”。已先期到达的美国公使华若翰、俄国公使伊格那提耶夫[6]仍决定以“调停”为名，趁火打

① 蒋孟引：《第二次鸦片战争》，生活·读书·新知三联书店2009年版，第194页。

② 齐思和等编：《第二次鸦片战争》（四），上海人民出版社1979年版，第380、377—379页。

③ 《筹办夷务始末》咸丰朝卷五十二，续修四库全书本，第18页。

④ 接到这份奏报之先，清廷已于6月8日将何桂清革职，令江苏巡抚徐有壬兼署两江总督、江苏布政使薛焕署理钦差大臣；18日徐有壬战死，次日升任薛焕为江苏巡抚、暂署两江总督。

⑤ 齐思和等编：《第二次鸦片战争》（四），上海人民出版社1979年版，第399页。

⑥ 沙皇御前侍从少将伊格那提耶夫于1859年3月以驻北京“政治代表”身份率“军事援助团”来华，中途因清廷拒绝沙俄援助，“军事援助团”解散，仅率部分随员抵华。1860年5月19日伊格那提耶夫才接到“授予他公使衔”的俄国外交部训令。

劫。俄使甚至将其了解到的"都门并津、沽防堵各情形"告知英、法，怂恿他们"不必误听人言，二三其见，竟赴天津打仗，必须毁去大沽炮台，和议方能成就"①。7月3日华若翰首先离沪北上，次日伊格那提耶夫离沪前往北塘，5日额尔金由上海前往大连湾，7日葛罗由上海前往烟台。

英法联军舰艇随即相继由大连、烟台驶往北塘或大沽口外，至7月底全部聚集于渤海湾西侧靠近津、沽的区域内。英军共有各类战船70艘、运输船100余只，官兵1.2万名，除步兵外还包括炮兵近2 000人、骑兵1 000人、工兵400人；法军共有各类船舰33艘，官兵6 700名，主要为步兵和炮兵。清廷也陆续向津、沽一带增派了1.3万名官兵，至7月底前线驻军总数达2.9万名，但实际投入战斗的只有驻扎于大沽地区和营城一带的1.3万余人。就战场上的双方兵力而言，英法联军不但武器装备远远先进于清军，而且在人数上也超过了清军。当时，清朝统治阶级对此并无清醒的认识，依然沉浸于上次战胜的优越感之中。

在军事防御方面，清朝统治阶级中早已有人指出敌军有可能从北塘登陆、包抄大沽炮台后路，应该重视北塘的防守。两广总督劳崇光与何桂清、薛焕等也一再上奏说，英法联军将"潜用浅水轮船载陆兵至北塘乘虚登陆，攻我不备"。咸丰皇帝三令五申，要僧格林沁加强北塘防务。可僧格林沁却认为：一则，北塘炮台邻近村庄，一旦打起仗来，必遭炮火延烧，"官兵徒多损折，亦且挫我锐气，滋长寇氛"；二则，北塘"西南均系盐滩、潮沟、泥淖，人马不能行走"，与大沽、新河"仅有一路可通"，因北塘营垒较小，容纳不了多少军队，若驻军于大沽、新河，战时调往增援，在敌军火力封锁下也上不去。因而决定在北塘与芦台之间的营城修筑炮台营垒，"将北塘炮位、防兵全数移至营城"；另在北塘与大沽之间的新河驻扎骑兵，"该夷如敢由北塘上岸以袭大沽北炮台后路，新河防兵足资扼截，该夷亦难以径行绕越"；"北塘原有炮台旧基"先曾"安伏地雷"，后又"挖通地道，装塞火药，设该夷窥伺，燃之以备火攻，兼不使该夷得以占踞"。他以为这样就可以万无一失了，曾于1859年12月23日奏请皇上令何桂清、劳崇光等"如与夷人接见，即将大沽一带水路逐层防守器具、陆路布置情形，向该夷明言直告"，借以震慑他们。他还倡言："沿海马步官兵虽不甚多，尚称精锐，如该夷登岸接仗，求之不得，情愿与决一战，并

① 齐思和等编：《第二次鸦片战争》(四)，上海人民出版社1979年版，第404、409、393页。

非大言夸张。"①如此大言不惭，咸丰皇帝不由得不信。孰料后来英法联军正是由北塘登陆并很快就突破了清军的防线。

7月9日，俄国翻译明常乘船抵北塘口外，向清方投递伊格那提耶夫、华若翰致军机处表示愿意代为向英、法"说合"的照会。咸丰皇帝令恒福派员接收俄使照会，随由军机处复照称：若英、法愿照美国之例换约，清廷断不会拒绝，"在天朝并无失信于两国，又何劳贵国替中国从中调处"？对于美使照会，却以条约未载美国可"由天津海口呈递之条"而不予接收；并称美约已换，"别无再议"，若欲"从中调处，亦须由上海五口通商钦差大臣处商议"。未几，清廷接到薛焕的奏报说：英、法派兵来华，主要是因为普鲁斯和布尔布隆"擅自主战，并非该国主本意"，是以两国另派额尔金、葛罗"前来办理，其意原重在和而不在战"。直到7月27日，咸丰仍相信薛焕所言"自系确有所见"，要恒福先行照会通知英、法可以照美国之例换约，也可以由他代为奏请"钦派大员赴津会议"；同时告诫僧格林沁"不得以夷情愿抚懈我士气，亦不得先启衅端致该有所借口"。3天后，僧格林沁、恒福上奏说已接到美使愿与俄使一同"调处"的照会，因对方"并无即候回文之语"，"若即答复，转似中国有意求和"。咸丰却要恒福立即复照让他通知英、法两使，只准"带从人一二十名，径由北塘进京换约"②。

8月1日，英法联军由北塘登陆，没有遇到任何抵抗。当时北塘是一个椭圆形的村镇，居民约有3 000人，"中有一条长街把城市一分为二"，"法国人在左边扎营，英国人则在城市的右边扎营"；英国人清除了清军在北塘炮台埋置的地雷和火药后，在里面搭了帐篷作为英军总部，法军总司令孟斗班"则住在镇上的一所大房子里"③。当天，英船由北塘上驶，探查是否可以由水路进京。行至距营城炮台数里处，有两只轮船搁浅，其中一只乘潮退回，另一只在那儿搁置了好几天。清军并未乘机进攻，只是派骑兵在一旁监视。

3日，英法联军2 000人沿着"前往大沽的道路进行侦察"，走了大约7公里，清军派出骑兵"企图包抄这支小小的队伍，并且把它团团围住"④。击

① 齐思和等编：《第二次鸦片战争》(四)，上海人民出版社1979年版，第267、236—237、281、283—284页。

② 同上书，第418、423、432、433—435、437、444页。

③ 同上书(六)，第341、338页。

④ 同上书，第271页。

退清军的进攻后，联军撤回北塘，清军也未追击。这次小规模的战斗，英、法各有 8 人受伤；清军受伤 3 人，马亦受伤数匹。

12 日，英法联军出动 8 000 人分两路进攻新河、军粮城。驻扎新河的清军马队 2 000 人分头迎击，欲“切断联军右翼”，“然后再从两方面把它赶到沼泽地带去”，但很快即被联军的猛烈炮火击退，“在战场上留下了四百名伤亡人员”①。新河、军粮城沦入敌手。

14 日，联军数千人进犯大沽炮台的后路屏障塘沽，停泊于左侧的清军水师首先开火截击，不到半小时即被英法联军的炮火击退。驻守塘沽的清军凭借事先修筑的围墙展开反击，一度打算从侧翼包抄敌军，遭敌策应部队阻击而未能成功。经过两个多小时的激战，清军终因伤亡惨重而溃败。

被攻破的大沽北炮台外观

18 日，联军着手架设一座便桥，“想把白河两岸和新河高地联结起来”②。清军以骑兵掩护步兵向架桥部队发起突袭，被闻讯赶来的敌增援部队击退。是日，一支联军渡河占领了大沽西侧的大小梁子。此后两天，联军出动数百人在由塘沽通往大沽的道路上“平垫沟渠”并“支搭帐房”，经清军

①② 齐思和等编：《第二次鸦片战争》(六)，上海人民出版社 1979 年版，第 272、276 页。

"开炮轰击，始行溃散"①。

21日，英法联军向大沽北炮台和在其后路相距一里许的石缝炮台发起进攻。新任直隶提督乐善亲自驻守石缝炮台，率部英勇抗敌。激烈的炮战持续了两个多小时，清军火药库不幸被敌命中，炮台被炸开了缺口，敌军乘势攻进炮台，双方展开了更加惨烈的肉搏战，又拼杀了一个多小时后炮台才告陷落。事后，"在炮台内找到了包括司令官（指乐善）在内的成千具鞑靼人的尸体"②。当天下午，大沽北炮台亦于激战后失守。侵略者也付出了惨重的代价，英军战死17人、受伤184人，法军死40人、伤170人，其中包括17名军官。

被攻破的大沽炮台内侧

僧格林沁原先一直认为大沽炮台的防卫已经坚不可摧，但在塘沽失守后立即改变了态度，奏报朝廷说，大沽炮台"能否扼守，实无把握"。咸丰皇帝一直将僧格林沁视为大清王朝的军事支柱，惟恐他一旦战死，清军再无可

① 《筹办夷务始末》咸丰朝卷五十六，续修四库全书本，第27页。

② 齐思和等编：《第二次鸦片战争》（六），上海人民出版社1979年版，第280页。鞑靼人：这里指蒙古人。乐善为蒙古正白旗人，驻守石缝炮台的主要是所部蒙古族官兵。

以依恃之统帅，立即颁下亲笔朱谕："天下根本不在海口，实在京师，若稍有挫失，总须带兵退守津郡，设法迎头自北而南截剿，万不可寄身命于炮台，切要！切要！以国家倚赖之身与丑夷拼命，太不值矣！"怡亲王载垣、郑亲王端华与军机大臣甚至联名写信叮嘱僧格林沁："该夷如再来攻扑，似无妨我军先竖白旗。"石缝炮台的陷落使僧格林沁彻底丧失了守卫大沽的信心，他当即奏称："该夷既经占踞石缝炮台，其余两岸各营万难守御"，天津"为水陆受敌之处，无论如何厚集兵力亦不能守，惟有督带重兵扼守通州，以固京师"。大沽北炮台失守后，他马上"传饬各营竖立免战白旗"，当晚即经天津退往通州。与此同时，巴夏礼奉命面见恒福，要求清方交出大沽南炮台。恒福不敢怠慢，当场出具照会称："贵国水陆两军已占我后路炮台，是贵国善能攻战，我军情愿输服"，"已有钦差全权大臣前来面议，并请贵大臣由大沽河口行走"①。就这样拱手将大沽南炮台交给了英法联军。

英法联军占领下的大沽炮台

23日下午，刚刚由大沽退至天津的恒福听说"已有夷船数只驶至天津

① 齐思和等编：《第二次鸦片战争》(四)，上海人民出版社1979年版，第465、469、496—497、503、501页。

东门外十余里之土城”，立即派天津县知县姚煦、昌平州知州潘霨、绅士辛荣等“前赴夷船，优以礼待”。次日，何伯、巴夏礼等率英军分乘5艘炮艇抵达天津城外的东便桥，恒福与运司崇厚“当即出城同上英国之船，与巴夏礼会晤”①。此时联军主力与额尔金、葛罗等相继赶到。

英法联军占领天津后，“于四城之上遍立旗帜”，到处张贴安民告示②，并仿照在广州的办法，让所有的清朝官员各自留任原职，按照巴夏礼的指示维持社会治安。恒福则令张锦文、辛荣等依前年旧例设立“支应局”，负责为侵略者筹措各项需用物品。

天津、通州谈判

英法联军来华以后，尽管清政府一再向京津一带调集军队、增强大沽的防守力量，却一直没有改变其对外以和为主的政策，一直没有放弃与英、法进行和谈的念头，只是始终不愿放下“天朝上国”的架子。

1860年8月1日，恒福明知英法联军已由北塘登陆，仍按照清廷指示照会美使，请他通知英、法照美使成例进京换约。两天后双方初次交战，恒福当天接到美使表示已无法调停的复照后，立即再次照会美使，仍请其调停，只是稍微强硬一点地声称：“三日之内英、法两国如无回信，我国惟有主战而已。”但咸丰已感到继续让第三者传话有可能会错失和谈的机会了，便于这天令恒福直接照会英、法两使：如愿照美国之例进京换约，“必代为转奏，俟奉旨允准后，即可由此进京”。他表示：“倘该夷必欲坐轿进京，亦不必过于阻止，但告以只可在城外坐轿，不必以此小节致误大局。”次日，复降旨称：“此次该夷出村扑犯，业经击退，在我给予照会，并非示之以弱，迹涉求和；在该夷慑我兵威，心存顾忌，正可乘此据理晓谕，使之知感条惧”；所以要求恒福的照会“须心平气和”，且“不必提及打仗，使该夷无可转圜”。数日后，再次告诫恒福：“设或该夷另有条款及格外要求，无论如何为难，恒福断不必当面驳诘，亦不可故作刁难，惟当允其即为陈奏。”③

5日，搁浅于营城炮台附近的英船因担心遭到在旁边监视的清军马队

① 齐思和等编：《第二次鸦片战争》(四)，上海人民出版社1979年版，第512、508页。

② 参见同上书，第508、509页。

③ 同上书，第452、453—454、457页。

袭击，派2人登岸，“各执白旗一面，上写‘免战’二字”，声称清军“马队站列太近，恐被船上炮火损伤，致失和气”。又拿出一块白布交给清军佐领安定等说：“如彼此有派人来往之事，务须手执白旗，必不致损伤。”僧格林沁等以为：“英夷既已送到免战白旗，虽不可恃，究系该夷先已自屈”，随即照会要求与英方定期会晤。英方接到照会后，不得不解释说：“白旗系恐有伤中国马队，并非两国说合歇息干戈。”①

11日，恒福接到额尔金复照称：因清方没有明确表示全部接受英方的要求，所以不能停战。当即与僧格林沁会衔奏报朝廷，并分析道：英人“一味恃强挟制”，“若仍以柔和答复，该夷轻视中国已非一日，势必益长该夷骄悍之气，其无理要挟更将无所底止”，特意提出“应否直斥其非，抑或按照该夷照会悉如所请”，请求朝廷尽快予以明确指示。清廷的答复是：“额尔金既投递照会，虽语多要挟，然并非专意主战，亦可概见。此次不必直斥其非”，“但告以中国与尔国并无必战之心”②，要其由北塘进京面议，并要恒福同时照会法使。

朝廷的上谕尚未到达，英法联军已于次日占领了新河、军粮城。隔日，又攻占了塘沽。恒福于14、15、16日连续三次照会请求英、法停战，进京议和。载垣、端华等军机大臣于15日两次联名写信给恒福，一则要他“即行照会该夷，以大皇帝业经派有钦差大臣前来议事，即日可到，该夷务应守候，不可再行用武”；二则建议若实在难以御敌，不妨一面令清军“先竖白旗”，一面派人请求停战。16日，清廷未经征得英、法同意，即派西宁办事大臣文俊、武备院卿恒祺“前往北塘海口，伴送英、佛（法）两国使臣进京换约”；两次要恒福照会通知对方：英、法使节“若必欲由大沽行走，即可由我更换小船令该夷乘坐”；17日又说：可以先在天津宴请英、法使节以联络感情，“至该酋行走道路，总宜设法宛转令其由北塘进京”。18日，额尔金、葛罗分别再次复照声称：一定要占领大沽炮台，待清方接受全部条件才能停战。恒福只得奏请由“军机大臣径行照会”英、法，“将该夷所请各款俯赐曲从”，并“撤去大沽之防，或可稍转机”③。是日，文俊、恒祺抵达天津，也向英、法致送了照会，直至石缝炮台失守后才接到葛罗的复照，仍称须清方接受全部条件才能议

① 齐思和等编：《第二次鸦片战争》（四），上海人民出版社1979年版，第455、458页。

② 同上书，第459、463页。

③ 同上书，第470、471、478、479、482、484、488页。

和；额尔金则于两天后复照说，除前复恒福照会所言之外，已无可答复。

石缝炮台失守时，恒福立即照会英、法请求“息兵”，奏请朝廷“特派重臣迅速来沽与该夷当面晤商和议”。3天后退至天津的恒福一面单衔上奏，请求皇上“迅简亲信重臣，携带关防，兼程克日来津”；一面与文俊、恒祺联名致函军机处王大臣，说明“非有由京派有爵位最崇钦差便宜行事全权大臣来津，断难议和”。当天，清廷宣布以桂良、恒福为“办理议抚事务”的钦差大臣，令桂良“驰驿即赴天津”。又令恒福通知英、法，“桂良候领钦差大臣关防，即日起程”，大约31日“必可到津”，让他先将桂良的照会转交额尔金、葛罗。①8月26日，应恒福之请，清廷加派恒祺为议和帮办大臣。

桂良此前在议订《天津条约》和《通商章程善后条约》过程中，已充分领略了英、法使节的蛮横，他深知此次议和将更难于前两次，若不事先请示清楚，还像以前那样在情况紧急时不待皇上示下即先行签订，势必将受到责罚。他于27日自京起程后，一直在思考如何逃过这场劫难，29日行抵武清县时上奏提出，公使驻京一款，前在上海经再三交涉，额尔金已照会同意“互换和约以后，或择别地居住，或因要务随时往来，通融办理”，现“必将后议通融一节狡词翻悔”，另外还有“赔偿各项并送还炮位、船只”等要求，均需皇上先行表态，“密授机宜，俾有遵循”。咸丰皇帝原先对僧格林沁主持的大沽防务寄托了很大的希望，只要能够再次击退英法联军，中外交涉的天平就会向有利于清朝的一方倾斜，挽回公使驻京等条款也不是不可能的。孰料石缝炮台和大沽北炮台竟然很快又失守了，更想不到的是原先一再声称“河内布置似已严密，夷船断难闯入；陆路马步官兵练勇足资抵御，设使该夷马步万余，我兵迎剿兜击，必握胜算”；大沽一带“现在既经布置严密，官兵又敷截击，既有把握，无所畏惧”的僧格林沁居然一下子就泄了气。这时的咸丰皇帝当然知道，在大沽再次失守之后，不作出些让步是不可能达成协议的，于是很快表明了自己的态度：外国公使“既有择地居住之议，未便任其翻悔”，“如万难阻止，亦可允其驻京，但不得多带从人”；“去年所沉之船尚在水中，未尝为中国所有”，当然也就无法归还；缴获的大炮“现时均在海口”，可由英方“自行认收”；赔款尚“未定有数目”，到时候“桂良等必能随机应变”，并未坚决拒绝，只是希望数目能少一些。看到皇上已不再坚持原先的主张，桂良

① 参见齐思和等编：《第二次鸦片战争》(四)，上海人民出版社1979年版，第498、512、510—511、515、516页。

心里的一块石头总算是落了地。次日行至杨村时，接到了恒福转来的英、法二使的照会，强硬地要求清方代表须将英、法历次开列各款“立允概准”，并同意增开天津为通商口岸，“方可照会各军退驻大沽及山东登州等处，须俟赔偿银两全数给清，始令退出境界。以上各节皆应先与定约、盖印画押，再为入京换约”，将赔款额增至800万两。咸丰觉得这样清廷也太没有面子了，于是提出：赔款若能“减去若干”最好，即使“必不可减，亦应与之言明宽定限期并由何项扣还，庶可从容办理”；天津开埠英方前年即已提出，后来是用牛庄置换的，现于开放了牛庄之后又要求开放天津，且开埠则“欲建夷楼”，“亦不可允许”；“赔费通商即使允准，亦必将兵船退出海口，方能定议换约；其舟山、烟台二处亦均须退出，始可办理”①。

桂良于31日傍晚按期到达天津，次日正拟照会通知英、法使节定期会谈，额尔金、葛罗传过话来，“现在并未罢兵”，一定要桂良等照会表示接受对方所有要求，才肯与其见面。恒祺以前担任粤海关监督时与威妥玛、巴夏礼熟识，遂利用这层关系将他们邀至桂良寓所“再四劝导”，但他们丝毫不愿让步，坚称英方要求各款“必得一概允准，不容稍事商量，如有一款不准，伊即带兵北犯”。9月2日，恒祺又邀来巴夏礼与法国翻译美理登(Baron de Eugène Méritens)“竭力挽救”，几至“舌敝唇焦”，他们更加强硬地威胁道：“今日如不允准，再有异言，即不必给与照会，亦不能在津久待。”桂良等只得屈从侵略者的意旨，照会英、法表示接受他们提出的所有要求。恒祺问及英、法使节进京欲带人数，巴夏礼回答说：“英、法两国每处约计四五百人，并须另派数十人先期进都，以便观看沿途及京中房屋住址(是否)足敷居住”。桂良等认为其先派人进京的目的是“借此观我动静，有无设防、伏兵”，马上请求朝廷令在通州一带督师的僧格林沁与文渊阁大学士瑞麟“将防兵撤避，勿令该夷窥见，免致生疑、借口，有误事机”②。

朝中君臣都觉得桂良等过于软弱，甚至怀疑他们已“为该夷所挟，事事迁就”。此前，咸丰于8月30日派惠亲王绵愉前往通州视察防务，这时由察哈尔抽调的2 000名清军已抵通州，由山海关调来的清军也即将到达，僧格林沁奏称：“此次夷人之来，步队不过万余名，节次击毙数千名，计算该夷现

① 齐思和等编：《第二次鸦片战争》(四)，上海人民出版社1979年版，第525、283、529、532、537—538页。

② 同上书，第543—544页。

有不过一万之众，我兵马步三万，合力截击，堪敷抵御。”并准备再由内蒙古科尔沁草原卓索图、哲里木、昭乌达三盟抽调3 000名蒙古兵“住古北口，以为京师后路声援”；将所用武器“均系弓箭刀矛，火枪甚少”的旗兵2 000名“撤回守城”。于是，咸丰皇帝的态度又强硬了起来。清廷于9月4日谕令桂良等：天津开埠一事“当据理与之辩论，倘该夷决意不从，只准每年来津通商几次，并先行知照中国，以便派人接进海口，不准携带兵船，亦不准在大沽、天津建盖夷楼”；进京换约一事“必须令其先将内河兵船、海光寺一带马队撤回，并将兵船概行退出海口”，像美使一样“少带从人，方准来京”，“其先期派人进口探看沿途光景及京中房屋，断不准应许”，“即驻京之处亦应听中国指定，不能俾该夷自行选勘”；索赔兵费一层“应与之言明宽定限期并由何项扣还，尤不可允其先付现银”。咸丰又亲笔朱批道：“桂良等初次办法，已为该夷所恫喝，今既允许海口津城，隐患已伏，若仍畏葸迁就，一步不如一步，名为保全大局，实则多启戎心，将来若终岁不能撤防，岁须帑项姑置弗论，盘踞久则祸发愈大。现在不患决裂之堪虞，惟当筹既战之后作何了局之法。桂良等断不准一误再误，致将来不可救药。该夷桀骜性成，断难理喻，岂能保其必不北犯？即使再与决战，议抚之人更有理据，何必顾忌若此？”①

额尔金、葛罗接到桂良等“概允各款”的照会后，很快复照同意停战议和。巴夏礼“先索现银三四百万”，须立即交付，经清方代表反复磋磨，数额减至英、法各100万两，期限延至两个月。双方已约定，9月6日额尔金、葛罗与桂良等见面，次日“将现定各款彼此当面盖印画押”。桂良等打算于签约后派恒祺与崇厚伴送巴夏礼“先行晋都，照料沿途及到京一切事宜”。但清廷坚决不同意先付现银，也不准巴夏礼先带人进京。咸丰先在桂良等的奏折上批道：“想该大臣等双目已盲，该两国罢兵一语，桂良等能有把握否？”又在召见绵愉等时非常不满地说：“桂良等此次办理未免示之太弱，惟有极力挽回，尚可不负委任。”绵愉等随即写信嘱咐桂良等“须力向该夷辩驳，定议后奏明请旨办理，不可擅自允许，给予画押盖印凭据”，并警告他们：“倘诸事依违，不能阻止，设该夷进京后另有意外之虞，恐天威震怒”，你们“不能当此重咎也”②！

① 齐思和等编：《第二次鸦片战争》(四)，上海人民出版社1979年版，第549、535、548—549页。
② 同上书(五)，第3、11、4、5、9—10页。

既经皇上严旨切责，又经亲贵大臣来函提醒，桂良等哪里还敢造次？当威妥玛、巴夏礼拿着他们起草的条约草稿来让清方代表过目时，却被告知：此次条约在未经奏请皇帝批准之前，桂良等不能签字画押。9 月 7 日，英、法使节派人到桂良寓所索阅“便宜行事”敕书，桂良等只好承认仅带有钦差大臣关防，“并无另颁敕书”。额尔金、葛罗当天即照会桂良等，以其全权不足为由，停止谈判，即日率军北上。随后，巴夏礼又至桂良寓所当面对清方代表说：桂良等“未奉有便宜行事全权之旨，不能与之定约”，额尔金、葛罗“准于即日带兵径赴通州，听候派有当国第一大员、实能便宜行事、总握全权之大臣前来通州，以敦和好，再为定约”，“并言现已过期”，此时桂良等“即使业经奉有谕旨，亦不能在此画押”。次日桂良等要求至额尔金、葛罗寓所“面为阻止”，“该酋等坚拒不见”①。这次天津谈判连同索要“概允各款”照会、索阅“便宜行事”敕书，共只有 7 天，就这么由英、法单方面宣布中止了。

就在 9 月 7 日这一天，咸丰皇帝拿出了一份亲笔朱谕让惠亲王绵愉、怡亲王载垣、郑亲王端华、户部尚书肃顺与军机大臣兵部尚书穆荫、吏部左侍郎匡源、户部左侍郎文祥、署理吏部右侍郎杜翰等看，开头说明：中国“受累于蠢兹逆夷廿载于兹，战抚两难，诚堪浩叹！盖谋国者务为长久之计，应变者尤赖握要之图”，所以他“不惮详思，夜以继昼”，才想到了这些，恐召对时会有遗忘，便一条条记了下来。这份亲笔朱谕比较真实地暴露了咸丰内心深处的一些想法。

首先，关于天津开埠一事，咸丰也认识到：大沽既失，天津“蕞尔之城已在该夷掌握”之中，开埠通商的要求允许不允许其都是一样的。考虑到清军“断不能以肉身与船、炮争锋”，只能待敌军深入内陆后野战取胜，他原打算让桂良等以拒绝天津开埠激怒敌人，“不许津郡，则必战，引之深入”，决战之后，就明确宣布新议的条款不算数了，仍以旧约为准；“如再不能，则以津城通商换驻京一款，斯则可矣”。不料桂良竟已允许了，只有待“决裂之时将桂良等撤下或即斥革，办到何地步，再因时处置”。

其次，关于赔款和带兵换约两件事，对于前者咸丰的态度是：“无论二百万不能当时付与，即有此款，亦断无此理。城下之盟，古之所耻，若再腼颜奉币，则中国尚有人耶！”对于后者则认为：英、法“若拥兵而来，显怀莫测，即使

① 齐思和等编：《第二次鸦片战争》(五)，上海人民出版社 1979 年版，第 18、28、29 页。

迁就进京，必仍有断难应允之条款，彼时欲战不能，欲允不可。况陆续潜来之夷队，虽有兵而不能阻；煽惑依附之匪类，虽严示而不能禁。大患切肤，一决即内溃于心，京师重地尚可问乎？"因而绝对不能接受。他还十分严厉地宣称："以上二条，若桂良等丧心病狂擅自允许，不惟违旨畏夷，是直举国家而奉之。朕即将该大臣等立置典刑，以饬纲纪，再与该夷决战。"

此外，咸丰对巴夏礼要求先行进京的意见是："两国既经议和，一切供给自应饬司妥为筹办，何必先来踏勘？况该逆酋惊吠狂嗥，亦必多为挟制，既来则不肯走，与带兵换约一事其害相等，断断不能允许"；对英、法不愿立即撤兵的态度是："既经议抚，则应罢兵，岂有以刃加颈而索偿之理？况此条与赔费为一事，互相牵连，不过再为添偿地步。决裂之后，亦可以向该夷索费，为消弭之法。"最后，咸丰提出："决战宜早不宜迟"，应该"趁秋冬之令，用我所长制彼所短；若迟至明岁春夏之交，则该夷又必广募黑夷，举四国之力与我争衡，再勾通发逆（即太平军），远近交攻，支持颇觉费手"①。

可见，此时咸丰不但已明显倾向于主战，而且对战胜英法联军颇有信心，期待着乘胜废除新约或挽回公使驻京、赔款等权利。

但诸王与军机大臣中多数人认为与敌决战存在着很大的风险，特别是僧格林沁此前曾上密折称："若于通州一带接仗，恐京内人心摇动，胜败之机，在于顷刻，或偶有不利，京师商贾云集，必纷纷迁徙，兵心万一不固，关系匪轻"；"伏乞皇上恩准，援照秋狝之例，暂为举行"，即让咸丰以秋季打猎为名先退往热河行宫（今承德避暑山庄）。他说"倘车驾在京，不但势难兼顾，尤恐震惊圣驾"，只有皇上撤离了京城，他"方得相机攻剿，进退无滞，必期扫除丑类，以赎前愆"②。这样，反对与敌决战的诸王大臣就可以借口为皇上的安全考虑而力主和议了。9月8日，清廷还是达成了派怡亲王载垣、军机大臣兵部尚书穆荫去替换桂良等与英、法议和的协议。只是咸丰对议和既无信心，也不感兴趣，仍谕令载垣、穆荫："除面奉旨允酌办几条外，如再有要求，可许则许，亦不必请旨。如万难允许之条，一面发报，一面知照僧格林沁督兵开仗，载垣等即赶紧撤回扈驾。"③

---

① 齐思和等编：《第二次鸦片战争》（五），上海人民出版社1979年版，第26—27页。

② 《威妥玛所盗窃之中国档案》，见齐思和等编：《第二次鸦片战争》（二），上海人民出版社1979年版，第481页。

③ 《筹办夷务始末》咸丰朝卷六十，续修四库全书本，第11页。

木兰秋狝

清代康熙年间形成的带有典礼性质的皇家狩猎活动。“木兰”系满语，译为汉语的意思是“哨鹿”，即猎鹿。清代皇帝举行这项活动并不完全是为了娱乐消遣，而是含有重大政治、军事意义的。一方面，皇帝可以借围猎的方式演练骑射，考较诸皇子和大臣们的武功，使八旗官兵勤习骑射，经受苦累，以抵御骄奢颓废等恶习的侵蚀，保持骁勇善战和淳朴耐劳的传统本色，以期做到安不忘危、常备不懈；另一方面，皇帝可以乘围猎之便，就近召见蒙古各部落的王公贵族，借以笼络他们的感情，进一步巩固和发展满蒙关系，以稳定北部边疆的局势。由于这种狩猎活动通常在农历七八月间举行，所以称之为“秋狝”(古代指秋天打猎为狝)。

为了便于定期举行这项活动，清政府专门在内蒙古昭乌达盟、卓索图盟、锡林郭勒盟和察哈尔蒙古四旗接壤处(今河北省围场满族蒙古族自治县境)设置有木兰围场，这里地处大兴安岭余脉、内蒙古高原和燕山余脉交汇处，水草茂密，树木繁盛，成群的野兽聚集在这一带繁殖生衍，是打猎的好地方。清政府圈定的皇家围场范围相当大，东西、南北各相距约300里，总面积达1万多平方公里。围场内又根据地形与兽类分布的不同，划分为数十个小型的围猎区域，以便于每次分别在不同的区域进行围猎活动。

为了便于皇上前往木兰围场举行“秋狝”，清政府自康熙年间开始在京城至围场的途中设置行宫，其中规模最大、设施最为齐备的要数热河行宫(今河北省承德市北部)，又称承德避暑山庄。康熙、乾隆二帝往往于每年夏季即到承德避暑山庄避暑并在那里处理朝政，直到秋季举行秋狝之后再返回北京，当时热河行宫事实上成为清王朝的另一个政治中心。

1860年9月9日，当英法联军由天津进犯北京时，咸丰皇帝接受僧格林沁的建议，打算以举行“木兰秋狝”为幌子，逃往热河行宫，因大多数王公大臣拼命谏阻而未能成行。9月21日英法联军在通州(今北京市通州区)以西的八里桥击溃清军主力，北京城已危在旦夕，咸丰皇帝于次日清晨5时许率领六宫后妃和部分王公大臣仓皇逃往承德，后竟病死于热河。

翌日晨，咸丰召见群臣，颁下一道朱谕，声称要“亲统六师，直抵通州，以伸天讨而张挞伐”①，并将僧格林沁的密折一齐交给大家讨论。表面上是要在“御驾亲征”与“木兰秋狝”之间作一抉择，其实皇上的命意在后者。只是他作为一国之君，在大战将临之际率先逃离京城，自己也觉得不好意思，才要借群臣集议以堵塞天下万世悠悠之口；而直接让群臣讨论是否逃离问题，当然也太无颜面，于是才有“亲征”之说，实际上仅仅是做个姿态，完全是为了障人耳目的。

木兰围场

参与讨论的有内廷诸王、御前大臣、军机大臣、内务府大臣、内阁大学士与当天陛见、奏事的各部院大臣等，尽管诸王态度比较暧昧，而大多数人都明确表示既不同意皇上“亲征”，也不同意“秋狝”。讨论一结束，即由体仁阁大学士贾桢领衔、26 位大臣联名奏称：“地异澶渊，时无寇准，虽天威所临海氛自应慑伏，然非万全之道也”，所以御驾亲征“断不可轻于一试”；“至于僧格林沁所奏木兰之说，尤多窒碍，京师楼橹森严、拱卫周密若以为不足守，岂木兰平川大野、毫无捍蔽而反觉可恃？况一经迁徙，人心涣散，蜀道之行②

① 齐思和等编：《第二次鸦片战争》（五），上海人民出版社 1979 年版，第 37 页。

② 公元 755 年安禄山反叛，翌年攻入长安，唐玄宗李隆基逃往四川，太子李亨自行在灵州（今宁夏灵武市西南）登基，是为唐肃宗。

未达，土木之变[1]堪虞，夷人既能至津，亦何难至滦耶？”[2]咸丰只好令载垣、穆荫“即日前赴通州”，并决定“先给该夷照会，杜其进兵之计”，让“僧格林沁即日盖用钦差大臣关防、封妥，派委员前迎该夷投递，毋稍迟误”[3]。同时“京城九门均设大炮，令满洲九卿分门带兵驻扎，禁城内令宗室大臣带兵五百驻扎，逐日该班”。

10日，咸丰觉得不表明自己的态度不行了，于是又颁下一道朱谕：“巡幸之举，朕志已决，此时尚可从缓。惠亲王天潢近派，行辈又尊，自必以国事为重，著与惇亲王、恭亲王、端华等速行定议具奏。”接下来，王大臣再次讨论“秋狝”问题，大家都“毫无主见”。有人问负责在京城办理团练和城防的大臣“有何准备”，答曰“无”；又问“京城兵力足以登陴守御否”，就没人回答了。在这种情况下，郑亲王端华大声说：“既已毫无可守，如何请车驾还宫？”兵部尚书陈孚恩附和道：“宜为皇上筹一条路才是。”随即令京城所属的大兴、宛平二县“捉车五百辆，于今夜子刻齐备”，供皇上随行人员乘坐。“前门烧饼尽被买去为干粮之用”。当天，“太常寺卿汤修、御史寻銮炜等各递封章”[4]，福建道监察御史许其光也上奏“请皇上旋跸大内，以定人心而昭慎重”[5]。次日，“合朝文武奏留圣驾”，惇亲王奕誴、恭亲王奕䜣“哭留”[6]。南书房、上书房侍值诸臣联衔上折，“力言古来迁都之祸”。但咸丰仍不愿改变其出逃的决定，为了混淆视听，再次颁下朱谕：“即将巡幸之预备，作为亲征之举”，“若马头、通州一带见仗，朕仍带劲旅，在京北坐镇，共思奋兴鼓舞，不满万之夷兵，何虑不能歼除耶”[7]！他的如意算盘是，乘着仗还没打起来，先逃出京城再说，如果清军打败了，就一口气逃往热河，英法联军在北京一耽搁，就追不上他了；如果清军打赢了，自然就不用再逃了，还可以说是他坐镇京北、镇定人心的结果。只是仗在京城以南打，他却朝北方“亲征”，跑到京城以北去

① 1449年明英宗朱祁镇御驾亲征瓦剌，在土木堡（今河北怀来东）兵败被俘，其弟郕王朱祁钰继位，称景帝，史称土木之变。

② 《威妥玛所盗窃之中国档案》，见齐思和等编：《第二次鸦片战争》（二），上海人民出版社1979年版，第482页。

③ 齐思和等编：《第二次鸦片战争》（五），上海人民出版社1979年版，第36—37页。

④ 翁同龢：《翁文恭公日记》，见齐思和等编：《第二次鸦片战争》（二），上海人民出版社1979年版，第89—90页。

⑤ 齐思和等编：《第二次鸦片战争》（五），上海人民出版社1979年版，第40页。

⑥ 《庚申都城戒严事记》，见齐思和等编：《第二次鸦片战争》（二），上海人民出版社1979年版，第35页。

⑦ 《筹办夷务始末》咸丰朝卷六十一，续修四库全书本，第1页。

"坐镇"，这种障眼法也实在是太拙劣了！

木兰秋狝图

12日，武英殿大学士彭蕴章、大理寺少卿潘祖荫单衔上奏，六部九卿41人由吏部尚书全庆领衔、都察院75人由左都察史爱仁领衔合奏，反对皇上出逃。咸丰颁发长篇朱谕，公布英、法侵华过程，宣称：敌之"凶狡情形至于斯极，必若再事含容，其何以对天下？惟有严饬统兵大臣整顿师律，调集各路马步诸军与之决战"①。第二天，"惇王由西陵回，大哭，谏不可行"②。原体仁阁大学士祁寯藻、翁心存分别上奏，六部九卿24人由吏部尚书全庆领衔、都察院77人由左都察史爱仁领衔再次合奏，极力加以阻止。军机大臣匡源、杜翰、文祥也联名上折一针见血地指出："朱谕中'在京北坐镇'一语，圣意仍属木兰"，请求皇上"明降谕旨，宣示中外，使知木兰之役决计不行"，"并谕令王大臣等将所调马匹全行撤回，仍留兵丁护卫园庭"，"其顺天府所扣车辆一并令其放出，俾万姓众目共睹，知皇上断不轻弃军民人等而去，则踊跃欢呼，可收众志成城之效矣"。愤激的群臣不便直斥君上之非，便把矛头指向了赞同咸丰逃跑的少数人。潘祖荫昌言："非将误国诸臣立予罢斥，不足谢祖宗在天之灵，而作臣庶同仇之气。"以候补三品京堂在京畿一带督师的胜保、原湖广道监察御史曹登庸等上折"痛骂误国权奸死有余辜"，甚至有人在朝堂上公开扬言要"先杀端华、肃顺而后去"。这种情绪影响所及，人们纷纷以不同的方式来表达自己的不满。"二宫门侍卫皆纷云'进京伺候，

① 齐思和等编：《第二次鸦片战争》（五），上海人民出版社1979年版，第48页。

② 《庚申都城戒严事记》，见齐思和等编：《第二次鸦片战争》（二），上海人民出版社1979年版，第35页。

赴热河不去'等语,大宫门外调来各旗营马匹皆欲散"。端华传旨,对方居然不听。"肃顺传旨提内库银,堂郎中云'不敢开库'";至户部提银,户部尚书周祖培"亦不准开库"。下午上朝时,"军机文祥恳留诸臣勿散,欲力争也,召见时剀切开陈,痛哭流涕,至于碰头血出。恭王、惇王、醇王抱上足哭留"。其中惇王尤为悲愤,"大哭,欲自戕"。咸丰实在没有办法了,也跟着一起"大哭"①。一直挨到晚上9点左右才颁下谕旨:"近因军务紧要,需用车马,纷纷征调,不免啧有烦言。朕闻外间浮议,竟有谓朕将巡幸木兰、举行秋狝者,以致人心疑惑,互相播扬。朕为天下人民主,当此时势艰难,岂暇乘时观省?且果有此举,亦必明降谕旨,预行宣示,断未有銮舆所莅不令天下闻知者,尔中外臣民当可共谅。所有军营备用车马,著钦派王大臣等传谕各处,即行分别发还,毋得尽行扣留守候,以息浮议而定人心。"②同时下令"由内发银二十万两,普赏防堵、巡防各兵丁,以示鼓励人心之至意"③。

尽管咸丰皇帝迫于群臣的巨大压力而暂时放弃了出逃的准备,却并未彻底打消逃跑的念头。

9月9日,英法联军开始由天津向通州进发。次日,僧格林沁即将载垣、穆荫致英、法的照会加盖关防后,派前广东按察使龄椿、蓟州知州曹大绶"前往投递"。该照会称:咸丰皇帝原令桂良等"商办允准各款之章程,以便定约后按照办理",可桂良等"未能体会谕旨,诸多驳诘,以致贵大臣欲来通州商议",把天津谈判破裂的责任强加到桂良等头上;"现奉大皇帝谕旨,特命本大臣等前赴天津,与贵大臣商议一切,现已即日起程,统俟会晤贵大臣后,将条款章程议定,以敦和好"。载垣、穆荫于当天行抵通州,与在此督师的文渊阁大学士瑞麟相见;11日上午至李二寺会见僧格林沁,得知联军已抵杨村(今武清县),遂再次照会英、法二使,要求"将所带队伍悉行派令折回天津,以示并无嫌隙,庶本王大臣等得以到津会晤商界",声明"河西务一带现有防守官兵,倘彼此不睦,于和议大有妨碍";随于当天赶往马头,等候对方答复。第二天曹大绶带回英使照会,坚持要到通州议和。载垣等立即复照请求联军暂驻杨村,于河西务或安平"择一就近适中之地商办"。英方并未立即答复,联军继续前进,13日先头部队已至河西务。是日接到法使照

① 齐思和等编:《第二次鸦片战争》(二),上海人民出版社1979年版,第35、486、46页。
② 同上书(五),第58—59页。
③ 《筹办夷务始末》咸丰朝卷六十一,续修四库全书本,第12页。

会，也一定要在通州议和，并称若在通州遇到抵抗，联军将直趋京师。载垣等即照会英、法表示“如能将队伍于杨村、蔡村、河西务驻扎”[1]，可以在通州议和。适英法联军因建造储存大炮和弹药的仓库须在河西务停留 8—10 天，便接受了清方的意见。

当晚，威妥玛、巴夏礼等 23 人至马头欲见清方谈判代表，因载垣等已于几个小时前退往通州，即于 14 日中午赶到了通州。咸丰清楚地认识到：额尔金、葛罗“必欲带队赴通，名为议和，实则预伏以兵要盟地步”，因而对议和一直没抱太大希望。这一天，他先指示清方议和代表：“若该夷听受拦阻，自应望有转机，再为入手；若狂悖太甚，不听拦阻，载垣等不必俟其开仗，即行回京，将来战胜议抚，即赶紧驰往，亦断不至迟误。”令僧格林沁等“俟该夷探马到时，著即拦阻，毋令再行前进，如不听从，即行拿获”；联军主力“倘越过马头”，即“迎头截击，尽歼丑类，断不容其行至通州”。得知巴夏礼等已至通州后，又称“巴夏礼、威妥玛等系该夷谋主”，要载垣等将他们“羁留在通，毋令折回，以杜奸计，他日战后议抚，再行放还；若不能羁禁巴夏礼等，令其全数回河西务亦无不可，断不准去留任意，有碍战局”。他叮嘱载垣等：巴夏礼等若来求见，“该王大臣勿庸接见，以崇天朝体制，仍遣委员与之辩驳，所请索要现银及带兵进城，万不能允”[2]。

14 日下午 4 时许，载垣等与巴夏礼等在通州东岳庙会面，双方经反复辩论，至翌日凌晨 2 时许基本达成了协议，由巴夏礼代为草拟了载垣等致额尔金的照会，表示全部接受英方前在天津与桂良等所议条款，同意英使进京换约，并保证“永不失信”；同时要求联军于张家湾“迤南五里以外之地驻扎”，额尔金随带 1 000 名“护卫弁兵”至通州签约。载垣等随即奏报朝廷：一则，巴夏礼等“言词尚属恭顺，于天津所定各款外，并未别有要求”；二则，“察看僧格林沁兵情，如果竟须开仗，实系毫无把握，并距京甚近，实有投鼠忌器之虑，且一经开仗，不但目前抚局难成，此后更难着手”，所以他已“给与照会，以救燃眉之急”。但他们很快又接到了“索要现银及带兵进城，万不能允”的上谕，只好立即详细抄录英方提出的续增条约 8 款，专折请示皇上，如蒙允准，“俟额尔金到通后，即与盖印画押”；若仍以为不可，即“知照僧格林

① 齐思和等编：《第二次鸦片战争》（五），上海人民出版社 1979 年版，第 44、41、51、53、55、63 页。

② 同上书，第 66—67、65、67—68 页。

沁，将额尔金拦回”，“督兵开仗”，并要求“此折批发后，能于本日申刻以前递到通州，方于事机无误”。咸丰见双方竟然真的达成了协议，自然也愿意借以结束战争，当即表示同意，只是提出：“带兵进城一节，令其仍照与桂良商定，英、佛(法)两国每国不得过四百人；现银一节，换约后在津郡于两月限内缴清。”①

17 日，巴夏礼偕同法国使团成员美理登、巴士达(d'Estany Bastard)一行 40 余人至通州东岳庙会见载垣等。法方所提续增 8 款与英方大致相同，载垣等当即予以照会表示同意。但巴夏礼带来的英使照会中却增加了“互换和约时，所有该夷国书须亲呈大皇帝御览”②的内容。载垣等先以此事上次并未提及，不应另生枝节加以拒绝；又以美、俄“国书均未亲递”竭力劝解，可巴夏礼始终不松口。载垣遂就觐见礼仪提出：“我国之礼，见皇上自王以下无不跪。”巴夏礼答称：“我非中国臣也，安得跪？”过了一会儿，穆荫与载垣商议，只有采取权宜办法，觐见时安排外国人站远点，不让皇上看到他们磕没磕头，或许可以蒙混过关。巴夏礼仍声称英使“与尔中国主应以敌体礼见”③。双方争执了大半天，也没有达成一致意见。在额尔金、巴夏礼等看来，那么多丧权辱国的条款清政府都愿意接受了，按照西方外交惯例面见皇上亲递国书只不过是区区小事一桩，清政府就更不应该拒绝了，怎么也想不到这会成为导致谈判破裂的原因。可对于仍然顽固地恪守着“天朝上国”体制的清朝君臣而言，这却关系着国家的颜面、皇帝的尊严，是万万马虎不得的。载垣等认为“此事关系国体，万难允许”，立即“知照僧格林沁、瑞麟严兵以待”。僧格林沁本来已将清军撤至张家湾以北，得到这一消息后，“当即连夜拨兵仍往张家湾以南扼守”。咸丰皇帝闻报后，虽然感到“现在抚局将有成说，不值因礼节而决裂”，却依然表示“国体所存，万难允许”，“如欲亲递国书，必须按照中国礼节跪拜如仪，方可允行”；“设该夷固执前说，不知悔悟，惟有与之决战”④。

次日晨，英法联军先头部队受到清军阻击，巴夏礼等返回途中闻“枪炮声紧，复又折回通州向载垣等查询因何用兵”，并要载垣等通知僧格林沁“将张家湾之兵撤退，情词尤为桀骜。询以国书之事，则坚称仍欲亲

① 齐思和等编：《第二次鸦片战争》(五)，上海人民出版社 1979 年版，第 69—70、71、73—74 页。
② 同上书，第 79 页。
③ 《庚申北略》，见齐思和等编：《第二次鸦片战争》(二)，上海人民出版社 1979 年版，第 29—30 页。
④ 齐思和等编：《第二次鸦片战争》(五)，上海人民出版社 1979 年版，第 79、83、86 页。

递”。载垣等“复加严诘，该夷惟称‘不递国书，即是中国不愿和好’。掉头不顾，骤马逃去”①。载垣等立即通知僧格林沁截拿，抓获英人 26 名、法人 13 名。

通州谈判居然因“亲递国书”的仪式问题而告破裂。

激战八里桥

英法联军在北塘登陆后，很快即相继攻占新河、军粮城、塘沽，连僧格林沁都认为大沽炮台已难以防卫，咸丰皇帝感到有必要进一步加强京畿以南的防守力量，再一次大规模地从北部各省区调集兵力。仅一个月时间，羽檄所至，陕西、甘肃、内蒙古、吉林、黑龙江、山东、山西、直隶等省区共有两三万部队陆续开赴通州一带，只是大部分省区的部队直至战争打响时还没有来得及赶到战场。

当时，位于华北平原的京津地区基本上无险可守，僧格林沁率部自大沽撤出后，弃天津不守，一下子就退到了北京东南仅 30 余华里之遥的通州附近。同时将调防天津之“旗、绿官兵一并撤至通州”，调防山海关之“马步官兵，拟令副都统增庆管带来通。各项官兵一经到齐，共计马队七千名、步队万名，兵力不为不厚。倘该夷敢于北犯，临时酌量，总须与之野战，断不可株守营垒，转致受敌”②。从地理位置上讲，南方各省无论是由陆路经天津进京，还是由水路沿京杭大运河进京，通州都堪称是京城的门户，现在这里成了守卫京师的最后一道防线。

1860 年 8 月 27 日，僧格林沁统带所部撤回后，令步兵“前往张家湾迤南分扎十营，马队官兵在马头一带节节屯扎，以作前敌”；同时，“瑞麟仍统领原带官兵在通州驻扎；续到察哈尔官兵二千名，派令克兴阿管带一千名在马驹桥驻扎，察哈尔总管那玛善管带一千名在采育驻扎”③。9 月 5 日，增庆率山海关清军到防，僧格林沁“将马队派赴马头一带、步队在张家湾一带分布防守”；将装备较差的八旗骁骑营官兵 1 200 名、八旗汉军官兵 800 名撤回京城；另调署理直隶提督成保统带驻守通州的“直隶绿营兵约数千人”。英

① 齐思和等编：《第二次鸦片战争》(五)，上海人民出版社 1979 年版，第 84、80 页。
② 同上书(四)，第 503 页。
③ 同上书，第 535—536 页。

法联军由天津北犯的当天，僧格林沁立即做好了迎战准备，令“德兴阿、格绷额、珠勒亨督带马队三千名以备旁击兜后”，他本人与西凌阿“所带各营马步队以备迎头截击”，“瑞麟所带马步官兵拟在通州迤南以为策应”，并计划“总俟该夷行至马头迤北，再为迎剿”。隔日，因载垣等抵达马头，僧格林沁“前派格绷额、德兴阿、珠勒亨督带马队二千名”至马头一带作为前敌，又“商令西凌阿前往统带马队官兵，以期慎重”，并奏称：“该夷死党不过三五千名，深入重地，已犯兵家所忌。现在张家湾迤南通衢大道已挑挖壕堑、修筑土垒，连日激励将士，晓以大义，无不奋勇感慨，咸欲灭此丑类。倘该夷绕越而西，马驹桥一带现有马队，奴才等即行督兵横截，亦可得手。以现在兵力地势，足敷截剿，不致再有挫失。”13 日，英法联军前锋到达河西务，僧格林沁“派令副都统格绷额督带马队在河西务以北安平地方驻扎，俟该夷探马到时以便拦阻，如不听从，即行拿获”①。

至 9 月中旬，由各地抽调的援军只有京兵 1.3 万名与察哈尔、直隶北部各镇派出的部队及时赶到了前线，连同僧格林沁由大沽撤回的 1.7 万人，清方在通州一带集结的兵力大约为 3.4 万人。因英、法一定要在通州议和，载垣等被迫同意英法联军在张家湾以南五里驻扎，清军各部驻防之地只得后移。原扎于张家湾东南李二寺的僧格林沁大营后移至张家湾与通州之间的郭家坟，所部主力约 1.7 万人也相应“移至张家湾西北驻扎，自八里桥至张家湾正西，连扎二十余营，以扼赴通及赴广渠门(今建国门)道路”；仅派格绷额等督带马队约 3 000 人“在张家湾以南以东屯扎”②，作为前锋部队，首先迎击来犯之敌；大学士瑞麟统带的 8 000 人移营通州后路的八里桥，以便随时增援通州和张家湾；另外还有刚授予光禄寺卿之职的胜保率部约 6 000 人驻扎于齐化门(今朝阳门)以东 18 里的定福庄，作为后备部队。

9 月 18 日，英法联军先头部队逼近张家湾时，僧格林沁前一天夜里调回张家湾以南驻守的清军进行了阻击。是日中午，联军约 4 000 人向张家湾发起进攻，僧格林沁指挥守军“枪炮齐施”，奋勇还击；正准备分派骑兵由侧翼抄击时，“该夷火箭数百支齐发，马匹惊骇回头奔驰，冲动步队，以致不能成列，纷纷后退”。在战场失利的形势下，僧格林沁只好率部“退守八里

① 齐思和等编：《第二次鸦片战争》(五)，上海人民出版社 1979 年版，第 15、36、45—46、57 页。
② 《筹办夷务始末》咸丰朝卷六十二，续修四库全书本，第 9—10 页。

桥，以扼赴京道路”，表示要“赶紧再振军心，倘该夷由通上犯”，“惟有与之以死相拼”①。英法联军随即占领了张家湾、郭家坟。

张家湾城墙遗址

当天，咸丰先已下令：英、法使节一定要“以敌体礼”面见皇帝、亲递国书，“此条万难允许”，“如因此条不允，仍带夷兵过张家湾，著僧格林沁等即行痛剿，不必再为顾惜抚局”。得知张家湾失守后，复谕令：“僧格林沁现扼八里桥，截住夷兵前进之路，谅能振起军心，乘贼喘息未定之时，务须设法更番搦战，使其不得休息，恐该夷调齐大队人马转来扑犯，致落后手。尤须防其抄袭后路，或由通州城内冲出，扑我八里桥之后，取道北犯。胜保之兵应令扎于家卫，以备截击来京要路。”“总须以奇兵抄袭，挫其前锋，能以鸟枪刀矛等短兵相接，则可操胜算矣。”令直隶总督恒福会同奉旨在天津等地办理团练的光禄寺少卿焦祐瀛、翰林院侍讲学士张之万、掌山西道监察御史陈鸿翊等“乘此声威，激励民团，一涌而前，痛加剿洗。其津通一带沿途各民团，有能杀贼立功者，一体号召，协助官军，并悬重赏，鼓励众心”。同时由内阁明发上谕公开宣布：英法联军步步进逼，“现已严饬统兵大臣，带领各路马步诸军，与之决战”；号召“近畿各州县地方士民，或愿率领乡兵，齐心助战；或整饬团练，阻截路途”；“谕令各海口一律闭关，绝其贸易”。并悬出赏格：“无论员弁兵民人等，如有能斩黑夷首一级者，赏银五十两；有能斩白夷首一级

① 《钦差大臣僧格林沁等奏英军来扑迎击失利退守八里桥折》，咸丰十年八月初四日，见齐思和等编：《第二次鸦片战争》(五)，上海人民出版社1979年版，第84页。

者，赏银一百两；有能斩著名夷首一级者，赏银五百两；有能焚抢夷船一只者，赏银五千两，所得资财，全行充赏。”①

第二天，咸丰就用兵方略发下指令：“若仅用正兵与之相角，恐夷人诡谲，不足以尽其变。现在夷人大股屯聚李儿寺（应为“李二寺”）南，前敌马步数百盘踞郭家坟一带，此时惟有派马队劲旅三千绕至马头一带，以牵其后，彼进则我进，彼退则我退，使之怀疑，不敢北趋。然后大兵分三路击之，一挫其锋，自应立阻。并用暗袭之法，于夜间更番出击，使其自相惊扰。夷性多疑，军心一乱，剿办自易得手。”②20 日，又令两广总督劳崇光、广东巡抚耆龄停止支付驻扎广州英法联军的军费，“毋赍盗粮”；进而提出：“广东省城夷兵不多，是否可以乘机收复，著耆龄与劳崇光密为筹办。”③次日，咸丰再对用兵问题发出指示，令胜保“派员统带马步队各千余名，马队由南路绕出马头一带，彼进亦进，彼退亦退，有机可乘，即行抄袭；步队由北路绕出夷营附近之处，遥为声势，夜间施放枪炮，或举火以惑其心，使夷人彻夜不能安眠”④，敦促清军主动出击，积极争取掌握战场上的主动权，以扭转被动挨打、步步后撤的不利局面。

然而，僧格林沁此时的表现却相当地令人失望。

其一是制敌无术。清军不但在装备上远逊于英法联军，而且在战略战术上也明显落后于敌方。僧格林沁所依仗的主要是蒙古马队，在冷兵器时代，骑兵可以说是机动性最强的部队，尤其是在平原战场上，具有相当显著的优势，他也像当时的大多数中国人一样，误以为西方人在陆地上行动不够敏捷，所以在他的想像中，英法联军一旦登陆于华北平原后，蒙古铁骑就有了施展的余地，无论处于进攻或防守地位，只要派出数千蒙古马队如暴风骤雨般地冲击过去，敌军就会望风披靡了。在新河、塘沽、张家湾等地的战斗中，他使用的都是这种战术，不料却在英法联军近代枪炮的猛烈火力下骑兵一次次败退。寄托于蒙古铁骑的希望破灭了，除了对以多取胜仍存在一丝侥幸外，僧格林沁实在也不知道该怎样应敌了。

其二是治军不严。据胜保透露：僧格林沁所带“马队虽多，半属惊弓之鸟，且带队多系大员，习成骄惰。前日张（家）湾之战，并未伤折，一闻夷炮辄

---

① 齐思和等编：《第二次鸦片战争》（五），上海人民出版社 1979 年版，第 87、89—91 页。
② 《筹办夷务始末》咸丰朝卷六十二，续修四库全书本，第 26—27 页。
③ 齐思和等编：《第二次鸦片战争》（五），上海人民出版社 1979 年版，第 96 页。
④ 《筹办夷务始末》咸丰朝卷六十二，续修四库全书本，第 36 页。

反奔，致将步队冲乱。而邸帅（指僧格林沁）仍姑息之，不加参办，其何以振作乎”①？他亲自统领的蒙古马队尚且如此，由其他省区临时调集的部队的士气和纪律就可想而知了。

其三是虚报军情。由于战场上的情况很难逐一核实，晚清时期统兵将帅瞒报战况，特别是夸大歼敌数字已成为普遍现象。而僧格林沁的夸大竟到了没谱的地步，他先是奏称：新河、塘沽、石缝炮台三次战斗中，他“在炮台瞭望，我兵枪炮一发，该夷纷纷倒毙”，“三次击毙夷匪三四千名”；后又说英法联军经历次战斗伤亡，仅剩下“不过一万之众”②。张家湾之战，英法联军几无伤亡可言，但僧格林沁却说“毙贼无数”。这样就对咸丰等人产生了严重的误导作用，使他们不能准确判断战场形势，从而作出正确的决策。

其四是内部不和。当时在京畿一带督师的清军统帅除僧格林沁外，还有瑞麟和胜保，三个人在许多问题上意见并不统一。张家湾之战的当天，胜保写信向军机大臣文祥通报了张家湾已失、“南路纷纷逃来兵民甚多”等情况，准备带轻骑驰赴瑞麟处了解情况，“可为则为之，不计其他也”。诉说自己“所带之队皆属步卒，且多新兵”，刚刚开到的察哈尔援军“老弱充数十居六七，难望得力，只好将其分为二队，以一半赴八里桥，一半扎定福庄前路，不过壮声势耳”，“若实前敌难支，弟所带新兵甫到防所，东南两面受敌，且毫无期限，迅雷已不及掩耳，只好尽心补救，竭力办理，然不能确有把握，皆由前敌马队不能驻足，则兵心因之而惑。幸弟示以镇静，亲为率领，尚不致溃乱也”。他提出：“倘能西安队到，稍可救急，但须归我调遣方得力，然恐缓不济急。”稍后，又写信向军机大臣抱怨：僧格林沁与他意见“不免相左，虽奏谕令保会同商办，实未奉行。且因保之会办无明旨，各带队大员俱不得见，将何从调试耶”？僧格林沁独断专行，其决策“即瑞相亦有不与闻者”；“弟处应办之事甚多，委员亦有十余，皆自备资斧，不知应归何处粮台”；“弟责任甚重，而事权毫无，徒深焦急，未免掣肘，幸澄翁时有加谅耳”③。大战在即，统帅不和，对战局当然是极为不利的。咸丰皇帝虽曾谕令僧格林沁，“胜保处兵力不敷，即酌量派拨得力兵将交其统带，毋得各持意见，致误事机”④，可惜僧格林沁接到此旨已在八里桥战败之后了。

①④ 齐思和等编：《第二次鸦片战争》（五），上海人民出版社 1979 年版，第 109、112 页。

② 同上书（四），第 502、535 页。

③ 同上书（五），第 84—85、109、110 页。

由张家湾败退之后，僧格林沁已深知所部决无战胜英法联军之可能，极盼恢复和谈以避免战争进一步扩大。他也知道自己虚报军情有可能让清廷作出错误的抉择，于是立即写信给载垣、穆荫，承认“马步各队经此挫失之后恐难复振，能否扼截实无把握”，一面提醒他们“于京师妥为布置，以保无虞”；一面指出“夷人之志始终无非为利，此次大肆猖獗，自必要挟更甚，若设法图维，或可仍有转机”，希望他们尽快出面谋求和谈，而根本就没有把咸丰要他派劲旅绕出敌后、夜间更番暗袭等指示放在心上。据胜保函告军机大臣，夜间暗袭事，前敌诸帅虽“已商挑奋勇千名，往击其距通最近之李家窑匪营”，却终未实行；绕出敌后事，也曾“凑得京营马队七百余名，为数尚单，恐不得痛剿”[①]，后亦不了了之。

19日，通州知州接威妥玛来函称：若有英、法两国“弁兵尚在通州城内，当为转请其出城各回本营”，倘加拦阻，“我两军即日必上京师”。次日上报至僧格林沁处。僧格林沁当即令人代为起草复函，说通州城内并无英、法弁兵，只是巴夏礼等“因张家湾业已开仗，未便在通议事”，已与清方代表“一同进京，现闻在公馆居住”。并称：“业经给贵国钦使觅妥公馆，如贵国钦使欲来通议事，即可先给我国议抚王大臣照会”，英方照会“即可交本州转递京师办理抚局王大臣”。由于英法联军在张家湾之战后连续两天按兵不动，遂让僧格林沁产生了他们“仍望议和亦未可定”的幻想，甚而以为“威妥玛赴通州寻找弁兵，未尝非看我如何动静”，担心“若竟置之不理，该夷转圜无由”，会激使联军“决意前进”，生怕错失了这一议和的“机会”，便径自拟定致英使照会，“派通州知州送往”。该照会虽然声称“如欲决战，本爵马步官兵勇气未消，仍能拼死一战，且京都咫尺，大兵云集，以众寡而论，贵国未必即能得力”，其着意却在于提出：“倘贵大臣仍敦旧好，情愿息兵，前议各条悉如定约，毫无增减，即望扎队于通州以南，酌带随从在通州城内居住”，由他通知载垣、穆荫即刻出京，“在八里桥、通州之间择地会晤，庶和议早成，彼此军民得以休息”。后因“通州知州并未送往”，僧格林沁于21日“派弁收回”[②]。

清军大队汇聚于八里桥，英、法方面也知道这一战关系全局，至为重要。为慎重起见，联军在张家湾、郭家坟一带停留了两天，以便于针对具体情况研究、制订作战计划，同时让部队稍事休整、补充枪炮弹药。英军总司令格

---

① 齐思和等编：《第二次鸦片战争》(五)，上海人民出版社1979年版，第93、108—109页。

② 同上书，第104、100—102、127页。

兰特与法军总司令孟斗班就“攻击计划达成了协议”，这一次轮到孟斗班作选择，他选择了主攻八里桥，“格兰特将军则应该通过运河上朝北京方向再前面达一法里半的一座木桥”①。

八里桥是横跨在通惠河上的一座三孔石拱桥，始建于明英宗正统十一年(1446)，本名永通桥，因东距通州 8 华里而俗称八里桥。桥身南北长 50 米，东西宽 16 米，桥面两侧有 32 副石栏板，立有望柱，上雕石狮，“长桥映月”曾被列为通州八景之一。八里桥西距京城约 30 华里，当时是由通州进京的必由之途，在军事上堪称为京通之间的咽喉要地。清军在这里修有战壕和土垒，并可以利用周围的丛林作为掩护，准备在此与敌军决战。

八里桥

9 月 21 日(八月初七日)凌晨 4 时，英法联军由通州和张家湾、郭家坟一带向八里桥推进。7 时许，英法联军约 5 000 人向清军发起总攻。孟斗班命科林诺(Collinau)率法军第二旅为前锋，由中路担任主攻；雅曼(Jamin)率法军第一旅为右翼，先掩护第二旅进攻，待清军实力消耗得差不多了，即抢占八里桥；格兰特率英军为左翼，掩护法军全面展开后，再去占领前面的另一座木桥。

僧格林沁的战术仍然是先以马队发起猛攻。据法方记载：霎时间，清军“骑兵从我们阵地的右侧到左侧都聚成一片，蜂拥而来”，“并且很坚定地一

① 齐思和等编：《第二次鸦片战争》(六)，上海人民出版社 1979 年版，第 287 页。

直冲到离我们射手五十码的地方，只有在那里才遭到密集火力的狙击，许多人和马都被打死”。当格兰特率英军继续前行时，法军左侧露出了空档，清军马队立即从左翼包抄科林诺部，“从四面八方正对着我们就出现了无数用长矛和弓箭武装起来的骑兵，又整齐又迅速地向前冲来”。由于道路不好，法军的大炮还没有运到，科林诺只好“把两连狙击兵排成圆圈”加以阻击，“每颗子弹打出去，总有某个骑兵落马，一匹战马腾空而起，然后再负伤跌倒在地；然而这一片密集如云的骑兵队伍却仍然声色不动地向前跑来”，直至50公尺远时才停下来将“密箭射向我们的狙击兵”，尔后再继续前进；而且清军“骑兵的人数每时每刻都在不断增加，很快我们整个战线都遭到迂回和包抄，一时我们都认为已经被密云一般的骑兵团团围住了，他们的人数真是多得吓人”①。就在这时，法军的大炮运到了，随即以猛烈的炮火逼退了清军马队。但清军仍以马队一次次从左翼或右翼包抄法军，有一次一直冲到了孟斗班的指挥部附近，法军“参谋部的全体军官均已执剑在手”准备肉搏了，终因火力远不及法军而被压下。

抑制了清军的攻势后，科林诺部奉命由侧翼包抄“由大炮防卫的三个村庄”，“在经过十二分钟的十分激烈的战斗后，从这三个村庄里被赶出来的敌人只得向后退却，然而他们却勇敢地争夺着每一寸土地”。接着，雅曼部向八里桥发起了攻击，敌炮兵也“把炮弹倾泻在桥上”，一时间弹片纷飞，硝烟弥漫，“桥栏上的大理石被炸得粉碎”，许多石狮子被炸毁。守桥的清军毫不退缩，英勇抵抗，不断有人中炮倒下；中炮者一倒下，便立即有人替补上来。“在桥的正中央，冒着枪林弹雨，他们的一位长官骑着马站在前面；他挥舞着黄旗表示挑战，尽管隆隆的炮声盖过一切，可是他还在高声呼喊着。在这位英勇的官长的周围，桥栏的大理石块四散飞舞，我们的炮弹造成了成批的杀伤。死神一刻也没有歇手，却并没有吓倒这些不灵活然却勇敢的斗士，他们寸步不退”，直至与敌展开肉搏。战斗结束时，“运河的两边和桥上已堆满了被可怕的杀伤弄得残缺不全的尸体”。但是，散落的清军并没有完全放弃抵抗，“在停火半个多小时后，孟托班上尉，司令官的儿子和传令官，在走进一座他打算安置司令部的庙宇时，就迎头遭到射击，所幸没有被打中”②。

---

① 齐思和等编：《第二次鸦片战争》（六），上海人民出版社1979年版，第287、288、289、291页。

② 同上书，第290、291、293、292页。

反映八里桥激战的图画

一个法国侵略者记载下了更加令人荡气回肠的一幕：

> 桥口站着一个身材极为高大的鞑靼人，他看起来像是总司令的旗手。他手执一面写有黑字的大黄旗，并且把这面旗帜不时指向所有的方向。此乃僧王之旗，所有官长的眼睛都注视着它，因为它正向全体中国军队下达着命令。此刻，全军精锐亲自所保卫的那座桥也业已堆满尸体，然而这个鞑靼人尽管已孑然一身，却仍挺立在那里，可能正在传达僧王的最后命令。子弹、炮弹在他的周围呼呼作响，飞啸而过，而他却依然镇静不动。……有几个士兵冲向前去，想把他活捉。而在这时候，好像为了使我们有时间能把这英勇身影留在脑海里而有半小时没去碰他的霰弹，却正打中了他，把他击倒在地，把他消灭了。于是大旗也向一旁倒去，随着它的旗杆而去的是一只紧紧抓住它的痉挛的手。①

据胜保奏报：是日，他于上午8时许“亲督大队驰赴八里桥以南策应，适遇逆夷由郭家坟一带分为三股蜂拥而来”，他与僧格林沁、瑞麟亦即“各当一

① 齐思和等编：《第二次鸦片战争》(六)，上海人民出版社1979年版，第294页。

面”。“僧格林沁所带马队始而获胜，继而撤回”；他当即“迅督抬枪各队悉力环攻，鏖战两时之久”，“正在吃紧之际，不意逆夷枪炮雨发，奴才忽为炮子所中，左颊左腿同受重伤，登时落马，所乘战骑当时阵毙”，“时瑞麟尚在与贼力持，讵各队一见奴才身受炮伤，遂各无斗志”①，才导致了清军的败溃。胜保的奏报不免有夸大其个人作用之嫌，但他确实表现得相当勇敢并因而身负重伤。

八里桥一役，双方激战了四个多小时，由于清军火力太弱，给英法联军造成的损失并不大，法军仅阵亡 3 人、受伤 17 人，英军也只阵亡 2 人、受伤 29 人。而清方的损失却相当惨重，据僧格林沁事后奏称：他本人“所带马步官兵，卓索图盟、归化城、吉林、黑龙江马队，溃散极多；直隶提标、宣化、通永、山西大同步队，溃散十之七八；京旗各营官兵屡次挫败，心胆已寒；瑞麟、胜保所带之兵，现存无多”。英法联军乘胜占据八里桥、于家卫、咸户庄、三间房等处。僧格林沁、瑞麟率部先退至齐化门以东的皇木厂驻扎，稍后，“僧格林沁移营在东直门外角楼迤东，瑞麟移营在安定门外黄寺地方”②；胜保请假 15 天疗伤，所部暂交瑞麟兼管。

后来，孟斗班因此役获胜而获得八里桥伯爵封号和 58.95 万法郎奖金，还当上了法国政府的参议员。

接到八里桥之役的败讯后，咸丰皇帝当即颁下上谕：“载垣、穆荫办理和局不善，著撤去钦差大臣。恭亲王奕䜣著授为钦差便宜行事全权大臣，督办和局。”同时令僧格林沁、瑞麟将这道谕旨“宣示夷人，并竖立白旗，令其停兵待抚”。并

讽刺“八里桥伯爵”的漫画

① 齐思和等编：《第二次鸦片战争》(五)，上海人民出版社 1979 年版，第 105 页。
② 同上书，第 138、123 页。

具体指示"恭亲王奕䜣未便与夷人相见，候其派委议抚之人或恒祺或蓝蔚雯等到后，再与面议"；要求僧格林沁等"仍当严阵以待，堵其北犯，务须阻遏凶锋，以顾大局"①。上谕下达后的第二天，即9月22日清晨5时许，咸丰皇帝"出圆明园大东门"仓皇北逃，"六宫先行，肃顺随扈，惠亲王等均扈跸行"。这次出逃，咸丰事先没有向任何人打招呼，临时宣布这一决定时，刑部尚书瑞常"伏地力争"。据当时在场的太监说："诸王方上书房开读，忽传旨令诸王随扈幸热河，诸王即更衣入大内"，连案上铺开的书籍笔墨都没有来得及收拾。早先安排好觐见的一批官员仍照常等待由吏部"带领引见"，得知皇上逃走后"旋纷纷散"；"内监之出入者皆乱，或负衣包，或肩行李，喧呼扰攘，绝非从前肃静光景"②。次日咸丰皇帝又于逃跑途中谕令："留京办事王大臣著派豫亲王义道、大学士桂良、协办大学士户部尚书周祖培、吏部尚书全庆。义道、全庆著仍在禁城，周祖培仍在外城，桂良著仍在外城。"③

但是，僧格林沁已彻底气馁，哪里还敢迎战英法联军，便上奏说明："所带官兵由海口转战至通，屡次挫失，已难复振"，又在八里桥之战"伤亡过半，兵心益怯，迎头截击，恐不足恃"，只是表示"虽不能迎头截剿，拟即兜后攻击"。于是咸丰又令："该夷大队如果直抵城下，僧格林沁等即督兵在后兜剿，毋令攻扑城池。倘城已攻破，万不能支，该大臣带兵速赴古北口布置防守"，以防联军追往热河。同时应胜保之请，谕令两江总督曾国藩、钦差大臣漕运总督袁甲三"各选川、楚精勇二三千名，即令鲍超、张得胜管带"；河南巡抚庆廉"于新募彝勇及各起川、楚勇中，挑选得力者数千名，即派副将黄得魁、游击赵喜义管带"；安徽巡抚翁同书与在皖督师的云南提督傅振邦"饬令苗沛霖遴选练丁数千名，派委妥员管带，均著兼程前进，克日赴京，交胜保调遣，勿得借词延宕，从视君国之急"④。又令协办大学士湖广总督官文于"尚称骁健善斗"的湖北练勇中"挑选一二千名，另派得力将弁统带，迅速赴京，听候调遣"；令盛京将军玉明"统带精兵驰赴热河护驾"；令绥远城将军成凯、山东巡抚文煜、河南巡抚庆廉、陕甘总督乐斌、山西巡抚英桂等亲自"迅即统带精兵驰赴京师，合力攻剿，保卫城池，所有军火、兵械、饷需均著一律备齐，

① 齐思和等编：《第二次鸦片战争》（五），上海人民出版社1979年版，第113、112页。

② 同上书（二），第113、92页。

③ 《筹办夷务始末》咸丰朝卷六十三，续修四库全书本，第5页。

④ 齐思和等编：《第二次鸦片战争》（五），上海人民出版社1979年版，第126、127、131页。

星夜前来，毋得迟延干咎”①。

只是远水难救近火，这些地方的援军尚未全部赶到京城，新的条约就签订了。

玩弄无效的“王牌”

奕䜣于临危受命的当天即照会英、法联军：“本亲王奉命授为钦差便宜行事全权大臣，即派恒祺、蓝蔚雯等前往面议和局，贵大臣暂息干戈，以敦和好。”②但议和是双方的事，只有一方愿意肯定是不行的。此前的清方代表，无论是桂良、恒福，还是载垣、穆荫，在谈判中的态度都是相当软弱的，咸丰本人也随着英法联军的节节前进而步步退让，所有关系到国计民生的重要条款都接受了，只是因赔款支付方式、进京觐见礼仪等枝节问题而导致了谈判的破裂。现在随着英法联军兵临北京城下、咸丰仓皇出逃，觐见问题似乎可以避免了，可英、法方面又将提出哪些新的要求，奕䜣心中实在是没有底。当然，他首先要考虑的是怎样才能让英、法代表坐到谈判桌上来。于是，此前被清军捕获的巴夏礼等人便被当成了迫使对方就范的“王牌”。

尽管当时巴夏礼的真实身份只不过是英国驻广州领事，在谈判中的言行必须完全听命于额尔金，但由于中国人听不懂英语，也不可能知道额尔金向巴夏礼下达过什么指示，他们所看到的只是巴夏礼的骄横狂傲，反而把巴夏礼当作了敌方的首脑人物。

1860 年 9 月 18 日，当清军截获由通州返回的 39 名英、法谈判人员，并当即将巴夏礼等 9 人押送刑部大牢监禁后，载垣等十分得意地奏称：巴夏礼“善能用兵，各夷均听其指使，现已就擒，该夷兵心必乱，乘此剿办，谅可必操胜算”。清朝官员得知消息，纷纷上奏要求将巴夏礼立即处死。20 日，直隶总督恒福、光禄寺少卿焦祐瀛等会衔奏称：英、法前在广东挑起战争，此次攻占大沽、由津至通，皆巴夏礼“为之主谋”，“今被官军擒获，该夷已失所恃”，很可能会以放还巴夏礼作为“退兵就抚”的条件，“若误信其言，譬如虎兕出柙，不可再制”，希望皇上“乾纲独断”，立将巴夏礼“极刑处死，以绝后患”。次日，工科掌印给事中何璟奏称：巴夏礼“在中国年久，熟悉内地情形，不独

---

① 《筹办夷务始末》咸丰朝卷六十三，续修四库全书本，第 36—38 页。

② 齐思和等编：《第二次鸦片战争》(五)，上海人民出版社 1979 年版，第 128 页。

彼国听其指挥，即他国亦受其操纵，夷人之敢于狂逞嚣凌者，实惟该酋播弄之”，“若不速行正法，万一诈为恭顺，有以释放累囚之议请者，彼必不知感恩而深怨怼，将又启数十年之兵端”①。署理户部右侍郎内阁学士袁希祖奏请“皇上临御午门，献俘阙下，以伸国法而快人心”②。惟有僧格林沁致函载垣等提出：“夷人狂悖情形实堪痛恨，惟该夷犬羊性成，仅可不必与之较量”，巴夏礼等“似可毋庸收禁”，以便借为“转圜之计，未尝不是善策”；建议“将该夷等分在指定公寓居住，饮食一切妥为看待”。经讨论，“均以巴夏礼罪大恶极，本不容诛，惟现在抚局未成，只可暂时羁留，以为转圜地步”③，咸丰也明确表示同意。这以后又有不少官员上奏说巴夏礼不能杀，应留着作为议和的筹码。

奕䜣等于23日接到英、法二使照会，强硬地要求清方先放回巴夏礼等被擒之人，否则断不能令联军“暂息干戈，实不便遽议和局”④。而奕䜣等认为巴夏礼奇货可居，加之清方除此之外已没有任何可以牵制敌方的手段，当然要在巴夏礼身上大做文章了。

由于奕䜣等担心“该夷狡猾性成，动施伎俩，即使放回巴酋等，未必即能罢兵，不过益增其枭悍之心”，所以他们一面上奏说：“巴夏礼虽非渠魁，罪同首逆，又系该夷画策之人，幸就擒获，岂可遽令生还？”一面照会英、法称：“贵国员弁前在通州与前钦差大臣怡亲王等面议八条，均已允准”，“惟亲递国书一节尚未议妥，乃贵国员弁负气而走，路遇兵队，以致接仗冲散，间有被获，并非我国不敦和好。现在该员弁等在京，我国并未加害。惟和议尚未定局，断难即行放回”；“如果两国和好，肯息兵戈，将兵船退出大沽海口，我国将所求各款商定后，再将该员弁等查明放回，以全和好”⑤。奕䜣此时的意图很明显，即以停战议和作为释放巴夏礼的条件。

巴夏礼被送到刑部监狱之初，尽管清方因其“系夷酋要犯，饬令官人严加防范，并饬提牢厅早晚饮食均令其适意，不可稍加凌辱”，但他还是气愤难平，一度绝食，两天后“忽患腹痛之疾”。清方考虑到“该夷酋关系甚属重要，必须病势痊愈，扣留监禁，万不可令其生还，愈图报复，贻害益深，亦不可令

① 齐思和等编：《第二次鸦片战争》(五)，上海人民出版社1979年版，第80、95、99页。

② 《筹办夷务始末》咸丰朝卷六十二，续修四库全书本，第43页。

③ 齐思和等编：《第二次鸦片战争》(五)，上海人民出版社1979年版，第103、110页。

④ 《筹办夷务始末》咸丰朝卷六十三，续修四库全书本，第6页。

⑤ 同上书，第6、8页。

其遽尔病毙，得稽显戮，转使夷人借口"，马上找来医生替他治疗。但巴夏礼拒绝医治，不肯服药，监管人员只好将其单独安置在另外的房间里，经反复劝说，"始食米粥如常"。奕䜣想让巴夏礼写信给额尔金"暂息兵戈，以图转圜"，于9月22日让武备院卿恒祺去做巴夏礼的工作。巴夏礼"总以被获上刑为辱"，恒祺劝说道："两国开仗，既经被获，即系敌人，自应按照中国律例加以刑具；此时尔国如肯罢兵，中国自应加以优待，断无仍行羁禁之礼。"巴夏礼说议和问题应以照会形式向英使提出，恒祺解释道：那是正常的办法，现在"尔既在京都，自应附以亲笔信函寄知尔国，方昭实心和好之意"。巴夏礼"始则犹疑，继而允许"，但坚持要用英文书写信函，"断不肯改用汉字。恒祺因夷字无从辨认，恐有疏虞，是以未便办理"①。巴夏礼答应用英文写信，主要是为了乘机向额尔金提供一些信息，清方早已料到他会有这一招，当然不会同意。三天后，巴夏礼觉得错过这一时机未免有些可惜，又呈递名片约恒祺面谈，要求将同时被俘的额尔金私人秘书洛奇（Henry Brougham Loch）调来与他一起同住，并说：清方若派人议和，必须由他陪同前往，以免被扣留，希望能乘机逃离羁押。

咸丰先在奕䜣等报告因巴夏礼坚持要用英文而未便让其写信的奏折上朱批道："看此光景，不如早为处死。"随即正式谕令：现正准备与英、法议和，巴夏礼"自应妥为看管"；若英、法不愿谈判，派兵攻城，"万一势不可支，即将巴夏礼提出正法"。同时，因僧格林沁提及法国通事爱嘉略"欲轻骑进城与恭亲王会晤"，咸丰又令：法国通事"既欲求见，未必无转圜之机，即著奕䜣给与照会，择城外适中之地，派恒祺等前往会晤，看其光景如何，斟酌办理"②。

25日，额尔金、葛罗分别向奕䜣等发出最后通牒：限令清方于三日内释放巴夏礼等被捕之人。他们强调巴夏礼一行"往来通州，皆在免战旗号所保之内"，载垣、穆荫都清楚地知道这一点，是以"未有不准往返之语"；指责僧格林沁"愚昧失信"，派兵截拿谈判人员，有违国际公法，现仍羁留不还，显然是一种"奸谋"；且谓各国使节觐见皇上亲递国书，"凡在礼义之邦无有不知，无不奉行"，清朝自称礼义之国，却"不用此礼相待，其虽言称和好，而实滋他国之疑"；表示如清方释放了巴夏礼等人，即可在通州议订续约，英法联军停止前进，两国使节"即带护卫划足数进京"换约，然后联军撤往天津；指责清

① 齐思和等编：《第二次鸦片战争》（五），上海人民出版社1979年版，第114、118页。
② 同上书，第119、129、131页。

方多次失信耽搁了时间，“现值深秋，不便照原议之期启行”，联军将在天津过冬，“应俟来春再离津城”。最后威胁奕䜣，若不释放巴夏礼，即将“进兵京师，必致隳城，将遗易姓改朔（即改朝换代）之巨害”①。

奕䜣次日接到通牒，随即答复英、法二使说：以前议和“系由前大臣经手所办，或有失当之处，本爵初未与闻”，他以“天潢亲派”奉命接手此事，“凡所办理皆得秉权便宜行事，自与前大臣等所办不同”。关于议和内容，表示“所有天津议定和约自必一一皆准，本爵必不失信，贵国亦断无更改”；“至亲递国书一节，俟贵大臣到京日，选择严肃处所设立香案，由本爵代接贵国国书置之案上，以昭礼敬”。对于英方的武力威胁，奕䜣一则指责他们“既以三日为期，何以贵国之兵仍复列队前来，殊非和好之道”；再则声称“如必欲攻城，我京兵之家口均在城内，必拼命死战”，“况京外所调兵勇尚属强众，攻城时不独贵国被获之人先行受害，即贵国大队后路亦难保全”。至于巴夏礼等人，奕䜣则答以“前大臣实有将其拘系监押，本爵近始查知，即饬令该管官将贵国各员弁分别释放安置，受伤者医治，务使以礼相待”，只是“此时未便送还，将来换定和约，必定送还”。并将巴夏礼约见恒祺用的名片附于照会之中，俾英使一看“便知此人平安，并未加害”②。

这样的答复当然不能让额尔金、葛罗感到满意，他们再次复照提醒奕䜣等：“明晚既已期满，留京人等必尽明日送回。”同时声明：除联军须在天津过冬外，即将签订的续约“其余并无更张之处”，亲递国书“向未列入准此动兵之议”，即不至于用武力胁迫清方实行。并嘲笑奕䜣等“来文尚盛称中国兵威有余，则近三四旬之内在新河、大沽、张家湾、八里桥等军叠遭大挫，贵国一若相忘，实属可异”。但是，在奕䜣看来，英、法在击溃清军主力、逼近京城之际，非但没有增加任何要求，甚而连亲递国书都可以放弃了，其中莫非有诈？一旦释放了巴夏礼等人，如果英、法出尔反尔，岂非只能予取予求了？仍坚持要英、法先退兵再议和、释俘。不过，将要求联军退出大沽海口改为退至张家湾一带，以示让步。他在照会中直截了当地说：“目下贵两国兵士距京城已近，城中均有戒严之心，若草草将各员弁送回，恐尚不能保全，或有他虞。莫若俟贵国兵退定约后，本爵即可饬令以礼送回，更为全美也”；“若贵国进兵向前攻城，则现留员弁在内，恐难终于保全也”。为了让巴夏礼能

① 齐思和等编：《第二次鸦片战争》（五），上海人民出版社1979年版，第134—135页。
② 同上书，第133—134页。

起到正面作用，又将其由刑部大牢转移至“德胜门内高庙暂住”，派仓场侍郎成琦带兵守卫，“仍以礼相待，并令恒祺透彻开导，令其书写汉字信函劝令退兵后，即将伊放回。仍密饬成琦，万一该夷攻城紧急，即遵谕旨将巴夏礼等立时正法。其刑部及各县监禁夷匪，亦传知刑部、顺天府行知各县，一并按此办理”。同时奏报朝廷，法国通事欲轻骑进城会晤之事，“系属与该夷送照会之人口传，并非照会内之语，恐未必实有此事，是以未经照会。若遽令恒祺等前往会晤，恐被该夷扣留，转于抚局有碍”①，将巴夏礼移至高庙，也是为会晤法国通事做的准备工作。随后因巴夏礼请求，将洛奇亦提至高庙内与其同住。

时，英法联军陆续运来大炮、云梯等攻城器械，多次派出小股部队至广渠门、朝阳门一带窥探，僧格林沁也奏称：“该夷多日并未攻城者，系大炮未到，又因顾惜巴夏礼等”，“若再事迁延，该夷不顾巴夏礼等，势必尽力攻城”。因而主张“赶紧议抚，前定各条稍有加增亦能俯准”，并“恩待巴夏礼等令其转圜”，以保全“宗庙社稷以及亿万生灵”。接到奕䜣的奏报后，咸丰开始以为“该夷既有在通州议和之语，似有转机”，明确表示：“现在事机紧迫，间不容发，朕亦不为遥制，即著恭亲王等相机办理，总期抚局速成、和约已换、国书已递，朕即可及早回銮，镇定人心，并保全亿万生灵之命，回銮后不至再生枝节方为妥善。”后见英、法步步紧逼，一定要清方先释放巴夏礼等，感到英、法“无非欲送还巴夏礼等始肯罢兵，转圜之机，在此一线”，又谕令：若敌方能按照奕䜣的要求先退兵，再议和、“将巴夏礼等送回，固属甚善；如必不肯遵行或并无照复前来，不必待其进攻城池，莫若即将所获巴酋等全行送还，以示大方，尚可冀其从此罢兵换约。不值为此数十夷丑，致令亿万生灵俱遭涂炭”②。

30 日，额尔金、葛罗通知奕䜣：“前限三日之期已满”，因清方没有作出任何切实的允诺，已通知联军总司令“宜用兵力威迫以获所请之各事”。奕䜣认为“该夷急欲得巴夏礼回归，故为此恐吓之语”，考虑到“目下情形，战守均不足恃，若先行放还或即予处死，恐堕其术中，进兵益急”③，只能继续打巴夏礼这张“牌”，是以仍照复说：“和约未经议定，若草草送还，转非以礼相

① 齐思和等编：《第二次鸦片战争》(五)，上海人民出版社 1979 年版，第 140、142—143、139 页。
② 同上书，第 138、144、151 页。
③ 同上书，第 146、147、145 页。

待之意”，“贵国若用兵力威迫，不独已成之和局可惜，且恐贵国在京之人亦必难保也”。同时，为了使继续扣押巴夏礼具有较为合适的理由，又谎称“现因英国巴领事官素能汉文汉话”，现正派员与其商定“两国会晤用印画押各事宜，何以贵国竟如此多疑也”[①]？但这么做到底能有多大作用，奕䜣心中却没有一点数。他奏报朝廷说：“夷情狡诈不测，现虽给予照复，暂为缓兵之计，而夷兵距京甚近，巴酋之能否作字劝令缓攻，及夷人之能否因巴酋在城暂缓进攻，均属毫无把握。”[②]经恒祺再三劝说，巴夏礼终于用中文给额尔金写了一封信：“现在中国官员以礼相待，我两人闻得是恭亲王令其如此。据云恭亲王人甚明，能作主意，既能如此，伏谅暂可免战议和。”[③]怎么才能附带透露一些有用的信息呢？巴夏礼考虑到用英文写可能会被识破，便由洛奇用印度文写明“此为中国人所逼写”[④]。奕䜣等不但看不懂外文，也根本区别不了印度文与英文，因担心其中有猫腻，也不敢掉以轻心。听说密云县县丞黄惠廉能认识英文，便将其调京辨认。黄惠廉当然也不可能认识印度文，却硬要不懂装懂，说洛奇写的“系名字及年月日，不关紧要”[⑤]。

10月2日，额尔金、葛罗再次分别照会奕䜣说：英法联军已经“启程进京”，若立即释放巴夏礼等，仍可“止兵前进”，“复敦和好”[⑥]。奕䜣见英、法虽然一再以照会威胁，却迟迟没有向京城发起进攻，遂认为英法联军之所以“不敢遽行深入，则以羁留之人尚未释放，是巴酋等之操纵于抚局实有关系”，当然就更不可能将巴夏礼等轻易放回了。为了显示其能公平对待英、法两国，又将“佛(法)酋伊德士[⑦]、哦不干的二名亦由刑部移禁”于高庙。但他也知道这种双方僵持的局面不会维持太久，更担心对方坚持要北递国书或提出其他“万难允许之事”，因而郑重地向朝廷指出：“战、守与抚事贵交济，设战与守绝无可恃，则抚议安能有成？”要求皇上“迅饬僧格林沁、瑞麟等整顿各军，以图进剿；并严谕城守王大臣于内外城守御之方悉心讲求，实力经理，庶敌人有所忌惮，或可就我范围”。虽明知巴夏礼给额尔金写的信“并无切实之语，谅该国未必因此罢兵”，奕䜣还是希望它能起到一些好的作用，

①③　《筹办夷务始末》咸丰朝卷六十四，续修四库全书本，第13、14页。

②⑤　齐思和等编：《第二次鸦片战争》(五)，上海人民出版社1979年版，第145、153页。

④　同上书(二)，第442页。

⑥　同上书(五)，第149、150页。

⑦　应为法国翻译戴斯克雷斯(M. d'Escayrac de Lauture)。参见马士：《中华帝国对外关系史》第一卷，生活·读书·新知三联书店1957年版，第678、686页。

就让僧格林沁派人将信送交英人了，同时照会额尔金，希望能按照他上一封复照"我两国彼此酌量退兵，以便择适中之地派员前往会晤"，再一次就退兵地点作出让步。咸丰闻奏后，对奕䜣的做法甚为赞赏，说他"现派恒祺、蓝蔚雯等与该酋商办从前允许各条如何派员会晤画押，并复给夷照会，使知羁留夷原为商办和约起见，此中操纵，甚合机宜"；表示"如该酋肯许日久相安，不至别生枝节，即可与之定约画押盖印"；甚至建议"将来抚局若成，恭亲王不妨接见该酋，面示天朝宽厚之恩，并晓以利害，令其心折，再行送还"①。

4日，额尔金回复说其以前要求"今仍遵守，一无更移"。同时由威妥玛分别用中、英文给巴夏礼等写了两封回信，中文信说："前日之罢议与今日之难挽，均非本国之咎；将来果有更甚之祸，亦非我国所任其过。国家大事至重，不得有所牵制，二位素所深知"②，意思是不能因为可能伤及他们而放弃攻城。英文信声称：额尔金已决定以释放俘虏作为继续谈判的前提条件，因清不愿接受马上就要恢复战斗，"在战斗过程里你们中间任何人受到伤害，北京就要被毁灭。我们的重炮已经安设好，我们能把北京烧得精光，不留一人。如果北京陷落，皇朝当然倾覆。南方的消息也不好，叛党已占领苏州、杭州之间的全部地方，他们若攻杭州，一定会占领它"③。这封信明显带有威胁性质，巴夏礼向恒祺一连读了两遍，以便让他充分感受到清廷所面临的危险。巴夏礼再次写信告诉威妥玛：他已向恒祺说明"中国大员如果真欲说和，随时有可能为之，不然，打仗攻毁城池，乃其行为所致"；并表示"不要为我等在此，遂阻进兵，我性命之存亡，全凭在天"④。

额尔金执意不肯让步与威妥玛信中的威胁口吻都使奕䜣感到了形势的严峻性，只好先答应放人，以阻止或延缓英法联军的攻城行动，于5日复照英、法承诺"即于三两日内，本亲王面见巴参赞（及法国翻译官）定议后，即可与之面定盖印画押日期，送还贵国之人"。因多次单方面要求英、法撤兵，对方均未予理睬，又称："本亲王业已行知带兵大臣，先令其择地退扎，以昭和好之实意；既经和好，想贵国之兵亦可酌量暂撤，方昭公允。"⑤仍希望以双

---

① 齐思和等编：《第二次鸦片战争》（五），上海人民出版社1979年版，第153—154、161页。

② 同上书，第157、160页。

③ 蒋孟引：《第二次鸦片战争》，生活·读书·新知三联书店2009年版，第216页。《第二次鸦片战争》（五）第160页所载译文显然系未敢全文译出。

④ 《筹办夷务始末》咸丰朝卷六十四，续修四库全书本，第19—20页。

⑤ 齐思和等编：《第二次鸦片战争》（五），上海人民出版社1979年版，第158页。

方共同撤兵之说以达到让对方撤兵的目的。

其实，奕䜣既没有真的让清军撤退，也并没有打算立即释放巴夏礼等人。在接到咸丰不妨将巴夏礼等"全行送还，以示大方"的上谕后，他曾明确奏称：英法联军于八里桥之战后至今"尚未大有举动，自因羁留之人均未放还，心存顾忌"；巴夏礼"生性狡悍，此次既被拘执，怀恨必深，设竟纵令归去，其怂恿额尔金等肆其毒螫，实在意中。臣等愚见，似须俟抚议稍有头绪，再行相机酌办；未敢因该夷索取甚急，遽行放回"。咸丰也立即表示赞同，说："览巴、威各酋往返信字，具见逆夷暂戢桀骜无非为此羁囚，执意进兵、不必相顾等语尤觉情见乎辞。先行纵归，必另生枝节。"①

一方面，"八里桥之战，联军军火几尽，不能作战"②；另一方面，他们也知道，进攻北京城绝非轻而易举之事，必须有相应的攻城器械，同时部队也需要休整，还可以乘机与清方交涉。于是，英法联军主力驻扎于八里桥、三间房一带，不时派出小股部队至京城附近勘查地形、侦察军情，这段时间内，敌军"炮位、云梯、铅药等搬运至通者络绎不绝"③，由科林诺率领的 4 000 名法国援军亦于 10 月 3 日到达前线。得到充分的休整和补充后，英法联军于 5 日开拔，当晚进至距北京城东北约三英里之处。

5 日下午，恒祺去见巴夏礼和洛奇，让他们设法制止联军的军事行动。巴夏礼却狂傲地宣称："你们必须在毁灭首都和无条件释放俘囚之间选择。"恒祺告诉他们：留守京城的王大臣们进行了长时间的激烈讨论，尽管他本人因确信巴夏礼等一旦被杀英法联军就会毁灭北京，且因他的家属和大部分财产都在城内，曾极力主张接受英法条件、释放被俘人员以换取和平，却没有能够成功，"王大臣们已决定：拒绝联军的要求，征召全国强有力的后备军，宣布决战到底。我奉命通知你们：你们的死刑定于今晚执行"。接着又说：经他请求，王大臣们同意给他们两个小时写遗书，向家人和朋友道别，他负责在他们死后将遗书转交给威妥玛。随后，恒祺拿出一个小金盒递给巴夏礼，那是巴夏礼被俘时被搜走的，里面嵌有巴夏礼妻子的照片，说是考虑到巴夏礼会在临死之前想再看它一眼，所以才费了好大气力找来的，他将把它与遗书一起交给威妥玛。巴夏礼和洛奇信以为真，还向恒

① 齐思和等编：《第二次鸦片战争》（五），上海人民出版社 1979 年版，第 162、163 页。
② 同上书（二），第 442 页。
③ 同上书（五），第 153 页。

祺鞠躬致谢。恒祺出去耽搁了一会儿，当巴夏礼和洛奇刚刚写好遗书后，又进来接过遗书说是一定会转交的。但此后不时有人向他通报消息，最后，他又把遗书退还给巴夏礼和洛奇，说由于尚在等待与额尔金再次交涉的结果，已将他们的刑期推迟到明天，“保存你们的信到明天吧”，“也许你们要添写一些”①。

德胜门

6日清晨，英法联军即分头逼近了德胜门和安定门。奕䜣惟恐联军马上攻城，连夜约同文祥出城，“复给该夷照会，许以送还巴酋，并令巴酋写信与额酋，令其止兵”②。这份照会“由僧格林沁军营派守备廖承恩送去”，不料廖承恩“畏险未经送去，捏词饰报”③。当天中午，“该夷已抄至德胜门土城外，暗袭僧格林沁、瑞麟之后，我军不战而溃败，纷纷退至圆明园，夷匪亦衔尾而来”，僧格林沁、瑞麟部再往南退至彰仪门、右安门一带④。败讯所至，北京各城门相继关闭。一队联军进至安定门角楼，穿过镶黄旗营地，屯扎于正黄旗军营房，“毁地坛”，守城清军请示克勤郡王庆惠：“可开炮矣。”庆

① 蒋孟引：《第二次鸦片战争》，生活·读书·新知三联书店2009年版，第216—217页。
② 齐思和等编：《第二次鸦片战争》（五），上海人民出版社1979年版，第166页。
③ 《筹办夷务始末》咸丰朝卷六十四，续修四库全书本，第33、34页。
④ 参见齐思和等编：《第二次鸦片战争》（五），上海人民出版社1979年版，第173页。

惠立予制止，并宣布："有我在，开炮者斩。"为了尽量避免联军攻城，"城北一带，尽换白旗"①。奕䜣等逃至万寿寺，未几，"恒祺亦即赶到，据云今日见巴夏礼已取有并不报复字据"，且承诺"条约亦不增添"，当即再次发出致英、法照会。这一次，奕䜣在照会中只是说：英法联军"复行前进，似非和好之道。现在有贵国巴参赞信函一封，如贵大臣真心和好，即希将贵国之兵暂退数里，以便于(八月)二十四日(公历10月8日)派员会晤，顺便以礼送还贵国在京之人。如仍不退兵停止干戈，则是非真心和好，所有一切和约及送还贵国之人何以照办?"同时转交巴夏礼致威妥玛函称："本日中国官来说，订于本月二十四日将所留英、法两国各位员人尽数以礼送还本国大营，并昨已知照中国带兵各官，先将中国兵由现在扎营各处撤退数里，以期实心和好"，若清军真已撤退，"伏谅本两国军兵亦不必再进，以照彼此公允"②。

安定门

奕䜣"拟令恒祺于次日再见巴夏礼，许以送还，再取切实字据"，正商量间，探报联军已进至圆明园，肆意焚掠。溃败的清军一批批涌向万寿寺，威胁着当地的安全，奕䜣等连夜逃往卢沟桥，恒祺赶回了京城。次日午后，恒祺函告奕䜣：应威妥玛之约，他已出城与其相见，"许其将巴夏礼送还"，请示到底该怎么办。奕䜣复函称："以前许送巴夏礼，原系未经占踞园庭，方可与之议抚。今该夷既已肆扰园庭、焚烧街市，即使送还巴夏礼，城中难免滋扰，尤应斟酌举行，确有把握。"本以为恒

① 《庚申都城戒严事记》，见齐思和等编：《第二次鸦片战争》(二)，上海人民出版社1979年版，第38页。

② 齐思和等编：《第二次鸦片战争》(五)，上海人民出版社1979年版，第164页。

祺会在释放巴夏礼等之前，再利用这些人质做点什么文章的，不料8日恒祺告知："如不放还巴夏礼，该夷刻即开炮攻城，当经留京王大臣公同商议，权宜办理"，已于当天"将巴夏礼送到德胜门外夷营"。稍后，胜保当面告诉奕䜣："是日公议送回巴夏礼时，伊曾力言现在该夷狂悖异常，敢将园庭占踞，焚烧民房，狂悖情形殊堪发指，断无再将巴夏礼释回之理"，却未被采纳。奕䜣奏称："前此给与该夷照会，系在园庭未经占踞之先，尚可与之理论。现既扰及园庭，虽京城尚属无事，而御园被扰，其情形与大内宫廷无异，即不能将巴夏礼轻为纵释"。而"留京王大臣以保全京城，冀得稍缓攻城起见"，未经其同意就把巴夏礼等放了，"势已无可如何"①。

卢沟桥

咸丰皇帝在接到克勤郡王庆惠等关于"释放夷酋，保全大局"的奏报时，只是说："巴夏礼等朕本有旨令恭亲王等酌量情形，即行释回，此次庆惠等因恭亲王业经移寓，未能函商，从权办理，原为保护城池起见。惟夷情狡诈，仍宜严防，著即会同守城各王大臣等悉心守御，毋得稍有疏虞。"②并没有任何反对的表示。

据洛奇记载："恒祺为挽救巴夏礼和洛奇的生命，做出一项特别而成功的努力"；咸丰已经下达了处死所有俘虏的命令，恒祺通过他在皇帝身边的朋友了解到这一情况后，"遂劝使恭亲王仓卒地把他们释放了"，结果在上谕

① 《筹办夷务始末》咸丰朝卷六十四，续修四库全书本，第34—35页。

② 同上书，第37—38页。

"到达以前不到一小时的时间，他们走出了那个庙寺监狱的大门"①。这显然是恒祺为了讨好巴夏礼和洛奇而编造的谎言。

奕䜣于接手议和之后，一直将巴夏礼等当作人质，以为可以利用这张"王牌"迫使英、法作出让步，甚至将英法联军在八里桥之战后因休整、等待补给而未立即进攻北京也说成是因为清方扣押着人质的缘故。尽管奕䜣等在如何有效利用巴夏礼这张"王牌"问题上绞尽了脑汁，而事实上，巴夏礼等在押的20天期间，英、法在交涉中并未作出任何实质性的让步，反倒是奕䜣在撤军等问题上步步退让。然而，奕䜣似乎并没有意识到这一点，不但每一次照会都要拿巴夏礼说事，甚至在咸丰明确指示他可以"酌量情形，放还夷酋"②之后，仍坚持要扣住巴夏礼不肯撒手。现在恒祺将巴夏礼等释放了，他感到再也没有与英、法讨价还价的余地了，在谈判中也只能予取予求了。

人类文明的浩劫

由孟斗班提议，英、法首脑人物于1860年9月30日举行会议讨论下一步行动，额尔金、葛罗、英军总司令格兰特、法军总司令孟斗班、英军特派员福勒上校、法军特派员勒布尔上校出席会议。孟斗班就局势可能发生的变化提出了两种假设：其一是清朝军队将孤注一掷地阻击英法联军；其二是英法联军将毫无阻拦地直抵北京城下。他分析道："第一种情况在我看来是最有利的，因为一旦中国军队被击溃，那末紧接着在北京附近所取得的胜利，必然是立即接受我们的条件。第二种情况就会碰到一些严重的困难，因为值得担心的是周围城墙均厚达十七米，对于这样的城市进行围困，特别是在全然没有攻城大炮的情况下，就很可能旷日持久。而严寒即将来临，我所得到的全部情报均不允许我们在十一月一日后仍停留在城前。"届时联军只好撤往天津，而清方会把联军撤退的原因归结为自己的胜利，这样便会"导致精神上的恶果"，进而"要求中断外交关系，把权力都交到司令官的手中，以便不失时机地继续把仗打下去"③。与会者均表示赞同。当天，额尔金、葛罗分别照会通知奕䜣，已决定由联军总司令采取军事行动。

① 马士：《中华帝国对外关系史》第一卷，张汇文等译，生活·读书·新知三联书店1957年版，第680页。

② 齐思和等编：《第二次鸦片战争》(五)，上海人民出版社1979年版，第156页。

③ 同上书(六)，第296页。

1860年10月5日英法联军主力向北京进犯，次日中午在德胜门外击溃僧格林沁、瑞麟部清军。得知清军逃往圆明园方向后，格兰特通知孟斗班率部追向圆明园。行进在前面的英军因遭遇清军马队，经短暂交火后，即"走到由安定门往北那条大道上面"，错过了去圆明园的路，当晚驻扎于城北。格兰特派沃尔斯利上校(Colonel Wolseley)率领一队印度士兵去探查圆明园所在的方位，顺便寻找法军。由后方"绕英军之右而进"的法军与中途遇到的英军骑兵一道走到了海淀，英军骑兵旅旅长"不喜欢他的兵士沦陷于一个他毫不知晓的城镇，就绕道向东方行走"①，法军却径直穿过海淀，于7时许到达圆明园大门口，随即击溃守园的旗兵和太监，驻扎于正大光明殿前的院落里。

圆明园

圆明园坐落在北京西郊的海淀，是举世闻名的清代皇家园林。清初，康熙皇帝将该园赐给皇四子胤禛(即后来的雍正皇帝)。雍正即位后，"乃大宫殿朝署之规以避暑听政"，增建了正大光明殿、勤政殿与内阁、六部、军机处等政府机构的值班房。乾隆年间，"海宇殷阗，八方无事，每岁缔构，专饰园居"。乾隆皇帝多次南巡，"浏览湖山风景之胜，图画以归，若海宁安澜园、江宁瞻园、钱塘小有天园、吴县狮子林，皆仿其制，增制园中，列景四十，以四字题匾者为一胜区，一区之内，斋馆无数"，"离宫别馆，月榭风亭，属之西山，所费不计亿万"。同时在东边新建长春园，由西方传教士郎世宁、蒋友仁、王致诚等设计，建造了一组欧式园林建筑，俗称"西洋楼"，其主体是当时称作"水法"的人工喷泉，主要有谐奇趣、海晏堂、大水法三处大型喷泉群，不但喷泉数量多，而且其组合方式构思奇特，看起来非常有气势。又将东南边的绮春园并入园区，最后形成了圆明三园的基本格局。这以后，嘉庆、道光二朝除对绮春园进行了大规模的修缮和拓建外，仍不时地对园内的建筑和景点加以改造和修饰。圆明三园总面积达5 200余亩，建筑面积超过16万平方米，共有150余个景点，有"万园之园"的美称。

① 齐思和等编：《第二次鸦片战争》(二)，上海人民出版社1979年版，第426、443、430页。

自雍正以后，圆明园即成为清朝皇帝夏、秋二季一边避暑一边处理国家政务的重要场所，“每岁夏幸园中，冬初还宫，内廷大臣，赐第相望，文武侍从，并直园林，入直奏对，昕夕往来，络绎道路，历雍、乾、嘉、道百余年于兹矣”。至道光年间，皇帝每年农历三月入园居住，十月才回到皇宫，已成为惯例。咸丰皇帝“以宫中行止有节、侍御不乐，常迟至冬至始入，正月十五后即出幸园中”。连续几代清帝每年有一半以上时间住在圆明园，当然会不断地把他们所喜爱的各种御用物品、奇珍异宝、古玩书画、装饰摆设带到园里。园内面积辽阔、馆阁林立，也便于摆放一些大型的收藏品。因而，圆明园内收藏极为丰富，是一座名副其实的皇家博物馆，堪称人类历史文化的宝库。其中最珍贵的如：乾隆年间，曾将北宋摹刻《淳化阁帖》中王羲之、王献之乃至仓颉、夏禹、孔子等99人的书法手迹逐一加以审定，重新摹刻为144块帖版，是为著名的《乾隆重刻淳化阁帖》。该帖即镶嵌于长春园内淳化轩前左右回廊的墙壁上。乾隆四十年(1775)仿照宁波范氏天一阁而建成的文源阁，收藏有康熙年间编辑的《古今图书集成》和乾隆钦定的《四库全书》各一部。《古今图书集成》共1万卷，分为5 020册，仅目录就有40卷，是现存的规模最大、资料最丰富的类书。《四库全书》收书3 400余种，有近8万卷，分为36 000余册，是中国古代最大的一部综合性丛书。因该书篇帙浩瀚，又择要编成《四库全书荟要》12 000册，共抄两部，其中一部即收藏于长春园内含经堂东厢的“味腴书室”。另外，还有一些西方使节、商人、传教士带来的礼品，如英王“乔治第三遣马戛尔尼爵士赠给中国皇帝的一座仪表堂皇的马车和两架十二磅榴弹炮，零件俱全，完整无损”，仅来自欧洲的各式大小钟表即达400余只。

除了侍卫和太监外，清政府在圆明园并未驻有重兵防卫。10月6日晚法军进犯圆明园时，由大宫门闯入，“遭到了密集火力的狙击，这些子弹都是从宫门后打出来的”①。经过短时间的战斗，击伤法军士兵12名、军官2名，“八品首领”太监任亮等20余人英勇战死。“夷匪进宫门时，皇太妃(实为常嫔)染病在床，闻事急，自勒死”；奉旨照料圆明园的总管内务府大臣明

① 齐思和等编：《第二次鸦片战争》(六)，上海人民出版社1979年版，第367页。

善逃走，另一总管内务府大臣文丰投福海殉难，内务府员外郎泰清全家十六口俱自焚死，宫女、内监死者更多。①

被焚毁前的圆明园大水法、远瀛观

翌日晨，孟斗班带着他的幕僚深入园区察看，惊叹"园中富丽辉煌之景象，非予所能描述揣称，亦非欧洲人所能想见"，几乎到处都能"看见富丽裔皇，五光十色，目眩心骇的种种收藏物件"②。后来进入园区的法国随军人员也十分感慨地说："当我们走进这些长约四法里，宫殿、宝塔、湖泊比比皆是的大花园时，我们都惊呆了，真不知道把两只眼睛往哪里看才好。"③

尽管孟斗班"始终一本正经地声明说他曾严禁他的部队进入墙垣以内，决定在英军未到达以前不进行抢劫，以便大家机会均等"④，但是，一场大规模的抢劫随即就开始了。

最先进入圆明园的部分法军官兵还有所顾忌，只是趁别人不注意时将一些小点的物件揣进自己的口袋里。随后闻讯而来的法军成批地涌进圆明园，抢劫很快就演变为明目张胆的公开行为了。圆明园各殿阁中"堆积如矿

① 参见齐思和等编：《第二次鸦片战争》(二)，上海人民出版社 1979 年版，第 51、12 页。
② 同上书，第 443、395 页。
③④ 同上书(六)，第 366、346 页。

山似的财宝和国内所有各种珍奇物品，陈列在法军面前，任其肆意抢劫。一间一间的屋子充满着价值连城的物品，或系国产，或来自欧洲，一间一间的大厅置有价值昂贵的瓶缸，还有储藏绸缎绣货的房子，也敞开在他们眼前。乱七八糟、予取予携的抢劫，肆意毁坏一切过于笨重、不能移动的物品，都立刻开始了”①。成群的“法国军官不断地在出出进进，进去的空着两手，出来的满载着抢劫到的各式各样东西，许多人穿着华美刺绣的妇女的袍褂，差不多所有人都戴着漂亮的中国红缨帽来代替法国的军帽”。当法军一个团部敲鼓试图集合全体官兵时，只有“不到十个人走出来，其余的毫无疑问是在圆明园内进行抢劫”②。

美轮美奂的圆明园复原图(局部)

中午时分，额尔金和格兰特一行在沃尔斯利的带领下来到圆明园。额尔金起初还装模作样地“强烈声明反对掠夺”，甚至以颇为坦率的口吻说：“我喜欢圆明园内所收藏的许许多多东西，但我不是一个贼。”③格兰特也假惺惺地说：“目击彼等肆意抢劫之情状，实令人伤心惨目，恻然不忍卒睹也。”但是，他们与其说是反对抢劫，倒不如说是反对法军撇开英军单独抢劫。格

① 齐思和等编：《第二次鸦片战争》(二)，上海人民出版社 1979 年版，第 430 页。
②③ 同上书(六)，第 356、348 页。

兰特与孟斗班经长时间的磋商，决定由英、法各派三人组成一个分赃委员会，“合议分派园内之珍物，若者归英军，若者归法军”。孟斗班还提醒“法国委员注意，先取在艺术及考古上最有价值之物品”，打算将“法国极罕见之物”运载回国交由外务大臣奉献给法国皇帝拿破仑三世，“而藏之于法国博物院”。并一致同意“当他们选择完毕，其余的物件可以归掳获者据为私有”。于是，“当天下午，格兰特将军允许那般随来的军官们任意选取他们所喜爱的物件作为纪念品，只要经管奖品的人(即分赃委员会)并不反对”①。

据英国人自己记载：“由于(格兰特)将军现在不反对掠夺了，任何人都可以得到允许离开军营，涌向圆明园去。”自 10 月 7 日下午起，成批的英国军人陆续加入了抢劫的行列，“军官和士兵，英国人和法国人，以一种不体面的举止横冲直闯，每一个人都渴望抢到点值钱的东西”；“在一间屋子里，你可以看到好几个各种等级的军官和士兵钻到一个箱柜里，头碰头，手撞手，在搜寻和强夺里面的物品”；“这一大群各种肤色、各种式样的人，这一大帮地球上各式人种的代表，他们全都闹哄哄地蜂拥而上，扑向这一堆无价之宝。他们用各种语言呼喊着，争先恐后，相互扭打，跌跌撞撞，摔倒又爬起，赌咒着，辱骂着，叫喊着，各自都带走了自己的战利品。初看起来，真像是一个被人踏翻了的蚂蚁窝”②。

直到夜幕降临，忙于抢劫的英、法官兵才依依不舍地回归军营。“而一当太阳升起，抢劫又重新开始。”“由于抢劫者的不断扩大搜查，一些新的房屋经常被发现，里面还没有被触动过，摆满了古铜制品、钟表、珐琅瓶以及数不尽的玉石古玩，这些都是抢劫者所要蜂拥夺取的。捕获品实在太多，而搬运工具却很缺乏，抢劫进行相当时间之后，轻巧便于携带的珍贵物品越来越难找了。当地老百姓就被抓来作为搬运大件古董的搬运工。”“应该承认的是，炮兵们在这一场合分到的东西最多，因为他们有马匹，有弹药箱，还有车辆。他们利用了弹药箱的每一个角落，而当弹药箱都塞满的时候，他们又把放炮后用来冲洗炮管的水桶也都塞得满满的，最后他们甚至把直到炮口的整个炮身也都塞满了东西。”③

抢劫行为由圆明园逐步蔓延至附近的其他皇家园林。10 月 7 日当天，

① 齐思和等编：《第二次鸦片战争》(二)，上海人民出版社 1979 年版，第 444、407 页。

② 同上书(六)，第 348—349、359 页。

③ 同上书，第 361、350、362 页。

即有"夷人二百余名并土匪不计其数闯入清漪园东宫门"，次日又有成批的"夷人陆续闯入静明园宫门"，"将各殿陈设抢掠，大件多有伤损，小件尽行抢去"①。8日下午，法军发现了圆明园库藏的金银，随后与英军加以平分。法军"把这个库内的财物都分给了士兵，每个人近九十法郎"②。

伴随着抢劫的是肆无忌惮的破坏，许多价值连城的珍宝因不便携带而被捣毁。从一开始"多数法国人都拿着巨大的棍棒为武器，遇到不能挪动的东西，就捣个粉碎"；"这个地方任凭人随意蹂躏践踏，出现的是一种恐怖的毁坏场面！""工兵们带来了他们的大斧，把家具统统砸碎，然后再取下镶在上面的宝石"；"我曾看到从宫殿到我们的军营之间都堆满了绸缎和许许多多被踏坏了的、踩脏了的珍贵衣料，这些东西少说点也得值上两千万。还有，我也曾看到有些士兵竟用做珍贵手稿的羊皮纸来点自己的烟斗或烧饭。又如在我们离开的时候，大家竟把许多精制的时钟、挂钟和雕刻好的象牙都扔在车轮的轨道里，把它们填满，好让大炮和车辆的轮子在上面滚过去"③。

由于英、法军人的无知，在抢劫中还闹出了不少笑话。"有一个人竟把路易十五式挂钟也打碎了，为的是取下它的钟面，因为他错把标出时刻的数字都看做是钻石做的，而事实上却只是水晶做的"；一位法国翻译的传令兵为了讨好他，为他抢来了一大捧珍珠，他没有接受，却被他的同事用一瓶烧酒换去了，"在圆明园营地中，军中酒商卖给我们的烧酒是每瓶一百法郎；而在远征结束后，珍珠出售的价格却是三万五千法郎"；"内皮尔将军手中的几个参谋人员把一个荒芜小舍的屋顶误认为是铜的，敲剥掉搬走，但后来被弄清楚差不多是纯金的，价值近九千多英镑"④。法国詹尼将军陪同英军沃尔斯利上校在圆明园内闲逛，"很多很多抢劫者走出大宫门向他敬礼时，都送给他一点稀奇的东西作为礼物"，一个法国炮兵送完将军礼物后，随手拿出一个很小的相框送给沃尔斯利，事后证实居然是曾受路易十四宠爱的著名法国珐琅纤像制作家让·佩蒂托(Jean Petitor 1607—1691)的作品，相框中镶嵌着"一个极其精致的法国珐琅制作的飘垂着假发的人像"居然是被誉为18世纪"文学规范奠定者"的法国文学批评家和诗人尼古拉·布瓦莱-德普雷奥(Nicolas Boileau-Despréaux)。

① 齐思和等编：《第二次鸦片战争》(二)，上海人民出版社1979年版，第150页。
② 同上书(六)，第369页。
③ 同上书，第349、359、364—365页。
④ 同上书，第361、350页。

由于英军的驻地离圆明园还有一段路程，部分官兵未能参与抢劫，参与抢劫者则因到达圆明园的时间先后不同、抢劫的地点不同，抢到的东西也多寡不一。格兰特担心会因此而引起内部矛盾，甚而导致武力冲突，“为了使得那些由于职务关系不能参与抢劫的人也得到公平的处理，他下令收回军官们所弄到的所有赃品，呼吁他们保持军官和绅士的荣誉，把所有搞到的东西退还出来”，然后指定安森少校、沃尔克上校、威尔莫特少校和拉姆斯登上尉组成“奖品委员会”，连同由英法分赃委员会分得的物品一起，逐件登记、估价，以便于拍卖。集中起来的抢劫物摆放在英军总部参谋人员驻扎的喇嘛庙的大殿里，琳琅满目，蔚为壮观，包括“各种色调的白的和绿的玉石、古色古香的嵌花的珐琅瓷瓶、古铜器物、金银的人像等等；毛皮的种类也精致，其中许多是很名贵的，诸如黑貂皮、水獭皮、紫貂皮、羊羔皮等；朝服方面，有两三件是皇帝的朝服，杏黄缎子制成，用金线绣着大小的龙，边缘是丝线织成的优美的刺绣，镶着银鼠或紫貂皮的里子，袖口是用光滑的黑貂皮做成的；在殿角里堆满了许许多多各种颜色的绸缎和绉纱，一些是华丽的御用黄色，按照中国人的习惯只有皇帝才能使用它”①。这里罗列的只是一小部分，而且不一定是最有价值的部分。

被抢到海外100多年后公开拍卖的十二生肖头

“两个军士被选派为拍卖主持人”，许多珍贵的古董和价值不菲的珠宝仅仅标价数十英镑。熟知行情的英国军人当然不会放过这千载难逢的发财机

① 齐思和等编：《第二次鸦片战争》(六)，上海人民出版社1979年版，第351—352页。

会，据说连伦敦的德籍犹太银行家罗思柴尔德都委托了一位英国军官代为竞拍。格兰特也当仁不让，据他自己说，“我买到几块美丽的宝石，还有一个最精美的碧玉项圈，上面还镶着红宝石呢！看上面黏贴着的签纸，我们知道，这是一位著名的鞑靼酋长贡呈给清帝的。我仅仅花五十块钱就买到了，好像没有人喜欢这件装饰品似的。我还买了一块天蓝色的宝石，雕镂得很是精致”。场面相当火热的拍卖会一连持续了三天，共“售得十二万三千银元”①。

格兰特令将拍卖所得款项与分得的圆明园库藏金银一起均摊为三份，“三分之二分配给士兵，三分之一给军官，但限于占领圆明园时担任战斗任务的部队”。他本人则“很慷慨地把他应得部分拨发给士兵”，英军的两位师长米歇尔和内皮尔也仿效总司令“放弃了他们应得的份额”，“部队为了对他们的统帅和师长们的感激，对他们每一个赠送了适当的礼品”②。送给格兰特的礼品是“一个美丽的金瓶，清帝用来将玫瑰香水倾注在他那柔荑般的手上的”③。结果，英军士兵每人分得银元 17 枚，约合足金四磅，而“一个陆军校官差不多能分到五十镑”④。

法军总司令孟斗班送给法国皇帝拿破仑三世的礼物就更为可观了，其中包括：

> 两根将军的装饰杖，长约四十公分左右。它们的形状像是拉长了的 C 字，用金子做成，中间和两端均镶有很大的宝石，非常漂亮，做工极为精细。
>
> 一件完整的中国皇帝的龙袍。这件龙袍由好几件依次叠起的衣服组成：第一件是由金边绣成的绸衣；第二件是用钢做成的锁子甲；第三件最贵重，是金做的黄色绸衣，上面有光彩夺目的各色刺绣，再加上用金子和宝石所做的纽扣，就使这件衣服更形贵重。附在这件龙袍上的还有一顶用金子和钢所做成的战盔，盔上有钢制的尖状物。
>
> 一座漆金和釉的铜宝塔，做工非常精巧；各色釉制的大瓶；好几个用金子和釉做的神像。这些东西是离皇宫不远的皇帝大花园中一座庙宇的一部分。

---

① 齐思和等编：《第二次鸦片战争》(二)，上海人民出版社 1979 年版，第 393、439 页。

② 同上书(六)，第 352、357、355 页。

③ 同上书(二)，第 393 页。

④ 同上书(六)，第 355 页。

两座很大的铜制涂金怪物像，每座约重四百公斤。

两卷做工很好的非常长的窗帘。

最后还有许多戒指、项圈、酒杯、漆器、瓷器以及数以千计的珍奇玩物。①

10 月 9 日，“当法国人对圆明园内部毁坏工作完竣后，他们焚烧了皇帝的寝宫，退出庭院，搬到安定门外的一个村子驻扎”②。据清方记载：第一阶段的抢劫中，英法联军“放火将园门烧毁，树木、朝房皆成灰烬，附近一带焚掠无算”，大火由圆明园大宫门烧起，“延及同乐园、慎德堂等十八处，市肆间如娘娘庙、老虎洞各大街，王公大臣之平泉、绿野各名园，尽付劫灰，火光烛天，数日不灭”，“各官园寓荡然无存，一片焦土。土匪乘之，于是宫中精蓄陈设等抢掠一空”③。

这一天，晚清名士李慈铭在日记中记载：“今日内外各门尽闭，都人思窜者车徒簦担拥塞城下不得出。盖城外劫盗四起，只身敝衣悉被掠夺。又闻有持园中断烂物进城者，铜龙半爪，金兽一镮，俱相传视玩弄，盖禁籞已不保矣。”他心情十分沉重地哀叹道：“自圣祖缔营海甸，以园赐世宗为潜邸，至高宗踵而大之，历三朝之久，殚列圣经营，极国家富盛，苑囿之美，冠绝古今，乃一旦播迁，委此而去，犬羊突入，遽付焚如。”④

英国军队鉴于法军捷足先登，并利用驻扎于圆明园之便抢掠到大量珍宝，“对它在夏宫所收括到的那部分东西还嫌不满意”，又于 11 日组织了“一次大规模的远征，要去把法国军队没能带走的东西都收集起来”。“这次远征由一千二百名骑兵和一团步兵组成，另外还有许多旅游者伴随前往。他们带有成千辆车子和军队里所有的驮兽。”两天后，“派往宫殿的英国远征队才刚刚回来，他们随带的成千辆车子和驮兽也都满载着战利品回来了”，“他们当时曾深入布满豪华住宅和可与华丽的皇宫相媲美的宫殿腹地进行搜索。正是在这些至今尚未搜索过的地区，他们才抢到了大批物资”。为了掩饰他们的无耻行径，“在撤走以前，英国人把他们到过的宫殿和他们四周的

① 齐思和等编：《第二次鸦片战争》(六)，上海人民出版社 1979 年版，第 365—366 页。

② 同上书，第 351 页。

③ 同上书(二)，第 51、12 页。

④ 李慈铭：《越缦堂日记补》，见齐思和等编：《第二次鸦片战争》(二)，上海人民出版社 1979 年版，第 124 页。

花园都放把大火烧了”。14 日，“从早晨一开始，太阳就被一股从夏宫升起的又黑又浓的烟柱弄得暗淡无光，这股烟柱顺着北风吹来，布满了整个地平线。整天就只有像太阳在日蚀时所发出来的一层黄颜色的光线，就像太阳被月亮遮住了似的”①。

通过这场大规模的抢劫，英法联军从中国掳走了许多稀世珍宝和大量的财物。当联军向北京进犯时，“法国军队只有一辆车辆，也就是将军的车辆才载有帐篷和军用箱”；而当其由北京撤退时，“竟然出现了大批满载着的车辆，单是这支车队也得十十足足走上一小时。至于英国人的行李车队，那更是长得出奇。这一支神话式的车队足足有两法里之长”②。

16 日，清方将其余的英、法被俘人员包括部分死者的尸体送还对方，结果，被俘的 26 名英国人仅 13 人生还，13 名法国人仅 6 人生还，且大多伤痕累累。

额尔金决定对清政府随意捕获谈判代表并加以虐杀的行为施加报复，理由是“倘若容忍这事过去，不作惩一儆百戒，将使他们冥顽的心理更加滋长，觉得再犯与此类似的举动，也不损失毫厘，那么何惧而不为呢！”甚至声称：若不及时予以责罚和警告，“那么北京使馆将来居留的人员，地位就很危险，岌岌的可怕了”。他在写给英国外交大臣约翰·拉塞尔的信中说：“在（清廷）皇室军机会议中，捕捉俘虏一事讨论起来，或许以为办理得策。因为既然可以稍缓我们的前进，又可以泄清文宗（即咸丰皇帝）对外的愤恨，而且当这举动以后，紧跟着并没有受任何特别的责罚。虽然现在中国对于这些地方道德标准颇低，依我的见解，我们要不拿所讨论的这件举动当作很大的罪恶，需要严厉的报复，那么我们将要使得这个标准更降低一些。”③

以什么方式报复清政府，额尔金也动了很多脑筋。首先想到的是乘机敲诈一笔巨额赔款，但考虑到“若是勒索赔款，这重负担又落在人民的头上，清朝皇帝和官吏们却并不受什么损失”，同时“又感觉到所遭受的耻辱，赔款不足以补偿和洗雪”，所以很快就自行否决了。其次是要求清政府交出虐杀俘虏的凶手，又担心清方并不交出真凶，仅以一些无辜的低级官员作替罪羊，“假若要求僧格林沁本人，中国政府大约不能答应，更决不能实行”。再次是为被虐杀者建立纪念碑，“中国政府须派官员护送英法侨民死亡者之尸

① 齐思和等编：《第二次鸦片战争》（六），上海人民出版社 1979 年版，第 367—368 页。

② 同上书，第 365 页。

③ 同上书(二)，第 400、402 页。

体至天津，且由中国政府出款建碑于天津，叙明此辈不幸之人拘获死亡等情，及英政府所要求之款，以为此背信暴行之罚”。而葛罗却惟恐此举会影响按期签约、撤军，明确表示反对道：“愚意以为逼之已甚，非清政府所愿，则绝不能从命。夫使天津立碑，负垢忍耻，而自暴其残虐，彼不视为甚于丧师失地之辰千百倍耶？其拒而不受也，必矣。吾辈又将何以自处之乎？”额尔金觉得很有道理，也放弃了。最后决定彻底焚毁圆明园，尽管葛罗仍然“以为这种报复没有丝毫的用处，仅仅增加仇恨而已”，甚至说，如果真的要报复，与其焚毁圆明园，还不如烧了皇宫，额尔金还是一意孤行，并列举了必须焚毁圆明园的诸多理由：一则，此前格兰特已经答应，只要清按期交出安定门，“就饶过北京，不再攻击或毁坏它”，而圆明园“乃是这些野蛮的暴行发踪指示的地方”；二则，圆明园只是皇帝享乐的地方，“这种责罚并不降在比较清白无罪的人民头上，不过单单和清帝为难”；三则，“圆明园乃是清帝所最宠爱的行宫，毁坏这个地方，对于他的骄倨和情感两方面准定是一个大打击”，可以给清朝的王公大臣们留下不易泯灭的记忆；四则，可以向中国的普通老百姓表明“联军并不是和中国人作战，所指的敌人，仅是那般不守信用，以致于酿成这么多痛苦和杀戮的人们”；五则，“因为隆冬将近，军队必须及早退出，我们也很愿望，能用一些方法来表明联军已经旗开得胜，耀武扬威的占据了北京，使得此事昭然显著，杜绝他日的争辩和疑问。否则清室政府很容易否认这件事实，而且凿凿有据似的，反说联军受御林军的威胁，不得不退出京师了”；六则，咸丰皇帝“对于这件罪恶，私人应当负直接的责任，不仅为着在圆明园对于俘虏的待遇，还有他发的一道谕旨，购赏外人的头颅，并且说他预备耗费所有他的财宝，作为暗杀的奖金”。所以，他公然宣称“我所想到的几种方法内，毁坏圆明园一计，算是最无瑕疵的”①。

格兰特极表赞同，也提出了焚毁圆明园的两条理由：“第一，被囚诸人，手足缚系，三日不进饮食，其受如斯野蛮之待遇，即在此地。第二，若对于中国政府所为不顾国际公法之残酷行为，不予以久远之印象，英国国民必为不满”。并倡言：“若现即与之媾和，订约撤兵而退，中国政府必以吾国人民为可以任意捕杀无忌，在此点上必须警醒其迷梦也。皇帝避暑行宫固已被掠，然其所蒙损失，在一月内即可恢复原状”。“圆明园宫殿之为要地，人所共

① 齐思和等编：《第二次鸦片战争》（二），上海人民出版社 1979 年版，第 403、450、451、423、424、400 页。

知。毁之所以予中国政府以打击，造成惨局者为此辈而非其国民，故此举可谓为严创中国政府，即就人道以言，亦不能厚非也”①。

侵略者毁坏的是中华民族的灿烂文明，讲述的是强盗的逻辑。

当天，额尔金照会通知奕䜣：圆明园“内各殿宇尚有未经全坏之区，立必拆清”，具体由英军总司令格兰特负责，“贵亲王可毋庸与闻”②。法军因孟斗班不赞同彻底焚毁圆明园而未参与。

18日，格兰特派师长米歇尔率部执行这项罪恶的任务，“有一两师的军队布散在乡间，放火燃烧四个皇家花园中的一切宫殿，从圆明园开始，其次转向西边的万寿山、静明园，最后轮到香山”。英军在这些皇家园林中分头放火，起先是一股股浓烟由四处升起，“不久，这一缕一缕的烟，聚成一团一团的烟，又集合为弥天乌黑的一大团，万万千千的火焰往外爆发出来，烟青云黑，云蔽天日。所有庙宇、宫殿、古远建筑，轮奂辉煌，举国仰为神圣庄严之物，和其中收藏，富有皇家风味，精美华丽，足资纪念的物品，都一齐付之一炬，化为劫灰了”。“两天两夜，这些遭劫的避暑行宫火光熊熊的烧着，仿佛一张幔子，罩着当日的行幸处所，并且随着大风，烟雾吹过联军驻扎的营盘，蜿蜿蜒蜒，到了北京。黑云压城，日光掩没，看起来仿佛像一个长期的日蚀。”③清方也有记载说：10月18日，“御园万寿三山复遭夷火，烟焰连天，射入城中，五日乃熄”④。

英军焚烧圆明园

① 齐思和等编：《第二次鸦片战争》(二)，上海人民出版社1979年版，第394页。
② 同上书(五)，第188页。
③ 同上书(二)，第415、418、404页。
④ 赘漫野叟：《庚申夷氛纪略》，见齐思和等编：《第二次鸦片战争》(二)，上海人民出版社1979年版，第13页。

圆明园，这座古代建筑艺术的典范，中国传统文化的宝库，人类文明史上的奇迹，就这样被侵略者无情地毁灭了。

连放火的英军也感叹道："当你目睹此种情况，一腔荡气回肠的情感，自不胜悲中来，不能自已。从今以往，数千百年为人所爱慕的崇构杰制，不复能触到人类的眼帘了。这些建筑都足以表彰往日的技术和风格，惟一无二，世上没有什么东西可和它们比拟。你们曾经看过一次，就永远不能重睹，它们消灭无形，人类不能重新建造。"①

一年以后，法国文学家雨果用诗一般的语言讴歌这座皇家园林：

> 在地球上某个地方，曾经有一个世界奇迹，它的名字叫圆明园。……圆明园是梦幻艺术的代表。它荟集了一个人民的几乎是超人类的想象力所创作的全部成果。……圆明园不但是一个绝无仅有、举世无双的杰作，而且堪称梦幻艺术之崇高典范——如果梦幻可以有典范的话。你可以去想象一个你无法用语言描绘的、仙境般的建筑，那就是圆明园。这梦幻奇景是用大理石、汉白玉、青铜和瓷器建成，雪松木做梁，以宝石点缀，用丝绸覆盖；祭台、闺房、城堡分布其中，诸神众鬼就位于内；彩釉熠熠，金碧生辉；在颇具诗人气质的能工巧匠创造出天方夜谭般的仙境之后，再加上花园、水池及水雾弥漫的喷泉、悠闲信步的天鹅、白鹮和孔雀。一言以蔽之：这是一个以宫殿、庙宇形式表现出的充满人类神奇幻想的、夺目耀眼的宝洞。这就是圆明园。它是靠两代人的长期辛劳才问世的。这座宛如城市、跨世纪的建筑是为谁而建？是为世界人民。因为历史的结晶是属于全人类的。世界上的艺术家、诗人、哲学家都知道有个圆明园，伏尔泰现在还提起它。人常说，希腊有巴黛农，埃及有金字塔，罗马有竞技场，巴黎有巴黎圣母院，东方有圆明园。尽管有人不曾见过它，但都梦想着它。这是一个震撼人心的、尚不被外人熟知的杰作，就像在黄昏中，从欧洲文明的地平线上看到的遥远的亚洲文明的倩影。

然后愤怒地谴责英、法侵略者的暴行：

① 齐思和等编：《第二次鸦片战争》（二），上海人民出版社 1979 年版，第 418 页。

被焚毁后的圆明园遗址

这个奇迹现已不复存在。

一天，两个强盗走进了圆明园，一个抢掠，一个放火。……这两个胜利者一个装满了口袋，另一个装满了钱柜，然后勾肩搭臂，眉开眼笑地回到了欧洲。

我们欧洲人认为是文明人，而在我们眼里，中国人是野蛮人，可这就是文明人对野蛮人的所作所为。

在历史面前，这两个强盗分别叫做法兰西和英格兰。①

这种毁灭历史的倒行逆施是英法联军对中华民族乃至全人类的犯罪。圆明园废墟至今还在无声地控诉着英法侵略者的滔天罪行，时刻警醒着每一个炎黄子孙。

予取予求的新和局

本来，奕䜣得知英法联军焚掠圆明园后，即认为“万不能再议抚局，本拟奔赴行在，不料该夷自东北两面而来”，将其隔在了南边，一时过不去，遂驻扎于卢沟桥，“冀有续调兵勇经过，暂行截留”，并约请胜保来卢沟桥督带兵

① 雨果：《致巴特雷上尉的信》，《光明日报》1995年1月15日。

勇，“以期将占踞园庭之贼逐去”①。咸丰皇帝对圆明园遭焚掠感到十分愤懑，痛斥“僧格林沁、瑞麟统带重兵，节节退扎，已属畏葸无能，此次夷人直犯圆明园，肆行焚抢，又不能驰往救护，实属咎无可辞。僧格林沁著革去爵职，仍留钦差大臣，瑞麟著即革职，均仍留军营带兵堵剿，保护京城”②。但他此时已经知道：清军根本就不是英法联军的对手，若清方放弃求和，英法联军势必要攻占北京，不但损失愈加惨重，而且他就威望扫地了；他更害怕联军会继续北进，让他在热河也不能存身。于是谕令奕䜣等：“现在兵力毫无足恃，若任令该夷盘踞日久，消息不通，日后更难措手；仍应于万难之中设法极力挽回，以冀维持大局。恭亲王等现在卢沟桥驻扎，恐文报阻隔，往返耽延，著绕至园庭东北一带择地驻扎，竭力筹办抚局，奏报亦较为便捷。”③奕䜣只得打消了逃跑的念头，打起精神再与英、法交涉。

1860 年 10 月 7 日威妥玛约请恒祺出城相见时，除要求释放巴夏礼等被俘人员外，还提出英、法使节将进京与奕䜣等议和、换约，“须带兵入城，把守一门，并欲留兵在京驻守三年，方行全数退兵”④。恒祺答应尽快送还巴夏礼等人，对联军占据北京城门的要求也不敢拒绝，仅表示恭亲王“颇虑还京道途或遇两军兵役，难保有加害之事”。10 日，英法联军总司令格兰特与孟斗班照会奕䜣等，说他们已决定占据安定门，将于 13 日午刻“调派弁兵前往驻守。其时果无抗拒，则各军除随时护送两国钦差大臣等往来之弁兵外，不准余兵一名阑入京门，不致稍有惊扰居民；倘于临门之际不照所议，更有阻挠，立将京城攻开。先于今日筑起炮台，以备不允之应用”。同时保证：恭亲王若进京，可以“任便往来，途中断不致受本军之患”⑤。

奕䜣当然不愿将安定门交给英法联军，但又怕直接拒绝会影响求和，只好仍沿用一个“拖”字诀。他在复照中首先质问“何以贵国兵丁扰及园庭，焚烧殿宇？贵国乃系知礼之邦，约束兵丁，素有纪律，岂有军兵肆意焚掠园庭而两国带兵官及贵大臣推为不知之理？应由贵大臣将如何办法详为照复”；其次提出英法联军把守安定门一事，“两国既经和好，原可照此办理，但把守之法，亦应明定章程照复”；最后声明尚未放回之英法被俘人员“本亲王已分饬该管官查访下落”，找到后“仍照前文定日送回，断不减改失信”。不料，留

①③⑤ 齐思和等编：《第二次鸦片战争》（五），上海人民出版社 1979 年版，第 166、169、176 页。
② 《筹办夷务始末》咸丰朝卷六十四，续修四库全书本，第 32—33 页。
④ 同上书，第 35 页。

守京城的王大臣却表示可以将安定门按时交给英法联军，并将奕䜣的复照也视为同意这么做了。奕䜣马上行文郑重“询以该夷把守城门各节是否可以允准”，强调“事关重大，非臣所能独自主持，必须公同商定”。驻在京城内的巡防大臣与留守大臣商量后，“以为可行，均无异词”，即以此咨复了奕䜣。并先后派成琦、恒祺、副都统连成等至卢沟桥请奕䜣“入城与该夷见面换约”。奕䜣对“该王大臣等于京城守御事宜毫不讲求，但以城不可守为辞”十分不满，在上奏朝廷时，一面表示：“该夷坚欲进城，而留京各王大臣以事在危迫，准其开城，必欲与之换约画押，断不敢顾惜一身，稍存退避”；一面又说打算先拖延时间，“一俟各省官兵到来，兵力稍厚，设法攻剿，以图歼灭”。鉴于僧格林沁屡败之余，锐气尽失，难以复振，京城地区各将领“事权不一，军无统帅，是以兵心散漫，军无斗志”，又建议“非专派大员，不足以资统率而振军威”，并推荐“胜保心殷所国，勇敢有为，尚能严明纪律，鼓舞军心”，可以任命为“统兵大臣”①。

咸丰皇帝接到奏报后，立即令“将候补侍郎胜保授为钦差大臣，总统各省赴援诸兵，整军备剿”；并令奕䜣速派恒祺带着照会去与英、法交涉，并“责其修筑炮台之非”。原则上同意按照奕䜣的设想：“如该夷仍遵前约，并不另生枝节，即可画押换约，以敦和好。倘有心反复，再事要求，即知照胜保督兵进剿”。他提出：“惟必须厚集兵力一战成功，方为计出万全”。同时要求“庆惠等自应严密防守，听候恭亲王等办理，若开门揖盗，害不胜言”。然而，对于留京王大臣请奕䜣进城签约一事，在奏折行文中夹批道：“直臣亦无可如何，惟有冒险进城与该夷见面理论。”但在奏折末尾又朱批道：“盖印画押原定在城外，进城不过换约之一事，此时冒险进城，虽为顾惜大局，倘该夷不允复出，尚复成何事体?”显然他也一时拿不定主意了，只是要求“恭亲王等于京城西北附近地方择地驻扎”，以便于随同其办理议和事务的文祥“兼顾园庭”②。

英、法方面根本不理会奕䜣关于把守安定门“亦应明定章程”的要求，自11日起开始“拆地坛砖石”在安定门外修筑炮台，在城墙附近“往来如无人”。清军士兵欲开炮，带兵官员不准。克勤郡王庆惠骑马路过，黄旗章京某拉着他的马嚼哀求：“再不开炮城亡矣。”庆惠十分冷漠地回答道：“你不要

① 齐思和等编：《第二次鸦片战争》(五)，上海人民出版社1979年版，第177、178、173—175页。
② 同上书，第181、174、180页。

命，我还要脑袋的，开炮以违旨论。”①城内的留守官员见联军真的开始修筑炮台、准备攻城了，一个个被吓得魂飞魄散。次日午后，“经城内王大臣公同商议，令恒祺前往夷营告知巴夏礼，于二十九日午刻开安定门，使该夷入城，以待换约”②。

英法联军进入安定门

届时，守卫安定门一带的官员和清军自行撤走，留守王大臣亦知开门延敌，罪责甚大，临时未免有些犹豫，恒祺危言以恐之曰：“如不开城门，待夷众攻破入城，虽鸡犬不留也。”一些怕事的居民惟恐联军攻城会殃及无辜，径自打开了城门。“恒祺乃带同红顶、蓝顶官十余员出城迎接，相伴而入，夷众因一拥齐进。”英法联军派出 400 余人的部队占据安定门，“立时恃悍登城，猱升望杆，悬起彼国五色旗帜，尽逐我城上防兵，将我大小炮位掀落城下，纳诸沟中，自于城楼里面安设夷炮大小四十六位，炮口皆南（即指向城内）。北面城垣东西长十里尽被占踞，支搭帐房数百座，城门听其启闭，反禁中国人不得出入，惟巴酋号令是听而已”。占据安定门的侵略军并不严守纪律，时常“擅入人家住宿，城北居人受侮不少”。京城居民得到这类讯息后“纷纷南

① 《庚申都城戒严事记》，见齐思和等编：《第二次鸦片战争》（二），上海人民出版社 1979 年版，第 39 页。

② 《筹办夷务始末》咸丰朝卷六十五，续修四库全书本，第 27 页。

迁，街市间累肩接踵，扶老携幼，牵男抱女，背负襆被，手提筐笼，竭蹶喘汗，妇女纤弱，蓝缕羞缩，踉跄颠仆，蓬首垢面，号啼之声相续不绝于途，此皆无力穷家之若况也”。富豪之家在听说天津失守时，“早已迁徙出都，百无一存。其余官民力稍逊者，至寇氛近逼、危迫之时勉强迁徙出都者，亦十之三四”。未及出逃的官宦人家，为免联军骚扰，“更有门首摘去科第匾额、官衔门封者”①。

北京城墙

据马士记载：“北京的城墙高达四十一英尺，墙基厚有六十二英尺，墙顶厚有五十英尺，墙面前后都是烧制坚硬的大块砖，内部实以黏土。”②以英法联军当时所配备的炮火，要轰开是很不容易的。沃尔斯利上校奉命指挥四门大炮攻城，可他对英军大炮的“威力”却并无信心，更愿意由清方自行打开城门。“直到限期前十分钟，敌人还没有投降的迹象。我们的炮衣揭开了，炮身经细心拭净、装弹，排列起来，对着要打的城墙瞄准。我屏住气息，心情

① 赘漫野叟：《庚申夷氛纪略》，见齐思和等编：《第二次鸦片战争》（二），上海人民出版社1979年版，第13—14页。

② 马士：《中华帝国对外关系史》第一卷，张汇文等译，生活·读书·新知三联书店1957年版，第685页。

沉重，觉得我们是在玩‘吹法螺’的把戏，因为我太清楚了，用我们所有的这些炮弹，要打开一个有用的缺口是没有希望的。”在他焦急的盼望中，城门终于打开了，这时他心中的一块石头才总算是落了地，“舒了一口长气，十分满意于这个结果”①。于是，英法联军未费一枪一弹，大清朝的国都之门就这样敞开了。

由安定门城楼俯瞰下的北京城墙

城内的王大臣由豫亲王义道领衔奏报了朝廷，同时备文通知奕䜣，并一再要求他“即日进城，俾得及早换约”。奕䜣对于守城王大臣的无耻行径强烈不满，曾当面质问庆惠等“何所主见，辄行开城”？庆惠仅答以“不能禁止兵丁，别无把握”②。由于城门已被英法联军控制，北京已无城守可言，清方只剩下求和一条路可走了。

奕䜣也觉得卢沟桥确与京城“相距较远，声息不甚相通”，但在未得到皇上允准之前仍不便进城，而距城太近又担心安全问题。当时胜保统带的清军已有六七千名，尚可借其保护，只好在该部驻地附近选择安身之所，乃于14日“午间移扎西便门外之天宁寺，以冀就近筹办”。随即奏称：“京城立四方之极，周围四十余里，既高且固，该夷以数千远来之众，岂能遽行围城？城

① 蒋孟引：《第二次鸦片战争》，生活·读书·新知三联书店2009年版，第219页。

② 齐思和等编：《第二次鸦片战争》(五)，上海人民出版社1979年版，第186页。

中王大臣各有专责，自应预为布置，严密城守，不料怵于夷人恫疑虚喝，声言攻城，即开门纳敌，在逆夷未折一矢，已安然入城，其将来骄恣要挟，何所底止？”“臣等忍气吞声委曲以议抚者，原为保全京城以顾大局耳。设夷人尚未入城，臣等办理议抚，尚不至动辄为人所制，现在夷兵业已进城，则办理益无把握。”一方面把打开安定门的责任全部推给了城内的王大臣，另一方面也以此为自己以后议和不力作好了铺垫。甚至指责“该王大臣等被夷人虚声恐喝，为一身自全之计，初非为大局起见”；揭露他们一再敦促其进城也是别有用心的，“在城内诸臣不过以危辞相迫，冀臣等入城后，即可诿过卸责，置身事外”。同时说明：交出安定门使他在以后的谈判中更加被动了，“是抚局已成不可必之数，而议抚仍有不容已之情”，他仍将竭力维持以前达成的条款，“现仍饬恒祺等将条约、退兵各层设法挽回，但使别无枝节，即行盖印画押换约，以期保全大局而慰宸怀”，并于 15 日照会英、法，“问以何日进城换约”①。

咸丰皇帝接到奏报后，虽然不无义愤地指责“义道等不候恭亲王等函商，辄即暂开一门，许其入城，虽为保护城池起见，实属冒昧”，但还是无可奈何地表示：“然事已至此，若再与决裂，势必阖城生灵被其荼毒。此时若在城外画押，该夷必不肯从，著恭亲王等迅即入城，与该夷将本年所议续约画押盖印，并将八年天津和约互换，令其退出京城，再商定驻京章程，方为妥善。”②

16 日，额尔金照会奕䜣说，安定门“所幸当日经交把守”，否则“京城一座早被我军攻占”，除以英法被俘人员被虐杀过半为由要焚毁圆明园外，又提出要赔偿英方抚恤金 30 万两白银，英法联军将留驻天津直到赔款付清为止；次日葛罗也照会奕䜣，对焚掠圆明园一事狡辩道：“本国兵丁临近京师，复至圆明园拿取物件，众兵分用，此系交仗之常例。至焚烧园庭一节，实系贵国土匪放火焚烧，希图抢劫。”提出要赔偿法方抚恤金 20 万两白银，将虐俘时“饬令动刑之员按律严加治罪”，将肃王府预备作法国使节的公馆，退还被清廷没收的教会和教民的坟茔、房屋、庄田等财产；均限于 20 日答复，22 日交付抚恤金，23 日签订续约、交换《天津条约》。他们还威胁说：若不答应其要求，“必致立动非常干戈之灾，不但京师内外，即中国各省，

① 齐思和等编：《第二次鸦片战争》(五)，上海人民出版社 1979 年版，第 182、186、183 页。

② 同上书，第 184 页。

本国员弁兵丁亦可前去交仗"，且"必饬令本国水师将军收纳贵国海关税项，截取贵国粮船"①。英军随即于18、19日再至圆明园等处放火。

俄国公使伊格那提耶夫多次提出欲充当中国与英、法谈判的调停人，虽经清政府委婉拒绝，仍不愿放过借调停以谋取本国利益的机会。他于9月中旬由天津北上，先后在张家湾、通州为英、法出谋划策，提供有关北京城防的情报。后由通州知州转呈致军机处照会，奕䜣"当即札行该知州，告以现今军机处早已随扈起程，须由驿递，再行转交，恐回信较迟"。10月6日，复由京内俄罗斯馆喇嘛固礼向五城察院投递呈文，意欲由清方备文邀请俄使进京调停，奕䜣令"告以现在两国交兵，各城俱闭，未便令该使臣进京，如果有意为中国不平，亦必在外代为调停，俟两国之兵退后，即可照常来京"。但咸丰却谕令："俄罗斯使臣恳请来京，著文祥即由军机处给与照会，令其进京。若再以军机处随扈出京为辞，恐其直赴行在，不成事体。"此后又一再叮嘱奕䜣："俄酋既愿从中说合，不必拒绝，设能如其所言，于抚局不无裨益。"②

得知英法联军控制了安定门后，伊格那提耶夫觉得再不插手就来不及了，连忙赶到安定门外分别拜会了额尔金、葛罗，然后于16日进入京城，暂住在俄罗斯馆。第二天，恒祺、崇纶等赶来相见，伊格那提耶夫"将欧洲人的雄厚财力、中国军队的低劣、威胁北京和皇帝宝座的厄运一一指明"，狂妄地宣称："对俄国来说，如果要在一万俄里的中俄两国边境线上对你方任何一地发动一次无法抵抗的打击，那是轻而易举的"，"但是俄国仍然不仅不愿利用你们现在走投无路的处境，而且还决心向你们证实它对贵国所抱的善意"。"如今你们该明白了，惟有俄国才是对清王朝真诚亲善的，惟有它才能拯救你们"。他提出，若想要他充当调停人，清方必须满足其以下要求：

一、恭亲王必须立即向我提出进行调停的书面请求，使我能和他建立起正式的关系。

二、中国政府在和欧洲人进行谈判时，必须就谈判的全部内容事先征询我的意见，不得稍有隐瞒。

---

① 齐思和等编：《第二次鸦片战争》(五)，上海人民出版社1979年版，第187—192页。

② 同上书，第178—179、184—185、195页。

三、中国政府必须同意我首次在北京逗留期间所提出的全部要求，即：（甲）承认并批准《瑷珲条约》；（乙）同意在东部顺乌苏里江以迄于朝鲜国境划界，而在西部则沿中国的常驻卡伦划界；（丙）同意在喀什噶尔、库伦和齐齐哈尔设立领事馆。①

当时，英、法都急于与清方签约，而后从北京撤军，孟斗班曾公开宣称："严寒即将来临，我所得到的全部情报均不允许我们在十一月一日后仍停留在城前"；额尔金10月27日在写给罗素的信中说："我的将军只允许我有两星期的时间"完成谈判与签约。他们担心焚毁圆明园会激怒清政府拒绝签约，或将奕䜣吓得逃往热河而失去谈判的对手，葛罗甚至抱怨额尔金企图颠覆清政府、援助太平天国，并曾秘密地写信要求俄国公使让恭亲王懂得，"皇朝的命运就在他的手中，因而答复必须在本月二十日上午十时前送到我们这里。而他假如还希望拯救帝国和他的种族的话，那末就得在一切问题上都让步"②。清方则惟恐英法联军会赖在北京不肯撤走，尽管奕䜣怀疑英、法"系俄夷怂恿"③，但城内的王大臣却将俄国公使当成了救命稻草，一见面就"请求公使指点他们如何才能摆脱他们的困难处境"，"表示希望公使不致拒绝解决他们和联军方面的问题"④。

这种局面为伊格那提耶夫提供了施展骗术以左右逢源的机会。一方面，他向清方吹嘘：他可以前往英、法军营劝阻，"允给银两尚可从缓，且可酌减，并称（英法公使）不致久驻京师，夷兵亦令退至大沽等处，不使驻扎近京地方"，尽量将自己装扮成大清王朝的挽救者，以便其后向清方索取更多的侵略权益。奕䜣虽然感到其言未可尽信，仍期望多少能起点作用，且又担心"若不允其前往，难保不加倍作祟。因给与照复，令其前赴劝阻"，"而伊酋事后如有要求，再作理论"⑤。另一方面，他向英、法方面炫耀说：他"把尚留在北京的七八个高级官员都叫到他那里去"，先施以恫吓："假如你们不认真地去和他们谈判，那他们就要炮轰京城，烧掉皇帝的大殿和你们所有的房子"，"把宫殿和城市都毁掉和烧掉对他们说来乃是件轻而易举的事"，"要防止这场大灾难你们是绝对不可能的，而要作出任何抵抗或侥幸取胜又是无论如

① 齐思和等编：《第二次鸦片战争》（六），上海人民出版社1979年版，第539—540页。
② 同上书，第296、542、300页。
③⑤ 同上书（五），第186页。
④ 同上书（六），第538页。

何也办不到的”；再给予训示：“为了挽救宫殿和城市，为了结束这一场把你们弄得焦头烂额的战争，你们除了干脆接受他们还在向你们提出的和议外，可没有其他的出路”。他极力让英、法方面相信，恭亲王一想到英、法方面“会乘机报复，把他和他的随员都抓起来就怕得要命，无论如何也下不了决心”前来会面①，是他帮助奕䜣打消了顾虑。他先于10月18日密函葛罗，“谓已力劝清帝之权臣认明危险，速定和议”②。后又于20日凌晨2时密函通知葛罗，“劝告最终已被接纳，亲王满足了我们的要求，他已将对九月十八日进犯应负责任的两位长官僧格林沁和瑞麟都免了职”。葛罗喜出望外，视之为一种幸运的结局，将其全部归功于伊格那提耶夫，十分兴奋地写信给法国外交大臣说：“假如阁下能从皇上那里惠准对伊格纳切也夫将军表示感谢的话，那末我将感到十分愉快，而这在我看来乃是完全应该的”③，并声称要在事后为他正式请求高级勋章。额尔金也函告英国外交大臣拉塞尔，说他对这位俄国公使怀有深切的谢意，拉塞尔随即训令他转达英国政府对伊格那提耶夫的感谢，英国女王也为此令驻俄大使代向俄国皇帝致谢。

其实，奕䜣接到英、法限期答复的照会后，经再三权衡，已于19日奏称：“臣等接阅该夷照会，任情要挟，有万不可允之处。然一经驳斥，必致决裂，现已反客为主，在我几成见外受敌之形，而贼转有战守兼全之势，且恐扰及宫廷，所伤必多。”恰留在城内的克勤郡王庆惠、协办大学士户部尚书周祖培、吏部尚书陈孚恩、刑部尚书赵光、户部右侍郎宝鋆、刑部右侍郎麟魁等“同至城外，询以何策，则均以悉允所请为辞”。经“辗转思维，实无良法，是以给与照复，暂为羁縻，如果别无枝节，尚可届期换约”。又以法军总司令孟斗班曾与内阁学士庆英、仓场侍郎成琦、崇纶私下里交谈，“以英夷狂悖过甚，心中颇为不服，不愿与该夷同在一处，无如葛酋与额酋同办一事，未便明言。天气寒冷，难以在此过冬，如可早日换约，即愿退兵”。又提出“如可乘此离间，使佛(法)夷先行退兵，则英夷之势既孤，议抚既可冀有端绪，即议剿亦较易制胜”④。同日上奏的另一份奏折说：他于接到英方欲焚毁圆明园等

① 参见齐思和等编：《第二次鸦片战争》(六)，上海人民出版社1979年版，第301—302、534页。

② 同上书(二)，第461页。

③ 同上书(六)，第300—301页。咸丰于10月12日将僧格林沁革爵、瑞麟革职，并非出于奕䜣的奏请，与9月18日的张家湾之战也毫无关系。

④ 同上书(五)，第186页。

处宫殿的照会后，“当即连夜札调恒祺来寓，令其前往阻止”。18日晨“该卿来后，正在谆嘱商办间，即见西北一带烟焰忽炽。旋接探报，夷人带有马步数千名，前赴海淀一带，将圆明园、三山等处宫殿焚烧。臣等登高瞭望，见火光至今未息，痛心惨目，所不忍言”。据恒祺当面告诉他，“该夷云，藉此泄愤，如派兵拦阻，必于城内宫殿拆毁，以逞其毒”①。

咸丰对圆明园被焚毁的感受应该比奕䜣更痛切，对侵略者暴行的愤恨比奕䜣更强烈，但是，他又能说什么呢？只好仍谕令：“该夷狂悖情形实堪发指，惟业已入城，一经驳斥，必致决裂，只可委曲将就，以期保全大局，俱著照恭亲王等所议办理。”②

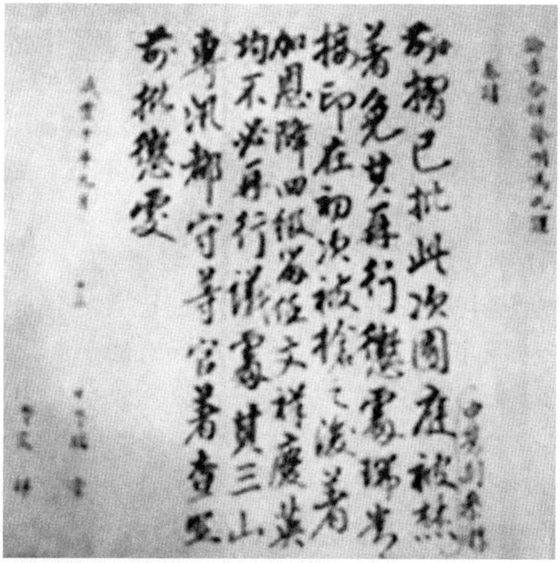

咸丰皇帝在圆明园被焚后的朱批

20日，奕䜣派人将前一天拟好的接受所有条件的复照送交英、法方面，葛罗当即照会称已委派巴士达等与清方委员“商办续约事宜”③。次日，奕䜣再次照会要求英、法确定签约、换约的准确时间和地点。额尔金将时间定在10月24日下午2点，地点定在礼部衙门；葛罗将时间定为25日午刻，地点也在礼部。22日清方按期将50万两抚恤金分交英、法后，即由恒祺、长

① 《筹办夷务始末》咸丰朝卷六十六，续修四库全书本，第12页。

②③ 齐思和等编：《第二次鸦片战争》（五），上海人民出版社1979年版，第194、208页。

芦盐运使崇厚、天津道孙治与英、法委员商定续约的具体条款。在天津、通州两次议和文本的基础上，英方删去英使进京以礼相待一条，增加割让九龙司地方一区、明降谕旨宣布续约、准华民赴英三条；法方增加准许军民习教与退还各省教产、准许华民出国两条。清方本来已没有讨价还价的余地，恒祺等仅提出在全国范围内退还教会产业"目前尚无法进行"，旋议定"留待以后由中国政府和法国在中国的使馆作中介把它解决掉"①。

当天，英、法还向恒祺等提出："入城换约，须预备居住公馆。"法方起先要住在肃亲王府，奕䜣急令恒祺拦阻，后"定于金鱼胡同贤良寺居住"。英方初未指明地点，顺天府府尹董醇领着他们去看了清廷原先指定给外国公使进京换约时暂住的老君堂、国子监、马家厂等处，均不满意，"复带领至各庙宇阅看，该夷亦称不合"，随即拿出自带的京城地图，径直走到朝阳门东小街的怡亲王府，奕䜣再令恒祺拦阻，"该夷声言：如不令住怡亲王府，即须在紫禁城内居住"。数日后，"该夷即带八百余人前往占住"。奕䜣认为其"显系心怀旧忿"②，但也无可奈何。

10 月 24 日，奕䜣率体仁阁大学士贾桢与周祖培、陈孚恩、赵光等先到礼部。胜保派了 400 名清军护送，奕䜣让护送的清军留在正阳门外，只带了贴身护卫与善扑营弁兵各 10 余名前往，以示坦诚。英方先由巴夏礼带人至礼部察看是否安全，英军由安定门至礼部沿途布岗，共有三四千人。额尔金随行的卫队也有千余人，"陈兵结队，鱼贯而行，前队建一大纛，后队各执一小旗，步队每行十人，以两行二十人为一队，马队各行五人，以两行十马为一队，马步队相间，步队多，马队少，各队前后相去不过一丈，步武整齐，不闻号令，但闻人马行声"③。大家等了两个半小时，额尔金才坐着八抬大轿到来，前有鼓乐引导，后有随员簇拥，显得很有气派。据外国人记载："恭亲王根据惯礼走上前去迎接刚下轿的身着华丽英国大臣礼服的额尔金勋爵，然而这位英国大使竟佯装没有看见皇帝御弟的这一动作，径直走向签约大厅，甚至连头也没有回一下。接着又一句话也没有对这位中国亲王讲，就自顾自地坐到为他准备的位子上去。"额尔金"表现得傲慢、严厉和过分的放肆，弄得这位中国亲王异常激动不平，并在好几个场合中都流露出来。一位英军的

---

① 齐思和等编：《第二次鸦片战争》(六)，上海人民出版社 1979 年版，第 305 页。

② 同上书(五)，第 224 页。

③ 赘漫野叟：《庚申夷氛纪略》，见齐思和等编：《第二次鸦片战争》(二)，上海人民出版社 1979 年版，第 18 页。

摄影师负责把这一场面摄入镜头。而在摄影的时候，额尔金勋爵一点也不考虑到中国亲王的在场，竟下令全体肃立不动。他的话突然一出口，把那些不懂其意的中国人都吓得半死，在英国摄影师的机头转动下他们连动都不敢动一动”。有人一针见血地指出：“英国人这样做，当然不会不经考虑，不会全凭印象，不去考虑事情的意义和后果。在额尔金勋爵对待恭亲王的态度上全有着一层政治含义，要使中国感到：英国所签订的不是一个和约，而是一个征服的条约。”①

额尔金“入座后言词虽为谦顺，而神情仍有桀骜之状”，奕䜣“论及条约中语，彼并置不答，惟以闲词狡遁”②。随即主动提出将赔款中首次支付的现银由100万两减为50万两，限于40日内交付，又坚持要将《天津条约》“奏请御批，方肯换约”，经奕䜣等再三协商，才勉强同意让奕䜣“另立字据以为凭证”③。

签订中英《北京条约》

25日，由法军从安定门至礼部沿途布岗，亦有数千人，葛罗于午刻乘轿

① 齐思和等编：《第二次鸦片战争》(六)，上海人民出版社1979年版，第305—307页。

② 同上书(五)，第223页。

③ 同上书(五)，第200页。

至礼部，也有鼓乐前导、随员相从。但他的态度和善了许多，“至部，王迎，葛罗甚悦，免冠交从者，先以手扶头，复持王手极欢，逊客位而后坐”①。奕䜣说他“较英夷更为恭顺”，“言词颇近情理”。葛罗也将赔款中首次支付的现银减为 50 万两，限 40 日内交付，后“探怀取出洋钱数枚”赠送奕䜣，“内有金银铜三等，大小不一律，并携摹印钱范一纸，旁注当百等字样。声称系诚心和好”②。

中英新签订的《续增条约》通称中英《北京条约》，共 9 款；中法新签订的《续增条约》通称中法《北京条约》，共 10 款；主要内容包括：

1. 清朝皇帝对英、法上年换约受阻一事“甚为惋惜”。

2. 承认《天津条约》完全有效。

3. 上年在沪修订海关税则时中英达成的公使驻扎于京外的协议“作为罢论”。

4. 增开天津为通商口岸。

5. 准许华工出国。

6. 对英、法赔款俱增为 800 万两（不包括抚恤金），先付现银各 50 万两，其余部分从海关税收中分期扣还。

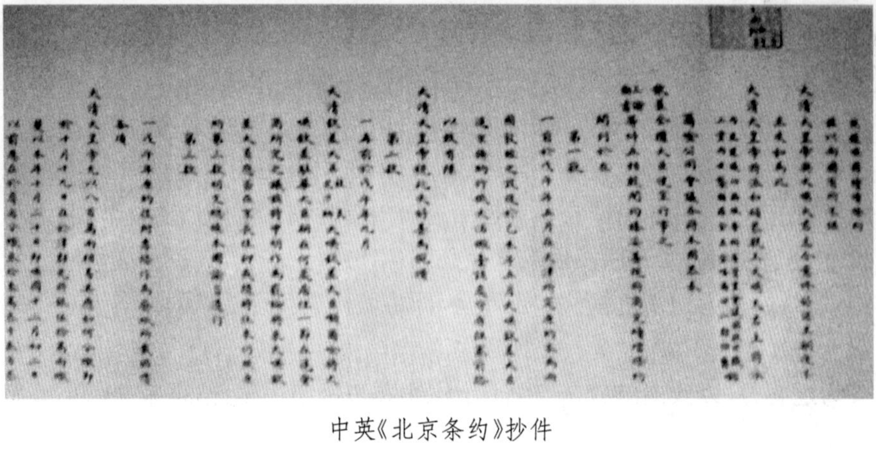

中英《北京条约》抄件

① 《庚申都城戒严事记》，见齐思和等编：《第二次鸦片战争》（二），上海人民出版社 1979 年版，第 41 页。

② 齐思和等编：《第二次鸦片战争》（五），上海人民出版社 1979 年版，第 223 页。

7. 准许华民信教，退还被没收的天主教财产，任由传教士在各地租买田地，建造自便。

8. 割让九龙司地方一区，“并归英属香港界内”。

9. 清朝皇帝将《天津条约》、《续增条约》公布于全国，英、法先撤出北京、舟山的军队；赔款交清后，再将天津、大沽、登州、烟台、北海、广州等地军队全部撤回。①

奕䜣在奏报朝廷时，从四个方面分析了不能不签约的原因：其一，“夷人久在京城，必生枝节”；其二，迁延日久，俄国公使可能会“从中作祟”；其三，“附京远近土匪横行，即城内土匪亦蠢蠢欲动，讹言四起”；其四，“库藏本极支绌，现在八旗月饷、援兵口粮筹拨无术，尤恐饷竭兵哗，诸难措手”②。但毕竟丧失权益过多，内心不免感到愧疚，又说“扪心自问，目前之所失既多，日后之贻害无已，实属办理未臻妥善”，并因而自请议处。③这一次，咸丰倒是没有提出任何异议，居然说条约内容虽略有增减，“大致尚无出入”，他更关心的是“换和约以后夷兵退至津城，回銮后能否不至再有要求及任意往来”，特别是外国使节是否不再要求亲递国书，谕令奕䜣等“必须与之议定，以免再生枝节”。咸丰不但没有追究责任的意思，反而以十分体恤的口吻说：“恭亲王等办理抚局，本属不易，朕亦深谅苦衷，自请处分之处，著无庸议。”④

签约、换约事宜完成后，孟斗班迫不及待地令法军于10月底11月初相继撤离北京，葛罗仅留下三四百人作为护卫。而英方却表示要等到清朝皇帝公布条约内容的命令下达后，才由北京撤军。经恒祺与英方“面商酌定”，草拟了一道上谕，打算经皇上同意后即行公布，“以便催令速行退兵”⑤。孰料英方又于10月30日“自拟谕旨一道”，内有“所有各件，逐层逐节，朕无不批准，先降批谕，实乃朕及后嗣永允必照各条遵行”等语，宣称：“必得照其所拟宣布，始可为切实之据。如不允从，即将城外夷兵全扎城内。”奕䜣对英人得寸进尺大为不满，颇为气愤地说：“总缘该夷扼守城门，肆行狂悖，而汉奸又为之怂恿，以致愈出愈奇。”“而崇纶、恒祺以为事已至此，殊未便因小节而

① 参见王铁崖：《中外旧约章汇编》第1册，生活·读书·新知三联书店1957年版，第144—148页。

② 齐思和等编：《第二次鸦片战争》(五)，上海人民出版社1979年版，第200页。

③ 参见《筹办夷务始末》咸丰朝卷六十七，续修四库全书本，第8页。

④ 齐思和等编：《第二次鸦片战争》(五)，上海人民出版社1979年版，第225—226页。

⑤ 同上书，第230、217页。

滋他变，不如照其所拟，先行宣布。"细阅英方所拟"谕旨"，"半属空言"，并无多少实质性的内容，"而以'无不批准'、'永允遵行'八字为最要"，就是照着宣布，也不会造成更大的危害。但奕䜣还是觉得"未便率行允准，致启轻易之心"。他令崇纶等"告以：业经入奏，必有切实恩旨可为永远遵行之据，但断不能如尔等恭拟之词"。恰好咸丰在接到奕䜣关于签约、换约的奏报时，即于10月28日颁下了一道上谕，其中当然不会有"无不批准"、"永允遵行"之语，即由奕䜣等"仿其语意，略加润饰"，将其主要内容改为"所有和约内所定各条，均著逐款允准，行诸久远，从此永息干戈，共敦和好，彼此相安以信，各无猜疑。其和约内应行各事宜即著通行，各省督抚大吏一体按照办理"①，并作为皇上10月28日的谕旨宣示中外，英军才于11月8、9日分批撤离北京，额尔金、葛罗连同作为护卫的三四百名法军也一同撤往天津。

当英、法通过战争强行攫取侵华权益的时候，俄、美也跟着趁火打劫，借口调停有功，向清政府索取在华权益。它们曾抢在英、法之先，分别于1858年6月13、18日签订中俄、中美《天津条约》，取得与英、法同等的侵华特权。但俄国并不以此为满足，其讹诈中国的方式也不限于此一途。早在第二次鸦片战争之前，沙俄即开始了蚕食中国边疆的行动，英、法挑起侵华战争后，它又在东北边境和京津地区双管齐下，竭尽威逼利诱之能事，迫使清政府在划分边界问题上作出让步，从而鲸吞了大片中国领土，成为这次战争的最大获益者。

在西北地区，沙俄于1846年武装侵入我国巴尔喀什湖东南地区，又于1851年8月签订中俄《伊犁塔尔巴哈台通商章程》，取得在伊犁和塔城免税通商、设置领事、享有领事裁判权等项权利。在东北地区，沙皇尼古拉一世于1847年9月任命穆拉维约夫为东西伯利亚总督，积极向我国黑龙江地区扩张，至19世纪50年代初期，占领了黑龙江口的庙街和库页岛，在黑龙江沿岸建立了一批侵略据点。1854至1857年，穆拉维约夫置清方的反对与阻止于不顾，连续四次组织大规模的"武装航行黑龙江"，即以防范英国侵占沙俄东部岛屿与大陆为借口，将大量俄军分批由黑龙江运送至东海沿岸，对阔吞屯、奇集屯等处实行军事占领，在中下游地区建立军事哨所，并于1856年冬设立以庙街为首府的"滨海省"，实施对黑龙江下游地区的吞并。

① 齐思和等编：《第二次鸦片战争》(五)，上海人民出版社1979年版，第229—231、235—236页。

1858年5月英法联军抵达天津之前数日，穆拉维约夫与黑龙江将军奕山即在中俄边境的瑷珲开始了谈判。俄方借口中英正在交战，英国有可能派军队侵占黑龙江口及其以南地区，声称只有将这些地方划归俄国，才能打消英国的这一野心。进而提出中俄两国应以黑龙江、乌苏里江为界，这两条界河只准俄、中两国船舶航行，黑龙江左岸的中国居民限于三年内移居右岸等要求。清方代表起初据理力争，指出根据《尼布楚条约》中俄边境应以格尔毕齐河、外兴安岭为界，俄方要求断难允准。穆拉维约夫先是多方狡辩，后因乌苏里江一带属吉林将军管辖而改为中俄共管，且同意黑龙江左岸的中国居民照常安居，并以最后通牒限期令清方答复，甚至在谈判中间甩手而去，还指使随行的俄军炫耀武力。奕山顶不住压力，于1858年5月28日签订《瑷珲条约》，主要内容为：黑龙江以北60多万平方公里中国领土划归俄国，江北沿岸地区（后来称为江东六十屯）的中国居民仍保留在该地的永久居住权并归清政府管辖；乌苏里江以东约40万平方公里中国领土划为中俄共管；黑龙江、乌苏里江只准中俄两国船舶航行。清政府当时没有批准《瑷珲条约》，并将奕山“传旨严行申饬”。穆拉维约夫随即于海兰泡召开庆祝大会，宣布将该地改名为布拉戈维申斯克（意为“报喜城”）。沙皇因此将穆拉维约夫晋升为上将，加封为阿穆尔（黑龙江）斯基伯爵。

此后，俄方连续向乌苏里江以东地区武装移民，建立了许多军人屯垦村落，并强行拆除清政府设置于当地的卡伦，驱逐驻守卡伦的清朝官兵，又先后派军队占据了伯力、海参崴等军事要地和一些重要的港湾，还绘制了将乌苏里江以东地区纳入俄国版图的“边界图”。

中俄《天津条约》签订不久，沙俄政府即令新任驻北京东正教会监护官彼罗夫斯基来华后与清方换约并交涉两国东西部边界问题。彼罗夫斯基于1858年10月到达北京，两个多月后才拿到俄国政府授予的全权证书和《天津条约》批准书，翌年4月24日与清方互换。同时向清政府提出所谓“补续和约”8条，主要内容为：中俄东部边境应以乌苏里江至兴凯湖再至图门江口为界，西部边境应以沙斌岭卡伦至额尔齐斯河、斋桑湖以及由塔城、伊犁至浩罕边境为界，准许俄国人由陆路进入中国内地通商，在库伦（今蒙古国首都乌兰巴托）、张家口、喀什噶尔、齐齐哈尔等地设立领事等。在遭到清政府的严正驳斥后，仍锲而不舍，一再照会清方，重申其无理要求。6月伊格那提耶夫抵京后，将所谓“补续和约”压缩为6条，继续与清政府交涉。清方谈判代表户部尚书肃顺、刑部尚书瑞常（二人此前先后任理藩院尚书）直截了当地拒绝了俄方重新划分边界的侵略要求；声明奕山“既无全权证书，又无正式关防”，所签订的《瑷珲条约》是无效的；义正辞严地驳斥了伊格那提耶夫种种狡辩。

伊格那提耶夫在竭尽敲诈勒索之能事后，仍不见效，乃于1860年5月28日离开北京，决定伺机配合英、法使节行动，再以“调停”为名攫取侵华权益。

此后，他一再表达了欲插手中外谈判的愿望，清方因深知其意图而并不欢迎。直到英法联军进入北京后，伊格那提耶夫才终于等来了盼望已久的时机，由于清方在交出安定门后已失去了讨价还价的余地，基本上任由英、法予取予求，也就用不着其他人从中“调停”了。但伊格那提耶夫凭借其高超的骗术，还是让英、法和清方都觉得他在议和中起了相当重要的作用，从而为他讹诈清廷制造了由头。

9月18日接到奕䜣允其出面“调处”的照会后，次日伊格那提耶夫即复照提出：“本国与贵国现有几件未定之事”，“恐后来稍有失睦”，则“兵端不难屡兴矣”。“请王爷速给照会以作始终遵依和约之据，再派妥实官二员到馆面议，妥办未完之事”。20日奕䜣要求伊格那提耶夫告诉他打算如何调处，表示：“如能一切妥协，其贵国未定之件，自易速议办理，应请贵大臣无庸多虑也。”21日伊格那提耶夫再次照会奕䜣，一面表示他对清廷与英、法的议和未能起多少作用，“奈心实有余，惜时已甚晚”；一面开列俄方要求，“祈贵亲王派数位大臣先期详阅公商，即定于彼两国换约之次日，议准相见完结”。奕䜣只能复照表示同意。

25日，中法签约、换约的当天，伊格那提耶夫即以恭贺和局达成为由照会奕䜣，自称“尤幸于匆剧(遽)莫措之顷，稍从末助”，对和局是有贡献的；建议清政府此后“于一切政务益加勤惕，本大臣知无不言，爱无不助，但有钧嘱，竭尽寸忱”；催促奕䜣赶快派员与俄方商谈。奕䜣奏报皇上说：他很怀疑英、法“敢于如此猖獗者，未必非俄酋为之怂恿，现虽和约已换，而夷兵未退，设或暗中挑衅，必致别生枝节，且该酋前次照复有‘兵端不难屡兴’之语。该夷地接蒙古，距北路较近，万一衅启边隅，尤属不易措手”。伊格那提耶夫曾向崇纶等说过，他可以让英、法同意缓交并酌减赔款、由北京撤军。现英、法果然将首付现银各减少了50万两，联军亦将撤走，虽“难保非该酋预探此语，有意冒撞，而此次照会内颇有居功之意，心殊叵测”①。随于次日派刑部

① 齐思和等编：《第二次鸦片战争》(五)，上海人民出版社1979年版，第213—216、222页。

尚书瑞常与侍郎麟魁、成琦、宝鋆等前往俄罗斯馆议约。

这一次，咸丰皇帝倒是十分干脆，他于接到奕䜣的奏报时，当即谕令："该夷要求本在意中，所称未了之事，若待其明言，转恐又多需索。著即令瑞常等告以绥芬河、乌苏里等处，均照奇吉湖(阔)屯之例，借与该夷居住，此外俱不必提及，以杜其得步进步。"①但伊格那提耶夫就不那么干脆了，他拿出的约稿共15条，除东、西部边界问题外，"并请于北京、张家口、库伦、齐齐哈尔、喀什噶尔五处通商，以及给予地基、设立领事官等繁琐条目"。谈判中，"该酋狡执异常，几于一字不能更易"。而奕䜣则一方面宣称："北京、张家口、齐齐哈尔三处尤关紧要，断不能允准，总应设法阻止"；绥芬河、乌苏里江等处"借与该夷居住，然亦当示以限制，务令该夷少一分要求，即国家免一分后患，万不敢稍事迁就，致令得步进步"。另一方面又说："该酋以英、佛(法)之换约攘为己功，设或迁延不定，恐致另生枝节。而英夷兵既未撤，佛(法)夷兵亦未尽回津，该夷等狼狈为奸，尤虑变生意外"。咸丰皇帝也表示："事势至此，不得不委曲将就，免致狼狈为奸。"同意奕䜣等"即可定期画押盖印，以昭信义而敦和好"②。

11月14日下午，奕䜣与伊格那提耶夫在京城内的俄罗斯南馆签订了中俄《北京条约》15条，主要内容为：

1. 除重申黑龙江以北60多万平方公里中国领土划归俄国外，又将乌苏里江以东40余万平方公里中国领土割让给俄国，遇有中国人居住、渔猎之地，俄国均不得占，仍准中国人照常渔猎。

2. 两国西部未定边界，应顺山岭、大河流向以及中国常驻卡伦等处，由沙宾达巴哈之界牌处往西至斋桑湖，再往西南，顺天山之特穆尔图淖尔(伊塞克湖)，南至浩罕边界为界。

3. 俄国在库伦、张家口、喀什噶尔等地免税贸易、设立领事并享有领事裁判权。

4. 两国派员会勘东、西部边界。

根据条约规定，中俄首先派代表会勘了兴凯湖以南的边界，于1861年

① 齐思和等编：《第二次鸦片战争》(五)，上海人民出版社1979年版，第226页。

② 同上书，第235、246、261、262页。

6月28日签订了《勘分东界约记》，正式将黑龙江以北、乌苏里江以东的中国领土划入了俄国版图。翌年8月，中俄会勘西部边界，俄方提出意在割占大片中国领土的勘界方案，强迫中方接受，清朝勘界大臣明谊严正拒绝，谈判一度中断。1861年10月7日，明谊被迫与俄方签订《勘分西北界约记》，又将巴尔喀什湖以东以南，包括斋桑湖和特穆尔图淖尔在内的44万多平方公里中国领土划入了俄国版图。

第二次鸦片战争期间，沙俄通过以上几个不平等条约一共攫夺了144万多平方公里的中国领土。

五

最高统治层的变动

同治皇帝画像

第二次鸦片战争结束后不久，咸丰皇帝病死，随即清政权内部发生了一场政变，导致了最高统治层的重大人事变动，决定了此后晚清历史的基本走向。要洞察这场变局的源流，还得从咸丰与奕䜣兄弟之间的微妙关系谈起。

微妙的兄弟关系

咸丰皇帝名字叫爱新觉罗・奕詝，是道光皇帝的四儿子。爱新觉罗・奕䜣是道光的六儿子。虽然不是一个母亲所生，但同父异母也是嫡亲兄弟，在以男人为中心的传统社会里，普通人家这种兄弟之间的关系同样是相当亲密的。可在帝王之家，家庭成员之间的亲情本来就要受政治环境的制约，兄弟之间的亲情往往远不及政治上的利害关系那么现实、那么重要，为争夺皇位继承权而骨肉相残的事屡见不鲜，同父异母兄弟之间的争夺往往由于他们母亲的插手而异常酷烈。咸丰与奕䜣兄弟之间其实还是很有感情的，但是在现实生活中又不以他们的意志为转移地存在着一些利害冲突，这就给他们之间的关系增加了许多微妙的色彩。

道光皇帝爱新觉罗・旻宁1820年继位，时年39岁（按照中国传统，文中说的都是虚岁，以下不再说明），当时的社会尽管危机四伏、险象环生，但表面上仍然是一片歌舞升平，特别是他私通使女那拉氏，于1808年生下儿子奕纬，其父嘉庆皇帝已命其将那拉氏纳为侧室，并加封奕纬为多罗贝勒，皇位已经后继有人，可以说没有什么让他特别操心的事情了。不过儿子只有一个仍嫌美中不足，一是当时医疗条件较差，即使贵为帝王仍感到生命无常，皇帝的后备人选少了点保险系数；二是人生而有贤有不肖，才智亦有不同，皇子也不例外，皇位继承人少了点选择的余地。好在他40岁还不到，生育力还很旺盛，只要在有生之年再生几个儿子就万事大吉了。

1826年11月，静嫔博尔济吉特氏又生下皇次子奕纲，但道光高兴了没几天，新生的皇子就在翌年3月夭折了。三年后，已晋封为静妃的博尔济吉特氏又于1829年12月生下皇三子奕继，这一次，孩子生下来还不到两个月，即于1830年1月早殇了。道光感到了问题的严重性，他对皇长子奕纬也更加重视了。不料，屋漏偏遭连阴雨，越是担心就越容易出事。1831年5月，奕纬24岁了，虽然早已成人，但性情似乎还不够成熟。据传说：一天，他的老师要他背诵经书，并教训他说："好好读书，将来做个好皇帝。"奕纬对背书实在不感兴趣，便仗着自己的皇子身份顶撞老师道："将来我要做了皇帝，首先杀了你！"尽管他是随口说的气话，但深知他将来确实会有这种权力的老师难免被吓得不轻。道光皇帝得知此事后十分生气，立即派人叫来了奕纬。当惴惴不安的奕纬准备跪下请安时，正在气头上的道光飞起一脚，偏偏踢中了裆部，谁曾想年纪轻轻的皇长子居然就一命呜呼了。道光追悔莫及，心中懊丧不已。不但两个刚生下的儿子相继夭折，现在连这个已成年的儿子也搭了进去，而且这完全是他一时冲动造成的，丝毫也怨不得任何人。普通人家还讲究"不孝有三，无后为大"，当朝皇帝的子嗣更是关系到国脉延续问题，岂可掉以轻心！好在还有两个妃子怀上了身孕，不然的话，道光真的该绝望了。他只得下令将奕纬以皇子例下葬，赐予谥号"隐志"，聊以寄托自己的哀痛。咸丰皇帝继位后，又将他的三位亡兄追封为郡王。①

皇天不负有心人。1831年7月17日（道光十一年六月初九日），此前连生了两个女儿的全贵妃钮祜禄氏终于如愿生下了一个儿子，道光皇帝高兴极了，也许是为了改一改运气吧，他给皇四子起了个不同于其三位亡兄的名字——奕詝。清朝皇室姓爱新觉罗，男性皇室成员的名字，以第一个字表示辈分，如允、弘、永、绵、奕、载、溥等，同辈兄弟名中的第二个字，一般使用同一个偏旁的字。道光的前三个儿子用的是"糸"字旁，第四个以后全部改用了"言"字旁。紧接着，6天之后，祥妃钮祜禄氏于7月23日生下皇五子奕誴。过了一年多，静妃博尔济吉特氏于1833年1月11日（道光十二年十一月二十一日）生下皇六子奕䜣。又隔了好几年，1840年10月16日，贵人乌雅氏先生下皇七子奕譞；1844年2月24日，晋封为琳妃的乌雅氏又生下皇八子奕詥；1845年11月15日，琳妃乌雅氏再生下皇九子奕譓。这一年，道光皇帝已经64岁了。

一连生了六个儿子之后，皇位后继有人这一点道光已经感到非常保险

① 《清史稿》第30册，中华书局1976年版，总第9104页。

了，现在的问题是应该怎样从中选择出一个作为皇位继承人了。

清朝自雍正皇帝起即已不立太子，皇位继承人由现任皇帝选定后，写成遗诏，封入锦匣，藏在皇宫里的最高处——乾清宫“正大光明”匾后面，待皇上弥留之际，再由亲信大臣取下当众宣读。这种做法已经成为“祖制”。一方面，西周确立的嫡长子继承制延续了两千余年，也在潜移默化中影响着清朝的帝王和臣工，在同等条件下，皇后生的大儿子还是享有一定优先权的；另一方面，全贵妃的这个儿子生得太及时了，道光在连丧三子之后，精神几于崩溃，皇四子奕詝的出生既可以填补清室帝嗣乏人之虚，又足以抚平皇上中年丧子之痛。皇上在高兴之余予以一定的奖赏也是顺理成章的。旻宁继位之前，他的嫡福晋（正室）钮祜禄氏即于 1808 年去世了，登基后追封为孝穆皇后，同时立继室佟佳氏为皇后。1833 年，全贵妃钮祜禄氏生下奕詝后只隔了一年，佟佳氏也去世了，道光将全贵妃晋升为皇贵妃，“摄六宫事”，次年又将其“立为皇后”①。奕詝名分上是皇四子，因前三子已殇，成为事实上的皇长子；其母生他时只是贵妃，在他 4 岁时成为皇后；他已经完全符合嫡长子继承制的要求了。

听到皇长子奕纬的死讯时，有孕在身的全贵妃钮祜禄氏比皇上更迫切地希望自己能生个儿子。她很容易想象出这个儿子在道光心目中的地位，想到他会成为皇位继承人的首选。只要她在这关键时刻能生出儿子，就必然会受到皇上恩宠，这就叫母以子贵！后来的事实果然如她所盼、亦如她所料，她生下了儿子，也很快被加封为统率六宫的皇后。反过来，她戴上了皇后的桂冠，就给奕詝加上了“嫡出”的标牌，从而使其皇位继承人的身份多了一重保险，这就叫子以母贵！

道光皇帝不会想不到这些，他之所以将全贵妃钮祜禄氏很快加封为皇贵妃、皇后，固然是为了酬赏她及时生下皇子之功，同时也表明他当时至少在潜意识中已经把奕詝内定为自己的接班人了。

但是，随着皇子越生越多，皇位继承人有了选择的余地；特别是随着皇子们慢慢长大，他们之间的差异逐渐显露出来了，进而使选择皇位继承人具有了必要性。为了使祖宗创下的基业能够传之万世，道光皇帝当然希望选择最有贤德、最具才能的皇子作为皇位继承人，于是他最初的想法动摇了。好在他还有足够的时间对诸皇子加以考察，等到考虑成熟了再写遗诏也

① 《清史稿》第 30 册，中华书局 1976 年版，总第 8922 页。

不迟。

现存的六位皇子中，皇五子奕誴看起来性情浮躁，言行举止皆不够稳重，不是当皇帝的材料，皇上也不喜欢其生母祥妃钮祜禄氏，恰好道光的三弟惇恪亲王绵恺已经去世，没有子嗣，便把奕誴过继给绵恺，降袭为惇郡王，首先将他淘汰出局。另外，道光皇帝1850年驾崩时，皇七子奕譞11岁，皇八子奕詥7岁，皇九子奕譓6岁，此前确定接班人时他们皆因过于年幼而未被列为选择的对象。

考察的重点便只有皇四子奕詝和皇六子奕䜣了。

奕詝10岁时，他年仅33岁的生母钮祜禄氏也去世了，道光将其交由奕䜣的生母静贵妃博尔济吉特氏抚养。静贵妃博尔济吉特氏与奕詝的生母钮祜禄氏都曾深受道光的宠爱，但前者的运气却远不及后者。博尔济吉特氏在钮祜禄氏之前接连生下了皇次子和皇三子，可惜都夭折了。当皇长子奕纬死于非命时，皇次子和皇三子哪怕只有一个能长大成人，在皇后佟佳氏去世之后，被继封为皇后的就很有可能是博尔济吉特氏，而不是钮祜禄氏了。

咸丰皇帝画像

全贵妃钮祜禄氏的运气实在太好了，奕纬活着的时候她连生了两个女儿，奕纬死后约两个月她就生下了皇四子。奕䜣的出生比奕詝仅仅晚了一年多时间，可博尔济吉特氏却因此而失去了封后的机会，道光在奕詝生母死后即不再立皇后，只加封博尔济吉特氏为皇贵妃。当奕詝因生母封后而确立了嫡长子的身份后，奕䜣在皇位的竞争中也就明显地处于劣势了。可奕䜣的生母十分贤淑，她没有对走运的钮祜禄氏表露出忌妒和怨恨，也没有因奕詝不是自己亲生的而另眼相待。作为养母，她对奕詝基本上能与奕䜣一视同仁，照看奕詝同样尽心尽力，关爱奕詝同样无微不至，从而使幼年丧母的奕詝并没有感到缺少母爱和亲情。

奕詝与奕䜣兄弟之间的关系一度也相当亲密。在静皇贵妃博尔济吉特氏的精心呵护下，兄弟俩一起读书，一同练武，朝夕相处，相互关爱，尤其是在他们两小无猜的年龄，真可谓情同手足。

但是，他们既然出生于帝王之家，亲情就只能屈从于利害关系，且多半会因利害冲突而削弱、而淡薄，甚至于反目成仇。当奕詝和奕䜣都知道父皇将从他们兄弟二人中选择一人入继大统时，他们还能像以往那么平静吗？还能像过去一样彼此谦让、推心置腹，继续保持那种手足之情吗？即使亲兄弟尚留存有几分亲情，他们身边的亲信又怎肯袖手旁观？那些企望通过拥立新君建立不世功业而平步青云垂名青史的人也会促使他们撕破这种脉脉温情的。

清朝历代帝王都是非常重视教育皇子的，按照惯例，皇子年及 6 岁，即须进入上书房读书。上书房是专供皇子们读书的地方，除了派有总师傅全面负责外，还为每一名皇子指定一名师傅，执行具体的教学任务，主要教授汉文典籍，以期掌握治国安邦的韬略乃至借诗词歌赋抒发情怀的技能。另外还派有满族官员教授满文和骑马、射箭等本领，俗称“谙达”。由于上书房的师傅肩负着培养下一代合格君主和满洲贵族的重要使命，清朝统治者对其人选非常重视，一定要选择品格端方、学养深厚者担任，平时对他们也相当尊重。

1836 年皇四子奕詝虚龄已经 6 岁了（实足年龄才 4 岁半），新年过后，便开始每天到上书房读书了，道光为他选的师傅是杜受田。

杜受田 1787 年出身于山东滨州的一个诗书官宦家庭。其父杜堮为嘉庆六年（1801）进士，授翰林院编修，累官至吏部左侍郎。滨州杜氏家族自杜堮、杜受田父子，至杜受田之子杜翰、杜乔羽，孙子杜庭琛，祖孙四代有 5 人考中进士、入选翰林院，一时号称“父子五翰林”，另外，杜堮的侄子杜受履和一个侄孙也考中了进士，所以又称“一门七进士”，可见家学渊源之深厚。

杜受田于 1823 年以第四名考中进士。在科举制度下，前三名分别为状元、榜眼、探花，合称“三鼎甲”，以下分为二甲、三甲两个等次。杜受田位列二甲第一名，时称传胪，堪称科举考试中的佼佼者。1835 年 9 月于山西学政任上奉召回京，次年 2 月“入值上书房”，担任奕詝的师傅。未几，升任内阁学士，道光特别关照他“专心授读，毋庸到阁批本”。据《清史稿》杜受田传

杜受田故居

记载：奕詝"自六岁入学，受田朝夕纳诲，必以正道，历十余年"[①]。

1837年皇六子奕䜣虚龄也到6岁了，尽管实足年龄才刚满4岁不久，同样要到上书房接受正规的教育了，他的第一位师傅是翁心存。

翁心存1791年出生于江苏常熟。常熟翁氏是清代著名的望族，顺治、康熙年间即有4人考中进士，翁心存于1822年考中进士后，他的儿子翁同书、翁同龢，孙子翁曾源，重孙翁斌孙陆续考中进士，其中翁同龢、翁曾源分别是咸丰丙辰科（1856年）、同治癸亥科（1863年）的状元。翁氏父子在晚清政府中的地位更加令人瞩目，翁心存本人官至东阁大学士，他的三个儿子，长子翁同书官至安徽巡抚，次子翁同爵以父荫入仕，官至湖北巡抚兼署湖广总督，三子翁同龢先后担任同治、光绪两位皇帝的师傅，官至协办大学士户部尚书，两次兼任军机大臣，后一次同时兼任总理衙门大臣。翁氏家庭的兴盛，与翁心存教子有方是分不开的。道光选他作为奕䜣的师傅，还算是慧眼识人的。更何况他此前即曾入值上书房，担任过道光五弟惠郡王绵愉的师傅，已经积累了一些教授皇子的经验呢。可惜他只教了奕䜣一年，便"以母老乞养，家居十年"，直到母亲去世后，才于1849年应道光之召复出，仍入值上书房，担任皇八子

① 《清史稿》第38册，中华书局1977年版，总第11673页。

奕詥的师傅。①

奕䜣的第二位师傅是贾桢，山东黄县（今龙口市）人，生于1798年。其父贾允升为乾隆六十年（1795）进士，官至兵部左侍郎。其弟贾樾亦于1841年考中进士，入选翰林院。同样是一个书香门第、官宦人家。

贾桢于1826年以一甲第二名榜眼考中进士，其学问自然也是堪称一流的。他教授奕䜣可谓尽心尽力，为了让奕䜣熟知历代政治之得失，尝领着奕䜣将司马光的《资治通鉴》仔细研读了三遍。史书记载："大学士贾文端公桢，宣宗时傅恭王，甚严密，尝课读《通鉴》三过。"为了便于奕䜣学习书法，还用恭楷为其手抄了一部《孝经》，奕䜣朝夕用心临摹，练成了一手漂亮的楷书。贾桢还很有一套教育方法，奕䜣生性活泼，比较调皮，贾桢却能约束他认真读书。只要贾桢不在，奕䜣就很难安心学习了。1843年贾桢奉命担任江南乡试主考官，考试期间，道光曾让人捎信给他说："自汝出京，六阿哥在书房又胡闹矣。"贾桢的严格教育，对奕䜣的成长具有至关重要的作用，有人评价道："后恭王翊辅穆宗（即同治皇帝），成中兴之美，皆由此也。"②

据说奕䜣还有一位师傅叫卓秉恬，四川华阳县（今成都市）人，生于1782年，嘉庆七年虚龄21岁就考中了进士，科名比杜受田、翁心存、贾桢都早了20余年。卓秉恬自1813年起历任监察御史、给事中，常上疏言事。1845年初既已官至文渊阁大学士，5年后转为武英殿大学士。不但有丰富的官场阅历，而且性情相当耿直，据《清史稿》卓秉恬传记载："时九卿会议，一二王公枢相主之，余率占位画诺。秉恬在列，时有辩论，不为用事者所喜。"③

奕　䜣

在各位师傅的精心培育和耐心熏陶下，奕詝和奕䜣慢慢长大了，兄

① 《清史稿》第38册，中华书局1977年版，总第11679页。

② 徐珂：《清稗类钞》，中华书局1984年版，总第573页。

③ 《清史稿》第38册，中华书局1977年版，总第11440—11441页。

弟二人之间的差异也日渐显露出来了。

尽管他们是一父所生，生长的环境、所受的教育基本相同，两个人的差别还是很明显的。

将他们两个人加以比较，很容易发现：奕詝虽然仅年长一岁半，却谨言慎行，显得有些老成。而奕䜣则比较活泼、机灵，头脑反应快，接受能力强。就个人才干而言，奕䜣处处都比奕詝优秀。文的方面，奕䜣不但字写得漂亮，文章也做得好，还有诗集《乐道堂诗钞》传世，至于口才，更是奕詝望尘莫及。武的方面，当时中国人仍以使用冷兵器为主，奕䜣不但善使刀枪，尤其擅长射箭，据说当时位列“十五善射”大臣之一①，这在诸皇子中是很难得的，也是奕詝不可比拟的。奕詝不仅文采、武功俱不及奕䜣，甚至连形象也不如奕䜣英俊。有记载说：“文宗（即奕詝）体弱，骑术亦娴，为皇子时，从猎南苑，驰逐群兽之际，坠马伤股。经上驷院正骨医治之，故终身行路不甚便。”就是说，奕詝还是个跛子。该记载还提到“咸丰初，京中市井语有‘跛龙病凤掌朝堂’之谣，谓慈安（奕詝即位后所封皇后钮祜禄氏）善病也”②。当时京城人曾把皇帝跛足、皇后多病当作笑柄而广为传播，可见所言不虚。

这种明显的优劣之分道光皇帝不会看不到，也不可能不受影响。他从内心里喜欢奕䜣，也希望能选择一个有才干的皇子继承皇位。于是，他开始慎重考虑这个问题了。一个聪明伶俐、才能出众，一个有着嫡长子的名分，短时间内要作出抉择也实在是太困难了。

《清史稿》有记载说：“至宣宗（即道光皇帝）晚年，以文宗长且贤，欲付大业，犹未决。”③道光之所以会犹豫不决，就是在考虑要不要改立奕䜣为接班人。如果说《清史稿》作为正史，记载此事尚有所忌讳，让人感到语焉不详的话，那么，野史中的记载就相当具体了。

《清朝野史大观》记载：“宣宗晚年最钟爱恭忠亲王，欲以大业付之。金合缄名时，几书恭王名者数矣。以文宗贤且居长，故逡巡未决。”④这段话与上述《清史稿》的记载很相似，但奕詝和奕䜣之间的主次关系恰好颠倒过来了。

---

① 中国第一历史档案馆藏：《星源集庆》第008号、第102号。清初定制，选王公大臣及满洲武官中之善射者45人，善骑者30人，善鹄射者20人，赏戴花翎。至八旗兵丁，则每旗各选善射者15人，赏六品顶戴蓝翎。凡皇上御射，皆侍侧，命射则随射之，名“十五善射”。

② 崇彝：《道咸以来朝野杂记》，北京古籍出版社1982年版，第2页。

③ 《清史稿》第38册，中华书局1977年版，总第11673页。

④ 《清朝野史大观》卷七，上海书店1981年版，第46—47页。

《清稗类钞》收录了两条相关的记载，其一曰："恭王为宣宗第六子，天资颖异，宣宗极钟爱之，恩宠为皇子冠，几夺嫡者数。宣宗将崩，忽命内侍宣六阿哥。适文宗入宫，至寝门请安，闻命惶惑，疾入侍。宣宗见之微叹，昏迷中犹问'阿哥到否'？迨王至，驾已崩矣。文宗即位，恭王被嫌，命居圆明园读书。"[1]意思是说，道光临终前想见到奕䜣，并把皇位传给他的，只是因为奕䜣来晚了，才把皇位传给了奕詝，致使奕詝因此而忌恨奕䜣。

其二曰："宣宗倦勤时，以恭王奕䜣最为成皇后(指静皇贵妃博尔济吉特氏)所宠，尝预书其名，置殿额内。有内监在阶下窥伺，见末笔甚长，疑所书者为奕䜣，故其事稍闻于外。宣宗知而恶之，乃更立文宗。"[2]这段记载说得就更玄了，若不是这个太监饶舌，奕䜣就当上皇帝了。

当然，野史的记载未必可靠，有的说法也明显不合情理。如《清稗类钞》的两条记载，一是说道光选择皇位继承人居然仅凭先来后到，二是说本来已经选定奕䜣作为皇位继承人了，只因太监多嘴，就换成奕詝了。试想，哪一位皇帝不把选择嗣君当作关系到王朝基业、国家运势的头等大事，怎么可能如此轻率？再者，建储这种事如此重要，每一位帝王都将其视为绝对机密，怎么可能让无关紧要的人从旁窥探、到处乱说？然而，尽管野史中有关选择嗣君具体细节的记载不足凭信，但既然有这么多类似的记载，似乎也不会是空穴来风，至少可以证明道光皇帝在选择皇位继承人时确实犹豫过。

道光皇帝这么一犹豫，就为两位皇子身边的人提供了拥立新君、建立不世功业的时机。据说，奕詝之所以能保住皇位继承人的位置，完全应归功于他的师傅杜受田。

《清朝野史大观》有两段相当精彩的记载：

一是说：当道光一度欲以奕䜣取代奕詝时，杜受田"微窥上意所在，欲拥戴文宗以建非常之勋"。一天，皇上"命诸皇子校猎南苑"。清朝规矩："皇子方读书者奉命外出，临行时必诣师傅处请假，所以尊师也。"奕詝来到上书房请假时，恰好只有杜受田"一人独坐斋中"。见过师生礼后，杜受田问奕詝要到哪里去，"以奉命校猎对"。杜受田附耳密语道："阿哥至围场中，但坐观他人骑射，万勿发一枪一矢，并当约束从人不得捕一生物。复命时上若问及，但对以时方春和，鸟兽字育，不忍伤生命以干天和；且不欲以弓马一日之长

[1][2] 徐珂:《清稗类钞》，中华书局1984年版，第367页。

与诸弟竞争也。阿哥第以此对，必能上契圣心。此一生荣楛关头，当切记无忽也。”奕詝知此事关系甚大，到了猎场后便按照师傅的嘱咐坐在一边袖手旁观。这天，诸皇子中以奕䜣捕获的猎物最多，不免有些沾沾自喜，后来忽然看到其四兄静静地坐在那儿，随从们也都垂手侍立于周围，感到很奇怪，便上前问他是怎么了，奕詝淡淡地回答道：“吾无他，但今日适不快，弗敢驰逐耳。”奕䜣还以为他真的身体不舒服，也没往心里去，孰料这位猎场上的胜利者却在皇位争夺问题上遭到了惨败。傍晚，围猎结束，道光见奕詝一无所获，当然也要询问原因了，奕詝就将杜受田教他的话说了一遍，皇上大喜曰：“是真有君人之度矣。”①选择接班人的天平倾向了奕詝一边。

二是说：道光病情日益加重，自知不久于人世，便想对接班人问题作个了断。“一日，召两皇子入对，将藉以决定储位。”奕詝和奕䜣都知道已经到了最后关头，急忙分别向自己的师傅请教。卓秉恬知道奕䜣的口才要比奕詝强得多了，便按照常理教导奕䜣说：“上如有所垂询，当知无不言，言无不尽。”杜受田分析了双方的优劣后，教了奕詝一个奇招：“阿哥如条陈时政，智识万不敌六爷。惟有一策，皇上若自言老病，将不久此位，阿哥惟伏地流涕，以表孺慕之诚而已。”召见时，奕詝果然一句话也不说，只是痛哭不已。道光还以为他是因见自己病重而伤心呢，于是龙心大悦，“谓皇四子仁孝，储位遂定”②。

杜受田可以说是揣摩透了道光皇帝的心理，他极力为奕詝塑造了“仁”与“孝”的形象。一则，对于喜爱以“仁政”相标榜的帝王来说，选择接班人的首要条件当然是“仁”，在争夺皇位继承人的角逐中，由所谓的“仁君”当裁判，真可谓是“仁者无敌”呀。二则，尽管贵为帝王，在面对自己的子女时，仍然会有普通父母一样的亲情，很容易认同最孝顺的孩子，即使在选择嗣君时，也难以排除这种亲情的影响。在杜受田的精心导演下，奕詝以虚伪的“仁”与“孝”淡化了自己才干与相貌的不足，成为这场角逐的最后胜利者。

奕詝和奕䜣之间当时进行的只是“暗斗”，还没有发展到“明争”的程度，所以兄弟俩在公开场合表现得依然是比较和睦的。1849年秋，他们俩共同研究创编了枪法28势、刀法18势。道光皇帝十分高兴，亲自观看他们演练后，当即将枪法赐名为“棣华协力”，将刀法赐名为“宝锷宣威”。“棣华”就是

① 《清朝野史大观》卷七，上海书店1981年版，第46—47页。
② 《清朝野史大观》卷一，上海书店1981年版，第64页。

棠棣花，据说棠棣开的花都是成双成对的。《诗经》中有《棠棣》篇，颂扬了兄弟之间的情谊。道光用“棣华”来命名两兄弟合创的枪法，自然是希望他们始终像棠棣花一样相互依存、亲密无间，并且能够精诚协作、共同维护大清王朝这一祖宗基业。此外，道光还赏赐给奕䜣一柄金桃皮鞘白虹刀[1]，这固然是对他武功出众的一种奖励，也未尝不是对其失去皇位的一种安慰；至于亲笔为奕䜣的书房题写了“乐道堂”的匾额，寓意也许就更深刻了，多半是担心他会因恃才傲物而招致不测之险，告诫他要认清君臣名分、乐于恪守为臣之道吧。

1850 年 2 月 24 日，农历才正月十三日，道光皇帝虽然生病已久，仍在其寝宫慎德堂召见了军机大臣祁寯藻、何汝霖、陈孚恩、季芝昌和工部尚书杜受田五人，商议了很长时间。次日早晨，道光把宗人府宗令定郡王载铨，御前大臣怡亲王载垣、郑亲王端华、科尔沁郡王僧格林沁，内务府大臣、步军统领、吏部尚书文庆与军机大臣五人叫至病榻前，他本人“冠服端坐”，宣布奕詝立为皇太子。未几，奕詝也被召来，10 位大臣当着他们父子的面，打开了从乾清宫取来的锦匣，只见道光预先写好的立储谕旨右起第一行为“皇六子奕䜣封为亲王”，第二行为“皇四子奕詝立为皇太子”，后面还有一行满文，内容与第二行相同。

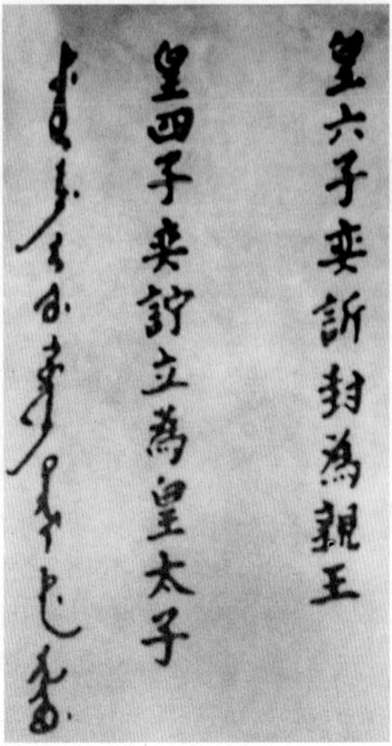

道光皇帝立储谕旨

道光居然在预立奕詝为储君的同一份谕旨上先将奕䜣封为了亲王，这样的事情从未有过，足见他对奕䜣确实十分喜爱，事先做好这样的安排，目的是使奕䜣在其身后不至于太受委屈。

这道立储谕旨外面严严实实地包着两层黄纸，每层都有道光皇帝的亲笔签名，第一层黄纸上用朱笔标明包封的日期是“道光二十六年六月十六

---

① 参见《清史稿》第 30 册，中华书局 1976 年版，总第 9105 页。

日”(1846年8月7日)，第二层黄纸上用朱笔写有满文“万年”字样。可见道光的确早在1846年夏就写下了立储谕旨，《清史稿》中“二十六年，用立储家法，书名缄藏”①与《清皇室四谱》中“二十六年六月，宣宗密定皇储，缄其名于鐍匣”②的记载都是确有实据的。这以后，道光虽然犹豫过，却一直没有下决心改写这道立储谕旨。

立储谕旨经10位大臣传阅后，道光又颁下一道刚写的朱谕：“皇四子奕詝着立为皇太子，尔王大臣等何待朕言，其同心赞辅，总以国计民生为重，无恤其他。”③等于再次确认了原先写下的谕旨。

安排完后事后，当天中午道光皇帝就溘然长逝了。

奕詝的登基大典于3月9日(农历正月二十六日)在太和殿举行，翌年(1851年)改年号为咸丰。

道光皇帝在世时，奕詝、奕䜣等兄弟当然要随父皇住在皇宫里。奕詝继位后，他的弟弟们就不便仍然住在皇宫里了。1851年，咸丰将圆明园东南的春和园赐给奕䜣暂时居住。该园荒废已久，经过几个月的修整，奕䜣于第二年搬了进去。

1852年5月，办完道光皇帝的丧事后，咸丰又在城内赐给奕䜣一座豪宅。该宅乾隆年间是大学士和珅的府第，和珅是乾隆皇帝的宠臣，一度权倾朝野，炙手可热。他在生活上也奢侈无度，把住宅营建得极为豪华，偌大一座庭园布满了楼台亭榭、假山水池，处处鸟语花香，时时风景宜人，简直可以与圆明园相媲美；有些楼阁是仿照大内宫殿建造的，蔚为壮观，室内更是富丽堂皇。当时即已闻名京城，引得一些王公大臣垂涎三尺。据说，乾隆十七子庆僖亲王永璘尝向人表示不敢争夺皇位，只希望能得到这座豪宅。嘉庆皇帝即位后，将和珅治罪抄家，没收了他的府第，除留下三个院落供其子乾隆十公主的额驸丰绅殷德居住外，其余部分赐给了永璘。十公主死后，整个和府全部归庆亲王所有。道光年间庆王后人因罪被革爵，该府第再次被没收，归内务府管理，一直没人居住。现在咸丰将其赐给了奕䜣，于是这里便成了“恭王府”。

但是，奕䜣虽由道光遗命封为亲王，可咸丰却拖了将近两年半才正式册

① 《清史稿》第4册，中华书局1976年版，总第711页。

② 唐邦治辑：《清皇室四谱》卷1，第11页。

③ 茅海建：《苦命天子·咸丰皇帝奕詝》，生活·读书·新知三联书店2006年版，第23页。

封他为恭亲王。这是因为他对其弟恃才与其争夺储位不可能毫无知觉，本来就担心他会对自己的失败感到不服，现在更怕他会因父皇遗封而更加桀骜不驯，他需要认真思考、慎重处理这件事。奕䜣封号中的"恭"字，就是他苦思冥想的结果，其用意显然是要奕䜣终生铭记：无论他多么有才干，一旦君臣名分确定后，都必须时刻对做了皇帝的兄长保持恭敬。

1852 年 10 月，咸丰来到春和园探望，并将其改名朗润园，亲笔题写了园名与"池水共心月同明"、"明道轩"、"棣华"、"萃赏"等匾额。其寓意当然是告诫奕䜣心情要开朗，心思要与池水、月亮一样明净，既要明白为臣之道，又不能忘了兄弟情分。奕䜣心领神会，在所作《朗润园记》中一再提及："御书园额曰朗润，宸翰昭垂，所以训迪余之拙陋之心者至深远矣"；"赐额之意，训迪教诲亦皆寓于其中矣"；"又赐额曰池水共心月同明、斋曰明道轩、曰棣华、曰萃赏。余之渥承恩眷，固已荣矣、厚矣，而奎章炳焕，训迪之意亦已深矣、远矣"①。咸丰意犹未尽，又赋《赠恭亲王》诗一首：

名园朗润近圆明，赐额心同弟与兄。
孝弟立身先务本，慰予厚望勖公平。

还是告诫奕䜣应以"孝悌"为立身之本，不要辜负了他的"厚望"。奕䜣不敢怠慢，当即步其原韵和道：

銮舆临莅日晴明，常棣恩周念弟兄。
更幸赐诗承渥泽，勉输愚悃颂升平。②

在这一段时间里，咸丰没有要奕䜣承担任何与国计民生相关的工作，只是让他在道光皇帝周年忌日去祭陵墓，代为道光陵墓行敷土之礼、大飨之礼等。直至 1853 年暮春，才命其管理中正殿、武英殿事务，也是闲差。

奕䜣为了消除皇兄的疑忌，同时也是为了保全自己，只能处处表现得十分恭顺，抓住一切时机去讨好咸丰，甚至不惜一再自加贬抑，尽量表示出心诚悦服的姿态。经过几年如一日的不懈努力，渐渐取得了咸丰的信任。

① 奕䜣：《乐道堂文钞》卷五，第 9、11 页。
② 奕䜣：《乐道堂诗钞·赓献集》，第 14—15 页。

1853 年 3 月 17 日，太平军攻占南京前夕，奕䜣与惠亲王绵愉、惇郡王奕誴会衔上奏，建议朝廷注重储备火药、安抚难民、充裕仓储，并加强京城门禁、修整器械、训练京辽等地驻防官兵，以应对日益蔓延的农民起义，得到了咸丰的赞赏。两个月后，咸丰交给奕䜣一项任务，要他负责将内务府广储司银库里的三口大金钟熔铸成金锭，以充镇压农民起义的军费。奕䜣不因事小而稍有敷衍，踏踏实实地将金钟熔成黄金 27 030 两。咸丰对他这种认真负责的态度十分满意。

当年 10 月，太平天国北伐军逼近京畿，咸丰命惠亲王绵愉为奉命大将军、科尔沁郡王僧格林沁为参赞大臣，督师截击，同时让奕䜣署理领侍卫内大臣，统领保卫皇帝人身安全的侍卫，办理京城巡防事务，并特准其佩戴道光赏赐的金桃皮鞘白虹刀。11 月 7 日，又正式任命奕䜣为军机大臣。当时，军机处是清王朝的行政中枢机构，总揽一切军政事务，军机大臣虽然有好几位，其职权之重就相当于宰相。清代虽然有亲王和皇子不得任军机大臣的所谓“祖制”，其实并未严格执行。当皇上担心某些亲王和皇子会因权力过大而觊觎皇位时，便以此为借口将他们排斥在行政中心之外；当咸丰感到如火如荼的农民起义危及了大清王朝的统治，他需要才干出众的恭亲王辅佐时，便把“祖制”丢在了一边。军机大臣是王公大臣的兼职，由皇帝亲自指派。按成例，军机大臣排名的顺序，不是按照他们进入军机处时间的先后，而是按照他们本任官职的大小。这样，奕䜣以亲王之尊，一进入军机处自然便排在了首位，通常被称为领班军机大臣，刚刚年满 20 周岁便成了名副其实的首辅。他与其皇兄之间基本上恢复了以前的手足之情。

为了进一步巩固这种兄弟之情，咸丰在当月将他与奕䜣共同创编的枪法“棣华协力”、刀法“宝锷宣威”合编在一起，亲自撰写了《棣华协力序》、《宝锷宣威序》、《棣华宝锷合编识语》各一篇与枪法谱、刀法谱各一则，并命奕䜣为之作跋。在《棣华协力序》中特意申明：他和奕䜣“分虽君臣，情原一体，惟期交劝交儆，莫负深恩。今日之协力非昔日之协力也”①。意思是现在他们兄弟二人需要协力镇压农民起义、治理好国家，已无非当年协力研究武功可比，希望奕䜣能够尽心尽力，不要辜负了他的“深恩”。奕䜣早就盼着能有机会施展自己的才华，当然愿意竭尽全力辅佐好他的这位皇兄了。

对于他的起早贪黑的操劳军政事务，咸丰也不吝赏赐，此后一年多时间

① 奕䜣：《乐道堂诗钞·赓献集》，第 27—28 页。

里，奕䜣肩上的担子越来越重，先后兼任过宗人府右宗正、宗令、都统、阅兵大臣等职务。1855 年 5 月底，太平天国北伐部队全军覆没，奕䜣又被“交宗人府从优议叙”。真的是时过境迁，春风得意了。

1853 年 7 月，奕䜣的生母博尔济吉特氏病倒了。本来，奕詝登基时，奕䜣即以为他应该念在养母的 10 年抚育之恩，加封她为皇太后的。结果奕詝只封她为“康慈皇贵太妃”，奕䜣母子在失望之余内心里多少有些不满。现在，奕䜣的生母将不久于人世了，她很希望自己在临终前得到皇太后的封号，但咸丰却一再搪塞，就是不愿加封。

咸丰当然不会担心奕䜣的生母加封皇太后之后会到阴间去和自己的生母争风吃醋，关键在于他深知在早先的储位之争中，若非自己的嫡长子名分一度得到了父皇的认可，恐怕根本不用等到杜受田来指导他，便早已败落下风了。所谓的长子名分完全是因三位兄长相继夭折而侥幸获得的，原本是假的，自己仅仅年长奕䜣一岁多，在这方面并没有太大的优势，既然都不是真正的长子，为什么可以选择皇四子就不可以选择皇六子？而在当时的传统观念中，奕詝生母的皇后身份却将他与奕䜣明确地划分为“嫡出”、“庶出”两个等级。奕詝正是凭借“嫡出”的名分弥补了自己才干上的不足，才会让道光犹豫不决的，才给了杜受田密授锦囊妙计的机会。所以，从根本上说，是早年的嫡庶之分判定了后来的君臣之别。若加封奕䜣生母为皇太后，便使奕䜣也具有了“嫡出”的名分。奕詝不能不考虑到：各方面才能远出于自己之上的奕䜣与自己平等地并列于“嫡出”的等级之后，还会一如既往地安于臣位、恪守臣节吗？恐怕连他自己在潜意识中也会减少几分以君驭臣的底气。

还有一件事也深深地刺激了奕詝。据说，当奕䜣生母病笃时，有一次咸丰看望她时，一时神志不太清楚的她误以为是奕䜣，便拉着咸丰的手说：皇阿玛“本意立汝，今若此，命也，汝宜自爱”。随即意识到自己搞错了对象，感到十分窘迫，咸丰“乃叩首自誓，必当保全奕䜣”①。这让咸丰清楚地感觉到：奕䜣生母对亲生的儿子和自己还是有亲疏之分的，他们母子俩对奕䜣失去皇位仍然耿耿于怀，于是心里不免又多了几分疑忌。

另有记载说，皇贵太妃生病时，皇上、恭亲王每天都去看望她。有一天，皇上来到寝宫时，太妃还在睡觉，“宫监将告，上摇手令勿惊”，太妃看到床前

① 徐珂：《清稗类钞》，中华书局 1984 年版，总第 367 页。

有人影，以为是奕䜣，便问道："汝何尚在此？我所有尽予汝矣，他性情不易知，勿生嫌疑也。"咸丰知道她认错人了，马上叫了一声"额娘"，太妃这才察觉不对，回头看了一眼，自知失言，也不便再说什么，只好仍脸朝里躺着，"自此始有猜"①。这段记载如果属实的话，则奕䜣生母对咸丰的品格颇有微词，甚至还要奕䜣小心提防，让一直视之为亲娘的咸丰心里很不是滋味，当然也就更不愿予以加封了。

但奕䜣生母却一直苦苦撑持着，大有得不到皇太后封号便死不瞑目之势。

又一天，咸丰前往太妃寝宫探望，恰好与从里面出来的奕䜣相遇，便问太妃病情怎么样了，奕䜣当即跪下哭着说：病情已笃，只等着皇太后的封号了。咸丰不为所动，只是随口敷衍着"哦"了两声，便径自进入室内了。尽孝心切的奕䜣居然利用其担任领班军机大臣之便，擅自传下圣旨，加封其母为皇太后，硬是把生米煮成了熟饭。奕䜣生母如愿以偿，于 8 月 21 日带着刚得到的康慈皇太后封号安然辞世。可这是典型的矫诏！身为宰辅的奕䜣怎么也不应该触犯这种君臣之间的大忌，"假传圣旨"可是杀头的罪名。

咸丰对此事的处理还是较有分寸的。他承认了奕䜣假传的圣旨，也就承认了奕䜣生母的皇太后封号，并按照惯例，于其死后赐谥曰"孝静康慈弼天抚圣皇后"，目的当然是为了尽量隐瞒这件事的真相。否则，要是让此事传扬出去，堂堂大清王朝闹出这等笑话，岂不会让天下人耻笑？尤其是若让满朝文武特别是镇压农民起义的统兵将帅知道最高统治阶层内部存在矛盾，一旦影响到清军的士气，对大清王朝会更加不利。当然，咸丰既不能容忍这种挟制君上的行为，也难以平息心中的气愤，接连谕令康慈皇太后丧葬礼仪从简，不系宣宗谥，不升祔太庙②，仅升祔奉先殿。随即于 9 月 2 日借口奕䜣"于一切礼仪，多有疏略之处"，革除其军机大臣、宗人府宗令、正黄旗满洲都统等职务，令其仍回上书房读书，并警告他要"自知敬慎，勿再蹈愆尤，以副朕成全之至意"③。同时剥夺了他办理生母丧礼的资格，将丧礼交由吏部尚书翁心存负责办理。

奕詝与奕䜣之间的兄弟关系原先是十分亲密的，在一般情况下，这种亲

① 王闿运：《祺祥故事》，见齐思和等编：《第二次鸦片战争》(二)，上海人民出版社 1979 年版，第 324 页。

② 参见《清史稿》第 30 册，中华书局 1976 年版，总第 8923 页。

③ 《清实录》咸丰朝卷一七三。

密关系也许会保持一辈子，可惜他们生在了帝王之家。作为皇位继承人，只有其亲兄弟才能成为奕詝的竞争对手；即使在登上皇帝的宝座之后，也要防范他们篡夺皇位。才干出众对于一般人来说，应该是一种难得的资本，无论他角逐于仕途、拼搏于职场、埋头于学术研究、沉醉于艺术创作，都有可能成就一番事业，取得骄人的业绩；惟独对于争权者而言，往往会成为其招忌之源、获咎之由。一方面，咸丰皇帝在大清王朝面临外忧内患之际，迫切需要像恭亲王这样才能突出、关系密切的亲兄弟辅佐；另一方面，又要时刻提防他萌生不臣之心，猜忌他会觊觎自己的皇位。于是，原本相当简单的兄弟关系就变得十分微妙了。

咸丰拒绝"回銮"

1860 年 9 月 22 日，咸丰皇帝带着后妃、儿子和亲信王公大臣逃往热河时，将恭亲王奕䜣留在北京办理和局，也是经过深思熟虑的。

康熙皇帝为避暑山庄所题匾额

一方面，固然是因为咸丰尚未尽释前嫌，仍然不愿让他掌握重要权力，清王朝的政治中心转移到热河后，留在北京的奕䜣就更难对朝政起影响了。当然，奕䜣于1855年9月被黜后，一直被排斥在清政权的核心之外，有没有他参与朝政已不重要，则是他被留下来的前提条件。另一方面，中外议和是关系到清王朝前途命运的大事，也确实需要奕䜣这样的人物出面主持。第二次鸦片战争期间，除署理直隶总督谭廷襄外，咸丰派出的议和代表起先是桂良和花沙纳，花沙纳死后是桂良和恒福，再后来是载垣和穆荫，领衔人物由正一品的大学士到亲王，规格越来越高，当然是为了取信于洋人。在载垣之后，朝中已无级别更高的人可派，他只能由血缘关系的亲疏来区分身份的高下了。作为他的亲弟弟，奕䜣虽然与载垣同为亲王，可在不了解他们兄弟之间微妙关系的外国人看来，奕䜣的身份肯定更尊贵，说话也应该更有分量。只有由奕䜣出面，才便于扭转搞僵了的中外关系。

由于群臣在谏阻其出逃时倡言"蜀道之行未达，土木之变堪虞"，咸丰对于奕䜣在京另立中央也作了严密的防范。刚刚逃出北京不久，他即谕令以豫亲王义道、大学士桂良、协办大学士户部尚书周祖培、吏部尚书全庆为"留京办事王大臣"，以军机大臣户部左侍郎文祥署理步军统领，以周祖培、吏部尚书陈孚恩、工部右侍郎宋晋、大理寺少卿藩祖荫为团防大臣，并明确规定：义道、全庆、文祥驻禁城；桂良、周祖培、陈孚恩、藩祖荫、宋晋驻外城；奕䜣则只能驻在城外圆明园里的善绿庵，"专办抚局，不必亲见夷使，也不必进住城中，以免不测"。

咸丰之所以要作这样细致、具体的安排，当然是有其用心的。首先，他根据亲疏关系或信任程度指定留京人员分驻于内城、外城和城外，表面上是明确分工、各负其责，实际上也是为了防止他们串通一气、联手对抗中央。其次，他没有将奕䜣列入"留京办事王大臣"之内，并明确规定其任务是专办抚局，意思就是不准他随意过问城内的事；指定奕䜣驻在圆明园，就是为了把他与其他王公大臣隔离开，以防他乘机做"策反"工作。可见，他是将奕䜣作为重点防范对象的。再次，所谓"以免不测"应该是双关语，从字面上看是为奕䜣的人身安全考虑，但奕䜣人身安全的"不测"，只能与"亲见夷使"有关，与进城毫无关系，驻在城里当然比驻在圆明园更安全；进城如果有什么"不测"的话，那只能是奕䜣的"不测"之举了。"不必进住城中"是一种比较委婉的说法，紧接着又来了一句"以免不测"，奕䜣怎么还敢擅自进城。

不过，咸丰总算没有为难奕䜣，他在临走前给奕䜣留下一道朱谕说："现在抚局难成，人所共晓，派汝出名，与该夷照会，不过暂缓一步，将来往返面商，自有恒祺、蓝蔚雯，汝不值与该酋见面。若抚仍不成，即在军营后路督剿。若实在不支，即全身而退，速赴行在。"①允许奕䜣在和、战之路俱穷时逃往热河。

为了不让咸丰猜疑，尽管城内的豫亲王义道等一再要求奕䜣早日进城，他始终不肯答应，甚至在奏折中指责城内王大臣再三敦促其进城是为了"诿过卸责"。奕䜣知道，在这种特殊情况下，他与城内王大臣闹点矛盾，咸丰才会感到放心；要是他与城内王大臣关系过于密切，反倒让咸丰不放心了。直到咸丰明令其"迅即入城"签约后，他才照会英、法使节商定分别于10月24、25日在礼部签约。

还在签约之前，咸丰于10月19日谕令奕䜣等"将退兵各层迅速定议，俟该夷酋进城，即行前往画押、换约，保全大局，毋再耽延，致生枝节。此时天气尚未严寒，该夷如能早退，朕即可回銮，以定人心"②。说明此时咸丰并未打算要在热河过冬。

由于英、法代表在谈判中大肆威胁，声称："即使议和，换约时亦须带兵入城，把守一门，并欲留兵在京驻守三年，方行全数退兵。"③奕䜣对于英法联军何时才能全部撤退，心里实在没底，所以在奏报签约情形时，又密奏建议咸丰可以考虑"西巡"。

10月28日，咸丰一面要奕䜣、桂良、文祥、胜保与英桂等对西巡事宜加以具体筹划；一面提出："换和约以后夷兵退至津城，回銮后能否不至再有要求及任意往来，必须与之议定，以免再生枝节。其亲递国书一节，虽经巴酋与恒祺言及作为罢论，照会中究未提及，亦须得有确据。"显然，这时咸丰还是想尽早"回銮"的，只是对侵略者仍心有余悸，明确表示了三个方面的担心：一是回銮后英、法"再有要求"，二是"夷兵"由天津任意来京，三是外国使节"亲递国书"。他希望奕䜣等在这些方面能获得确切的依据，他就可以放心大胆地"回銮"了。隔日，尚在天津一带办理团练的光禄寺少卿焦祐瀛、翰林院侍讲学士张之万与山西道监察御史陈鸿翊、长芦盐政宽惠联名奏请"皇上早定回銮之计，以维系中外臣民之心"。疑虑未消的咸丰只是冷淡地表示

① 《筹办夷务始末》咸丰朝卷六十二，续修四库全书本，第34页。
② 齐思和等编：《第二次鸦片战争》(五)，上海人民出版社1979年版，第194页。
③ 《筹办夷务始末》咸丰朝卷六十四，续修四库全书本，第35页。

"知道了"。11月7日，咸丰在奕䜣等人的奏折上朱批道："二夷虽已换约，难保其明春必不反复。若不能将亲递国书一层消弭，祸将未艾。即或暂时允许作为罢论，回銮后复自津至京要挟无已，朕惟尔等是问。此次夷务步步不得手，参与者令夷酋面见朕弟，已属不成事体，若复任其肆行无忌，我大清尚有人耶！"①忧虑与愤激之情跃然纸上。

咸丰所担心的三点，都超出了条约的范围之外。正常情况下，既然签订了条约，双方都应该遵守，英、法当然不至于因皇帝"回銮"而再提新的要求，撤至天津的英法联军也不会无缘无故地再开回北京。但是，对国际惯例尚不甚了解的奕䜣等人怎么敢替英、法做保证？至于"亲递国书"，巴夏礼都说过"作为罢论"了，还会有什么问题？奕䜣等觉得既不便要求英、法在这些方面作出明确的承诺，也实在没有这么做的必要。复奏时，对于第一点答复道：双方既已签约、换约，"似可不致再生枝节"；对于第二点作了具体安排：拟令恒祺伴送额尔金等赴津，此后即长驻天津办理涉外事务，加派长芦盐运司崇厚协助，"不至令该夷率行来京，再肆狂悖"；对于第三点则认为已不成问题，进而提出：公使驻京"原无带兵之说，本年则借巴酋被获为词，声称总欲带兵百余以为护身之设"，已让恒祺"随时设法消弭"。他较为乐观地声称："倘日久示之以信，似属无难钳制，不致上烦宸廑。"同时提出："现在夷兵渐退，天时寒冷，圣驾远驻木兰，臣等北望情殷，总冀銮舆早日回京，俾中外人心如常安辑，实天下臣民之福。"稍后，奕䜣、桂良、文祥、胜保又联衔专折奏称："热河远在关外，峻岭崇山，在深秋已近苦寒，况时届冬令，风雨交侵，皇上以亿兆仰赖之身，岂宜久驻关塞？"②希望尽快预定回銮日期，以便早做准备。

看到前一份奏折时，咸丰觉得奕䜣等明显是在敷衍自己，不觉龙颜大怒。当即在奏折上严厉地批道："此次办法实属毫无把握，在京并未言明，含混退兵，欲使恒祺等随时羁縻，不来则已，来则必启争端。况既经换约，何法阻之？种种遗患，实难枚举。若不能万分妥实，不妨据实密奏，万不准轻惑浮言，避居怨府。以后夷务应办之事尚多，恭亲王等岂能因兵退回銮即可卸责？"对于后一份奏折又批道："览奏具见悃忱，惟此时尚早，况胜保系带兵大员，抚局亦不应干涉。"同时要奕䜣令恒祺等将亲递国书之事"确

① 齐思和等编：《第二次鸦片战争》(五)，上海人民出版社1979年版，第225、228、238—239页。
② 同上书，第247、256页。

实说妥，或作为罢论，或照恭亲王原议恭设香案代为接收，庶回銮后不至再生枝节，如能消弭更为妥善，不可含混了事”。他规定：在天津办理涉外事务的恒祺、崇厚“只可作为奕䜣随员”，“应具奏者，由恭亲王等具奏，恒祺等不得具奏”①。

奕䜣感到了问题的严重性。各国驻外使节向驻在国元首递交国书，仅仅是一种表示相互尊重的外交礼仪，当时在欧洲已普遍通行，被视为近代外交的惯例。咸丰皇帝不愿接见外国使节，已经给人以不友好的感觉；再要求外国使节照会承诺不觐见皇上、递交国书，岂不是更加荒唐？尽管奕䜣未必明了其中的道理，可他已感到不便直接向英、法提出这样的要求。早先载垣、穆荫在通州的谈判即因此而破裂，现在咸丰的态度如此决绝，看来不拿到外国使节放弃“亲递国书”的确切证据，他就不会“回銮”。奕䜣虽然立即指示恒祺等要想尽一切办法，尽量满足皇上的要求，但他知道，此事谈何容易！他在写给奕谖的信中表示了自己的担心：“若以亲递国书一层未能说妥，至稽圣驾回銮，实不敢当此重咎。”并坦言：“条约内既许住京，断不能阻止，即使明岁来京，亦不致肆行无忌。至国书一节，倘不亲递固好，然住京后彼要朝觐，亦不能止。若圣人示以坦白大方，抚局方能成也。”②既然公使驻京已成定局，也就没有理由阻止外国使节觐见皇上了，这里所说的“圣人”指的是咸丰皇帝，所谓“示以坦白大方”就是不再胶执于传统的夷夏观念，放下天朝上国的架子，坦然地接见外国使节，只有这样才能使中外关系趋于正常。这段话表明他已经认识到，中国应该与西方国家建立平等的外交关系。但是，他根本不敢向咸丰这么说，就是说了，对方也不会接受他的意见，反而会对他更加反感。为了不影响回銮，他只好再向皇上多方作解释。

关于英、法是否会“再有要求”问题，奕䜣分析道：英、法“必欲中国以邻邦相待，不愿以属国自居”，“如果待以优礼，似觉渐形驯顺”③；“该夷既现撤兵，似不致再虑反复，非特恒祺等有所把握，即臣屡揣该夷实情，现已如愿而偿，将来我处如驭之得法，目前虽无把握实据，终久不致他虑；若驭之不得法，即或再四言明，亦恐终归无济”；“据现在情形而论，既经议抚，

① 齐思和等编：《第二次鸦片战争》（五），上海人民出版社 1979 年版，第 248、256、261 页。
② 同上书（一），第 662—663 页。
③ 同上书（五），第 269、270 页。

在我必须示以大方，始可令其见信，谅不致于条款外再有反复”。并列举事实加以证明：“前月自开城后，该两国带兵二万余，分踞京城，把守安定门，所有城内仓库及各衙门彼亦深知，倘有包藏别心，势必据为己有，乃仅以增索五十万现银及续增各条为请，其为甘心愿和，不欲屡启衅端，似属可信。”①

关于“夷兵”是否会由天津任意来京问题，奕䜣力言：当时京城“所留夷兵共只数名，目前情形万无他虑”；公使驻京后“即或小有枝节，而甫经换约，虽夷性诡谲，外面尚以信义为重，谅不至遽有反复，复行构兵”。联系到刚刚发生过的事情看，“尔时该夷已拥重兵在京，若包藏别心，不惟任所欲为，无从阻御，即使另有要求大节，亦必于条约之外借端要挟，无俟明春重来构衅。现既撤兵回津，似于驻京之外，尚无别启争端，并指定所住房屋，似亦不能多带兵从，已有明证”②。

关于外国使节“亲递国书”问题，奕䜣介绍双方交涉的情况说：对方虽然声称亲递国书“系两国真心和好之据，非此不足以昭美意，若不呈递，难以复命”，当要其将国书交奕䜣转呈皇上时，“该酋摇首不答，窥其意似不递则可，断不肯由他人转呈”。从他们的语言和表情看，“似无诡谋”，完全可以放心。“现饬恒祺等到津后设法消弭，如不允其请，该夷亦不至因此复起兵端。”③

关于“夷酋面见朕弟”问题，奕䜣先则曰：“臣奕䜣以天潢近胄，苟可设法推避，亦知自崇体制。惟该夷总以钦差为重，他人俱所不信，设或托故不见，该夷必多疑虑，万一别生枝节，有求赴行在叩诉之事，更属难于措手。”前面一半是顺着皇上的口气说的，后面一半意在用英法联军可能开赴热河吓唬咸丰。再则点明：“前准军机大臣寄谕：如抚议有成，恭亲王亦不妨与该夷接见。”④意在澄清自己是奉旨行事、无可指责的。

关于派恒祺赴津问题，奕䜣说明：“所请简派恒祺等到津办理事宜者，原为筹办琐屑诸务，就近与该夷商酌一切，羁縻其随时来京之意，非敢因夷兵甫退，希图卸责地步。且该夷前曾屡言，如有要事相商，仍欲与原办之人经理，则臣等亦无从推诿。”⑤

① 齐思和等编：《第二次鸦片战争》(五)，上海人民出版社1979年版，第272—273页。
②③⑤ 同上书，第269、270、274页。
④ 同上书，第270、272页。

同时，奕䜣还与留京王大臣会衔奏称："夷兵现俱撤尽，市肆渐安，腥膻已远，中外人心切望及早回銮"；"今已时届冬令，塞外寒冷较甚，迥非京城气候可比，久居似非所宜"；"恳请銮舆早日还宫，以定人心"①。

尽管奕䜣竭尽所思，把能想到的理由再三作了陈述，仍不能消除皇上心中的疑虑。咸丰在其奏折上朱批道：虽"不肯自蹈欺罔，究无确实把握"②。只是这么轻轻的一句话，奕䜣所有的解释都等于白费了。

针对"回銮"之请，咸丰明确宣布："本年天气渐届严寒，朕拟暂缓回銮，俟明春再降谕旨。"并解释道：英法联军虽已撤走，"而各国夷酋尚有驻京者，亲递国书一节，既未与该夷言明，难保不因朕回銮，再来饶舌。诸事既未妥协，设使朕率意回銮，夷人又来挟制，朕必将去而复返，频数往来，于事体诸多不协。且恐京师人心震动，更有甚于八月初八日之举"。指责该王大臣等奏请回銮是"只顾目前之虚名，而贻无穷之后患"，明令："本年回銮之举，该王大臣等不准再行渎请。"③

由于对是否能拿到英、法不"亲递国书"的书面承诺实在没有一点把握，奕䜣感到很难说服皇上立即"回銮"了，只好重新捡起"西巡"的话题，建议咸丰"莫若以西安为临幸之所，人心易于系属，粮饷易于挽输，诚为便宜"。但他还是有点不死心，所以又说："此时大局情形，于臣等前次具奏时又复不同，现在都城无恙，转危为安，实臣等初念所不及，应如何审时度势、计出万全之处，出自圣裁。"并告诉皇上：已接到恒祺、崇厚等禀报，经他们"婉转开导"，巴夏礼明确表示"大皇帝既不允见，即可不见"，"是亲递国书作为罢论，已有把握"；只是"口说究非实据"，恐皇上仍不放心，"仍谆饬恒祺等必得形之该夷照会，始可相信"④。言外之意是：现在京城是十分安全的，希望皇上能改弦易辙，尽快"回銮"。

吏部尚书陈孚恩则以"风闻直隶、山东因圣驾出巡，百姓借口不交钱粮"为由，奏请皇上"迅降谕旨，或轻骑简从，即日回銮，令各省大吏饬属刊刻张贴，先靖人心，以消反侧"。稍后，户部尚书兼步军统领瑞常、兵部尚书麟魁、兵部左侍郎庆英也联名上奏说："圣驾一日不还，人心一日不定，当此时势多艰，若不及早镇定人心，力图补救，不但于京城根本重地难以复元，且于天下

① 《筹办夷务始末》咸丰朝卷六十九，续修四库全书本，第3—4页。
② 齐思和等编：《第二次鸦片战争》(五)，上海人民出版社1979年版，第273页。
③ 《筹办夷务始末》咸丰朝卷六十九，续修四库全书本，第4—5页。
④ 齐思和等编：《第二次鸦片战争》(五)，上海人民出版社1979年版，第286、287、288页。

大局均有妨碍。"①

咸丰对于奕䜣的言外之意只装作没看懂，颁布上谕说："西巡事关重大，必须慎重图维，以期悉臻妥善，现在不过先事预筹，须俟明年二三月间，察看夷人如何举动，再行酌量办理。"而对于陈孚恩就不客气了，在其奏折上朱批道："知其一未知其二，只图消其疑虑，不暇择自蹈危机，处处毫无把握，万难允行。"②直斥其非，一点情面都不留。

此时的咸丰皇帝大概做梦也不会想到：由于他一再顽固地拒绝了回銮之请，竟然再也没有能够活着回到北京，没有能够再看一眼巍峨的皇宫、繁华的京城和已被夷为废墟的圆明园了。

稍后，"该夷两次照会来议赔补款项及新开口岸通商各层"，奕䜣便利用这一机会，在复照中提出"大皇帝愿见各国钦差与否，均可自主，断无勉强之理"。十多天后，英方在照会中表示：亲递国书"其要总在宸廑实存和谊，方为显证，倘若召见不由出自诚愿，何得为显证乎？诚如来文所云断无勉强之理，贵亲王亦可释然矣"；随后法方在照会中虽然宣称：不能亲递国书，"本大臣心内未免怅惜"，"恐两国不得十分有益"；仍承诺："大清国大皇帝愿见本国全权大臣与否，自然可以自主"，本大臣"断无以此勉强贵国之意"③。

当奕䜣于12月中旬将上述情况奏报皇上时，咸丰虽然不好再说什么了，但其本年"暂缓回銮"的决定已不便改变了。

翌年春节刚过，咸丰就于大年初二日（1861年2月11日）由内阁明发上谕，宣布："朕于二月十三日（3月23日）回銮。"可见直到这时他想回京城的心情还是比较迫切的。但第二天咸丰又由内阁宣布："朕于三月初二日（4月11日）启跸恭谒东陵，礼成后驻跸避暑山庄。"意思是：他回銮后，在京城住上十来天，然后借口祭奠东陵，再回热河。奕䜣等人请求回銮是希望皇上回京后就不走了，现在咸丰只是回京看一看就走，实际上还是拒绝了奕䜣等的请求。一夜之间，态度来了个180度大转弯，显然是听从了什么人的劝阻。临近预定回銮日期的前三天，咸丰再次宣布："现在朕躬偶抱微疴"，将回銮日程改为"二月二十五日（4月4日）启銮，三月初二日还宫。十二日由

① 齐思和等编：《第二次鸦片战争》（五），上海人民出版社1979年版，第288、289、296页。

② 同上书，第293、289页。

③ 同上书，第323—325、328页。

京启銮，祗谒东陵，礼成后驻跸避暑山庄”。计划在京城只十天。推迟了的回銮日期再次临近，咸丰又在前三天颁下谕旨，宣布：“旬日以来，气体虽稍可支持，仍须静心调摄。本日王大臣等以朕躬尚未大安，奏请暂停回銮，情辞恳切，不得已勉从所请，暂缓回銮，俟秋间再降谕旨。”①结果，咸丰一病不起，于 1861 年 8 月病死于热河行宫，连回京看看也未能实现。

承德避暑山庄鸟瞰图

4 月中旬，奕䜣等奏请赴热河看望生病的皇上，咸丰谕称：“朕与恭亲王奕䜣自去秋别后，倏经半载有余，时思握手而谈，稍慰廑念。惟朕近日身体违和，咳嗽未止，红痰尚有时而见，总宜静摄，庶期火不上炎。朕与汝棣萼情联，见面时迴思往事，岂能无感于怀，实于病体未宜。况诸事妥协，尚无面谕之处，统俟今岁回銮后，再行详细面陈，著不必赴行在。”②咸丰病重之际仍不让奕䜣前往热河问疾，显然是还在记恨前嫌。后来的赞襄政务王大臣中

① 《清实录》咸丰朝卷三四〇、三四二、三四四。
② 《清实录》咸丰朝卷三四五。

没有奕䜣，也就是理所当然的了。

有记载说：奕䜣与英、法签约后，“留京王大臣疏请回跸，上将从之”，因肃顺、载垣、端华从中阻拦，“屡下诏改行期”①，以致于咸丰病死于热河，应该是比较可信的。

赞襄政务八大臣

1861年8月21日早饭后，咸丰本来想去看戏的，因感到有些疲倦而没去，留在烟波致爽殿里歇息。下午觉得有点饿，又吃了点东西，没多久就突然晕了过去，晚上醒来后特别虚弱，自知大限快到，开始安排后事，半夜时分召见亲信王大臣当面立遗嘱。作为皇上，最大的后事莫过于确立皇位继承人。

咸丰妃嫔人数众多，除了在他继位前夕死去的嫡福晋萨克达氏外，还有皇后钮祜禄氏、懿贵妃叶赫那拉氏、丽妃他他拉氏、玫嫔徐佳氏、祺嫔佟佳氏，以及在同治、光绪两朝晋封的婉贵妃索绰络氏、云嫔武佳氏、英嫔伊尔根觉罗氏和不知道姓什么的璷妃、吉妃、禧妃、庆妃、容嫔、璹嫔、玉嫔等，但子女并不多。仅懿贵妃叶赫那拉氏于1856年4月27日为他生下皇子载淳，丽妃他他拉氏生下一女，玫嫔徐佳氏生下一子，还没来得及起名字，就夭折了。皇后钮祜禄氏因身体一直不好，未能为他生下一男半女；其他妃嫔俱未生育。②惟一的皇子载淳成了当然的皇位继承人，让咸丰在这方面比他的父皇省了不少心，他操心的是载淳当年虚龄才6岁，怎样才能君临天下。当然可以由孩子的母亲像当年孝庄皇后辅佐顺治、康熙一样来辅佐新皇帝，问题是载淳的生母叶赫那拉氏也只有27岁，嫡母钮祜禄氏年仅25岁，清代后来曾将后宫干政悬为厉禁，野史中虽有叶赫那拉氏尝协助咸丰处理政务的记载，至多也就是在圆明园、热河避暑山庄时偶尔将奏折读给皇上听或将皇上的意见代写在奏折上而已，咸丰绝对不可能将任何一件政务交由她单独处理，更不可能让她一个人或随同皇上一起上朝接见王大臣。这样的“协助”又能积累多少执政的经验呢？所以必须由可靠的王大臣精心辅佐年幼的君主。

---

① 徐珂：《清稗类钞》，中华书局1984年版，总第254页。

② 参见《清史稿》第30册，中华书局1976年版，总第8929—8930页。

待王大臣们奉召赶到烟波致爽殿时，咸丰已经不能握笔写字了，便按照了口授的意旨，由王大臣代为书写了两道遗诏。其一是立载淳为皇太子；其二是“著派载垣、端华、景寿、肃顺、穆荫、匡源、杜翰、焦祐瀛尽心辅弼，赞襄一切政务”。这就是赞襄政务八大臣，又称顾命八大臣。咸丰还将手边的两枚印章分别赐给皇后和载淳（实际由懿贵妃掌握），皇后的一枚印文为“御赏”，载淳的一枚印文为“同道堂”，并交待说，此后新皇帝所颁的一切诏书，都要在起首处加盖“御赏”印章、在结尾处加盖“同道堂”印章，才能有效。目的是对赞襄政务八大臣形成一种牵制，防止他们篡夺皇权。

皇位继承问题安排妥当后，咸丰在消耗了一些体力之后也许感到有点饿了，8 月 22 日凌晨 3 时许还让人送冰糖燕窝给他吃，6 时左右便带着许多遗恨离开了人间。

载淳继位后，尊先帝皇后钮祜禄氏为母后皇太后，再加徽号为慈安皇太后，俗称东太后；尊自己的生母懿贵妃为圣母皇太后，再加徽号为慈禧皇太后，俗称西太后。赞襄政务王大臣将新皇帝的年号预定为“祺祥”。

慈安皇太后画像

慈禧皇太后画像

咸丰皇帝带着他的亲信出逃，清王朝的政治中心随之而由北京转移到了热河，而他死后，赞襄政务八大臣基本控制了除外交以外的所有行政大权。

赞襄政务八大臣中，前四位三个宗室、一个驸马，都是皇亲国戚。

宗室与觉罗

与皇帝或国君同一个祖宗的贵族一般称为宗族，又称为皇室、皇族、帝宗或天潢。中国历史上的大多数朝代都设置有专门的机构来管理宗室事务，但关于宗室及其所享有特权的规定却并不完全一致，通常根据与皇帝或国君父系血缘的亲疏来确定哪些人可以列入宗室之列。

清朝的皇族爱新觉罗氏又分为“宗室”、“觉罗”两个部分，具体以清太祖努尔哈赤之父显祖塔克世为界，凡塔克世的直系子孙均为“宗室”，可以系黄颜色的腰带，俗称“黄带子”；凡塔克世叔伯兄弟的后裔则称“觉罗”，可以系红颜色的腰带，俗称“红带子”。“觉罗”是满语的音译，其本意为“远方”，在这里被引申为“远支”。

清代设宗人府管理皇族事务，“宗室”、“觉罗”俱属宗人府管理范围。“宗室”、“觉罗”的户籍不隶于户部而隶于宗人府，各分支宗族凡生儿育女、继嗣、婚嫁、封爵、授职、升调、降革、死亡，俱报归宗人府登记在册，“宗室”载入“黄册”，“觉罗”载入“红册”，生者用红笔，死者用黑笔。每10年汇编为“玉牒”(即皇帝的家谱)，届时专开玉牒馆，由皇帝指派王公大臣负责，调集翰林院、詹事府等文学侍从官员承担编撰工作，并另行修缮皇族功勋官员名册，曰“皇册”，保存在皇宫内。

清代皇族享有很多特权。“宗室”、“觉罗”可以按规定定期领取养赡银，皇上还不时地向他们颁发恩赏银；清政府专门为“宗室”、“觉罗”子弟开设有宗学、觉罗学；清代有懿亲不加刑之说，“宗室”、“觉罗”犯罪皆减等处罚，即使杀了人也不犯死罪，一般罪犯不入牢狱，仅“交宗人府圈禁”。

清代对皇族人员的活动范围也有所限制，“宗室”、“觉罗”未奉皇上特旨，一般不能随意出京，即使奉命出京通常也只是到关外或至东西陵恭代皇上举行祭祀典礼，很少有派往南方者。康熙年间规定，“宗室”因罪革退系红带子，户籍入“红册”；“觉罗”因罪革退系紫带子，不入玉牒。

载垣除了“世袭罔替”亲王头衔处，还身任御前大臣、宗人府宗令，领侍卫内大臣等职务，并享受在紫禁城内坐轿的殊荣。

端华除“铁帽子王”头衔外，还担任御前大臣、宗人府右宗正、领侍卫内大臣、镶白旗蒙古都统，步军统领（俗称九门提督），掌握着一个旗的蒙古军队和京师卫戍部队。

铁帽子王

清王朝建立后，制订了一整套的封爵制度。其中皇族爵位共有12等，从高到低依次为：和硕亲王、多罗郡王、多罗贝勒、固山贝子、奉恩镇国公、奉恩辅国公、不入八分镇国公、不入八分辅国公、镇国将军、辅国将军、奉国将军和奉恩将军。功臣外戚爵位共有9等，从高到低依次为：公、侯、伯、子、男、轻车都尉、骑都尉、云骑尉、恩骑尉。

清朝封爵的原因主要有两种，一是因在战争中立有军功而受封，称为功封；二是皇族后裔因与皇帝血缘关系亲近而受封，称为恩封。凡获有封爵者，子孙例可承袭，袭爵的方式也有两种：一种是降等承袭，即每代袭爵者（通常为嫡长子）要递降一个等级，如和硕亲王之子袭爵时降为多罗郡王、多罗郡王之子袭爵时降为多罗贝勒等，一般降袭4代后（如和硕亲王降袭至奉恩镇国公、多罗郡王降袭至奉恩辅国公等）即可不再递降，这是通常的惯例。另一种是"世袭罔替"，即子子孙孙俱承袭原爵，不降低等级，这是须经皇帝允准的特例。

清初曾因战功卓著而特封了8位"世袭罔替"的王爵，其中包括6位和硕亲王，即：努尔哈赤次子代善被封为和硕礼亲王，努尔哈赤十四子多尔衮被封为和硕睿亲王，努尔哈赤十五子多铎被封为和硕豫亲王，努尔哈赤弟舒尔哈齐六子济尔哈朗被封为和硕郑亲王，皇太极长子豪格被封为和硕肃亲王，皇太极五子硕塞被封为和硕承泽亲王（后改为庄亲王）；2位多罗郡王，即：代善的长子岳托被封为多罗克勤郡王，代善三子萨哈璘的次子勒克德浑被封为多罗顺承郡王。这8位"世袭罔替"的王俗称为"铁帽子王"。

清朝中后期又先后封了的4位"世袭罔替"的和硕亲王：康熙帝十三子胤祥被封为和硕怡亲王，道光帝六子奕䜣被封为和硕恭亲王，道光帝七子奕譞（光绪帝的生父）被封为和硕醇亲王，乾隆帝十七子永璘之孙奕劻（永璘六子绵性的长子）被封为和硕庆亲王。

肃顺担任协办大学士、户部尚书、御前大臣、内务府大臣、领侍卫内大臣等职务。

肃顺画像

景寿，姓富察氏，满洲镶黄旗人，是“世袭罔替”的一等诚嘉毅勇公，道光皇帝六女儿寿恩固伦公主的驸马，即载淳的亲姑父，并担任御前大臣、领侍卫内大臣、蒙古都统等职务。

他们原先一直伴随在咸丰皇帝左右，参议所有的重要政务，从总体上掌控着清政府的中央大权。

后四位是军机大臣。①

穆荫，姓托和络氏，满洲正白旗人，早年以官学生考授内阁中书，任军机章京；1851年以五品京堂候补，“在军机大臣上学习行走”；历任国子监祭酒、光禄寺卿、内阁学士兼副都统。1853年升任礼部左侍郎，署理步军统领衙门左翼总兵；翌年调任吏部右侍郎。1859年再升任理藩院尚书，年底改任兵部尚书。先后担任军机大臣达10年之久。

匡源，山东胶州人，道光年间考中进士，授翰林院编修；1855年初由内阁学士升任兵部右侍郎，当年改任吏部右侍郎，翌年再改吏部左侍郎；1858年任军机大臣。

杜翰，咸丰师傅杜受田的长子，道光年间考中进士，授翰林院编修；1854年初由内阁学士升任工部左侍郎，兼任军机大臣；1858年以丁忧免职，翌年再任军机大臣，先后署理吏部右侍郎、礼部右侍郎。以其父助咸丰争夺储位有功而深受皇上宠信。

焦祐瀛，直隶天津人。道光年间以举人考授内阁中书，任军机章京，后升任光禄寺少卿，英法联军进犯京津时，奉命回籍办理团练，得到咸丰、肃顺等信任。随皇上逃至热河后，于1860年12月以正四品的太常寺少卿“在军机大臣上学习行走”，品秩之低实属罕见；翌年9月升任从三品的太仆寺卿。

① 当时军机大臣共有5人，另一位是户部左侍郎文祥，因极力劝阻咸丰出逃而被留在北京协助奕䜣办理议和事务，是以不在赞襄政务大臣之列。

史书说他“尤谄事肃顺等，诸诏旨多出其手，为时所指目，故同败”①。

当时，军机处是清王朝的行政中枢机构，军机大臣们负责皇帝重要诏令的起草与寄发，参与各项政务的决策，同时国家主要行政部门吏、户、礼、兵、刑、工六部中有五个部由他们担任尚书或侍郎，直接掌管着人事、财政、礼制、军事、工程等方面的具体事务，可见其权力范围之广泛。

在肃顺、载垣、端华看来，政府权力几乎尽在掌握之中，又有先帝遗诏授予“赞襄政务”的合法地位，大清王朝当然就成了他们的天下，还有谁敢不听他们的号令？可惜他们万万没有想到，两个多月后的一场政变，不但剥夺了他们手中的权力，而且剥夺了他们的性命。

祺祥政变

肃顺等八人取得“赞襄政务”名分后，踌躇满志，以为大清王朝以后就是他们的天下了，殊不知在传统的宗法社会里，他们已经犯了“疏不间亲”之大忌。

醇亲王奕譞

载垣、端华、肃顺虽然都是宗室，可他们与皇上的血缘关系早已越出了“五服”，所谓“君子之泽，五世而斩”，不但亲情的感觉早已淡漠，而且在世俗的眼光中他们与皇权的关系亦已疏远。载淳的嫡亲长辈中只有一个姑父列名于赞襄政务八大臣，五个亲叔叔居然都被排斥在赞襄政务八大臣之外，而传统社会又是以男权为中心的，姑父是外姓人，他本人并不属于皇室血统，以其作为皇上嫡亲的代表也就不具备权威

① 《清史稿》第38册，中华书局1977年版，总第11703页。

性。咸丰皇帝作这样的人事安排是令人匪夷所思的。他的五弟惇亲王奕誴仅比他晚出生6天，六弟恭亲王奕䜣按农历算只比他小1岁，这两位当时正值壮年的弟弟一因为少学粗俗、一因为原先的嫌隙不列入“赞襄政务王大臣”之内，还可以说是情有可原的，但他的七弟醇郡王奕譞时年22岁，八弟钟郡王奕詥18岁，九弟孚郡王奕譓17岁，都已经基本长大成人了，完全可以从中选择一二位作为帝胤的代表“赞襄政务”。如果他以奕譞代替景寿作为“赞襄政务王大臣”，只要肃顺能够处理好与奕譞的关系，并通过奕譞与两宫皇太后进行正常的沟通，在权力的分配方面再作点让步，也许政变就不会发生了。当然，历史不允许假设，也没有理由要求咸丰按照我们的思路来当皇帝。

于是，这种人事安排立即引起了人们的关注。李慈铭即曾评论道：“大行末命，懿亲如惠邸之尊属，恭邸之重任，皆不得与聆玉几之言，受付金瓯之托。中外骇惑，谓非圣意。自后行在诸所设施，失礼不经，多违祖法，而一切章奏，皆云军机处、赞襄政务王大臣奉旨处分，传钞天下，然先帝固未有载垣等三人入军机之命也。是其乘间攘权，欺蔽耳目，而枢臣穆荫、匡源诸人阿附朋比之罪，皆已不足于诛矣。”[①]这种意见代表了当时很大一部分人的看法。朝廷内外的大多数官绅士庶都对肃顺等人“赞襄政务”的合法性产生了怀疑，甚至认为他们在“乘间攘权”，他们的地位便如同建筑在沙滩上的楼阁，因为没有稳固的基础而随时都有可能塌陷。当与皇上血缘关系最近的亲叔叔一出头，肃顺等人“临终顾命”光环顿时便会减色。两宫皇太后作为女流之辈本来是没有什么能量的，但因载淳年幼不懂事，她们就成了皇上的直接代言人，完全可以借用皇上名义以实现自己的意图。如果她们也处心积虑地不愿让八大臣“赞襄政务”，肃顺等人单靠咸丰的遗命作为护身符也难以自保了。

咸丰尸骨未寒，两宫皇太后与“赞襄政务八大臣”之间就展开了激烈的权力争夺。

由于皇上年幼，尚不具备独自处理国家大事的能力，首先需要议定朝廷今后的行政程序。实际上就是确定皇上、两宫皇太后与“赞襄政务王大臣”在处理国家政务时各自所处的地位以及他们相互之间的关系。

一开始，“赞襄政务八大臣”并没有把两宫皇太后和皇上放在眼里，以为

---

① 吴语亭编注：《越缦堂国事日记》第一册，台湾文海出版社1977年影印本，第538—539页。

她们孤儿寡母很容易被玩弄于股掌之间。肃顺、杜翰、焦佑瀛提出："谕旨由大臣拟定，太后但钤印，弗得改易，章疏不呈内览。"即由他们包揽所有政务，两宫皇太后坐享其成，既无需看大臣们的奏章，也不能改动他们起草的谕旨，只管在谕旨上盖印就行了。企图以这种方式剥夺两宫皇太后过问朝政的权力。这种一厢情愿的安排实际上并不符合咸丰皇帝的本意。咸丰遗诏中"尽心辅弼，赞襄一切政务"的意思，是要他们辅助而不是代替皇上和两宫皇太后处理朝政，所谓"辅弼"、"赞襄"的含义就是他们应居于从属的地位，为主的只能是皇上和两宫皇太后。也就是说，他们的职责是辅政而不是摄政。慈禧太后等当然不会接受他们的安排，"后持不可，议四日乃决，章疏呈览，谕旨钤印，任用尚书侍郎，枢臣拟名请懿训裁定，其他简放人员，按照京察暨疆臣密考，拟具正、陪数员，在御前制签，两宫并许可"①。经过四天的较量，肃顺等人才作出退让，两宫皇太后取得了处理大臣奏章的权力与颁布谕旨、任用高级官员的拍板权，至少在形式上居于主持朝政的地位。

但这只是个前奏，骄横成性的肃顺等人不会俯首听命于孤儿寡母，势必要以各种方式包揽、把持权力。有人说他们："胁制两宫，玩忽嗣子，肃顺以御前大臣，出入无禁，冲人左右，跬步不离。至亲王入对，恐其发露罪状，辄随入监制，使不得言。"②对皇上和两宫皇太后形成了极大的威胁。野心勃勃的慈禧也难以容忍"赞襄政务八大臣"的专断与蛮横，为了把权力牢牢地掌控在自己手中，甚至不惜除掉他们。当然，慈禧知道，单凭她们孤儿寡母要除掉长期把持朝政、势力盘根错节的肃顺一伙谈何容易！必须寻找帮手，就身份地位、实际能力与对肃顺等人的态度而言，最好的帮手莫过于恭亲王奕䜣。

咸丰驾崩的当天，由热河发出一道上谕，"命睿亲王仁寿、豫亲王义道、恭亲王奕䜣、醇郡王奕譞、大学士周祖培、协办大学士户部尚书肃顺、吏部尚书全庆、陈孚恩、工部尚书绵森、右侍郎杜翰恭理丧仪。豫亲王义道、恭亲王奕䜣、大学士周祖培、尚书全庆仍在京办事。"③虽然给了奕䜣"恭理丧仪"的名义，却明确要他仍留在北京。

当奕䜣得知自己被摒弃在赞襄政务王大臣之外时，心中的滋味可想而

① 黄濬：《花随人圣盦摭忆补篇》，上海古籍书店1983年版，第5页。

② 吴语亭编注：《越缦堂国事日记》第一册，台湾文海出版社1977年影印本，第539页。

③ 《清实录》同治朝卷一。

知。他肯定盼望着能有转机，甚至会设想种种改变局势的方案，但在两宫皇太后态度不明的情况下，他却不便于采取主动。当时所能行动只能是先设法探明两宫皇太后的态度，然后再据以决定下一步该怎么办。于是，他很快便上奏“请前赴热河叩谒梓宫”，并于8月28日得到了允准。

9月5日清晨，奕䜣到达热河避暑山庄，正好赶上行宫里在举行“殷奠礼”，当即“伏地大恸，声彻殿陛”，在场者皆为之动容，“无不下泪”。据旁观者言：自咸丰去世以来，“未闻有如此伤心者”①。

随后，两宫皇太后召见奕䜣。据说，载垣、端华、肃顺曾极力阻止他们叔嫂见面，杜翰甚至当众昌言：“叔嫂当避嫌，且先帝宾天，皇太后居丧，尤不宜召见亲王。”肃顺在旁拊掌称善，夸奖他：“是真不愧杜文正（指杜受田）子矣。”但因两宫皇太后态度坚决，同时也“迫于公论”，他们也不好做得太绝。为了消除他们的疑心，奕䜣故意邀请端华与其一道进见，端华看着肃顺，等他表态，肃顺笑着说：“老六（指奕䜣），汝与两宫叔嫂耳，何必我辈陪哉。”②奕䜣才得以单独入见两宫皇太后。慈禧等当然会诉说肃顺等企图架空两宫、包揽朝政，经她们抵制而未能实现的经过，表示对八大臣骄横专擅的不满，以及对他们终将凌驾于皇权之上的担忧，希望能够除掉“赞襄政务八大臣”，由奕䜣辅佐两宫皇太后执掌朝政。这当然是奕䜣最想听到的话，于是双方一拍即合。奕䜣提出：欲扳倒八大臣，“非还京不可”。慈禧担心外国人会加以干预，奕䜣以确定无疑的口吻回答道：“外国无异议，如有难，惟奴才是问”③，先“力保无事，又坚请速归”④。经过两个多小时的密谋，他们决定利用回銮与运送咸丰皇帝遗体回京之机发动政变，一举夺回“赞襄政务八大臣”手中的权力，并大致商定了主要的办法和步骤。

奕䜣在热河停留了7天，除与两宫皇太后商定了政变大计外，还做了四件事：

一是与其亲信军机章京曹毓瑛多次接触，全面掌握了肃顺等人的言行举止与热河行宫的政务实施情况，可以说是做到了知己知彼，有备无患。

二是基本确定热河行宫的君臣们于“九月廿三日（10月26日）起行”回

① 黄浚：《花随人圣盦摭忆》，上海古籍书店1983年版，第424页。
② 徐珂：《清稗类钞》，中华书局1984年版，总第255页。
③ 王闿运：《祺祥故事》，见齐思和等编《第二次鸦片战争》（二），上海人民出版社1979年版，第326页。
④ 黄浚：《花随人圣盦摭忆》，上海古籍书店1983年版，第425页。

京，并由朝旨责令署理直隶总督文煜等“妥速预备”沿途应用各物[①]，文煜以为时间还早，“告密云令中秋后再办，恭闻之大怒”，再颁朝旨催促。[②]

三是策划了“先礼后兵”的夺权步骤，即先由朝臣奏请太后听政、另择亲王辅政，以试探肃顺等人的反应。若他们不加阻止或阻止不了，所谓“赞襄政务”就有名无实了；如果因他们阻止而不得实行，政变则势在必行。奕䜣通过秘密途径通知京城的党羽尽快上奏，9 月 8 日大学士周祖培让其门客李慈铭代为搜集历代太后临朝的史料以备应用，李慈铭当天的日记云：“当国有议请母后垂帘者，属为检历代贤后临朝故事。予随举汉和熹（和帝后）、顺烈（顺帝后）、晋康献（康帝后）、辽睿知（景宗后）、懿仁（典宗后）、宋章献（真宗后）、光献（仁宗后）、宣仁（英宗后）八后，略疏其事迹”，编为《临朝备考录》，“并条议上之”。[③]

四是为举行政变作为一些具体安排，当时热河方面拥戴皇上、太后的官员“先虑内外患二”，其一是外国干涉，因奕䜣力保无事，已觉释然；其二是肃顺等人掌控着一部分军事实力，决定让在山东督师的钦差大臣兵部右侍郎胜保等率命前来协助，“令各兵九月十二日（10 月 15 日）到此”，虽然一时“山东尚不曾有回音”[④]，奕䜣知道不会有什么问题。

为了麻痹肃顺等人，奕䜣初到热河即先会见了载垣、端华、肃顺，态度“卑逊特甚”。起初“肃顺颇蔑视之，以为彼何能为，不足畏也”[⑤]。后因其与两宫皇太后密谈了两个多小时，“赞襄政务八大臣”中有人产生了警觉，引起了重视，“宫灯（指肃顺）辈颇有惧心，见恭未尝不肃然改容，连日颇为敛戢”。当时有一个叫胡研生的人上了一道奏折，慈禧将该折“留中”，尽管并无要事，但八大臣惟恐不利于他们，因具体内容一时“打听不出来，相顾失色”[⑥]。另一个叫裕昭甫的供事因抄录军机处文档外传，居然被肃顺等赶回了京城。可见他们猜忌之甚、戒备之深，内心的高度紧张已不言而喻。

奕䜣在热河的亲信一开始就告诫他要“随时小心”，说话要留心场合，“防耳目也”。他们将奕䜣视为扭转政局的关键人物，不但为其“尽心区画”，而且注意“随时保护”，希望能“仗庙社之灵，得有转关，当勉为

---

① 参见《清实录》同治朝卷二。

②④ 黄浚：《花随人圣盦摭忆》，上海古籍书店 1983 年版，第 424、425 页。

③ 吴语亭编注：《越缦堂国事日记》第一册，台湾文海出版社 1977 年影印本，第 528—529 页。

⑤ 《清朝野史大观》卷一，上海书店 1981 年版，第 72 页。

⑥ 黄浚：《花随人圣盦摭忆》，上海古籍书店 1983 年版，第 424、426 页。

元祐①正人”。当慈禧等确信只要回到京城就可以除掉肃顺等人、把朝政完全掌控在自己手中后，期待早日回京心情之迫切可想而知，因而对于预备回銮事宜催促甚急。军机章京曹毓瑛等预料“赞襄政务八大臣”很可能会阻止回銮，建议奕䜣编造好一套必须早日回銮的理由转告两宫皇太后，以便于驳斥他们，并“劝王（指奕䜣）以风水之说动之”，要奕䜣“劝上意主持坚定，王深然之”②。

9月9日，奕䜣故意让“赞襄政务八大臣”代为请示何时让他回京，两宫皇太后好整以暇地说：让他明天来请安再说吧。肃顺等人看不出有任何异常情况，对他们的密谋一无所知，完全被蒙在了鼓里。

11日，奕䜣由热河动身回京，一路上“兼程而行，州县备尖宿处皆不敢轻居，惧三奸之行刺也。及抵京，密甚，无一人知者”③。

稍后，山东道监察御史董元醇的奏折便放在了两宫皇太后的案前。董元醇是河南洛阳人，1852年中进士、点翰林，周祖培为是科会试的主考官，董元醇便成了他的门生。一般认为，董元醇此折正是在周祖培的指使下呈递的。

董折请求皇太后暂时权理朝政；请于亲王中简派一二人，令其辅弼；另由大臣中简派一二人，作为小皇帝的师傅④，前两条完全是按照奕䜣与两宫皇太后议定的内容提出的。慈禧知道此事非同小可，偶有不慎，后果不堪设想，当天未将该折发下。肃顺等得到了消息，派领班军机章京去要，回来说“西边（指慈禧）留阅”，载垣“冷笑一声”，意思是我倒要看看她能怎么办。15日，两宫皇太后召见“赞襄政务八大臣”，明确表示要按照董元醇建议，由她们出面听政。肃顺等以咸丰皇帝遗诏并无太后听政之说，清朝前代亦无太后听政的成例，表示反对，“哓哓置辩，已无人臣礼”⑤。慈禧仍坚持要他们按照董折内容起草上谕，但肃顺等却要军机章京起草一道“痛驳”董元醇的上谕，准备交由内阁“明发”。后见所拟谕旨草稿语气较为“平和”，乃由焦祐瀛亲自重拟，声称“国朝圣圣相承，从无母后听政之例”；咸丰弥留之际“派怡

---

① 1085年春，宋神宗赵顼病死，年仅10岁的哲宗赵煦即位，改年号为元祐，神宗母以太皇太后身份执政，重用司马光等，推翻王安石的变法新政。

② 黄濬：《花随人圣盦摭忆》，上海古籍书店1983年版，第425、426页。

③ 薛福成：《庸盦笔记·咸丰季年三奸伏诛》，《笔记小说大观》第27册，江苏广陵古籍刻印社1984年版，第68页。

④ 参见吴语亭编注：《越缦堂国事日记》第一册，台湾文海出版社1977年影印本，第538页。

⑤ 《清实录》同治朝卷五。

亲王载垣等八人赞襄政务，自有深意”；质问“该御史请再派亲王一二人，是诚何心”？“以上两事皆关系甚巨，非臣下所得妄议”[①]，另派亲王辅政“尤不可行”。慈禧见他们竟敢公然违抗自己的意旨拟出了这么一道上谕，马上再召见他们询问是怎么回事，端华等“怒形于色，上去见面”，并说了一些“负气”的话。两宫皇太后拒绝将他们起草的谕旨盖印下发，“云留着明日再说”。次日晨，两宫皇太后为此再次召见“赞襄政务八大臣”，双方爆发了更为激烈的争辩。军机大臣杜翰“尤肆挺撞”，公然说：两宫皇太后“若听信人言，不能奉命”[②]。载垣等甚至说：他们奉先皇遗命赞襄幼主，“不能听命于皇太后；伊等请皇太后看摺，亦系多余。当面咆哮，目无君上”[③]。据李慈铭记载：“及董御史疏上，三人纠党纷争，声震殿陛，天子惊怖，至于啼泣，遗溺后衣”[④]。只有6岁的小皇帝哪里见过如此激烈的争吵？吓得小便失禁，尿湿了太后的衣服。“太后气得手颤”，仍坚持不将该谕旨盖印下发。

八大臣“决意搁车”（即罢工），以对抗到底。两宫皇太后发下的公文，他们根本就不打开看，还说“不定是谁来看”呢，朝政一时陷于瘫痪。眼看着日已近午，当天的政务一件还没有处理，慈禧依然不肯妥协，“定要临朝”，但慈安觉得老是这样不是办法，力劝慈禧暂时让步，以后再作打算。等她们将董折与焦祐瀛起草的上谕一同发下时，八大臣“始照常办事，言笑如初”。

肃顺等人以为他们的斗争取得了胜利，一时得意忘形，“笑声彻远近”。而知道内情的军机章京当时就预料“此事不久大变，八人断难免祸，其在回城乎”？此后连日有太监传出话来：两宫皇太后对八大臣以“搁车”逼她们就范十分愤怒。醇郡王奕譞“亦大怒”，恨声而言：等回到京城再说！当即被“老五太爷（指惠亲王绵愉）喝止之”[⑤]。他们两人，一个年轻气盛，胸无城府，脱口而言；一个老成持重，谨小慎微，惟恐引起肃顺等人警觉，显然都是两宫皇太后与奕䜣密谋的知情者。

正所谓旁观者清，在那些知道内情的军机章京看来，此事绝不会至此为止的，最后的结局必然“仍是垂帘”；八大臣如果恪守臣节，本来是“可以远祸，可以求安”的，可他们不知道厉害，“必欲独揽其权”，无疑是给自己招祸。

①④ 吴语亭编注：《越缦堂国事日记》第一册，台湾文海出版社1977年影印本，第530、539页。

② 黄浚：《花随人圣盦摭忆》，上海古籍书店1983年版，第423、422页。

③ 《清实录》同治朝卷六。

⑤ 黄浚：《花随人圣盦摭忆》，上海古籍书店1983年版，第422、426页。

李慈铭也说：咸丰遗命以八大臣“赞襄政务”，乃临终时“仓卒”决定的，一般臣民都搞不清楚他为什么要选择这八个人；焦祐瀛草拟的上谕说咸丰“自有深意”，“直是藉地自矜，援朋互救，假朝旨以蔽贤路，冒遗命以固政权，虽假王言，实由私意。宜其力箝异议，阴肆猜心矣”①。大多数局外人都持这种看法，舆论的重心已经偏向了两宫皇太后和奕䜣一方。

9月18日晚，胜保来到热河避暑山庄。由于他可能事先路过京城与奕䜣交换过意见，所以没有任何轻举妄动，让人感到“其人近来颇有阅历”。先前曾为奕䜣“尽心区画”的军机章京深夜去其下榻处密谈，胜保说：肃顺等人“罪状未著，未可鬻拳兵谏，致蹈恶名”。章京“深以为然”，以八大臣“颇畏其虚声，劝其留虎豹在山，且勿惊他”；担心一旦打草惊蛇，肃顺等“欲削其权，随后事更难办”；且考虑到当天已由明发谕旨宣布于九月二十三日回京，“若一变动，恐内里惊疑，须俟进城，自有道理”②。可见奕䜣及其亲信都主张暂时容忍八大臣的骄横无礼，待回京时再秋后算账。

虽然以退让求得了一时之安，两宫皇太后对于肃顺等人到底能胆大到什么程度，心里还是没底，“每相对涕泗，且忧不保”，惟恐八大臣谋害她们母子。待回銮日期宣布后，“诸嫔御先行，入辞两宫”。两宫皇太后流着泪对她们说：你们都很幸运地脱身了，“我母子未知命在何所，得还京师相见否？”③

当时，载垣、端华、肃顺除“赞襄政务”外，还身兼许多要职。就掌管武装力量的职务而言，他们三人都是领侍卫内大臣④，统领着皇上的贴身侍卫和宫廷警卫力量；另外，载垣兼任銮仪卫掌卫事大臣和上虞备用处管理大臣，掌管着皇家仪仗队，负责侍奉皇上钓鱼；端华兼任步军统领，俗称九门提督，统率京城八旗、绿营马步军约3万人，负责守卫京师；肃顺兼任向导处事务大臣，负责皇上出巡的准备工作，手里也有一支哨探部队。他们以“搁车”硬逼着两宫皇太后发下痛斥董元醇的上谕后，20多天里一直风平浪静，遂以为只要他们撒手不管，朝政立即就会陷于瘫痪，慈禧已经被吓倒了。为了缓解与太后之间的关系，他们于10月7日当面奏称：“因差务较繁，请将管理处所恳恩酌量改派”，即辞去一些兼职。慈禧等人喜出望外，立即谕令：“载垣著开銮仪卫上虞备用处事务，端华著开步军统领缺，肃顺著开管理理藩院

①③ 吴语亭编注：《越缦堂国事日记》第一册，台湾文海出版社1977年影印本，第532、539页。
② 黄浚：《花随人圣盦摭忆》，上海古籍书店1983年版，第426页。
④ 清代领侍卫内大臣共有6人。

并向导处事务”；同时实授瑞常为步军统领。为免他们疑心，还是让端华“暂署行在步军统领”①。

解除了肃顺等人手中的大部分武装，两宫皇太后不但感到自身安全了许多，对发动政变也充满了信心。她们密令醇郡王奕譞事先准备好将肃顺等革职的上谕，由慈安藏在内衣中带回京城，以备届时使用。

据说，董元醇遭朝旨斥责后，京师“浮言朋兴”，都说回銮后“元醇辈必干严谴”。宗室恩承请奕䜣将两宫皇太后意旨宣示朝臣，奕䜣说：“毋庸也，（载）垣、（肃）顺等方骄，闻此耗，备当益懈，待其既还，执付狱吏可已，安用大声色为哉！”肃顺获悉京城的传言后，大喜，公开扬言：“今在廷诸臣有公论，吾辈受遗诏，辅冲主，天经地义，宁有他虞？唯元醇以莠言乱政，罪不可逭。”并鼓动载垣等一起要求从重惩处董元醇。慈禧“念密谋已就，当姑示懦，以安（肃）顺等心”，只是以息事宁人的语气说：“以建言罪人，有乖治道”，且新皇帝刚即位，“似不宜遽罪谏官，以遏言路”。曹毓英“暗以诸人骄蹇状报（奕）䜣，䜣遂以（太）后命示步军统领仁寿（应为瑞常）、神机营都统德木楚克札布及前锋护军统领存诚、恒祺等，复为书促胜保迎銮”②，积极地做好了发动政变的准备。

10 月 26 日，皇上、太后与咸丰皇帝梓宫（即灵柩）由热河启程回京。按照载垣等预先的安排，两宫皇太后和小皇帝先在避暑山庄丽正门外“跪送梓宫登辇”，再至设于喀拉河屯的“芦殿”前“跪迎灵驾”，于当晚行晡奠礼、翌晨行朝奠礼后，抄近路提前赶回京师；“梓宫到京之日”，他们先于德胜门外跪迎一次，再“由间道诣东华门外跪接”③。这样，帝后与梓宫就分成了两路，“赞襄政务八大臣”中的肃顺与睿亲王仁寿、醇郡王奕譞、吏部尚书陈恩孚、工部右侍郎宋晋等人一道护送梓宫，从大道缓缓而行；载垣、端华等另七名赞襄政务大臣则与其他朝臣一道扈从帝后间道先行。

载垣、端华、肃顺三人沆瀣一气，被时人目为“三奸”。有记载说：“三奸中肃顺尤为专横狂躁，端华之所为，皆肃顺使之，而载垣又为端华所使。二王实皆庸愦无能，其揽权窃柄，一以肃顺为主谋。”④连名列“肃门六子”的王闿运也说：载垣、端华“皆依肃顺为用”⑤。由于他们事先对慈禧和奕䜣的政

①③ 《清实录》同治朝卷四、卷三。

② 黄浚：《花随人圣盦摭忆补篇》，上海古籍书店 1983 年版，第 6—7 页。

④ 《清朝野史大观》卷一，上海书店 1981 年版，第 72 页。

⑤ 王闿运：《祺祥故事》，齐思和等编《第二次鸦片战争》（二），上海人民出版社 1979 年版，第 324 页。

变密谋丝毫也没有察觉，居然在性命攸关的重要时刻分头行动，载垣、端华离开了肃顺这一主脑人物，遇事毫无主张，紧急关头拿不出任何应对办法；而肃顺没有载垣、端华等人的辅助，面对变局亦觉孤掌难鸣，无法施展，只能束手被擒。他们的这一错误，使政变更加易于成功。

11月1日午后，皇上与太后一行抵达京郊，奕䜣率留京文武百官至德胜门外迎接，伺机向两宫皇太后汇报了在城内布置的情况，慈禧等放心地回到了皇宫内。

次日，两宫皇太后携皇上正式召见奕䜣和桂良、周祖培、文祥等，当众哭诉肃顺、载垣、瑞华等人"欺藐之状"。众大臣都表示十分愤慨，周祖培首先提议："何不重治其罪？"慈禧故意问道："彼为赞襄王大臣，可径予治罪乎？"周祖培回答说："皇太后可降旨先令解任，再予拿问。"①慈安马上拿出奕譞事先准备好的谕旨交给奕䜣当众宣读。

上谕以小皇帝的口吻宣布了肃顺、载垣、瑞华等人的三大罪状：

第一，对战和大局"筹画乖方"，致使英法联军逼近，"京师戒严"，"载垣等复不能尽心和议，徒以诱获英国使臣以塞己责，以致失信于各国"，圆明园被毁。

第二，和约签订后，"皇考屡召王大臣议回銮之旨，而载垣、端华、肃顺朋比为奸，总以外国情形反复力排众论，皇考宵旰焦劳，更兼口外严寒，以致圣体违和"，"龙驭上宾"。

第三，董元醇奏请"皇太后暂时权理朝政"，"特面谕载垣等著照所请传旨"，该王大臣不但当面顶撞，"拟旨时又阳奉阴违，擅自改写，作为朕旨颁行"，是为"专擅之实迹"。

并令"载垣、端华、肃顺著即解任，景寿、穆荫、匡源、杜翰、焦佑瀛著退出军机处，派恭亲王会同大学士六部九卿翰詹科道，将伊等应得之咎分别轻重按律秉公具奏"。同时将皇太后垂帘之仪"一并会议具奏"②。

恰好载垣、端华赶来上朝，见奕䜣等人已在殿内，感到不太正常，大声斥责"外廷臣子何得擅入？"③奕䜣说是有诏。载垣、端华不问情由，蛮横地说"太后不应召见外臣"，毫不客气地令奕䜣等退出殿外。不一会儿，太后传下另外一道谕旨：本日特旨召见恭亲王等，"乃载垣等肆言不应召见外臣，擅行

①③　徐珂：《清稗类钞》，中华书局1984年版，总第256、257页。
②　《清实录》同治朝卷五。

拦阻，其肆无忌惮，何所底止？前旨仅予解任，实不足以蔽辜。著恭亲王奕䜣、桂良、周祖培、文祥即行传旨，将载垣、端华、肃顺革去爵职拿问，交宗人府会同大学士、六部九卿、翰詹科道严行议罪”。载垣、端华竟然十分可笑地厉声质问：“我辈未入，诏从何来？”奕䜣令侍卫将二人拿下，他们大声嚷道：“谁敢！”被擒后还在找自己乘坐的肩舆和随从，随被押交宗人府严加看管。慈禧又密令随同肃顺护送梓宫的睿亲王仁寿、醇郡王奕譞“将肃顺即行拿问，酌派妥员押解来京，交宗人府听候议罪”①。

仁寿、奕譞行至密云县接到密旨，连夜率兵闯入肃顺下榻处，肃顺“方拥二妾卧于床”，遂被押解至京，亦关押于宗人府。见到载垣、端华时，肃顺怒目责问：“若早从吾言，何至有今日？”二人颇为无奈地说：“事已至此，复何言？”载垣也埋怨端华道：“吾之罪名，皆听汝言成之。”②11月3日，以肃顺被逮时“咆哮狂肆，目无君上，悖逆情形，实堪发指。且该革员恭送梓宫由热河回京，辄敢私带眷属行走，尤为法纪所不容”，下令严密查抄“所有肃顺家产”③。

同治皇帝画像

11月7日，清廷宣布用“同治”二字取代肃顺等所拟“祺祥”二字，作为新皇帝的年号，以明年(即1862年)为同治元年。

次日，朝旨再次罗列了载垣、端华、肃顺三条罪状：一是先皇“弥留之际，但面谕载垣等立朕为皇太子，并无令其赞襄政务之谕，载垣等乃造作赞襄名目，诸事并不请旨，擅自主持，即两宫皇太后面谕之事，亦敢违阻不行”；二是处理董元醇条陈时“擅

① 《清实录》同治朝卷五。

② 徐珂：《清稗类钞》，中华书局1984年版，总第257页。

③ 《清实录》同治朝卷六。

改谕旨”，并于召对时“当面咆哮，目无君上情形不一而足”；三是“每言亲王等不可召见，意存离间”。又为肃顺一个人单列了三条罪状：一曰“擅坐御位，于进内廷当差时出入自由，目无法纪，擅用行宫内御用器物”；二曰对于皇太后“传取应用物件，抗违不遵”；三曰“自请分见两宫皇太后，于召对时词气之间互有抑扬，意在构衅”，并将他们的罪行上升到“非独欺凌朕躬”、“实属谋危社稷，是皆列祖列宗之罪人”的高度。宣称：即使按照宗人府会同大学士、六部九卿、翰詹科道等所拟，将他们“均即凌迟处死，实属情真罪当”，但考虑到他们都是宗室成员，为存国体起见，加恩将载垣、端华“赐令自尽”；将肃顺“改为斩立决”。景寿、穆荫、匡源、杜翰、焦祐瀛“于载垣等窃夺政柄不能力争，均属辜恩溺职”，按照该王大臣等所拟“革职，发往新疆效力赎罪，均属咎有应得”，但还是加恩分别予以从宽处理：景寿革职，仍保留公爵与额驸品级，免其发遣；穆荫在军机大臣中“班次在前，情节尤重”，革职，发往军台效力赎罪；匡源、杜翰、焦祐瀛均革职，免其发遣。①

当天，载垣、端华自缢而亡。肃顺着一身白衣，被五花大绑“载以无帷小车”押赴刑场，“亲属无临送者”②。据说：“都人士闻其将杀，交口称快，其怨家皆驾车载酒，驰赴西市观之。”囚车“过骡马市大街，儿童欢呼曰：‘肃顺亦有今日乎！’或拾瓦砾泥土掷之，顷之，面目遂模糊不可辨云。将行刑，肃顺肆口大骂，又不肯跪，刽子以大铁柄敲之，乃跪下，盖两胫已折矣，遂斩之”③。

9日，因詹事府少詹事许彭寿查办肃顺等党援，朝旨“令其指出党援诸人实迹”，复奏称：“形迹最著者，莫如吏部尚书陈孚恩；踪迹最密者，如侍郎刘昆、黄宗汉；伊等平日保举之人，如侍郎成琦、太仆寺少卿德克津太、候补京堂富绩，外间皆啧有烦言。”谕令：“陈孚恩、黄宗汉均著革职、永不叙用”，“刘昆、成琦、德克津太、富绩均著即行革职”，并宣布：“此后朕惟以宽大为心，不咎既往，尔诸臣亦毋许再以查办党援等事纷纷陈奏，致启讦告诬陷之风。”④

后因群臣讨论咸丰皇帝郊祀配位问题时，“陈孚恩率以荒诞无据之词冀耸众听”，以及从肃顺家抄出“陈孚恩亲笔书函，中有暗昧不明之语”，下令将其抄家，并“从重发往新疆效力赎罪”⑤。

---

①④ 《清实录》同治朝卷六。

② 吴语亭编注：《越缦堂国事日记》第一册，台湾文海出版社1977年影印本，第546页。

③ 徐珂：《清稗类钞》，中华书局1984年版，总第259页。

⑤ 《清实录》同治朝卷八。

另将与肃顺有交往的太监杜双奎“发往黑龙江给官兵为奴，遇赦不赦”；总管太监袁添喜“革去总管，从重发往黑龙江给官兵为奴”；总管太监王喜庆“革去总管，发往打牲乌拉给官兵为奴”；太监张保桂、刘二寿“发往吴甸，一年期满札发顺天府安插为民”①。

11日，同治皇帝举行登极大典，“上御太和殿，即皇帝位，升座，王、贝勒、贝子、公、文武百官行朝贺礼”。20天后，朝廷颁发谕旨宣布：“当兹政令维新，务从宽大。自今以后，诸臣其各涤虑洗心，为国宣力，朕自当开诚相待，一秉大公，断不咎其既往，稍有猜疑。”令将从肃顺家抄出的“账目书信各件”在军机处“公同监视焚毁，无庸呈览，以示宽厚和平、礼待臣工至意”②。查办肃顺党羽案到此画上了句号。慈禧与奕䜣联手发动的政变取得了彻底的胜利。这场政变因时间在农历辛酉年，又称辛酉政变；因地点在京城，也称北京政变。

垂帘听政

抓捕载垣、端华的当天，大学士贾桢、周祖培，户部尚书沈兆霖，刑部尚书赵光合疏奏称：“赞襄二字之义，乃佐助而非主持也”，肃顺等“名为佐助，而实则主持，日久相因，能无后患”！恳请皇太后“敷宫中之德化，操出治之威权，使臣工有所禀承，不居垂帘之虚名，而收听政之实效”③。胜保也上折斥责载垣、端华等“以臣仆而代纶音，挟至尊以令天下”，“径行拟旨驳斥”董元醇，“已开矫窃之端”。“疏不间亲，典策具在”，“为今之计非皇太后亲理万机，召对群臣，无以通下情而正国体；非别简近支亲王佐理庶务，尽心匡弼，不足以振纲纪而顺人心”④。

一则为了回报奕䜣策划政变之功，二则即将临朝听政的慈禧只有27岁，慈安只有25岁，也确实需要有人辅佐，11月3日慈禧一口气授予奕䜣议政王、军机大臣、宗人府宗令三个重要职务，次日又授予总管内务府大臣之职。再加上咸丰早先授予的总理衙门大臣，恭亲王奕䜣身兼五职，每一个职位都是大权在握：议政王可谓众王之首，以亲王入军机当然是领班军机大

① 《清实录》同治朝卷七。
② 《清实录》同治朝卷六、卷八。
③ 徐珂：《清稗类钞》，中华书局1984年版，总第256页。
④ 吴语亭编注：《越缦堂国事日记》第一册，台湾文海出版社1977年影印本，第556—558页。

臣，宗人府掌管着所有的满洲贵族，内务府负责宫廷内部的所有事务，总理衙门主管一切涉外事务。集内政、外交等权力于一身的奕䜣，此时真可谓极尽荣宠，显赫之极。

慈禧太后

重新组建的军机处由大学士桂良、户部尚书沈兆霖、户部左侍郎文祥、户部右侍郎宝鋆任军机大臣，鸿胪寺少卿曹毓瑛“在军机大臣上学习行走”。

桂良，姓瓜尔佳氏，满洲正红旗人，其父玉德官至闽浙总督。桂良于1808年以贡生捐礼部主事，历经迁转，1834年升任河南巡抚，1839年擢湖广总督，调任闽浙总督、云贵总督，1845年署兵部尚书兼正白旗汉军都统，1848年其女嫁给奕䜣为妻，后历任镶红旗汉军都统、署理吏部尚书、福州将军、兵部尚书、直隶总督等职，1857年初升任东阁大学士，翌年改任文华殿大学士。奕䜣留京办理和局期间，桂良作为其幕后策划者之一，参与了历次对外谈判。

沈兆霖，浙江钱塘（今杭州）人，1836年考中进士，历任翰林院编修、侍讲学士、詹事府詹事、内阁学士兼礼部侍郎、吏部侍郎、户部侍郎、都察院左都御史等职，1860年改任兵部尚书，政变时调任户部尚书。当年肃顺专权，飞扬跋扈，朝臣皆不敢稍有异言，惟沈兆霖敢于直言政事，与其持异议，是公认的正直之士。

军机大臣文祥

文祥，姓瓜尔佳氏，满洲正红旗人，1845年考中进士，历任工部主事、员外郎、郎中、太仆寺少卿、詹事府詹事等职，1858年以内阁学士进入军机处，旋改任礼部右侍郎、吏部右侍郎。咸丰皇帝出逃热河时，曾极力谏阻。后随同奕䜣与英、法交涉，成为奕䜣的得力助手。政变成功后，奕䜣对其倍加信任，视之为心腹。

宝鋆，姓索绰络氏，满洲镶白旗人，1838年考中进士，授礼部主事，擢中允，迁侍读学士、内阁学士、礼部右侍郎、总管内务府大臣。因出身贫寒，对民间疾苦有所了解，议和期间力主开库放银，稳定军民，办了不少实事，成为奕䜣集团的重要人物。

曹毓瑛，江苏江阴人，道光二十三年举人。1837年以拔贡授兵部七品小京官，迁主事，1843年考中举人，当年进入军机处充任军机章京，1860年擢任鸿胪寺少卿。在慈禧、奕䜣与八大臣的政争中，他主动站在慈禧、奕䜣一边，积极为他们出谋划策、通风报信，赢得了他们的充分信任。

他们都与奕䜣有较深的渊源关系，几乎全是奕䜣的亲信。

11月10日，两宫皇太后召见奕䜣，当面宣布“著以亲王世袭罔替”，即封其为铁帽子王。奕䜣“洒涕固辞，情词至为恳挚”。慈禧“再三申明此系先帝恩旨”，而奕䜣“辞谢倍力，声泪俱下”。两宫皇太后只好退而“赏食亲王双俸”①。

① 《清实录》同治朝卷六。

隔日，两宫皇太后令大学士会同六部九卿详议奕䜣生母康慈皇太后身后荣誉问题，后决定让其"升祔太庙，永极尊崇"，并将其谥号增加至12个字，曰"孝静康慈懿昭端惠弼天抚圣成皇后"①。

1862年1月8日，两宫皇太后又封奕䜣长女为固伦公主。按照清代制度，只有皇帝的女儿才能封为公主，又有嫡、庶、养之别：皇后亲生的女儿为嫡出，封固伦公主；妃、嫔之女为庶出，封和硕公主；由皇后抚养的宗室之女，也可以享受和硕公主的待遇。至于亲王的女儿，则只能封为郡主。慈禧以"恭亲王之长女聪慧轶群，素为文宗显皇帝最所钟爱，屡欲抚养宫中"②为借口，晋封其为固伦公主，打破了历代相沿的成例。

1月30日(同治元年正月初一日)，两宫皇太后又谕令："恭亲王以议政王在军机处办理一切政务，勤劳懋著"，加恩特许其"在紫禁城内坐四人轿，以示优异"；其子奉恩辅国公载澂亦蒙赏戴三眼花翎。③

至此，奕䜣不但自己的权势达到了登峰造极的地步，而且上至死去的老母，下至活着的子女都受到了优待。

慈禧将这么多的重要权力交由奕䜣掌握，又给了他许多优厚的待遇，与其说是与他分享政变成果，还不如说是为了笼络奕䜣为己所用。所以慈禧在处理她自己与奕䜣的关系时，却一点儿都不含糊。其目的就是要把大清王朝的最高权力牢牢地控制在自己手中，而奕䜣作为政府行政首脑只能按照她的意旨行事。这种君臣关系决不可动摇，君与臣之间的权力界线不但要划分明确，而且丝毫也不能改变。

1862年11月28日，王大臣议出了"垂帘章程"11条，由礼亲王世铎领衔奏报两宫皇太后。其主要内容是：两宫皇太后与皇上共同在养心殿召见内外臣工，于皇太后座前垂帘遮挡被召见者的视线，不让其窥见皇太后的御容；任用重要官员、简放各项差使皆须恭候皇太后钦定；大臣们的庆贺表章、请安折都要恭进于皇太后、皇上等。④无外乎是由皇太后大权独揽。

12月2日(农历十一月初一日)，两宫皇太后开始正式在养心殿垂帘听政，"王以下大学士、六部九卿于养心门外行礼"⑤。

中国历史自此进入了慈禧太后垂帘听政的时代。从这一天开始，虽然几经波折，数度变易，慈禧太后直接或间接地统治大清王朝长达48年之久，直至1908年11月15日病死。

①②③④⑤ 《清实录》同治朝卷八、卷十二、卷十五、卷九。

六

晚清政权结构的调整

总理各国事务衙门

经过第二次鸦片战争的严厉打击，清王朝的统治秩序受到了极大的冲击，“闭关锁国”的传统观念被外来打击的巨痛所冲破。一部分比较开明的王公大臣首先认识到，西方殖民主义势力来华已是不争的事实，为应对这一变局，清政府的权力机构必须作相应的调整；为了扭转外交上过于被动的局面，还陆续派遣了驻外使节。由于在镇压太平天国的过程中湘系和淮系集团相继崛起，大批湘淮系成员因军功而步入统治阶级的高层，改善了官僚群体的满汉比例和人员结构；统兵将帅出任封疆大吏，大大加强了地方督抚的权势。

总理各国事务衙门的设立

总理各国事务衙门是晚清统治者为了适应变化了的中外关系而设立的第一个新型的政府机构，其设立的背景与事权的扩大，一方面是外来势力影响的体现，另一方面也是中国社会近代化的客观需要。

1840 年以前，共有 40 余个国家与中国发生过不同方式的人员往来。其中，承认清王朝为其宗主国而自居于藩国地位的有 20 余国，其余 20 余国则未与清朝建立朝贡关系。但清朝统治者“夜郎自大”，以“天朝上国”自诩，视外国为“夷”，将中外交往统统说成是“万国来朝”。当时，管理涉外事务的机构是理藩院和礼部。具体分工为：理藩院掌管西、北方面通常由陆路往来的国家；礼部掌管东、南方面通常由海路往来的国家。除朝贡使节外，清朝统治者实行严格的“闭关政策”，只准外国商人在广州一地通商，由两广总督总管涉外事务。

西方国家对华贸易一度由英国的东印度公司（The East India Company）垄断，由公司选派大班驻华管理来华贸易的西方商人。1830 年，两广总督李鸿宾听说东印度公司对华贸易垄断权将于三年后期满，届时即不再派遣大班来华，遂令行商“传谕大班”，要他“寄信回国”，要求“仍酌派晓事大班来粤总理贸易”①。早已企望与中国建立正常通商关系的英国政府获悉此

① 《道光朝外洋通商案》，中国近代史资料丛刊《鸦片战争》（一），神州国光社 1954 年版，第 119 页。

信，大喜过望，于1833年12月一口气任命律劳卑勋爵（William John Lord Napier）为驻华主管贸易监督，普洛顿（William Henry Chiehely Plowdon）为副监督，达佛士（John Francis Davis）为第三监督，并训令他们要遵从中国的制度、风俗、习惯，设法与中国人保持友善的关系；对华采取和平谦让政策，不要在给中国官员的公文中使用威吓性的语言；到达广州之日，即当备函通知两广总督。

东印度公司

东印度公司，又称英国东印度公司或不列颠东印度公司（British East India Company，The Honourable East India Company），简称BEIC或EHIC，有时也称约翰公司（John Company），是英国商人于1600年在伦敦创立的一个股份制贸易公司，成立之初的正式名称为“伦敦商人在东印度贸易的公司”（The Company of Merchants of London Trading into the East Indies）。当时公司共有125个持股人，资金7.2万英镑。当年12月31日，英格兰女王伊丽莎白一世授予该公司经营印度贸易的垄断权。1698年，东印度公司向印度莫卧儿政府买下了位于孟加拉湾恒河入海口附近的加尔各答，在这里设立贸易总部，把印度的粮食和工业原料源源不断地运销英国，从中获得了丰厚的利润。随后东印度公司又占领了马德拉斯和孟买，将加尔各答与马德拉斯、孟买划分为三个管辖区域，并设置官员加以统治，进一步扩大了贸易范围，为英国侵占印度其他地区建立了根据地。东印度公司还为受其“保护”的印度王公训练雇佣军，由欧洲籍军官指挥，为英国人服务。这支雇佣军在英国占领印度的过程中发挥了极其重要的作用。

1757年，英国占领了印度的鸦片产地孟加拉，东印度公司积极从事对华鸦片贸易。1773年，英属印度殖民政府确立了大量种植并向中国贩卖鸦片，以扭转对华贸易逆差的政策，并授予东印度公司在印度的鸦片专卖权。1797年，东印度公司又取得了制造鸦片的垄断权。于是，东印度公司一面用垫款的方式诱导印度农民扩大鸦片种植面积，一面不断开辟新鸦片种植区域。该公司设立于加尔各答的鸦片加工厂在生产鸦片的过程中，还专门研究怎样让鸦片更适合中国人的口味。由于清政府一再颁布禁止鸦片的诏令，东印度公司表面上也禁止本公司的船只向中国贩运鸦片，却将该公司生产的鸦片在加尔各答公开拍卖，再由买下鸦片的商人将鸦片走私到中国。鸦片输华数量的急剧增加，不仅严重地毒害了中国人民，加剧了清朝官场的腐败，而且很快使中国在对外贸易中居于入超地位，导致了中国白银的大量外流。

虽然英国政府于1813年取消了东印度公司对印度的贸易垄断权，1833年取消了东印度公司对中国的贸易垄断权，1858年最终取消了东印度公司，但鸦片走私带来的各种社会问题日益严重，清朝道光皇帝派林则徐赴广东禁烟，英国以此为借口发动了鸦片战争。

1834年7月25日律劳卑抵粤后，径自派员向继任两广总督卢坤投递公函，说明来意。卢坤以该函未按清方规定由行商转呈，拒不接受，令其立刻返回澳门。律劳卑拒绝，卢坤下令停止中英贸易，派兵封锁商馆。律劳卑指挥三艘军舰打入珠江，派军舰去印度接兵；卢坤调集数十只战船封锁珠江，经道光皇帝批准用武力对付。时律劳卑已患疟疾，身体虚弱，仍顶住封港令达17日，后因失去本国商人支持而黯然回到澳门，当年10月11日病死。

鸦片战争后，1842年8月29日签订的中英《南京条约》第11款规定："英国驻中国之总管大员，与大清大臣无论京内、京外者，有文书往来，用照会字样；英国属员，用申陈字样；大臣批复，用札行字样；两国属员往来，必当平行照会。"这里所说的"英国驻中国之总管大员"，指的应该就是公使。次年10月8日签订的《虎门条约》第1款称："所有钦差大臣、公使大臣画押钤印进出口货物税则例附黏之册，嗣后广州、福州、厦门、宁波、上海五港口均奉以为式。"已经使用了"公使"名称。其后，中美《望厦条约》美方签约代表自称"大合众国大伯理玺天德特派钦差全权大臣驻中华顾圣"；中法《黄埔条约》法方签约代表自称"大佛兰西国大皇帝钦差全权大臣超委公使拉萼尼"①。

当时，英、法、美三国都派遣了驻华公使，由于清廷坚决不让外国使节进

① 梁为楫、郑则民主编：《中国近代不平等条约选编与介绍》，中国广播电视出版社1993年版，第20、23、33、41页。

京，各国公使只能驻扎于香港或澳门。于是，公使驻京成为第二次鸦片战争期间中外交涉的焦点问题。最终侵略者凭借战胜之威把公使驻京强行写进了条约。1858 年 6 月 26 日签订的中英《天津条约》第 2 款规定："大清皇帝、大英君主意存睦好不绝，约定照各大邦和好常规，亦可任意交派秉权大员，分诣大清、大英两国京师"；第 3 款规定："大英钦差各等大员及各眷属可在京师，或长行居住，或能随时往来，总候奉本国谕旨遵行；英国自主之邦与中国平等，大英钦差大臣作为代国秉权大臣，觐大清皇上时，遇有碍于国体之礼，是不可行。惟大英君主每有派员前往泰西各与国拜国主之礼，亦拜大清皇上，以昭划一肃敬。"①

第二次鸦片战争结束后，英方最先在京城内选定御河桥侧的梁公府（宗室奕梁的府第）作为驻华使馆，法方随后选定东交民巷的景公府（原为宗室景崇的府第）作为驻华使馆。②1861 年 3 月下旬，法国公使布尔布隆、英国公使普鲁斯先后抵京履任；7 月上旬，俄国新任公使巴留捷克抵京；翌年 7 月 20 日，美国新任公使蒲安臣（Anson Burlingame）抵京③；第一批外国使馆相继在北京建立。

既然公使驻京已无法避免，奕䜣等人感到必须建立一个专门负责与外国公使打交道的政府机构。1861 年 1 月 11 日，奕䜣与文祥、桂良等人一起上了《通筹夷务全局酌拟章程六条折》，首先分析了清政权当时面临的外忧内患之间的轻重关系："发捻交乘，心腹之患也；俄国壤地相接，有蚕食上国之志，肘腋之忧也；英国志在通商，暴虐无人理，不为限制则无以自立，肢体之患也。"进而提出"灭发捻为先，治俄次之，治英又次之"的施政方针，即必须竭尽全力剿灭国内各地的农民起义，对于外国侵略势力，"惟有隐消其鸷戾之气，尚未可遽张以挞伐之威"，待"贼匪渐平"，再君臣合力对待，"必能有所补救"，他还提出了此后处理中外关系的"善后章程"6 条。

"善后章程"第一条就是"京师设立总理各国事务衙门，以专责成也"。具体办法是：

查各国事件，向由外省督抚奏报，汇总于军机处。近年各路军报络

① 梁为楫、郑则民主编：《中国近代不平等条约选编与介绍》，中国广播电视出版社 1993 年版，第 87 页。

② 参见齐思和等编：《第二次鸦片战争》（五），上海人民出版社 1979 年版，第 266、328 页。

③ 参见丁名楠等：《帝国主义侵华史》第一卷，人民出版社 1961 年版，第 168—169 页。

绎，外国事务头绪纷繁，驻京之后，若不悉心经理，专一其事，必致办理延缓，未能悉协机宜。请设总理各国事务衙门，以王大臣领之。军机大臣承书谕旨，非兼领其事，恐有歧误，请一并兼管，并请另给公所，以便办公，兼备与各国接见。其应设司员，拟于内阁、部、院、军机处各司员、章京内满汉各挑取八员，轮班入直。一切均仿照军机处办理，以专责成。俟军务肃清，外国事务较简，即行裁撤，仍归军机处办理，以符旧制。①

按照奕䜣的设想，新设立的总理各国事务衙门应该是专门办理涉外事务的机构，由"王大臣领之"、军机大臣"兼领"，一切均仿照军机处成例办理，但须有专门的办公处所，以便于接见外国使节。考虑到新设一个中央政府部门决非小事，担心会遭到军机大臣反对，咸丰皇帝不予批准，所以又申明待将来"外国事务较简，即行裁撤"。其实他心里比谁都明白，这个机构一旦设立，终清之世已绝无裁撤之可能。

为了让咸丰认识到此事势在必行，奕䜣还附片说明：他在接见"英国公使威妥玛（实为使馆秘书）"时，"微露有设立总理之外国事务衙门，专办务外国事务"。威妥玛"闻之，甚为欣悦"，并说：中外交涉事务"向来广东不办推之上海，上海不办不得已而来京。如能设立专办外国事务处地方，则数十年求之不得。天朝既不漠视，外国断不敢另生枝节"②。奕䜣的用意很明确，一是让皇上知道外国人对此十分赞同，清政府为便于处理中外关系当然应该实行；二是通报皇上我已经告诉外国人了，若不批准，钦差大臣颜面何在？大清王朝声誉何存？

但咸丰还是让"惠亲王、总理行营王大臣、御前大臣、军机大臣妥速议奏"，实际上就是要肃顺、载垣、端华等再慎重考虑是否有何不妥、能否加以挽回。

1月19日，惠亲王等复奏称："恭亲王奕䜣等筹议各条均系实在情形，请照原议办理。"20日，咸丰皇帝颁布谕旨宣布："京师设立总理各国通商事务衙门，著即派恭亲王奕䜣、大学士桂良、户部左侍郎文祥管理，并著礼部颁

① 齐思和等编：《第二次鸦片战争》（五），上海人民出版社1979年版，第341—342页。
② 同上书，第346页。

给钦命总理各国通商事务关防。”①径自在机构名称中加上了“通商”二字。有人认为，他是想以此把该机构的权力限制在“通商”的范围之内。尽管事实上已无此可能，奕䜣等还是觉得以总理各国通商事务衙门主办外交，毕竟有点名不正言不顺，但皇上口衔天宪，言出必行，钦定的机构名称岂能改变？经反复考虑后，再次委婉奏请：

> 通商事宜，上海、天津等口既设有大员驻扎专理，臣等在京不便遥制。况该夷虽惟利是图，而外貌总以官体自居，不肯自认为通商，防我轻视。今既知设有总理衙门，则各国与中国交涉事件，该夷皆恃臣等为之总理，藉以通达其情。若见照会文移内有‘通商’二字，必疑臣等专办通商，不与理事，饶舌必多，又滋疑虑。惟既奉有谕旨，不难再请更改。应请该酋等来询问时，告以臣等即系总理各国事务，并一面行知礼部，铸造关防，拟节去‘通商’二字，嗣后各处行文，亦不用此二字，免致该夷有所藉口。②

咸丰皇帝只好表示同意。

但奕䜣认为“各海口所探访商情，有关系中外紧要之语，即与各路军情无异，似未便宣泄传播”，因而要求“其事宜机密者，即令各该大臣、将军、督抚、府尹一面具奏，一面径咨总理衙门”。咸丰却谕令：“各省机密事件，应照例奏而不咨，如事关总理衙门者，即由军机处随时录送知照，亦甚便捷，著无庸由各口先行咨报总理衙门，以归划一。”③其目的，一是明确总理衙门不能与军机处居于平行地位，重要事务必须是皇上先知道后，再由军机处“知照”总理衙门；二是防止总理衙门与各省发生直接关系，就是说各省只能直接听命于皇上，总理衙门在体制上不能领导各省。

总理各国事务衙门简称“总理衙门”、“总署”或“译署”。《光绪会典》规定：总理衙门“掌各国盟约，昭布朝廷德信。凡水陆出入之赋、舟车互市之制、书币聘飧之宜、中外疆域之限、文译传达之事、民教交涉之端，王大臣率属定议，大事上之，小事则行”④。即负责与各国签订条约并遵守条约中的

①② 《筹办夷务始末》咸丰朝卷七十二，续修四库全书本，第1、22页。

③ 同上书，第19—20、35页。

④ 《光绪会典》卷四，第60页。

各项条款，与外国相关的通商贸易、海关关税、互派使节、划定边界、筹办海防、西方传教士来华传教、中外文书往来等事务，都由总理衙门主管，重要事务须奏报皇上裁决。

总理各国事务衙门

总理衙门的官制仿照军机处，官员主要有大臣和章京两级。总理衙门大臣初仅 3 人，后增至 8 至 9 人，最多达到 12 人。一般分为亲王、郡王、贝勒统领，军机大臣兼领，大臣上行走等类型，由皇上钦命，总管本衙门各项事务。章京分为总办章京、帮办章京、章京、额外章京 4 类，由在京各衙门司员中考试选取。总办章京满、汉各 2 人，帮办章京满、汉各 1 人，章京满、汉各 10 人，额外章京满、汉各 8 人。章京在大臣领导下分管各项具体工作，轮流值班，每 5 日 1 班，1 月值班 15 天，“如有旷班不到者，查明参处”①。此外，还有供事 16 人(同治年间增至 44 人)、苏拉(差役)12 人、领催马甲 8 人。实际上，总理各国事务衙门设立之初其人员编制就超过了清朝中枢机构军机处，成为清朝中央政府中一个较大的机构。

总理各国事务衙门内部组织由五股一房一厅，即英国股、法国股、俄国

① 《筹办夷务始末》咸丰朝卷七十二，续修四库全书本，第 29 页。

股、美国股、海防股，司务厅，清档房所组成。但是这些机构并不是一开始就全部设立的，而是随着客观形势的变化，逐步增设和变更的。海防股是中法战争爆发后的1883年增设的，1894年中日战争后又改为日本股。清档房设于1864年。司务厅也于同年由收掌处改变而来。五股一房一厅分管事务如下：

（1）司务厅：负责公文来往收发，呈递折件，监视关防及送请印钥。

（2）清档房：负责文件抄录、编辑、校对及档案保管。

（3）英国股：负责英吉利、奥斯马加（奥地利）两国交涉，并办理各国通商及关税事务。

（4）法国股：负责法兰西、荷兰、日斯巴尼亚（西班牙）、巴西交涉，保护民教及各岛招用华工等等。

（5）俄国股：负责与俄罗斯、日本交涉，以及陆路通商、边防、疆界、外交礼节等等。

（6）美国股：负责与美利坚、德意志、秘鲁、意大利、瑞典、挪威、比利时、丹麦、葡萄牙等国交涉，以及设商埠、参加各国赛奇会（博览会）、保护华工等等。

（7）海防股：负责南北洋海防，包括长江水师、北洋海军、沿海炮台、船厂、轮船购置、枪炮弹药制造，以及机器、电线、铁路和各省矿务等等。①

总理衙门章京综理文书、收支、庶务等事项，一般分股办事，将从各衙门抽调来的章京按照原衙门的职能进行分工。例如：从内阁抽调来的办理文书，户部抽调来的办理税收，兵部抽调来的办理台站驿递，等等。

总理各国事务衙门设立后，随着近代化的发轫、中国社会向近代的转型，中外交往日益频繁，中外关系日趋繁杂，总理衙门的职权范围不断扩大，逐步由中外交涉、通商事务而遍及于军政、财经、文教、内政各个方面，凡办厂、采矿、铁路、电报、关税、学校等洋务活动无不综揽。只要是沾上一个"洋"字的，都被列入其管辖范围之内，变成了包罗万象的洋务中枢机构，其权势与地位俨然有凌驾于六部之上、与军机处并列之趋势，是以有人称之为"洋务内阁"。

光绪戊戌年，刑部郎中沈瑞林奏请改总理衙门为外务部时说：

① 《清朝续文献通考》卷一一八，职官四。

> 该衙门之设也，臣尝顾名思义，知不仅为各国交涉而已。凡策我国之富强者，要皆于该衙门为总汇之地，而事较繁于六部者也。夫铨叙之政，吏部主之，今则出洋大臣期满，专由该衙门请旨，海关道记名，专保该衙门章京，而吏部仅司注册而已。出纳之令，户部掌之，今则指拨海关税项，存储出洋公费，悉由该衙门主持，而户部仅司销核而已。互市以来，各国公使联翩驻京，租界约章之议，燕劳赏赐之繁，皆该衙门任之，而礼部主客之仪如虚设矣。海防事起，力求振作，采购战舰军械，创设电报邮政，皆该衙门专之，而兵部武库、车驾之制可裁并矣。法律本掌于刑部，自各国以公法相持，凡交涉词讼之曲直，悉凭律师以为断，甚或教案一出，教士多方袒护，畸轻畸重，皆向该衙门理论，而刑部初未与闻也。制造本隶于工部，自各国船坚械利，耀武海滨，势不得不修船政铁政，以资防御，迄今开办铁路，工作益繁，该衙门已设有铁路、矿务总局矣，而工部未遑兼顾也。是则总理衙门之事，固不独繁于六部，而实兼综乎六部矣。①

造成这种现象的原因主要有以下三点：

第一，封建士大夫受“夷夏之辨”影响，鄙视洋务，不屑于与洋人打交道。各衙门官僚多敷衍因循，不愿揽事，以免给自己找麻烦，所以政府各衙门，凡是沾上“洋”字的事务，都推给总理衙门，巴不得置身事外，以“洁身自好”。

第二，初任管理总理衙门大臣的奕䜣很快因政变有功而位极人臣，以议政王兼领班军机大臣，权势煊赫，勇于任事，敢于揽权，且曾主持签订《北京条约》，熟悉洋务，于是一切涉外事务尽归掌握，久沿成例。

第三，总理衙门为新设立的政府机构，无祖制可循，无成例限制。只要是与外国相关的事务，别的部门推给总理衙门，它都没有理由拒绝。

钱实甫先生指出：“总理衙门的设置，本是清政府半殖民地化已到一定程度的具体标志，则正意味着侵略势力的渗透作用已在开始浸入清政府的整个政权之中。”②鉴于总理衙门是因外国公使驻京而设立的，尽管在西方互派常驻使节早已成为近代外交的基本内容之一，但是在中国外国公使驻京却是英、法通过战争而强行写进条约的，从这一角度，应该承认总理衙门

① 国家档案局明清档案馆编：《戊戌变法档案史料》，中华书局1958年版，第179—180页。

② 钱实甫：《清代的外交机关》，生活·读书·新知三联书店1959年版，第278页。

确实是中国社会半殖民地化在政权体制方面的体现。但这只是问题的一个方面。

另一方面，总理衙门的设立也是中国社会近代化在政权体制方面的新进展，是传统社会向近代转型在政治制度方面的体现。除外交之外，总理衙门还主持了制造枪炮船舰、筑路、开矿、航运、电报等一系列洋务事业，成为洋务运动的中央主管部门。洋务运动的目的是自强、求富，“稍分洋商之利”，从而赋予总理衙门以抵制外来侵略、维护民族权益的性质。总之，半殖民地半封建社会的性质决定了总理衙门是一个对外既妥协又抗争、对内既维护封建统治又发展近代工商业的双重性质的政府部门。

总理衙门是第二次鸦片战争的直接产物，主持的是屈辱的妥协外交，总理衙门成立后签订了一系列丧权辱国的不平等条约，但这不是总理衙门的罪过，而是由中国落后于西方这一事实决定的。总理衙门大臣中确有守旧无知的、媚外的，但更是无奈的，他们毕竟又是从封建官僚中挑选出来的比较了解西方的人，如果不设立这一机构，没有这些人来办理涉外事务，也许误国误民更甚。说总理衙门延缓了半殖民地化进程，目前尚拿不出有力的证据；说总理衙门加速了半殖民地化进程，更难以令人信服。

总理衙门对于中国社会近代化的促进作用则是比较明显的，这主要体现在它与洋务运动的关系上。洋务运动固然是曾国藩、左宗棠、李鸿章等人通过镇压太平天国而掌握地方实权、同时又受到欧风美雨影响的结果，但是如果没有奕䜣当国予以支持，没有总理衙门作为新政的总汇机构，洋务运动的发生、规模、范围、程度都将受到更严重的限制，中国社会近代化的起步、传统社会向近代社会的转型都将延缓或推迟。总理衙门的历史作用毋庸置疑。

管理涉外事务的新官职

两次鸦片战争迫使清政府开放了一大批通商口岸，西方商人蜂拥而来，在各通商口岸设立了许多贸易机构以及为中外贸易服务的工厂、银行、码头、仓库等设施，中外贸易额逐步增长，西方殖民势力开始由沿海深入内地。这种情况也给清朝地方官府增加了一些新的事务，促使清政府设置了一些管理这些事务的官员或机构。

首先是南洋、北洋大臣的出现。

南洋、北洋大臣的出现，对于具体办理洋务、创办军事工业、加强海防起着至关重要的作用。

南洋大臣与北洋大臣设立的时间并不一致，其初设的形式完全不同，在清政府正式的官方文件上叫法也不统一，这两个官职的名称经过长期的、比较复杂的演变，才逐渐归于统一。

晚清时期，通常将江苏以南的沿海地区与长江中下游地区称为“南洋”，将山东以北的沿海地区称为“北洋”。近代中国第一批开放的五个通商口岸都在江苏以南沿海的“南洋”地区，将近 20 年之后“北洋”地区才有口岸开放，所以南洋大臣的历史渊源要早于北洋大臣。

南洋大臣从一开始设立就不是专职的官员，通常是由总督或巡抚兼任的，也没有专门的衙门或办事机构。在其后的演变过程中，仅仅有 10 个月左右时间是专任的，很快即又改归地方督抚兼任了。

鸦片战争后，按照中英《南京条约》的规定，清政府于 1843 至 1844 年相继开放了广州、福州、厦门、宁波、上海五个通商口岸，为了应付这一新局面，清政府令两广总督兼任钦差大臣专门管理五口通商事务，负责统一办理五口地区的涉外事务，想以此把中外交涉限制于广州一地。就其职责而言，这一钦差大臣的兼职亦可称为五口通商大臣或南洋通商大臣。此后的三任两广总督耆英、徐广缙、叶名琛都例兼钦差大臣，但徐广缙、叶名琛对外国人的傲慢、冷漠与耆英的曲意笼络形成了极大的反差，尤其是叶名琛，自 1852 年 9 月接任两广总督兼钦差大臣至 1858 年 1 月被俘，5 年多时间竟未接见过一位外国公使，以至于英、法、美公使一再跑到上海，通过两江总督、江苏巡抚向清廷转达他们的修约要求。

《天津条约》签订后，咸丰皇帝于 1859 年 1 月令两江总督何桂清兼任钦差大臣，办理通商各口事务，这一兼职自此由广东移至江苏。此后，清政府的官方文书中才出现“南洋通商大臣”、“上海通商大臣”、“办理通商事务大臣”等称谓，也有习称“五口通商大臣”或简称“南洋大臣”的。

1860 年 6 月，何桂清因弃守常州被清政府革职拿问，遗缺由江苏巡抚徐有壬署理。10 天后徐有壬战死于苏州，江苏布政使薛焕升任江苏巡抚并署理两江总督兼钦差大臣。未几，清廷让曾国藩出任两江总督，但其忙于指挥镇压太平天国的战事，湘军大营随即迁至安徽境内的祁门，亦无从过问通商口岸事务，钦差大臣仍由薛焕兼任。

1861 年 1 月 20 日，咸丰皇帝在批准设立总理衙门的同时，谕令“广州、福州、厦门、宁波、上海及内江三口、潮州、琼州、台湾、淡水各口通商事务，著署理钦差大臣江苏巡抚薛焕办理”①。稍后，御史杨荣绪等弹劾薛焕贪劣不堪，朝廷令曾国藩“秉公严密详查，据实复奏”，结果确有贪劣实迹，曾国藩复奏称：薛焕“偷安一隅，物议繁滋”，“不能胜此重任”②。次年 4 月，清廷以李鸿章代替薛焕署理江苏巡抚，仍让薛焕“以头品顶带充办理通商事务大臣”③，即成为专任的南洋通商大臣。其时，因北洋已设立专任的“办理三口通商大臣”，清政府这么做，很可能是想让南洋与北洋一律。

但薛焕在失去封疆之任后，对于当一个有职无权的通商大臣并不感兴趣。他于当年 5 月奏称：南洋通商事务“若专设大臣办理，统辖江、楚、苏、浙、闽、粤六省，口岸分为十余处，地方远隔数千里，殊有鞭长莫及之虞，而事势亦多格碍”。他说自己驻扎于上海，所经办的“仍无异于江苏巡抚应办之事。其余各省相隔迢遥，通商庶务更新，既鲜成规可守，各口情形不一，又难悬揣而知。且驿程梗阻；绕道稽迟，有时经数月之久递到一文，而臣仍无从核办”。就连“稽察税务，亦属具文”。他进而提出：“宜将通商大臣一员裁撤，一切事务，各归本省督抚及将军经理。庶耳目较近，利弊周知，措施自必尽善。且由总理衙门察核指示各口，事有统宗，办理最为简捷，亦足使洋人信服，免启衅端。”建议由“平时勋望隆重”、足以“慑服远人”的“曾国藩、官文二员中特简一员饬令兼领通商事务”。还说：此议“如蒙俞允，臣拟将诸务清理，起程入都，泥首宫门，求赏差使”。清廷觉得他说得很有道理，打算让曾国藩或李鸿章兼任通商事务大臣，遂谕令：“曾国藩威望远著，为外国人所慑服。长江通商事务，由该大臣经画，自能措置合宜。惟前因曾国藩办理军务，在江面布置，昕夕不遑。若再任以通商事务，非所以示体谅。现在江面肃清，应如何妥为兼筹之处，即着酌量情形，迅速具奏。”而曾国藩也不愿意接受这一兼职，于是复奏称：“两江总督一缺，统辖三省，文武兼管，漕河两端、盐务又其专责。即在承平之际，干济之才已觉竭蹶不遑，况以微臣迂钝之质，又值发逆糜烂之余”？“军务未竣之前，臣实不能兼办通商事件。署抚臣李鸿章资望尚浅，军事方殷，亦于洋务不甚相宜”。他进而建议将南洋的通商口岸分为两类，“广东、福建、浙江三省”，“即由监督、道员经理，将军、

① 《筹办夷务始末》咸丰朝卷七十二，续修四库全书本，第 2 页。

② 李瀚章、李鸿章编纂：《曾文正公全集》奏稿二，中国华侨出版社 2003 年版，第 613、615、616 页。

③ 《清实录》同治朝卷二十三。

督、抚稽察，已足以资控驭”；另将现有的办理通商事务大臣“改为长江通商大臣，专办滨江四省中外交涉事件，或驻镇江、金陵，或驻汉口、九江”①。

清政府还是按照薛焕的请求，于1863年2月将其调进京城，“其钦差大臣关防，交李鸿章暂行接署”，并让他将“任内未经办竣事件，即详细告知李鸿章，妥为接办”②。南洋通商大臣又成为江苏巡抚的兼职。在此情况下，曾国藩复又奏称：“李鸿章奉命兼领通商大臣，数月以来，秩然就理，益信华洋交涉之事，均系疆吏必不可省之事。是五口大臣固属可裁，即长江大臣亦同虚设。相应请旨仍照薛焕原奏裁撤通商大臣一缺，归并本省督抚及将军经理，以节糜费。”③

1865年5月，两江总督曾国藩奉命赴山东“督师剿捻”，由李鸿章署理两江总督，过了半个多月，清廷才让他将“通商大臣关防，著即带往江宁”④，即以两江总督兼任通商大臣。次年12月曾国藩“打捻无功”，回任两江总督后，曾推荐丁日昌暂行护理通商大臣。1868年9月曾国藩调任直隶总督，马新贻接任两江总督时，总理衙门曾“奏请简放上海通商大臣”，近半个月后才明令由马新贻“充办理通商事务大臣”，并说“丁日昌久在上海，于外国情形更为熟悉，遇有紧要事件，著即帮同办理”⑤。1870年马新贻遇刺身亡，曾国藩再回两江总督任，也是将近半个月才命其兼署办理通商事务大臣的。尽管这段时间南洋通商大臣基本上一直由两江总督兼任，但从两个职务任命时间的不同步可以看出，清政府尚未将两江总督兼任南洋大臣作为定例。直到1873年2月，清廷一次性任命“以前任山西巡抚李宗羲为两江总督，并充办理通商事务大臣”⑥。这以后，两江总督兼任南洋大臣才成为定制。

北洋大臣是由三口通商大臣而来的，与南洋大臣的一个显著的不同之处，就是它一开始就是作为专任官员而设立的。在历经9年多之后，才成为直隶总督的兼职。

1861年1月20日，咸丰皇帝谕令：“侍郎衔候补京堂崇厚著作为办理三口通商大臣，驻扎天津，管理牛庄、天津、登州三口通商事务，会同各该将军、督抚、府尹办理，并颁给办理三口通商大臣关防，毋庸加钦差字样。”⑦当年，他的实职就由正四品的大理寺少卿升任正三品的大理寺卿，次年1月又

① 《曾国藩全集·奏稿》，岳麓书社1987年版，第2359—2365页。

②④⑤⑥ 《清实录》同治朝卷五十三、卷一三九、卷二四〇、卷三四八。

③ 李瀚章、李鸿章编纂：《曾文正公全集》奏稿二，中国华侨出版社2003年版，第838页。

⑦ 《筹办夷务始末》咸丰朝卷七十二，续修四库全书本，第1—2页。

升任正二品的都察院左副都御史，旋调任内阁学士、兵部左侍郎。当时直隶总督驻扎保定，崇厚是天津级别最高的文职官员。

尽管崇厚另有官职，可他却一直是以专任三口通商大臣为主的，仅于1863年2月一度短暂署理直隶总督，其三口通商大臣一职则交由总理衙门大臣户部右侍郎董恂署理。

首任三口通商大臣崇厚

1870年天津教案后，崇厚被派往法国赔罪道歉，三口通商大臣由总理衙门大臣大理寺卿成林署理。在此之前，三口通商大臣的名称基本上是固定的，成为直隶总督的兼职后，一是为了与南洋相对应，二是北洋的通商口岸陆续增加，才有了“办理通商事务大臣”、“办理通商事务北洋大臣”、“北洋钦差大臣”、“北洋大臣”、“北洋通商事务大臣”等称谓。

是年7月总理衙门大臣工部尚书毛昶熙奉命赴天津会办教案，一个多月后即被召回。10月，毛昶熙根据自己所了解的情况奏称：朝廷“添设三口通商大臣”驻扎天津“专办洋务，兼督海防，立法之意，至为周密”。但无论办理洋务，还是海防，都必须得到地方官员的协助，由于当地的所有文武官员皆非其下属，指挥不动，所以什么也办不好。一则，处理中外交涉事件，“该大臣有绥靖地方之责，无统辖文武之权，倘或各存意见，不听指挥，必须函商督臣于数百里之外。事机变幻，只在须臾；书牍往还，动需时日；缓不济急，贻误必多”。二则，尽管天津海防“尤关紧要”，但“地方文武员弁，阴违阳奉，貌合神离”，也难以取得实效，“一旦有急，举历年糜饷巨万之兵，不惟不足备干城，甚至不足资弹压，海防尚可问哉”！此次教案爆发之前，“南北谣言同时并起，乃南洋皆渐臻安谧，北洋遂倏起波澜”，究其原因，多半是由于弹压不力。而南洋通商事务“专归两江督臣总办，十年以来，著有成效”。所以北洋亦应仿照南洋，“不必专设大员，所有洋务海防，均宜责成直隶总督悉心经理”，“颁给钦差大臣关防，以昭信守”。并倡言：海防乃“今日要务”，“现任督臣李鸿章威望夙著，昔在江南，曾能驱策洋将使为我用，知己知彼，成竹在胸。若令久驻天津，自可统筹防务，豫为布置，以收销患未萌之效”[①]。上谕令总理各国事务衙门先发表看法，恭亲王奕䜣等上奏完全同意毛昶熙的意见，只是就两个方面的细节问题作了更具体的补充：一是直隶总督兼管通商事务，应“将山东登莱青道所管之东海关、奉省奉锦道所管之牛庄关，仍归该大臣统辖，以免牵制，而一事权”；二是建议直督“每年于海口春融开冻后移扎天津，冬令封河后仍回省城，天津遇有要件，仍不必拘定封河回省之制；原设三口大臣衙署，即改为直隶总督行馆”。清廷遂根据他们的意见，将“三口通商大臣一缺即行裁撤”，令李鸿章以钦差大臣兼管北洋通商事务。

自此，直隶总督兼任北洋大臣即成为定制。

南、北洋大臣的职责，从表面看基本相同；但深入考察，又有一些细微的差别。

据《光绪会典》记载：南洋大臣“掌中外交涉之总务，专辖上海入长江以上各口；其闽、粤、浙三省，则兼理焉”；“凡税钞则稽察之，按结汇其册以奏销，仍分咨总理衙门及户部以备核；其支销者亦如之”[②]。意思是：南洋大臣主管长江沿岸各通商口岸的中外交涉与海关税收等事务，兼管福建、广东、浙江三省通商口岸的中外交涉与海关税收等事务。事实上，清政府并未作主管、兼管的区分。另有记载说：“同治元年设办理通商事务大臣，统辖江、楚、苏、浙、闽、粤六省口岸，驻扎上海。又将粤海、福州、厦门、宁波、上海五口通商大臣，移扎内江；所有上海及长江一带中外交涉事件，以通商大臣为专管，各督抚为兼管。”[③]这段话所提及的通商口岸都在长江沿岸及其以南地区，应全部属于南洋大臣的职责范围，却让人感觉到似乎有两个通商大臣，一个是同治元年新设的，另一个是移扎内江的原五口通商大臣，这显然不符合历史事实。所说沿江口岸由通商大臣专管、各省督抚兼管，亦无官方文件为依据。

不过，例兼南洋大臣的两江总督通常确实未能统辖南方的所有口岸。且不说广东、福建、浙江三省，即便是位于长江中游的湖北，由于距离甚远，在当时交通、通讯条件极为落后的条件下，若有中外交涉事件发生，地方官

① 《筹办夷务始末》同治朝卷七十七，续修四库全书本，第20—22页。

② 《光绪会典》卷四，第67页。

③ 《清续文献通考》卷一一八，职官四。

员都只是请示本省督抚，各省督抚在奏报朝廷时也不会通知两江总督，更不用说听候他的指示了。因为各省督抚均直接对皇帝负责，中外交涉事属机密，按照规定，他们只能上奏朝廷，而不必平行地咨会其他省份的督抚。只是两江总督因为有了南洋大臣兼职，地位要高于其他省份的督抚。

《光绪会典》称：北洋大臣“掌北洋洋务、海防之政令，凡津海、东海、山海各关政悉统治焉”；“凡征榷之务，则关道上其册于大臣，按结奏报，并咨总理衙门及户部以备核”；“凡招商之务，则设局派员以经理之；其安设各路电线亦如之”①。这里说的是直隶总督例兼北洋大臣以后的事。不过，崇厚就任三口通商大臣后不久，奕䜣等随即“因天津为畿辅屏蔽、海疆咽喉，奏明于天津通永等镇抽拨兵丁，习练洋枪队伍，以备防剿缓急之用”②。即在办理中外通商事务之外，三口通商大臣又被赋予了兼办海防的责任。自1862年起，崇厚就开始在天津编练“洋枪队”，曾聘请外国人做教习。当1865年5月僧格林沁被捻军击毙于山东曹州（今菏泽市）高楼寨附近的吴家店时，直隶东部告急，清廷曾命崇厚率领所练的“洋枪队”1 500名前往景州驻扎，扼守京城南路。但这支“洋枪队”终因人数较少、近代化程度不高而未成气候。在此期间，崇厚还筹建了天津机器局。该局于1866年秋由总理各国事务衙门奏准，开始筹备，聘用美国领事密妥士“总办其事”，代为购买机器、雇用洋匠。翌年夏开设东局，即火药局；1868年又在海光寺设立西局，铸造大炮和轮船、机器零件。但直到崇厚离任时亦只是“规模粗具，垣屋尚须加修，机器尚须添制，火药亦尚未开造”③。清廷于1870年11月谕令：“天津机器局应如何斟酌添制开拓之处，著李鸿章妥为筹画，奏明办理。”④该局遂转入李鸿章之手。

曾任直隶总督兼北洋大臣的李鸿章

① 《光绪会典》卷四，第68页。
②④ 《筹办夷务始末》同治朝卷七十八，续修四库全书本，第25、39页。
③ 李鸿章接办时的奏报中所说，见《奏稿》卷十七。

清廷在让李鸿章兼任北洋大臣时，同时令他“将洋务事宜悉心筹画，海防紧要，尤须统筹全局，选将练兵，大加整顿”[①]。此后进一步扩展至设局招商、架设电线等事务。

就管辖通商口岸的中外交涉与海关税收等事务而言，北洋大臣的职责与南洋大臣是完全相同的，但北洋大臣另外负责的海防、招商、电线等事务，《光绪会典》在列举南洋大臣职责时俱未涉及。当然，这并不意味着南洋大臣根本不具备这些方面的职责，只是表明在这些方面南、北洋大臣的职责存在着不同的差异。

在海防方面，南洋的海岸线比北洋长得多，长江中下游地区不但具有重要的军事战略地位，而且关系到漕粮[②]能否正常北运。从历史事实看，两次鸦片战争都是先从南方打起来的，第一次鸦片战争就是以英军封锁瓜洲运河入口、阻断漕粮运道而告结束的，第二次鸦片战争期间英法联军也一再扬言要阻止漕粮北运。所以南洋大臣事实上也负有筹办海防的职责。李鸿章兼任北洋大臣后不久，清廷发布上谕称：“直隶、江南为南、北洋总汇，以曾国藩、李鸿章分任其事；该督等为国家股肱心膂之臣，想必能先事图维，讲求实际。”[③]1875年5月清廷同时命李鸿章与刚刚接任两江总督的沈葆桢分别督办南、北洋海防事宜，[④]都是最好的证明。但北洋为京畿之门户，其战略地位尤在南洋之上。北洋海防因具有拱卫京师的作用而更受清廷重视，所以李鸿章后来构建的北洋防卫体系远非南洋所能比拟。

与海防密切相关的是创办军事工业和编练新式海陆军，这些都未被列为通商大臣的专责，其他省份的督抚同样可以进行。当时较有影响的军事工业中，江南制造总局、金陵机器局是李鸿章兼任南洋通商大臣时创办的，天津机器局是由三口通商大臣崇厚创办的。李鸿章以直隶总督兼任北洋大臣后，不但接管了崇厚创办的天津机器局，而且可以继续遥控南洋大臣辖区内的江南制造总局和金陵机器局，甚至插手干预左宗棠创办的福建船政局事务。所部淮军与他后来编练的北洋海军，在晚清都是独步一时的。可见北洋大臣李鸿章在这些方面的权力确实超过了南洋大臣。

---

① 《筹办夷务始末》同治朝卷七十八，续修四库全书本，第29页。

② 清政府每年从江苏、浙江、江西、安徽、湖南、湖北、山东、河南8省征收数百万石粮食运送京津，供皇室、官员、军队食用，时称漕粮。

③ 《筹办夷务始末》同治朝卷七十九，续修四库全书本，第13—14页。

④ 参见《清实录》光绪朝卷八。

所谓招商，应该指的是当时刚刚提出的设立轮船招商局的动议，稍后以官督商办形式出现的近代民用企业属于同样的性质。创办此类企业同样未被列为通商大臣的专责，但当时较有影响的民用企业大多是由李鸿章倡办的。其中，轮船招商局总局设于上海，主要经营长江航线与南北洋航线，业务范围大大超出了北洋的区域；上海机器织布局也在南洋区域。李鸿章在这一方面颇有统筹全局之概。

至于架设电线，本来就是全国性的事务，完全由李鸿章倡始，1880年开始架设的第一条路线即由天津至上海，已经跨越了南北洋地区。

在这些方面，北洋大臣李鸿章的权力明显地超越了北洋区域，而带有全国性质。这是南洋大臣所不具备的，因此兼任北洋大臣的直隶总督地位又高于两江总督。

从职责范围看，总理各国事务衙门是清朝中央政府中总管涉外事务的机构；南、北洋大臣是分管南、北洋区域中外交涉、海关税收等事务的地方官员，类似于总理衙门在地方的代表或派出机构。因而，在政权体制上南、北洋大臣隶属于总理衙门。据《清会典》记载：南洋的中外交涉事务由南洋大臣“督所司理之，待其上以裁决，疑难者则咨总理衙门，大事则奏闻”；北洋的中外交涉事务由北洋大臣“总其大纲，以咨决于总署”，“凡大事则奏陈请旨”；并说明：南、北洋大臣遇有急事都可以“用电奏，由总理衙门代陈”。另外，各海关的税收及其开支情况，在奏报皇上的同时也要“分咨总理衙门及户部”以备核查①。就是说，南、北洋大臣所管的中外交涉事务，一般性的可以径自“裁决”，重要的须奏请皇上指示，只是有“疑难”时才会咨商总理衙门，后者的权力仅限于备顾问、受咨询以及转呈电奏；至于关税，总理衙门则只有“核查”的权力。南、北洋大臣须秉承皇上的意旨办事。

虽然总理各国事务衙门实际上并不能直接指挥或领导南、北洋大臣，更多的只是在他们与皇帝之间起上传下达的作用，但南、北洋大臣在推动洋务活动广泛开展、促进中国社会近代化进程等方面的职能却是与总理衙门基本一致的，在这些方面，他们也更容易与总理衙门沟通。

其次是海关道的设置。

为了加强对中外进出口贸易的管理，清政府正式设置了海关道。

鸦片战争后开放东南沿海的五个通商口岸时，清政府除令两广总督兼

① 参见《钦定大清会典》卷一〇〇。

任钦差大臣管理五口通商事务外,还确定了每个口岸具体负责通商事务的官员。“惟闽、粤两关隶于将军及专差监督”,其余的口岸“多由各省督抚委令道员管关”。广州是鸦片战争前惟一对外开放的通商口岸,原设有粤海关监督,此时仍沿用以前的办法,由粤海关监督负责通商事务;福州与厦门通称闽海关,清代前期一度对外开放时也曾设立过海关监督,此时仍以闽海关监督负责通商事务;其余两个通商口岸则由地方督抚委派道员管理,上海海关称江海关,由苏松太道管理;宁波海关称浙海关,由宁绍台道管理。“凡有交涉外国事务,责成关员经理,而督抚总其大纲。或由将军监督主持,而督抚会同筹办。各关税钞征收解支,均由督抚稽核;即将军监督管理者,督抚亦必与闻。应行奏咨事件,即可随时办理。遇有领事等官与关员辨论不决,则督抚据理以剖断之,因势而调和之。倘争执不休,则径行咨呈总理衙门,或请察核示复遵行,或照会外国公使。”①

第二次鸦片战争后新开的通商口岸,基本也照此办理。如:登州(烟台)的东海关由山东的登莱青道管理,汉口的江汉关由湖北的汉黄德道管理,镇江关由江苏的常镇通海道管理,九江关由江西的广饶九南道管理,等等。

西方国家要求中国开放通商口岸,主要目的是在这些地方开展中外贸易,以扩大对华的商品输出和原料掠夺。由于中英《虎门条约》规定外国人在华享有领事裁判权,西方主要资本主义国家一般在每个通商口岸都派驻有领事,负责按照本国法律保护该国侨民,处理该国侨民遇到的各种纠纷,并代表本国政府监督当地的进出口贸易。清政府相应地在每一个通商口岸设置海关,以征收进出口税。除少数海关由旧设的海关监督管理外,大多数海关都设置有海关道管理进出口税收、处理中外纠纷事件。在中外交涉中,海关道与各国领事的地位是对等的,公文往来用平行的照会。各国领事的上司分别是其本国驻华公使,遇有重大交涉案件,领事解决不了,则上报公使,由公使代表本国政府与南、北洋大臣或总理各国事务衙门交涉。海关道的上司按道理说应该是南、北洋大臣,但他们基本上都是由通商口岸所在地的现任实缺道兼任的,同时还负有监督所属府、县的责任,因而在处理中外纠纷事件时,仍照例向本省督抚禀报。重大案件则由当地的督抚直接奏报朝廷,完全把南、北洋大臣抛在了一边。

但也有一些特殊的情况。例如:台湾的淡水等海关,因当时台湾属于福

---

① 《曾国藩全集·奏稿》,岳麓书社 1987 年版,第 2363 页。

建省的一府，亦并归于闽海关，由福州将军派员管理，后于1866年在“福防厅署设立公所，名为福建通商总局”，1868年又在台湾设立通商专局①，具体承办中外通商与交涉事务。牛庄在奉天（今辽宁省）境内，当地居民多为满族人，当时东北地区尚未划分省份。牛庄设立海关之初，由山海关监督管理，中外通商后“五方杂处，民情强悍，土棍滋扰，命盗案件层见叠出，往往交涉中外事件诸多掣肘，皆由监督无地方之责，值班尉、县分期轮替，事无专责”②。清政府决定设立奉锦道以加强地方行政的监督，同时负责管理牛庄关中外通商与交涉事件。

天津的情况亦属例外。开埠之初，因新设有三口通商大臣，天津海关即一直由三口通商大臣管理。1870年毛昶熙奏请裁撤三口通商大臣一缺、将北洋通商事务交由直隶总督兼管时，曾提及：天津“新、钞两关，税务较繁，可否添设海关道一员专司其事，并管理寻常华洋交涉事件，遇有疑难大事，仍禀请督臣指示，妥为遵办”③。随后，李鸿章也奏称：崇厚初“由长芦盐政改授三口通商大臣④，职分较卑”，由于中外条约中并无“通商大臣与领事交涉仪式”的规定，所以崇厚与各国驻天津领事“往来公文，俱用照会平行。迨崇厚洊升侍郎，相沿已久，碍难更改。兹臣以总督兼办，又蒙特颁钦差大臣关防”，不能仍按崇厚旧例办理，“致亵国体而启外人骄慢之渐。且臣曾兼任南洋通商大臣五年，旧例尚在，未可前后易辙”，因而必须“添设海关道，比照各口现办章程，责成道员与领事官、税务司等商办一切，随时随事，禀臣裁夺。其有应行知照事件，臣即札饬关道，转行领事遵照”，才能显示出北洋大臣的尊严。考虑到现有的“天津道承办海运，每年南漕百万石，由该道陆续接运赴通，烦难已极，未能兼任洋务，致有偏废”，恳请朝廷“准令添设津海关道一缺，专管洋务及新钞两关税务。凡华洋交涉案件，责令该道督同府县各官，认真妥办，并由直隶总督拣员请补，俾可呼应得力”⑤。清廷很快批准了他的这一请求，令陈钦署理天津海关道。

其后，清政府在新开通商口岸普遍设立海关道，具体负责地方上的中外交涉和通商事务，亦成为定制。

---

① 参见《福建通志·外交志》，转引自王立诚：《中国近代外交制度史》，甘肃人民出版社1991年版，第86页。

② 《筹办夷务始末》同治朝卷三十四，续修四库全书本，第37页。

③ 《筹办夷务始末》同治朝卷七十七，续修四库全书本，第21页。

④ 崇厚当时是侍郎衔候补京堂，随即任大理寺少卿，与道员同为正四品。

⑤ 《筹办夷务始末》同治朝卷七十八，续修四库全书本，第36—37页。

《清会典》并无对海关道职掌的专门记载，但却在北洋大臣的职责中提到："凡交涉之务，则责成于关道而总其大纲，以咨决于总署。"并说明："通省交涉洋务事件，统归关道管理，地方官遇事禀闻，由关道禀总督，以咨商总理衙门定议，各国领事有事，则会商关道，大者禀总督，剖断不决者，咨呈总理衙门。"①事实上，中外交涉案情各异，具体情节千差万别，处理方式也难以划一。按照通例：由海关道总管本省的中外交涉和通商事务，负责接待各国领事，协商处理涉外案件；省内各府、县地方官遇有此类案件，皆须向海关道报告，重大案件或海关道处理不了的案件，则由他禀报总督（或巡抚），仍解决不了，再由督抚"咨呈总理衙门"或奏报皇上。可见，晚清时期的海关道是负责处理中外交涉事务的最基层的官员。

随着西方殖民势力的日渐深入，中外交涉事件日益增多，海关道也成为地方官员中最繁忙的角色。除了新设的天津海关道为专任的官职外，其他由现任实缺道兼任的海关道不得不置监督所属府、县的本职工作于不顾，将他们的职责重心转向中外交涉事务。以上海为例，"苏松太道者，辖苏州、松江，太仓二府一州者也。然于三属公事，画诺而已，实专驻松江所属之上海县，而为东西各邦交涉之枢纽。故世俗相呼，辄曰上海道"②，亦称江海关道。

海关道处理不了的中外交涉案件，呈报到督抚那里多半还是无法解决。这些督抚往往奏请朝廷将该案件转交总理衙门，由总理衙门大臣直接去同各国驻华公使交涉。

此外还设有海关总税务司。

为了加快实行近代化的海关税收制度，清政府聘请西洋人为海关总税务司。

东南五口开放之初，各口岸设立的近代海关都是任用中国人执行各项关务的。西方国家在华势力为了保障来华贸易商人的经济利益，一直企图攫取中国海关的行政和业务管理权。

1853年9月，上海爆发小刀会起义，一度占领上海县城，负有管理海关责任的上海道吴健彰逃进租界，英、美、法三国领事立即宣布"租界严守中立"，使吴健彰不能在租界内履行海关职责，上海海关业务陷于停顿。9月9日，英国驻上海领事阿礼国(R. Alcock)商同美国副领事金能亨(E. Cunninghan)公

① 《钦定大清会典》卷一〇〇。

② 俞樾：《春在堂杂文·补遗》卷三，第14页。

布了《海关行政停顿期间船舶结关暂行条例》，宣布在清朝海关无法行使权力期间，由英、美领事馆代中国官府为英、美商船办理报关纳税手续，英、美商人可以向领事馆缴纳现款，也可以暂时用“票据担保”代替现款，但须于40天内向清朝海关监督付款。①这就是所谓的“领事代征制度”。

一个月后，吴健彰通知各国领事，将从即日起恢复海关职权。阿礼国复照称：“本领事认为须俟大清官军收复上海县城、阁下到江海关复职视事之日，本领事始准备与阁下进一步谈判征收关税事宜。”② 10月26日，吴健彰再次通知各国领事将于租界对岸浦东的两艘税船上执行海关职权，也遭到英、法领事的反对。次年2月，吴健彰在苏州河北岸设立海关临时办事处，开始办理相关业务。英、法、美三国领事表面上予以“承认”，随即对清方在白鹤渚、闵行镇设置税卡提出“抗议”。

1854年5月初，英国驻上海副领事威妥玛(T. F. Wade)起草了一份“上海临时制度备忘录”，提出以“外国机构”收税的办法。6月15日，阿礼国向英国驻华公使包令(J. Bowring)建议：由英、美、法三国领事会同上海道台指派一个外国人进驻海关官署，负责审阅稽核公文、签署税票；各国领事有权审核海关案卷和簿籍。6天后，美国公使麦莲(R. M. Mdane)前往昆山，以归还欠税和保证税收为诱饵，向两江总督怡良提出撤销两个税卡、聘用外籍司税等要求。怡良被迫同意撤去税卡，令吴健彰与英、美、法领事商谈如何恢复海关职权问题。

6月29日，吴健彰与英国领事阿礼国、美国领事马辉(R. C. Murphy)和法国代领事伊担(B. Edan)达成协议：由三国领事各提名一人担任税务司，负责管理海关业务；海关监督所发文书须经外籍税务司副署才能生效；海关须配备一艘由外籍船长指挥的缉私巡艇等等。提名的结果，英国驻上海副领事威妥玛、法国驻上海副领事司密斯(A.Smith)、美国驻上海副领事卡尔(L. Carr)成为清方最先聘任的外籍海关税务司，他们共同组成了一个“行动联合一致的关税管理委员会”③。这个委员会实质上成为英、美、法三国领事馆的附属机构。7月12日，关税管理委员会在苏州河岸新建的海关公署里正式履行职责，上海海关业务自此被置于外国人的管理之下。

---

①② 上海社会科学院历史研究所编：《上海小刀会起义史料汇编》，上海人民出版社版1958年版，第294、306页。

③ 马士：《中华帝国对外关系史》第二卷，张汇文等译，生活·读书·新知三联书店1963年4月版，第24页。

晚清第一任海关总税务司李泰国

翌年6月初，李泰国(H. N. Lay)接替威妥玛担任英籍海关税务司。由于英国外交大臣克拉兰敦明确表示：虽然"不反对雇用英国人帮助中国人征收关税，可是不同意女王陛下的领事在这类人员的任用上加以任何干涉，理由是女王陛下政府因此而要对他们的举措行为负一些责任"①。李泰国被聘为海关税务司不是英国领事提名的，而是由江苏巡抚吉尔杭阿提议的。所以他主张在形式上保持清政府对于海关所拥有的主权，外籍税务司应该以中国雇员的身份来"帮办"海关事务。

一方面，英国外交大臣克拉兰敦一再督促驻华公使包令"因势利诱，使中国当局在其他各口岸设立一种类似或相同的有效征税制度"；声称"上海的现行制度，除非也推行于其他各口岸，就不能长此保持"②。同时，外籍商人也普遍要求把任用外国人管理海关业务的制度推行到其他通商口岸，以免在与赴另外四个口岸贸易外商的极不公平的竞争中处于不利地位。另一方面，克拉兰敦在给包令的指令中仍强调："中国海关的英籍委员，不应该视为英国君主的官吏，而应该视为一个代表上海道台的中国官员"。而美国于1856年颁布的《领事法》也规定"美国公使和领事们不得推荐任何公民充任任何外国政府的职务"③。

包令与李泰国在其他通商口岸推行外籍税务司制度时，却受到了福建、广东地方官府的坚决抵制。福州将军有凤、闽浙总督王懿德于1856年6月奏称："此时若听其添设司税官，夷情叵测，利之所在，难免不生觊觎"；"此时欲令福州仿照而行，臣等断不敢轻许，致紊关政"。咸丰皇帝也明确表示"是时断难允行"④。

英方决定通过外交途径以"修约"的方式使各海关聘用外国人"帮办税

① 莱特：《中国关税沿革史》，生活·读书·新知三联书店1958年版，第126—127页。
② 同上书，第131页。
③ 同上书，第130、127页。
④ 《筹办夷务始末》咸丰朝卷十三，续修四库全书本，第10—11页。

务”合法化。

1858年11月签订的中英《通商章程善后条约》第十款内载：“任凭总理大臣邀请英人帮办税务，并严查偷漏，判定口界，派人指泊船只及分设浮桩、号船、塔表、望楼等事，毋庸英官指荐干预。”①清朝统治阶级并未加以拒绝，反而认为，上海已聘用外国人帮办海关税务，“如别口不用外国人帮办，又恐事不划一，洋商必致借口，易启事端”②。

1859年2月，刚刚兼任办理各口通商事务钦差大臣的两江总督何桂清即与李泰国“约定邀伊帮同总办”各海关事务。李泰国深知这是包揽各海关权力的极好机会，当即“预筹全局”，向何桂清提出：预计除沿江地区外，当年夏间新开“各口均须开市，各项执事人等”，“应用外国人较多，除各处留心访觅外，必得再在本国慎加选择，至速亦须半年之久，极应此时预为公募”；要求发给他“札谕一道，令伊预为选择，去留亦听伊主持”，并先拨给他“经费银一万两”以便使用。5月，何桂清正式聘任李泰国为海关总税务司，“帮同总理稽查各口洋商完税事宜”，任期5年，年俸漕平银1 000两，除总管海关税收、缉私等事务外，还规定“税务司及各项办公外国人等，均议归李总税务司选用约束，不分何国之人，总期正派妥当，如有不妥，惟李总税务司是问”③。李泰国很快制定了一系列海关办事条例，在上海设立总税务司署，并于当年10月、次年1月把外籍海关税务司制度推广到广州和汕头。

总理各国事务衙门成立后，应李泰国之请，恭亲王奕䜣代表清朝中央政府重新发给他一份聘任其为海关总税务司的“札谕”，海关总税务司在名义上开始隶属于总理衙门。李泰国随即又为镇江、宁波海关物色了外籍税务司。

1861年4月，李泰国回国养伤，推荐赫德（RobertHart）与费士来（G. H. Fitzroy）代理其职务。

后来，李泰国受委替清政府从英国购买兵船，组成一支小型舰队，擅自委派英国海军军官阿思本为舰队司令，企图一手控制这支舰队。奕䜣等人察觉他有野心，便于1863年11月将其解聘，正式聘任赫德为第二任海关总税务司。赫德进一步完善了海关的办事章程，很快把外籍海关税

① 梁为楫、郑则民主编：《中国近代不平等条约选编与介绍》，中国广播电视出版社1993年版，第107页。

② 《江苏巡抚薛焕奏折》，见《筹办夷务始末》咸丰朝卷七十一，续修四库全书本，第33页。

③ 太平天国历史博物馆编：《吴煦档案选编》第六辑，江苏人民出版社1983年版，第273—274、301页。

务司制度普及到镇江、宁波、天津、福州、烟台、汉口、九江、厦门、淡水、打狗(高雄)等地。

阿思本舰队

1861 年,中国海关代理总税务司英国人赫德(Robert Hart)建议清政府购买英国轮船,进攻太平军。是年冬,太平军攻占近海的绍兴、宁波、杭州等城市,威胁上海。1862 年 1 月,清政府决定采纳赫德的建议从英国购买战船,初步议定,由各海关税收中划拨白银 65 万两,购买英船 7 舰,并委托当时回国休假的中国海关英籍总税务司李泰国(Lay Horatio Nelson)具体负责办理在英国买船与招募海军军官、水手等事务。

1863 年初,李泰国购买了中号兵船 3 艘、小号兵船 4 艘、供应船 1 艘组成一支舰队,代表清政府聘用参加过两次鸦片战争的英国海军上校阿思本(Sherard Osborne)为舰队司令,在英国招募了 600 名军官和水手。当年 9 月,这支舰队开到了上海,旋即开赴天津。

但是,李泰国组建这支舰队共用银 70 万两(清政府实拨 100 万两),大大超出了清政府原先的预算。他还自称之为英中联合舰队,在英国时即自行设计了绿底色、黄线对角交叉、中央有黄龙的舰队旗帜,请英国外交部在政府公报上公布。特别是李泰国擅自代表清政府与阿思本签订的合同居然规定:这支海军完全由阿思本全权指挥,不受地方督抚节制,而直接归清朝中央政府调遣;来自中国皇帝的命令只能由李泰国传达给阿思本,不能由其他人传达;凡是阿思本认为难以执行或李泰国认为不合理的命令,一概可以拒绝执行;船上只用洋人,船上所有人员的任用赏罚,由阿思本全权决定;并要求暂借外债 1 000 万两白银作为 4 年的海军经费,交由李泰国支配。这就充分暴露了李泰国欲乘机控制中国近代海军的野心。

清政府方面几经协商,决定将该舰队交由曾国藩、李鸿章等"节制调遣",曾国藩奏请以提督衔记名总兵蔡国祥统带该舰队(称总统),并从其部下选定了各船的管带(即船长)。得知李泰国与阿思本所签合同的内容后,清朝君臣皆感到绝对不能接受,恭亲王奕䜣在与李泰国商谈中,坚持应由清方"任命一位海军司令来统率这支舰队",清政府下达的命令或公文都要通过他转达阿思本,只同意阿思本以"帮办总统"(即副司令)的身份掌握舰队的实际指挥权。阿思本抵华后坚决要求履行他与李泰国签订的合同，扬言若在48小时内得不到“有希望的答复，那就必须将这支舰队加以解散”。

曾国藩指责阿思本“意气凌厉，视轮船奇货可居，视汉总统如堂下厮役，倚门之贱客”，实在是忍无可忍。其弟曾国荃认为“长江水师帆樯如林，无须轮船会剿金陵”。清政府最终决定解散舰队，遣返阿思本与各船军官、水手，将兵船交由英国作价变卖。

在此事件中，清政府购买兵船炮械、雇用洋员，支付兵船月费、遣返经费，共花费白银170万余两。后收回兵船炮械变卖款、李泰国开支余款等项共100万余两，白白亏赔了约70万两。

总税务司署由正副总税务司、税务司四人、副税务司六人组成。下设总务、机要、统计、汉文、铨叙五科和造册处、驻外办事处、内债基金处。五科各设正副主任(共有副主任5人)，三处各设主任(其中造册处设副主任2人)，除造册处有一位副主任为华人外，其余各科、处正副主任均由外国人充任。各科、处还有帮办、供事、文案、供役等人员，除机要科帮办外，大都由华人充任。

担任海关总税务司长达48年之久的赫德

各海关税务司署各设税务司1人，“事繁收旺”的地区增设有副税务司。各海关都设有帮办，少者1至2人，多者5至6人，最多的关达23人。各税务司署内，一般分为总务、秘书、统计、监察、查验五科。按照工作性质，习惯上称为内班、外班和海班，分管行政、检查、缉私等事。正副税务司全部由洋人担任。

赫德任海关总税务司长达48年之久。他于1865年将海关总税务司署由上海迁到北京，加强了与清朝中央政府的联系。依照清朝政治体制，总税务司向清朝中央政府负责，归总理各国事务衙门领导，管理各口岸海关，实际上各口岸海关税务司和高级职员人事任免大权都掌握在总税务司手里。各海关税务司名义上是清政府海关监督的助理，但实际上他们只对总税务司负责，清政府也很少过问海关业务。赫德曾直言不讳地说：总税务司署与其说"具有本地机关的性质，还不如说它具有外国机关的性质，它简直是一种外国政府的办法，而不是渊源于中国当局的"①。

在赫德主持下的中国海关，除了有条不紊地开展税收、缉私等业务外，还进而开办邮政、组团参加国际展览会。赫德本人更是成为总理各国事务衙门的高级顾问，参与了中国内政、经济、外交、军事等方面的活动。

驻外使节的派遣

第二次鸦片战争失败后，清政府为了应对近代外交的需要，加强与外国在政治、经济、文化上的沟通和交涉，于19世纪60年代中后期开始考虑派遣驻外使节，设立驻外机构。

欧洲各国早在17世纪即先后设置了主管外交事务的中央机构，确立了常任驻外使节制度。而中国则迟至1875年才派遣了第一位常任驻外使节。这里面首先有一个对外观念变化的问题。

中国的封建统治阶级在长期的封建文明中养成了一种民族自大心理，"自谓居地球之中，余概目为夷狄"②。清王朝入主中原以后，相继与周边大多数国家建立了宗藩关系，保持着朝贡制度。封建统治者以"天朝上国"自居，日渐沉溺于"万方来朝"的美梦之中，"视海内莫与为对，凡俄、英之来聘者，国史皆书曰'来贡'"③。他们一向以"王者不勤远略"自诩，根本不屑于与"夷狄之邦"的"禽兽犬羊"打交道，仅仅当藩属王位更替时，才遣使去"册封"新国王。封建士大夫长期以来一直认为：中国"无所谓外交也，理藩而已"④。这种封建等级观念在中外关系中的延伸，一度顽固地阻碍了中国与西方之间的平等交往。

1793年(乾隆五十八年)，英国派马戛尔尼使华，首次提出了中英互派

---

① 莱特:《中国关税沿革史》,生活·读书·新知三联书店1958年版,第134页。
② 《郑观应集》上册,第67页。
③ 《清史稿》卷二一二,表52。
④ 《清朝续文献通考》卷三三七,第10781页。

长驻使节的建议，乾隆皇帝以其“与天朝体制不合”而未予采纳。1816 年（嘉庆二十一年），英国再次派阿美士德使华，最重要的任务就是要“在北京设置一名办理英国人民事务的长驻使臣”①。可是因为他不肯磕头，连皇上也未见着就被赶回去了。

列强用重炮把中国轰出中世纪，却很难一下子改变人们头脑中的陈旧观念。鸦片战争后，法国专使拉萼尼向清朝钦差大臣耆英建议中法两国互派使臣驻京，被耆英视为“越分要求”，当即“折以定制，正言复绝”②；第二次鸦片战争中，英国全权大臣额尔金迫使清方代表同意，在中英《天津条约》中写入“大清皇帝、大英君主意存睦好不绝，约定照各大邦和好常规，亦可任意交派秉权大员分诣大清、大英两国京师”③。战后，各主要资本主义国家相继在北京建立了公使馆，清政府也被迫设立了主管洋务的总理各国事务衙门，但清朝统治者仍然认为：“各国至中国通商、传教，有事可办，故当遣使；我中国无外国应办之事，无须遣使。”④

但事实上，19 世纪 60 年代中期以后，情况有了显著的变化。1865 年 11 月 9 日（同治四年九月二十一日），英籍海关总税务司赫德向总理衙门呈递了《局外旁观论》，声称：“派委大臣驻扎外国，于中国大有益处。”次年 3 月 5 日（同治五年正月十九日），英国使馆参赞威妥玛通过英国驻华公使阿礼国向总理衙门递交了《新议略论》，倡言：中国与各国互派使节，一则可以使各国改变对中国的态度，“各国既有关切之心，斯其无故侵占之渐，较易防堵”；二则中国若与他国发生争执，“果为有理”，各国可能予以支持，“若非用力相助，亦可用言劝解”。清政府认为，“所论外交各情，如中国遣使分驻各国，亦系应办之事”⑤，交各省督抚一并讨论。结果仅有三人对此发表了意见，一人赞同，两人反对。三口通商大臣崇厚赞同照西洋通例“豫筹遣使之道”；江西巡抚刘坤一称之为“以柱石重臣弃之绝域，令得挟以为质”⑥。浙江巡抚马新贻则担心：“东西各国代国大臣前来驻京，每得入朝秉政之说，而与我使臣以秉政之虚名，即藉口要挟，以求秉中国之大政。”⑦可见，大多数

① 《中国近代对外关系史资料选辑》上卷第一分册，第 41、46 页。
② 《筹办夷务始末》道光朝卷七十二，第 45 页。
③ 《中外旧约章汇编》第一册，第 96 页。
④ 《筹办夷务始末》同治朝卷四十，第 10 页。
⑤ 同上书，第 20、29—30、12 页。
⑥ 《筹办夷务始末》同治朝卷四十一，第 28、44 页。
⑦ 《筹办夷务始末》同治朝卷四十五，第 46 页。

中国人对近代外交尚毫无了解，竟然将遣使与战国时期留在他国的人质混为一谈了，说明遣使一事还存在着很大的阻力。

1867年10月12日（同治六年九月十五日），因中英《天津条约》规定的十年修约之期将临，清政府再次令各省督抚讨论派驻使节等问题。由于总理衙门事先提出了倾向性的意见，强调“遣使一节亦关紧要，未可视为缓图”①，这次有15人陈述了自己的看法，11人不同程度地表示赞成，4人表示反对，广东巡抚蒋益澧以遣使“攸关体制，朝廷自有权衡，非臣下所敢擅拟”②，避而未谈。反对者除重申以前的理由外，又提出若“不得其人，不独贻羞外国，更防失我事机”③。即使赞成者，也有人提出了礼节、语言、经费、人选等方面的困难。不过曾国藩、左宗棠、李鸿章等赞成遣使的态度最为坚决，陈述的理由也最为充分。李鸿章认为：遣使问题虽由外国人提出，“在我实未尝无益”。“凡遇有争辩疑难之事，该国公使、领事有不可情理喻者，使臣得见其君主执政，明相诘责，曲为晓譬，且得援引该国政教法律，以为比例，或可排难而解纷，其利一。各国兵制、船政、军火、器械精利奇巧，远过中土，往来既熟，探颐索隐，若能深窥其曲折要领，从而学之，归而求之，我增一长，彼失一恃，足为自强根基，其利二”④。在外交方面，提出要利用彼国“政教法律”与之交涉，同时将遣使作为学习、引进西方先进技术的极好途径，这在当时确乎可谓为远见卓识了。另一方面，总理衙门先于1866年3月（同治五年正月）派前山西襄陵县知县斌椿与其子笔帖式广英带领同文馆学生随同赫德赴欧洲游历了英国、丹麦、比利时、普鲁士、俄国、法国，历时约4个月，回国后向朝廷呈缴了一本记叙欧洲见闻的《乘槎笔记》。后又于次年11月21日（同治六年十月二十六日）奏请以刚刚离任的美国驻华公使蒲安臣和记名海关道志刚、礼部郎中孙家谷为“办理各国中外交涉事务大臣”⑤，前往欧美，访问了美、英、俄、法、德、意、比、西班牙、瑞典、丹麦、荷兰等11个国家，历时2年零8个月，以了解各国的修约要求，并使英、美等国承诺在修约谈判中不为难清政府。天津教案爆发后，清政府又派崇厚前往法国道歉。致使李鸿章等明显地感到：“近年奉诏叠次派员往泰西各邦通好，业与从前

① 《筹办夷务始末》同治朝卷五十，第32页。
② 《筹办夷务始末》同治朝卷五十三，第35页。
③ 《筹办夷务始末》同治朝卷五十二，第19—20页。
④ 《筹办夷务始末》同治朝卷五十五，第12页。
⑤ 《筹办夷务始末》同治朝卷七十九，第48页。

隔阂情形小异。”①

尽管清政府从舆论和实践两个方面为派遣驻外使节做了一些准备，但还是有两个关键的问题未能得到解决。其一是礼仪问题。清政府为了维持“天朝上国”的至尊，一直不同意各国公使按照西方礼仪觐见皇帝。如果欧美各国君主按照西方礼仪接见了中国的使臣，清政府则不得不作出相应的让步，清朝统治者在感情上很难接受这一点。其二是社会偏见问题。当时，大多数封建士大夫对西方的一切仍持深恶痛绝的态度，在他们看来，“彼等之风俗习惯不过淫乱与机诈，而彼等之所尚不过魔道与恶毒”②。连洋务派尚且被他们骂为“汉奸”、“鬼奴”，出任驻外使节岂不是“不齿于人类”了吗？无才无德、没有仕宦前程者，清政府担心“若不得其人，贸然前往，或致狎而见侮，转足贻羞域外，误我事机”③，也不会派为使臣。“为守兼优，才堪专对者”，或为庙堂之选，或已出人头地，谁又愿意冒着身败名裂的危险抛家弃子出使异域呢？于是，已经被清政府提上了议事日程的派遣驻外使节问题，仍然日复一日地拖延了下来。

第一个奉派带队出国考察的斌椿

1870年(同治九年)日本遣使来华要求订约时，李鸿章认为“正可联为外援”，建议“派官前往驻扎，管束我国商民，以备联络牵制”④。次年1月21日(同治九年十二月初一日)，李鸿章奏称：“中外既定和约，均宜各派官员往驻该国，庶消息易通，势力均敌。”尤应先派员长驻日本京城或长崎，“管束我

① 《李文忠公全集》奏稿卷十七，第54页。

② 马士：《中华帝国对外关系史》第二卷，张汇文等译，生活·读书·新知三联书店1957年版，第206页注①。

③ 《筹办夷务始末》同治朝卷五十，第32页。

④ 《李文忠公全集》译署函稿卷一，第3—4页。

国商民，藉以侦探彼族动静，而设法联络之，可冀消弭后患，永远相安”①。日本侵台事件发生后，李鸿章又于 1874 年 12 月 10 日（同治十三年十一月初二日）向朝廷指出：“自来备边驭夷，将才、使才二者不可偏废。各国互市遣使，所以联外交，亦可以窥敌情。而中国并其近者而置之，殊非长驾远驭之道。”此次日本出兵侵略台湾，“若先有使臣驻彼，当能预为辨阻，密速商办；否则，亦可于发兵之后与该国君臣面折廷争，较在京议办更为得劲”。建议朝廷尽快“敕下总理衙门王大臣，遴选熟悉洋情、明练边事之三四品京堂大员，请旨赏给崇衔，派往驻扎日本公使，外托邻邦报聘之礼，内答华民望泽之诚。倘彼别有诡谋，无难侦得其情，相机控制”②。两天后，他又致函总理衙门曰：“东洋遣使一节，似属不可再缓，即西洋各大国，亦宜派一使臣轮流兼驻，俾中外气脉稍通”，“所费者小，而裨益者多”③。同期，薛福成在其所拟《海防密议十条》中提出：应储备“可使绝国”之才。江苏巡抚丁日昌、福建巡抚王凯泰、两江总督李宗羲等先后奏请遣使。适值同治皇帝亲政后于 1873 年（同治十二年）以西方礼仪接见了各国公使，派遣驻外使臣的这一关键问题亦迎刃而解。

蒲安臣使团

1875 年 5 月 30 日（光绪元年四月二十六日），清政府正式同意向外国

① 《李文忠公全集》奏稿卷十七，第 54 页。
② 《李文忠公全集》奏稿卷二十四，第 27 页。
③ 《李文忠公全集》译署函稿卷二，第 58 页。

派驻使臣，令中外大臣保荐人才。适值滇案交涉中英国公使威妥玛提出了遣使赴英道歉的要求，清廷乃于当年8月28日（七月二十八日）谕令以候补侍郎郭嵩焘为“出使英国钦差大臣”，候补道员许钤身为副使。同年12月11日（十一月十四日），又令四品卿衔刑部郎中陈兰彬为驻美国、西班牙、秘鲁三国使臣，三品衔同知容闳为副使。次年9月30日（八月十三日）改任许钤身为驻日使臣，以翰林院编修何如璋为副使。10月2日（八月十五日）以刑部员外郎刘锡鸿补任驻英副使。10月28日（九月十二日），总理衙门制定了“出使章程”12条，规定派驻之使臣分为三等，统称为“大清钦差出使大臣”，任期三年，颁给铜质关防，以及薪俸、随员等等。①1877年1月15日（光绪二年十二月初二日）将何如璋升任驻日使臣，以知府张斯桂为副使。4月11日（光绪三年二月二十八日）裁驻英副使，当月30日（三月十七日）调任刘锡鸿为驻德国使臣。1878年2月22日（光绪四年正月二十一日）令郭嵩焘兼任驻法国使臣。6月22日（五月二十二日）以崇厚为出使俄国使臣。至此，清政府先后向各主要资本主义国家派驻了使臣，近代外交格局基本形成。

晚清驻外使臣的际遇及在近代外交中的作用各有不同。其中，有人遭到了封建顽固派的种种诬蔑和攻击，有人受外国人愚弄签订了丧权辱国的不平等条约，但大多数人都为维护国家主权和民族利益发挥了作用。其中最具有典型意义的代表人物当数郭嵩焘与薛福成。

郭嵩焘（1818—1891），字伯琛，号筠仙，湖南湘阴人。18岁成秀才，20岁中举人，1847年（道光二十七年）与李鸿章同榜考中进士、点翰林。深受曾国藩的赞赏，被誉为“伟器”，“私目为丁未四君子”之一。②1862年（同治元年）李鸿章署理江苏巡抚后，保荐郭嵩焘为苏松粮储道，旋擢任两淮盐运使，次年署理广东巡抚，后因与两广总督瑞麟不合而去职。1875年3月（光绪元年二月）被重新起用为福建按察使，8月改任出使英国大臣，李鸿章曾专函速驾曰：“暮年作此远游，诚知非执事所乐为，是以总署先缄商敝处，不敢妄有论列。兹旨由中出，名德宿望固已简在帝心，当此时事艰难，排难解纷，皆属望于鲁连之为天下士也。”③英国驻华公使威妥

① 参见《光绪朝东华录》第一册，总第295页。
② 参见《曾文正公手札》卷三，第39页。道光二十七年为丁未年。
③ 《李文忠公全集》朋僚函稿卷十五，第25页。

玛为包揽滇案交涉，又要求中国使臣暂缓赴英，郭嵩焘乃滞留北京，暂署理兵部左侍郎，兼任总理衙门大臣。延至次年10月31日（光绪二年九月十五日）陛辞，12月2日（十月十七日）由上海乘轮船出发，于1877年1月21日（光绪二年十二月初八日）抵伦敦，在由金登干代为订租的坡兰坊（Portland Place）45号一幢三层楼房内设立了中国第一个驻外使馆。

晚清首任出使英国大臣郭嵩焘

朝廷任命郭嵩焘为驻英使臣，许多人认为这是一件耻辱的差事，好心的朋友纷纷劝其辞谢，以保全名声。但年近六旬的郭嵩焘却毅然声称："数万里路程，避而不任，更有艰巨，谁与任之！"[①]毫不推辞地接受了使命。此举遭到了很多人的讥笑乃至谩骂。封建文人多视之为"汉奸"，"湖南人至耻与为伍"。"自京师士大夫下及乡里父老，相与痛诋之，更不复以人数"[②]。当时曾流传一副辱骂他的对联曰：

出乎其类，拔乎其萃，不见容尧舜之世；
未能事人，焉能事鬼，何必去父母之邦。

有人连声慨叹："郭侍郎文章学问，世之凤麟，此次出山，真为可惜。"[③]连曾国藩也只是深表同情，说他"费力不讨好，亦苦命也"[④]。可见出任驻外使节是需要相当大勇气的。仅李鸿章以颇为赞许的口吻说他"七万里之行，似尚慷慨"[⑤]。进京后，郭嵩焘又上疏弹劾岑毓英"恃虚骄之气"，"以贻累国家"，要求将其"交部严加议处"，此举再次触犯了众怒。李鸿章说："外人不

① 郭嵩焘：《玉池老人自叙》，第85页。
② 黄浚：《花随人圣盦摭忆》，第160页。
③ 李慈铭：《越缦堂日记·桃花圣解庵日记》丁集第二集，第15页。
④ 《湘乡曾氏文献》第九册，第5421页。
⑤ 《李文忠公全集》朋僚函稿卷十五，第29页。

谅其苦心，间有异议。"[1]两江总督刘坤一则不无义愤地认为："筠仙首参岑彦卿宫保以徇英使之意，内外均不以为然。此公行将引退，未审何面目以归湖南，更何以对天下后世，真是咄咄怪事！"[2]在长沙参加乡试的一帮湖南秀才们，甚至认定外国传教士入湘传教系由郭嵩焘勾引而来，在玉泉山集议要捣毁其住宅。后虽未实行，郭嵩焘当时处境之艰难，亦可概见一斑了。

清政府曾要求驻外使臣出国后，"每月当成日记一册，呈达总署，可以讨论西洋事宜，竭所知为之"[3]。郭嵩焘赴英途中，按要求将历经香港、新加坡、锡兰等地时，有关各地的政教民俗、要塞军备、名胜古迹等方面的所见所闻及其本人的感受逐日详加记载，汇成《使西纪程》（又名《英轺纪程》）一书，抄寄总理衙门刊行。在书中，他以赞赏的口吻盛称："西洋立国二千年，政教修明，具有本末"；英国"上下一心，宜其浡然以兴也"；所见西方城市"阛阓之盛，宫室之美，殆无复加矣"；英国人文明礼貌，在香港所办教育"规条整齐严肃，而所见宏远，犹得古人陶养人才之遗意"。他批评清朝统治阶级"高谈阔论而虚骄以自张大"，主张积极学习、引进西方的先进事物，"诚得其道，则相辅以致富强，由此而保国千年亦可也；不得其道，其祸亦反是"[4]。郭嵩焘将西方社会的美好景象记载下来以便于统治阶级中更多的人了解西方，表现出了先进的中国人学习西方的热情，这种热情在百年后的现代化进程中仍然受到了高度赞扬，但在当时却引起了一片责骂声。军机大臣李鸿藻"大为不平，逢人诋毁"[5]。翰林院编修何金寿"疏劾郭筠仙有二心于英国，欲中国臣事之"，詈之曰："大清无此臣子！"[6]晚清名士李慈铭在日记中写道："迨此书出，而通商衙门为之刊行，凡有血气者无不切齿。""嵩焘之为此言，诚不知是何肺腑，而为之刻者又何心也？"[7]连其同乡好友王闿运也说："阅筠仙海外日记，殆已中洋毒，无可采者。"[8]清政府随即下令将《使西纪程》毁版禁止，并对郭嵩焘加以申斥。

郭嵩焘所受的最大打击来自驻英副使刘锡鸿。刘原为郭嵩焘任广东巡

---

① 《李文忠公全集》朋僚函稿卷十五，第35页。

② 《刘坤一遗集》书牍卷六，"复左中堂"。

③ 郭嵩焘：《养知书屋文集》卷十三，"致李傅相"。

④ 《使西纪程》，光绪二年十一月十八日；光绪二年十二月初六日。

⑤ 《李文忠公全集》朋僚函稿卷十七，第29页。

⑥ 《湘绮楼日记》第六册，光绪三年六月十二日。

⑦ 李慈铭：《越缦堂日记・桃花圣解庵日记》己集第二集，第80页。

⑧ 《湘绮楼日记》第六册，光绪三年八月初三日。

抚时的属员，曾受郭提携。待郭嵩焘出任驻英使臣后，刘锡鸿先后托福建巡抚丁日昌与河南布政使裕宽及郭嵩焘的多年至交朱孙诒代为说情，要郭嵩焘保举他为随员，甚至表示“一切不事事，稍备朋友谈论而已”。郭嵩焘奏保其为参赞，朝廷却突然加以提拔，命他以五品京堂加三品衔任驻英副使。据说，刘锡鸿“在京师受命于李兰生（军机大臣李鸿藻字兰孙，亦作兰生），令相攻揭。其出京一切皆未携备，惟携备折件，亦出李兰生之意”①。刘锡鸿自恃有了更大的靠山，遂不再把郭嵩焘放在眼里，甚至恩将仇报，“一意附会京师议论，以嵩焘为的，自负能攘夷狄，深文周内，以相龂龁”②，多方诬陷攻击之。

1877 年 9 月 4 日（光绪三年七月二十七日），刘锡鸿借故与郭嵩焘公开闹翻，“大怒诟骂，拍案狂叫而去”。郭嵩焘不知所为何事，“诚恐语言行事或有冒渎，为所不及知”，乃请参赞、翻译、随员等向刘锡鸿问明情况，表示“如有触犯，当自诣谢；或有过疑之处，亦当一与辨明”。刘锡鸿大言：“我生平不记人过，即有触犯，我亦忘却。惟此京师所同指目为汉奸之人，我必不能容。”并列举了郭嵩焘的三条“罪状”：

1. 游甲敦炮台披洋人衣。即令冻死，亦不当披。
2. 见巴西国王擅自起立。堂堂天朝，何至为小国主致敬？
3. 柏金宫殿（即白金汉宫）听音乐，屡取阅音乐单，仿效洋人所为。③

此后，刘锡鸿又多次上奏朝廷，致函总理衙门、南北洋通商大臣及中国驻美使馆等处，对郭嵩焘加以诬陷、攻击。郭嵩焘被迫向各处辩解，并揭露刘锡鸿有滥支经费等问题。次年 5 月 6 日（光绪四年四月初五日），刘锡鸿上折列举了郭嵩焘的十大“罪状”，包括：“向英人诋毁时政，谓中国将作印度，将被吞并于英、俄”；“以不杀巡抚岑毓英为恨，有必致诸死地之意”；“出洋伊始，船抵新加坡，接见该处大酋”，擅改尚左为尚右；“要将船上黄龙旗改用五色”；“于奏折列入副使名，则将钦差二字抹去”；与巴西国王夫妇“相遇于跳舞会”，“独趋至阶前，若站班然”，“过示卑恭以求悦，不复顾念国体”；仿效洋人“持伞”、“捧戏单”、“击案”、“被服洋衣”，“且改用银盘、银罐盛糖酪以奉客，摹形肖色，务欲穷工”；“锐意学声洋语，苦于不能，乃令其小妾效之，以

① 黄浚：《花随人圣盦摭忆》，第 162 页。
② 郭嵩焘：《养知书屋文集》卷十三，“致黎莼斋”。
③ 参见郭廷以编：《郭嵩焘先生年谱》下册，第 675—676 页。

四出应酬"，"汲汲然驱之以败坏"；与威妥玛相见，"往往闭门密语，不知何所商谍"；"心怀怏怏，动辄怨望"，"谓各国遣使皆仅编修、部曹为之，独伊以侍郎充当，又谓凡劾伊者皆立见升擢，言之切齿深恨"，等等。[①]这些"罪状"，有些是无中生有，恶意中伤；有些是毛举细故，无限上纲；有些是颠倒黑白，以是为非。但在愚昧落后的中国，这些诬陷之词却很有一些市场，颇能迎合顽固守旧者的心理。刘锡鸿与国内的封建卫道者此唱彼和，遥相呼应，形成了一股强大的舆论压力，严重地歪曲了郭嵩焘的形象，败坏了他的名声，损害了他的威信，以致于使馆差役人员"于嵩焘交派事件，玩视常多"[②]。郭嵩焘向朝廷辩白，要求查处刘锡鸿、何金寿等诬陷之罪，反被斥为"固执任性"，"所见殊属褊狭"[③]。愤懑之余，只好自叹时乖运蹇，"竟不意天地间有此一种厉气，鬼嗥于室，狐啸于梁，自非万分蹇运，何以遇此"[④]？

尽管遭受了种种冤屈，郭嵩焘作为中国第一位驻外使节，在外交活动中仍然十分忠于职守，尽责尽力，在维护国家的主权和尊严、发展近代外交事务等方面都颇有建树。诸如：

1. 停泊于镇江附近江面上的英国太古洋行趸船影响江流，冲坍江岸，镇江关道要求趸船暂行移泊，以便查明修复，对方不予理睬，总理衙门多次与英国驻华公使交涉，迄无成议，乃将此案交由郭嵩焘与英国政府交涉。郭嵩焘照会英国外务部，并亲自前往据理反复争辩，终于迫使英政府饬令太古洋行遵行。

2. 英商怡记行雇工枪杀厦门渔民二人，总理衙门照会英国驻华公使、厦门地方官照会英国驻厦门领事，要求对方将凶手交出讯办，皆遭拒绝。郭嵩焘受命交涉此案后，一再照会英国外务部，提出强硬要求，英政府拖延不过，答应由该国驻华使馆对死者家属予以抚恤。

3. 英国太古洋行"惇信"号轮船撞沉了华商盐船，溺毙二人，由上海英方司法机构判处赔银1万两，对方声称要回英国上诉而拒不执行。经郭嵩焘与英国外务部交涉，英方如数偿付了赔款。

4. 当时属于英国殖民地的加拿大域多利规定，当地华侨每人年纳税40

---

① 参见明清档案部：《军机处录副奏折》外交类卷42，第2号，"刘锡鸿折：特参郭嵩焘由奏"。转引自熊月之：《论郭嵩焘与刘锡鸿的纷争》，《华东师范大学学报》1983年第6期。

② 张德彝：《随使日记》，第56页。

③ 《清德宗实录》卷六十。

④ 黄浚：《花随人圣盦摭忆》，第162页。

元，华侨承受不起，联名禀请中国驻美使馆争取予以减免，驻美使臣陈兰彬转请郭嵩焘代为向英国政府交涉。经郭嵩焘努力争取，英方同意予以核办。

5. 英国商船“拉多晒”号有8名华工因不堪船主欺凌欲辞职未获允准，反被扣发工资，郭嵩焘派人至船上查明情况后，敦请英国官方解决了此事，并发还了所欠的工资。

6. 郭嵩焘曾就英国与阿古柏政权订立侵害中国边疆领土的条约、互遣使臣一事，照会英国外务部，提出强烈抗议；阿古柏政权派驻英国的使臣多次求见，皆被郭嵩焘坚决拒绝。

7. 郭嵩焘曾为驻英使馆人员制订了五条戒律：一戒吸食鸦片，二戒嫖，三戒赌，四戒外出游荡，五戒口角喧嚷。并声称：“摩西十戒为西洋立教之祖，予此五戒亦中国出使西洋立教之祖矣。”[①]这些戒律对于加强使馆纪律、提高工作效率、维护中国人的尊严和形象都是十分必要的。

8. 郭嵩焘曾力请朝廷在外国设立领事馆，以保护侨民。清政府于1878年（光绪四年）在新加坡设立了第一个领事馆，任用广东人胡璇泽为领事，就是由郭嵩焘专片奏请促成的。

此外，郭嵩焘还曾建议清政府编纂一部《通商则例》，颁发各省并递交各国驻华公使，作为中外交涉的依据；受英国友人禁烟活动的影响，郭嵩焘曾奏请“以三年之期，责成各省学政整顿学校，责成各省督抚整顿属官”[②]，由官吏、士子而及于一般民众，普遍实行戒烟，以禁绝鸦片。

郭嵩焘未出国之先，即已成为一位颇有造诣的洋务理论家。李鸿章对他相当推崇，早在1862年就在写给曾国藩的信中说：“当世所识英豪，于洋务相近而知政体者，以筠仙为最。”[③]出国后，通过自己的亲身考察，郭嵩焘对西方社会有了更进一步的了解。他认为：“西洋所以享国长久，君民兼主国政故也。”而清朝洋务派“专意考求富强之术，于本源处尚无讨论，是治末而忘其本，穷委而昧其源也。纵令所求之艺术能与洋人并驾齐驱，犹末也，况其相去尚不可以道里计乎”[④]！所以，他主张全面地学习西方，彻底地改变中国社会。

郭嵩焘是一位具有近代意识的优秀外交官。假以良好的社会条件，他

① 《郭嵩焘日记》（三），第98页。

② 《清季外交史料》卷十，第3页，“使英郭嵩焘奏请禁止鸦片折”。

③ 《李文忠公全集》朋僚函稿卷一，第11页。

④ 《郭嵩焘日记》，光绪三年二月廿七日；光绪三年十月初六日。

一定可以在国际政治舞台上大有作为的。但是，猖獗一时的顽固守旧势力却不容许他进一步施展自己的外交才干。在《使西纪程》毁版之后，翰林院侍讲张佩纶奏称："今民间阅《使西纪程》者既无不以为悖，而郭嵩焘犹俨然持节于外"，"愚民不测机权，将谓郭嵩焘者将蒙大用，则人心之患直恐有无从维持者，非特损国体而已"[①]。进而要求朝廷将其撤职。时已年迈体弱的郭嵩焘遭此大厄，心力交瘁，"寝成不寐之症"。他自忖不是守旧势力的对手，"只好竭力求退"[②]。1878 年 8 月 25 日（光绪四年七月二十七日），清政府将郭嵩焘、刘锡鸿同时撤回，另派曾纪泽为驻英、法使臣，李凤苞为驻德使臣。郭嵩焘短暂的外交生涯就此而告终结，其一生的仕宦前程亦由此而被断送。

郭嵩焘实任驻英使臣仅一年零七个月，兼任驻法使臣才满六个月，却以其典雅的风度、得体的言行为自己赢得了良好的声誉。离任之际，"伦敦、巴黎两都人士颇有依依不舍之情，佥称之曰：如斯人者，可不愧国使两字。当其初至也，崇行人之馆，建中国旌旗，不失汉官威仪；请见英王，不亢不卑，进退合度；于一切政事之宜，皆能明察，而运以大公无我之心径告本国，苟利时事，知无不言。中国驻外公使，皆得于是人，何有于忌也"[③]！伦敦《泰晤士报》载文称："郭去曾继，吾人深为惋惜。郭氏已获经验与良好之意见，此种更调实无必要，对于其国家将为一大损失。"[④]上海英文《北华捷报》亦载文云："凡熟悉欧洲政情者，均知郭氏对其政府确已尽职。""郭氏已树立一高雅适度榜样，与外国相外无损于其影响与威仪。"[⑤]郭嵩焘回国以后，英国友人"同声想望，而惜其早退，未竟厥施。又言先生和厚坦直，外文明而内刚健，自有各国使臣以来，无如先生者"[⑥]。

郭嵩焘出国前即遭到顽固派的诽谤，慈禧太后曾召见他，再三予以安慰说："旁人说汝闲话，你不要管他。他们局外人，随便瞎说，全不顾事理。""你一味替国家办事，不要顾别人闲说，横直皇上总知道你的心事。"她还说"这出洋本是苦差事"，勉励他"须是为国家任此一番艰难"[⑦]。郭嵩焘回国前，

① 张佩纶：《涧于集》奏议卷一，"请撤回驻英使臣郭嵩焘片"。
② 黄浚：《花随人圣盦摭忆》，第 162 页。
③ 《西国近事汇编》戊寅年卷 4，第 29 页。
④ *The Times*, Oct. 3, 1878.
⑤ *The North China Herald*, April 4, 1879.
⑥ 王先谦：《虚受堂文集》卷十五，"郭筠仙先生西法画像序赞"。
⑦ 《郭嵩焘日记》，光绪二年七月十九日。

慈禧太后又曾在召见曾纪泽时说："上头也深知道郭嵩焘是个好人，其出使之后所办之事不少。"①按道理说，郭嵩焘不但不应受到处罚，而且应当受到保护、得到重用，但当郭嵩焘回国后称病告退时，慈禧太后却立予批准，并未加以挽留。甚至后来刘坤一专片保奏郭嵩焘"周知中外之情，曲达经权之道，识精力卓，迥出寻常，且心地朴诚，亦属缓急足恃。现在交涉事宜正在吃紧，如该侍郎者，似未可投散置闲，可否召令入都，俾参末议，以期有裨时局"②，结果也如石沉大海，毫无音信。1891 年（光绪十七年）郭嵩焘死后，李鸿章援例奏请为其赐谥并宣付国史馆立传，奉旨："郭嵩焘出使西洋，所著书籍颇滋物议，所请著不准行。"③1900 年（光绪二十六年）义和团运动兴起后，刑部郎中左绍佐乘机向朝廷提出："请斩郭嵩焘、丁日昌尸，以谢天下。"④可见这些顽固派对其衔恨之深。

薛福成（1838—1894），字叔耘，号庸盦，江苏无锡人。早年先后参曾国藩、李鸿章幕。中法战争期间任浙江宁绍台道道员，在镇海参加了抗法战争。1888 年（光绪十四年）升任湖南按察使。次年 5 月 15 日（四月十六日）以三品京堂候补出任驻英、法、意、比四国使臣。

薛福成

薛福成是中国近代颇有影响的早期维新思想家（亦有人称之为洋务思想家）。他于 1879 年（光绪五年）著成《筹洋刍议》一书，主张学习西方，大兴贩运之利、艺植之利和制造之利，以发展近代工商业。并建议清政府实行惠商政策，改行"华商、洋商一律"的海关税则⑤，以扶植私人企业，维护民族资

① 曾纪泽：《使西日记》，第 6 页。
② 《刘忠诚公遗集》奏疏卷十六，第 40 页。
③ 《清德宗实录》卷二九九，第 17 页。
④ 李希圣：《庚子国变记》，《义和团》（一），第 15 页。
⑤ 参见丁凤麟、王欣之编：《薛福成选集》，上海人民出版社 1987 年版，第 533 页。

本主义经济。

在对外关系方面，薛福成认识到："洋人之性，以强弱为是非"，因而主张加强军备，以作为外交的后盾。马嘉理案发生后，他上书李鸿章，提出："诚宜密速调兵，节节布置，俾人心固而声援厚，隐然有虎豹在山之威。敌船一到，饬我军严兵以待，斯时议和，其诎伸损益之数，自与无备者迥不侔矣。"面临外敌入侵，如何处理"战"与"和"的关系？薛福成也提出了颇为独到的见解，"迩年以来，外侮环逼，议者或偏于主战，或偏于主和，不知二者皆非也。夫一意欲战，则将使彼不能转圜，兵连祸结，致成不了之局，且中国武备未精，未可为孤注一掷也；一意欲和，则彼窥见我之情实，益肆要求，无所底止，一国得志而诸国效尤矣，中国将奚以自立邪？是故，为今之计，莫如以和为体，以作可战之势为用"①。在具体做法上，以"先示于战，后归于和最为得当"②。

薛福成对于近代外交的重要作用也有充分的认识。他说："大抵外交之道与内政息息相通"，西方国家"视使职与将相并重，大抵相襄内政，使臣襄外务，外与内相表里也；将臣尚武力，使臣尚文辩，辩与力相补救也"。所以中国应当向各国派驻使臣。为充分发挥近代外交的作用，首先须注重使者的才能，"当夫安危得失、事机呼吸之秋，无使才则口舌化为风波，有使才则干戈化为玉帛"。其次还须掌握外交的技巧，"择交之道得，则仇敌可为外援；择交之道不得，则邻援皆为仇敌"③。主张通过外交途径修改不平等条约，删除或削弱领事裁判权、片面最惠国待遇等丧权辱国的条款。他认为："中国办理交涉稍觉得体，可免为各国所轻视。"④

出使后，薛福成以"收利权而销外侮"作为外交原则⑤，为维护民族权益而积极周旋于各国之间。鉴于南洋群岛（多为英属殖民地）"工务、商务均赖华人为骨干"，而当地的雇主"虐待华工，往往终身为奴"⑥。薛福成一面援引各国通例，与英国外务部多次交涉，取得了在该地设立领事的权力；一面促使清政府同意，并由他本人具体筹划，在南洋的一些重要地方和缅甸增设了领事。英属加拿大葛古巴增收华人入境税，薛福成认为："该地设例，专指

① 丁凤麟、王欣之编：《薛福成选集》，上海人民出版社1987年版，第97、167页。
② 薛福成：《庸盦文外编》卷三。
③ 丁凤麟、王欣之编：《薛福成选集》，上海人民出版社1987年版，第313、418、522、77页。
④ 薛福成：《出使公牍》奏疏卷二，第150页。
⑤ 参见丁凤麟、王欣之编：《薛福成选集》，上海人民出版社1987年版，第313页。
⑥ 薛福成：《出使英法意比四国日记》，岳麓书社1985年版，第180页。

华人,明示限制,实不合万国公法。若遂置之不问,仍恐苛例日出,无所底止,大有碍于华民生计,亦恐损中国之威望。”[①]多次照会英国外务部,要求予以制止。不但对欧美各国苛待华侨之事能够力予挽阻,而且要求清政府取消了不准华工回国的禁令,颁布了保护归侨的规定。在中英有关滇缅界务的谈判中,薛福成更是不畏强暴,据理力争,从英国人手中多少争回了一些土地。薛福成将“觇国势,审敌情”,了解西方各国的政治、军事动态作为外交官的基本职责之一。认为:“造船、制炮之法,练兵、储才之要,或考其新式,或侦其密计,以告我将帅,而为之备,繄惟使臣是赖。”[②]他对西方报纸上的有关新闻极为留心,经常“摘译新闻纸稍有关系者,随时查阅,以备参考”[③]。

在外交实践中,薛福成进一步认清了外交成功与国家实力之间的关系,甚至连国际公法的实施也是以国力为前提的。他指出:“用公法之柄,仍隐隐以强弱为衡,颇有名实之不同。强盛之国,事事欲轶乎公法,而人勉以公法绳之,虽稍自克以俯循乎公法,其取盈于公法之外者已不少矣。衰落之国,事事求合乎公法,而人不以公法待之,虽能自奋以仰企乎公法,其受损于公法之外者已无穷矣。是同遵公法者其名,同遵公法而损益大有不同者其实也。”[④]就是说,在表面上,国际公法有关各国的权益的规定是一律的、平等的,而实际上,列强总是要千方百计地攫取超出公法规定的权益,落后国家则很难享受到公法所规定的权益。

1893 年 11 月(光绪十九年十月),薛福成任满回国。通过对西方社会的实地考察,其学习西方、改革中国社会的思想也较前更加深入、更为成熟了。

晚清政府于 1875 至 1911 年共 36 年间,先后向英国、美国、西班牙、秘鲁、日本、德国、法国、俄国、奥地利、意大利、荷兰、比利时、朝鲜、墨西哥、古巴等 15 个国家[⑤],总共派出了 58 名驻外使臣[⑥]。通过他们,中国人更加了解了西方的社会、政治和经济制度;懂得了什么叫近代外交,应该通过什么途径、运用什么方法与外国人打交道,争取和维护国家利益;在与各国交往的实践中,培养了一批近代中国的外交人才。

---

①③ 薛福成:《出使公牍》奏疏卷一,第 76、45 页。

② 丁凤麟、王欣之编:《薛福成选集》,上海人民出版社 1987 年版,第 330、418 页。

④ 薛福成:《庸盦海外文编》卷三,第 15 页。

⑤ 1911 年 10 月 11 日(宣统三年八月二十日)清政府令驻法国使臣兼任驻巴西使臣,令驻俄国使臣兼任驻瑞典使臣,令驻荷兰使臣兼任驻丹麦使臣,另派驻西班牙使臣兼任驻葡萄牙使臣,均未及实行。

⑥ 另有 2 名副使,8 人未到任。

湘、淮系集团的崛起

太平天国起义沉重地打击了清王朝的统治，同时也直接导致了湘、淮系集团的形成，给清政权注入了一股新鲜血液，使之得以苟延残喘，甚至一度出现所谓"同治中兴"的局面。

太平天国起义爆发之初，清政府仍沿用旧例，由中央直接调兵遣将前往镇压。先后将湖南提督向荣调任广西提督，以原湖广总督周天爵署理广西巡抚，命原两江总督李星沅、大学士赛尚阿、两广总督徐广缙为钦差大臣，从全国各地调集军队，由国库划拨军饷，对太平军展开了围追堵截。但仅两年多时间，太平军即出广西，经广东、湖南，攻克有"九省通衢"之称的中原重镇武昌，而后沿江东下，过江西、安徽，占领南京，奠为国都，形成与清政权南北对峙的局面。同时，投入起义行列的人数亦急剧增加。最初太平军仅1万余人，围攻桂林的主力"男女约共五六千人"①；后因天地会等秘密结社和广大民众的踊跃参加，"至长沙，竟得十余万之众"；由武昌顺江东下时，总人数已达"五十万有奇，至安庆增至七十余万"；攻占南京、镇江、扬州等地后，"男丁增至百八十万，妇女三十余万"②。

当太平军于1852年底进围武昌时，咸丰皇帝意识到单凭正规军难于很快扑灭各地反清起义队伍，下令各省兴办团练，据说他陆续任命了43个团练大臣。当时官任礼部右侍郎的曾国藩恰好因母丧丁忧在籍，1853年1月8日，清廷谕令："前任丁忧侍郎曾国藩，籍隶湘乡，闻其在籍，其于湖南地方人情自必熟悉，着该抚传旨令其帮同办理本省团练乡民、搜查土匪诸事务。"于是，曾国藩以儒臣墨经从戎，当上了湖南团练大臣。他随即奏称："军兴以来二年有余"，数万清军"往往见贼逃溃，未闻有与之鏖战一场者；往往从后尾追，未闻有与之拦头一战者；其所用兵器，皆以大炮、鸟枪远远轰击，未闻有短兵相接以枪靶与之交锋者"；都是因为"所用之兵未经训练，无胆无艺，故所向退怯也"。所以他要"改弦更张"，"以练兵为务"；已仿照戚继光成法拟定训练章程，"于省城立一大团，认真操练"③。

① 罗尔纲：《太平天国史事考》，生活·读书·新知三联书店1979年版，第60页。

② 张德坚：《贼情汇纂》，《太平天国》（三），神州国光社1952年版，第296页。

③ 《曾国藩全集·奏稿》，岳麓书社1987年版，第39—41页。

太平天国定都南京(改称天京)后，立即分兵两路继续向清王朝发起进攻。一路以天官副丞相林凤祥、地官正丞相李开芳统军北伐；另一路由春官正丞相胡以晃、夏官副丞相赖汉英率部西征。一开始，太平天国无疑是以北伐为主攻方向的。在洪秀全、杨秀清等人看来，既然太平军早先连老带幼才1万余人就能从广西打到南京，那么现在派出2万精锐之师当然可以直捣北京，一举推翻清王朝了。可他们没有料到，北方民众因对他们宣扬的拜上帝教不感兴趣而绝少加入；生长于南方的太平军将士对北方的气候很不适应，再加上路途过于遥远，后来几次增派的援军都未能与主力会合，北伐部队竟然全军覆没了。眼见得短期内推翻清王朝已不可能，而南京上游地区关系到太平天国政权的安危，洪秀全、杨秀清等这才转而全力以图西征，多次续派援军，在西线战场与曾国藩部湘军展开了惨烈的厮杀。

1853年5月，太平军西征部队自南京进占和州(今和县)，于6月过芜湖，连克安庆、彭泽、湖口、南康(今星子)，围攻南昌。奉命帮办江南大营军务的湖北按察使江忠源即应江西巡抚张芾之邀率湘勇赴南昌协助守城，立下了汗马功劳。咸丰皇帝一面肯定“此次南昌省城获胜，多系江忠源所带楚勇之力”；一面下令“仍须湖南添派兵勇一同援应”。曾国藩与湖南巡抚骆秉章又“于湘勇内挑选二千名，又挑宝庆勇一千名”，由前署理盐法道夏廷樾、署理湘乡县知县朱孙诒与江忠源胞弟江忠淑等率领入赣，“听江忠源调遣”[①]。结果，太平军围攻南昌三个月而不下，只好撤围占九江，西进湖北武穴镇(今广济)，大败清军于田家镇，连克蕲州、黄州(今黄冈)、汉口、汉阳。同时由安庆分兵经略皖北，连占集贤关、桐城、舒城，兵锋直指庐州(今合肥)。

咸丰皇帝先是一连数道谕旨令曾国藩“酌带练勇，驰赴湖北，合力围攻”；随后又令其统带湘勇“自洞庭湖驶入大江，顺流东下，直赴安徽江面，与江忠源会合，水陆夹击，以期收复安庆及桐、舒等城”。曾国藩奏称：“船、炮、水勇三者皆非一月所能办就”，“必须明春乃可成行”。咸丰十分恼怒，当即在其奏折上写下了一段很长的朱批，一则指出：现在安徽省城[②]“待援甚急，若必偏执己见，则太觉迟缓”；二则讥讽他“今观汝奏，直以数省军务一身克当，试问汝之才力能乎？否乎？”三则教训他“平时漫自矜诩，以为无出己之右者，及至临事，果能尽符其言甚好，若稍涉张皇，岂不贻笑于天下！”四则仍

① 《曾国藩全集·奏稿》，岳麓书社1987年版，第61—62、64、66页。

② 安徽省城原为安庆，安庆被太平军攻占后移至庐州。

令其"设法赶紧赴援，能早一步即得一步之益"；最后还将了他一军："汝能自担重任，迥非畏葸者比，言既出诸汝口，必须尽如所言办与朕看。"①

曾国藩

曾国藩看到这段朱批之时，正是太平军攻克庐州之日。他只好再次列举了赴皖水路不通、所部尚在湘境剿匪、没有军饷以及统观大局应以力保武昌为重等理由，并颇为委屈地说：自知"才智浅薄"，且"不娴武事"，"惟有愚诚不敢避死而已，至于成败利钝，一无可恃"；如果皇上一定要责以成效，则深感"惶悚无地"；"与其将来毫无功绩，受大言欺君之罪，不如此时据实陈明，受畏葸不前之罪"②。

咸丰以为，曾国藩不过是一般的团练，因助守南昌初见成效令其援鄂、援皖，已属超常使用，也只是随同清军作战，聊"以助兵力之不足"而已；言过其实乃书生积习，曾国藩因胆怯而不敢赴皖，又"漫自矜诩"以为掩饰，固然可厌，不留情面地教训他一顿也就够了，今后还得靠这些人替自己卖命呢。于是又劝诫道："成败利钝，固不可逆睹，然汝之心可质天日，非独朕知。若甘受畏葸之罪，殊属非是。"③孰料曾国藩却真的有包揽全局之概，只是当时尚羽翼未丰而已。

1854 年 2 月，太平军于黄州、堵城间一举歼灭湖广总督吴文镕部清军主力，再克汉口、汉阳。随即分兵北取鄂北、南进湖南，并于 6 月攻占武昌。

此时，曾国藩已练成湘军水陆 1 万余人，发布《讨粤匪檄》，奏报朝廷于正月二十八日（2 月 25 日）"自衡（州）起程"东征。④一般研究者认为，这标志着湘军正式编练成军。

进入湖南的太平军遇到了湘军的顽强抵抗，靖港之战虽然大获全胜，逼得曾国藩投水自杀，被部下救起，湘潭之战却全线溃败，损失战船约 2 000

① 《曾国藩全集・奏稿》，岳麓书社 1987 年版，第 76、80、82 页。
② 同上书，第 86—89 页。
③④ 同上书，第 90、98 页。

号。但经过短暂的休整，湘军大举反扑，8 月于城陵矶击毙太平军骁将曾天养，10 月夺回汉口、汉阳和武昌。咸丰皇帝闻报欣喜异常，一面表示"览奏感慰实深。获此大胜，殊非意料所及。朕惟兢业自恃，叩天速赦民劫也"；一面称赞曾国藩等"运筹决策，甚合机宜"，表示要"立沛殊恩，以酬劳勩"，并谕令："曾国藩着赏给二品顶戴，署理湖北巡抚，并加恩赏戴花翎。"同时催促他们"亟应分路进剿，由九江、安庆直抵金陵，扫清江面"①。

清代制度规定，文官父母丧，须辞职回籍守制 3 年，扣足 27 个月期满方可复出做官。曾国藩之母死于 1852 年 7 月 28 日，曾国藩 9 月 8 日才得到讣告，此时尚在守制期间，若贸然受之，势必会引起士论讥评。于是他奏称："奉命署理湖北巡抚，则于公事毫无所益，而于私心万难自安。"于公事无益指的是他正拟率水师追击太平军，"转瞬出鄂入皖"，难以兼顾鄂省政务；于私心难安指的是"母丧未除，葬事未安，若远就官职，则外得罪于名教，内见讥于宗族"；请求辞去署理湖北巡抚一职。②据说，咸丰得到捷报时喜形于色，情不自禁地对军机大臣说："不意曾国藩一书生，乃能建此奇功。"时以体仁阁大学士领班军机大臣的祁寯藻竟然说："曾国藩以侍郎在籍，犹匹夫耳。匹夫居闾里，一呼，蹶起从之者万余人，恐非国家福也。"这句话触及了咸丰最敏感的神经，当即为之"默然变色者久之"③。待曾国藩辞职奏折一到，咸丰马上顺水推舟地批道："朕料汝必辞，又念及整师东下，署抚空有其名，故已降旨令汝毋庸署湖北巡抚，赏给兵部侍郎衔。"又抓住曾折未列署理湖北巡抚官衔之事，给了他一个难堪："官衔竟不书署抚，好名之过尚小，违旨之罪甚大，着严行申饬。"④

由于咸丰皇帝对曾国藩怀有严重的猜忌和戒备心理，恐其拥兵自重，形成与中央相对抗的地方割据势力，所以一直不肯授予他督抚实职。而曾国藩因为不掌握地方实权，在用人、筹饷等方面步履维艰，极大地限制了湘军的发展，影响了镇压太平天国军事的进展。即如薛福成所言："由是曾公不获大行其志者七八年。"⑤

太平天军攻占南京后不久，清政府即命钦差大臣向荣率部 1.7 万余人在南京城东的孝陵卫建立了"江南大营"，另一钦差大臣琦善率部万余人在

① 《曾国藩全集·奏稿》，岳麓书社 1987 年版，第 221、224、225 页。

②④ 同上书，第 256、257 页。

③⑤ 丁凤麟、王欣之编：《薛福成选集》，上海人民出版社 1987 年版，第 252、253 页。

扬州建立“江北大营”，对太平天国的都城形成了南北夹击之势。此后又源源不断地向两个大营增派援军。咸丰皇帝的如意算盘是：让曾国藩率湘军在南京上游地区与太平军主力拼搏，待太平天国的实力消耗殆尽，再由“江南大营”和“江北大营”的八旗、绿营兵坐收攻克南京之首功。

1854年11月，曾国藩乘克复武昌之威，在田家镇再败太平军，原以为很快就可以“肃清江面，直捣金陵”了，却不料翌年春在湖口、九江连遭惨败，湘军水师主力被歼，曾国藩再次投水自杀，被救起。太平军乘胜西进，第三次攻占武昌。随后又占领了江西的大部分地区。曾国藩坐困南昌，呼求无门。

1856年4月，太平军攻破“江北大营”120余座营垒；6月，先破江苏巡抚吉尔杭阿部营垒七八十座，然后一举击溃“江南大营”，解除了清军对南京的包围。但很快太平天国领导集团发生内讧，石达开率部出走，大大削弱了太平天国的实力。清朝统治阶级乘机重建“江南大营”和“江北大营”，当年年底武昌、汉阳再度失守。

但曾国藩于1857年春因父丧再次丁忧，朝廷赏假三个月。六七月间，曾国藩一再上奏，恳请开缺在籍守制，至谓“细察今日局势，非位任巡抚，有察吏之权者，决不能以治军；纵能治军，决不能兼及筹饷。臣处客寄虚悬之位，又无圆通济变之才，恐终不免于贻误大局”。曾国藩希望皇上能授予他地方实权，以掌握扩充湘军之主动权，而后出山，以便于建功立业。咸丰虽再三慰留，却就是不给他督抚之职。最后居然“准其先开兵部侍郎之缺，暂行在籍守制”①。曾国藩讨了个没趣，只好老老实实地留在家里守孝了。

1858年6月，清廷“令曾国藩驰驿前往浙江办理军务”②，仍没有给他督抚之职。早已急不可耐的曾国藩这一次什么要求都不敢再提了，立马整装出山。此前，湘军李续宾等部于5月攻占了九江，随后于10月进围安庆。

由于洪秀全大胆起用了陈玉成、李秀成等后起之秀，太平军于1858年9月二破“江北大营”，11月在三河全歼湘军李续宾部，解安庆之围，从而扭转了被动的局面。至1860年5月“江南大营”第二次被太平军攻破，清政府再也无力调派军队围困南京了，只好将镇压太平天国的军事指挥权全部交给曾国藩，先于6月8日令曾国藩署理两江总督，再于8月10日“将曾国藩

① 《曾国藩全集·奏稿》，岳麓书社1987年版，第866、867页。

② 同上书，第873页。

补授两江总督，并授为钦差大臣，督办江南军务”，要他“统筹全局，迅扫逆氛，以副委任”①。次年9月，湘军攻占安庆，南京上游屏障尽失。

辛酉政变后，清廷再次谕令：“钦差大臣两江总督曾国藩著统辖江苏、安徽、江西三省并浙江全省军务，所有四省巡抚提督以下各官悉归节制。”②

太平军二破“江南大营”后，乘胜攻占苏州、嘉兴、松江等府县，连续向上海发起进攻。上海官绅公派前湖南巡抚钱宝琛之子钱鼎铭赴安庆乞师援沪，并以上海有巨额税厘收入、可供湘军饷源之需以歆动之。大学士翁心存也奏称：“苏常绅民结团自保，盼曾国藩如慈父母，请饬该大臣派一素能办贼之员，驰赴通泰，由江阴、常熟进捣。”咸丰皇帝当即要曾国藩等“迅速筹办，以慰民望，以纾朕南顾之忧”③。

曾国藩本来打算让其弟曾国荃带兵赴沪的，他在给曾国荃的信中说：“江苏上海来此请兵之钱调甫（钱鼎铭，号调甫），即前任湘抚钱伯瑜中丞之少君也，久住不去，每次泣涕哀求，大约不得大兵同行即不还乡”；“上海为苏、杭及外国财货所聚，每月可得厘捐六十万金，实为天下膏腴。吾今冬派员去提二十万金，当可得也”④。但曾国荃回信表示对东援上海不感兴趣，决心率部打下南京，抢占镇压太平天国的头功，曾国藩才决定让李鸿章募军援沪。

李鸿章很快招致了刘铭传、张树声、潘鼎新、吴长庆等庐州团练旧部共4营。曾国藩将原先由李鸿章募练的皖北团练张遇春部归还李鸿章，又将韩正国、程学启等部湘军6营拨归淮军。另从江苏巡抚薛焕派员至湖南招募的乡勇中挑选1 000人，编为2营，一并交李鸿章指挥。1862年3月，淮军正式编成13营，共6 500人。随即由沪绅雇用洋商轮船分批运往上海。

曾国藩决计派李鸿章援沪时奏称：李鸿章“劲气内敛，才大心细，若蒙圣恩将该员擢署江苏巡抚，臣再拨给陆军，便可驰赴下游，保卫一方”⑤。1862年4月8日，李鸿章随首批淮军抵达上海，4月25日，清廷即令其署理江苏巡抚。12月初，又实授江苏巡抚。因有曾国藩的大力举荐，李鸿章刚刚手握兵权，尚未立下尺寸之功，就迎来了仕途上的飞黄腾达，这恐怕是连他本

① 《曾国藩全集·奏稿》，岳麓书社1987年版，第1199、1200页。
② 《清实录》同治朝卷七。
③ 《曾国藩全集·奏稿》，岳麓书社1987年版，第2008页。
④ 同上书，第797页。
⑤ 《清史列传》卷四十五，第18页。

人也始料所未及的。

接任江苏巡抚后，李鸿章以“不要钱，不怕死六字刻刻自讼”，决心要干出点模样来，庶可“仰酬君国，远对友朋”。于当年6月亲自督率淮军在上海徐家汇、九里桥、新桥、虹桥等处连续击败太平军，致使太平军第二次进攻上海功败垂成。此后，他积极地通过各种途径大力扩充淮军，一年后淮军总数已有4万人，苏南战事结束时，李鸿章所统各军总数已达7万人。

1862年10月，李鸿章率部与太平天国慕王谭绍光部四江口展开激战，“是役也，贼垒为平，擒斩无算，溃逃落水，江为不流，此为东征第一大捷，亦为中兴第一转机”①。这一仗成为淮军在苏南战场上由战略防御转入战略进攻的转折点。次年初，驻守常熟的太平军将领骆国忠叛降，李鸿章乘势发动反攻，于5月克太仓、昆山，旋又分兵攻占吴江、江阴。12月初，驻守苏州的太平天国纳王部永宽等刺杀谭绍光，献城投降。一个星期后，淮军攻下无锡，随即占领宜兴、溧阳、嘉兴。1864年5月，克常州、丹阳。至此，李鸿章已经完成了“用沪平吴”的大业。

由于曾国藩利用其统辖四省军务之便实施了有利的战略措施，以曾国荃指挥湘军主力由安庆顺江而下，进攻南京；令李鸿章统帅淮军由上海攻取苏南，包抄南京；让左宗棠率部由江西攻入浙江，对南京形成夹击之势；太平天国起义以1864年7月19日南京的陷落而告失败。

此后，曾国藩、李鸿章又先后指挥淮军镇压了捻军起义，左宗棠则率部镇压了陕甘回民起义。

太平天国的失败，使一度处于风雨飘摇中的清王朝度过了内忧外患下的重重危机，终于形成了稳定局面，晚清文人津津乐道地将这一局面称颂为“同治中兴”。外患的缓解是以牺牲民族利益换取的，是由恭亲王奕䜣屈辱地在不平等条约上签字完成的；而内忧的消除则是靠战场上的血肉拼杀取得的，这种“中兴”局面充满了耻辱和血腥味。

攻占南京以后，曾国藩担心自己功高震主，为免引起清朝统治者的猜忌，落得个兔死狗烹的下场，一面劝说曾国荃称病辞职回籍，一面匆匆忙忙地将所部湘军裁撤殆尽。剿捻军事结束，李鸿章也曾奏请裁撤淮军，表示“撤军归农是吾素志，此后扁舟垂钓，不复与闻军事，可告无罪”②。但清廷

① 《李文忠公全集》卷首，第46页。

② 《李文忠公全集》朋僚函稿卷八，第51页。

仍令他酌留劲旅以备缓急，后经与曾国藩商定，将淮军裁遣 50 营，保留了 75 营。事实上，曾国藩与李鸿章所裁撤的只是湘淮军的士兵和最底层的弁目，凡是被保举为文武官员者多不可能被裁，其中相当一部分此后还会不断升迁，逐步由统治阶级的下、中层步入上层。于是，在清朝统治阶级内部形成了湘系和淮系两大政治集团。

湘系、淮系集团

镇压太平天国军事结束时，湘军人数达 20 万左右，淮军亦近 10 万人，历任各级统兵将领者数以千计。仅淮军将领姓名可考者，王尔敏《淮军志》一书列举了 432 人，马昌华《淮系人物列传——李鸿章家族成员·武职》列举了 518 人。由于湘淮军都不是列入国家编制的正规部队，粮饷、军械与其他装备皆须自筹，为了保证军事行动能正常展开，都设有一系列的后勤供给机构，配备了大量的后勤人员，再加上各军事统帅的参谋人员，形成了庞大的幕僚群体。朱东安《曾国藩幕府研究》一书认为曾国藩幕府共有 400 余人。马昌华《淮系人物列传》一书所附“淮系集团文职人员表”共列举了 427 人，“淮系集团洋员表”列举了 139 人，中外合计达 566 人。

为了激励湘淮军将士为大清王朝卖命，就得不停地论功行赏，最主要的赏赐莫过于加官晋爵。在镇压太平天国起义的过程中，一大批湘淮军将领由一介布衣跻身于统治阶级行列，一大批追随曾国藩、李鸿章落魄文人和低级官员步入了官僚群体的中上层。湘军将领任督抚者，仅湖南籍者即有 24 人；曾国藩幕府人员而官至督抚以上职位者则多达 25 人。1863 年，湘系成员任总督者 5 人，任巡抚者 9 人。当时清廷额设 8 位总督（不包括河道总督、漕运总督）、15 位巡抚，一共 23 位督抚中属湘系者 14 人，占 60%以上，可见湘系在地方上的实力之强。除李鸿章外，淮军将领被授予督抚官职的有 4 人，幕僚官至督抚的有 10 人。虽远逊于湘系，却是其他任何政治集团都不可比拟的。湘、淮系集团中以秀才出身而官至督抚级高官者有“八大生员（儒学生员俗称秀才）”之称，其中湘系占 7 人：曾国荃以优贡生官两江总督，彭玉麟以附学生员官兵部尚书，刘坤一以附学生员官至两江总督，刘长佑以拔贡生官至云贵总督，李瀚章以拔贡生官至两广总督，刘蓉以廪膳生官至陕西巡抚，李续宜以附学生员官至安徽巡抚；淮系1人：张树声以廪膳生官至两广总督。更有甚者，湘系的杨岳斌官至陕甘总督、淮系的刘铭传官至台湾巡抚，"皆全以武功，不由读书出身"。

更多的淮军将领因未取得科举功名而被授予武职，官至与总督同为从一品的提督者有55人，官至记名提督者为105人；至于与巡抚同为正二品的总兵，更是多达数百人。《清史稿》称："咸同间，戡定发（指太平军）、捻（军），湘、淮、楚营士卒，徒步起家，多擢提（督）、镇（总兵），参（将）、游（击）以下官，益累累然。"另有记载说："太平天国一役，统计各省军营保至武职三品以上的将士不下数万人"；由于"军营的保举，是从低而高的，品愈低则人数愈多"，"则其保至三品以下的人数必较多于数万人"。其余任司、道、府、县等文职官员的也不不在少数。比如驻外使臣，晚清政府一共只派出了58人，据不完全统计，其中隶属于淮系者共27人，占46%以上。而1875至1901年间出任驻外使节的33人中，淮系成员共19人，所占比例将近60%。淮系成员在外交人员中占有压倒的多数。

一方面，清代中期以后用人以满洲贵族加科举精英为主要模式，现在又增添了一个军功人员群体。这些行伍出身的军功人员早先大多生活在社会基层，对于民间疾苦、吏治腐败有切身的感受，其中多数人在执掌一部分权力后，会或多或少地在改善民生、整肃吏治方面作出一些努力，客观上有利于社会的稳定。

另一方面，无论满洲贵族还是科举精英，他们在仕途上的升迁都有待于皇上的赏识和提拔，在他们的心目中这完全是一种恩赐，理应恪尽职守、勤劳王事以为报答。而军功人员仕途升迁主要是靠着血肉之躯真刀真枪拼杀出来的，朝廷论功行赏，授予官职，是对他们功劳的肯定和回报，他们可以当之无愧、居之不疑，因而用不着看别人的眼色行事。在镇压了太平天国以后的数十年间，湘系和淮系一直是令人侧目的政治集团，在许多方面影响着晚清政局。

地方督抚权势的加强

总督和巡抚的设置始于明代。明成祖永乐年间（1403—1424）曾派懿文太子朱标巡抚陕西，始有巡抚官名，当时尚属特例。明宣宗(1426 至 1435 年在位)以后，开始向各地分派巡抚，仍属于中央临时派出的官员。待明朝政府取消了每年秋季巡抚进京议事的制度并在地方设置巡抚衙门这一行政机构后，巡抚才开始转变为地方官员。总督的出现稍晚于巡抚，明英宗正统(1436—1449)、明代宗景泰(1450—1456)年间，除以兵部尚书于谦等总督军务外，还曾在地方设置总督，但多很快即裁撤了。明宪宗成化年间(1465—1487)始有长任的总督。但是，明代督抚的任用、管辖的区域、职权的范围始终没有完全固定。

清初沿袭明代制度设立总督和巡抚，经过不断的调整与完善，逐步形成了比较成熟与稳定的督抚制度。

清朝中期以后，额设总督 8 员，其中，直隶总督、四川总督各管一个省；闽浙总督管福建、浙江两个省；两广总督管广东、广西两个省；云贵总督管云南、贵州两个省；湖广总督管湖南、湖北两个省；陕甘总督管陕西、甘肃两个省；两江总督初设时管江南、江西两个省，后因江南省分为江苏、安徽二省，两江总督辖下便成了三个省。

总督本身官秩为正二品，但因职责需要例兼兵部尚书、都察院右都御史衔，这两个兼衔都是从一品，总督也就成了从一品。

总督的职掌，据《清朝通典》记载为“厘治军民，综制文武，察举官吏，修饬封疆”①。即总揽所辖省区内的一切军、政事务，包括考核属下文武官员、督查防务等等。清廷规定，每三年要举行一次“大计”，对地方文职官员进行全面的考察。届时，总督要为属下的主要官员出具考语，评定其优劣，还要按年查阅当地的绿营官兵。三年一次的文乡试，总督例充监临官；武乡试则任主考官。另外还有分别兼管河务、盐务、漕务、税务以及中外通商事务的。因河、盐、漕等事务并非各省皆有，在这些方面总督的事权很不一致，所以每一位总督的职衔也不一样，如：直隶总督的全衔为“总督直隶等处地方、提督军务粮饷、管理河道兼巡抚事”，两江总督的全衔为“总督两江等处地方、提督军务粮饷、操江、统辖南河事务”，等等。

清中叶以后，例设 15 位巡抚，分别管辖山东、山西、河南、江苏、安徽、浙江、福建、广东、广西、云南、贵州、湖南、湖北、江西、陕西 15 个省。巡抚本身官秩为从二品，因例兼兵部侍郎、都察院右副都御史衔而成为正二品。

---

① 《清朝通典》卷三十三。

巡抚的职掌为"宣布(朝廷)德意，抚安齐民，修明政刑，兴革利弊；考群吏之治，会总督以诏废置；三年大比献贤能之书，则监临之；其武科则主考试"①。尽管《清朝通典》对总督与巡抚职掌的记载详略不一，而事实上他们的事权范围乃至履行职责的方式都没有什么明显的差别。在不设总督的山东、山西、河南三省，则完全由巡抚总揽全省一切军、政事务；在设有总督却非总督驻扎地所在的浙江、广西、湖南、陕西等省，除重大事务有时请总督领衔上奏外，日常军、政事务也基本由巡抚总揽；只是在总督驻扎的福建、广东、云南、湖北等省，由于朝廷没有对督抚职权加以明确的分工，资望、才力较弱的巡抚往往居于无权的地位，强势的巡抚起而争执，常常龃龉丛生、纠葛不断。

每一位巡抚的职衔也因兼管的事务不同而不一样，如：安徽巡抚的全衔为"巡抚安徽等处地方、提督军务、节制各镇、兼理粮饷"，山东巡抚的全衔为"巡抚山东等处地方、提督军务粮饷、兼理屯田"，等等。

上述情况直到19世纪80年代中期以后才有所变化。②

总督与巡抚作为常设的地方最高军政长官，在体制上与中央的六部平等，与六部一样直接对皇帝负责，其地位之高、职权之重是显而易见的。但直到太平天国起义爆发之前，督抚的权力因受到重重牵制而被限制在一定的范围之内，不可能形成与中央抗衡的局面。

从官制上说，清代在各省设置督抚的同时还保留了明代的省级长官承宣布政使司布政使和提刑按察使司按察使，且未削减他们的职权范围。布政使在明代是一省的最高行政长官，到了清代虽位居于督抚之下，但职掌如故，仍主管全省的民政与财政，直接向中央的吏部与户部负责；按察使是与布政使并列的省级官员，主管全省的司法与监察，直接向中央的刑部负责；布政使俗称藩司，即有类比前代藩镇之意，别称方伯，即由一方诸侯而来；按察使俗称臬司；布政使与按察使又合称两司，同样为握有实权的地方大员。督抚只不过居于督察地位，并不能让他们处处都按照自己的意旨行事。

从职权上说，督抚虽然可以统辖全省的武职官员，却以文人铨任，朝廷

① 《清朝通典》卷三十三。

② 清廷于1884年增设新疆巡抚；1885年改福建巡抚为台湾巡抚，1895年日本割占台湾后裁撤；1904年裁湖北、云南巡抚；1904年1月增设江淮巡抚，与江苏巡抚分治江苏地方，4月改为江北提督；1905年7月裁广东巡抚；1907年增设东三省总督，奉天、吉林、黑龙江三省巡抚；1910年裁奉天巡抚。

明知他们不懂军事，偏要假以重任，以文制武，就是为了防止地方官员拥兵自重，形成地方割据势力。清代官场历来重文轻武，科举出身者经多年论资排辈，好不容易才熬到督抚，仍不免书生积习，轻视武事，朝廷寄予军权，却不屑于操持，"以不带兵为自便之计，亦且以不知兵为自脱之谋"①，且可避专擅之嫌。每有大的军事行动，都由朝廷从全国调集军队，特派经略大臣（或将军、钦差大臣）、参赞大臣指挥，吏部为其抽调随员，户部为其划拨军饷，以助其完成军事任务。督抚虽与他们品级相等，也不过是承号令、备策应而已。

更重要的是，当时清廷还具有一定的权威，足以统驭全国。在一般人看来，清廷掌握着全国的兵权，尚可维持社会的稳定；国库虽不算充盈，亦尚小有积蓄，即使用兵，军饷也不成问题，朝廷无需仰仗于督抚。在严密的政治体制下，督抚很难越雷池一步，他们虽然身膺疆寄重任，分治一方，对朝廷却常怀敬畏之心，对中央的诏令亦奉命惟谨。

太平天国起义爆发以后，这种情况很快即发生了变化。

一方面，督抚掌握了兵权。由于清王朝的正规军队八旗、绿营腐败至极，不能承担镇压农民起义的责任，遂使湘淮军代之而起。湘淮军之招募，将必亲选，勇必自招。大帅选统领，统领选营官，营官选弁勇；结果是弁勇只知有营官，营官只知有统领，统领只知有大帅。各有统属，系统分明，"上下相维，将卒亲睦，各护其长。其将死，其军散；其将存，其军完"②。且因军饷系由大帅自筹，更使全军将士视其为衣食父母，开创了清代兵为将有之先例。待湘淮军将领凭借军功升任督抚后，他们不但懂得军事，而且麾下有兵，与此前督抚的"以文制武"已截然不同。朝廷因其功勋卓著、手握兵符，凡事都会宽容几分，更不要说轻易罢免他们了。

另一方面，督抚控制了饷权。太平天国起义爆发之初，清政府仍按惯例从各省调兵镇压，由户部拨解军饷，由中央控制着兵权和饷权。但仅仅过了两年半时间，户部拨饷已达 2 963 万余两，库存白银只剩下 22.7 万余两。自此，清朝中央政府再也拿不出镇压各地农民起义的军费了，只好转而从地方上筹措军饷。过去，带兵打仗的军事统帅依仗朝廷的权威，可以驱策地方督抚为他们提供各种服务；现在，他们要在地方筹饷就不得不求助于督抚，

① 《胡林翼集》第二册，岳麓书社 1999 年版，第 631 页。
② 《湘军志·湘军志平议·续湘军志》，岳麓书社 1983 年版，第 163 页。

反而需仰当地督抚的鼻息行事。未任督抚前，曾国藩尝以其亲身经历痛陈筹饷之艰难：

国家定制，各省文武黜陟之权，责成督抚。相沿日久，积威有渐。督抚之喜怒，州县之荣辱，进退系焉。州县之敬畏督抚，盖出于势之不得已。其奉承意旨，常探乎心之所未言。臣办理军务，处处与地方官相交涉。文武僚属，大率视臣为客，视本管上司为主。宾主既已歧视，呼应断难灵通。防剿之事，不必尽谋之地方官矣。至于筹饷之事，如地丁、漕折、劝捐、抽厘，何一不经由州县之手？或臣营抽厘之处，而州县故为阻挠；或臣营已捐之户，而州县另行逼勒。欲听之，则深虑事势之窒碍；欲惩之，则恐与大吏相龃龉。钱漕一事，小民平日本以浮收为苦，近年又处积困之余。自甲寅冬间，两路悍贼窜入江西，所在劫掠，民不聊生。今欲于未经克复之州县征收钱漕，劝谕捐输，则必有劲旅屯驻，以庇民之室家，而又或择良吏，以恤民隐。或广学额，以振士气。或永减向日之浮收，或奏豁一年之正课，使民感惠于前，幸泽于后。庶几屡捐而不怨，竭脂膏奉公上而不以为苦。然此数者，皆巡抚之专政。臣身为客官，职在军旅，于劝捐扰民之事，则职分所得为。于吏治、学额、减漕、豁免诸务，则不敢越俎代谋。纵欲出一恺恻详明之告示，以儆官邪而慰民望，而身非地方大吏，州县未必奉行，百姓亦终难见信。①

又如江南大营军饷依赖于苏、浙、赣三省，三省情况紧急，督抚一纸公文，则必须分兵救援，否则饷源一断，士兵即有可能哗溃。太平天国忠王李秀成等人正是抓住了这一弱点，派兵间道袭破杭州，调动了江南大营的兵力，然后才得以二破江南大营的。

曾国藩未任督抚前，自咸丰三年九月至十年四月6年半一共才报销湘军饷费450余万两；而出任两江总督后，自咸丰十年五月至同治四年五月5年即报销了2 450余万两。他前7年督师无功，常有败绩；后5年即攻克南京，基本平定太平天国占领的区域，饷源之盈绌乃是重要原因之一。

同时，督抚侵削了两司职权。督抚既掌握了兵权，又立有功勋，连朝廷都要退让三分，昔日借以牵制督抚的布政使和按察使哪里还敢与他们分庭

① 《曾国藩全集·奏稿》，岳麓书社1987年版，第864—865页。

抗礼？于是，督抚侵越两司职权的事件时有发生。晚清湖南名士王闿运说："湘军日强，巡抚亦日发舒，体日益专，至庭见提、镇，易置两司，兵饷皆自专。"湖南巡抚骆秉章表现得相当充分。"知县黄淳熙方在告，秉章躬造其馆起之，下檄令知湘乡，不由藩司。"过去委任州、县官例由布政使悬牌公布并饬知本人，当时的湖南布政使文格见其公然违背常例，非常吃惊，内心十分不满，却也无可奈何。过去各省财政皆由布政使主管，骆秉章"榷商贾货厘，设厘金局，自为收支，以裕麟总之，藩司列衔画行，莫能问其数"①。胡林翼任湖北巡抚期间亦置此定例于不顾，另行设立湖北总粮台以经理全省财政。骆秉章是广东花县（今广州市花都区）人，因任湘抚而忝列湘系，并非湘军将帅出身，居然敢于如此专擅，湘军将帅一旦位至督、抚，就更不用说了。仓景恬任湖南按察使时，因巡抚恽世临大权独揽，竟不能行使自己的职权，只得饮泣吞声，未几即称辞职回籍。②甚至连曾国荃的部将陈湜任山西按察使时，也因不能行使职权而愤欲辞职。可见，两司已经完全成了督抚的下属，哪里还谈得上什么"牵制"？康有为评论道："昔者布政、按察实为一省长官，其印为方，其衔曰使，于例本可专折奏事者也。惟累压于督抚威积之下，岂惟不敢上奏乎，乃至不敢贻书政府。夫以两司为使者之尊，位冠全省百僚，府州县厅为所牌遣，而抑屈不得少行志意如此，况其下焉者乎。"③

胡林翼画像

湘淮系集团的崛起，还在一定程度上改变了满汉官员的比例。以督抚为例：清政权虽然规定中央各主要政府部门的负责人满、汉各占一半，但握有地方实权的督抚却不愿轻易授予汉人。道光以前，8位总督中汉人一般只占2—3位，很少有超过4人的现象。而1865至1875年间先后任总督的满人只有官文、

① 《湘军志·湘军志平议·续湘军志》，岳麓书社1983年版，第1、9、10页。
② 参见仓景恬：《静叟自述》，北京图书馆藏未刊稿本。
③ 谢遐龄编选：《变法以致升平：康有为文选》，上海远东出版社1997年版，第502页。

瑞麟、英桂、英翰4位，每年在位者仅1至2人；1876至1884年间除裕宽署理两广总督不到半年、裕禄署理两江总督尚未到任即于8天后改由曾国荃署理外，即再无任总督之满人了；1885至1889年间满人仅有裕禄一人任湖广总督；1890至1893年间无满人任总督。15位巡抚以前通常满、汉各半；1863年满人仅两位；1864至1865年无满人；1866至1875年满人仅英翰、裕禄先后任安徽巡抚；翌年增加文格任山东巡抚；此后至1884年满人一直为2至3人；1885至1890年始增至4至5人。①

这种变化表明满族统治者出于现实的需要，不得不放松了压抑、排斥汉族官员的政策。满洲贵族中也有不少人开始重视汉人的才能，主张重用汉人。咸丰年间曾任武英殿大学士、大臣的文庆尝坦诚地说："欲办天下大事，当重用汉人。彼皆从田间来，知民疾苦，熟谙情伪。岂若吾辈未出国门一步，懵然于大计者乎？"所以他"平时建白，常密请破除满汉藩篱，不拘资地以用人"②。

督抚权重与汉族督抚大员的增加对晚清政局产生了重要影响。

首先，由于汉族官员相对于满族贵族而言，比较容易接受新事物。湘淮军将帅在镇压太平天国的过程中，很快认识到了洋枪洋炮的威力。部分地方督抚手中掌握着军队，也促使他们对学习西方的先进军事技术产生了深厚的兴趣。他们由购买洋枪洋炮、聘用洋军事教练开始，进而自办近代军事工业，生产轮船、枪炮，拉开了中国军事近代化的帷幕。尽管中国军事近代化的进程是缓慢的、浅层次的，但仍需要握有一定兵权、财权的人才能够进行，这不能不说是汉族督抚权重带来的结果。

其次，以镇压太平天国起家的湘淮军将帅初任督抚多在风气较为开化的东南各省，易于受到欧风美雨的影响，曾国藩、李鸿章、左宗棠等人在长期的军事生涯中加深了对洋人"船坚炮利"与强敌凭陵局势的认识，因而萌发了学习西方、引进先进技术的思想，是他们倡导了洋务运动。如果没有清朝中央政府的认可和默许，没有奕䜣等枢臣的支持和推动，洋务运动固然难以全面展开；而没有地方督抚权重之事实，则无人敢于倡始；若非督抚权重，也不一定会得到朝廷的许可。而诸如创办军事工业、兴办民用企业之类的洋务活动，若无握有实权的督抚为后盾，若无他们在经济上提供奥援，也难以

① 参见钱实甫编：《清代职官年表》第二册，中华书局1980年版，第1478—1493、1706—1730页。
② 丁凤麟、王欣之编：《薛福成选集》，上海人民出版社1987年版，第250页。

正常进行。洋务运动对于促成中国资本主义的产生，对于中国社会近代化的发轫，对于传统社会向近代的转型所具有的客观作用，在很大程度上也是依赖于督抚权重才得以实现的。

需要说明的是，通常地方权重就会对中央产生离心力，从而削弱中央政府的权威，最终形成地方与之对峙的割据局面，前代历史屡见不鲜。西晋的"八王之乱"与唐代的安史之乱与藩镇割据都是最典型的事例。但是晚清随着湘淮集团的崛起而出现的地方权重却并未导致割据局面。曾国藩、李鸿章或许会有拥兵自重的意识，但客观地说，他们都不曾有与中央抗衡的想法，忠于清室、勤于王事一直是他们做官的基本准则。正因为如此，晚清督抚权重虽然形成了"外重内轻"的政治格局，却始终没有超出清王朝中央集权统治的轨范。

七

“同光新政”与西学东渐

京师同文馆

第二次鸦片战争的“创巨痛深”，受到直接刺激的是清政府与官僚士大夫，“自强”一时成为统治集团内部的热门话题。于是洋务派拉开了中国向西方学习、对外开放的社会近代化帷幕，传统社会向近代的转型首先在器物层面展开，逐步扩大到制度层面。晚清社会的转型一开始就带有明显的被动性、屈辱性，而且终清之世都属于浅层次的，但其作为一个必经的初始阶段，对后来的影响是不可低估的，这也是它的重要意义所在。

“强兵经武”

英法联军撤离北京后不久，总理衙门大臣奕䜣、桂良、文祥即于 1861 年 1 月 21 日会衔奏称：“探源之策，在于自强，自强之术，必先练兵。现在抚议虽成，而国威未振，亟宜力图振兴，使该夷顺则可以相安，逆则可以有备，以期经久无患。”①他们最先提出了“自强”的口号，建议训练八旗禁军使用洋枪洋炮。

当年 8 月，曾国藩也奏称：“轮船之速，洋炮之远，在英、法则夸其所独有，在中华则震于所罕见。若能陆续购买，据为己物，在中华则见惯而不惊，在英、法亦渐失其所恃”；“购成之后，访募覃思之士、智巧之匠，始而演习，继而试造，不过一二年，火轮船必为中外官民通行之物，可以剿发逆，可以勤远略”②。

翌年 4 月，李鸿章率淮军刚到上海不久，即惊呼洋兵“落地开花炸弹真神技也”③；“其大炮之精纯，子药之细巧，器械之鲜明，队伍之雄整，实非中国所能及”；并“深以中国军器远逊外洋为耻”④。

在这种思想认识基础之上，他们开始萌发了洋务思想，积极倡导引进西

① 《筹办夷务始末》咸丰朝卷七十二，续修四库全书本，第 11 页。
② 陈国庆、张克平编注：《曾国藩全集》，西北大学出版社 1994 年版，第 477 页。
③ 《李文忠公全集》朋僚函稿卷一，第 20 页。
④ 《李文忠公全集》朋僚函稿卷二，第 46—47 页。

方的先进技术，在同治、光绪年间陆续举办了一系列近代化的事业，史称“同光新政”，现在通常称之为洋务运动。

洋务运动是由创办军事工业和编练新式军队肇始的。

1861年，曾国藩最先设立了安庆内军械所，延聘近代著名科学家李善兰、华蘅芳、徐寿等试制枪炮炸弹。由于没有机器设备，完全采用手工生产，虽然造成了“黄鹄”号小轮船，却“行驶迟钝，不甚得法”①。严格地说，安庆内军械所尚不属于近代军事工业。1863年，曾国藩派容闳前往美国采购机器，准备创办近代军事工业。

最迟在同治元年八月（1862年9月）以前，李鸿章即请华尔代“请外国铁匠制炸弹”。两个多月后，又请近代著名数学家李善兰“制成开花炮二尊”，并通过他雇请了“善制军器之西人一名”②。随后在上海附近设立了三所炸弹局，亦称洋炮局，分别由英国人马格里与丁日昌、韩殿甲主持，手工制作炮弹、短炮等以供淮军使用。马格里主持的炸弹局最初设立于松江，当年12月迁往苏州，旋即购买了一些机器，改称苏州洋炮局，成为中国第一家近代军事工业。

曾国藩、李鸿章于19世纪60年代初建立的这些军械所、炸弹局，首先是为了装备湘淮军，以镇压太平天国起义的。1864年湘军攻下南京后，各地起义已成强弩之末，洋务派官僚出于“目前之患在内寇，长久之患在西人”的认识③，投入了更多的人力、物力用于创办军事工业。甲午战争爆发以前，全国各地陆续开办的军事工业大大小小共有21家，其中较为重要的有：

（1）江南制造总局

1865年，李鸿章令丁日昌出面买下了位于上海虹口的美商旗记铁厂，将他与韩殿甲主持的两所洋炮局与其合并，成立江南制造总局。稍后，容闳由美国买回来的机器也并入了该局。1867年，该局迁至上海城南的高昌庙，占地70余亩，雇用工人2 000余名，成为当时国内最大的兵工厂。江南制造总局创办经费共54.3万两白银。常年经费初由淮军军需项下筹拨，每月约一万两；后改由江海关关税中拨给，平均每年约66万两。④该局产品起

① 曾国藩：《曾文正公全集》奏稿卷二十七，第7页。
② 《李文忠公全集》朋僚函稿卷一，第54页；卷二，第39页。
③ 参见《李文忠公全集》朋僚函稿卷四，第17页。
④ 参见孙毓棠：《中国近代工业史资料》第一辑上册，第309—311页。

先主要为枪支、弹药、大炮、轮船，1885 年后停止造船，19 世纪 90 年代初建成炼钢厂，自行冶炼、轧制钢材。

江南制造总局

(2) 金陵机器局

1865 年李鸿章署理两江总督，将苏州洋炮局迁至南京雨花台，并加以扩充，改名金陵机器局。该局经费起初亦由淮军军饷内分拨，每年约 5 万两；19 世纪 70 年代末改由江海关等处拨给，增至每年 10 万两；80 年代再增至 11 万两。金陵制造局主要生产大炮和弹药，产品质量较差。1875 年，该局生产的两门大炮在大沽炮台试放时发生爆炸，炸死炸伤 18 人。李鸿章令马格里亲自试放，也同样发生了爆炸，遂将其撤职，此后该局即不再雇用洋匠。

(3) 福州船政局

1866 年，闽浙总督左宗棠在福州马尾罗星塔创办福州船政局，又名马尾船政局，聘用法国人日意格、德克碑为正副监督，自行制造轮船。是年 9 月，左宗棠调任陕甘总督，推荐前江西巡抚沈葆桢担任总理船政大臣。该局创办经费 40 余万两，由闽海关支付。常年经费由闽海关每月拨给 5 万两，一度由福建茶税项下每月拨给 2 万两作为“养船经费”。1869 年 6 月，该局生产的第一艘轮船“万年青”号下水，至 1874 年造成轮船 15 艘后，辞退了日意格等法国人，改由中国人自办。自 19 世纪 70 年代末起，闽海关拨款积欠日多，导致生产萎缩，1874 至 1895 年仅造成轮船 20 艘。尽管福州船政局生存维艰，其造船技术仍渐有提高。起初只能制造 150 匹马力的木壳船，至 80 年代已能制造铁甲船，所制轮船最高已达 2 400 马力。

福州船政局

（4）天津机器局

1867 年，三口通商大臣崇厚建立天津机器局，聘请英国人密妥士代为购买机器、雇用工匠，并任总办。该局初设于城东贾家沽，称东局；继于城南海光寺设分厂，称西局。开办经费共 20 余万两，常年经费平均每年 30 余万两，由津海关和东海关拨给。1870 年李鸿章调任直隶总督后，接管了天津机器局，大力加以整顿、扩充。隔年，辞退了密妥士与一些“技艺未精之洋匠”[1]。东局主要生产火药与子弹，西局主要制造军用器具与配件，共雇用工人 2 600 多人。1870 年代中期，该局一度制成后膛枪，旋因成本过高而停产。19 世纪 90 年代初增建炼钢厂，1893 年正式投产。

① 《李文忠公全集》奏稿卷二十，第 12 页。

天津机器局

(5) 湖北枪炮厂

1888年，两广总督张之洞着手在广州筹建规模较大的枪炮厂，电请驻德公使洪钧代为订购机器，已经选定了厂址，却于次年调任湖广总督，遂将该厂移往湖北，重新在汉阳大别山麓择定厂址。为了建成该厂，张之洞于广东筹措了捐款80余万两①，至湖北后又筹得捐款20万两②，作为开办经费；并奏请将湖北土药税与行销湖北的川盐、淮盐加价每年共30余万两作为该厂的常年经费。但由于他先后将该厂经费130余万两挪作他用，湖北枪炮厂迟至1894年6月始全部建成，随于7月发生火灾，待将焚毁的厂房、机器修复，直至次年3月才开始投产。

洋务派创办的军事工业，完全采用官办的垄断方式。经费主要由官府筹拨，张之洞为湖北枪炮厂筹集的捐款也不属于私人投资。产品不投入市场，而是由清政府调拨给各地军队使用，起先一般不计算成本与价格。19世纪80年代以后，由于各局厂经费支绌，各省订造兵船往往要支付半价的"协款"，调拨军火有时也要解还部分价银，但这些款项仍然来自官府。

从体制上说，官办的军事工业不是独立经营的企业，而是清朝地方政府的附属机构。各局厂的总办、会办、提调、委员、司事等管理人员都要由所在省份的总督、巡抚委任，有些还要上报清政府批准，例由各级候补官员充任，他们很自然地把这些局、厂办成了封建衙门。洋务派官僚为了长期控制某

① 参见《张文襄公全集》卷一三四，第6页。
② 参见《中国近代工业史资料》第一辑上册，第549页。

些局厂，也竞相向其中安插亲信、位置私人，遂使各局厂普遍出现机构臃肿、冗员充斥的现象，甚至有一些挂名支取薪俸、从不到职任事的职员。各局厂如同官场一样腐败，经营盲目，管理混乱，生产效率极为低下。大多数局厂每年的经费支出中，薪水、工食、修建、办公等项费用都要占一半以上，个别局厂在某些年份仅各类人员的工薪一项即约占其额定经费的80%。本来就严重不足的经费还要大量地消耗于非生产性的开支，哪里还能拿出多少钱来添购机器设备和原料、燃料，于是必然要使生产陷于停滞状态，情况严重者便会导致生产萎缩。不合理的经费使用状况还极大地加重了生产成本，各局厂制造的枪炮轮船，质量远不及西方国家的新式产品，成本却大大高于国际军火市场的价格。

然而，这些近代军事工业普遍采用了机器生产，尽管各局厂机械化程度并不是很高，生产过程中仍需要大量采用手工劳动，但机器毕竟是当时最先进的生产力，毕竟隶属于近代大工业生产方式，它不仅是人类社会近代化的重要动力，而且它本身就是人类社会近代化的主要标志之一。近代军事工业还普遍实行了雇佣劳动制度，虽然少数局厂短时间内存在着“工匠不令随意去留”或对部分工人实行军事管理等超经济强制现象，而各局厂中的大多数工人都是可以自由出卖劳动力的雇佣劳动者，他们的劳动报酬基本上是依据技术高低、工时长短、劳动强度大小而决定的，这是典型的资本主义生产关系。

洋务派创办的近代军事工业，不仅自身明显地带有部分资本主义性质，拉开了中国社会近代化的帷幕，而且打开了一大批中国人的眼界，为资本主义民用企业的产生开通了社会风气。

还在兴办近代军事工业之先，洋务派就开始了编练新式军队的活动。就其主要目的而言，创办军事工业也是为了编练新式军队的便利。由于奕䜣、文祥等人的奏请、清政府于1862年选派京畿八旗兵至天津组成洋枪队，聘用英法军官加以训练，上海、广州、福州等地亦曾仿效之。1864年，京师神机营设立“威远队”，演习洋枪洋炮和洋操。曾国藩部湘军早在19世纪50年代已开始购用洋炮，60年代初曾国藩明确提出要大购船炮，但湘军将士思想相对保守，甚至不愿使用后膛枪炮，对武器装备的更新力度不大。左宗棠部湘军1862年在浙江即组建了洋枪队，1867年被调往西北后，还派专人驻上海采购洋枪洋炮。左宗棠先后设立西安机器局、兰州机器局制造军火，也为所部提供一些新式的装备。

早期西化程度较高的是淮军，1862 年李鸿章率领淮军抵达上海后，很快就认识到了洋枪洋炮的威力，在积极扩充淮军的同时，还利用当地的充足饷源和便利条件，大力购买洋枪洋炮以装备淮军，果断地将淮军营制由每哨下辖两个抬枪队、两个小枪队、四个刀矛队，改为下辖两个劈山炮队、六个洋枪队，还建立了独立的洋炮队。鉴于江南大营和春、张国梁部虽有洋枪，却因未加操练而终至溃败，又聘请外国人做教习，帮助操练淮军。至 1865 年底，淮军不仅由最初 6 500 余人猛增到 5 万余人，而且全部配备了洋枪洋炮，还另外组建了 6 营炮兵①，成为当时清王朝战斗力最强的部队。19 世纪 70 年代后期，李鸿章又开始为淮军更新武器装备，换上了新式后膛枪和德制克虏伯后膛钢炮。90 年代初，淮军又开始换用连发枪。同时，李鸿章还聘用外籍教官、开办军事学堂、派员赴德国留学，以培养淮军中下级军官，提高淮军的军事技能。但是，由于淮军各部装备不统一，造成了弹药补给的困难，加之官兵整体素质较差，缺乏近代战争意识，士气普遍低落以及作战指挥不力等致命缺陷，遂导致了在甲午战争中的全面溃败。

中法战争后，张之洞于 1885 年从广东清军中挑选弁兵 2 500 人，仿照湘淮军营制，编成广胜军 5 营，并为之配备了德制新式枪炮，聘用德籍教官，采用西法训练。甲午战争期间，张之洞于 1894 年 11 月署理两江总督，又仿照德国营制，聘用德籍军官担任统领、营官、哨官，编练了一支自强军。该军分为 13 营，包括步兵 8 营、骑兵 2 营、炮兵 2 营、工程兵 1 营，共 2 860 人。士兵由江苏、安徽两省乡民中挑选，年龄在 16 至 20 岁之间，且须经西医体检合格。这是中国最先采用多兵种混合编制的新型军队。1896 年春张之洞回任湖广总督后，仍继续在湖北编练新军，至 1902 年，又编练成 7 000 余人的湖北常备军。

1894 年 11 月，清政府令胡燏棻至天津小站募练新军，很快练成定武军 10 营共 4 750 人。次年 12 月，袁世凯接替胡燏棻主持小站练兵事宜，将该部扩充至 7 000 余人，改名新建陆军。这也是一支仿照德国营制编练的多兵种混合的军队。袁世凯升任直隶总督后，于 1902 年练成北洋常备军一镇约 1.25 万人。

1903 年，清政府设立练兵处，以庆亲王奕劻为总理大臣，袁世凯为会办大臣。次年，练兵处制订了新军编制，计划在全国编练新军 36 镇，每镇由步

① 参见周世澄:《淮军平捻纪》卷十一，第 3 页。

兵2协，骑兵、炮兵各1标，工程兵、辎重兵各1营组成，额定官兵12 512人。袁世凯很快于1905年练成了北洋新军6镇，张之洞也于1906年练成了湖北新军1镇和1个混成协，直至清王朝被推翻之前，全国总共只练成了新军14镇又18个混成协，约17万人。

在编练新式陆军的同时，洋务派还创办了近代海军。1861年夏，奕䜣等建议朝廷购买轮船，组成舰队，以便由水路进攻太平军。曾国藩称赞此举"可以剿发逆，可以勤远略"，"为今日救时之第一要务"①。随后，由回国休假的英籍中国海关总税务司李泰国代为从英国购买7艘兵船，聘用英国海军大佐阿思本为舰队统领，招募外国海军官兵600余人，于1863年驶抵中国。由于李泰国企图通过阿思本控制该舰队，曾国藩、李鸿章等表示强烈反对，清政府很快又将该舰队遣返英国解散。

1874年，日本侵略台湾，海防之议兴起。前任江苏巡抚丁日昌草拟《海洋水师章程》6条，建议设立北洋、东洋、南洋三支海军，各置提督一人，分驻天津、吴淞、南澳，分段负责沿海防务；每支海军配备大兵舰6艘、炮艇10只，每半年会操一次，"三洋联为一气"。总理衙门以清廷财政困难，奏请"先就北洋创设水师一军，俟力渐充，就一化三，择要分布"②。1875年5月，清政府令两江总督沈葆桢与李鸿章分别督办南北洋海防事宜，每年由粤、闽等地海关与江、浙等6省厘金项下拨解白银400万两作为海防经费，南北洋各半。起初，沈葆桢主动提出将该款全部解交北洋，1878年又要求将一半拨归南洋。由于各省拨款多不到位，前三年总共"实解不过二百万，是每年仅得数十万两"③。筹建海军工作前期进展缓慢。

中法战争后，清政府总结战争的教训，认为"陆路各军屡获大胜，尚能张我军威"，只是水师太不得力，于是决定："当此事定之时，惩前毖后，自以大治水师为主"④。1885年10月成立海军衙门，任命醇亲王奕譞为总理海军事务大臣，奕劻与李鸿章为帮办，善庆和曾纪泽为会办。此后，海军一度发展较快。甲午战争以前，各地先后组建过四支近代海军。

广东水师共有轮船20余艘，除19世纪60年代向英、法购买的几艘小轮船外，其余的大部分是由广东机器局和黄埔船坞自行制造的，船身较小，

① 《曾文正公全集》奏稿卷十四，第11、10页。

② 中国史学会主编：《洋务运动》(一)，上海人民出版社1961年版，第146页。

③ 《李文忠公全集》奏稿卷二十九，第50页。

④ 中国史学会主编：《洋务运动》(二)，上海人民出版社1961年版，第560页。

根本不能出海作战。仅80年代后由福州船政局代造的广甲、广乙、广丙等快船可在大洋助战，还于甲午战争前被调往北洋，在战争中被击沉或被俘。

福建水师共有船舰约20艘，其中仅有几艘小轮船是19世纪60年代从英、美等国购买的，大部是福州船政局自造的，排水量一般在1 000至1 500吨之间，战斗力很弱。中法战争期间马江一战，福建水师的主要船舰几乎全被击沉，战后虽曾续购两船，但已难于成军了。

南洋水师船舰总数约23艘，其中9艘购自外国，14艘由国内自造，江南制造总局、福州船政局各造7艘。从德国购买的南深、南瑞与福州船政局制造的"开济"、"镜清"、"寰泰"等舰，排水量均达2 200吨，战斗力虽然较前两支水师要强得多，但总体上还是相当有限的。

北洋水师共有船舰25艘，大部分购自英、德两国，仅少数几艘由国内制造。1879年，李鸿章在天津设立水师营务处，负责处理北洋水师日常事务。1881年任命淮系将领丁汝昌为北洋水师提督。1888年，海军衙门制定了《北洋海军章程》，确定了人员编制，规定每三年会操一次，标志着北洋海军正式成军。当时，北洋海军拥有2 000吨以上的主力舰7艘，总排水量达2.747万吨，超过日本舰队近一倍。其中，"定远"、"镇远"两艘铁甲舰达7 300余吨，是远东最大的战船。李鸿章还先后在大沽、旅顺、大连、威海卫等地建造船坞，修筑炮台，营建海军基地；陆续设立了几所水师、水雷、鱼雷、驾驶、管轮学堂，以培养海军人才；聘用英、德等国军官担任教习，训练北洋海军官兵。但是，北洋海军自1888年起即未再购置军舰，1891年后，由于海军经费被挪用于修建颐和园，连购买枪炮弹药也停止了。而同期日本锐意扩建海军，添购了12艘军舰，海军舰艇总排水量增加到3.722 2万吨，实

北洋水师"定远"号、"镇远"号铁甲舰

力远远超过了北洋海军，结果北洋海军在甲午战争中惨遭覆灭之命运。

甲午战争后，清政府又向德国订购了“海容”、“海筹”、“海琛”等舰，向英国订购了“海天”、“海圻”等舰，于1899年任命叶祖珪为北洋水师统领。20世纪初，清政府除继续向英、德、日等国买船外，还由福州船政局、从江南制造总局分出的江南船坞和稍后成立的扬子江造船公司、胶州船坞自造了一批舰艇。1907年于陆军部内附设海军处，1909年成立筹办海军事务处，次年正式设立海军部，将南北洋各舰艇分编为巡洋舰队和长江舰队。辛亥革命期间，上海、镇江、汉口等地海军先后反正，曾配合江浙联军攻占南京。

“寓强于富”

早在同治二年(1863)，李鸿章等人即对中国的贫穷有了深切的感受，慨叹：“中国无处不穷，令人气短”；中国“不患弱而患贫”①。造成中国贫穷的最主要原因，一是西方资本主义国家的掠夺，二是中国封建生产方式的落后。李鸿章对此先后有了明确的认识。19世纪60年代，他看到：“长江通商以来，中国利权操之外夷，弊端百出，无可禁阻。”②惊呼：“利权全夺，血脉将日枯矣!”③70年代，他已弄清了“贫”与“弱”的关系，指出：“中国积弱由于患贫。”了解到：“西洋方千里数百里之国，岁入财赋动以数万万计，无非取资于煤铁五金之矿，铁路、电报、信局、丁口等税”，是以才能日趋富强。因而主张：“早图变计，择其至要者逐渐仿行。”④希望能够“寓强于富”。于是打出了“求富”的旗号，开始兴办近代民用企业。

同时，西方资本主义的入侵，加速了封建自然经济的解体，促进了城乡商品经济的发展，形成了较为广阔的商品市场和劳动力市场；部分饶有家产的买办、商人、官僚、地主在外资企业巨额利润的诱导下，产生了投资新式企业的欲望，于是中国的资本主义于19世纪六七十年代问世了。

中国资本主义的产生，可以明显地区分为两大部分，其一是洋务派官僚倡办的以官督商办为主要形式的近代民用企业，其二是民间自行创办的纯粹的商办企业。

---

① 《李文忠公全集》朋僚函稿卷四，第17、22页。
② 《李文忠公全集》朋僚函稿卷三，第12—13页。
③ 《李文忠公全集》朋僚函稿卷七，第24页。
④ 《李文忠公全集》朋僚函稿卷十六，第25页。

洋务派兴办民用企业始于19世纪70年代初，至90年代中期，共约办成了20余家，其中影响较大的有：

(1) 轮船招商局

为了打破外资轮船公司垄断我国沿海和长江中下游航运业的局面，李鸿章于1872年令朱其昂筹组轮船招商局，初拟领用江南制造总局和福州船政局制造的轮船，以船价折为官股，采取官商合办形式。朱其昂很快发现沪、闽两局并无商船可领，遂改为官督商办，李鸿章从直隶练饷局拨借官款13.5万两作为开办经费。

轮船招商局

朱其昂招股无着，又不善经营，次年李鸿章委派唐廷枢为轮船招商局总办，徐润等为会办，重新拟定局规和章程，计划招股100万两，规定：主持局务的商总和商董由股东推举，报北洋大臣李鸿章处备案，股票“不准让与洋人”，各项业务俱按照“买卖常规”办理。此后，该局经营很快便大有起色。1874年，轮船招商局募集了股金47万余两。1877年，以222万两的价格兼并了美商旗昌轮船公司。1881年，募足股本100万两，次年又增募了100万两。该局面值100两的股票在市场上的售价一度上涨到200两。

中法战争前夕，上海发生金融恐慌，唐廷枢、徐润挪用局款事暴露，被迫离局。李鸿章于1885年改派盛宣怀为督办、马建忠等为会办。盛宣怀再次改订章程，加强了官督的职能，削弱了商办的色彩，该局业务受到影响，再未获得较大发展。

(2) 开平矿务局

1876年，李鸿章派唐廷枢赴唐山开平一带勘察煤铁矿资源，采集的矿石经化验证明品质甚好，极具开采价值，李鸿章遂令唐廷枢负责筹办该矿。次年8月，正式成立官督商办的开平矿务局，当年募得股金20万两，1882年募足100万两。为了解决运输困难，矿局在芦台至胥各庄之间开挖了一条长约70里的"煤河"，在唐山至胥各庄之间修筑了长约15里的轻便铁路，为免招致顽固派的反对，起初用牛马拖拉煤车。为了"恤华商而敌洋煤"，李鸿章奏请朝廷批准，将开平产煤应纳税银由每吨0.672两减为0.1两。

开平煤矿

1881年开平煤矿投产，当年产煤3 600余吨，次年增至3.8万余吨，此后产量逐年上升，至1889年已达24.7万余吨，并迅速占领了天津市场，1881年天津进口洋煤1.7万余吨，至1886年已减为301吨，面值100两的开平股票在上海的售价曾高达240多两。1886年，成立开平铁路公司，将唐胥铁路展筑至芦台附近的阎庄。随后，开平铁路公司改组为中国铁路公司，再将该路经塘沽续修至天津。甲午战争爆发前，该路又由唐山一端修至山海关外的中后所。

1892年，唐廷枢病逝，张翼继任矿局总办，开平煤矿的经营管理每况愈下。

(3) 电报总局

1879年，李鸿章在天津至大沽之间试架电线，效果良好，决定大力兴办。1880年，在天津设立电报总局，委派盛宣怀为总办、郑观应等为会办，由北洋军饷项下垫支湘平银17.87万两，于次年架设津沪电线。1882年，电报总局改为官督商办，募集股银8万两，归还官本6万两，并承诺5年后再分年归还2万两，其余部分以清朝中央与地方政府的官报费划抵，全部还清后，官报亦不收费。

19世纪80年代，电报总局先后架设了由上海经广州至广西龙州、由上海至汉口再经四川泸州通往云南蒙自、由天津经山海关至旅顺口、由天津至北京、由营口经吉林分别通往珲春和大黑河屯(今黑龙江省爱辉县)的电线。1890年代初，又架设了由保定经太原、西安、兰州至乌鲁木齐，再分别通往喀什噶尔和伊犁的电线。其中大部分是由该局自行经营的，也有少数线路是代官方架设的。

1884年，电报总局由天津迁至上海。是年，所欠官款已全部还清，恰值中法战争爆发，官报剧增，商报锐减，电局赔累不堪。1887年，经清政府批准，所有官报收取半费，才渐转亏为盈。

(4) 上海机器织布局

19世纪70年代后期，李鸿章先后派魏纶先、彭汝琮等筹办机器织布事宜，皆未见成效。1880年，再派郑观应等续办。郑观应等拟定章程，招集商股50万两，正式成立官督商办的上海机器织布局，一面在杨树浦购地建厂，一面派人赴美国选购机器，并由李鸿章奏准："十年以内，只准华商附股搭办，不准另行设局"；该局生产的布匹，在上海销售，全部免税；运销内地，仅"在上海新关完一正税，概免内地沿途税厘"①。

1883年的上海金融危机中，织布局受到牵连，郑观应被粤东防务大臣彭玉麟调往广东。此后数年间，该局人事变动频繁，筹建工作陷于停顿状况。90年代初，李鸿章又先后派马建忠、杨宗瀚主持局务。1890年上海机器织布局部分投产，次年厂房全部竣工，1893年第一次分配了25%的股息。旋于当年10月遭受火灾，全厂付之一炬。李鸿章改派盛宣怀赴沪清理该局

① 《李文忠公全集》奏稿卷四十三，第44页。

资产，盛宣怀重新招股100万两，成立华盛机器纺织总厂，计划在上海、宁波、镇江等地设立10个分厂。至1894年9月，华盛总厂已部分投产，另外还设立了华新、裕源、裕晋、大纯4个分厂。

洋务派创办近代民用企业有官督商办、官商合办、官办三种方式，其中官督商办企业占大多数。所谓官督商办，一重含义是商人集股创办，商人自行经营，“所有盈亏，全归商认，与官无涉”①。企业的投资者转变成为中国最早的一批资产阶级，各局厂的总办、会办基本上都是企业的大股东，各项主要业务均属商品生产性质，生产或经营的直接目的就是为了赢利，从而决定了这些企业的资本主义性质。官商合办或官办企业的资本主义性质显然要稍逊于官督商办企业。官督商办的另一重含义是“由官总其大纲，察其利弊”②，并予以必要的保护和扶持。官督商办企业多数是由洋务派官僚派员募股筹建的，少数甚而由他们垫支官款先行试办，然后招商承领的。没有他们的大力倡导，新式企业很难获得清政府的批准或承认，即使勉强成立，也随时会遭到封建顽固势力的摧残。官督商办企业在创办和经营过程中面临资金短缺等困难时，洋务派往往及时地筹措垫款或借款，帮助它们渡过难关。官督商办企业办成投产之际，洋务派官僚还要为它们减免税厘或给以经营上的专利权。这些优惠待遇，保护了新生的资本主义经济，加强了官督商办企业与洋商竞争的能力。官督商办是当时社会历史条件下的必然产物，是早期中国资本主义发生、发展的较好途径。

官督商办企业在享受洋务派官僚提供的优惠政策时，有时也要付出一定的代价。它们必须随时满足清政府的特殊需要，如：轮船招商局要优先为清政府运送军队和军火，电报总局要优先拍发有关军务、洋务的“头等官报”，收取运费、电报费时都得打折扣。封建统治阶级还经常向官督商办企业勒索“报效”，最常见的是摊派赈灾款项和对各级官吏乃至皇室的贿赂，据统计，1884至1911年间，仅轮船招商局和电报总局给清政府的报效即达350万两，从而大大加重了企业的负担。官督商办企业的督办、总办、会办须经洋务派官僚札委，洋务派官僚任意安插私人，使企业内部人浮于事，互相争权夺利。一旦用人不当，还会造成企业的停滞、萎缩、

① 《李文忠公全集》奏稿卷二十，第33页。
② 《李文忠公全集》译署函稿卷一，第40页。

衰亡。

洋务派倡办近代民用企业，在很大程度上是着眼于“敌洋产而杜漏卮”的。[①]轮船招商局创办10余年间，“中国商民得减价之益，而水脚(即运费)少入洋商之手者奚止数千万，此实收回利权之大端”[②]；开平所产之煤很快取代了天津市场上的洋煤；电报总局的成立粉碎了列强包揽中国电讯业的企图，这些企业确实取得了“渐收利权”的效果。但它们势必要受到外国资本主义侵略势力的敌视，以致于上海机器织布局遭受火灾时，租界的外国消防队居然坐视不救。洋务派创办的近代民用企业在机器设备、生产技术、管理经验乃至资金周转等方面又往往依赖于外国资本主义。为了挽回民族权益，它们与外资企业进行了激烈的竞争，却又因实力不足而不得不经常与外资企业妥协。

在洋务思潮的影响下，同时也出现了完全商办的资本主义企业。纯粹商办的企业最先诞生于19世纪60年代末，至甲午战争爆发时，陆续出现了100余家(不含采矿业)，资本总额约500余万元，主要分布情况如下：

机器修造业：1869年，方举赞等在上海虹口创办的发昌机器厂开始使用车床，成为近代企业，70年代生产有了较大发展，主要制造轮船、车床、汽锤等机器，是当时规模最大的民族机器工业。此后，上海又先后建立了八九家机器厂。

缫丝业：1872年，华侨商人陈启沅在广东南海县设立继昌隆缫丝厂，以蒸汽机为动力，雇用六七百人，产品行销国外。80年代初，该地的缫丝厂增至10家，至90年代中期，邻近的顺德县建立了35家缫丝厂。上海自1881年黄佐卿投资10万两设立公和永缫丝厂，至1894年又有五六家丝厂陆续问世，其中坤记丝厂投资额达24万两。

面粉业：1878年，朱其昂在天津设立贻来牟机器磨坊，雇用10余人，每年获利六七千两。后来，上海、福州、北京都有人设立过面粉厂。

火柴业：1886年，杨宗濂、吴懋鼎等集资1.8万两，设立“天津自来火公司”(即火柴厂)，1891年投产后遭受火灾，又公开招股，将资本增加至4.5万两，继续开办。19世纪八九十年代，厦门、重庆、慈溪、上海、太原、广州等地陆续建有10余家火柴厂。

① 参见中国史学会主编：《洋务运动》(七)，上海人民出版社1961年版，第452页。
② 《李文忠公全集》奏稿卷五十九，第39页。

轧花业：1887年，严信厚投资5万两，在宁波设立通久源轧花厂，购置了40台轧花机，雇用三四百人，日夜开工。同期，上海另有3家轧花厂。

此外，纺织、造纸、印刷、制茶、制糖、制药、榨油、碾米、电灯、玻璃制造、木材加工等行业，这一时期都有采用机器生产的商办企业问世。这些商办企业从行业分布上讲，多数为轻工业，一般投资少，规模小；从地域分布上讲，主要集中于沿海、沿江的通商口岸，其中以上海为最多，广州、汉口、天津等地次之。

甲午战争后，洋务派创办新式企业的活动基本终结。由于《马关条约》中有准许日本在华设厂的条款，清政府对民间设厂制造已不再加以限制。随着民族危机的日趋严重，一些爱国人士发出了实业救国的呼声，激发了商办企业的热情。1895至1900年间创办的资本万元以上的商办企业共约104家，投资总额约2 300余万元。

这一阶段，发展最快的是棉纺纱业。1896年严信厚在宁波设立的通久源纱厂，1897年杨宗濂、杨宗瀚兄弟在无锡创办的业勤纱厂，庞元济在杭州开办的通益公纱厂，陆润庠在苏州设立的苏纶纱厂，1899年张謇在南通创办的大生纱厂，资本额都在30万元以上。规模最大的大生纱厂投资69.9万元，拥有纱锭2万余枚。

其次是缫丝业，广东、江苏、浙江、上海6年间新设丝厂46家，苏州的吴兴缫丝厂和上海的振纶、顺记、仁昌缫丝厂投资额都高达55万元以上。

此外，面粉、火柴、轧花、碾米、榨油、制茶、印刷、电灯、机器修造、木材加工等行业的近代企业都有不同程度的发展；酿酒、卷烟、制革、织呢、服装等行业开始采用机器生产。其中，较有影响的企业有：1895年华侨商人张振勋在烟台创办的张裕酿酒公司；1897年叶澄衷等在汉口设立的燮昌火柴厂、章惕斋在芜湖设立的益新面粉厂、夏粹芳等在上海创办的商务印书馆；1898年祝大椿在上海设立的源昌碾米厂、吴懋鼎创办的天津硝皮厂；1900年孙多森在上海开办的阜丰面粉公司，等等。

20世纪初，清政府推行"新政"，鼓励民间兴办工商业，激发了绅商阶层投资近代企业的积极性；资产阶级掀起一系列反帝爱国运动，在抵制帝国主义经济侵略的同时，也为民族资本主义的发展营造了较为有利的环境。1901至1911年间，全国新设厂矿约340家，资本总额达1亿两以上。其中商办企业数约占80%，投资额约占60%。

这一时期，发展较快的仍然是轻工业，如：纺织工业新设工厂85家，资本额 400 余万元;食品工业新设工厂 95 家,资本额 1 300 余万元。由于收回利权运动的推动,路矿业曾出现蓬勃发展的势头,全国十几个省区先后成立商办铁路公司,新设矿冶业 55 家,资本额 1 600 余万元,其中商办的 26 家,资本额 700 余万元。随着城市建设的近代化,水电业的发展幅度增大,全国中等以上城市共设立电灯、自来水厂 36 家,投资额 1 900 余万元,其中商办的 31 家,资本额 1 150 万元。其余的机器修造、火柴、玻璃、造纸、印刷、制革等工业都较前有明显的发展,同时还出现了水泥、砖瓦、陶瓷、烛皂、樟脑、制靛、打包等新的行业。

辛亥革命推翻了清王朝,提高了资产阶级的地位,南京临时政府颁布了一系列有利于资本主义发展的政策、法令,爱国民众掀起的抵制日货、提倡国货运动,都有力地推动了民族工商业的发展。尤其是第一次世界大战期间,欧美帝国主义国家无暇东顾,暂时放松了对中国的侵略,更是为中国资本主义的发展提供了一个"黄金时期"。1912 至 1919 年间,全国新建厂矿达 470 余家,纺织业、面粉业、火柴业、采煤业、冶金业以及电业、运输业、金融业等都有了长足的发展,少数民族资本家甚至赢得了"面粉大王"、"火柴大王"之类的称号。

但是从总体上说,中国的资本主义经济依然十分薄弱,在整个国民经济中所占的比重很小,既不可能彻底摆脱帝国主义的控制,走上独立发展的道路;也不可能完全逃避封建势力的制约,改变半殖民地半封建经济的基本特征。

新式教育的发轫

在第二次鸦片战争的外交活动中,奕䜣等人深切地感受到了缺乏外语翻译人才的不便与不利,决定设立一所外国语言学校。1861 年 1 月 11 日,他与桂良、文祥会衔上奏提出:"与外国交涉事件,必先识其性情。今语言不通,文字难辨,一切隔膜,安望其能妥协?""闻广东、上海商人,有专习英、法、米三国文字语言之人,请饬各该省督抚挑选诚实可靠者,每省各派二人,共派四人,携带各国书籍来京,并于八旗中挑选天资聪慧,年在十三四以下者各四五人,俾资学习。"[①]咸丰皇帝表示同意。经过一年多的筹

① 齐思和等编:《第二次鸦片战争》(五),上海人民出版社 1979 年版,第 345 页。

备，这所学校于1862年6月正式开学，取名同文馆，在体制上附属于总理各国事务衙门。

京师同文馆

同文馆最初设英文前馆，1862年恢复俄文前馆，增设法文前馆，1871年增设德文前馆，随后各馆都增设后馆，1896年增设东文馆(即日文馆)。

除学习外国语言的各馆外，从1866年起，又陆续增设算学(包括天文)、化学、格致(包括力学、水学、声学、气学、火学、光学、电学)、医学等四馆。这样，同文馆不仅规模逐步扩大，而且性质也发生了变化，由原来的专门外国语学校变成了一个多学科性质的学校。1901年同文馆并入1898年成立的京师大学堂。

同文馆负责人是管理大臣，其次是提调、帮提调。教学人员，各馆设有总教习、教习。由于同文馆是总理各国事务衙门的附属学校，因而学校负责人都由该衙门选派。管理大臣由总理衙门大臣中特派，提调由总办章京中派任，帮提调由章京中选任。

《同文馆章程》规定，各馆学习年限一般为3年。1896年改为8年，即前馆5年，后馆3年。最初每馆学生名额定为10人，最多不得超过24人。1865年改为每馆10人，到1887年增至120人。

在开办之初，学生资格仅限于八旗子弟，具体条件为“天资聪慧”、年龄在十三四岁以下的儿童。教习为广东、上海两地懂得英、法语言文字、诚实可靠的商人，后来多以洋人担任，中国籍教习随之减少。先后以每月1 000两白银的高薪聘请外国传教士包尔腾、傅兰雅、丁韪良等担任英文总教习，而中国籍教习月薪只有8两白银。

同文馆的设立，客观上成为中国近代新式教育的开端。

但在奕䜣等人筹设天文算学馆时，却引起了一场不小的风波。

1866 年 12 月 11 日，奕䜣等奏称："洋人制造机器、火器等件，以及行船、行军，无一不自天文、算学中来。现在上海、浙江等处讲求轮船各项，若不从根本上用着实功夫，即学习皮毛，仍无俾实用。"所以打算在同文馆添设天文算学馆，"招取满汉举人及恩、拔、岁、副、优贡，汉文业已通顺，年在二十以外者，并准令前项正途出身五品以下满汉京外各官，年少聪慧，愿入馆学习者……一体与考。由臣等录取后，即延聘西人在馆教习，务期天文、算学均能洞澈根源，斯道成于上，即艺成于下，数年以后必有成效"①。随即又将招生范围扩大至 30 岁以内的翰林院庶吉士、编修、检讨与五品以下进士出身之京、外各官。奕䜣的奏请得到了慈禧太后的批准。

在接下来的两个月内，奕䜣又连上两折，提出具体的设置规划，如招生对象、考试办法、奖惩措施、优待办法和毕业待遇等，并推荐太仆寺卿徐继畬为总管同文馆事务大臣。慈禧明发上谕，称徐继畬"老成望重，足为士林矜式"②，令其仍在总理衙门行走。

然而奏折中提出的聘请外国教习和让翰林院的编修、检讨、庶吉士们也入馆演习，触动了当时顽固守旧势力的神经，于是京城迅速流传着各式攻击奕䜣的流言：

鬼计本多端，使小朝廷设同文之馆；
军机无远略，诱佳弟子拜异类为师。

未同而言；斯文将丧。
孔门弟子；鬼谷先生。
胡闹，胡闹！教人都从了天主教。③

并给奕䜣起了个"鬼子六"的绰号。

同治六年正月二十九日（3 月 5 日），山东道监察御史张盛藻上疏指责令科甲出身者"习为机巧之事，又藉升途、银两以诱之，是重名利而轻

① 中国史学会主编：《洋务运动》（二），上海人民出版社 1961 年版，第 22—23 页。
② 同上书，第 28 页。
③ 陈义杰整理：《翁同龢日记》第一册，中华书局 1989 年版，第 519、521 页。

气节"①。慈禧未采纳其意见。

半月后，文渊阁大学士倭仁奏称："立国之道，尚礼仪不尚权谋；根本之图，在人心不在技艺。"认为天文算学为益甚微，不过是"一艺之末"，而正途人员奉夷人为师，所造就者不过是"术数之士"，古往今来未闻有恃术数而能够起衰振弱的。声称："天下之大，不患无才，如以天文算学必须讲习，博采旁求，必有精其术者，何必师事夷人？"科甲出身者拜"夷人为师"，会使"正气为之不伸，邪氛因而弥炽，数年之后，不尽驱中国之众咸归于夷不止"②。慈安、慈禧特旨召见了倭仁、徐桐和翁同龢，询问为何反对设馆，三人未能给个很好的解释。两宫太后将倭仁的奏折交由总理衙门评议。

奕䜣等痛驳倭仁等人不识时务，称改革是大势所趋，若不改革，近些年尚可苟安，而数十年之后则中国几无御敌之能力。学习西方科技目的在于"徐图自强"。倭仁"以道学鸣高"，故意危言耸听。"此论出而学士大夫从而和之者必众……不特学者从此裹足不前，尤恐中外实心任事、不尚空谈者亦将为之心灰气沮。"他还援引李鸿章的话指责顽固派"无事则嗤外国之利器为奇技淫巧，以为不必学；有事则惊外国之利器为变怪神奇，以为不能学"③。

倭仁再次上折，依旧强调自强之道在于朝廷"用人"与"行政"，坚持请外籍教习"不必多此一举"。奕䜣等人也再次上奏，进一步阐明学习西方的必要性，强调如仍苟且偷安，不思振作，后患将不堪设想，并故意将倭仁一军，请旨饬令其立即"酌保数员"，并"另行择地设馆，由倭仁督办讲求"，与同文馆"互相砥砺"，否则"仅以忠信为甲胄，礼义为干橹等词，谓可折冲樽俎，足以制敌之命，臣等实未敢信"④。

慈禧发布上谕，要倭仁保荐几名精通天文算学人才另行择地设馆，由倭仁负责。在这种情况下，倭仁不得不承认"意中并无精于天文算学之人，不敢妄保"⑤，请求不必另行设馆。

奕䜣又奏请太后准许倭仁在总理各国事务衙门行走，要他直接参与为其所深恶痛绝的"洋务"活动。这可急得倭仁食难下咽，夜不安枕，急忙找来

①③⑤ 中国史学会主编：《洋务运动》(二)，上海人民出版社 1961 年版，第 29、33、38 页。
② 同上书，第 30—31 页。
④ 同上书，第 35、37、33 页。

徐桐、翁同龢商量对策，决意辞去这“不光彩”的职务，并想告假归里。倭仁屡疏恳辞，奕䜣再三驳斥，致使倭仁无法申辩，只好硬着头皮走马上任，“中途故坠马，遂以足疾请假”①。

当倭仁处境十分尴尬时，候选直隶州知州杨廷熙上奏称，当年春季以来久旱不雨，疫疠流行，是“天象示警”，认为总理衙门请求设立同文馆是“不当于天理，不洽于人心，不合于众论”，“溃夷夏之防，为乱阶之倡”。科甲正途人员一旦师事仇敌，则“忠义之气自此消矣，廉耻之道自此丧矣”。为了“杜乱萌而端风教，弭天变而顺人心”，必须“收回成命”②，将同文馆裁撤，或禁止科甲正途人员报考天文算学馆。

清廷于 1867 年 6 月 30 日发布上谕，斥责杨廷熙“甚属荒谬”，要倭仁“与国家休戚相关，不应坚持己见”，与总理各国事务衙门王大臣等和衷商酌，共济时艰；饬令奕䜣等应“不避嫌怨，力任其难，岂可顾恤浮言，稍涉推诿”③。当然也没有同意其开去总理衙门差使的要求。于是这场争论遂告结束。

在顽固派的影响下，报考天文算学馆的人数锐减，特别是正途出身人员依然寥寥无几。1867 年，参加考试的 72 名中，不少是因为待遇极为优厚才来报考，所以学生质量很差。只得勉强录取了 30 名，第二年就淘汰了 20 名，最后毕业的只有 5 人，天文算学馆成效大打折扣，洋务派提高自然科学知识的计划受到了严重的阻碍。

在同文馆设立之后，东南沿海督抚也办了一些新式学堂。如：江苏巡抚李鸿章以上海为“洋人总汇之地”，办理交涉事情多，势不能以八旗学生兼顾为由，提出“仿照同文馆例，于上海添设外国语言文字学馆”。1863 年在上海正式设立广方言馆。这个馆主要“选近郡年十四岁以下资禀颖悟、根器端静之文童”为对象，“聘西人教习，兼聘内地品学兼优之举、贡、生员，课以经、史、文艺”④。学生毕业后主要“承办洋务”，即充当通商、督抚衙署及海关监督翻译官和翻译“推算之学，格物之理，制器尚象之法”等书籍。接着广州、台湾等地陆续设立外国语言文字学馆，培养洋务人才。

洋务派在创办近代军事工业和民用企业的过程中，更深切地感受到了

---

① 徐一士：《一士类稿 · 一士谈荟》，书目文献出版社 1984 年版，第 384 页。

② 中国史学会主编：《洋务运动》（二），上海人民出版社 1961 年版，第 43—50 页。

③ 同上书，第 51—52 页。

④ 同上书，第 140—141 页。

科学技术人才的缺乏，在不得不聘用外籍技师的同时，开始设立新式学堂以培养本土人才。1866 年闽浙总督左宗棠创办福州船政局时即附设了求是堂艺局，这是中国的第一所船政学堂，利用福州船政局为制造轮船而聘用的外籍技术人员教授生徒，培养了一批制造、绘图、管轮、驾驶等方面的专业人才。1880 年两广总督张树声设立广东实学馆，也教授管轮、驾驶和制造等专业知识，性质与福州船政局的求是堂艺局类似。

李鸿章在从事洋务活动过程中，深感“目今人才凋瘁”，“海内人才虚耗极矣”①，并认为人才的盛衰，取决于教育制度的优劣。他非常羡慕西方的近代教育制度，称赞西方的“学堂造就人才之道，条理精严，迥非中土所及”②。而对于西方的近代科学技术尤感兴趣，认为：“西洋制造之精，实源本于测算格致之学，奇才叠出，月异日新。”③为了培养适用于洋务事业的技术人才，他自 19 世纪 70 年代起又陆续创办了天津电报学堂、天津水师学堂和北洋医学堂。

至 1894 年甲午战争爆发前，洋务派在全国各地设立大大小小的新式学堂近 30 所，大致可以分为三类：其一是培养外交、翻译人才的外语学堂，其二是培养海陆军将弁与新式武器制造、使用人才的军事学堂，其三是培养矿务、工程、通讯人才的实业学堂。这些学堂多数聘有外籍教师，除讲授外语与数学、物理、化学、天文、地理等自然学科知识外，还开设了各国历史、西方风俗、国际公法、经济学等课程。

这些新式学堂既是近代教育机构，也是引进西学的机构，外籍教师的聘用、西学课程的设置、含有各种新知识的教材的编撰与使用都大大推动了西学东渐的进程。

洋务派设立的新式学堂大致如下表：

类别	名　称	开办年份	地点	创办人	主修专业
语言	京师同文馆	1862	北京	奕　䜣	英、法、俄、德文、天文算学
	上海广方言馆	1863	上海	李鸿章	英文、法文
	广州同文馆	1864	广州	毛鸿宾	英文、法文、德文

① 《李文忠公全集》朋僚函稿卷二十，第 43、42 页。
② 《李文忠公全集》朋僚函稿卷十七，第 7 页。
③ 《李文忠公全集》奏稿卷二十八，第 20 页。

续表

类别	名称	开办年份	地点	创办人	主修专业
语言	新疆俄文馆	1887		刘秉璋	俄文
	台湾西学馆	1887	台北	刘铭传	英文
	珲春俄文书院	1888	珲春	希元	俄文
	湖北自强学堂	1893	武昌	张之洞	英文、法文、俄文、德文
军事	天津水师学堂	1880	天津	李鸿章	驾驶
	天津武备学堂	1885	天津	李鸿章	陆军
	广东黄埔鱼雷学堂	1886	广州	张之洞	鱼雷
	广东水陆师学堂	1887	广州	张之洞	管轮、驾驶、陆军
	昆明湖水师学堂	1888	北京	奕譞	驾驶
	旅顺口鱼雷学堂	1890	旅顺	丁汝昌	鱼雷
	刘公岛水师学堂	1890	威海	丁汝昌	驾驶
	江南水师学堂	1890	南京	曾国荃	驾驶、管轮
	烟台海军学堂	1894	烟台		驾驶
实业技术	求是堂艺局	1867	福州	左宗棠	制造、绘图、管轮、驾驶
	操炮学堂	1874	上海	江南制造局	制炮工程
	福州电气学塾	1876	福州	电报局	电讯
	广东实学馆	1880	广州	张树声	制造、管轮、驾驶
	天津电报学堂	1880	天津	李鸿章	电讯
	上海电报学堂	1882	上海	电报局	电讯
	金陵同文电学馆	1883	南京		电讯
	两广电报学堂	1887			电讯
	台湾电报学堂	1890			电讯
	湖北方言商务学堂	1891			各国语言文字、商务
	湖北算术学堂	1891			方言、商务、化学、矿学等
	湖北采务工程学堂	1892	武昌	湖北矿务局	矿务
	北洋医学堂	1893	天津	李鸿章	军医

洋务派在国内创办新式学堂的同时，还积极地选派留学生出国学习。

早在1865年薛福成即曾上书曾国藩建议："招后生之敏慧者，俾适各国，习其语言文字，考其学问机器，其杰出者旌以爵赏。"①因缺乏切实而具

① 薛福成：《庸庵文外编》卷三，第14页。

体的办法而未能实行。

1868年美国前任驻华公使蒲安臣代表清政府签订的《中美续增条约》第七条规定："嗣后中国人欲入美国大小官学学习各等文艺，须照相待最优国之人民一体优待。美国人欲入中国大小官学学习各等文艺，亦照相待最优国之人民一体优待。"①这就为清廷派员赴美留学提供了条约依据。同年，容闳向江苏巡抚丁日昌提出了一个派遣留学生的计划，但未得到落实。

1870年，容闳再次通过丁日昌向曾国藩提出派遣留美学生的计划，并表示愿意带领留学生出国。曾国藩据以奏报清廷批准，派江南制造局上海广方言馆总办陈兰彬为留美学生监督、容闳为副监督，并与李鸿章函商制定《挑选幼童前赴泰西肄业章程》12条。随后于1872年、1873年、1874年、1875年分四批派遣了120名幼童赴美，每批30名。

第一批留美幼童

到美国后，陈兰彬对留美幼童参加礼拜、改穿西装、偏爱游戏多有不满，对他们的正当要求也往往"故靳不允"，且因容闳为学生辩护而心中不快。陈兰彬与容闳之间的矛盾为留美幼童的前途蒙上阴影。1875年秋，陈兰彬

① 王铁崖编：《中外旧约章汇编》第1册，第263页。

回国述职，不久改任驻美公使。第二任留学生监督区谔良、第三任监督容增祥虽未与容闳当面冲突，却在背后说他的坏话。第四任留学生监督翰林院编修吴嘉善因留学生见面时不行跪拜礼而十分恼怒，处处对他们吹毛求疵，并诬告容闳纵容学生放荡淫逸。1878年，有人奏请“严加整顿”留学事务，清廷令李鸿章、刘坤一、陈兰彬“查明洋局劣员，分别参撤，将该学生严加约束，如有私自入教者，即行撤回”①。李鸿章虽然不愿留美事业半途而废，却也不便过于回护，清政府遂接受吴嘉善的意见将留学生全部撤回。

容闳

容闳（1828年11月17日—1912年4月21日）字达萌，号纯甫，汉族，广东香山县南屏村（今珠海市南屏镇）人，近代中国首位留美学成归国的学生，因对晚清留学生事业作出了重要贡献，被誉为中国的“留学生之父”。1835年，容闳虚龄8岁时跟随其父来到澳门，并入读德籍传教士郭士立（Karl Friedrich August Gutzlaff）夫人所办的学校接受启蒙教育。为纪念基督教新教伦敦传教会派遣的第一个到中国来开辟新教区的传教士马礼逊（Robert Morrison），西方来华传教士于1836年9月在广州成立马礼逊教育协会，于1839年11月在澳门建立马礼逊学堂（Morrison School），由美籍传教士布朗（Samuel Robbins Brown）担任教师。1840年11月，容闳由郭士立夫人的学校转入马礼逊学堂，注册的名字是“亚闳”。1842年11月马礼逊学堂由澳门迁至香港，容闳也随同该学堂来到香港继续学业。1847年，布朗返回美国，将马礼逊学堂的3名学生容闳、黄宽、黄胜带往美国留学。

到了美国后，容闳先进入马萨诸塞州的孟松预备学校（Monson Academy）学习，1850年毕业后考入耶鲁大学，成为该校第一位中国籍学生。1852年容闳加入美国籍，1854年毕业于耶鲁大学，获文学士学位，随后返回中国。黄胜一年后因病回国，后曾任上海广方言馆英文教习。黄宽于1850年考入苏格兰爱丁堡大学医科学习，七年后毕业，回到广州，进入教会医院工作，成为第一位受过正规训练的中国籍西医。

① 中国史学会主编：《洋务运动》（二），上海人民出版社1961年版，第166页。

容闳回国后，先后任职于美国公使馆、香港高等审判厅、上海海关等机构，并曾为上海宝顺洋行经营丝茶生意。曾至南京向太平天国政权提出建立高效能政府、组织良好军队、设立陆海军学校、引进西方教育制度等7项建议，未被采纳。1863年，容闳受曾国藩委派，为筹建江南制造总局赴美国采购机器。1868年容闳即通过江苏巡抚丁日昌向清政府提出了选派幼童出洋留学等项建议，1870年容闳再次通过丁日昌提出此项建议，经曾国藩、李鸿章等具体筹划，清政府自1872年起连续4年选派了4批共120名幼童赴美留学（每年一批30名），容闳以留美学生副监督身份随同留美学生监督陈兰彬率领幼童赴美并常驻美国管理留美学生，同时还兼任清廷驻美副大臣，1875年兼任出使美国、西班牙、秘鲁三国副大臣。因多方维护留美学生，容闳遭到历任留美学生监督和国内顽固派的攻击，1881年清政府将留美学生全部撤回，使这项留学生事业半途而废，容闳因对清政府感到失望而一度留居美国。

戊戌维新期间，容闳与维新派有过密切来往，变法失败后避居上海租界。1900年唐才常等筹划自立会起义时，曾在上海张园召集“中国国会”，推容闳为会长。自立军起义被镇压，容闳遭清到政府通缉，辗转流亡美国，1912年1月曾致函祝贺孙中山就任中华民国临时大总统，4月21日病逝于美国康涅狄格州哈特福德城，终年84岁。

当初派出的120名幼童，除死亡、中途撤回及“告长假不归”依然留在美国者外，其余的94人于1881年分三批回国。第一批21人均送往上海电报局，第二、三批由福州船政局、江南制造总局留用23人，剩下的50人分拨天津水师、机器、鱼雷、电报、医馆等处。洋务派一度寄予莫大希望的留美事业就这么夭折了。

1876年，李鸿章派武弁卞长胜等七人前往德国，学习陆军操法。随后又在策划选派福州船政学堂学生出国留学之事。次年3月，由李凤苞与法国人日意格任监督，偕随员马建忠、文案陈季同、翻译罗丰禄，带领艺徒35人首批出洋。1881年第二批派了8名船政学堂学生出国，1886年第三批又派出了34人。福州船政学堂派出的留学生学成归国后，一部分成为中国造船业的技术骨干，一部分成为中国海军的主要将领，其中还有著名的启蒙思想家严复。

这些留学生对西方社会的文明进步必然会有切身的感受，他们自觉或不自觉地充当了中西文化交流的使者，成为西学的在华传播者。他们不但带回了西方的先进技术，而且带回了先进的思想文化，在晚清西学东渐的进程中发挥了不可替代的作用。

洋务派还非常重视翻译西书的工作。1868年，曾国藩奏称："洋人制器，出于算学，皆有图说可寻。特以彼此文字扞格不通，故虽日习其器，究不明夫用器与制器之所以然"；故"翻译一事系制造之根本"，因而要求于江南制造总局内"另立学馆，以习翻译"①。

洋务运动时期，一南一北，形成了两个较大的翻译中心。北方的是京师同文馆，南方的是江南制造总局内附设的翻译馆。

江南制造总局翻译馆

京师同文馆"自开馆以来"，"其重要活动之一，即在中译西书"②。起先，因馆内开设的天文、算学、舆图、化学、格致等新课程急需教材，始组

① 《曾国藩全集》第4卷"奏稿"，中国致公出版社2001年版，第1471页。

② 高时良：《中国近代教育史资料汇编·洋务运动时期教育》，上海教育出版社1992年版，第174页。

织中外教习编译各学科适用书籍。1874 年，同文馆总教习丁韪良向总理衙门“呈请译书，开具章程六条”，对于在教学之余“兼理译书”的教习加以奖励[①]，大大鼓舞了他们的译书热情。同文馆内很快形成了一支精干的翻译队伍，如丁韪良、毕利干、汪凤藻、凤仪等人就是其中的代表人物。同时，“馆内设有印书处，刷印同文馆翻译著作及总署文件等书”[②]，“以聚珍版刊行于世”[③]，因而非常有利于所译西书的传播。此外，同文馆还鼓励学生译书，馆内开设了专门的译书课程，要求“八年毕业诸生，最末两年都须译书，而留馆学生也讲求翻译书籍”[④]，这使大部分学生都得到了锻炼，少数优秀者很快脱颖而出。1870 年代末即有记载说：译书之事“近来学生则颇可相助，间有能自行翻译者”[⑤]。至 1893 年，学生参与翻译的西学书籍（包括待刊）有 16 种，占译书总数 26 种的 60％以上，而这 16 种西书又大部分是由学生独自翻译的。1888 年同文馆“奏请添设翻译处”，以张德彝、沈铎、马廷亮、斌衡等充补英文翻译官，另外还充补了德文、俄文、法文、东文等翻译官。此后译书活动更趋频繁。

至 1888 年，同文馆师生翻译了各种书籍 22 种、200 多部[⑥]，内容偏重于人文学科，尤以各国历史、国际法和时事为主，自然科学方面的著述相对要少一些。仅法学方面的书籍就有：丁韪良译《万国公法》、《公法会通》、《中国古世公法论略》，毕利干译《法国律例》，汪凤藻等译《公法便览》、《新加坡刑律》（待刊）等。[⑦]这些书籍多为清廷应急所需，在晚清社会产生了较大的影响。中国近代早期的外交家，如郭嵩焘、曾纪泽、薛福成等都研读和运用过同文馆所译的法学书籍，以至于当时有人说：“傅兰雅、丁韪良之徒所译书益众”，中国“非复前日之蒙昧之象，可谓盛矣”[⑧]。

---

① 参见中国史学会主编：《洋务运动》（二），上海人民出版社 1961 年版，第 64 页。

② 《同文馆题名录》光绪五年刊，转引自章开沅：《鸿爪集》，上海古籍出版社 2003 年版，第 315 页。

③ 高时良：《中国近代教育史资料汇编 · 洋务运动时期教育》，上海教育出版社 1992 年版，第 167 页。

④⑦ 朱有瓛：《中国近代学制史料》第一辑上册，华东师范大学出版社 1983 年版，第 205、154 页。

⑤ 《同文馆题名录》光绪五年刊，转引自汪熙主编：《中美关系史论丛》，复旦大学出版社 1985 年版，第 208 页。

⑥ 参见中国史学会主编：《洋务运动》（二），上海人民出版社 1961 年版，第 87—88 页。

⑧ 中国史学会主编：《戊戌变法》（一），上海人民出版社 1957 年版，第 182 页。

万国公法

《万国公法》是晚清时期第一部译为中文的国际法著作。

第二次鸦片战争后，英、法、美、俄等国相继在北京设立驻华使馆，各国公使直接与清朝中央政府打交道已成为不可避免之事。新设立的主管涉外事务的总理各国事务衙门急于了解国与国之间的游戏规则，1862年总理衙门大臣文祥请美国驻华公使蒲安臣(Anson Burlingame)推荐一部国际法著作，蒲安臣向他推荐了美国人惠顿(Henry Wheaton)的著作《国际法原理》(*Elements of International Law*)，并答应将其中的一些段落翻译给他看。稍后，蒲安臣从美国驻上海领事那儿得知美国长老会传教士丁韪良(W. A. P. Martin)正在翻译惠顿的这部著作，马上予以鼓励，随即征得丁韪良的同意，将他与他的译稿一起推荐给了总理衙门。在恭亲王奕䜣的亲自过问下，总理衙门很快将丁韪良调至北京，组织人力协助他完成翻译工作，并拨给白银500两用以刊印该书。1864年冬，该书翻译工作基本完成，总理衙门大臣董恂与丁韪良的朋友宁波人张斯桂分别为该书作序，以丁韪良在北京创办的学堂崇实馆的名义交付刻印。

惠顿的《国际法原理》最早于1836年分别在英国伦敦和美国费城出了两个版本，1846年在费城刊出经过修订的第3版，1848年和1852年在法国巴黎和德国莱比锡以法文出版了第4版和第5版，惠顿去世后，1855年在波士顿出版了由劳伦斯(W. B. Lawrence)编辑的第6版(即"第一个注释版")，1863年劳伦斯又在波士顿出版了第7版(即"第二个注释版")，1866年同样在波士顿出版了由达纳(R. H. Dana)编辑的第8版，此外还有1854年在墨西哥出版的西班牙文版、1860年在那不勒斯出版的意大利文版等，丁韪良翻译时依据的是1855年在波士顿出版的第6版。惠顿原书分为4大部分12章500余节，正文部分即有625页，丁韪良的译本分为4卷12章231节，共约8万字，显然作了大量的删节。但删去的主要是"某些冗长的讨论(例如有关惠顿担任驻普鲁士宫廷公使时的住宅的豁免权)以及各式各样不重要的细节(例如有关莱茵河、圣劳伦斯河和密西西比河航行的规定)"。

有学者认为：丁韪良翻译的《万国公法》首先"引入了西方近代国际法的基本原则"，包括尊重各国主权原则、国与国之间平等往来原则、遵守国际法和双边条约原则等；其次还"将西方的国际法以及法治、宪政的观念"

传到了中国，这些观念包括中国只是世界之一部分的观念、自然法的观念、民主共和的观念、法治的观念、三权分立的观念，等等。

《万国公法》的翻译尚未完全就绪，清政府就利用该书内容指导外交活动并取得了初步的成效。1864年俾斯麦政府正在与丹麦交战，普鲁士新任驻华公使李福斯来华后将大沽口的3艘丹麦商船作为战利品扣押了。总理各国事务衙门援引《万国公法》的相关内容和中普条约的有关条款抗议普鲁士公使不应将两国在欧洲的争端带到中国来，恭亲王奕䜣指责该公使不应以这种方式开始履任，并拒绝予以接见。最后迫使李福斯释放了丹麦商船，并赔偿1 500英镑。

江南制造总局翻译馆堪称19世纪后半期中国最大的译书中心，1868年建成时已聘有英人伟烈亚力、傅兰雅、玛高温等，次年上海广方言馆并入，进而大大地加强了该馆的翻译力量。

起初，翻译馆“专择有裨制造之书详细译出”，即所译书籍以应用科学为主，随着洋务运动的全面展开与逐步深化而渐及于基础学科和社会科学。由于外籍学者难于精通中文，而中国学者更难精通外文，翻译馆的中外籍译员还互相合作，创立了“西译中述”的译书方法，即：“将所欲译者，西人先熟览胸中，而书理已明，则与华士同译，乃以西书之义，逐句译成华语，华士以笔述之；若有难言处，则与华士斟酌何法可明；若华士有不明处，则讲明之。译后，华士将稿改正润色，令合于中国文法。”[①]这一方法大大提高了译书的效率和质量，在我国翻译界产生了重要影响。为解决中、西语言上的隔阂，翻译人员还总结了沿用中文已有名称与创立新名等翻译原则，组织编写《中西名目字汇》，即中西译名对照表。先后出版了《金石中西名目表》、《化学材料中西名目表》、《西药大成药品中西名目表》、《汽机中西名目表》，为科技术语的翻译确立了统一标准。其命名方法和很多译名至今仍在沿用。

至1880年，江南制造总局已刊行译书98种，主要以制造、军事、测量、机械等学科内容为主。1896年以前全国出版的352种西书，由江南制造总局翻译馆译刊的达120种之多，占34.1%。[②]可以毫不夸张地说，洋务运动

① 张静庐：《中国近代出版史料》初编，中华书局1957年版，第18页。
② 参见中国史学会主编：《戊戌变法》(一)，上海人民出版社1957年版，第448页。

时期西方科技文献的翻译引进，主要是由江南制造总局翻译馆完成的。除了应用科学和自然科学外，翻译馆译刊的社会科学书籍也不在少数。据统计，1868 至 1912 年的 40 余年间，翻译馆印制的 241 种书籍中，涉及政治、法律和军事等学科的书籍约 50 种，占全部译书的 20%以上。①

根据 1909 年翻译馆译员陈洙所编《江南制造局译书提要》，翻译馆总计译书 160 种。其学科分类按从多到少依次为：兵学 21 种、工艺 18 种、兵制 12 种、医学 11 种、矿学 10 种、农学 9 种、化学 8 种、算学 7 种、交涉 7 种、图学 7 种、史志 6 种、船政 6 种、电学 4 种、工程 4 种、地学 3 种、格致 3 种、政治 3 种、商学 3 种、天学 2 种、学务 2 种、声学 1 种、光学 1 种，另有附刻 10 种、补遗 2 种。这些业绩表明，江南制造局翻译馆所译图书不但在数量上远远超过了京师同文馆，而且质量上也略胜一筹，无论版本的选择、译名的确定、文笔的顺畅，都是同时期其他翻译机构难于比拟的。

此外，广州同文馆、天津机器局、福州船政学堂、天津水师学堂、海关总税务司署等机构因教学与工作需要，都曾译刊西书。直至 1901 年，刘坤一、张之洞还向清廷奏准，在南京设立了江楚编译局。另有记载说：“自中外通商以来，译事始起，京师有同文馆，江南有制造局，广州有医士所译各书，登州有文会馆所译学堂便用各书，上海益智书会又译印各种图说”；“馆译之书，政学为多，制局所译，初以算学、地学、化学、医学为优”②。

翻译西方书籍的目的十分明确，就是要直接引进西学。洋务派所组织的译书活动，是晚清西学东渐的主要方式之一。尽管在所译书籍的选择上难免会存在局限，译出书籍的数量仍非常有限，译书刊印后发行量也不够大，但还是极大地加快了西学东渐的进度，拓宽了西学在中国传播的范围。

并非预期的成效

在第二次鸦片战争中受到“巨创”的清政府为了“自强”，实行改革，掀起了洋务运动(或同光新政)，但是以“中学为体，西学为用”为指导思想的洋务运动实际上未能实现预期的愿望，这是当政者始料未及的。

“中学为体，西学为用”，一般简称为“中体西用”。所谓“中学”，指的是

① 参见王扬宗：《江南制造局翻译书目新考》，《中国科技史料》1995 年第 2 期。

② 徐珂：《清稗类钞》，中华书局 1984 年版，总第 4033 页。

君主专制制度以及维护这一制度的三纲五常等伦理道德观念；所谓“西学”，最初指的是西方的先进科学技术。这一观点在 19 世纪 60 至 90 年代流行一时，为一些忧国忧民的仁人志士所津津乐道，它客观地反映了当时最先进的中国人洋务派在这一时期对于中西文化关系的认知水平。

冯桂芬画像

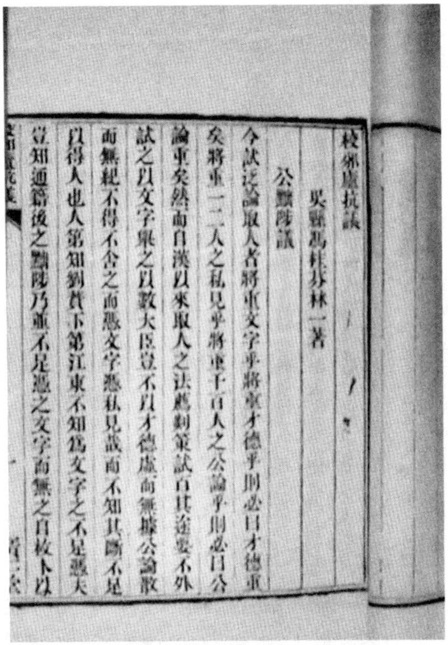

校邠廬抗議
吳縣馮桂芬林一著
公黜陟議
今試泛論取人者將重文字乎將重才德乎則必曰才德重
矣將重一二人之私見乎將重千百人之公論乎則必曰公
論重矣然而自漢以來取人之法薦辟策試百其途要不外
試之以文字衆之以數大臣豈不以才德虛而無據公論散
而無紀不得不舍之而憑文字憑私見哉而不知其斷不足
以得人也人第知劉蕡下第江東不知爲文字之不足憑夫
豈知通籍後之黜陟乃重不足憑之文字而兼之自校卜以

冯桂芬所著《校邠庐抗议》

早在 1861 年，在籍詹事府右春坊右中允冯桂芬即明确主张：“以中国之伦常名教为原本，辅以诸国富强之术”①，最先提出了“中体西用”思想。其后，一些站在社会前沿的思想家从不同的角度、用不同的语言对这一观点进行了阐释。曾在香港主编《循环日报》的王韬认为：“形而上者中国也，以道胜；形而下者西人也，以器胜”，“器则取诸西国，道则备自当躬”②。以曾国藩、李鸿章幕僚出任驻英、法、意、比四国公使的薛福成主张：“取西人器数之学，以卫吾尧舜禹汤文武周孔之道。”③掌教上海中西书院、后曾参与编辑《万国公报》的沈毓桂说：“西学必以中学为体”，“假西学为中学之助，即以中

① 冯桂芬：《校邠庐抗议》卷下，第 39 页。

② 《韬园尺牍》，第 30 页；《韬园文录外编》卷十一，第 323 页。

③ 《筹洋刍议》卷一，第 21 页。

学穷西学之源"①;并准确地采用了"中学为体,西学为用"这8个字。买办出身而受李鸿章委办上海机器织布局的郑观应则曰:"中学其本也,西学其末也;主以中学,辅以西学。"②在李鸿章麾下任职于天津支应局的邵作舟也认为应该"以中国之道,用泰西之器"③。

王韬画像

循環日報

王韬主编的《循环日报》

随着洋务运动的广泛开展,人们对西方的认识逐步加深,他们心目中的西学范围也不断被扩大。李鸿章在1864年尚以为"中国文武制度,事事远出西人之上,独火器万不能及"④;19世纪70年代便已认识到"西洋水陆兵法及学堂造就人才之道,条理精严,迥非中土所及"⑤,即承认西方的文武制度也比中国先进得多了。洋务派的另一位代表人物文祥同样在70年代即已否定了有关西方人"性近犬羊,未知政治"的荒谬说法,指出:"其国中偶有动作,必由其国主付上议院议之,所谓谋及卿士也;付下议院议之,所谓谋及庶人也。议之可行则行,否则止,事事必合乎民情而后决然行之。"他虽然不敢要求在中国实行这样的制度,却仍委婉地表示:"中国天泽分严,外国上议

① 《万国公报》第2册。
② 《郑观应集》上册,第276页。
③ 《邵氏危言·纲纪》。
④ 《筹办夷务始末》同治朝卷二十五,第9页。
⑤ 《李文忠公全集》朋僚函稿卷十七,第7页。

院、下议院之设，势有难行，而义可采取。”[①]曾国藩之子曾纪泽任驻英、法公使，到法国不久即发现“自法国改为民主之邦，国之事权皆归之于上、下议院”；总统“位虽尊崇，权反不如两院”。待他认识到西方各国“虽不尽民主，而政则皆由议院主持，军旅大事尤必众心齐一，始克有成”后，对其“政教之有绪，富强之有本”不禁表示“艳羡之极”[②]。被称为洋务理论家的郭嵩焘很早就了解到“西洋立国有本有末，其本在朝廷政教，其末在商贾，造船制器相辅以益其强，又末中之一节耳”[③]。他出使英国后，更是对其议会中的两党制赞赏不已，称之为“国政一公之臣民，其君不以为私”；“是以君与民交相维系，迭盛迭衰，而立国千余年终以不敝，人才学问相承以起，而皆有以自效，此其立国之本也”；批评李鸿章等仅仅主张引进西方的先进科学技术“是治末而忘其本、穷委而昧其源也”[④]。连淮军将领出身的两广总督张树声也在《遗折》里表达了对“议政于议院”的向往。

但他们长期深受中国传统文化的熏陶，对西方的认识难免带有思想文化上的局限性。王韬仍坚持认为：“孔孟之道，自垂天壤，所谓人道也”，“固阅万世而不变者也，而又何疑焉?”[⑤]薛福成以为西方国家“三纲之训，究逊于中国”，西方的君臣、父子、夫妇关系是有悖于“圣道”的，并对自由、民权等学说多有指责。郭嵩焘强调：“君国之义，父子之伦，自有其宜各尽者”，“泰西之教，其精微处远不逮中国圣人”[⑥]。张树声也在《遗折》中声明：西方“礼乐教化，远逊中华”[⑦]。被列为早期维新思想家的陈炽甚至全面地斥责“西人倡自主之说”为“无君臣之伦者”，“西人父子兄弟之间不相收恤”为“无父子兄弟之伦者”，“西人重女轻男、贫者不能婚娶”为“无夫妇之伦者”[⑧]。这是他们发自内心的表白，是根深蒂固的传统文化意识的不自觉的表露，比较真实地反映了那个时代先进中国人对西方文化的认识水平。

戊戌维新运动期间，洋务派的后起之秀张之洞撰写《劝学篇》，对“中体西用”思想进行了系统的阐释。他宣称：“四书五经、中国史事、政书地图为

---

① 《清史稿》第38册，总第11691页。
② 《曾纪泽遗集》，第361、26、171页。
③ 《郭嵩焘奏稿》，第345、348页。
④ 《郭嵩焘日记》第3册，第393、373页。
⑤ 《韬园文录外编》卷五，第133页。
⑥ 《郭嵩焘日记》第4册，第107页；《洋务运动》(一)，第312页。
⑦ 《张靖达公奏议》卷八，第33页。
⑧ 《庸书·外篇》卷八，第5页。

旧学，西政、西艺、西史为新学，旧学为体，新学为用。”旧学的核心当然是儒家的纲常伦教，即所谓“五伦之要，百行之原，相传数千年更无异议，圣人所以为圣人，中国所以为中国，实在于此”。这些东西是封建王朝的立国之本，丝毫也不能改变。新学即西学，“学校、地理、度支、赋税、武备、律例、劝工、通商，西政也；算绘矿医、声光化电，西艺也”。其内容已经由先进的科学技术扩展到了有关国防、财政、工商、司法、教育等方面的法规章制。张之洞解释说：“不可变者，伦纪也，非法制也；圣道也，非器械也；心术也，非工艺也。”他强调：“大抵救国之计、谋国之方，政尤急于艺。”显然他是主张对政治制度实行部分改革的。不过，他又明确表示反对民权学说和议会制度，公然声称：“民权之说一倡，愚民必喜，乱民必作，纪纲不行，大乱四起”；“中国士

张之洞

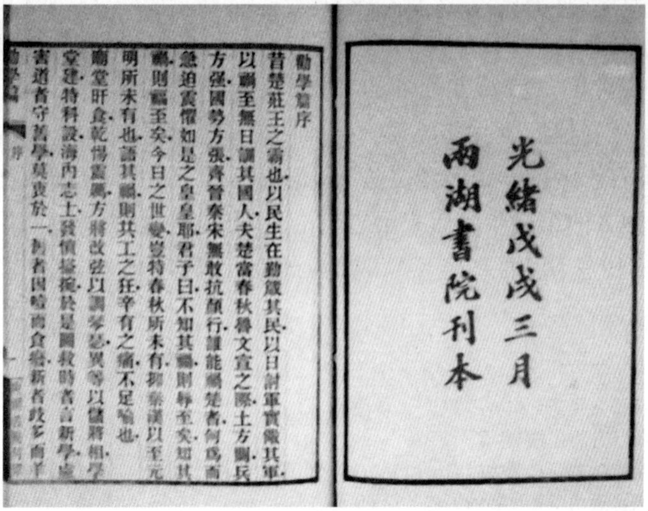

勸學篇序
昔楚莊王之霸也以民生在勤箴其民以日討軍實儆其軍
以禍至無日訓其國人夫楚當春秋鼎文宣之際土方闢兵
方強國勢方張齊晉秦宋無敢抗顏行誰能禍楚者何為而
急迫震懼如是之皇皇耶君子曰不知其禍則辱至矣知其
禍則福至矣今日之世變豈特春秋所未有抑秦漢以至元
明所未有也語其禍則共工之狂辛有之痛不足喻也
廟堂旰食乾惕震厲方將改弦以調琴瑟異等以儲將相學
堂建特科設海內志士發憤搤捥於是圖救時者言新學慮
害道者守舊學莫衷於一舊者因噎而食廢新者歧多而羊

勸學篇 序

光緒戊戌三月
兩湖書院刊本

张之洞撰写的《劝学篇》

民至今安于固陋者尚多”①，设立议院有害而无益。

毋庸讳言，“中体西用”观念依然坚持以中学为正统，仅仅把西学置于从属的地位。一方面，中学在中国本来就一直处于绝对的统治地位，从来没有被边缘化，也无需特意加以捍卫，洋务强调“中学为体”既没有提高它的地位，也没有加重它的分量。而西学由被中国士人嗤之以鼻的“奇技淫巧”、歪理邪说进而获得“为用”的地位，显然是一个了不起的突破。凭借着人们对西学的这种有限的认可，西方先进的科学技术乃至思想文化就可以被“合法”地引进中国，于是中国社会在潜移默化中开始了向近代的转型。另一方面，将西学严格地界定于“为用”的层面，又极大地限制了引进西学的范围，进而使这一时期中国社会的近代化只能停留在器物层面，很难上升到制度层面；中国社会的进步只能是艰难而缓慢的。

不妨与我们的近邻日本作一个简单的比较。1840年第一次鸦片战争后，中国朝野上下依然文恬武嬉、歌舞升平，大有雨过忘雷之概。而日本朝野却由此而产生了高度的警惕，他们把发生在中国的鸦片战争视为“前车之鉴”，开始迫不及待地寻觅有关外部世界的知识，以求准确地了解世界大势，制定有效的应对之策。正如日本著名学者盐谷宕阴所说：“今也夷欲罔厌，海道日熟，彼之来者岁益多，而我亦将有事于四瀛焉，则文治武经不得不俱资于地志也。”②19世纪50年代初清人魏源于1842年编著的《海国图志》从中国传入日本，立即受到日本朝野人士的重视，1854至1856年间日本翻印《海国图志》的各种版本竟达21种之多，速度之快，简直令人叹为观止。日本的有识之士批评道：“满清夷视英吉利，而不察其技巧之所有”③；“自称华夏，把外国视为禽兽”，对西方列强的“机智敏捷，机器出色”，“却没有任何防备”，是以“反受他们凌辱”。从这一教训出发，他们明确提出“中国拘泥于古法，日本应在未败前学到西洋之法”④，很快实行了积极开放的对外政策，迈出了学习西方的第一步。后来梁启超论及《海国图志》的影响时说：“日本之平象山、吉田松阴、西乡隆盛辈，皆为此书所激刺，间接以演尊攘维新之活剧。”⑤

---

① 张之洞：《张文襄公全集》，第202—203卷。

② 盐谷宕阴：《宕阴存稿》卷五。

③ 东京大学史学会编：《明治维新史研究》，第496页。

④ 藤间生大：《近代东亚世界的形势》，第60页。

⑤ 林志钧编：《饮冰室文集》(七)，第97页。

1860年代，中日两国几乎同时走上了近代化道路。1868年2月，清政府为了劝阻西方列强以“修约”为借口要挟中国，聘用任满即将回国的美国驻华公使蒲安臣率记名海关道志刚、礼部郎中孙家谷、英国使馆翻译柏卓安、法籍海关税务司德善等组成的“中国使团”访问了欧美11个国家，虽然使美、英等国未再重提“修约”要求，但回国以后，对政府决策并没有产生什么影响。日本政府为了修改不平等条约、“求知识于世界”，于1871年12月派右大臣岩仓具视为特命全权大使，参议木户孝允、大藏卿大久保利通、工部大辅伊藤博文、外务少辅山口尚芳为副使，先后访问欧美12个国家，虽然在修约方面没有取得进展，却考察了欧美诸国的政府机构、议会、法院、公司、交易所、工厂、矿山、港口、农牧场、兵营、学校、报社和福利设施，从各个方面加深了对西方近代文明的认识和理解，为明治维新提供了借鉴。

从中日两国使团的组成与出使目的，可以明显地看出日本政府高度重视这次出访，而且以修改不平等条约为主要目的，体现了一种主动进取的精神，日本的近代化完全是一种国策，是以明治政府为主导的；而清政府所派皆为中下级官员，且以防止西方国家提出新的利益要求为目的，完全是一种被动应付西方侵略的姿态，中国近代化的倡导者也仅仅只是一部分洋务派。

两国统治者态度的差异决定了两国近代化的不同成效。20多年后，基本完成了向近代社会转型的日本就在甲午战争中彻底击败了中国。

晚清洋务派为推动中国社会近代化的进程付出了艰辛的努力。他们不但创办了一批颇具规模的洋务事业，书写了许多个中国历史上的“第一”，而且曾经为维持近代军事工业的生存与发展而千方百计地筹措款项，曾经一次次地为近代民用企业奏请专营权利、减免税收，曾经想方设法对近代交通、运输、通讯业予以资金、经营上的扶持，曾经建立过一支在远东独步一时的北洋舰队、构筑过具有一定防御能力的海防体系。令人惋惜的是，由于清朝统治者一直没有将推行“新政”定为国策，顽固派不断挑起事端横加阻挠，经费的筹措几乎是罗掘俱穷，经费的使用往往是捉襟见肘，再加上他们自身难以摆脱根深蒂固的传统文化的束缚、深受着“中体西用”观念的制约，从而使他们收到的客观效果与其付出的主观努力具有很大的差距。尽管少数洋务企业一度办得很有起色，收到了较好的经济效益，产生了广泛的社会影响，可是在一个具有4亿人口、自然经济像汪洋大海一样的泱泱大国里，这也只能是杯水车薪，无济燃眉，国库照旧空虚，民生依然凋敝。近代军事工业勉强生产出的轮船、枪炮，不仅质量不可与外国生产的同日而语，而且耗资远远超过了进口这些装备所需的费用。至于清政府以巨资购买的排水量达7 000余吨的“镇远”、“定远”两艘铁甲舰，虽然曾在远东地区称“强”一时，可在军备竞争激烈、武器更新频繁的年代里，这种表面上的“强”也未能维持多久。当北洋海军的发展于1888年基本停顿以后，日本正在竭全国之力购置有配备速射炮、具有更快航速的新式战舰。仅五六年间，日本海军无论在总吨位上，还是在舰艇的航速与装备上都超过了北洋海军。当淮军将领出身的水师提督丁汝昌率领北洋舰队在黄海海面上与曾在神户海军操练所学习过航海的海军中将伊东祐亨率领的日本海军联合舰队遭遇时，国人对于战胜侵略者的期待还有几分实现的可能？

1871年8月，李鸿章在与大藏卿伊达宗城率领的日本代表团的谈判中，在中日《修好条规》上亲笔写下“如彼此海关章程嗣后有变通之处，随时商办”等语①，以取代日方刻意索取的“一体均沾”条款时，曾经是何等的淡定自若、气度恢宏！而李鸿章于1895年4月在马关谈判中向伊藤博文等哀求再减少一点赔款时，又是何等的卑躬屈节、奴颜婢膝！

从洋务派的角度看，以“中体西用”为指导思想的同光新政既没有改变晚清政府积弱不振的状况，也没有改变中国社会贫穷落后的面貌，无论“自强”还是“求富”的目标都未能实现，显然是失败了。当李鸿章1895年屈辱地在《马关条约》上签上自己的名字时，他心里已经明白：自己苦心经营了30年的“自强”新政就这么以失败而告终了，他本人亦将随之而风光不再了。

从中国社会发展的趋势看，中国社会近代化的进程既已启动，无论其进展多么缓慢，甚至会出现曲折和停顿，却总是不以人的意志为转移地要向前发展。洋务运动为中国社会增添的近代色彩并没有消退，洋务派创办的近代军事工业、民用企业以及文化教育事业依然留存了下来，客观地成为此后中国社会进一步向近代转型的物质基础。社会的近代化是一个漫长的过程，只存在快、慢问题，而不存在失败问题。从这一意义上说，洋务运动仅仅是成效不大而已。

中国败于“蕞尔小国”日本的事实，无情地宣告了洋务派“自强”美梦的破灭，却不能中止已经起步的中国社会近代化进程。更多的仁人志士在深受刺激之余，想到了应该把中国社会的近代化由物质层面推向制度层面，于

① 参见《李文忠公全集》奏稿卷十八，第49—50页。

是“维新”取代“洋务”成为新的热门话题。继之而起的维新运动既是前一阶段社会近代化的体现，也是前一阶段社会近代化的继续和深入。同样令人扼腕的是，尽管维新派所向往的议院不过只是一个供皇帝咨询的机构，尽管维新派的主要代表人物尚未敢将设立议院作为政治纲领提出，维新运动就遭到了慈禧太后的扼杀。但仅仅两年半之后，因八国联军占领北京而逃往西安的慈禧太后接过变法的旗号而推行新政时，却已经不能满足人们的期待了。中国的社会近代化，尤其是随着西学大量涌入而催生的思想意识的近代化，使民主、共和等观念逐渐盛行，“立宪”、“革命”相继成为社会的热门话题。

当慈禧太后让袁世凯等负责编练新军时，当然是为了维护大清王朝，可她做梦也想不到的是，在近代化思潮的冲击下，一部分新军居然敲响了满清政权的丧钟，成为封建制度的直接掘墓人。1912 年，至少在形式上，共和取代了帝制。

但是，我们应该知道，民主、共和等观念并非是在中国本土上自然生成的，而是随着欧风美雨从西方传入的。以救国救民为己任的先进中国人很容易接受这些进步观念，却不一定能很快找到让其扎根的土壤，甚至他们对这些观念的理解与诠释也不由自主地带有“中体”的烙印。当人们津津乐道于中华民族跨越了多少年代时，是否也应该想一想那些被跨越的年代当真是毫无意义的？我们在这种跨越中会不会失去平衡？这种跨越的落点是否坚实得足以立足或便于我们再次起跳？

近代中国灾难深重，人们往往更多地关注列强一次次发动侵华战争，逼迫清政府签订一个又一个丧权辱国的不平等条约，中国社会的半殖民地化程度逐步加深，中华民族日益陷入被奴役被盘剥的境地。这些当然都是不容漠视的事实。前事不忘，后事之师。牢记这些事实，有利于从中汲取历史教训，有利于焕发奋发图强精神，有利于保持自强不息的信念，有利于激发我们的爱国热情。但这只是中国近代历史的一个方面。另一方面，一批批不甘沉沦的民族精英们震惊于列强的坚船利炮、痛心于民族权益的丧失，在切实认识到中国已经远远落后于资本主义国家、明白了落后就有可能挨打的道理之后，为了挽救不断加深的民族危机，义无反顾地踏上了学习西方、改造中国社会的艰难历程。从这一角度讲，列强为掠夺中华民族而发动的一次次侵华战争，客观上又成为中国近代历史的一个个转折点。第二次鸦片战争就是这样的一个转折点。英法联军打到北京，咸丰皇帝仓皇逃亡热河，有"万园之园"美称的圆明园被侵略者洗劫一空后付之一炬，这种难以洗刷的奇耻大辱对国人的刺激可想而知。正是这种强烈刺激产生的精神震撼促使洋务派形成，进而拉开了中国社会近代化的帷幕，迈出了传统社会向近代社会转型的第一步。这是中国历史的重大转折，其意义绝不亚于第一次鸦片战争与其后签订的《南京条约》。中国社会近代化、社会转型的效果未能令人满意，原因是多方面的，但其责任绝不应该由主张中国社会近代化、推动中国社会转型的人来负。大清王朝没有改变积弱不振的状况、中国社会没有改变贫穷落后的面貌，尽管让人扼腕叹息，却不应由此而降低我们对洋务派启动中国社会近代化与社会转型之功的评价。

后　记

《1860年:巨痛与自强》一书的撰写任务,与笔者本人的研究方向基本一致。本书系“中国近代社会转折丛书”的一种,选题价值颇高,我是受约而撰写。

后世学人通常将《南京条约》、《马关条约》、《辛丑条约》列为晚清时期的三大条约,并将《南京条约》列为三大条约之首。尽管鸦片战争的结果使中国社会发生转折,步入半殖民地半封建社会,促使林则徐等少数人“开眼看世界”,而整个清朝统治阶级却认为战争仅局限于东南沿海和长江下游地区,《南京条约》未危及朝廷,因此触动不大,大清王朝依然是文恬武嬉,歌舞升平。第二次鸦片战争英法联军一直打到北京城,咸丰帝仓皇出逃,才使清朝统治阶级确实感到了“创巨痛深”,以奕䜣、文祥为代表的一批清朝重臣开始认识到了改变中国落后状况的迫切性,于是他们“人人有自强之心,亦人人为自强之言”,很快掀起了学习西方的洋务运动,不自觉地拉开了中国社会近代化的帷幕,促使中国社会向近代转型。

晚清时期的社会转型在很大程度上是西学东渐的具体体现。尽管近代西学东渐的历程可以上溯到明朝万历年间,至清朝中期已经有了200余年的历史,但在此之前中国人完全居于被动接受(当然更多地表现为拒绝和排斥)的地位,第二次鸦片战争后才开始进入中国人主动引进西学的阶段,此后经过一批批先进中国人的不懈追求,西学才日益全面地涌入中国,中国社会近代化也逐步由物质层面走向制度层面、精神层面。因此,第二次鸦片战争也是研究晚清西学东渐的一个关键环节。

本书系国家社会科学基金项目“晚清西学东渐的文化传播学研究:以传播载体为中心的考察”(编号:09BZS028)的阶段性成果。

壬辰年孟冬于芜湖

图书在版编目(CIP)数据

1860年:巨痛与自强/欧阳跃峰著. —上海:东方出版中心,2015.8

ISBN 978-7-5473-0703-8

Ⅰ.①1… Ⅱ.①欧… Ⅲ.①第二次鸦片战争(1856～1860)-史料 Ⅳ.①K255.06

中国版本图书馆CIP数据核字(2014)第194812号

责任编辑:唐丽芳 谢 超

1860年:巨痛与自强

出版发行: 东方出版中心
地　　址: 上海市仙霞路345号
电　　话: 62417400
邮政编码: 200336
经　　销: 全国新华书店
印　　刷: 上海贝叶图书有限公司
开　　本: 700×1000毫米 1/16
字　　数: 475千字
印　　张: 29 插页2
版　　次: 2015年8月第1版 2015年8月第1次印刷
ISBN 978-7-5473-0703-8
定　　价: 88.00元